챔피언에게 배우는⋯

설탕공예

비법

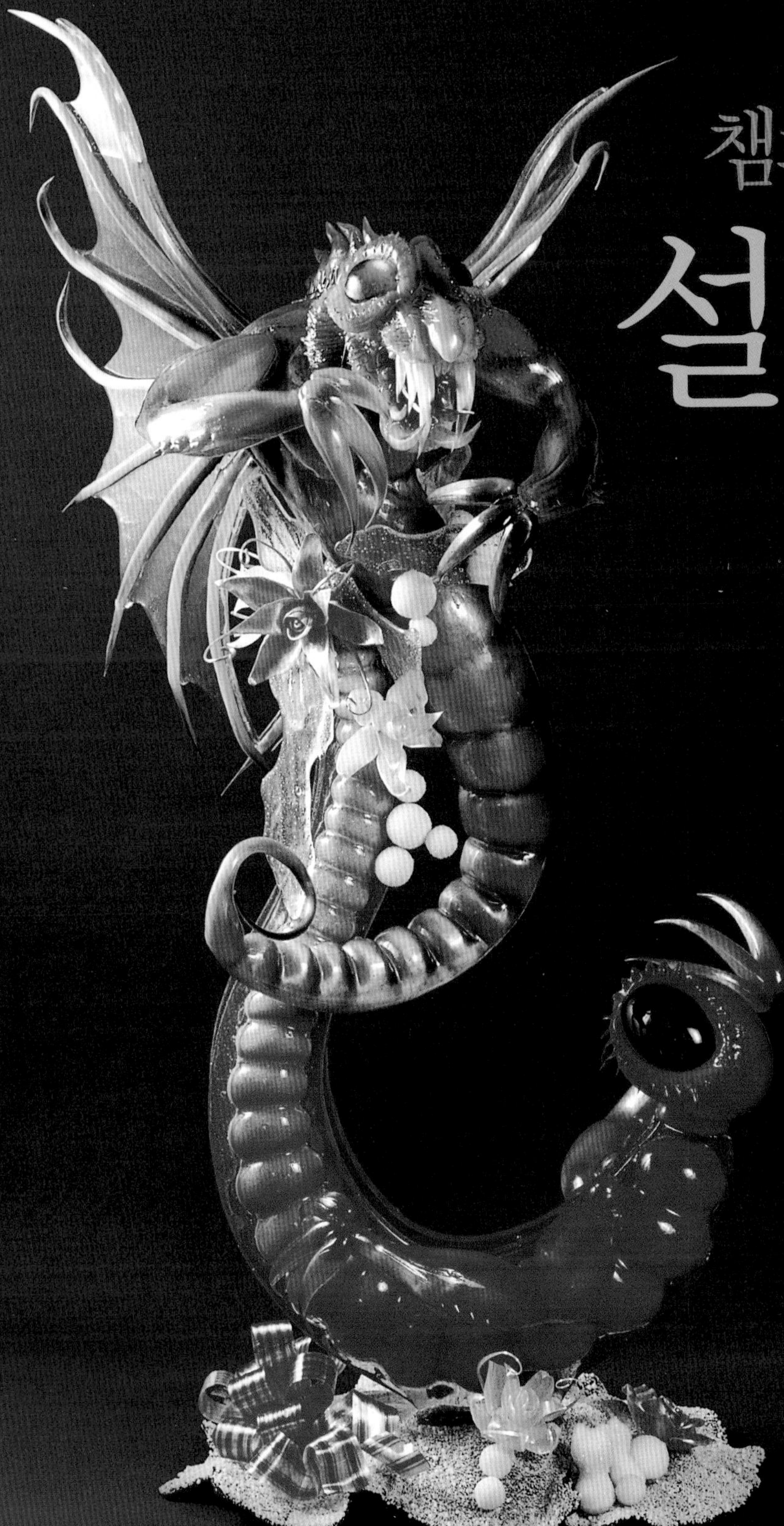

챔피언에게 배우는··

설탕공예 비법

(사)대한제과협회 감수
홍종흔 · 정영택 공저

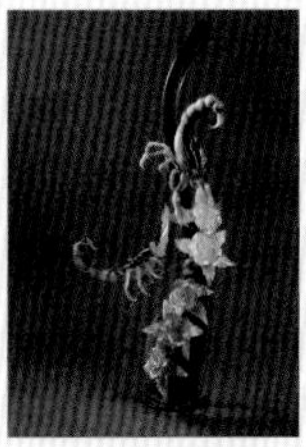

챔피언에게 배우는 설탕공예 비법

2005년 10월 1일 초판 1쇄 인쇄
2005년 10월 10일 초판 1쇄 발행

지 은 이 : 홍종흔 · 정영택
펴 낸 이 : 양철우
펴 낸 곳 : (주) 교학사
121-020 서울특별시 마포구 공덕동 105-67
전   화 : 02-7075-314(편집), 02-7075-156(영업)
핸 드 폰 : 011-710-0520(영업)
팩   스 : 02-7075-316(편집), 02-839-2728(영업)
등   록 : 1962년 6월 26일〈18-7〉
정   가 : 33,000원

홈페이지 주소
http://www.kyohak.co.kr

*북디자인 | 김현복

추천사

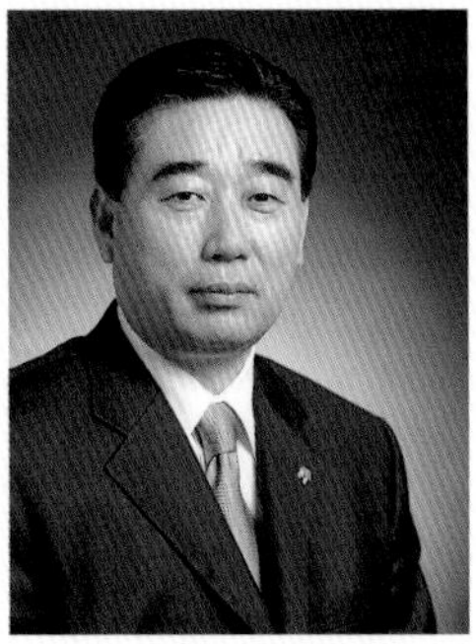

(사)대한제과협회장
김영모

우리의 식문화를 뒤돌아보면 시대적으로 많은 단계의 변화를 거쳐서 지금에 이르렀습니다. 요즘 식탁은 단순히 먹거리로서가 아니라 문화적 코드가 결합된 새로운 트랜드로 변화하고 있습니다.

예술적 가치가 가미된 시각적인 화려한 맛과 다양한 소재의 특징을 살린 독특한 맛, 영양학적인 균형 등 최첨단 식탁이 요구되고 있는 이 시점에 한국 최고의 테크닉을 보유한 홍종흔, 정영택 이 두 분이 설탕을 이용한 공예과자의 기법을 기초부터 고난도 테크닉까지 쉽게 배울 수 있도록 구성한 이 책은 오랜 시간 공들여 만들어진 기술서로서 설탕공예(슈가아트)를 잘 모르는 초보자도 따라할 수 있는 큰 장점이 있는 책이라고 생각합니다.

특히 이 두 분은 프랑스 리옹에서 개최된 월드페이스트리컵과 미국 라스베이거스에서 개최된 월드페이스트리팀챔피언십에서 각각 설탕공예(슈거아트) 부문에서 1위를 차지하여 한국제과기술의 우수성을 세계에 알린 전 한국대표선수라는 점에서 깊은 감회를 느끼게 합니다.

낭중지추(囊中之錐)라는 말이 있듯이 말로만 내가 최고의 실력자라고 소리내는 사람보다는, 겉으로 드러내지 않고 조용히 행동으로 보여준 두 저자의 용기는 한국제과기술 수준을 더 한층 키워줄 뿐 만 아니라 제과를 사랑하는 많은 사람들로부터 아낌없는 찬사를 받을 것이라고 확신합니다.

이제 두 분은 전 한국대표선수로서 긍지와 자부심을 갖고 더욱 노력하여 한국제과 발전에 기여하고 후진들을 위해 더 많은 정보제공에 더욱 힘써 줄 것이라 기대합니다. 또한 심혈을 기울인 책도 출간된 만큼 설탕공예가 우리 실생활에서 상용화될 수 있도록 선도적인 역할을 해 줄 것을 당부합니다. (사)대한제과협회장으로서, 업계의 선배로서 이 책의 발간을 진심으로 축하합니다. 앞으로도 더욱 정진하여 업계의 기술발전에 크게 기여해 줄 것으로 믿으며 항상 행운이 있기를 바랍니다.

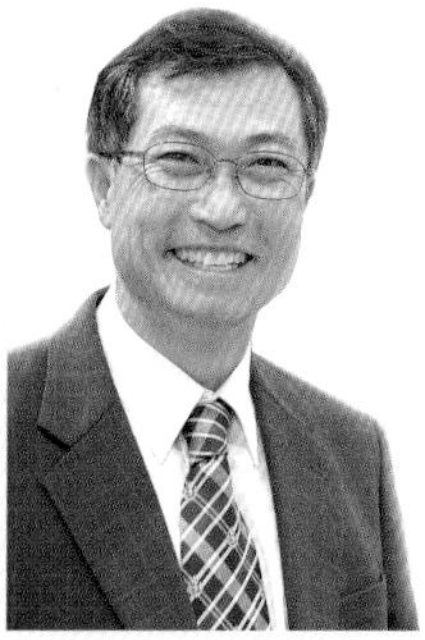

제과명장 서정웅

제과제빵 기술 중에서도 설탕공예의 테크닉은 최상위에 해당되며 제과기술인이면 누구나 선망의 대상 기술로써 제과제빵의 본고장 프랑스에서는 진정한 파티쉐라면 누구나 설탕공예를 할 줄 알아야 합니다.

최근 국내에서도 1997년 프랑스 리옹에서 개최되는 월드페이스트리컵에 한국대표의 출전을 시작으로 미국 라스베이거스에서 열리는 월드페이스트리팀챔피언십, 국제기능올림픽대회 등 수준 높은 세계대회에 출전할 기회가 많아지면서 공예과자에 대한 관심도가 점차 높아지고 있습니다. 하지만 아직까지 공예과자에 대한 전문서적이 거의 없는 실정에서 공예과자를 배우려는 기술인들은 많은 어려움을 겪고 있었던 것이 사실입니다. 그러던 차에 이번에 출간된 〈챔피언에게 배우는 설탕공예 비법〉이라는 설탕공예 전문서적의 출간은 가뭄에 단비를 맞이하는 농부의 심정이라 할 수 있습니다.

본 서의 공동 저자인 홍종흔 후배님과 정영택 후배님은 국내 공예과자 기술의 열악한 환경을 이겨내고 각고의 노력을 경주하여 세계의 우수한 제과대회에서 놀랄만한 성적을 거두었고, 이러한 경험에서 얻어진 값진 새로운 기법을 체계적으로 정리하여 출간하게 되었다는 사실은 오랫동안 제과제빵을 연구해 온 사람으로서 또한 업계 선배의 한 사람으로서 두 후배님에게 마음속 깊이 경의를 표하는 바입니다.

본 도서의 출간은 국내 제과제빵업계에 커다란 반향을 일으킬 것은 물론이거니와 이 책이 업계의 기술적 자산으로서 장차 오랫동안 그리고 광범위하게 이용될 것이라 확신합니다.

다시 한번 이 책의 발간에 온갖 정성을 쏟으셔서 업계에 좋은 선물을 주신 홍종흔, 정영택 두 후배님에게 감사를 드리면서 국내 제과업계발전에 시금석이 되는 중요한 기술서가 되기를 기원합니다.

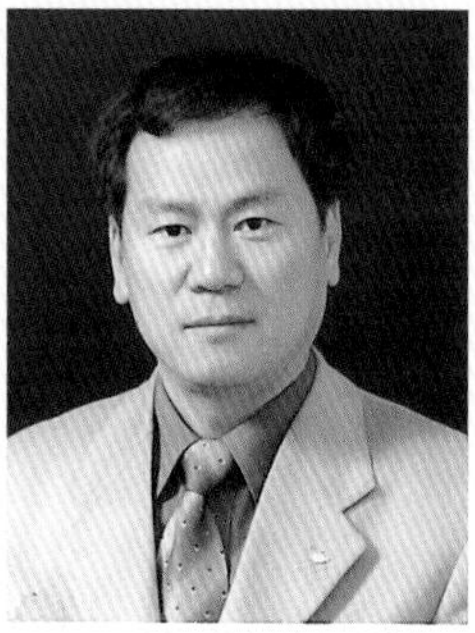

제과명장 박찬회

홍종흔 · 정영택 두 후배님이 함께 만든 〈챔피언에게 배우는 설탕공예 비법〉 발간을 진심으로 축하합니다. 설탕공예의 대가로 손색없는 두 사람은 국내 대회는 물론 국제 대회에서 좋은 성적으로 한국을 빛낸 주역들이었는데 이번에 대회 수상작은 물론 노하우라 할 수 있는 모든 비법을 책으로 옮겼다는데 기술인의 한 사람으로서 경의를 표합니다.

설탕공예는 설탕, 물, 물엿을 넣고 150℃ 이상의 높은 온도로 끓여 틀에 붓거나, 잡아당기거나, 공기를 집어넣어 아름다운 작품을 만드는 공예를 말합니다. 프랑스에서 처음 시작된 설탕공예는 지금은 프랑스를 비롯하여 전세계적으로 각종 대회가 열리고 있으며, 프랑스의 경우에는 제과장 시험의 필수종목으로 되어 있을 정도로 인정받고 있습니다.

설탕공예는 제과 기술 중에서도 가장 배우기 어려운 기술 중에 하나로 많은 시간과 노력이 요구되는 작업입니다. 비록 우리나라가 설탕공예의 시작은 조금 늦었지만 창조적인 아이디어와 손재주가 뛰어난 민족이기에 세계 최고로서의 가능성이 기대되고 있습니다.

현재 설탕을 다루는 기법은 국제대회의 꽃이라 말할 수 있으나 국내에서는 이렇다 할 지침서가 부족하여 설탕공예를 배우려는 기술인들에게는 여러 가지로 어려운 점이 많았습니다. 그런데 이번에 두 분에 의해 설탕을 다루는 지침서가 발간되었다는 소식을 듣고는 제과인의 한 사람으로서 반가운 마음 금할 길이 없습니다.

두 분의 기술이 우리 제과인들에게 큰 도움과 업계 발전에 큰 몫을 할 것이라 기대하며 다시 한번 〈챔피언에게 배우는 설탕공예 비법〉 발간에 애쓴 두 분께 감사를 드립니다.

인사말

"너무나도 아름답고 화려한 설탕공예의 매력에
흠뻑 빠져 자나 깨나 설탕공예 생각만 가득해
다른 일들은 손에 잡히지 않았습니다."

불과 몇 년 전만 해도 유럽이나 일본의 전유물로만 생각하던 때가 있었습니다. 설탕을 높은 온도로 녹여서 시럽 상태로 만들어 갖가지 기법을 동원하여 아름다운 작품을 만드는 것이 바로 설탕공예입니다. 현존하는 가장 오래된 설탕공예 작품은 18세기에 프랑스에서 그려진 동판화를 통해서 발견되었습니다. 설탕공예의 본격적인 시작은 1900년대 초 룩셈부르크의 제과요리사로 활약하던 류트 페리아 씨와 프랑스의 제과장이었던 토리니아 에띠앙씨에 의해 비약적으로 발전하였으며 현재는 프랑스 제과장(M.O.F) 시험에 필수종목으로 자리잡으면서 화려한 예술로 발전했습니다.

이처럼 너무나도 아름답고 화려한 설탕공예의 매력에 흠뻑 빠져 자나 깨나 설탕공예 생각만 가득해 다른 일들은 손에 잡히지 않았습니다. 설탕공예 펌프가 없어서 빨대에 설탕을 꽂아 입으로 불어가며 난생 처음 만들어 보는 가재를 완성하고는 너무도 기뻐서 여기저기 자랑을 하던 시절이 떠오릅니다. 그때는 설탕공예를 할 때의 기후조건, 설탕 온도 등 가장 기초적인 사항조차 모르고 무작정 달려들었습니다.

지금 생각해보면 아련한 추억이기도 하지만 당시에는 너무나도 힘들었던 시절이었습니다. 그런 시절을 생각하며 지금도 설탕공예를 배우기 위해 노력하는 많은 제과인들을 생각하게 됩니다.

이 책은 기존에 나와 있던 설탕공예 책과는 조금 다른 관점에서 시작했습니다. 설탕공예의 최고 아름다움은 모든 기법이 결합되어 작품이 만들어질 때 그 진가를 발휘합니다. 따라서 작품 위주로 책을 꾸몄으며 작품에 사용된 기법들을 자세히 설명해줌으로써 실질적인 공예의 세계로 안내할 것입니다. 또한 미국 라스베이거스에서 열린 2004 월드페이스트리팀챔피언십과 프랑스 리옹에서 개최한 2005 월드페이스트리컵에서 1등을 수상한 작품의 공정과정을 상세하게 공개함으로써 이 책의 가치를 더해줄 것입니다.

기술은 계속해서 공부하면 빨리 상달할 수 있지만 한번 중단해서 다시 공부하는 것을 반복하면 확고한 신념을 가지고 있지 않는 이상 기술 발전을 기대하기는 어렵습니다. 특별한 사람들만이 할 수 있는 것이 아니라 누구나 노력하면 할 수 있는 제과기술이 바로 설탕공예입니다. 그래서 설탕공예가 좀 더 많은 사람들에게 보급되기를 바라는 마음으로 이 책을 펴내게 되었습니다.

설탕공예를 하다가 손에 물집이 잡혀 터져도, 설탕을 한참 그냥 두어 딱딱해져서 만질 수 없게 되어도 절대로 설탕공예를 포기하지 마십시오. 이 책에서 어렵게 터득하고 연마한 기법을 누구나 이해하기 쉽게 공정과정을 자세히 보여주기 때문입니다.

이 책이 나올 수 있도록 많은 도움을 주신 분들과 묵묵히 가장을 지켜본 가족에게, 특히 아내에게 감사한 마음을 전하고 싶습니다. 감사합니다.

저자 홍종훈, 정영택

차례

Part 1
설탕공예의 기초상식 및 기본 테크닉

설탕공예

Contents

Part 2
설탕공예 작품 만들기 I

아침햇살

뮤직

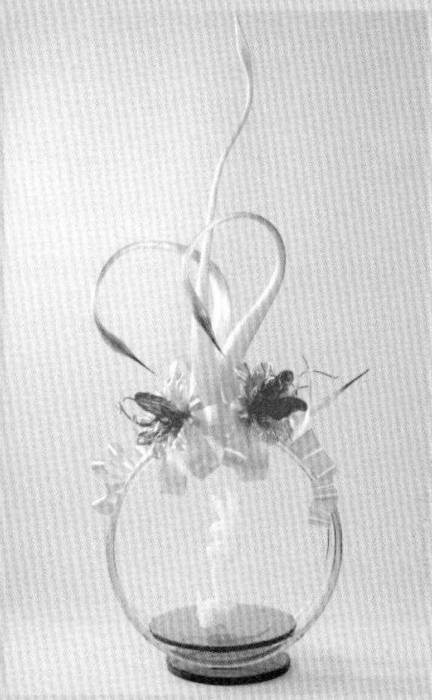

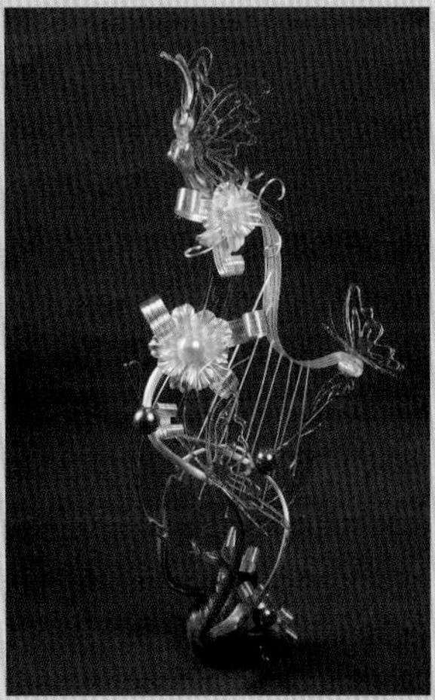

차례

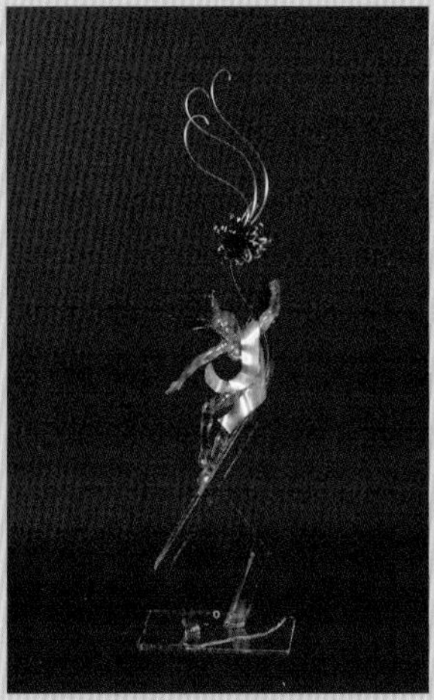

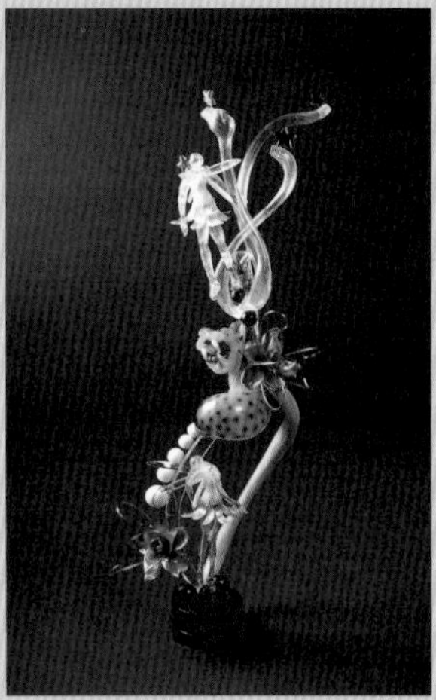

Part 3
설탕공예 작품 만들기 Ⅱ

여인의 향기

숲속의 요정

Contents

꿈꾸는 전갈

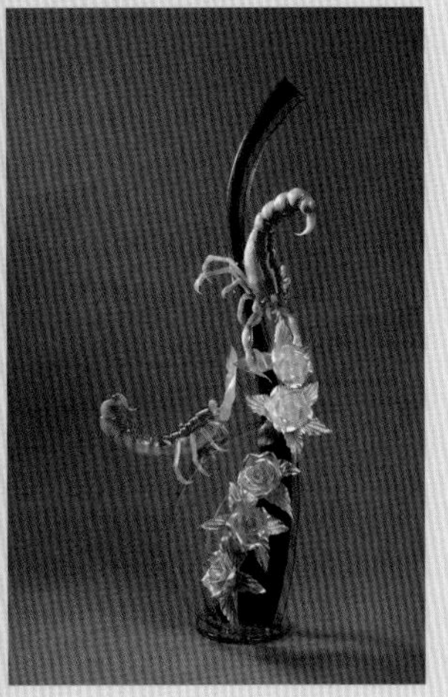

차례

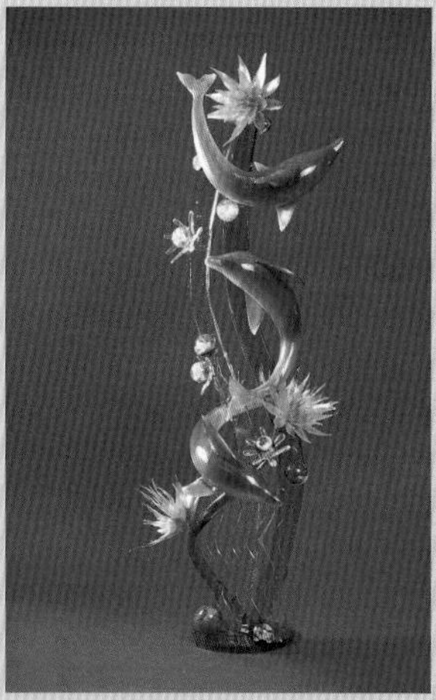

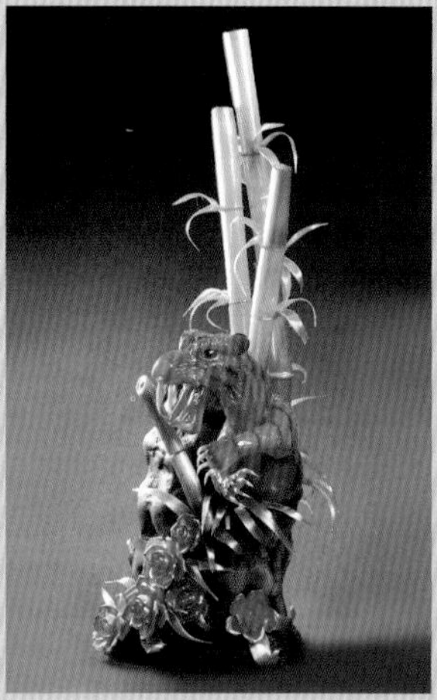

언더 더 씨

우리의 수호신 호랑이

Contents

Part 4
세계대회에서 수상한 설탕공예 작품

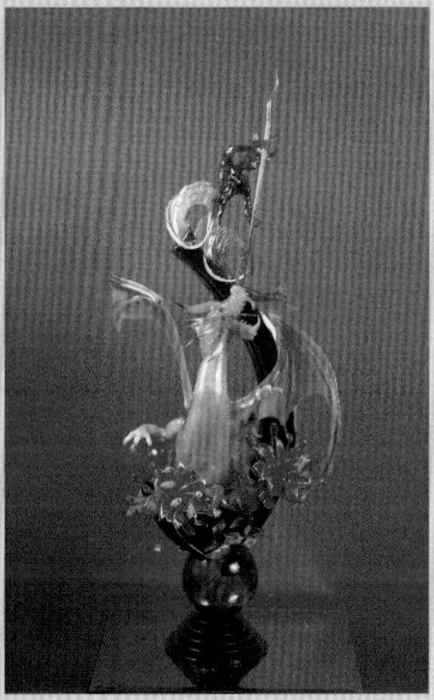

4원소

차례

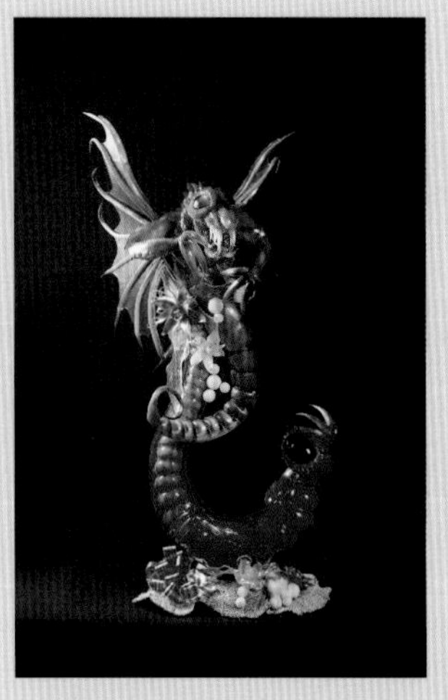

몬스터

Part 1

설탕공예의 기초상식 및 기본 테크닉

제과 기술의 꽃이라 할 수 있는 설탕공예의 다양한 기법을 익히기 전에
기본상식과 기본 테크닉을 익혀본다.

설탕공예

각종 국내외 대회에서 공예 작품이 필수 종목으로 주목을 받으면서 공예에 대한 관심이 높아지고 있다. 제과기술의 꽃이라 할 수 있는 설탕공예는 다양한 기법과 풍부한 지식이 요구되는 섬세한 손끝 작업이다.

설탕공예를 시작하기 전에 알아야할 기초상식

✲ 설탕(Sugar)

설탕은 사탕수수나 사탕무를 짜서 정제 ➡ 건조 ➡ 결정화 단계를 거쳐 만든 감미료의 일종이다.

설탕은 만드는 방법과 형태에 따라 종류가 다양해진다. 설탕이 가지는 분자구조 때문에 설탕은 끓이는 온도에 따라 성질이 크게 달라진다. 이러한 설탕의 성질을 이용해서 시럽, 퐁당, 엿, 누가 등으로 만들어 제과 제빵 분야에서 다양하게 응용하고 있다. 설탕공예에서는 165℃까지 끓인 설탕을 이용하는데 165℃까지 끓인 설탕은 당기기 과정을 통해 잘 늘어나며 설탕 특유의 광택이 살아 있어 공예에 적합하다.

✲ 설탕공예 기법

설탕공예는 다양한 기법이 이용된다. 초보자들이 할 수 있는 기초기법으로 설탕 시럽을 원하는 틀에 부어 굳혀서 모양을 만드는 붓기(쉬크르 꿀레 : Sucre Coulé), 설탕 반죽을 당겨 모양을 만드는 당기기(쉬크르 티레 : Sucre Tiré), 설탕 반죽에 공기를 넣어 모양을 잡는 불기(쉬크르 수플레 : Sucre Soufflé) 등이다. 이러한 기법의 특징과 방법을 충분히 이해하고 적절하게 이용해야 멋진 작품을 만들 수 있다.

✲ 결정 없는 광택 내기

설탕공예의 완성도를 높이는 것은 결정 없이 특유의 영롱한 빛을 발하는 광택이다. 설탕을 끓이는 과정부터 불순물을 없애고, 다 끓인 설탕을 골고루 잘 식혀야 결정 없는 깨끗한 설탕을 만들 수 있다. 또한 설탕 반죽을 늘리기 힘든 상태에서 최대한 잡아당기는 작업을 여러 번 거듭해야 빛나는 광택을 얻을 수 있다. 이렇게 설탕공예 작업을 하면서 전 과정에 걸쳐 공정을 올바르게 지키고, 세심한 작업을 해야 특유의 아름다운 광택을 낼 수 있다.

✲ 반복 연습

멋진 설탕공예 작품을 완성하기 위해서는 무엇보다 기초를 탄탄히 쌓는 많은 연습이 필요하다. 작품을 완성하기 위해서는 공예 기법을 충실히 익히고, 수없이 많은 연습을 반복하고 또 반복해야 한다. 설탕공예를 하기에 적합한 곳은 습기가 없는 곳으로 되도록이면 독립된 공간이 좋다. 작업장의 온도는 22℃ 이하, 습도는 40% 미만이 필수이다. 작업장에 온도계와 습도계는 필수적으로 갖춰야 하는 것을 잊지 말자.

재료

✲ 물(Cold Water)

설탕을 녹여 시럽상태로 만들기 위한 용매제이다. 설탕공예를 위해 설탕을 끓일 때는 차가운 물을 사용해야 하는데, 그 이유는 차가운 물이 설탕을 녹여주어 완전히 섞이기 때문에 설탕을 끓일 때 결정이 생기는 것을 막을 수 있다.

✲ 물엿(Glucose)

설탕공예를 더 견고하고 오랫동안 유지시켜 주는 역할을 한다. 설탕을 끓일 때 물엿은 반드시 설탕과 물이 완전히 끓고 난 후 섞어 주어야 하는데 만일 끓기 전에 넣게 되면 설탕이 완전히 섞이는 것을 방해해 결정이 생길 수 있다. 물엿을 넣지 않고 설탕을 끓이면 편하게 작업할 수는 있지만 설탕공예의 광택과 유지성은 줄어들게 된다. 물엿의 양은 작업할 때의 온도나 설탕의 조직에 따라 조절해서 사용할 수 있다. 물엿의 양이 늘수록 작업할 때 설탕반죽의 온도는 높고 작업이 까다롭지만 작품의 광택이 좋고 건조해져 작품의 수명이 길어진다.

✲ 주석영(Crème de Tartee)

포도과즙을 발효시켜 추출한 주석산의 일종으로 흰자를 거품낼 때 사용하거나 설탕용액을 끓일 때 결정화되는 것을 막기 위해 사용한다. 주석영에 들어 있는 산에 설탕의 일부를 분해시켜 전화당으로 만드는 성질이 있고, 전화당에는 결정화를 막는 과당이 들어 있기 때문에 설탕시럽을 끓일 때 주석영을 넣는다. 주석산은 주석영에 비해 설탕반죽의 유연함을 더해 주고 설탕공예 램프 밑에서 작업을 할 때 오랜 시간 광택을 잃지 않도록 해주지만 습기에 더 민감하게 반응한다. 주석영은 설탕이 끓기 전에 넣어 주어야 하는 반면, 주석산은 설탕을 끓여서 불을 내리기 직전에 넣어야 한다. 주석산을 너무 일찍 섞으면 설탕의 전도를 막아 비정상적으로 부드러운 질감과 볼품없는 작품이 되기 때문이다.

✲ 산화티탄(Titanium Oxide)

화장품, 물감, 비누 등 일상생활에 널리 쓰이는 물질이다. 가루 상태의 산화티탄을 알코올에 넣어 사용하며, 설탕에 넣었을 때 우유와 같이 뽀얗게 변한다.

도구

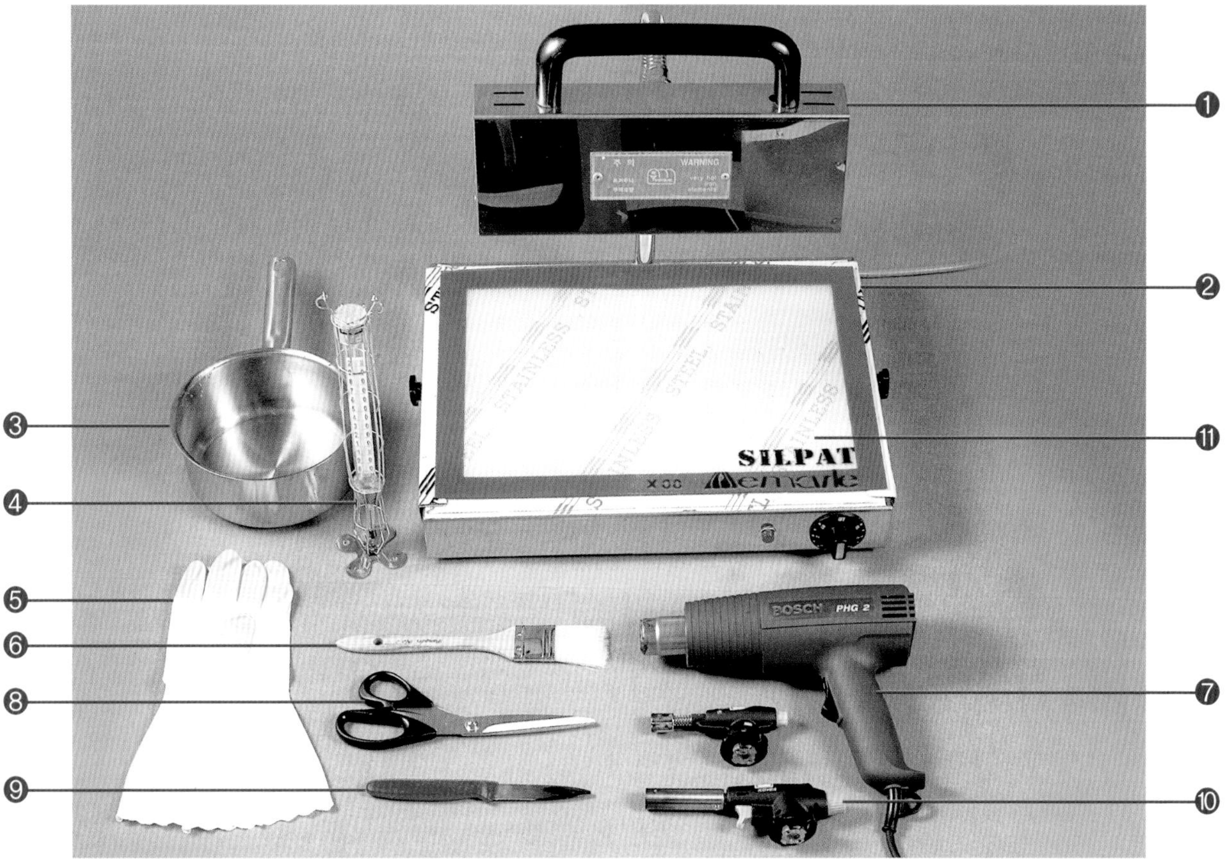

❶ 설탕공예용 램프
❷ 전열기 또는 가스렌지
❸ 냄비
❹ 온도계
❺ 고무장갑
❻ 붓
❼ 열풍기
❽, ❾ 가위, 칼
❿ 토치 램프
⓫ 실팻

① 설탕공예용 램프

설탕반죽을 적당한 온도로 유시시켜주는 장치

② 전열기 또는 가스렌지

설탕을 끓이기 위해서는 전열기나 가스렌지가 필요하다. 냄비 겉면부터 온도가 높아지는 가스렌지에 비해 전열기는 온도가 균일하게 올라가 설탕시럽을 안정적으로 끓일 수 있는 장점이 있다.

③ 냄비

설탕공예에서는 보통 동냄비를 사용하는 것이 정석화되어 있다. 하지만 동냄비는 관리하기가 힘들고, 동냄비 표면에 화학적 반응이 일어나서 요즘은 관리하기 편한 스테인레스 냄비를 선호한다.

④ 온도계

설탕공예는 보통 165℃ 이상 온도로 설탕을 끓여서 사용하는 경우가 많으므로 온도계는 200℃ 이상 표시가 가능한 온도계를 사용하면 된다. 온도를 잴 때 수직으로 재는 것이 정확하게 나타내기 때문에 똑바로 세워서 사용할 수 있는 온도계가 좋다.

⑤ 고무장갑

설탕시럽과 반죽의 온도가 엄청 뜨거운 상태에서 작업을 하기 때문에 손에 끼는 고무장갑이 필요하다. 또 손가락으로 반죽을 잡아당기며 작업해야 하는 특성으로 손가락 부분에 울퉁불퉁한 무늬가 없는 장갑을 사용해야 한다.

⑥ 붓

결정이 생기는 것을 막기 위해 설탕을 끓일 때 냄비 옆면을 닦는데 필요하다. 크기나 종류 상관없이 사용할 수 있다.

⑦ 열풍기

뜨거운 바람이 강력하게 나오는 기구. 열풍기 대신 헤어 드라이어를 사용해도 무방하다.

⑧, ⑨ 칼과 가위

설탕공예 반죽을 자르거나, 마무리 작업에 필요하다. 칼을 그냥 사용하면 설탕반죽이 캐러멜화 현상이 나타나므로 반드시 토치 램프에 달군 다음 사용하고, 쓰고 나서는 젖은 헝겊으로 닦아주어야 한다.

⑩ 토치 램프

설탕반죽을 녹이거나 설탕공예작품을 접착할 때 쓰이는 소형 휴대용 버너.

⑪ 실팻

끈적끈적한 설탕이 들러붙지 않아 시럽을 올려놓거나 반죽을 작업할 때 쓰인다.

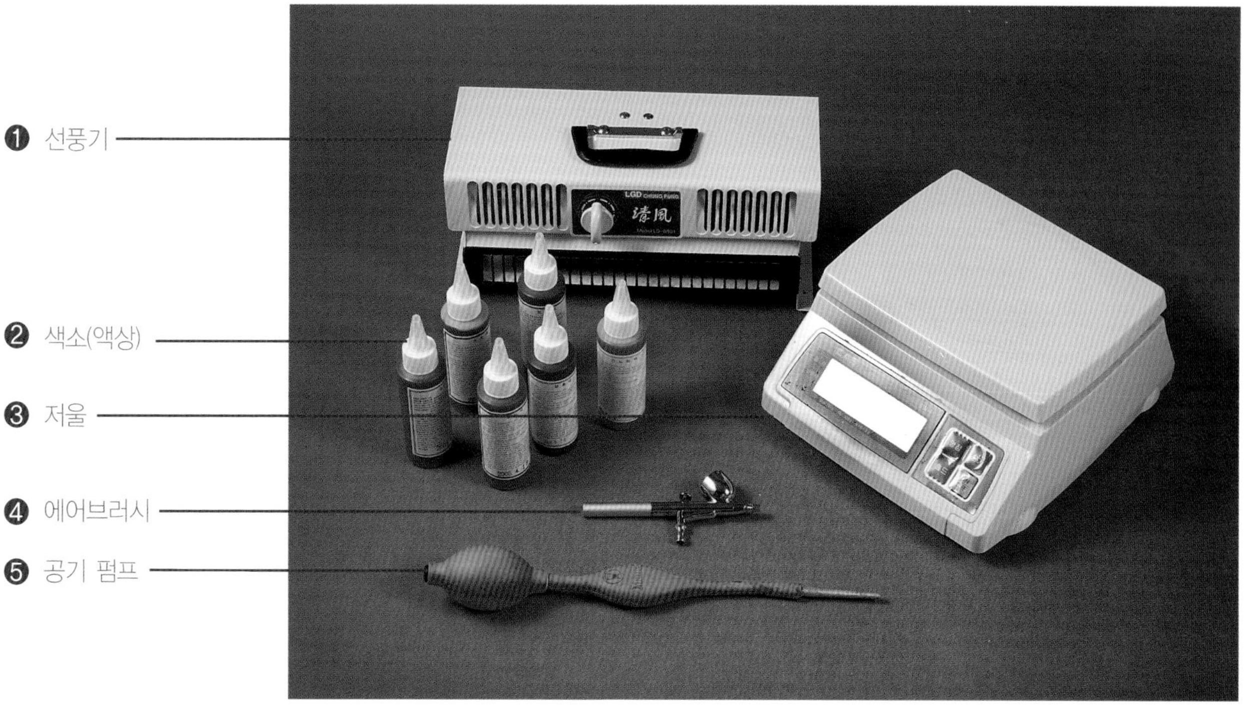

① 선풍기

뜨거운 설탕반죽으로 모양을 잡는 작업을 할 때 시원한 선풍기 바람에 식히면서 하는 것이 좋다.

② 색소(액상)

설탕시럽을 끓일 때 섞어 갖가지 영롱한 색깔을 내거나, 작품의 완성도를 위해 에어브러시로 피스톨레할 때 필요하다.

③ 저울

설탕반죽이나 이소말트, 파스티아주 반죽에 필요한 재료의 정확한 계량을 위해 필요하다.

④ 에어브러시

설탕공예 작품에 색깔을 피스톨레할 때 쓰이는 기구. 갖가지 색깔로 화려하게 장식할 수 있다.

⑤ 공기 펌프

고무로 만든 공기주입기. 설탕공예 반죽에 공기를 집어넣어 구, 새, 동물, 사람 모양을 잡는 데 쓰인다.

실리콘 틀과 몰드

기둥이나 받침대 등을 만들기 위한 틀에 설탕시럽을 부어서 굳히거나, 갖가지 모양을 본뜬 실리콘 몰드에 설탕반죽을 찍어내서 모양을 만들 수 있다.

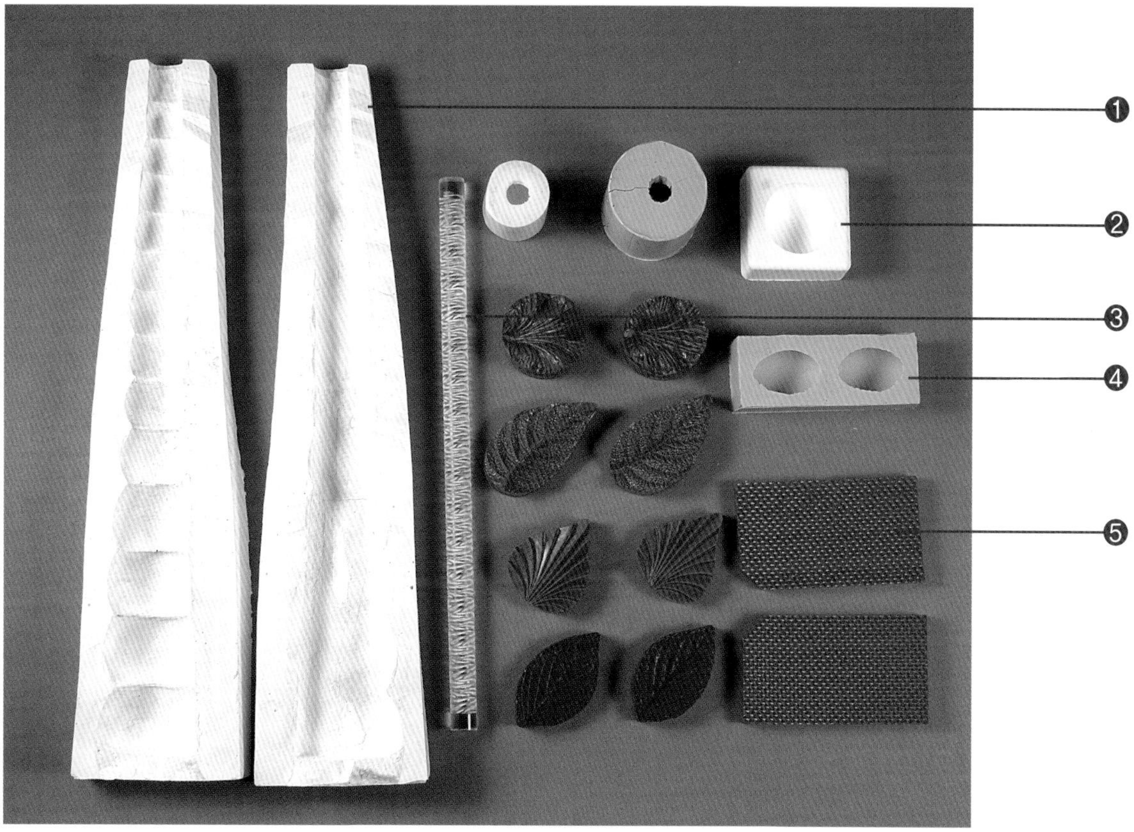

❶ 실리콘 몰드
❷ 반구 몰드
❸ 아크릴 밀대
❹ 눈 몰드
❺ 나뭇잎 몰드

설탕시럽 끓이기

❖ 기본 배합

설탕 – 1,000g
물 – 300g
물엿 – 200g
주석영 – 0.5g

❶ 스테인레스 냄비(또는 동냄비)와 저울을 준비한다. 〈사진 ①〉

– 스테인레스 냄비는 일반 세제로 닦아 물로 잘 헹구면 된다. 동냄비는 식초와 소금으로 깨끗이 닦고 물로 잘 헹군다. 식초가 조금이라도 묻어 있으면 식초가 주석영과 동일한 역할을 하기 때문에 설탕이 부드럽게 되서 너무 늘어나 버리고, 힘이 없는 설탕이 되어 버리기 때문에 물로 충분히 닦아준다.

❷ 저울 위에 냄비를 올리고 먼저 물을 계량한다. 〈사진 ②〉

– 반드시 물을 먼저 넣고 설탕을 넣어야 한다. 먼저 설탕을 넣어 버리면 물이 적어져 잘 섞이지 않기 때문이다.

❸ 저울을 0으로 맞춰 놓고 설탕을 계량해 넣는다. 〈사진 ③, ④, ⑤〉

❹ ③에 주석산을 넣고 중불로 가열한다. 〈사진 ⑥, ⑦〉

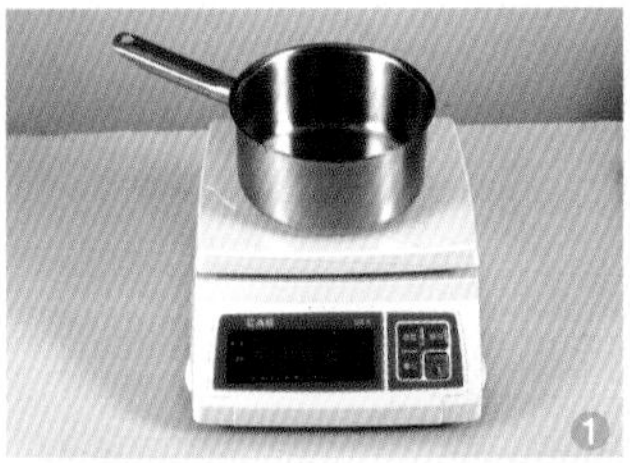
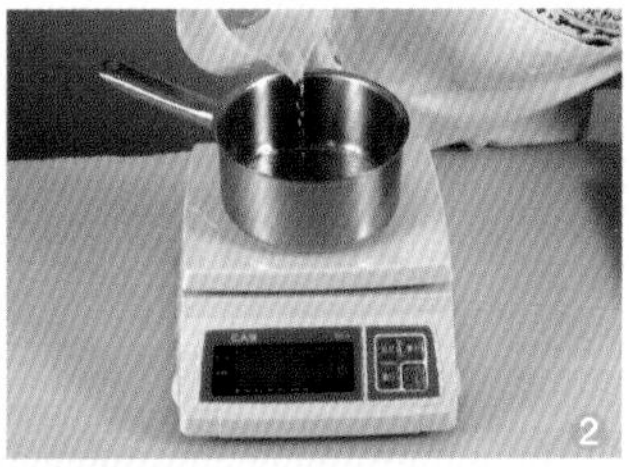
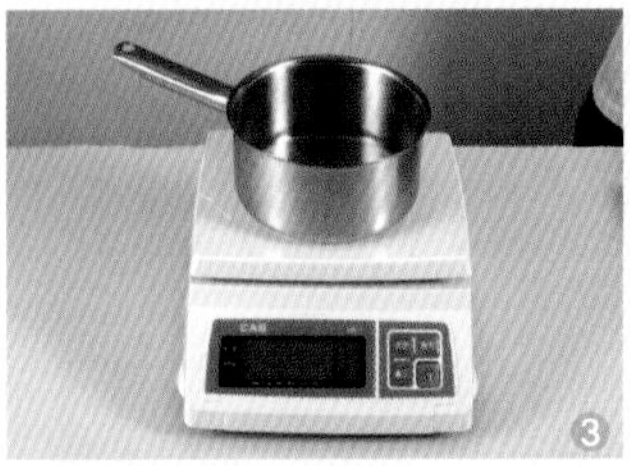
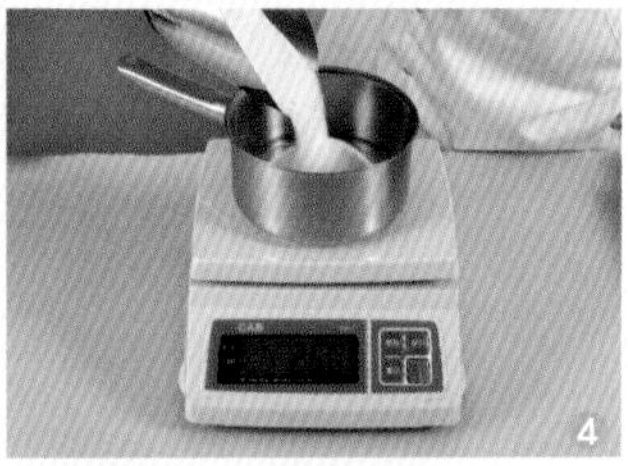
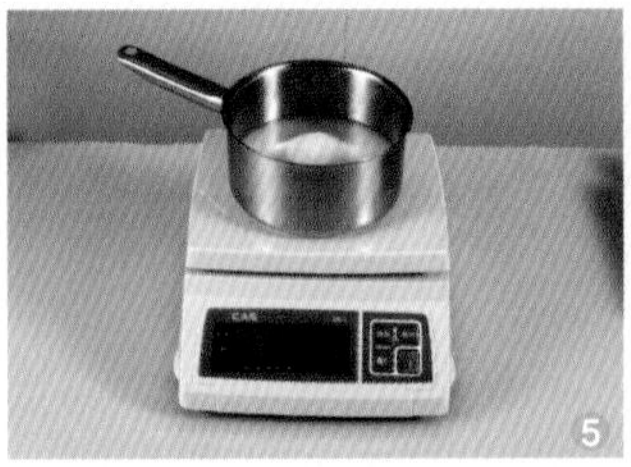
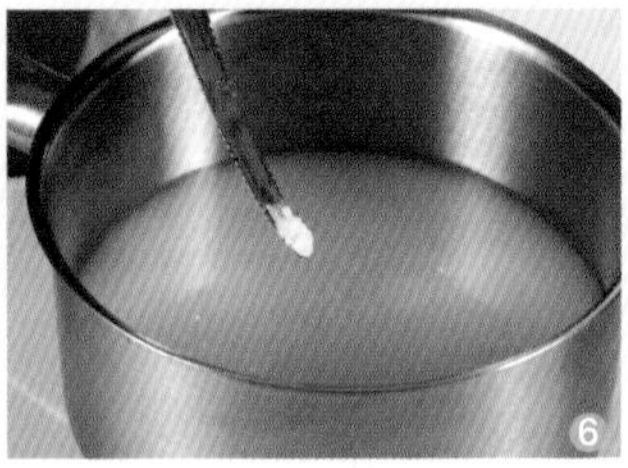
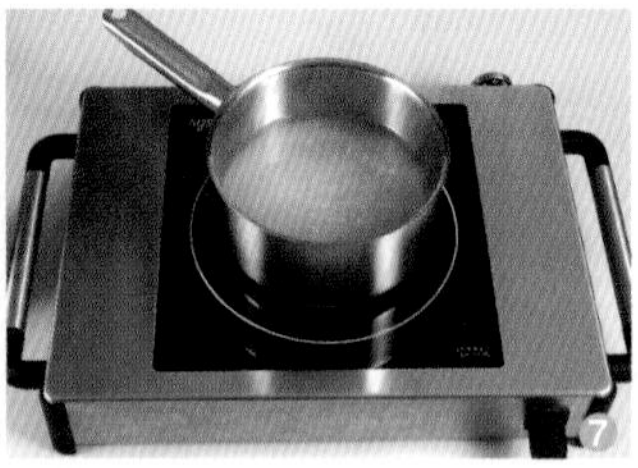

주석산

❶ 분말인 것은 귀후비개 1개 분량만큼 넣는다.
❷ 액체인 것은 물과 주석산의 비율을 1:1로 끓인다. 이때 처음부터 끓이면 황산화현상이 일어나므로 설탕을 165℃로 끓인 다음 스포이드로 10방울을 떨어뜨린다.
❸ ②가 끓기 시작하면 떠오르는 불순물을 국자로 떠낸다. 〈사진 ①〉
❹ 냄비를 불에서 내려 저울에 젖은 수건을 올려놓고 물엿을 계량한다. 〈사진 ②〉
❺ 불순물을 모두 걷어낸 후 온도계를 꽂아놓고 물엿을 넣어 끓인다. 〈사진 ③〉
- 불순물을 걷어내야 결정이 생기지 않는다.
❻ 냄비 옆면에 튀는 설탕을 붓으로 닦아주면서 165℃까지 끓인다. 〈사진 ④〉
❼ 설탕시럽에 색소를 넣어 끓일 경우 160℃일 때 색소를 투입해 168℃까지 끓인다. 〈사진 ⑤, ⑥〉

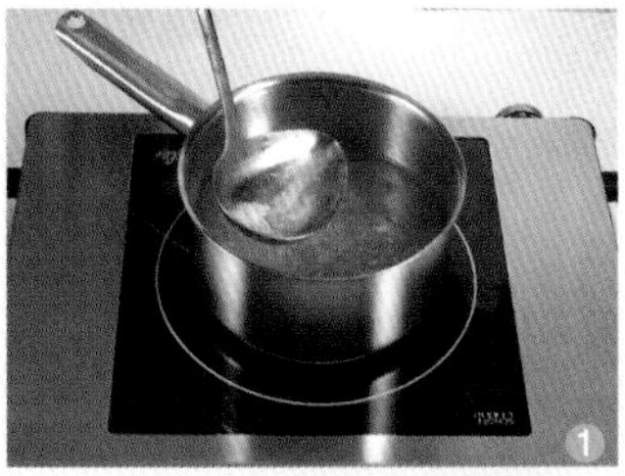

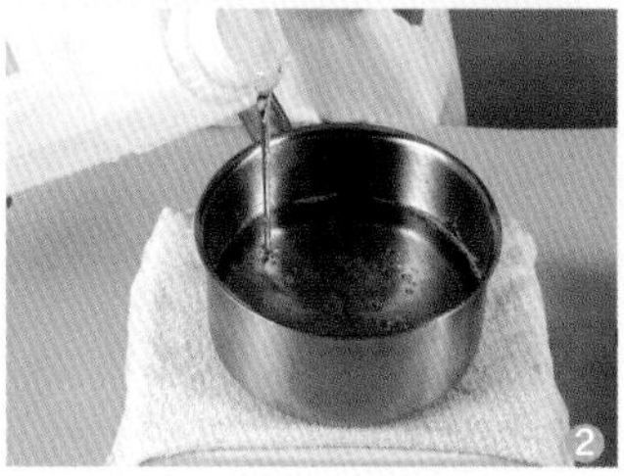

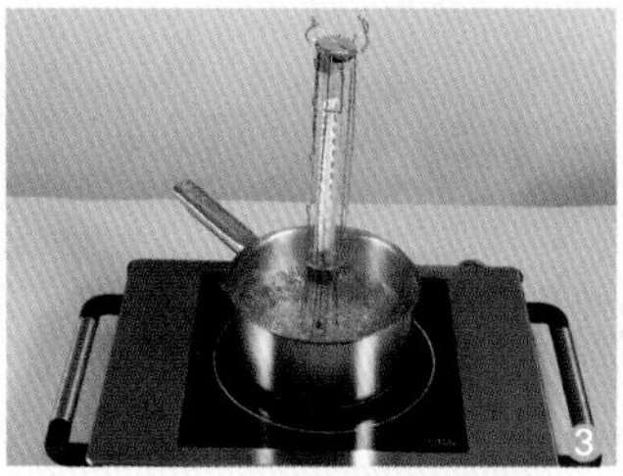

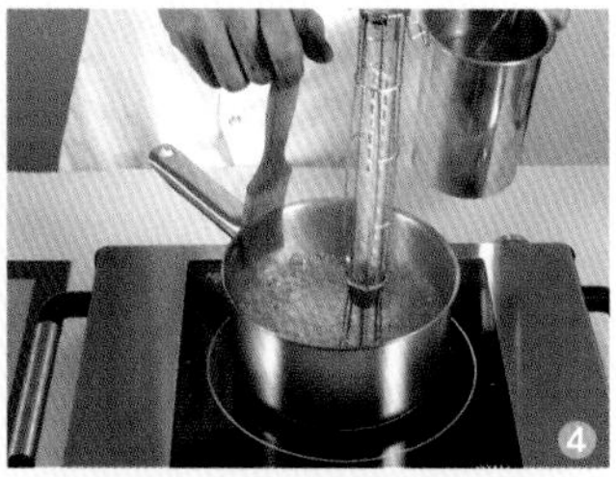

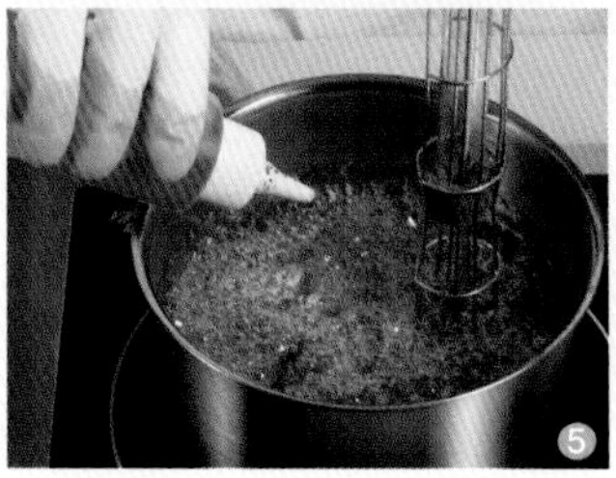

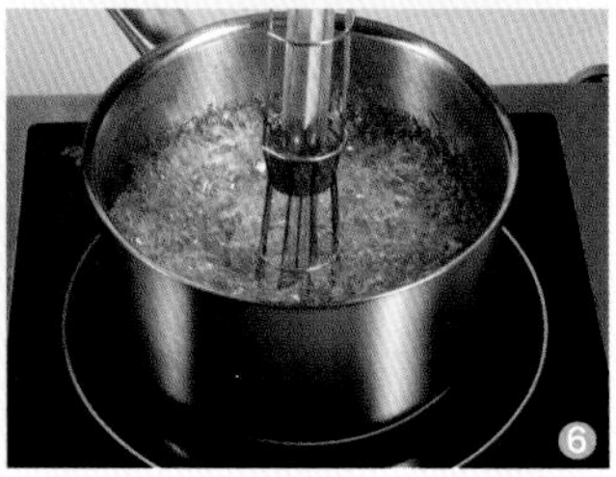

Tip 주의하세요!

결정이 생겼어요!

주석영을 넣지 않았거나 냄비 옆면에 튀는 설탕을 붓으로 닦아 주는 붓질을 깜빡 잊어버리면 설탕 반죽에 결정이 생긴다. 결정이 생기면 당기기, 붓기, 불기 등 설탕공예 기법을 활용해 아무리 작업을 잘해도 작품이 매끄럽게 나오지 못하고 구멍이 송송 뚫린 표면을 갖게 된다.

▼ 결정이 생긴 반죽

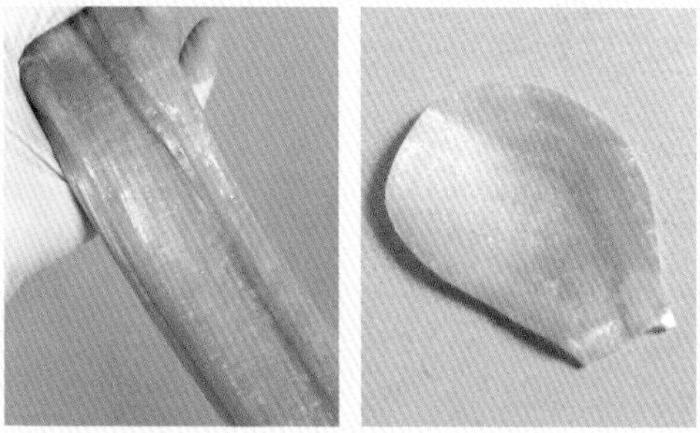

▼ 결정이 없는 반죽

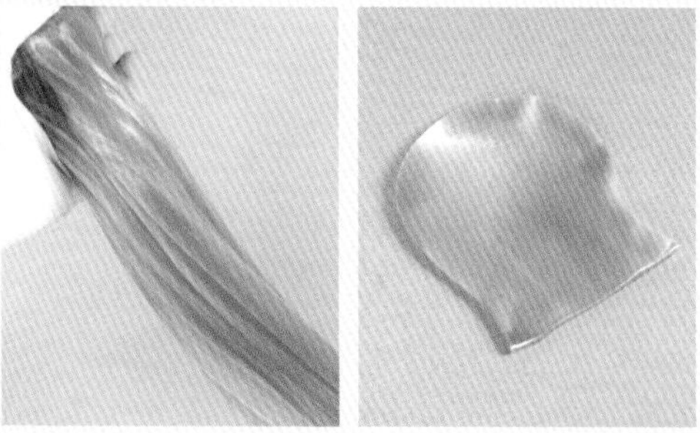

설탕 끓이기 단계별 반응

❶ 실 모양 단계 107℃
설탕시럽을 끓인 후 엄지와 검지로 집어서 두 손을 떼면 가느다란 실모양이 되며 조금 있으면 끊어진다.

❷ 공기로 부풀리기 112℃
지름 8cm의 무스 틀로 끓는 시럽에 담갔다가 입으로 공기를 불어 넣었을 때 끊어지지 않고 풍선 모양으로 부풀어 오르는 상태를 말한다.

❸ 구슬 모양 121℃
설탕용액에 점착성이 뛰어나 동그랗게 구슬모양이 된다.

❹ 깨짐 146℃
중요한 가열 온도로 이 단계의 설탕은 깨지고 얼음물에 담그면 소리가 난다.

❺ 캐러멜 168℃
설탕이 노랗게 되기 시작하는 온도이며 캐러멜향을 느낄 수 있다.

❻ 태우기 225℃
캐러멜 상태에서 10~15분 더 가열하면 검게 변하면서 타버려 숯이 되며 볼륨이 5배 증가한다. 태우기를 할 때는 낡은 냄비를 사용하지 않고 작품에 올릴 때는 통풍이 잘되는 자리에 둔다.

이소말트

이소말트는 설탕을 이루는 원료 중 하나로 칼로리와 감미도가 낮아 설탕 대체물질로 종종 사용되기도 한다. 흡습성이 적고 열과 산에 강한 이소말트는 갈변현상이 드물어 코팅 등 가공하기가 편해 사탕, 초컬릿, 껌 등 제과 · 제빵 분야에 널리 쓰인다. 설탕공예에서는 투명한 것을 표현하거나 원하는 색상을 나타낼 때 갈변현상이 적은 이소말트를 사용한다. 설탕반죽보다 말랑말랑하므로 모양을 만들 때 주의하는 한편 따로 보관할 필요없이 사용할 때마다 만들 어 사용하는 것이 좋다.

이소말트 끓이기

❶ 깨끗한 냄비에 사용할 만큼의 이소말트를 넣고 끓인다. 〈사진 ①〉

❷ 온도를 따로 잴 필요없이 보글보글 끓여 이소말트 덩어리가 없어지고, 이소말트 알갱이가 녹을 때까지 저어주면서 끓인다. 〈사진 ②〉

❸ 다 끓인 이소말트 시럽을 실팻에 부어 반죽해서 사용하거나 틀에 부어서 사용한다.

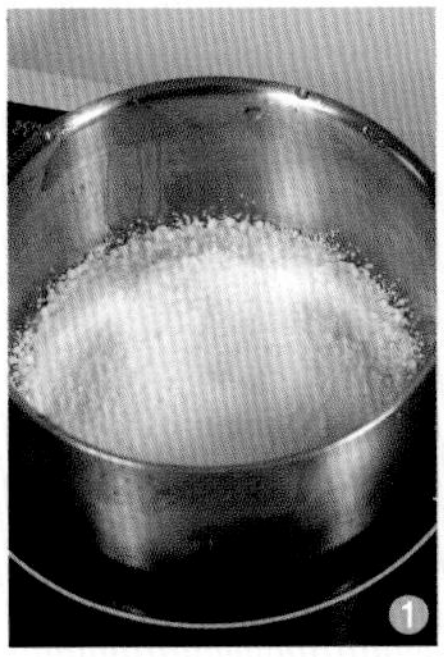

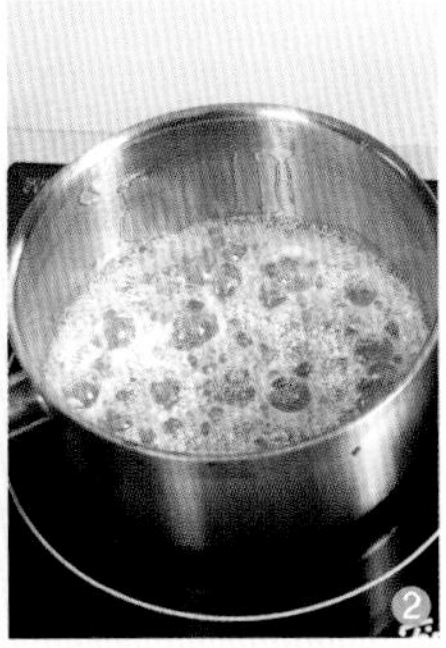

설탕반죽하기

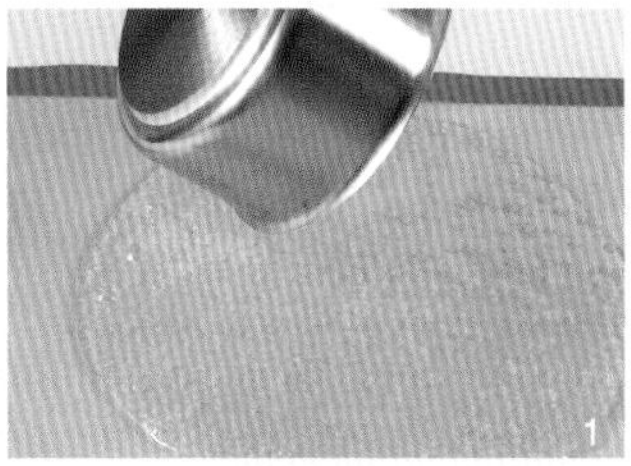

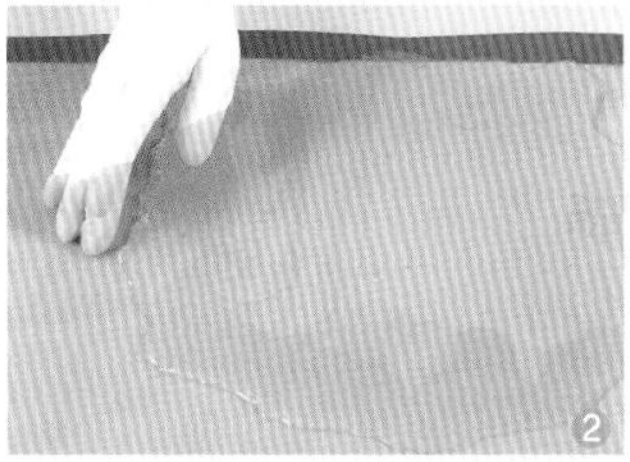

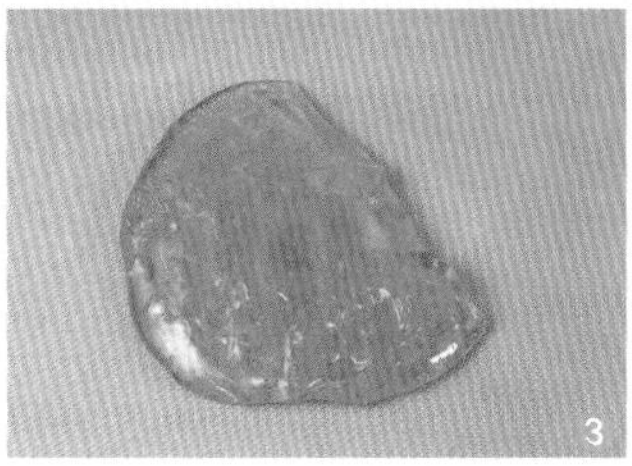

① 설탕시럽을 끓이자마자 바로 대리석이나 실팻에 부어 식힌다. 〈사진 ①〉

② 실팻 위에 놓인 설탕시럽은 가장자리부터 굳기 시작하므로 굳기 전에 안으로 밀어 넣어서 온도가 균일하게 유지되도록 한다. 〈사진 ②〉

③ 선풍기 바람을 씌워주면서 반죽을 안으로 모아주며 설탕시럽을 식힌다. 손으로 눌러주었을 때 물렁물렁해지지 않고 탄탄하게 느껴질 정도로 되직해질 때까지 식힌다. 〈사진 ③〉

- 설탕반죽이 뭉쳐지면 바닥에 닿는 면이 식기 때문에 뒤집어 접는 과정을 반복해서 고르게 식히며 반죽을 뭉친다.

④ 반죽이 어느 정도 식으면 원하는 모양을 만들어 사용한다.

Tip 설탕반죽을 잡아당길 때 주의하세요!

잡아당기는 것이 부족할 때 : 설탕에 공기가 들어가지 않고 광택이 없으며 색의 변화도 없다.

너무 잡아당겼을 때 : 설탕에 공기가 너무 들어가 버린 상태 · 빛이 나는 것을 통과해버려 빛이 선명하지 않다. 마치 안개 낀 유리처럼 되어서 색이 날아가 버린다.

반점이 생겼을 때 : 균일하게 식히지 않았기 때문에 어떤 부분은 공기를 포함하지 않은 채 먼저 굳어져 버리고 어떤 부분은 따뜻할 때 잡아당겨 버린 상태이다. 설탕과 설탕이 잘 합쳐져 있지 않고 결정이 확실하게 보인다. 색은 흩어져서 그 색을 띤다.

가장 좋은 상태 : 평균적으로 열을 빼서 잡아 당겼을 때 곧바로 식혔기 때문에 빛이 나가지 않고 설탕의 심지 쪽부터 빛이 나온다.

설탕반죽 보관하기

❶ 설탕반죽 위에 쇠막대 4개로 직사각형을 만들어 끓인 설탕시럽을 부어준다. 〈사진 ①, ②〉

❷ 겉면만 살짝 굳었을 때 쇠막대를 치우고 스크래퍼로 자국을 내준다. 〈사진 ③, ④, ⑤〉

❸ 설탕반죽이 식으면 쇠막대로 부러뜨려 조각을 낸다. 〈사진 ⑥〉

❹ 지퍼백에 조각낸 설탕조각과 방습제(실라카겔)를 담고 밀봉한다. 〈사진 ⑦〉

❺ 방습제(실리카겔)를 넣은 밀폐용기에 ④를 넣어 보관한다. 〈사진 ⑧〉

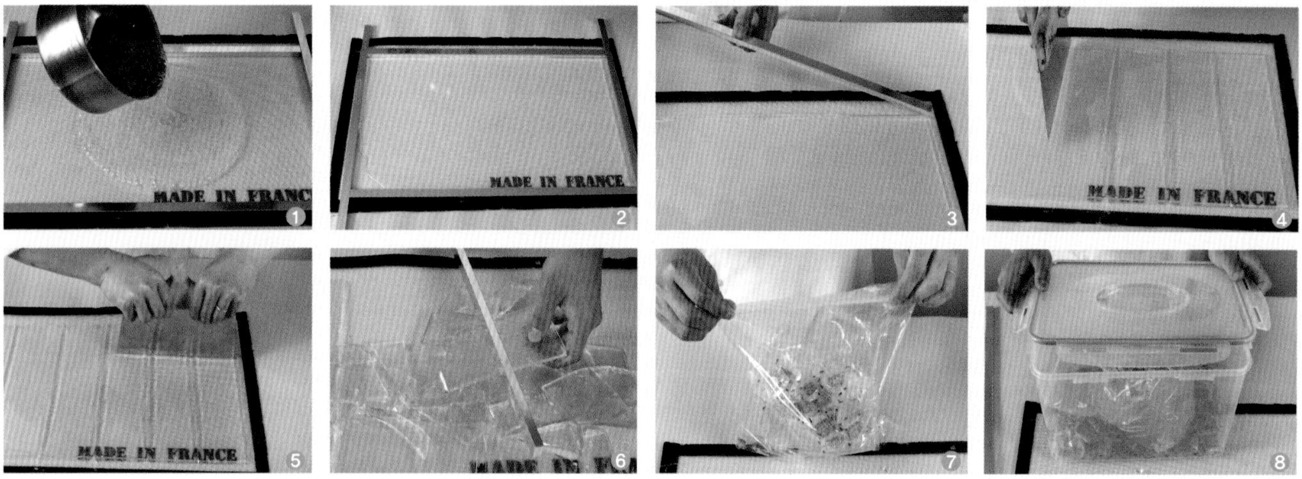

보관한 설탕반죽 다시쓰기

❶ 보관한 설탕을 다시 쓸 때는 설탕조각을 실팻 위에 올려 전자렌지에 놓고 완전히 녹인다. 〈사진 ①〉

– 설탕조각을 완전히 녹여서 사용해야 결정이 생기지 않는다.

❷ ①을 실팻 위에 올려 반죽해서 사용한다. 〈사진 ②〉

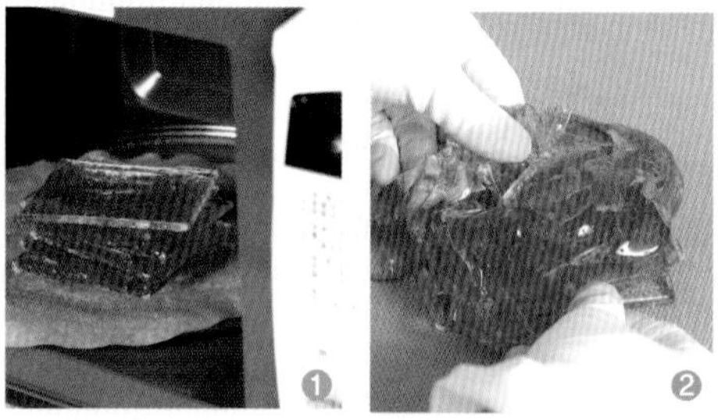

파스티야주

파스티야주는 분당에 젤라틴 등을 넣어 만든 흰색의 반죽이다. 설탕공예에서 장식적인 요소로 사용하기도 하고 파스티야주만으로도 작품을 만들 수 있다. 파스티야주 반죽은 빨리 굳는 특성이 있으므로 빠른 시간 안에 작업을 끝내야 한다. 또 사용하기 직전에 반죽을 만들어 쓰는 것이 좋다. 작품을 만들 때는 하루 전날 장식들을 만들어 충분히 말린 후에 사용해야 작품이 견고하게 만들어진다.

파스티야주 반죽하기

❖ 기본 배합

분당 1,000g, 판젤라틴 16g(2g짜리 8장)
레몬주스 20g, 물 60g

❶ 믹싱볼에 분당을 계량해 넣는다. 〈사진 ①〉
❷ 레몬주스와 물을 혼합하고 판젤라틴을 넣어 불려둔다. 〈사진 ②, ③, ④〉
❸ ②를 전자렌지에 놓고 완전히 녹을 때까지 돌린다(1분~1분30초 정도).
❹ 분당을 넣은 믹싱볼에 ③을 넣고 저속으로 믹싱하다 뭉치기 시작하면 중속으로 돌려준다. 〈사진 ⑤, ⑥〉
- 반죽상태에 따라 반죽이 질면 분당을 더 넣고, 반죽이 되면 물을 더 넣어 맞춘다.
- 믹싱을 돌리면 돌릴수록 반죽 빛깔이 더 하얘지고 가벼워진다.

❺ 믹싱볼에서 반죽을 꺼내 스크래퍼로 떼어내 표면이 매끈해질 때까지 반죽을 손으로 뭉쳐준다. 〈사진 ⑦〉
❻ 반죽이 마르지 않게 젖은 헝겊을 올려놓는다. 〈사진 ⑧〉

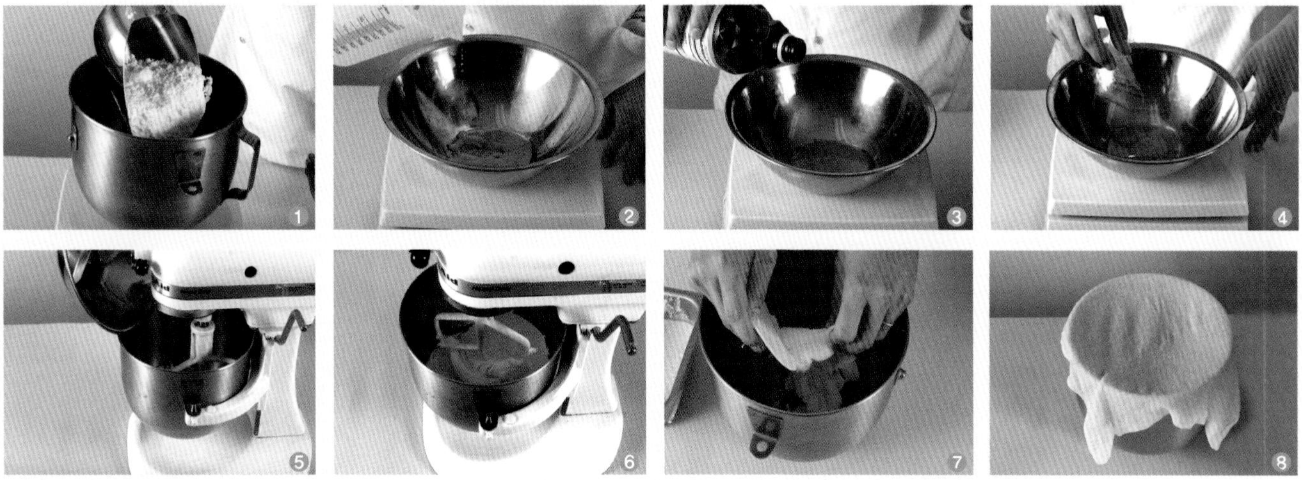

꽃

❶ 설탕반죽을 옆으로 펼쳐서 적당량을 얇게 당겨서 손으로 떼어낸다. 〈사진 ①, ②, ③〉

❷ ①을 담배종이 말듯이 살짝 말아주어서 꽃심을 만든다. 〈사진 ④, ⑤〉

❸ 설탕반죽 적당량을 꽃잎 모양으로 얇게 편 다음 당겨서 손으로 떼어낸다. 〈사진 ⑥, ⑦〉

- 설탕반죽을 얇게 떼어낼수록 광택이 난다.

❹ ③ 위에 꽃심을 올려놓고 감싼다. 〈사진 ⑧〉

- 꽃잎 하나를 만들 때마다 반죽온도를 유지하기 위해서 반죽을 안으로 모아주는 작업을 한다.

❺ 꽃잎은 손끝으로 다듬어서 모양을 낸다. 〈사진 ⑨, ⑩〉

❻ 꽃심을 중심으로 꽃잎을 한 잎 두 잎 감싸며 꽃을 완성한다. 〈사진 ⑪, ⑫〉

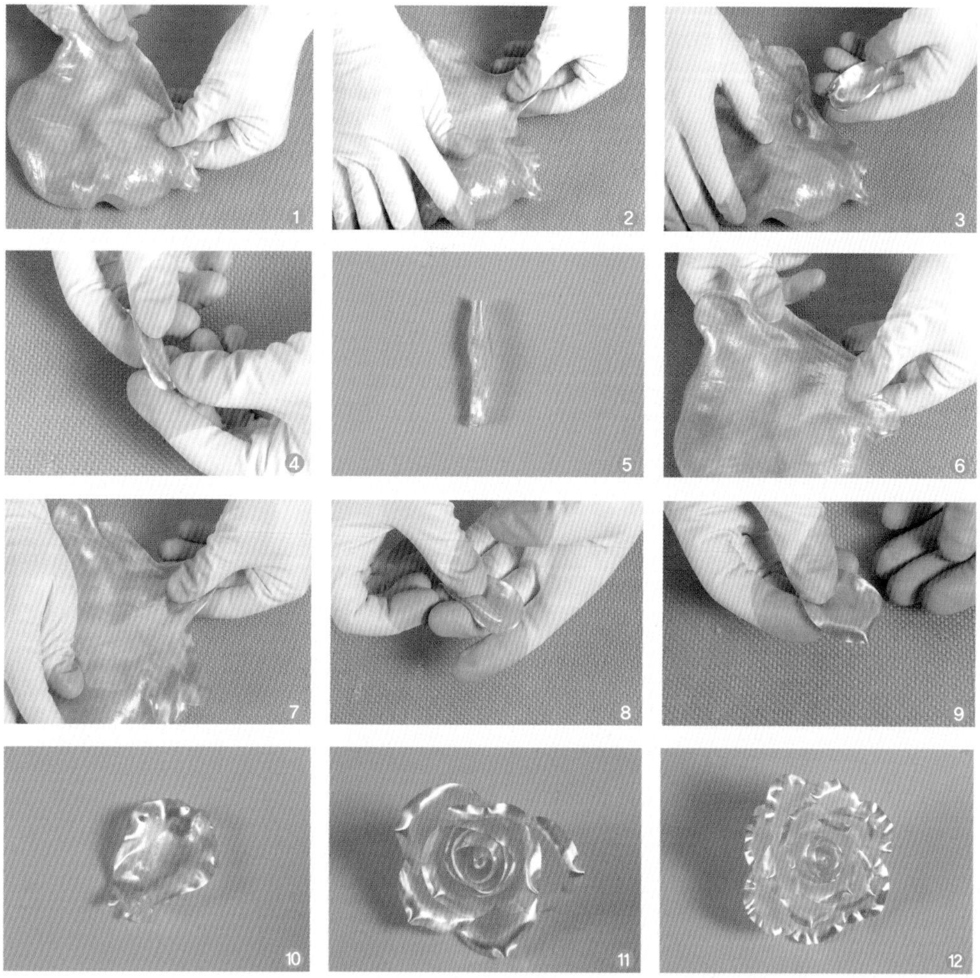

새

몸통

❶ 설탕반죽을 최대한 딱딱하게 만들어 양손으로 반죽을 꾹꾹 눌러 동그랗게 올라오게 한 다음 가위로 자른다. 〈사진 ①〉

❷ 가위로 자른 설탕반죽을 둥글게 만든 다음 손가락을 집어넣어 구멍을 만든다. 〈사진 ②, ③〉

❸ 토치램프로 펌프 끝과 ②를 달군 다음 구멍에 펌프를 집어넣는다. 〈사진 ④, ⑤. ⑥〉

❹ 왼손으로 설탕반죽을 잡고 오른손으로 펌프로 공기를 주입시킨다. 〈사진 ⑦〉
- 토치램프로 달궈 펌프를 집어넣는다.

❺ 펌프로 반죽을 부풀린 다음 반죽을 잡아당기기 쉽게 가위로 집어준 다음 손으로 다듬는다. 〈사진 ⑧, ⑨〉

❻ 새 목이 되도록 반죽을 길게 잡아빼준 다음 윗부분을 살짝 늘어뜨린다. 〈사진 ⑩, ⑪, ⑫〉

❼ 펌프에 낀 부분이 새 꽁지가 되도록 펌프를 빼낸다. 〈사진 ⑬, ⑭〉

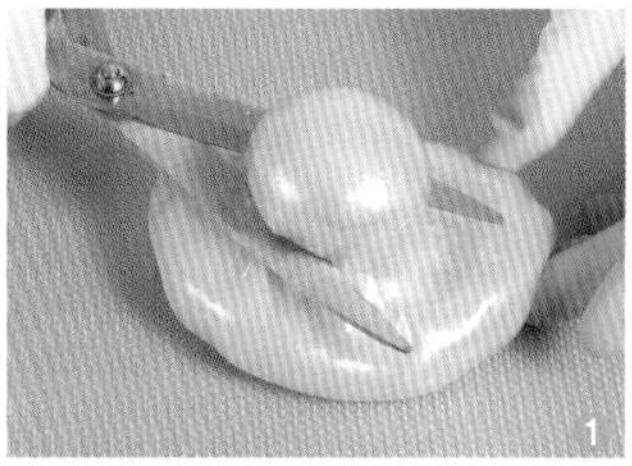
1

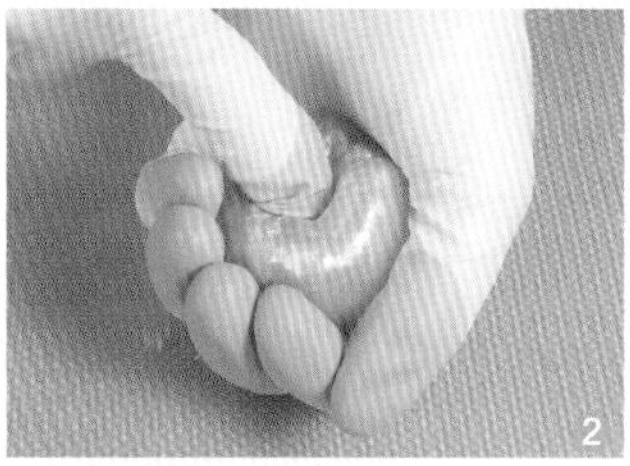
2

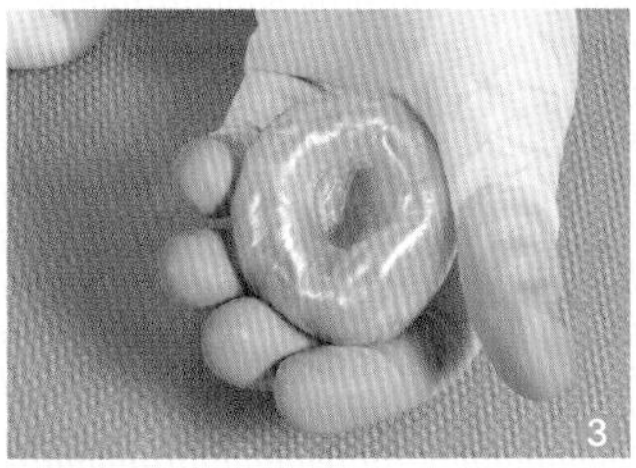
3

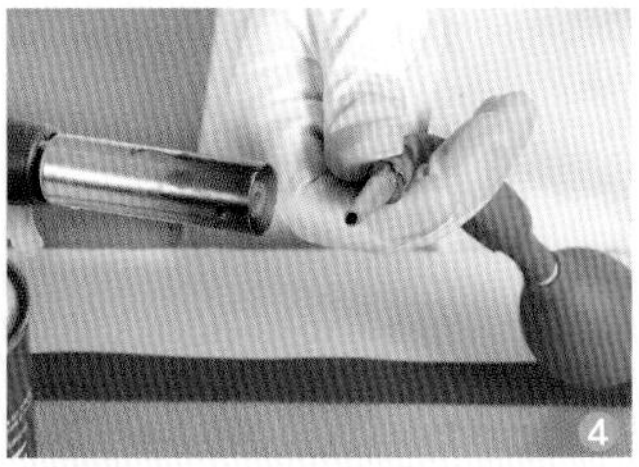
4

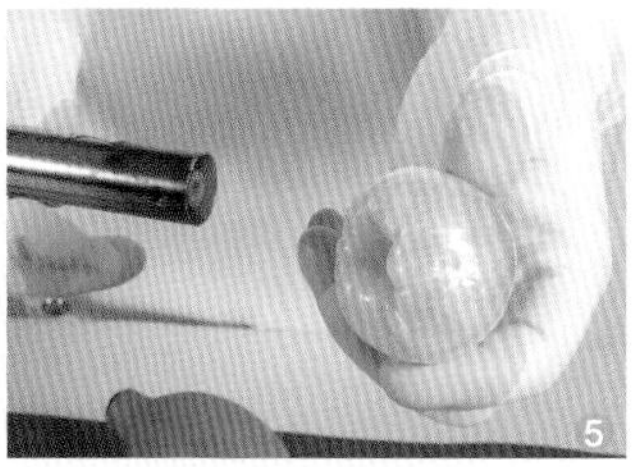
5

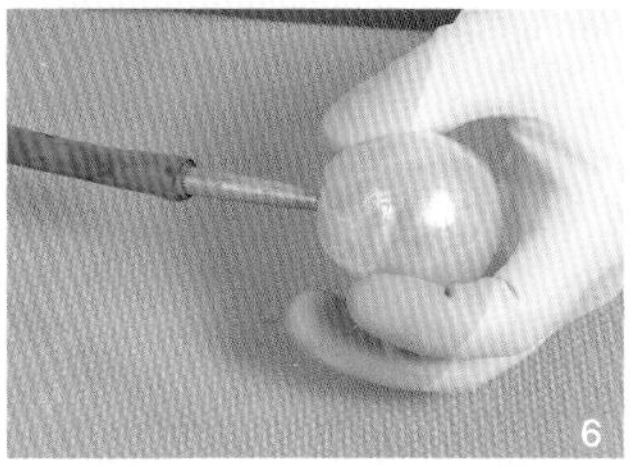
6

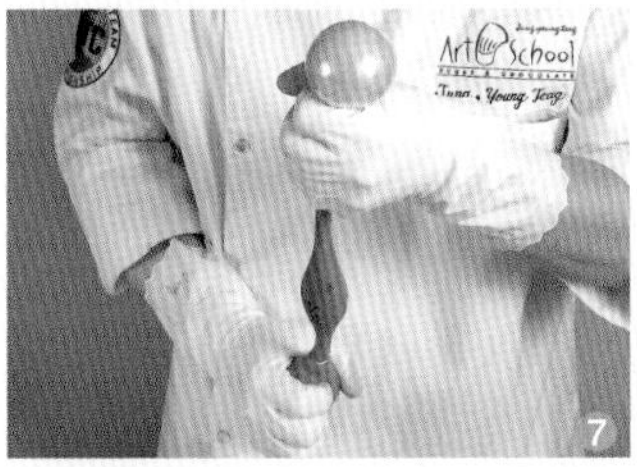

7

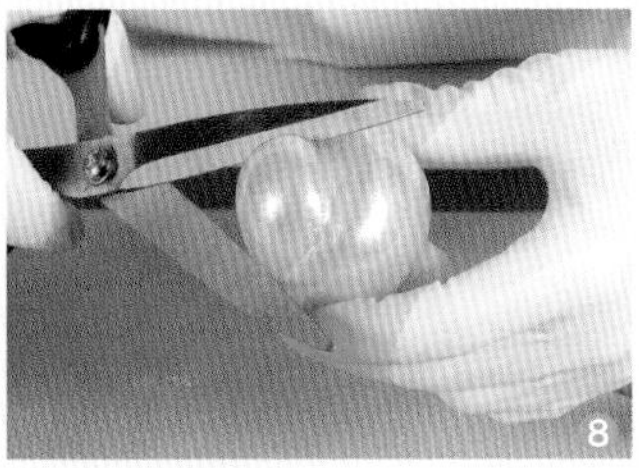
8

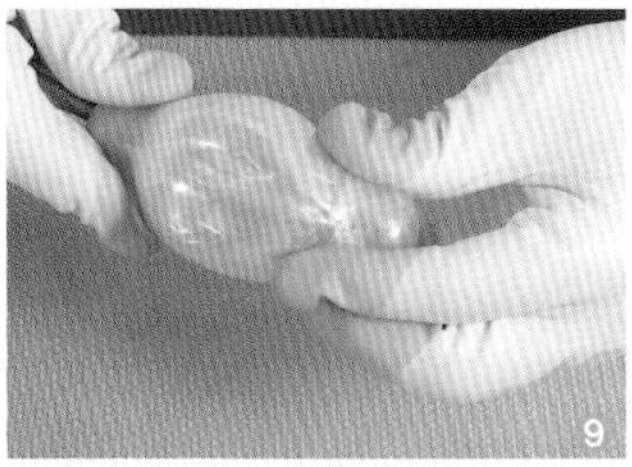
9

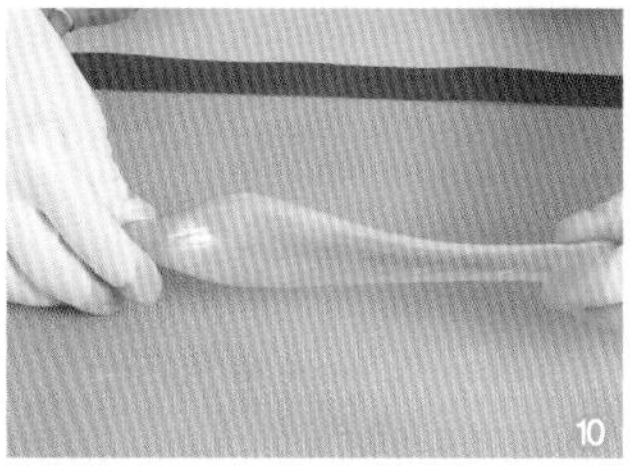
10

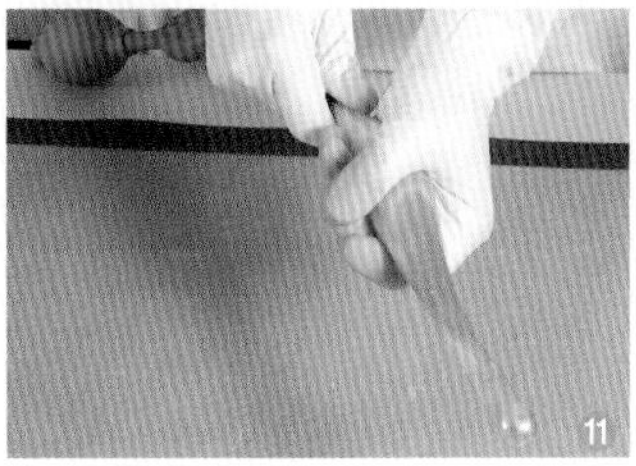
11

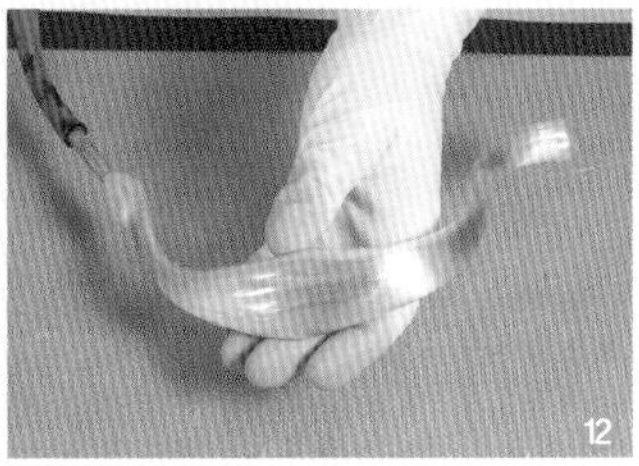
12

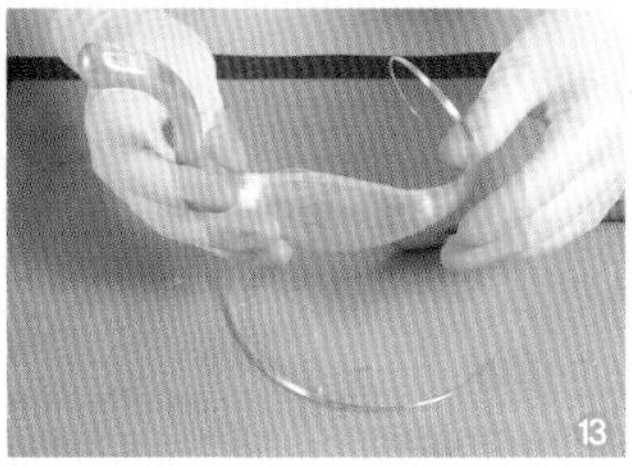
13

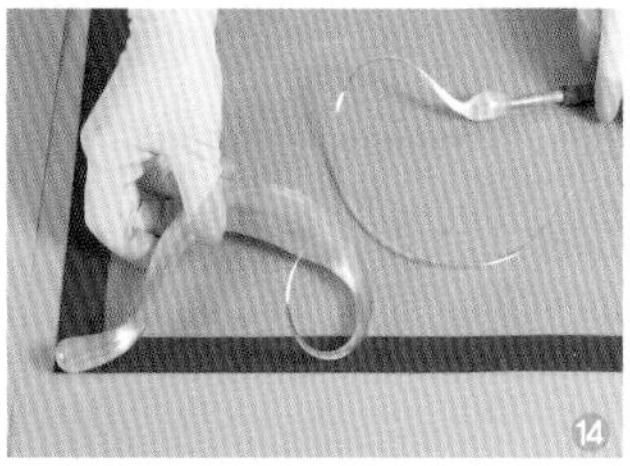
14

날개

❶ 설탕반죽 적당량을 잡아당겨서 얇게 편 다음 둥글게 가위로 자른다. 〈사진 ①, ②, ③〉

❷ ①을 실리콘 날개 몰드에 올려놓고 눌러 모양을 낸다. 〈사진 ④, ⑤〉

- 몰드를 이용할 때 몰드가 너무 차가우면 누르는 과정에서 깨질 염려가 있으므로 온도를 적당히 맞춘 다음 사용해야 한다.

❸ 몰드로 찍어낸 날개를 선풍기 바람으로 식힌다. 〈사진 ⑥〉

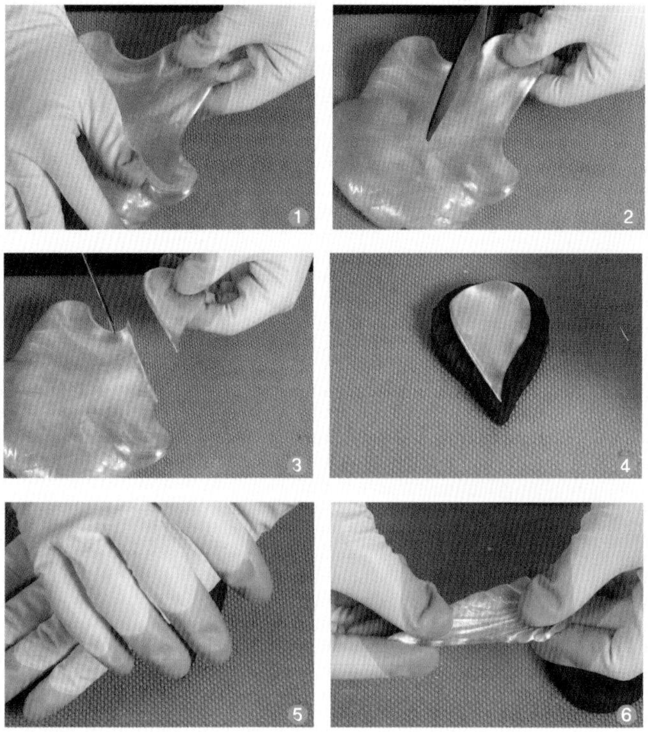

부리와 볏슬

❶ 설탕반죽을 실을 뽑듯이 가늘게 쭉 잡아당겨 손으로 떼어낸다. 〈사진 ①, ②〉
❷ ①과 동일한 방법으로 볏슬이 될 3개의 곡선을 만든다. 〈사진 ③〉

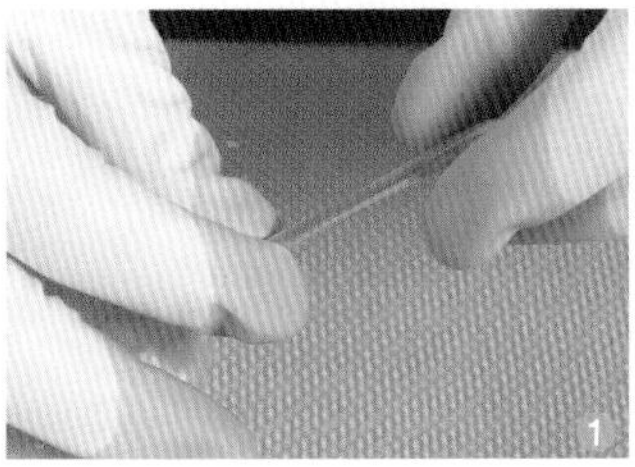
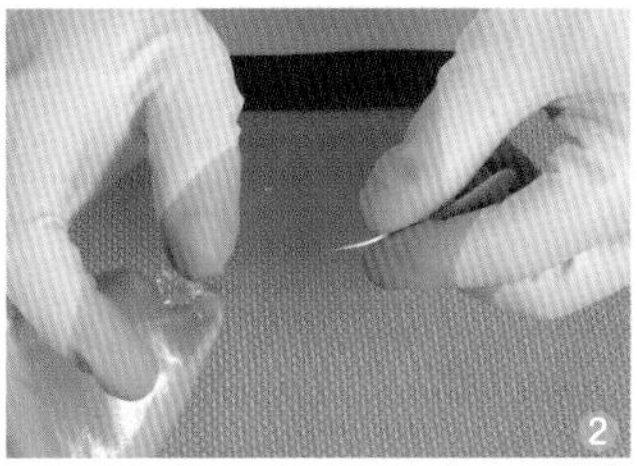
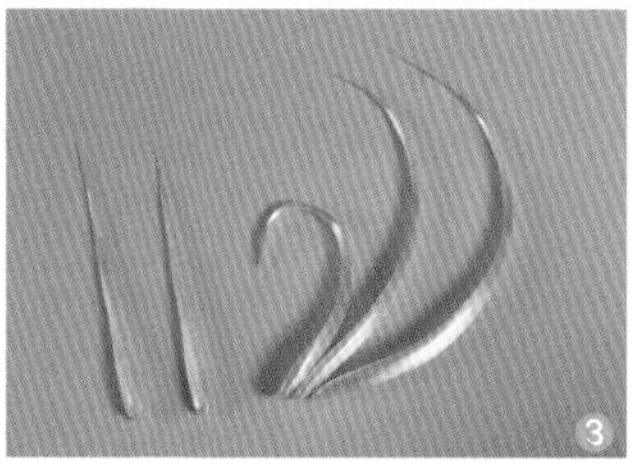

마무리

❶ 쓰고 남은 설탕반죽으로 받침대를 만든 다음 토치램프로 받침대를 달궈 새 몸통을 붙인다. 〈사진 ①, ②〉
❷ 새 머리 앞부분에 부리를 붙인다. 〈사진 ③〉
❸ 새 머리 뒷꼭지에 곡선 3개를 붙여 볏슬을 만든다. 〈사진 ④〉
❹ 새 몸통 양 옆에 날개를 붙인다. 〈사진 ⑤〉

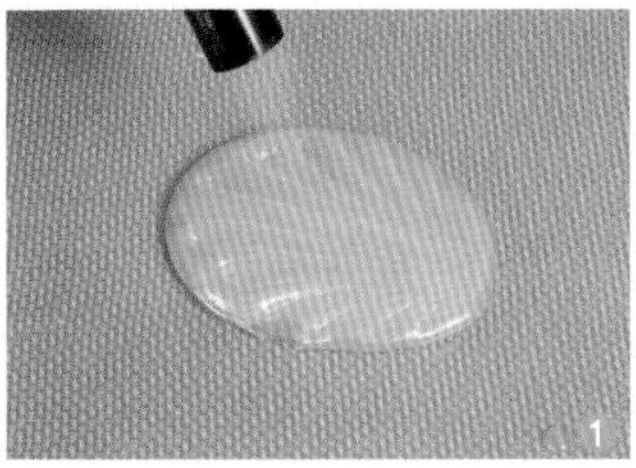
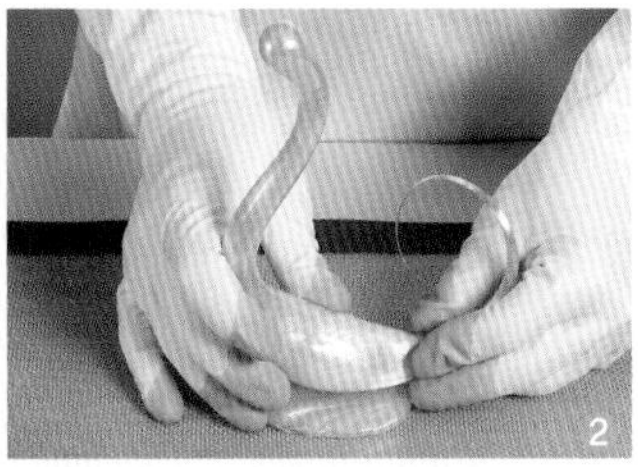
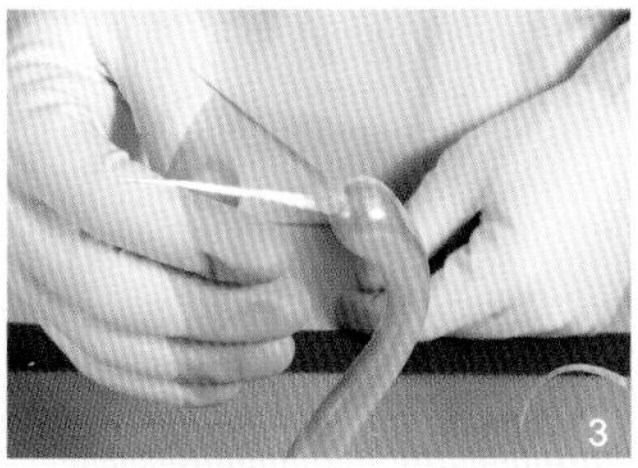
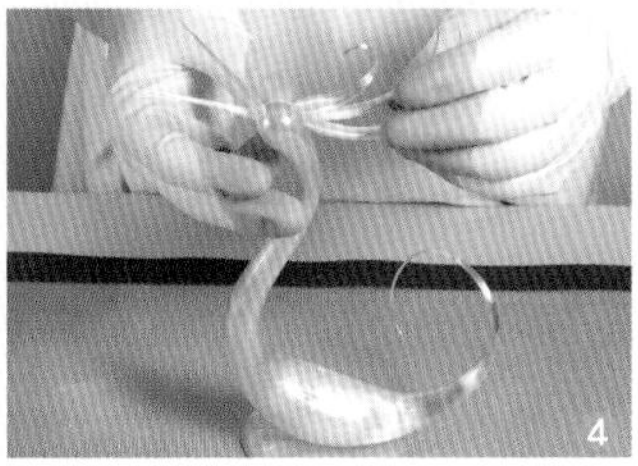
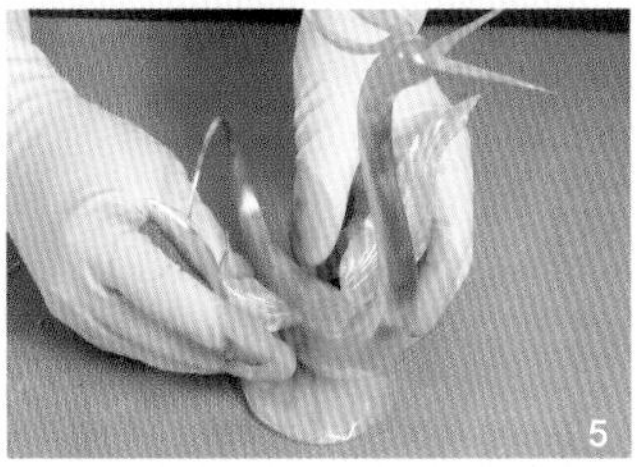

구슬

➊ 설탕반죽을 최대한 딱딱하게 만들어 양손으로 반죽을 꾹꾹 눌러서 가운데를 둥근 모양으로 올라오게 한다음 가위로 자른다. 〈사진 ①〉
➋ 가위로 자른 부분을 검지손가락을 넣어 구멍을 내고 손으로 모아준다. 〈사진 ②〉
➌ ②에 펌프를 집어넣고 공기를 천천히 주입시킨다. 〈사진 ③〉
➍ 구슬이 어느 정도 모양을 갖추면 선풍기 바람을 씌워주는 등 식혀주면서 작업해야 광택이 살아난다. 〈사진 ④〉
➎ 펌프를 집어넣은 입구를 토치램프로 살짝 달궈서 펌프를 빼면 아주 쉽게 펌프가 빠진다. 〈사진 ⑤, ⑥〉
➏ 동일한 방법으로 갖가지 구슬을 만들 수 있다. 〈사진 ⑦〉

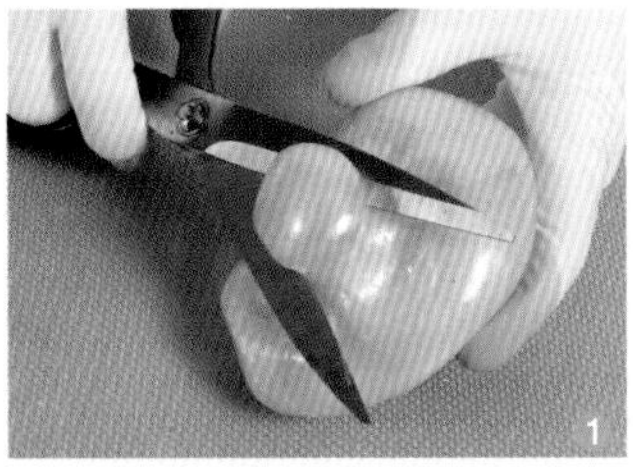
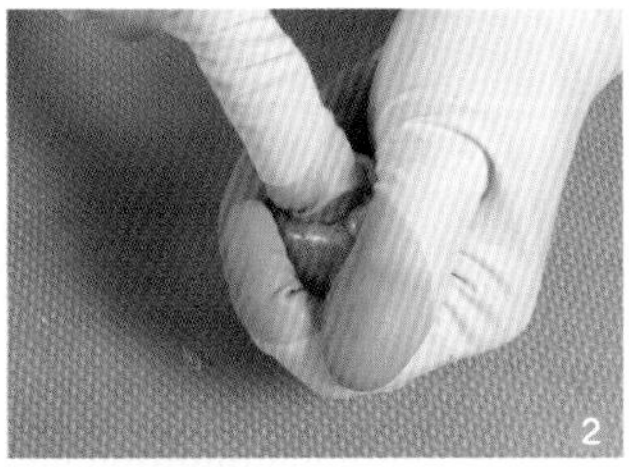
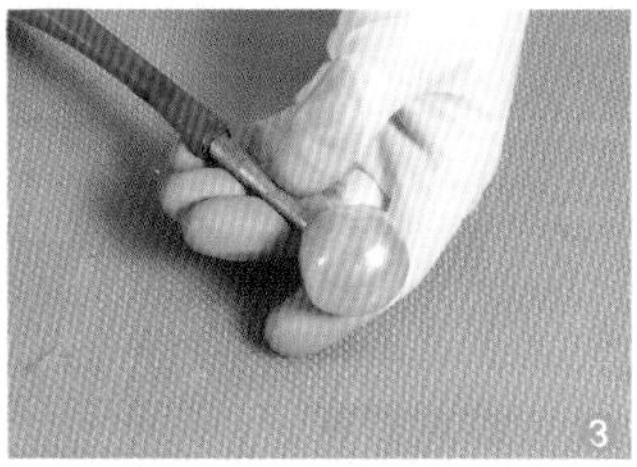
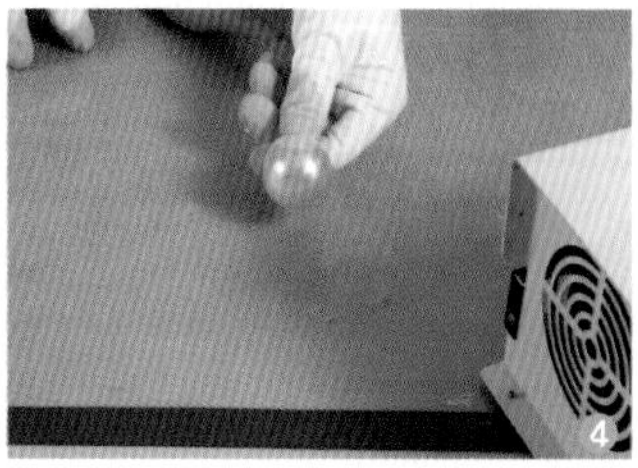
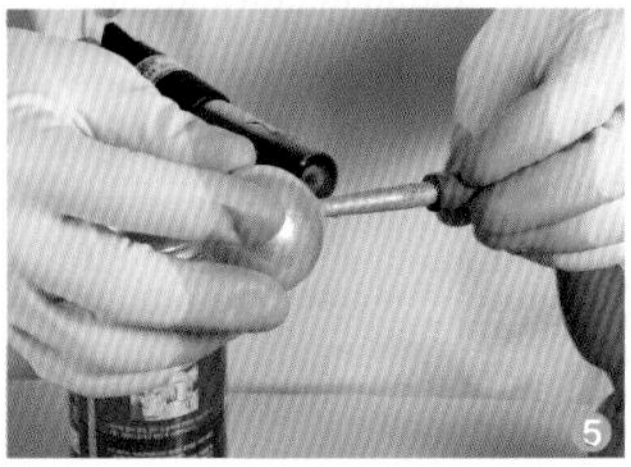
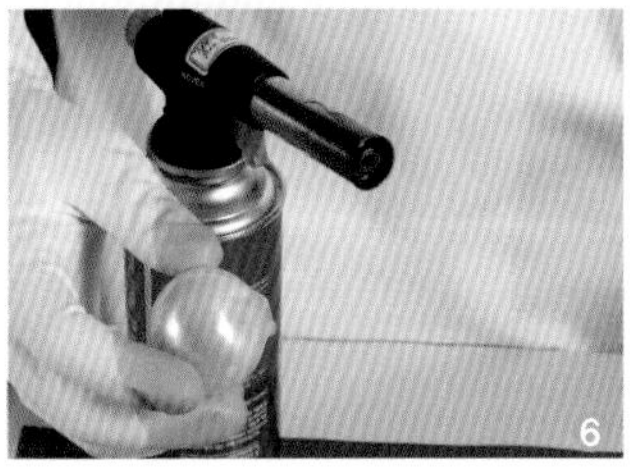
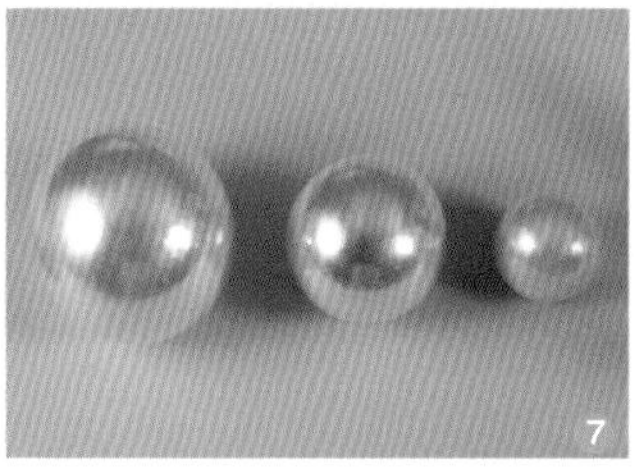

리본

❖ 기본 배합

설탕 1kg, 물 200g
물엿 300g, 크림타르타르 1g

➊ 설탕을 끓여서 160℃가 됐을 때 노란색 식용색소 15방울을 떨어뜨린 다음 168℃가 될 때까지 끓인다. 〈사진 ①, ②, ③〉
➋ ①을 실팻 위에 붓고 가장자리부터 안으로 모아서 온도를 유지시킨다. 〈사진 ④〉
➌ 설탕을 끓여서 160℃가 됐을 때 초록색 식용색소 5방울을 떨어뜨린 다음 168℃가 될 때까지 끓인다. 〈사진 ⑤, ⑥〉
➍ ③을 실팻 위에 붓고 가장자리부터 온도를 유지시킨다. 〈사진 ⑦, ⑧〉

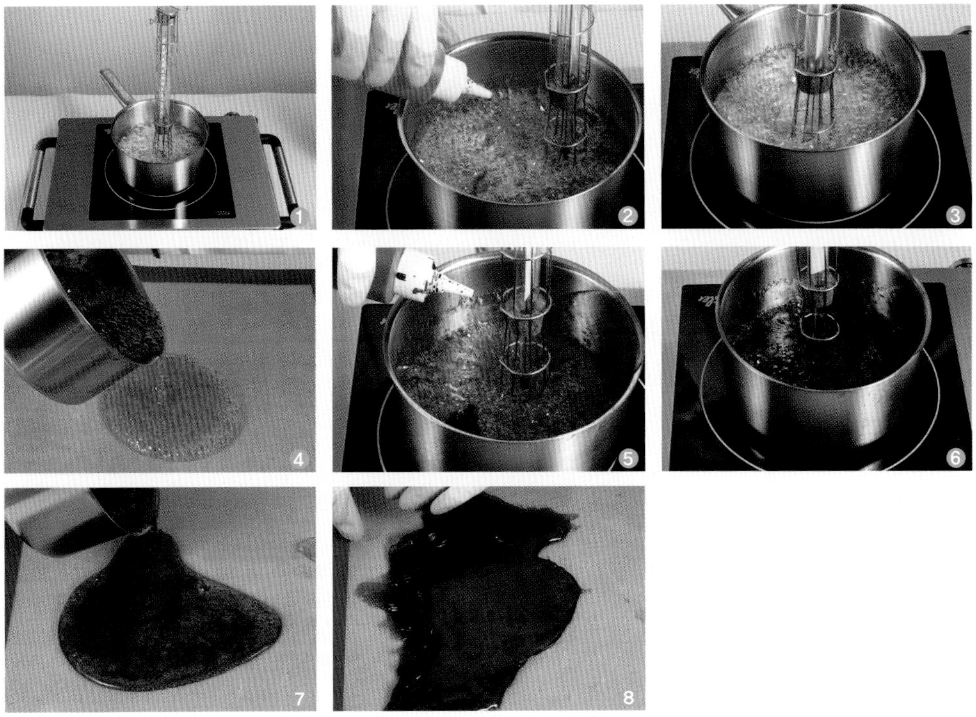

⑤ 설탕시럽을 안으로 모으고 치대는 과정을 반복해 반죽을 만든다. 〈사진 ⑨〉
⑥ 광택이 날 때까지 초록색 설탕반죽을 충분히 당겨서 꽈배기 모양을 만든다. 〈사진 ⑩, ⑪〉
⑦ 노란색 설탕반죽도 똑같이 충분히 당겨서 꽈배기 모양을 만든다. 〈사진 ⑫, ⑬〉

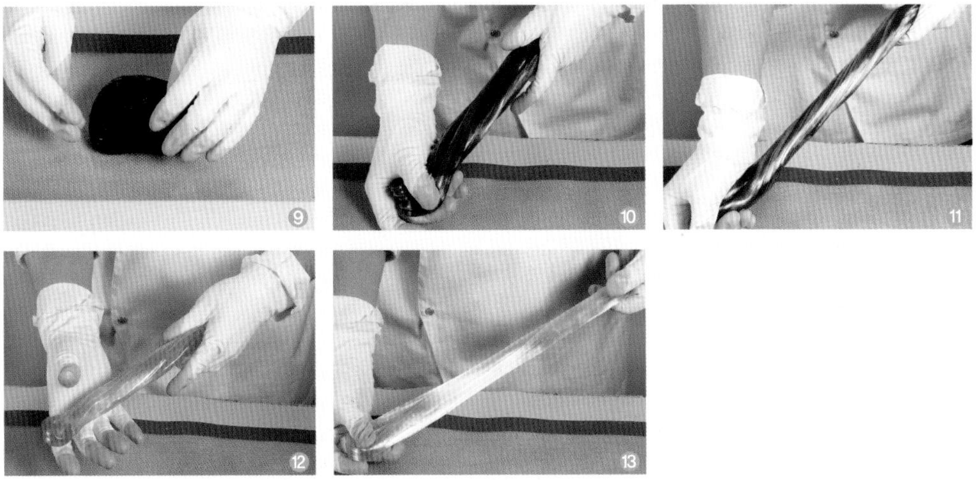

⑧ 설탕반죽 램프에서 초록색 설탕반죽과 노란색 설탕반죽을 둥글게 말아준다. 〈사진 ⑭〉

– 두께가 균일하게 당기는 것이 가장 중요하다.

⑨ 2번 접어 4줄로 만든 초록색 반죽 끝에 노란색 반죽을 붙인다. 〈사진 ⑮〉

⑩ 초록색과 노란색이 섞이게 노란색 반죽이 안으로 가도록 절반으로 접어 가운데를 자른다. 〈사진 ⑯, ⑰〉

⑪ ⑩을 펴면 노란색이 가운데에 섞이게 된다. 〈사진 ⑱〉

⑫ ⑪의 끝부분이 두껍게 되어 있으므로 균일하게 편 다음 절반으로 접어서 가운데를 자른다. 〈사진 ⑲, ⑳〉

⑬ ⑫의 양끝을 잡고 두께가 균일해지도록 편 다음 쭉 잡아당겨서 길게 늘어뜨린다. 이때 반죽의 되기를 잘 살펴서 당겨야 한다, 너무 딱딱하면 끊어질 위험이 있다. 〈사진 ㉑, ㉒〉

⑭ 칼을 토치램프에 달궈서 리본 양쪽 끝부분을 잘라버린 후 리본을 적당한 길이로 자른다. 〈사진 ㉓, ㉔〉

⑮ 자른 리본을 안쪽으로 살며시 구부려 모양을 잡는다. 〈사진 ㉕〉

– 리본의 모양을 잡을 때 설탕공예램프에 살짝 데워서 구부리면 편하다.

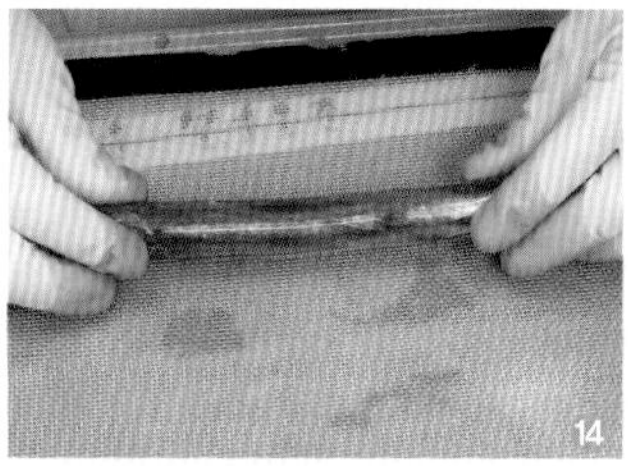

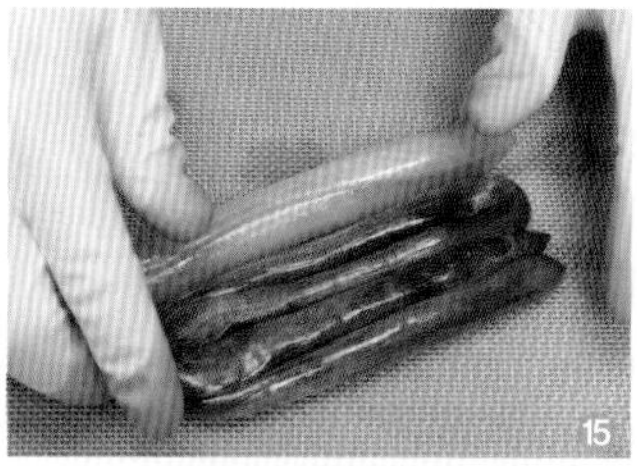

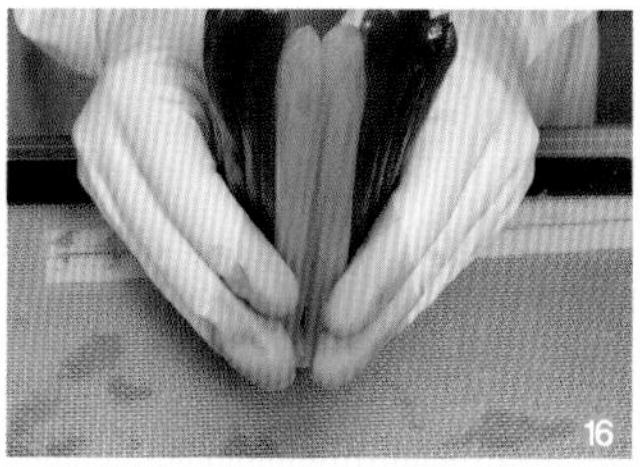

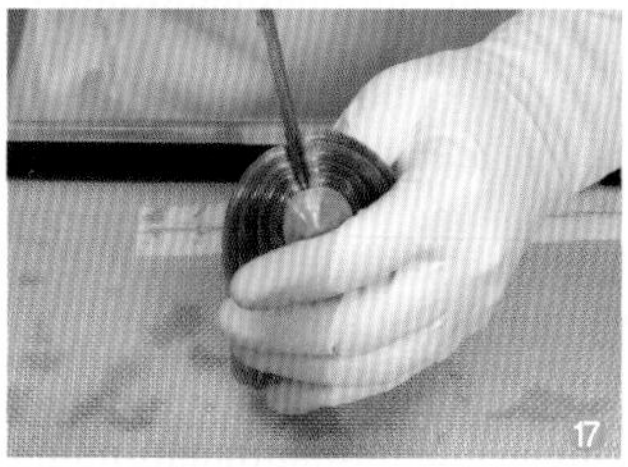

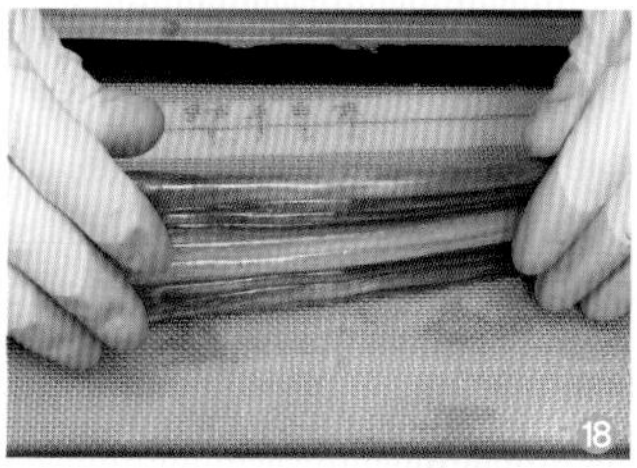

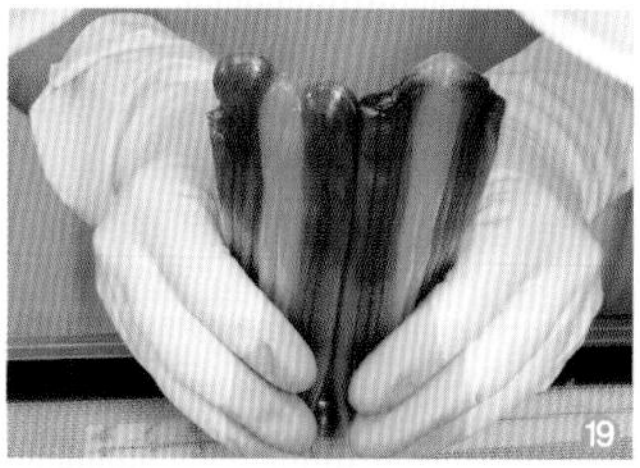

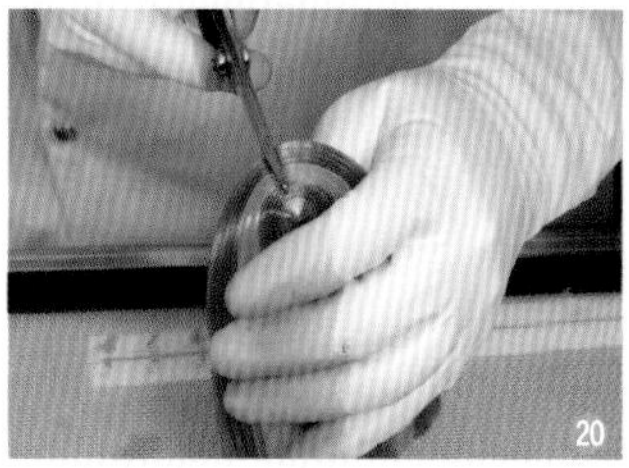

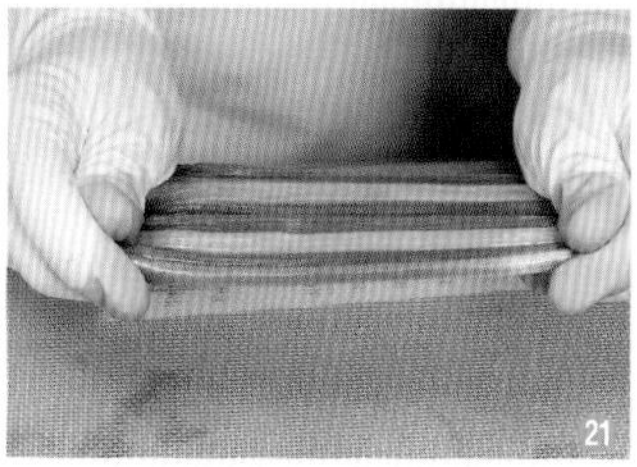

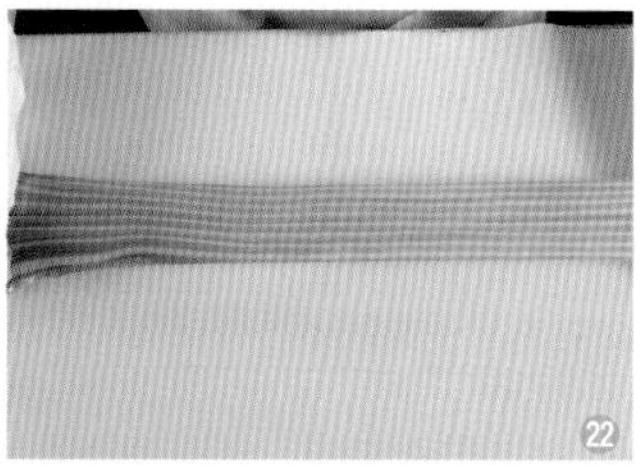

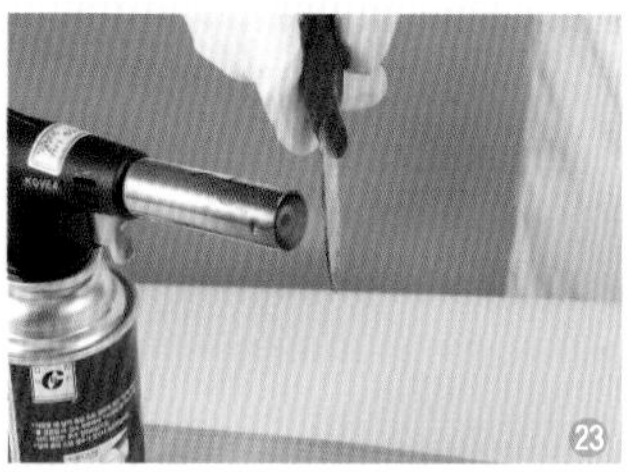

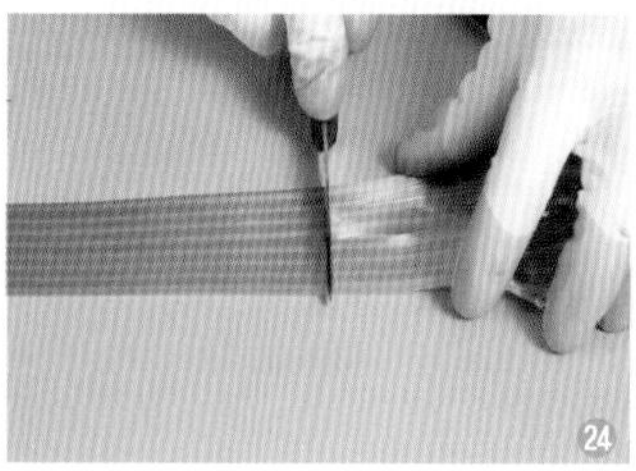

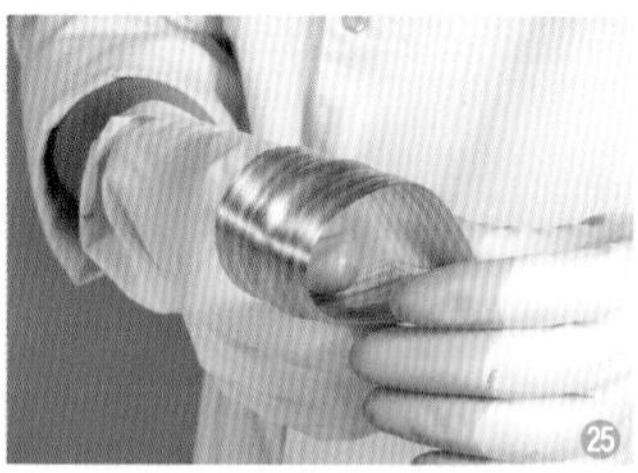

크리스탈 설탕

당도가 높은 시럽을 만들어서 표면을 결정화시킨 기법이다.

1. 파스티아주 반죽을 적당량 떼어서 둥글리기 한다. 〈사진 ①〉
2. ①을 슈거 파우더 위에 올려놓는다. 〈사진 ②〉
3. 붓으로 슈거 파우더를 깨끗이 털어낸 다음 이쑤시개를 꽂아 스티로폼에 꽂는다. 〈사진 ③, ④, ⑤, ⑥〉
4. 설탕시럽을 끓여서 끓기만 하면 바로 불에서 내려 그대로 식힌다.

   ❖ 설탕시럽 기본배합

   설탕 1,000g, 물 440g

5. 완전히 식은 설탕시럽에 ③을 담근다. 〈사진 ⑦〉
6. ⑤를 이틀 동안 그대로 놔둔다.
7. 이쑤시개에서 그대로 빼내면 된다.

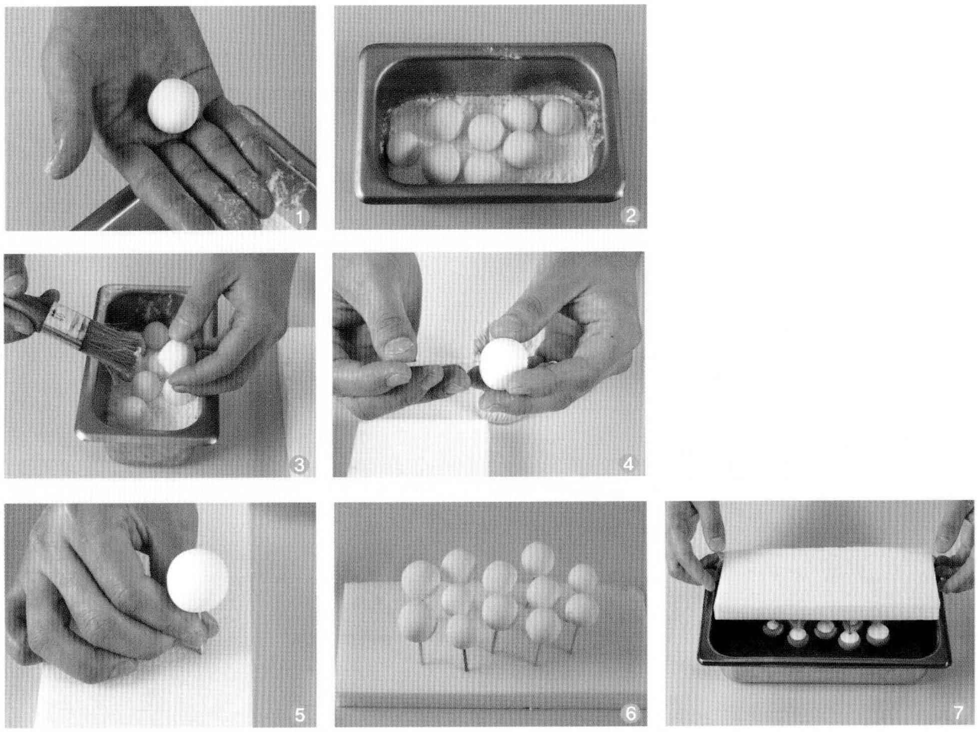

설탕공예 기법

마블 기법

❶ 설탕을 1kg을 끓일 때 5g정도 넣어준다.
❷ 물과 티탄옥시드를 4:1로 섞는다.
❸ 138℃에 온도계를 빼고 준비된 티탄옥시드를 넣어 준다.
❹ 144℃일때 원하는 양의 색소를 넣어 준다.
❺ 설탕이 153℃가 되면 찬물에 담가 온도 상승을 막는다.
❻ 서로 다른 색소를 떨어뜨린다.
❼ 색이 잘 섞이도록 조심스럽게 냄비에서 섞어준다.
❽ 실팻위에 자연스럽게 흘려 붓는다.
❾ 포크나 요지로 자연스럽게 휘저어 모양을 만든다.

암석 기법

❶ 설탕 1kg에 물 300g을 넣고 끓이다가 150도에서 냄비를 식혀준다.
❷ ①에 10g의 글라스 로얄을 넣는다.
❸ 나무주걱으로 젓는다. 시럽이 하얗게 부풀어 오르다가 조금 수그러들면 몇 초 동안 젓는다(이때 계속 저으면 가루상태가 되어버리므로 조심한다.). 다시 재결정이 생기면서 부피가 커진다.
❹ 즉각 다른 용기에 옮겨 식힌다.

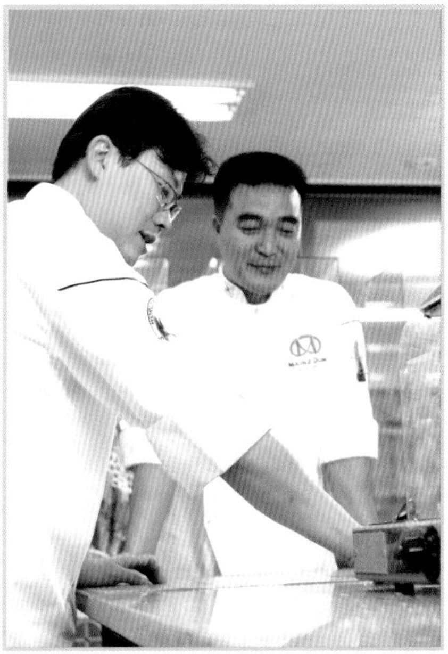
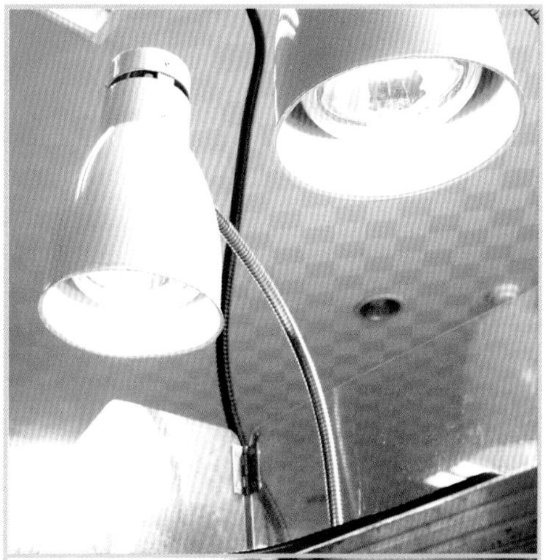
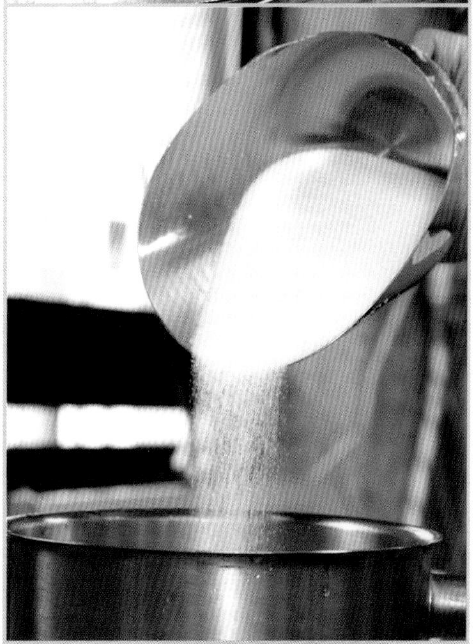
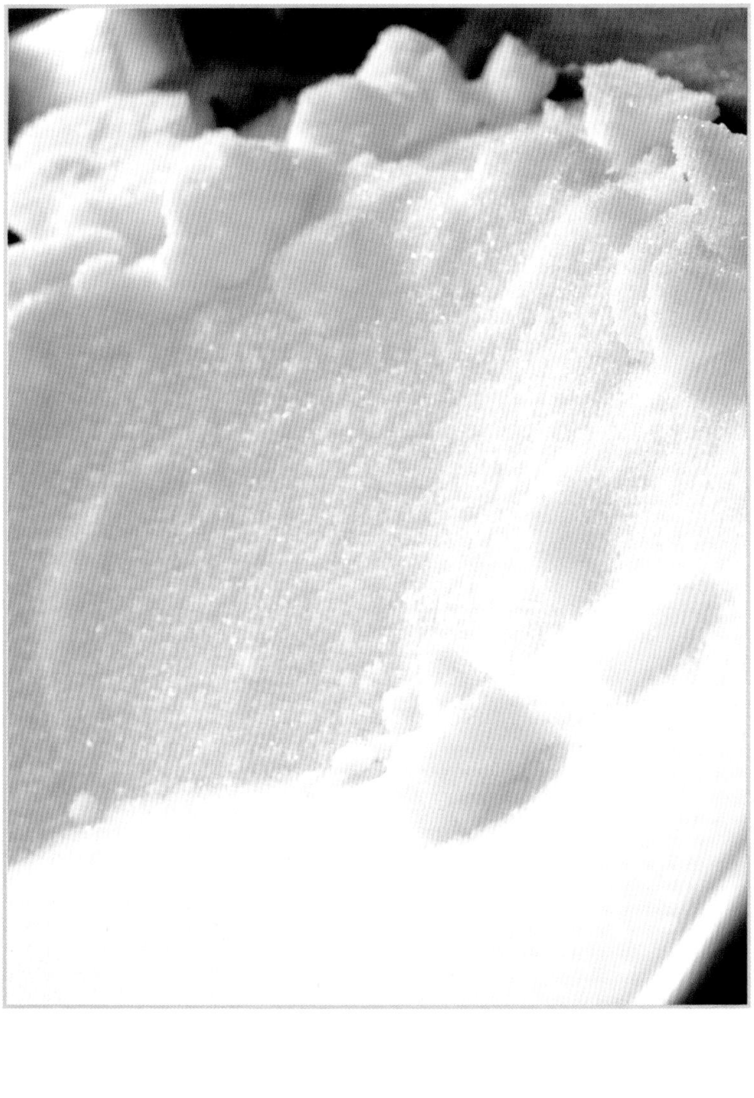
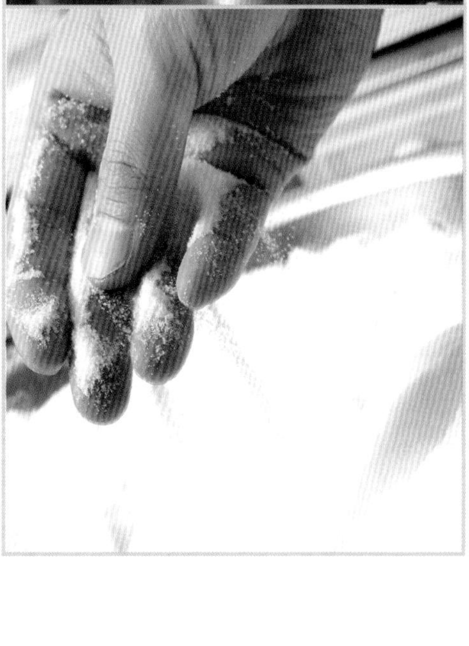

Part 2

설탕공예 작품 만들기

아침햇살 · 뮤직

그동안 배웠던 설탕공예 기초 지식과 붓기, 당기기, 불기 등의 기본 테크닉을 바탕으로 갖가지 액세서리를 이용해 멋진 작품을 만들어 본다.

아침햇살

Le soleil du matin

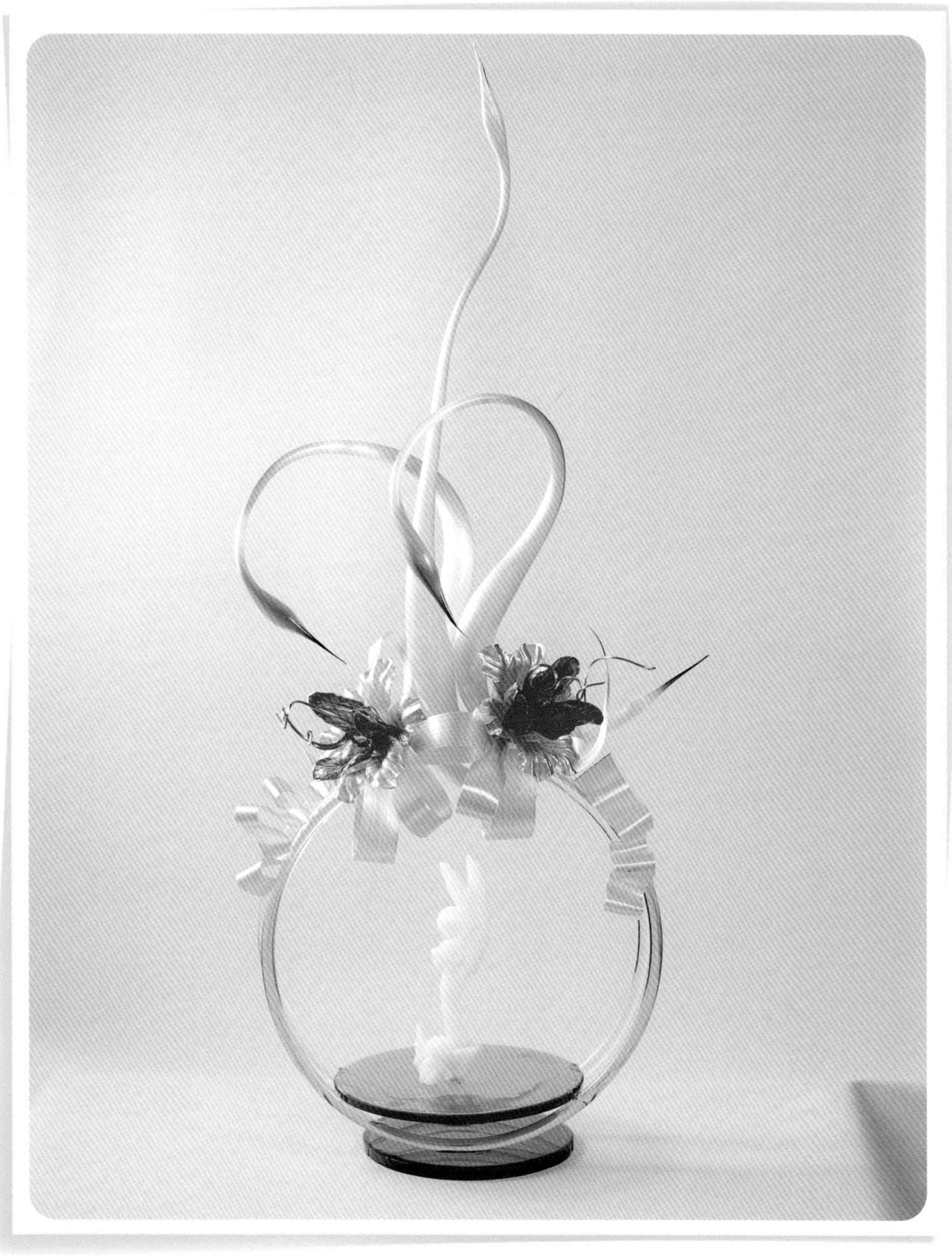

곡선의 미를 중시해 아슬아슬한 설탕공예의 묘미를 살려서 만든 작품. 설탕공예의 아름다움을 창조하는 것으로 광택과 함께 곡선을 꼽을 수 있다. 불기 기법으로 만든 새와 당기기 기법으로 만든 꽃이 아름다운 조화를 이룬다.

기둥-1

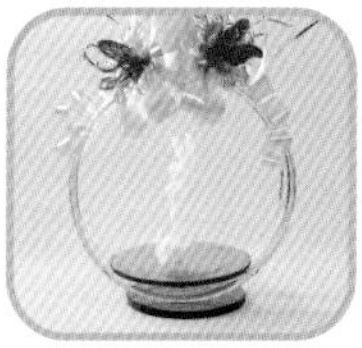

❶ 끓인 설탕에 초록색 색소 5방울을 떨어뜨려 섞은 설탕시럽을 길이가 긴 비닐호스에 흘려 붓고 나서 호스 양끝을 실리콘으로 마개를 만들어 막는다. 〈사진 ①, ②〉
❷ ①이 어느 정도 식으면 링틀에 감아 종이테이프를 붙여 고정시킨다. 〈사진 ③〉
❸ ②가 굳으면 칼로 비닐호스를 벗겨낸다.

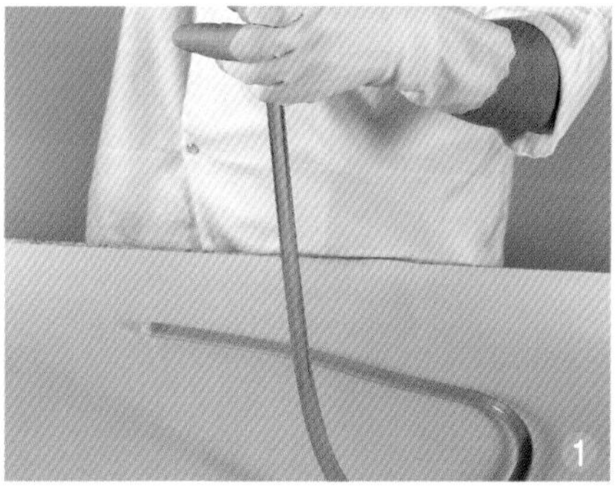

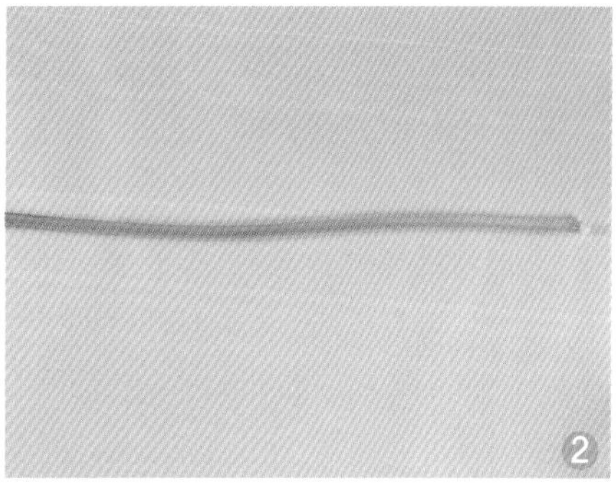

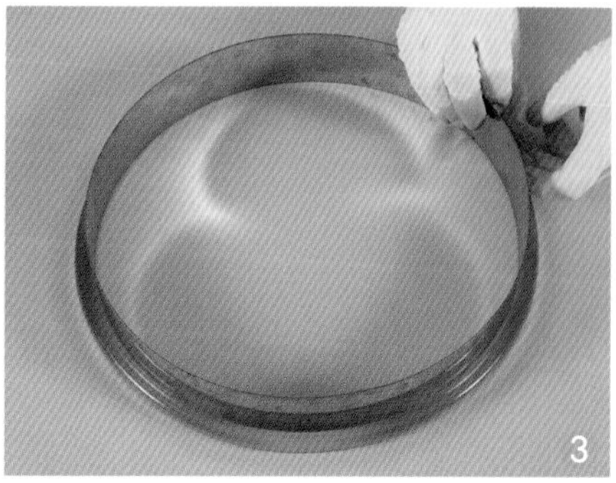

기둥-2

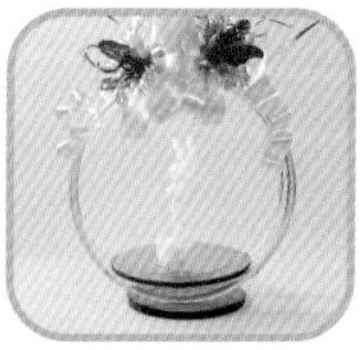

❶ 이소말트를 끓여서 길이가 긴 비닐호스에 흘려 붓고 나서 호스 양끝을 실리콘으로 마개를 만들어 막는다. 〈사진 ①〉
❷ ①이 어느 정도 식으면 링틀에 감아 종이 테이프를 붙여 고정시킨다. 〈사진 ②〉
❸ ②가 굳으면 칼로 비닐호스를 벗겨낸다. 〈사진 ③〉

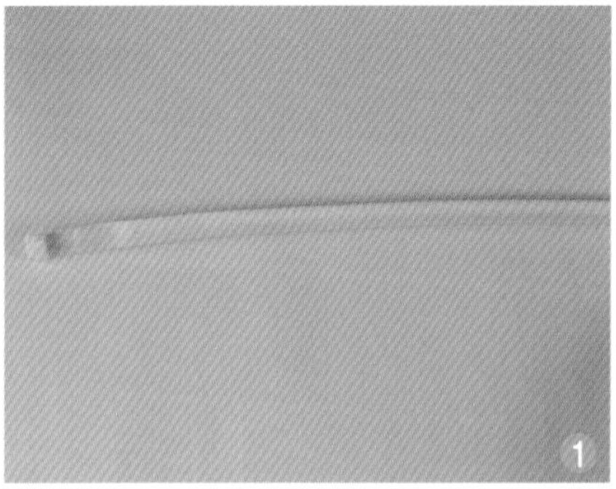

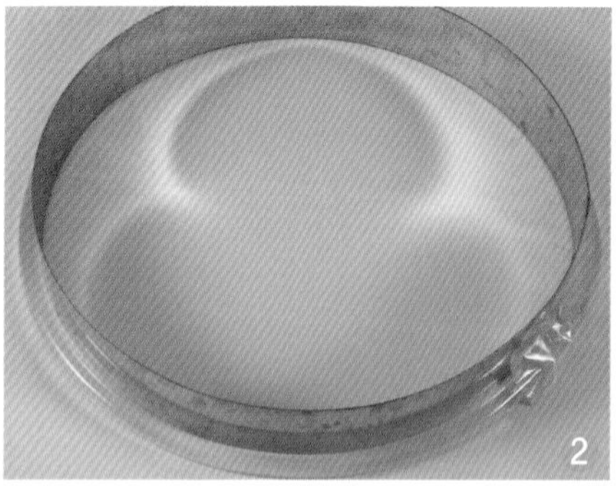

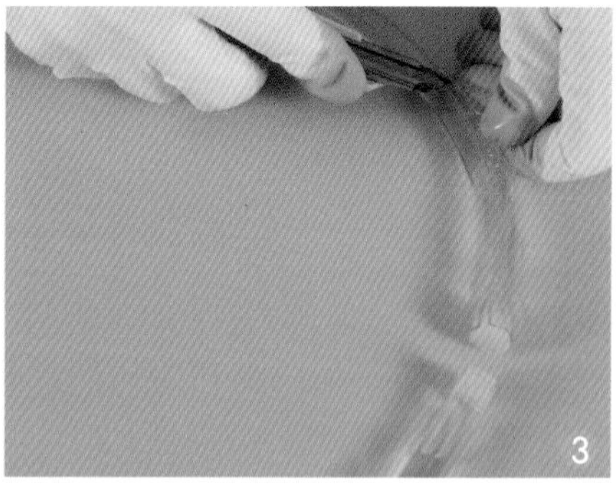

리본-1

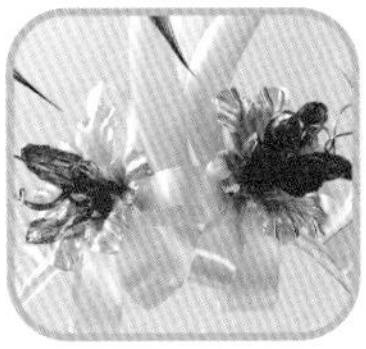

❶ 끓인 설탕에 초록색 색소 10방울을 떨어뜨려 섞은 시럽을 반죽한다. 〈사진 ①〉
❷ 끓인 설탕에 노란색 색소 10방울을 떨어뜨려 섞은 시럽을 반죽한다.
❸ 노란색 반죽을 둥글게 말아준 다음 4줄이 되도록 접어준다. 〈사진 ②, ③〉
❹ 초록색 반죽 적당량을 가위로 잘라 ③ 위에 붙인 다음 절반으로 접어 가운데 부분을 잘라 펼치면 초록색이 안으로 들어가게 한다. 〈사진 ④〉
❺ ④를 안으로 접어 붙인 다음 윗부분을 자르고 또 다시 안으로 접어 붙여서 윗부분을 자르는 작업을 반복해 무늬를 낸다. 〈사진 ⑤, ⑥〉
❻ 사진 ⑤의 양끝을 잡고 길게 늘어뜨린 다음 토치 램프로 달군 칼로 양쪽 끝을 자른 후 원하는 길이로 자른다. 〈사진 ⑦〉
❼ 잘린 리본을 양쪽 끝이 살짝 겹쳐지게 안으로 모아 붙인다. 〈사진 ⑧〉

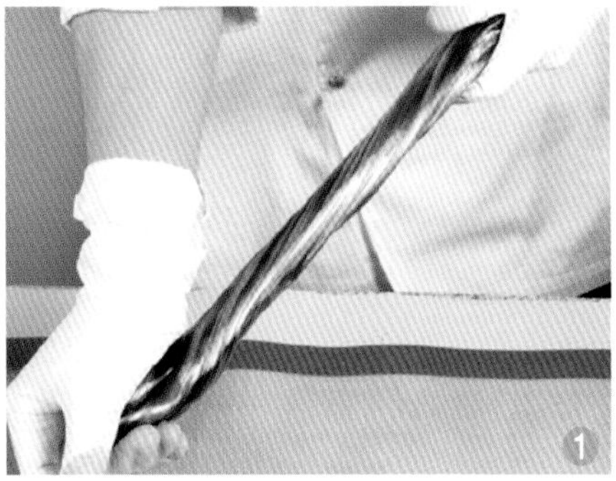
1

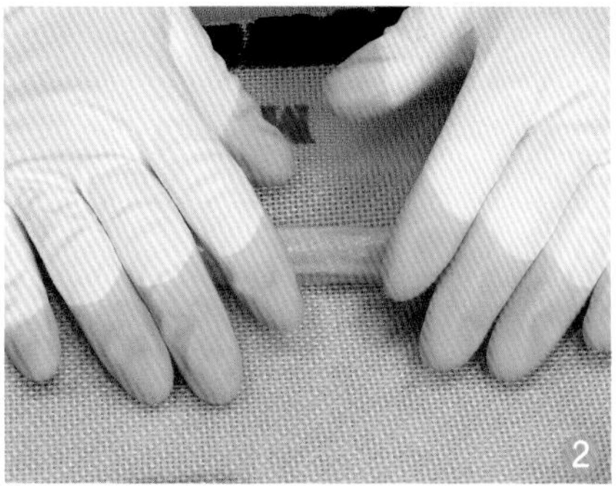
2

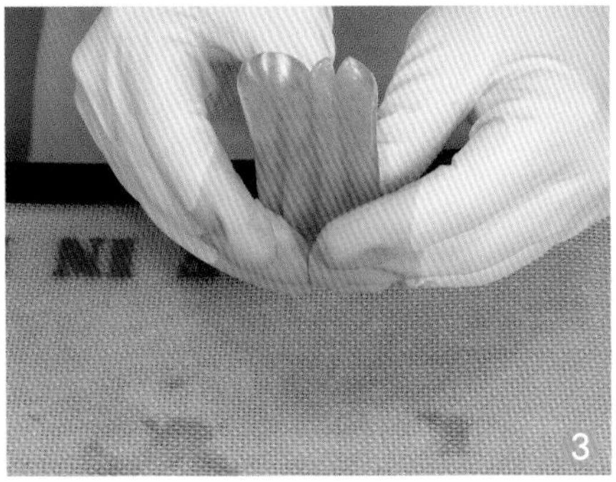
3

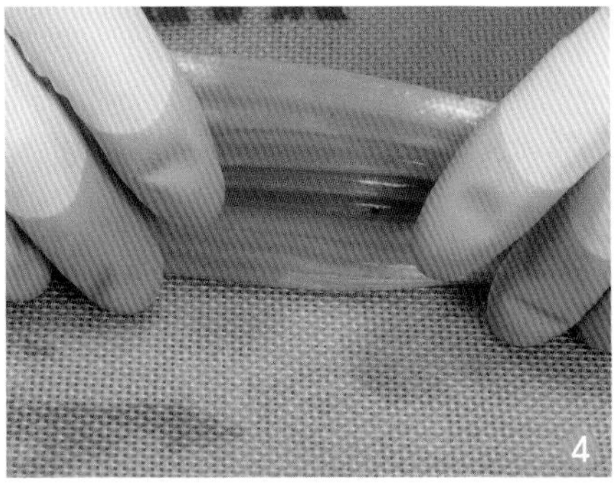
4

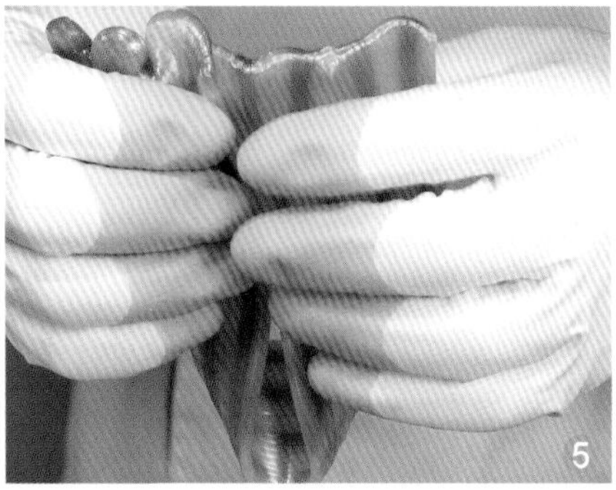
5

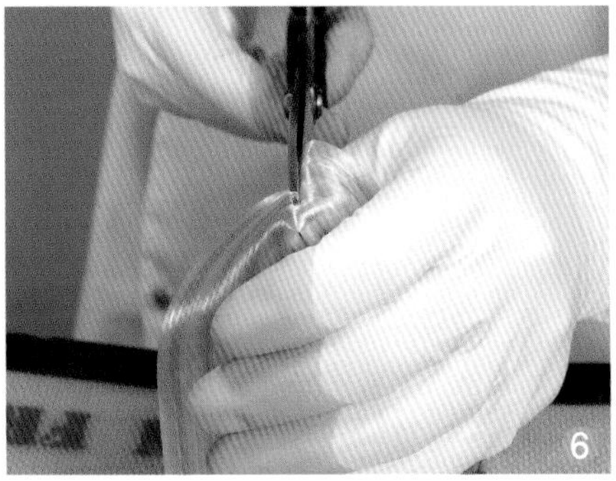
6

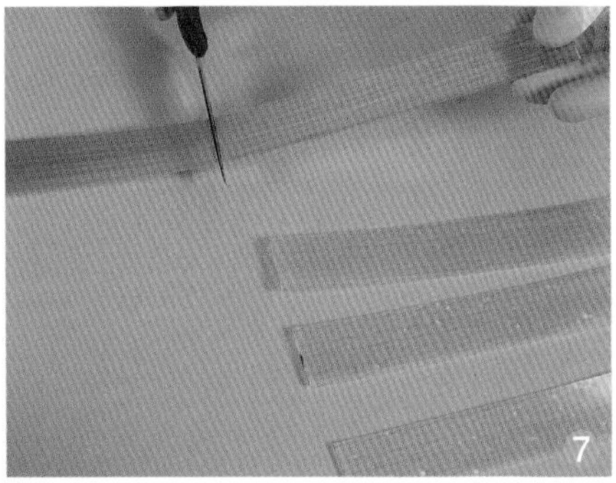
7

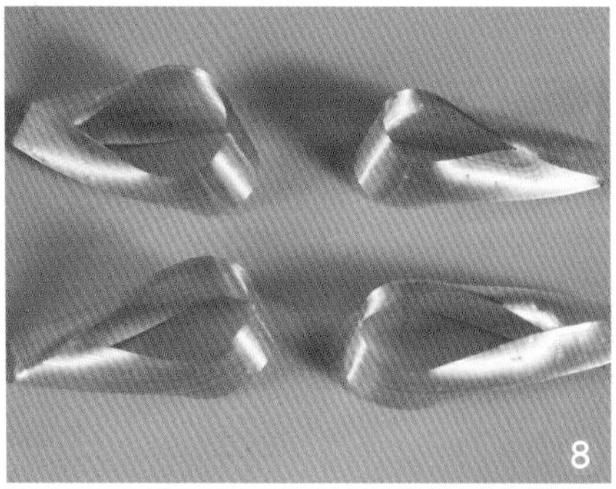
8

리본-2

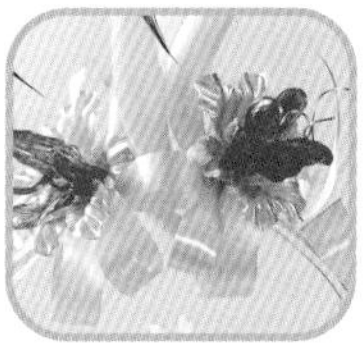

❶ 노란색 반죽을 둥글게 말아준 다음 2줄이 되도록 접고, 초록색 반죽을 붙인다. 〈사진 ①〉

❷ 초록색과 노란색이 섞이게 노란색 반죽이 안으로 가도록 절반으로 접어 가운데를 자른 다음 편다. 〈사진 ②, ③, ④〉

❸ ②를 절반으로 접어서 가운데를 자른 다음 펴는 것을 반복해 노란색에 초록색 줄이 들어간 리본 모양을 만든다. 〈사진 ⑤〉

❹ ③의 양끝을 잡고 두께가 균일해지도록 편 다음 쭉 잡아당겨서 길게 늘어뜨린다. 이때 반죽의 되기를 잘 살펴서 당겨야 한다, 너무 딱딱하면 끊어질 위험이 있다. 〈사진 ⑥〉

❺ 토치 램프로 달군 칼로 사진 ④를 적당한 길이로 자른 다음 구부려서 원하는 모양을 만든다. 〈사진 ⑦〉

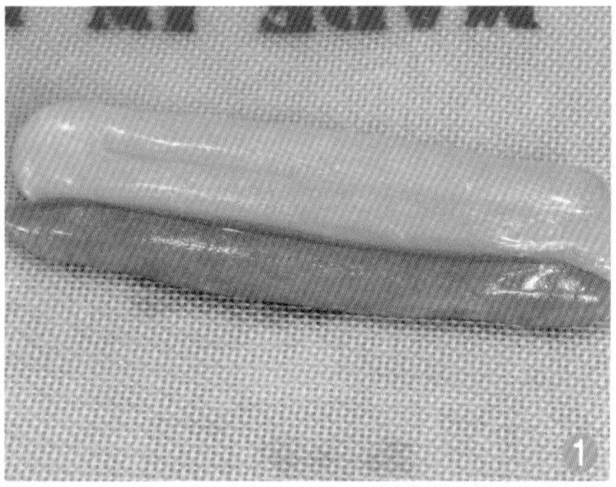
1

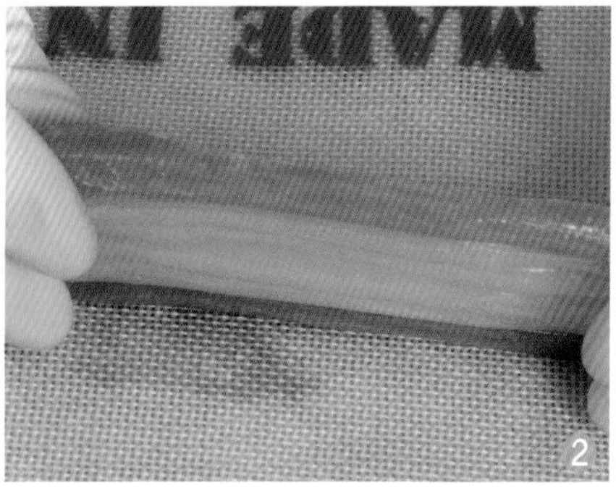
2

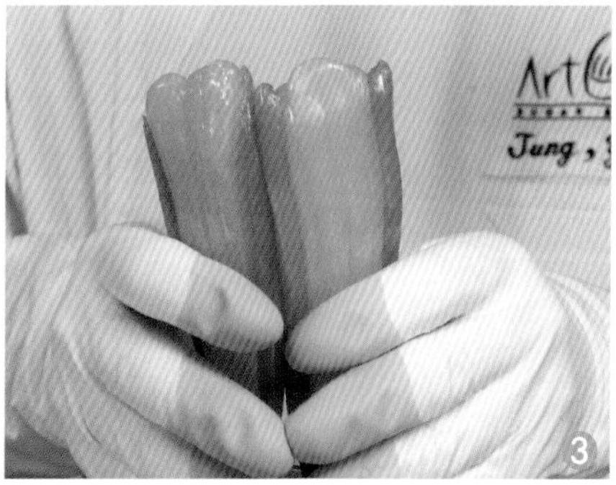
3

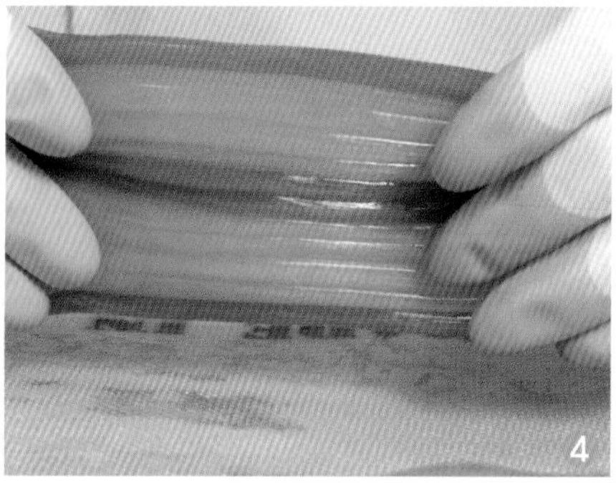
4

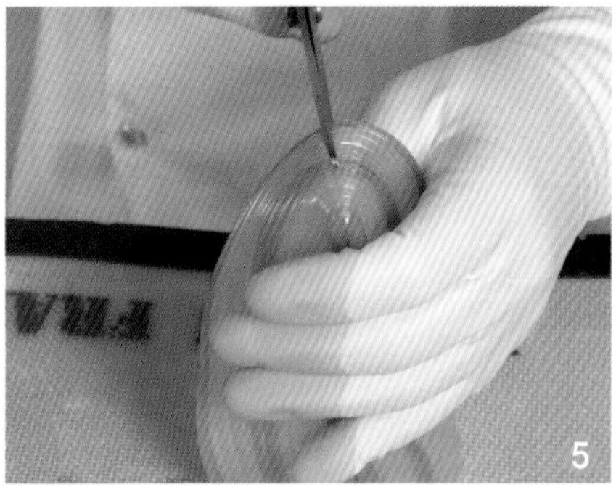
5

6

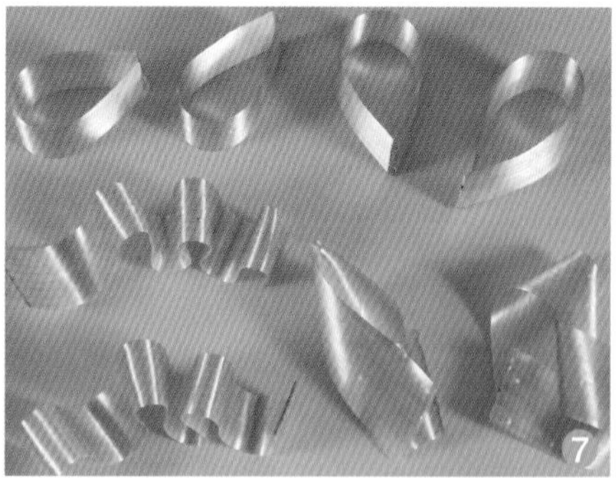
7

새

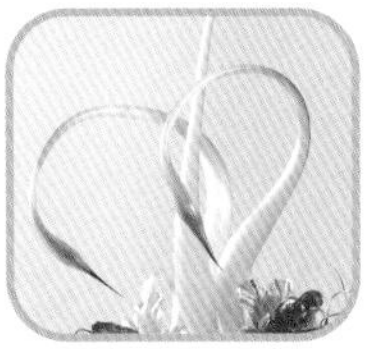

❶ 설탕반죽을 최대한 딱딱하게 만들어 양손으로 반죽을 꾹꾹 눌러 동그랗게 올라오게 한 다음 가위로 자른다. 〈사진 ①〉
❷ 가위로 자른 설탕반죽을 둥글게 만든 다음 검지손가락으로 구멍을 만들어 펌프를 집어넣는다. 〈사진 ②〉
❸ 반죽을 잡아당기기 쉽게 가위로 집어준 다음 왼손으로 설탕반죽을 잡고 오른손으로 펌프로 공기를 주입시키며 모양을 잡는다. 〈사진 ③, ④〉
❹ 새 목이 되도록 반죽을 길게 잡아 빼준다. 〈사진 ⑤〉
❺ 선풍기 바람으로 식히며 펌프에 낀 부분이 새 꽁지가 되도록 펌프를 빼내고 살짝 늘어뜨린다. 〈사진 ⑥, ⑦〉

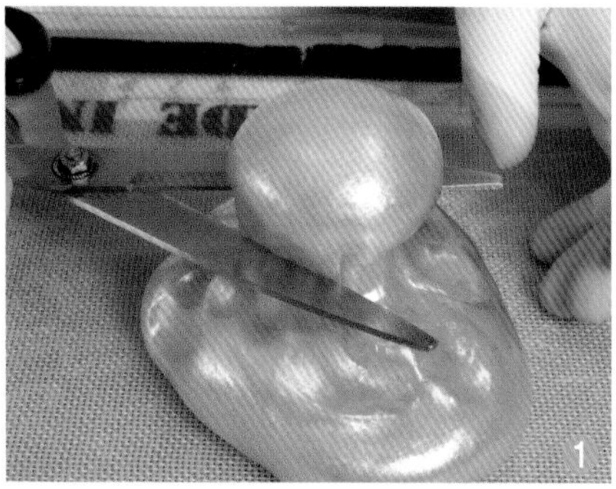
1

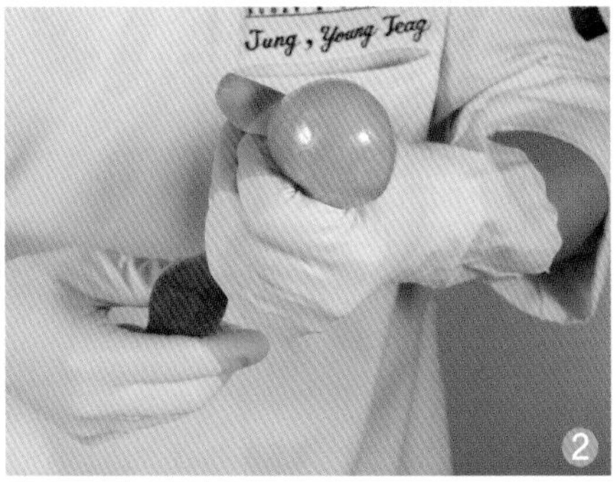

2

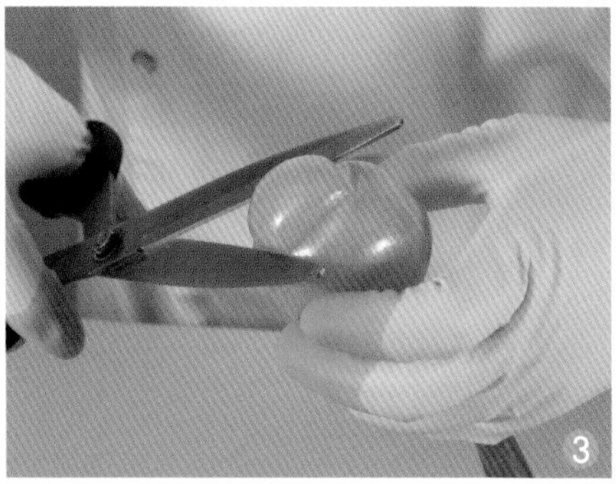
3

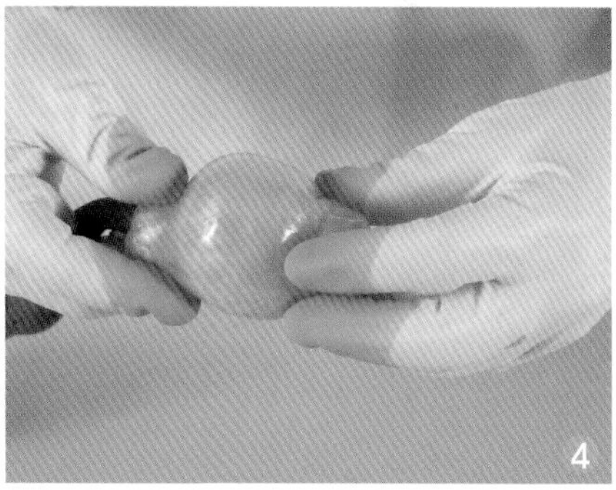
4

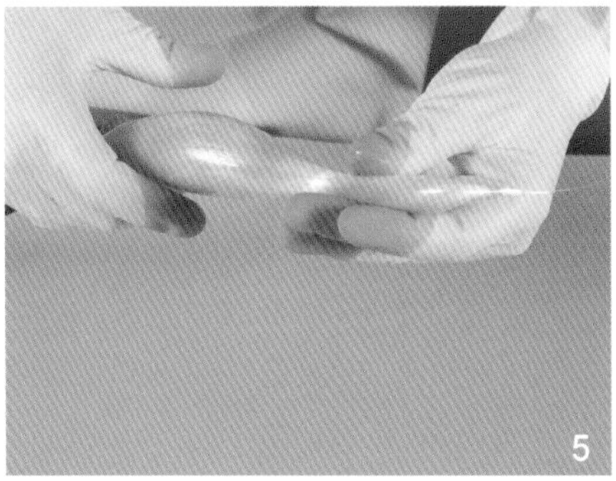
5

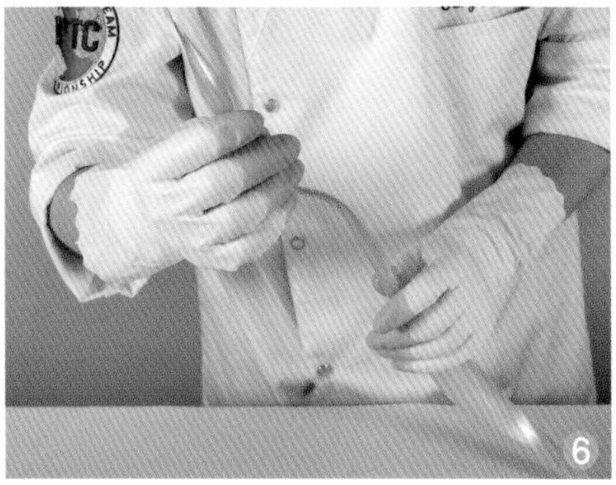
6

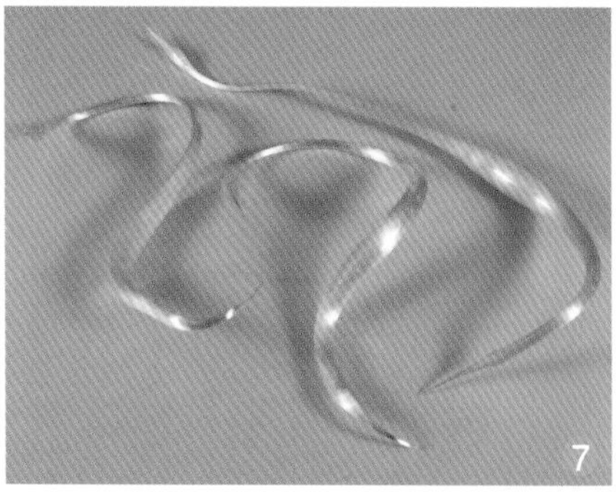
7

꽃

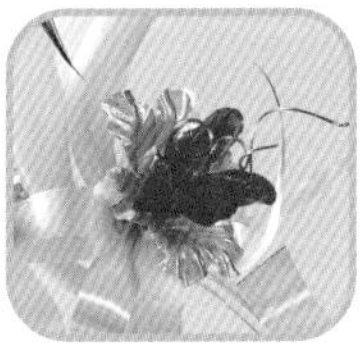

❶ 빨간색 색소와 포도주색을 섞은 설탕반죽을 꽃잎 크기로 잡아당겨 가위로 자른다. 〈사진 ①, ②〉
❷ ①을 꽃잎 실리콘 몰드에 찍어내 6장을 만든다. 〈사진 ③, ④, ⑤〉
❸ 빨간색 색소와 포도주색을 섞은 설탕반죽을 길게 잡아당겨 더듬이를 5개 만들고 설탕반죽을 적당량 떼어내 둥글리기 해서 꽃심 2개를 만든다. 〈사진 ⑥, ⑦〉
❹ 오렌지색 색소를 섞은 설탕반죽으로 꽃잎 몰드를 이용해 꽃잎 12장을 만든다. 〈사진 ⑧〉
❺ 꽃심에 ②를 둘러가며 3장 붙인다. 〈사진 ⑨, ⑩〉
❻ ⑤에 오렌지색 꽃잎 6장을 붙인 다음 더듬이를 안에 붙인다. 〈사진 ⑪〉

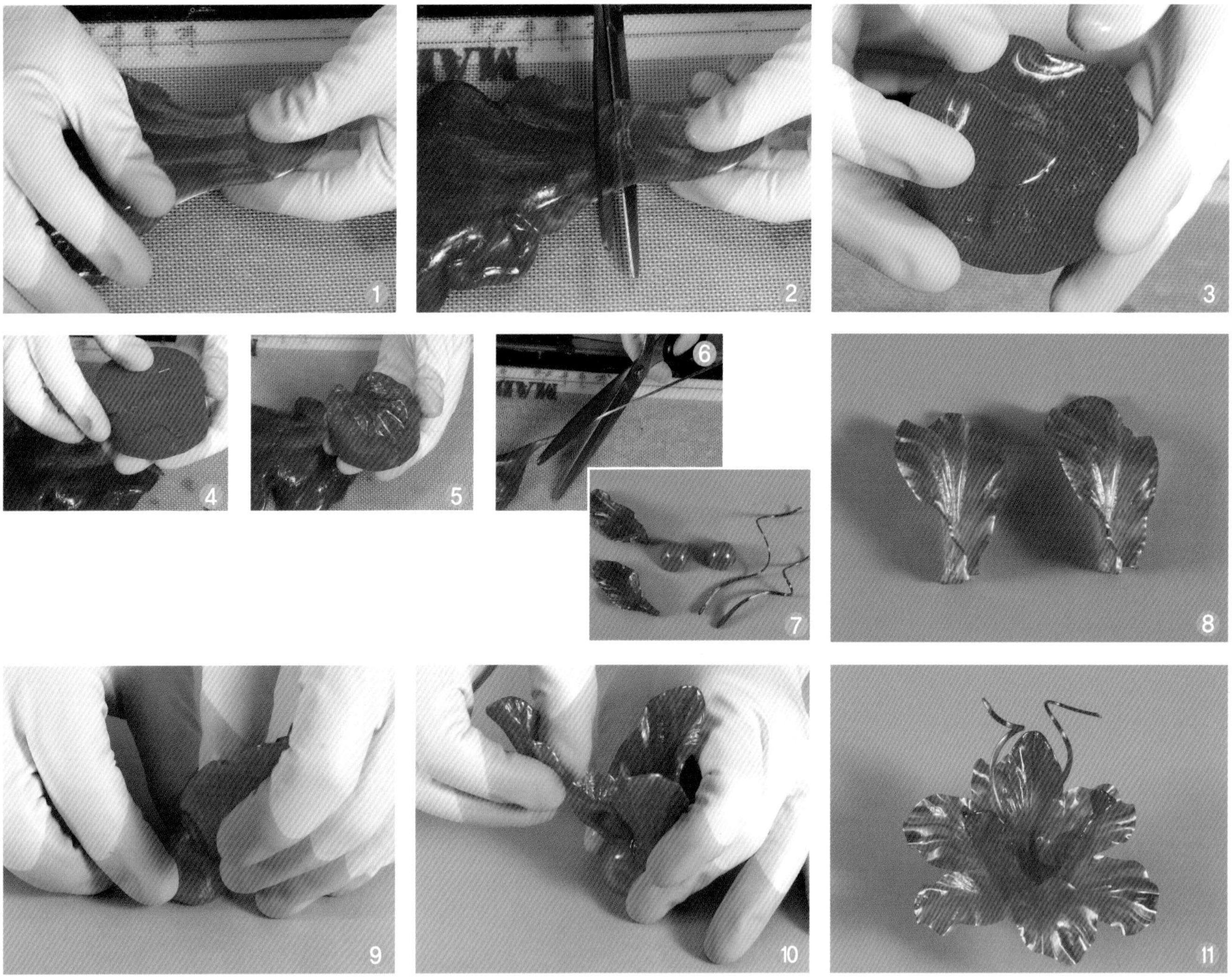

받침대

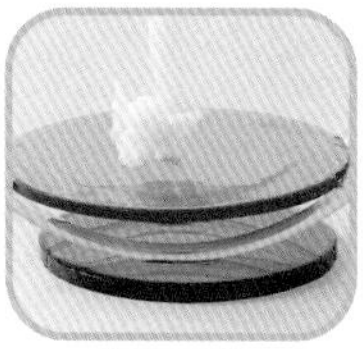

❶ 크기가 다른 링틀을 준비해 종이를 덧댄 다음 끓인 설탕에 초록색 색소 5방울을 떨어뜨려 섞은 시럽을 붓는다. 큰 링틀에는 조금 얇게 붓고, 작은 링틀에는 두껍게 붓는다. 〈사진 ①〉

❷ ①이 굳으면 링틀에서 빼내어 선풍기로 식힌다. 〈사진 ②〉

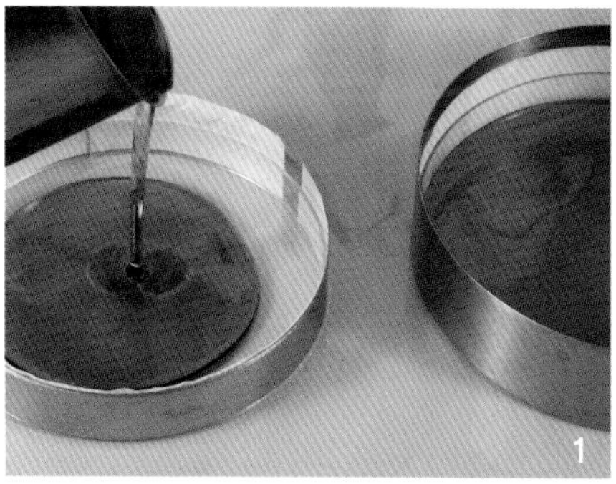

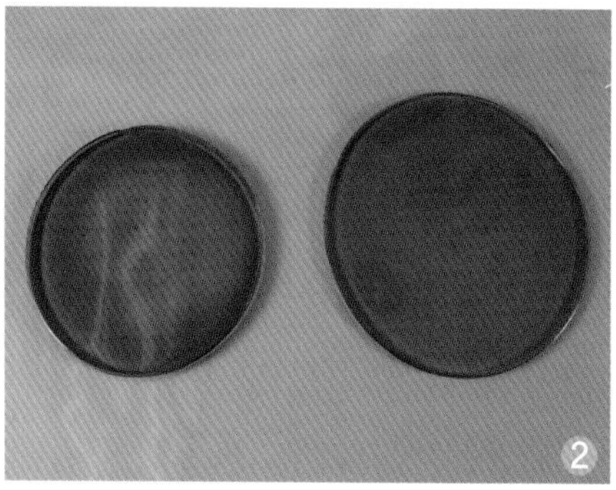

천사

❶ 모양이 다른 천사모양 실리콘 몰드를 준비한다. 〈사진 ①〉

❷ 천사모양 실리콘 몰드에 하얀색 색소를 섞은 설탕시럽을 붓는다. 〈사진 ②, ③〉

❸ ②가 굳으면 몰드에서 떼어낸다. 〈사진 ④〉

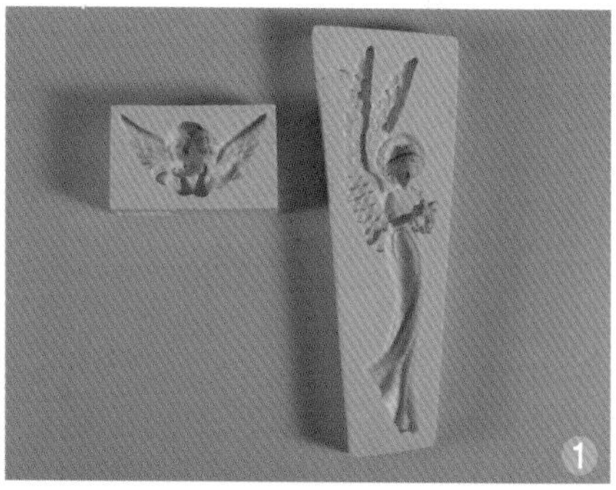

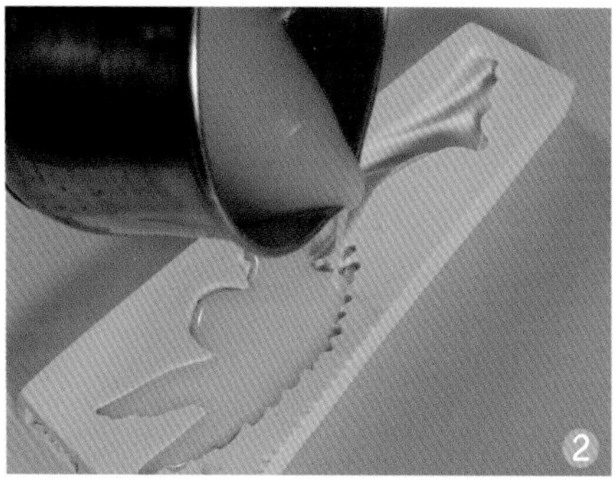

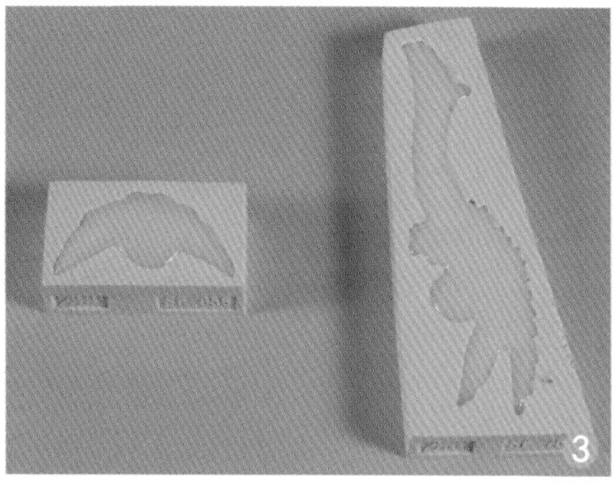

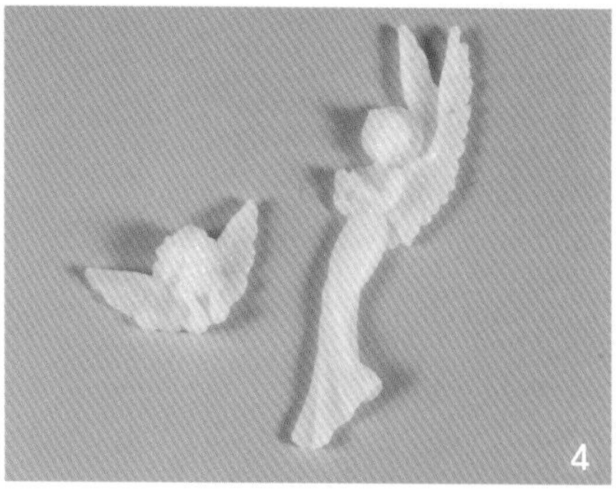

마무리

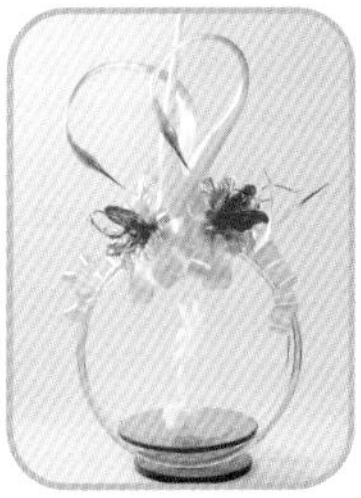

❶ 작은 받침대 위에 각도를 잘 맞춰 기둥을 세울 부분을 토치 램프로 달군다. 〈사진 ①〉
❷ 투명 기둥을 받침대 위에 세운다. 〈사진 ②〉
❸ 투명 기둥과 각도를 잘 맞춰 초록색 기둥을 세운다. 〈사진 ③〉
❹ 투명 기둥과 초록색 기둥의 벌어진 부분을 토치 램프로 달군 다음 설탕반죽을 접착제로 이용해 두 개의 기둥을 이어 붙인다. 〈사진 ④ 〉
❺ 큰 받침대를 작은 받침대 위에 붙인다. 〈사진 ⑥〉
❻ 기둥 위에 새를 보기 좋게 붙인다. 새가 떨어지지 않게 이음새 부분을 에어스프레이로 식힌다. 〈사진 ⑦〉
❼ 새를 에어브러시를 이용해 초록색으로 피스톨레한다. 〈사진 ⑧〉
❽ 초컬릿 색으로 새 부리와 꼬리 부분을 피스톨레한다. 〈사진 ⑨〉
❾ 기둥 위 새 양쪽 옆에 꽃을 붙인다. 〈사진 ⑩〉
❿ 받침대 위에 천사를 붙인다. 〈사진 ⑪〉

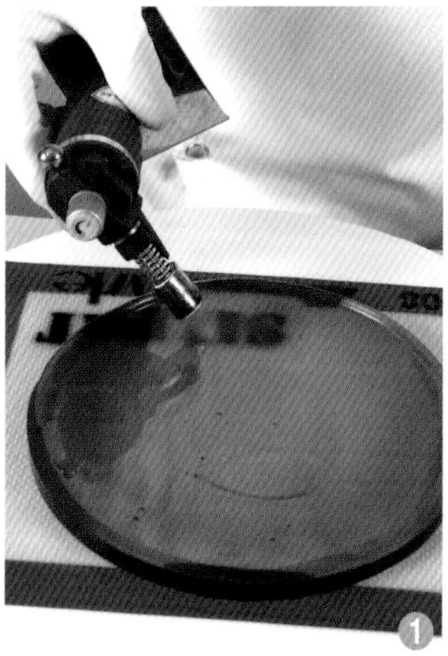
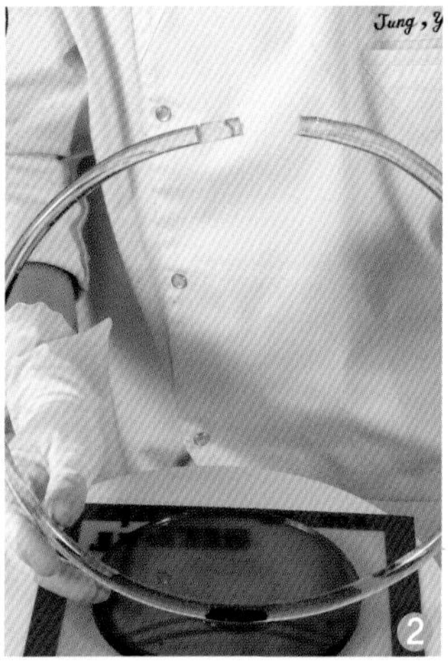
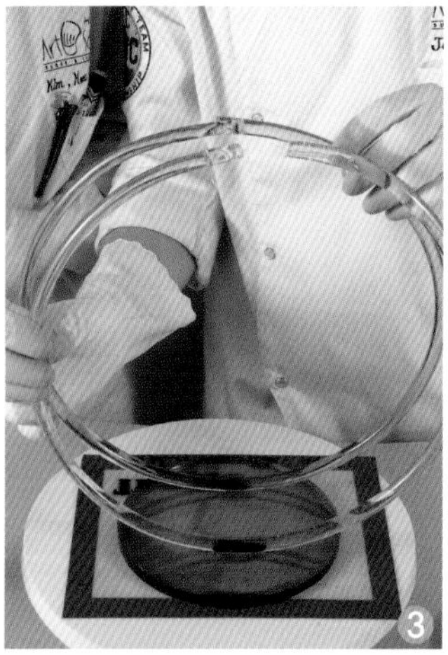
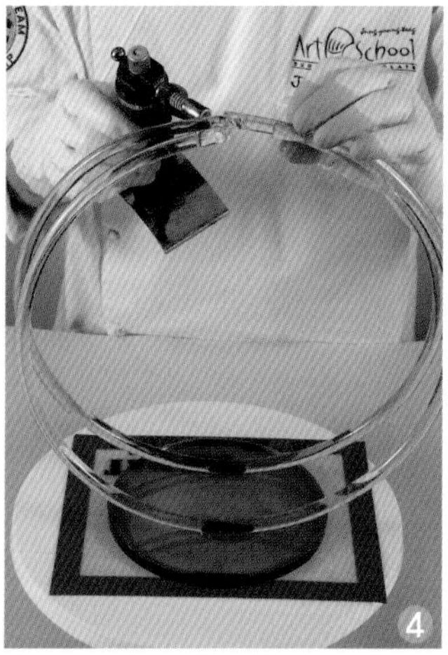
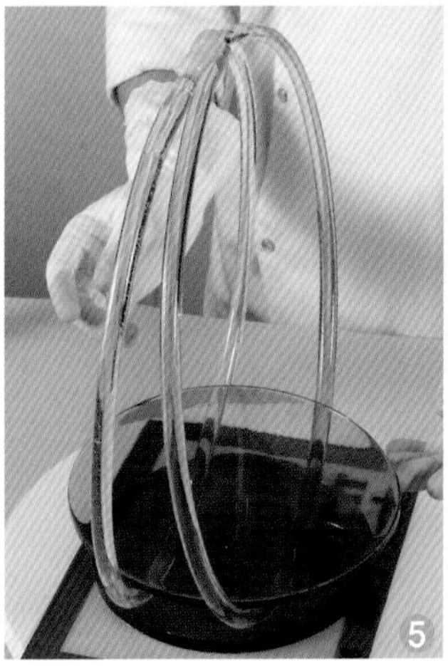
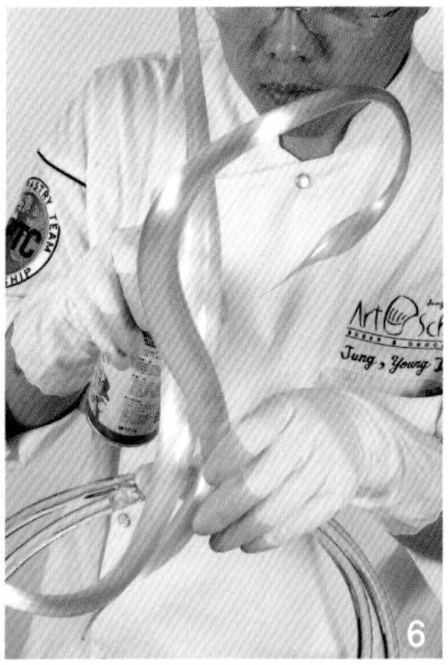
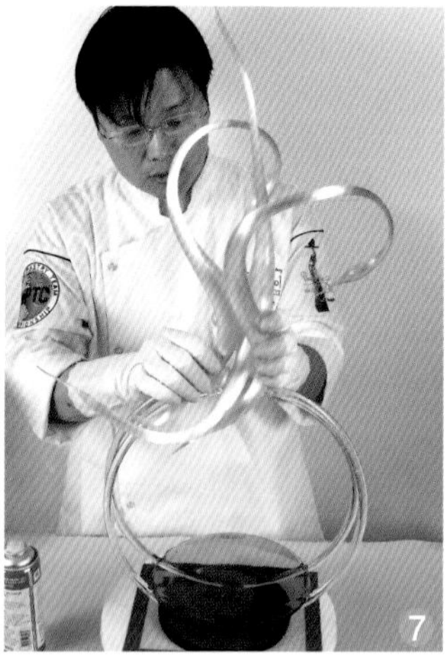
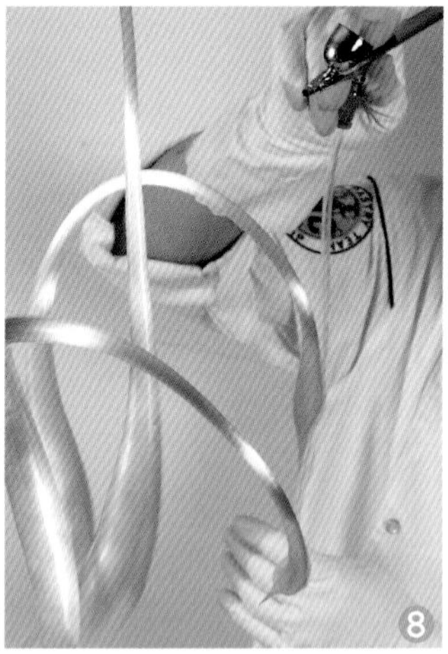

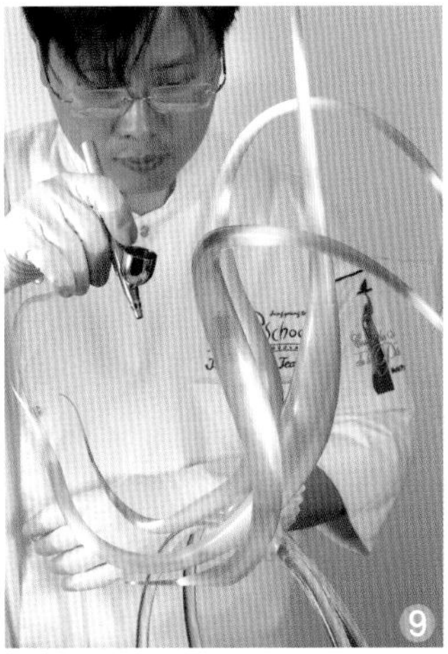

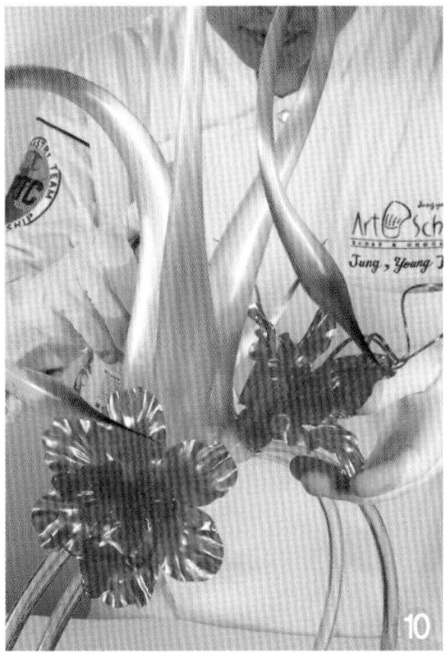

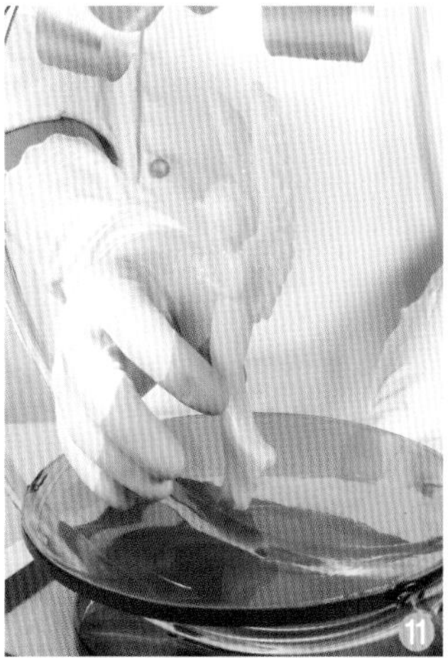

완성작

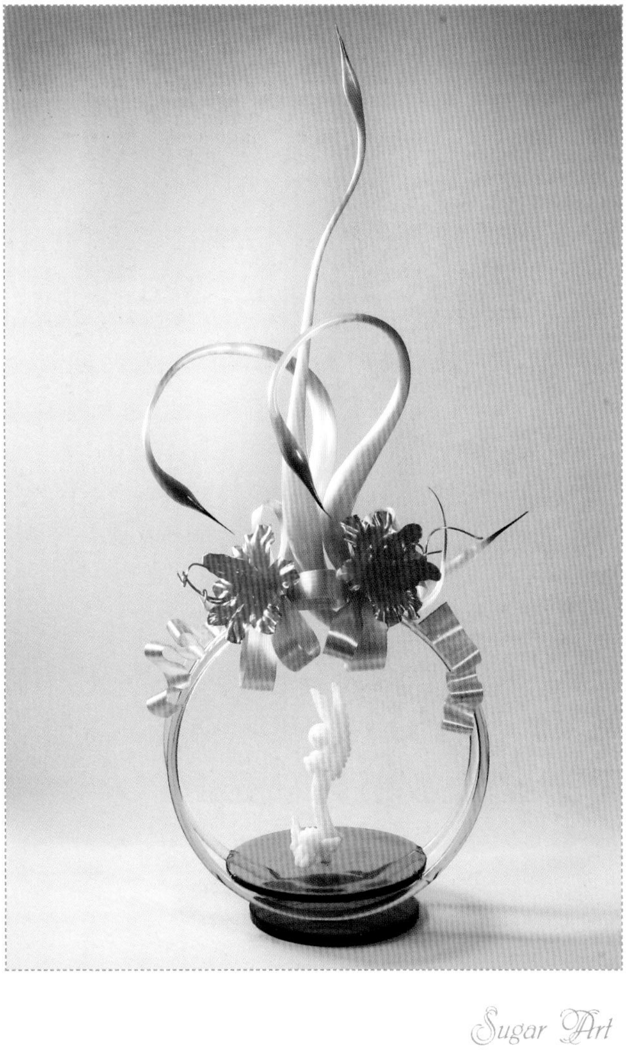

뮤직

La musique

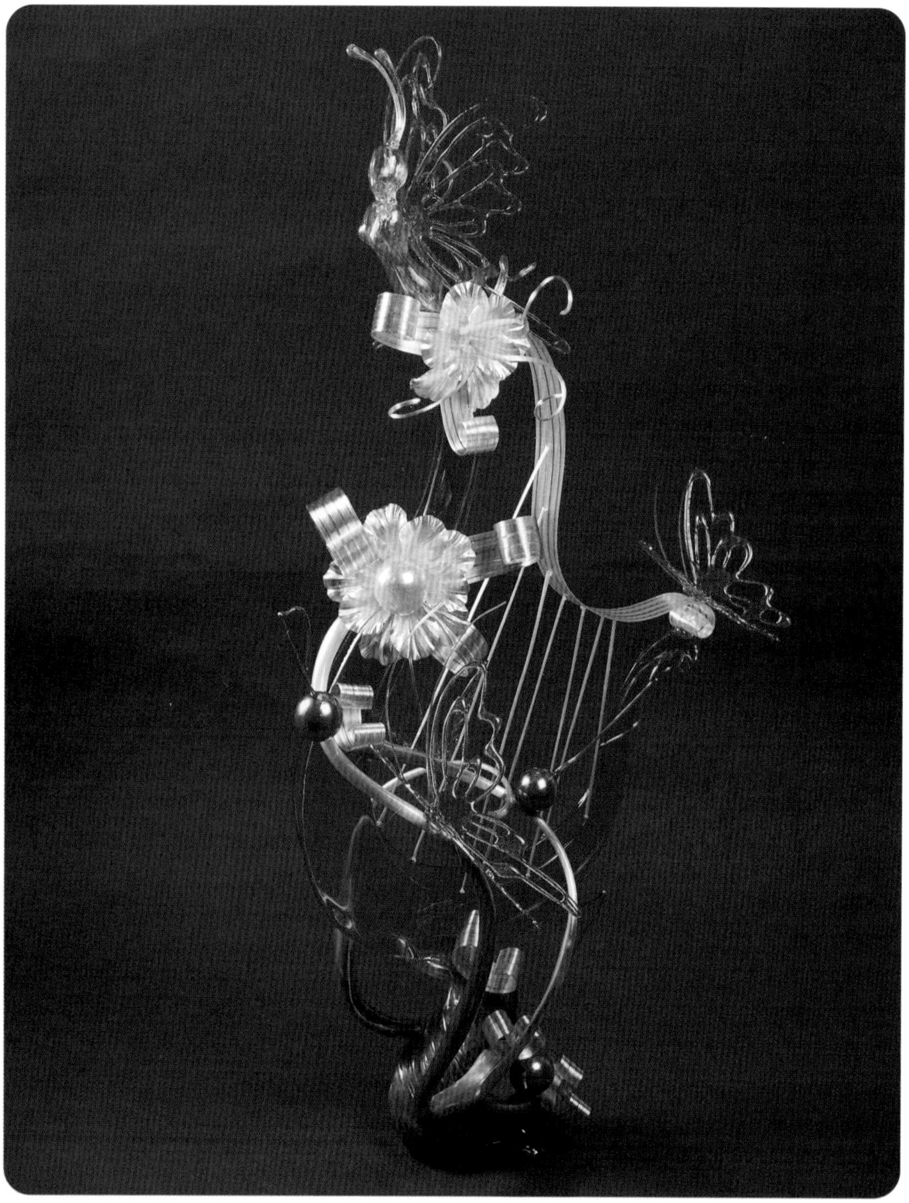

음악의 아름다운 선율을 표현하기 위해 사물을 의인화하여 만든 작품. 특히 당기기를 많이 사용해 특유의 영롱한 광택을 선보이며 화려한 작품이 더욱 돋보인다.

받침대

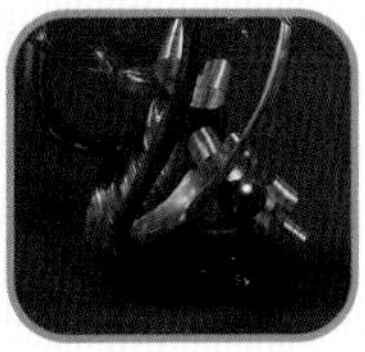

❶ 설탕을 끓인 것에 초록색 색소 2방울, 노란색 색소 1방울을 떨어뜨려 그린빛이 감도는 색깔을 만들어 실팻 위에 붓는다. 〈사진 ①〉

❷ ①을 선풍기로 식힌 다음 설탕공예 램프에서 안으로 모아주며 반죽을 만든다. 〈사진 ②〉

❸ ②를 여러 번 당겨서 꽈배기 모양으로 꼬아준 다음 자연스럽게 바닥 모양을 잡아 준다. 〈사진 ③, ④, ⑤〉

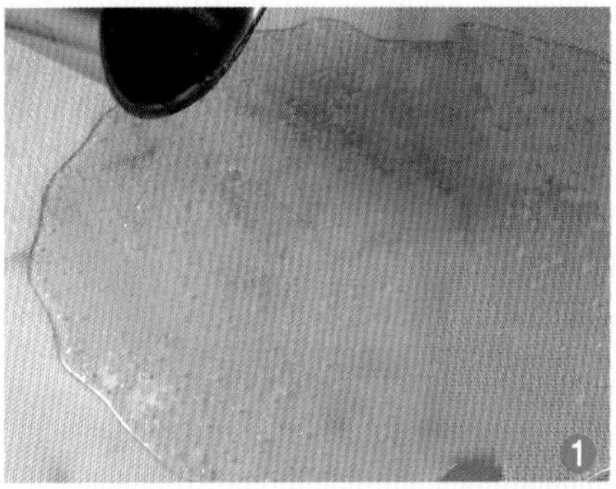

1

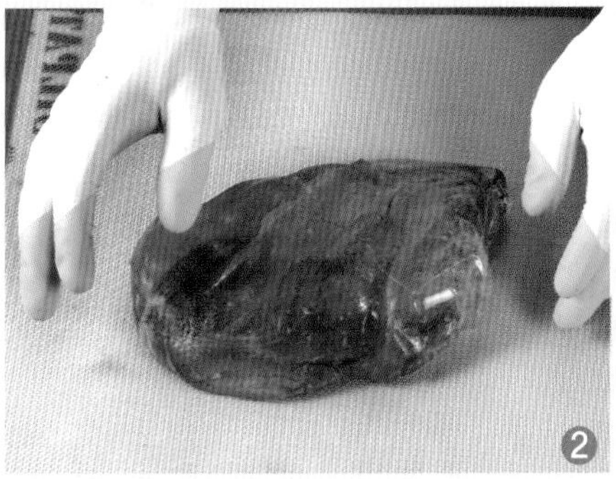

2

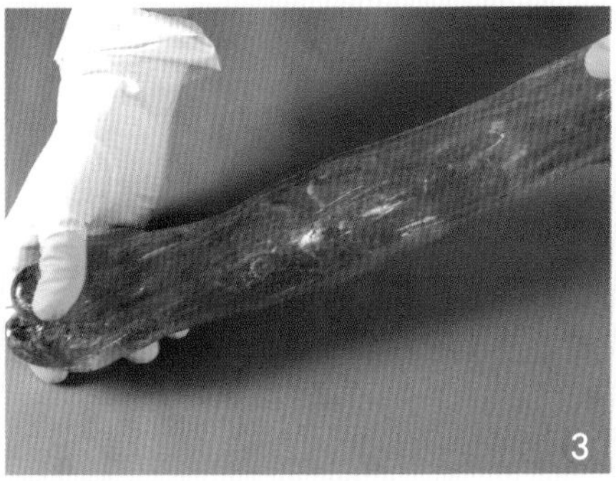

3

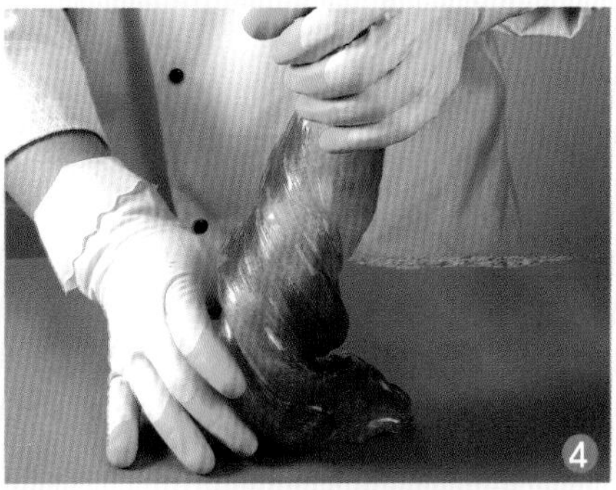

4

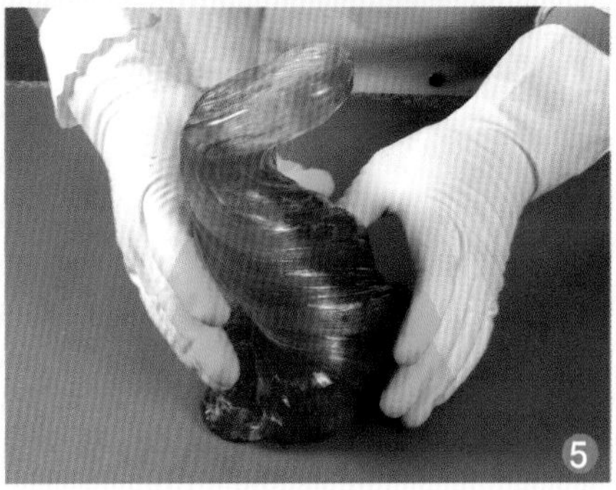

5

하프 틀

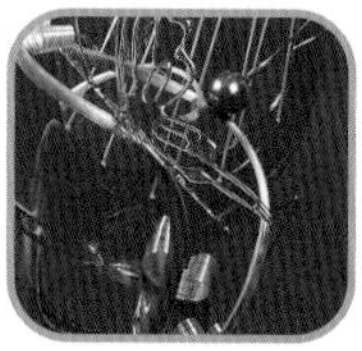

❶ 설탕을 끓인 것에 오렌지색 색소 2방울을 떨어뜨린 시럽을 조금 식힌 다음 2개의 하프 모형 비닐 틀의 위부터 아래쪽으로 천천히 붓는다. 〈사진 ①, ②〉

❷ 설탕시럽이 완전히 굳기 전에 약간 물렁거릴 때 비닐을 살살 떼어내면 깨끗하게 떨어진다. 그렇지 않으면 깨지거나 옆면이 지저분해진다. 〈사진 ③, ④〉

❸ 하프를 고정시킬 받침대 부위와 하프 접착 부위를 토치 램프로 달군 다음 무게 중심을 잘 잡고 힘의 안배를 적절히 해서 1개의 하프를 고정시킨다. 〈사진 ⑤, ⑥〉

❹ 나머지 하프도 마찬가지로 접착이 이루어지는 받침대와 하프를 토치 램프로 달군 다음 무게 중심을 잘 잡아 2개의 하프 끝이 맞붙도록 고정시킨다. 〈사진 ⑦, ⑧〉

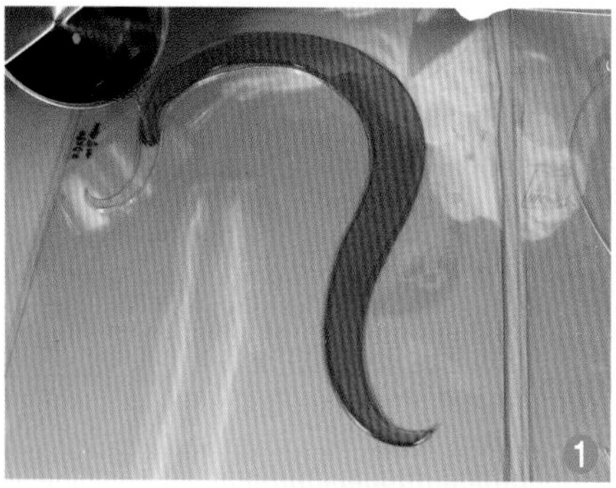
1

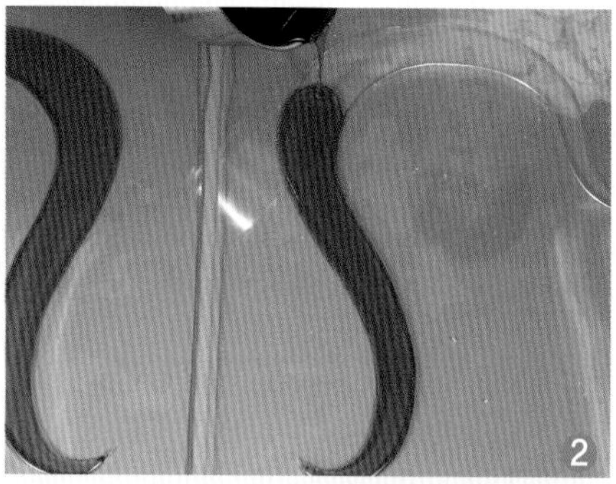
2

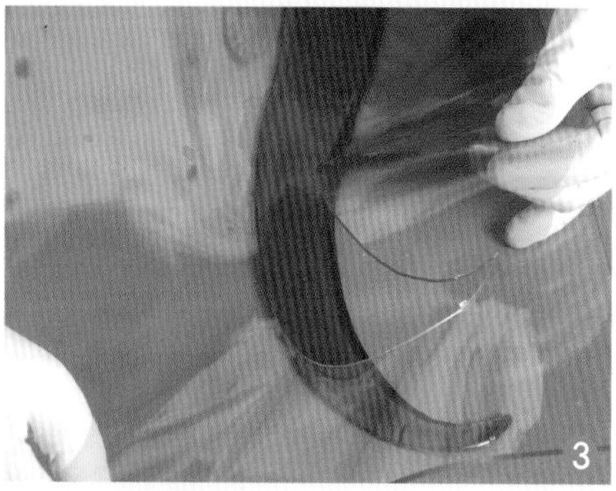
3

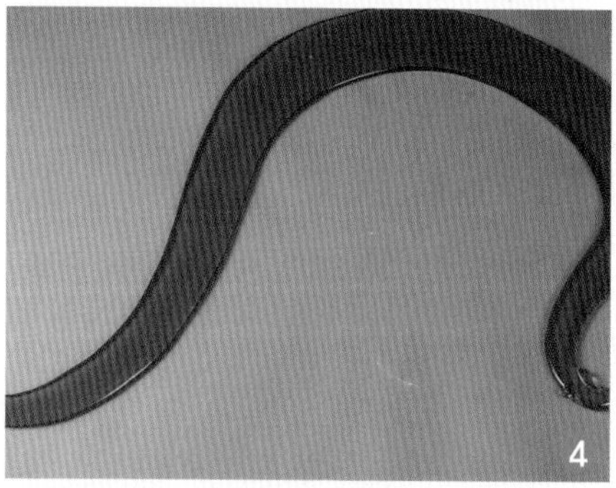
4

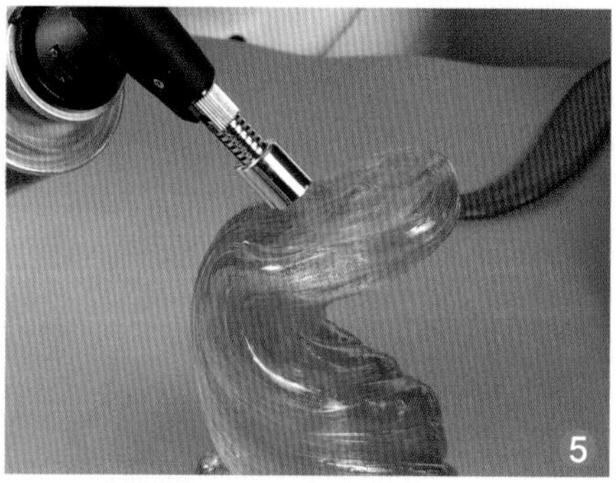
5

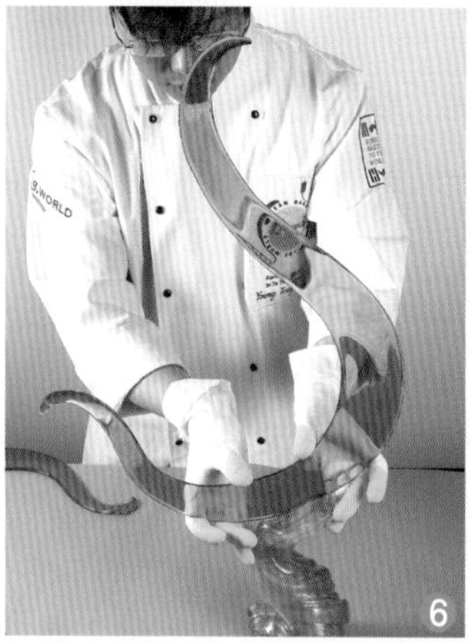
6

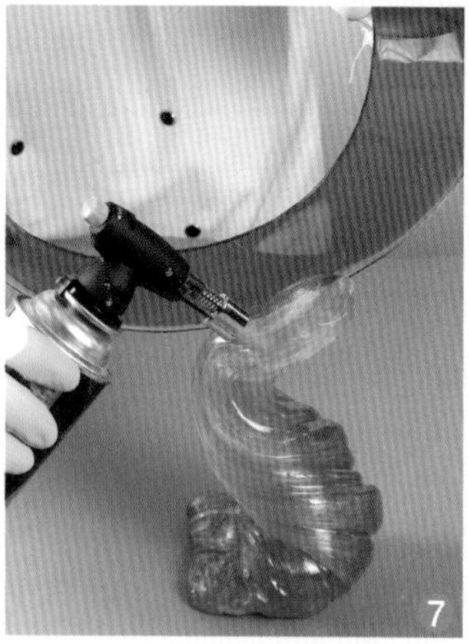
7

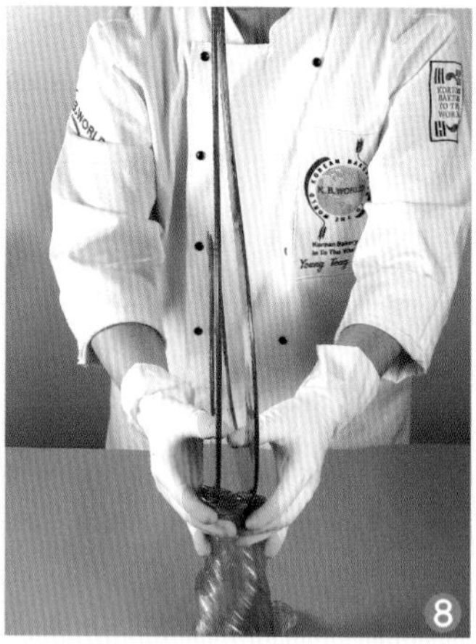
8

하프 리본

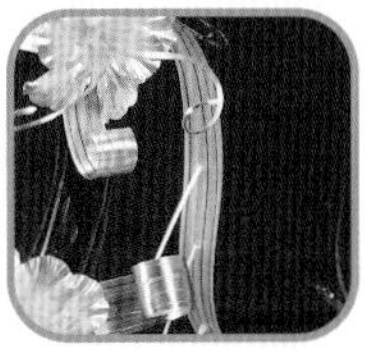

❶ 설탕반죽을 떼어서 안으로 모아주며 치대다가 여러 번 당긴다. 〈사진 ①, ②〉
❷ 당기기로 불투명해진 반죽에서 투명한 무늬를 얻기 위해서는 설탕반죽을 떼어내 맨 가장자리에 놓고 설탕반죽이 가운데에 들어가도록 모아주어서 가위로 자른다. 리본을 만들 때는 두께를 다듬어서 두께가 항상 일정하도록 맞추는 것이 가장 중요하다. 〈사진 ③, ④, ⑤, ⑥, ⑦〉
❸ ②를 몇 번 모아 4개의 투명무늬가 생기게 한 다음 잡아당겨서 길게 늘어뜨린다. 〈사진 ⑧〉

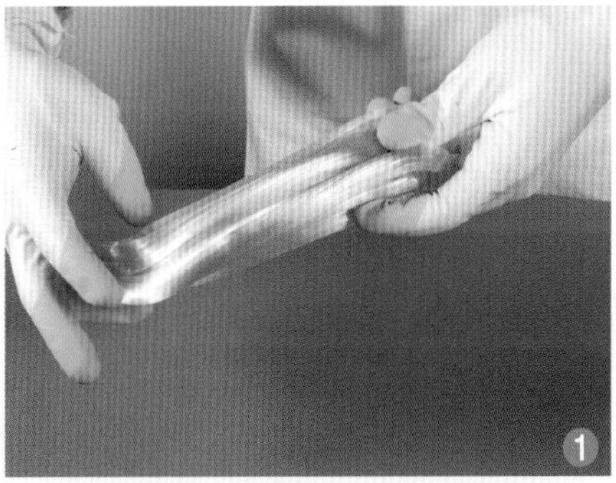
1

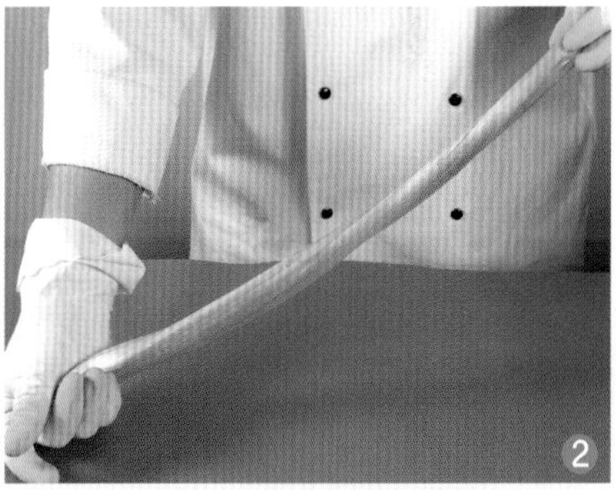
2

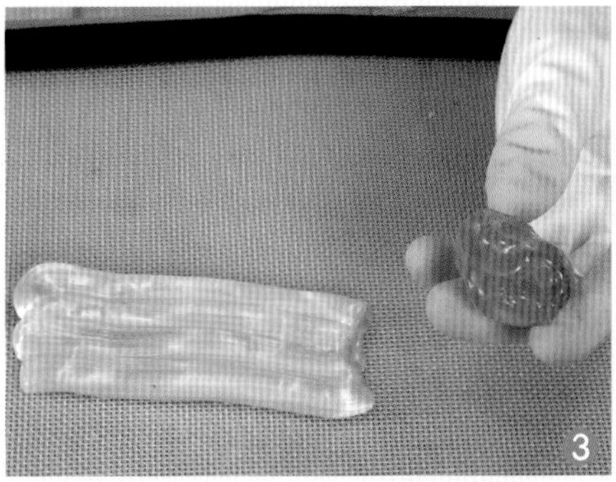
3

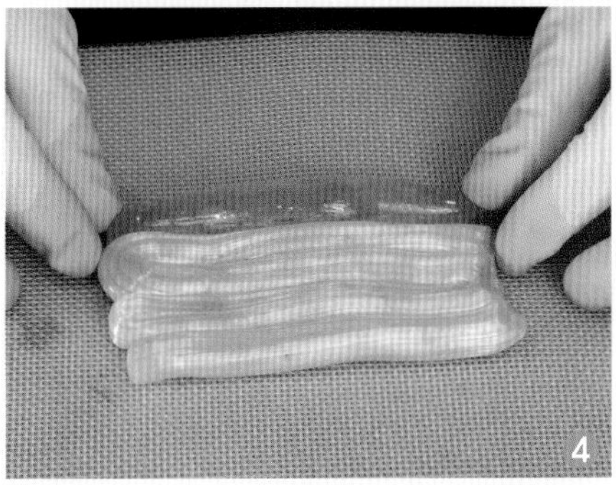
4

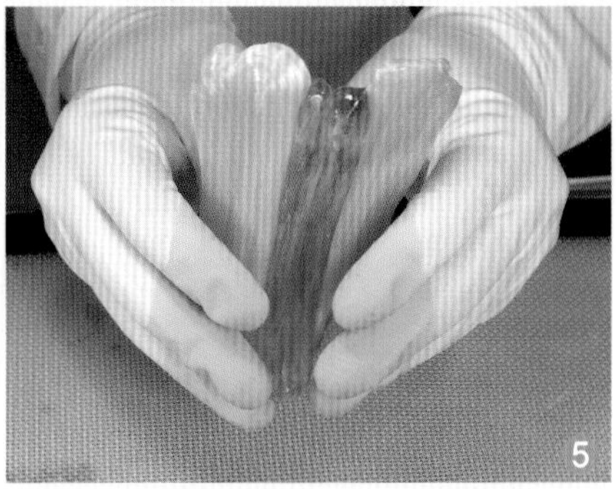
5

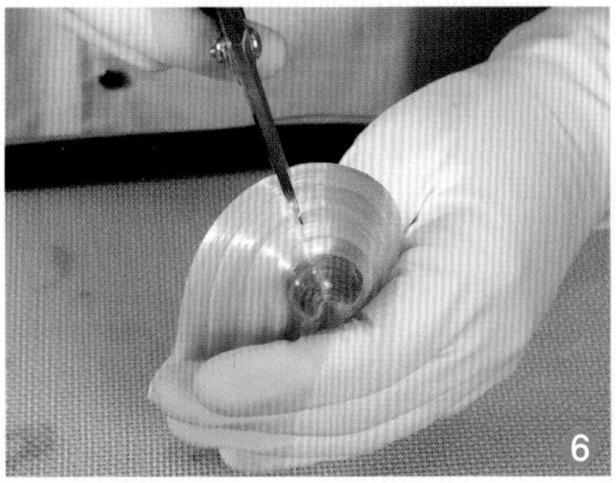
6

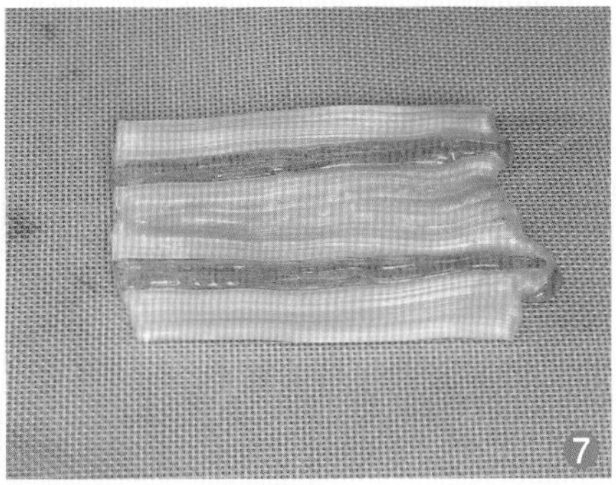
7

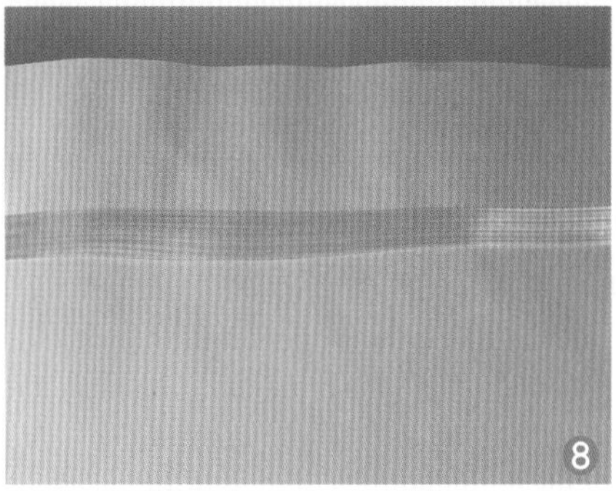
8

❹ 토치 램프에 달군 칼로 리본 양 끝을 잘라낸다. 〈사진 ⑨, ⑩〉

– 칼을 쓰고 나서는 반드시 젖은 헝겊으로 칼날을 닦아주어야 한다.

❺ ④를 설탕공예 램프에서 흔들어가며 모양을 만든다. 리본 끝은 각각 안쪽으로 말아 감기게 한 다음 곡선으로 살짝 휘게 한다. 〈사진 ⑪〉

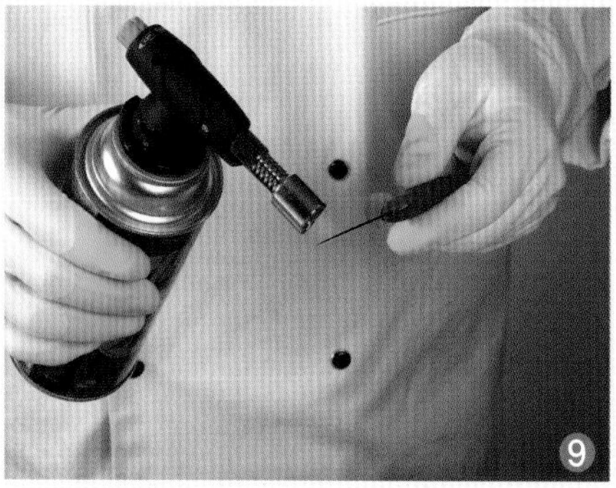
9

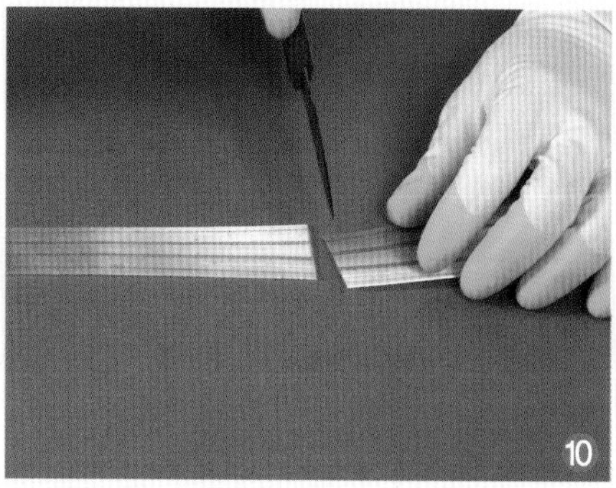
10

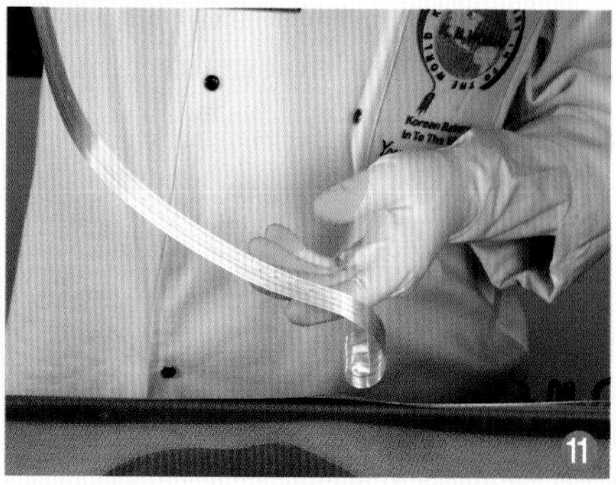
11

하프 줄

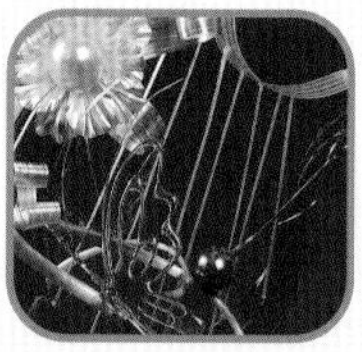

❶ 리본을 만들고 난 설탕반죽을 떼어내 전자렌지에서 데운 뒤 안으로 모아 뭉쳐준다. 〈사진 ①〉

❷ 마치 실을 뽑듯이 설탕반죽을 얇고 길게 잡아당긴 후 가위로 자른다. 반죽이 너무 뜨거울 때 잡아당기면 모양이 안 산다. 당기는 것이 힘에 부칠 정도로 반죽이 식은 다음 당겨주어야 한다. 〈사진 ②, ③〉

❸ 여러 개의 하프줄을 당겨서 만든다.

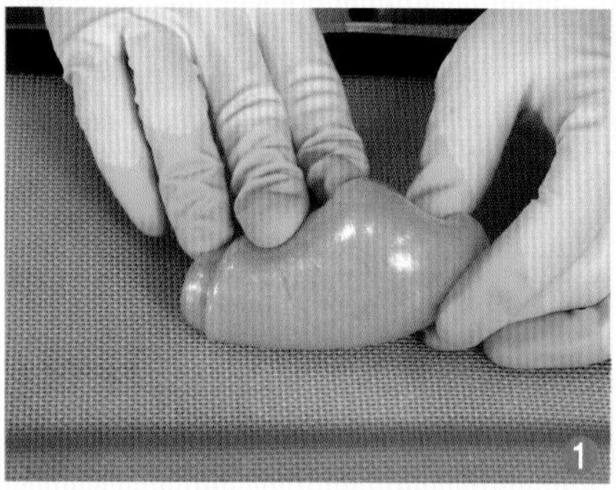
1

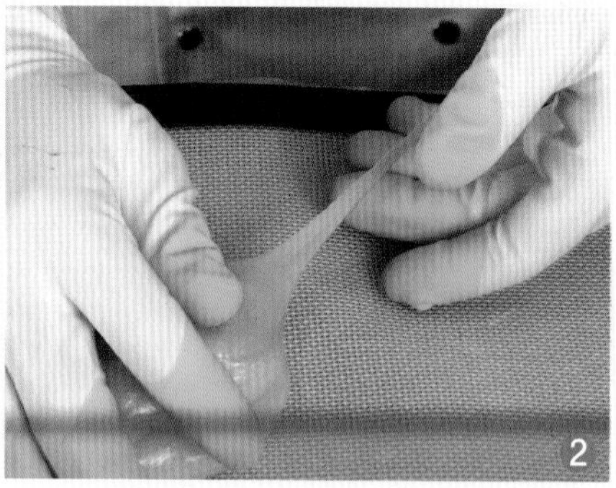
2

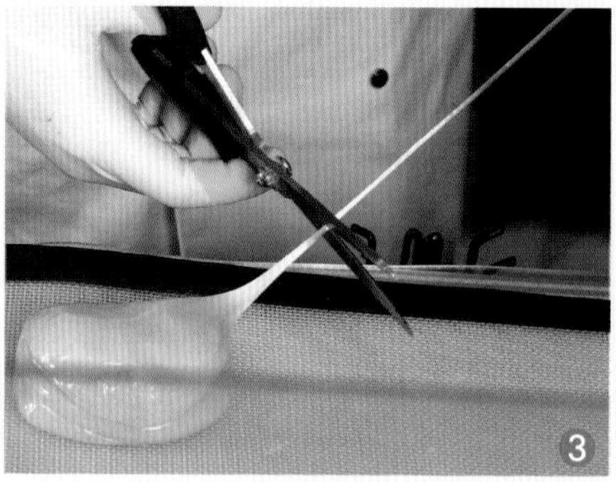
3

하프 완성하기

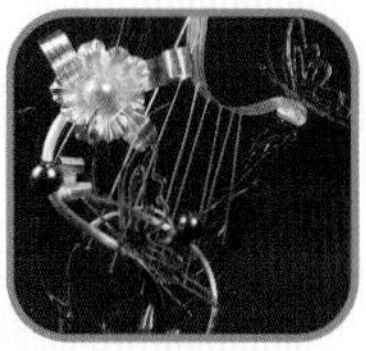

❶ 하프 틀에 리본을 걸쳐 고정시킨다. 접착 부분이 되는 하프 틀과 리본 끝을 각각 토치 램프를 살짝 달궈 붙인다.〈사진 ①〉

❷ 하프 줄 양 끝에 토치 램프로 녹인 설탕시럽을 붙인 다음 리본과 하프틀 사이에 고정시킨다. 이 작품에서 이 공정이 가장 어려운 작업이다. 하프 틀 위에 줄이 한 개씩 엇갈리게 붙이면 입체감이 살아난다. 〈사진 ①, ②〉

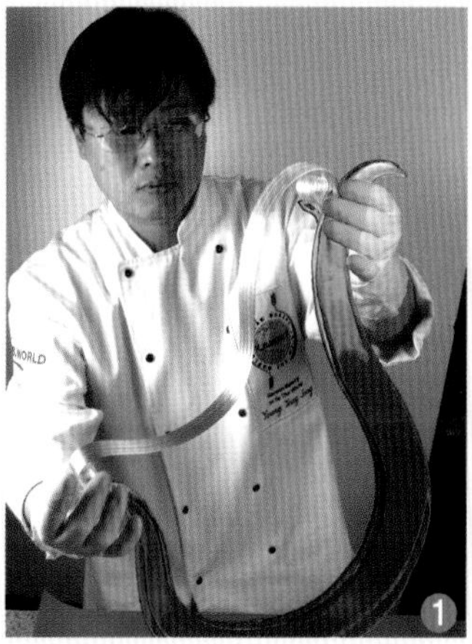
1

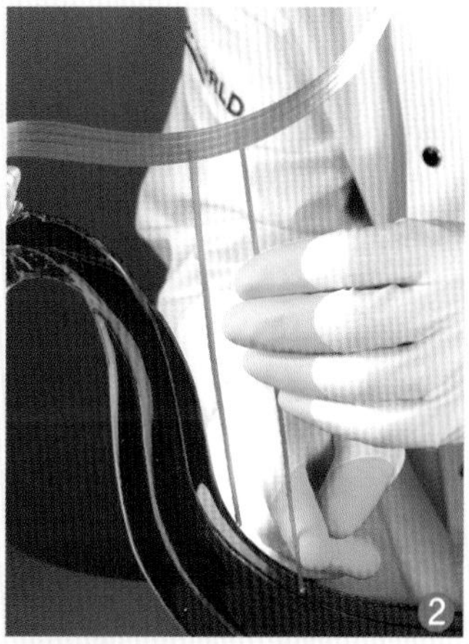
2

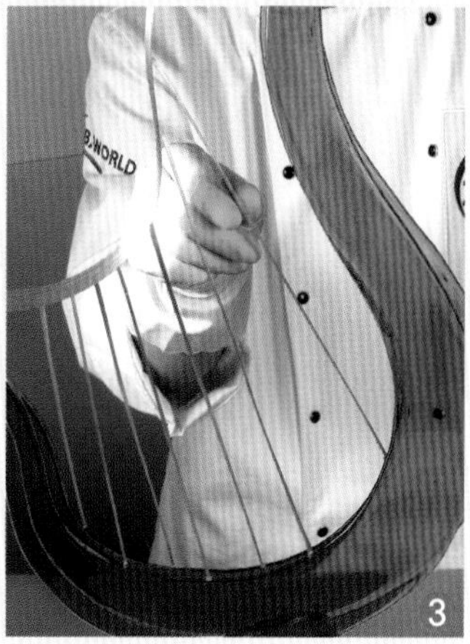
3

Tip

설탕공예에는 접착부분이 되는 부분은 반드시 양쪽 모두 토치 램프를 달군 다음 붙여야 단단하게 고정된다. 또 너무 가늘거나 작은 것을 붙일 때는 설탕시럽이나 이소말트를 끓여 접착제로 사용한다.

초록색 리본

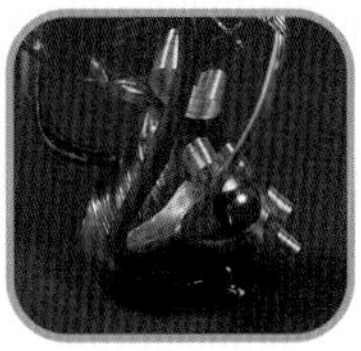

❶ 설탕을 끓인 것에 초록색 색소를 섞은 시럽을 반죽으로 만들어 여러 번 당기면 색깔이 하얗게 된다. 〈사진 ①, ②〉

❷ ①의 적당량을 잘라 긴 타원형으로 만든다. 〈사진 ③, ④〉

❸ ②에 설탕반죽을 붙여서 설탕반죽이 가운데로 오게 해서 모아준 다음 윗부분을 가위로 자른다. 〈사진 ⑤, ⑥〉

- 리본을 안으로 모아주어서 자르는 이유는 설탕반죽의 온도를 일정하게 유지시키기 위해서다. 겉의 딱딱한 설탕반죽과 안의 물렁한 설탕반죽이 섞이면 결정이 생기기 쉽다.

❹ ③을 길게 잡아당겨 늘어뜨린 다음 토치 램프로 달군 칼로 원하는 길이를 잘라준다. 〈사진 ⑦, ⑧〉

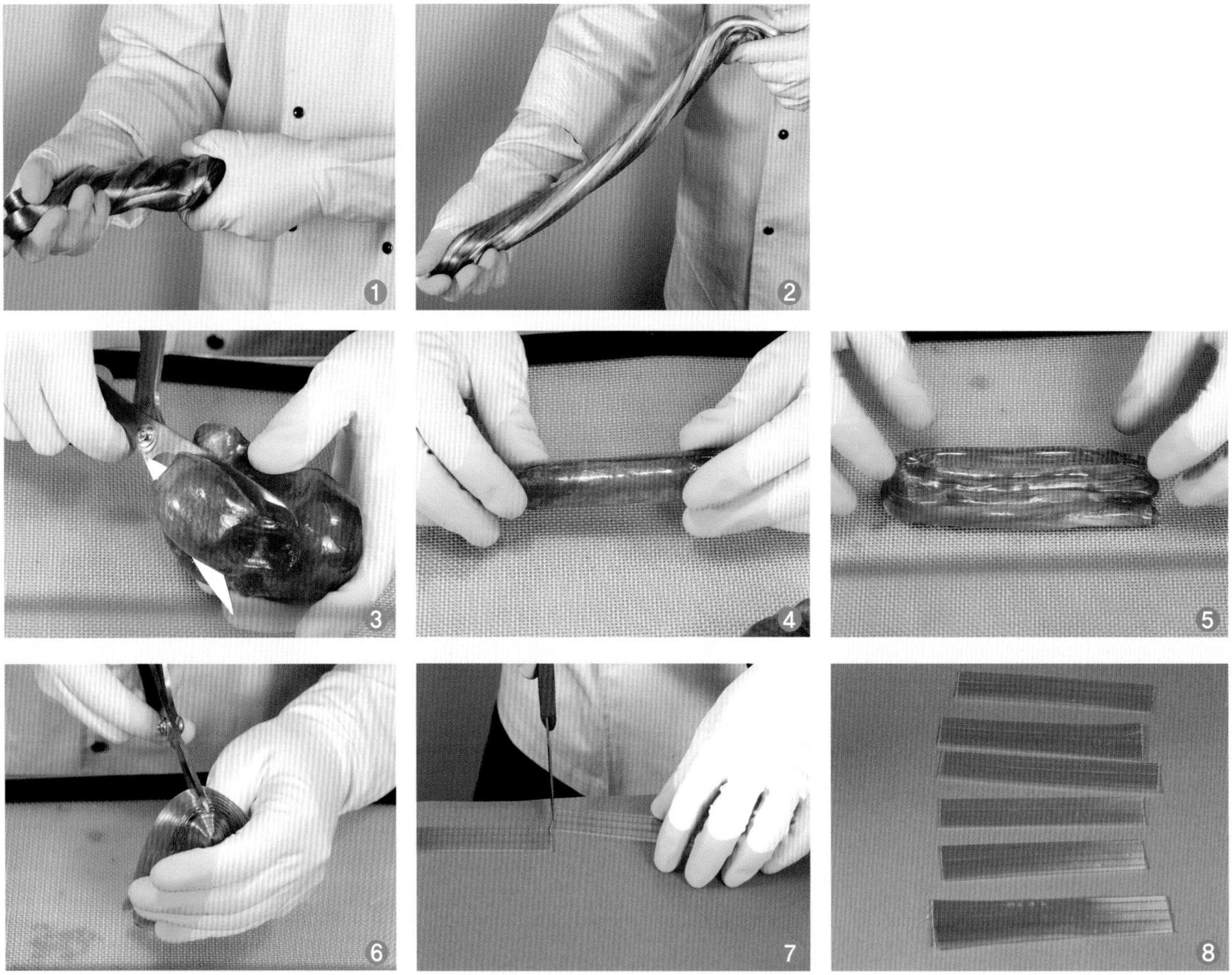

❺ ④를 설탕공예 램프에서 흔들어주어서 살짝 녹인 다음 손으로 리본 모양을 만든다. 〈사진 ⑨, ⑩, ⑪〉

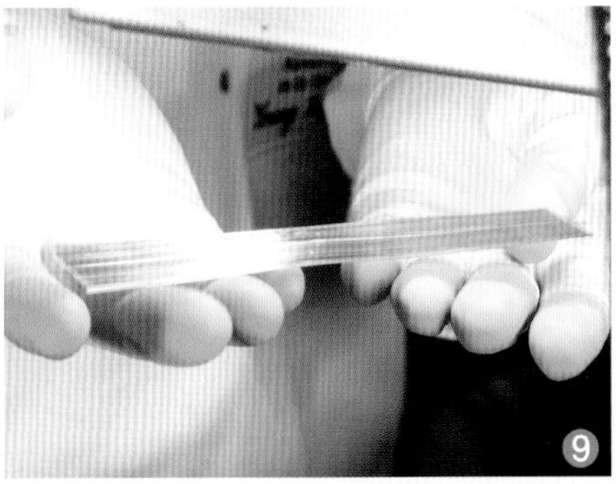
9

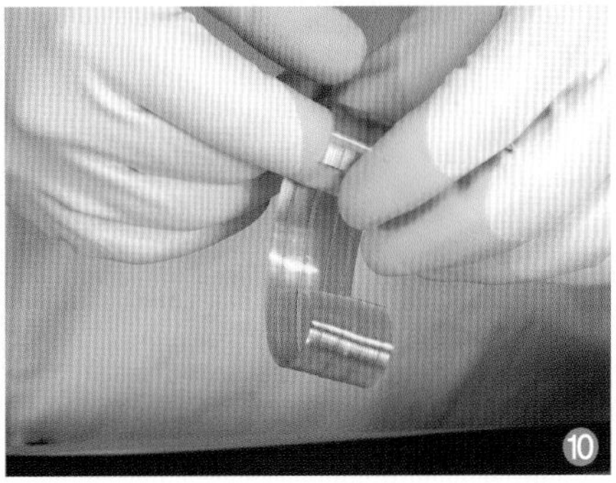
10

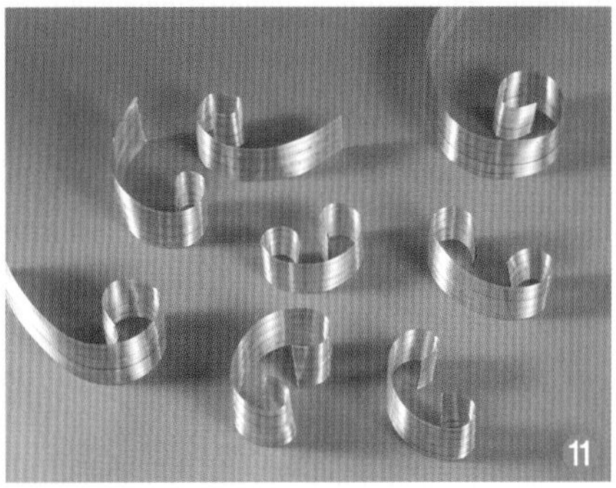
11

초록색 줄기

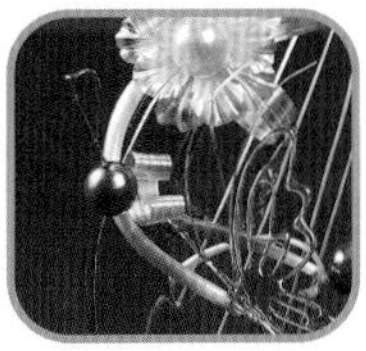

❶ 설탕을 끓여서 초록색 색소를 섞은 설탕시럽으로 만든 반죽 적당량을 가위로 잘라 아랫부분을 손가락으로 구멍을 낸 다음 토치 램프로 달군다. 〈사진 ①, ②〉

❷ ①에 펌프를 집어넣어 공기를 주입시키며 잡아당겨서 가늘고 긴 줄기를 만든다. 〈사진 ③, ④, ⑤〉

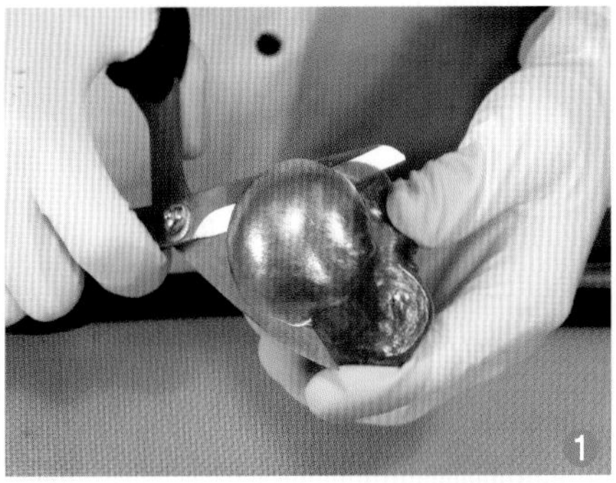
1

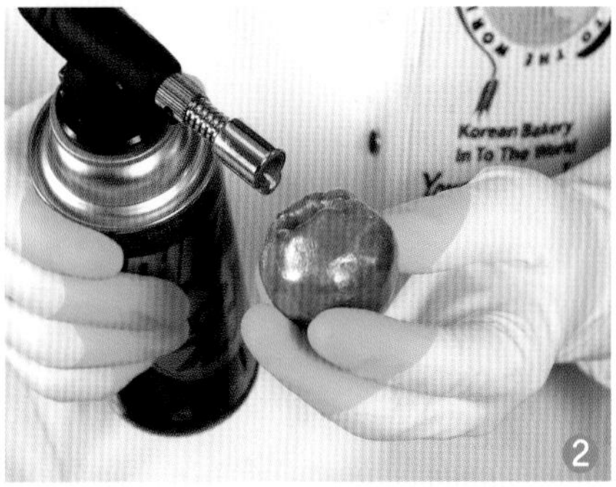
2

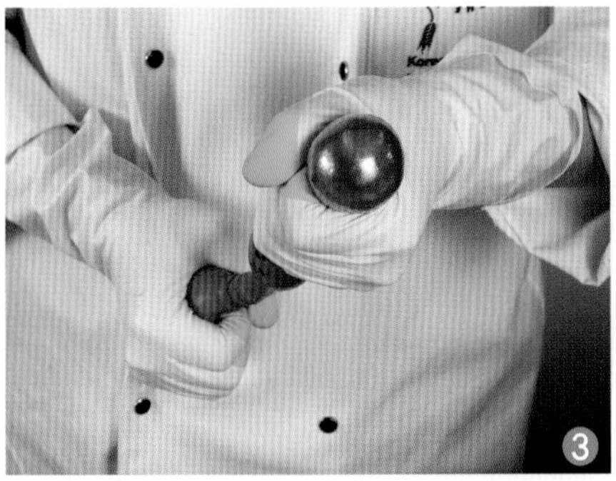
3

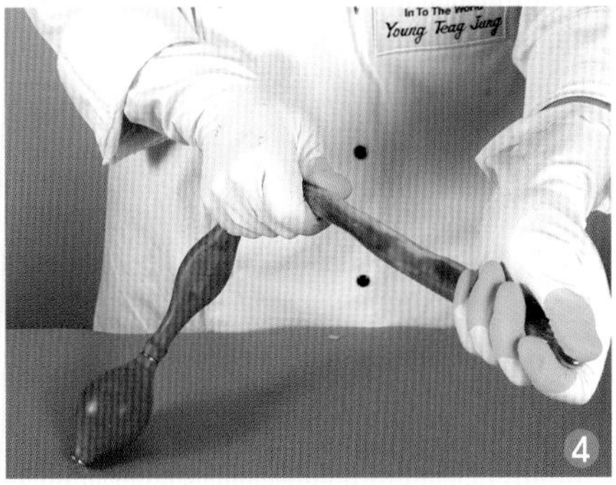
4

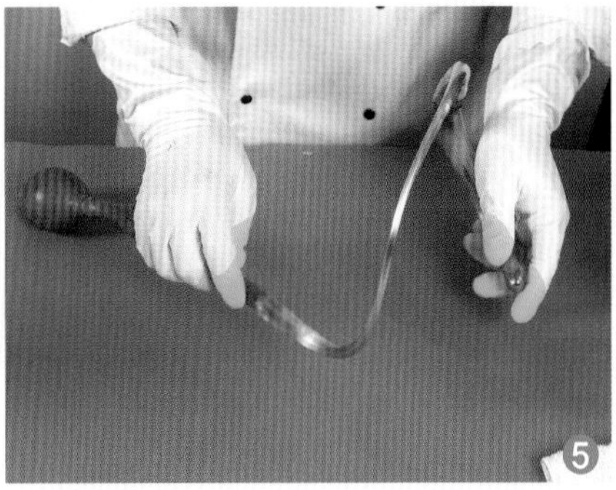
5

나비 날개

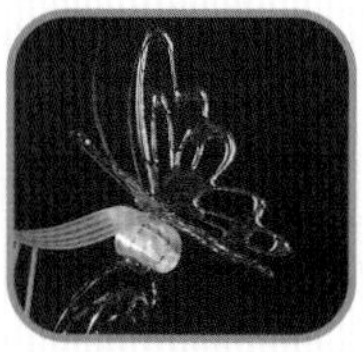

❶ 설탕을 끓인 것에 노란색 색소를 섞은 시럽을 짤주머니처럼 말아 쥔 유산지에 붓는다. 〈사진 ①〉
❷ 유산지로 만든 짤주머니 끝을 가위로 자른다. 〈사진 ②〉
❸ ②로 비닐판 위에 나비 날개 모양을 짠다. 이때 나중에 깨질 것을 대비해 여분으로 몇 개 더 만들어 놓는 것이 좋다. 〈사진 ③〉

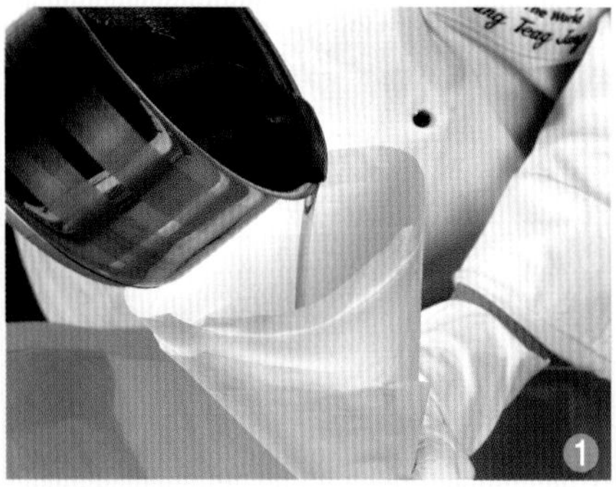

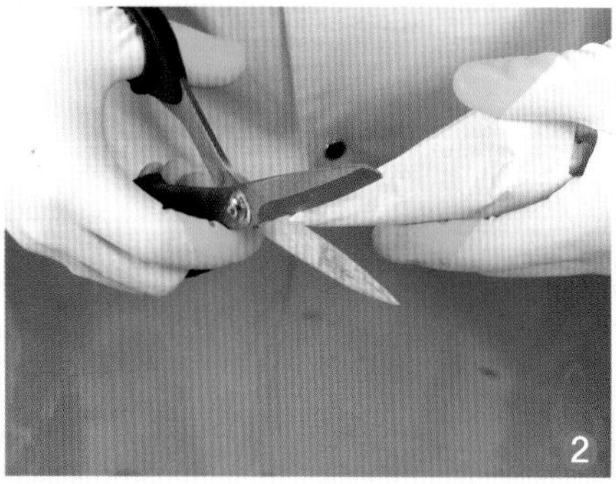

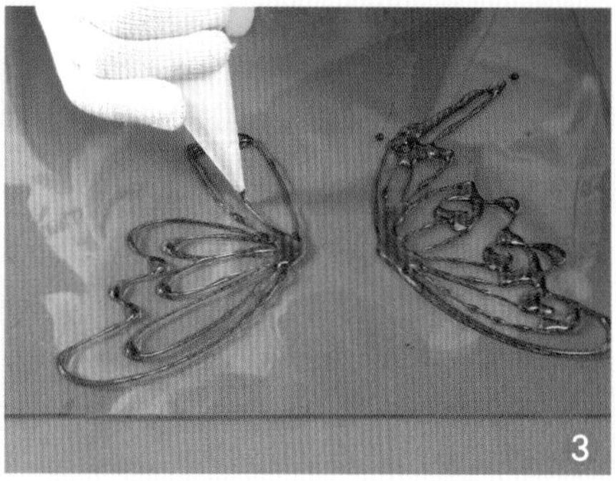

나비 더듬이

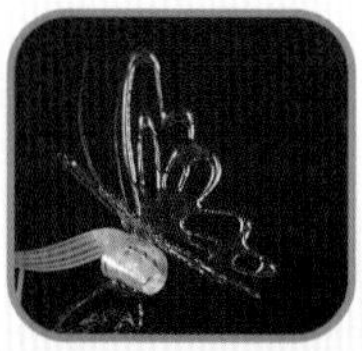

❶ 설탕을 끓인 것에 노란색 색소를 섞은 시럽을 반죽으로 만든다. 〈사진 ①〉
❷ 설탕반죽을 당겨서 가늘고 길게 뽑아낸 다음 가위로 잘라 살짝 구부려 놓는다. 〈사진 ②, ③〉

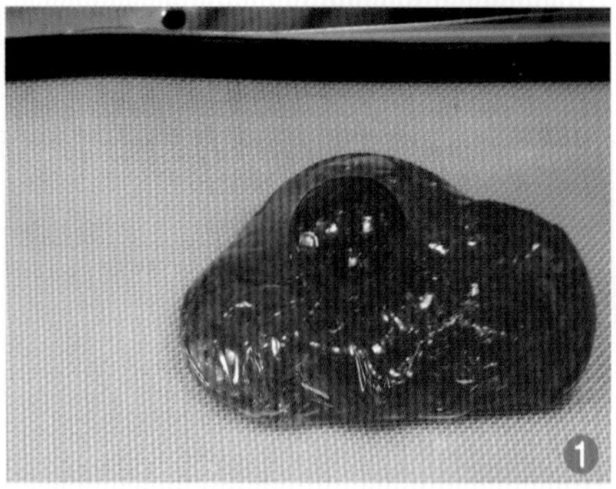

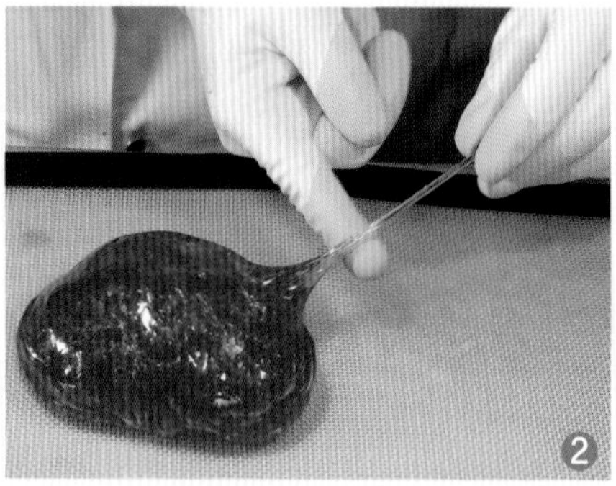

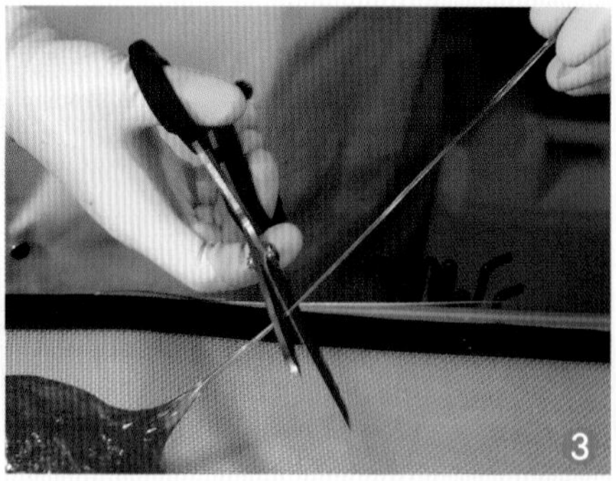

나비 소녀 얼굴

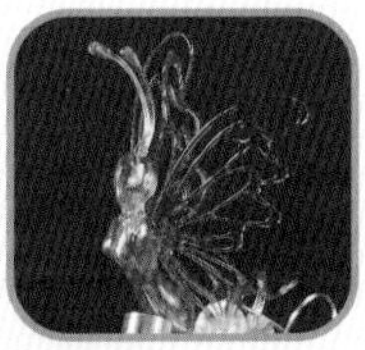

❶ 노란색 색소를 섞은 설탕반죽 적당량을 가위로 자른다. 〈사진 ①〉
❷ ① 밑에 검지손가락을 넣어 구멍을 내고 토치 램프로 달군 다음 펌프를 집어넣는다. 〈사진 ②, ③, ④〉
❸ 펌프로 공기를 주입시키며 손으로 눈, 코, 입을 만들고 선풍기로 식힌다. 〈사진 ⑤〉

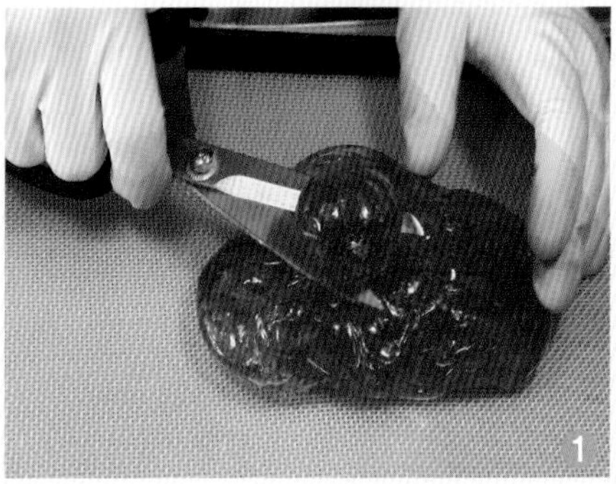

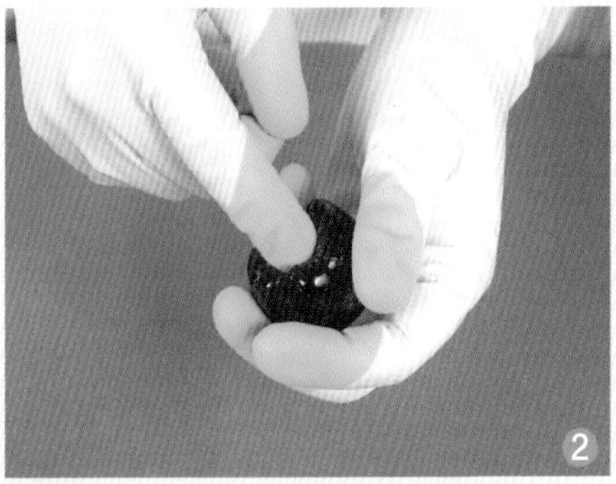

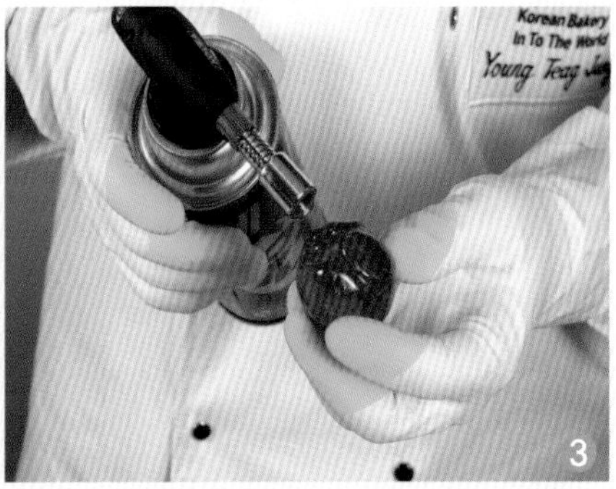

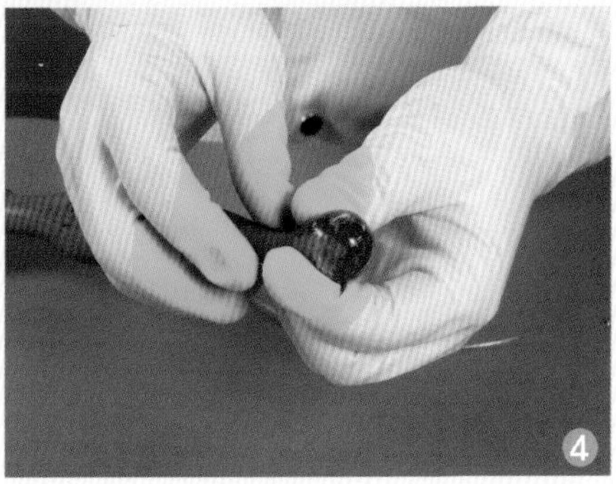

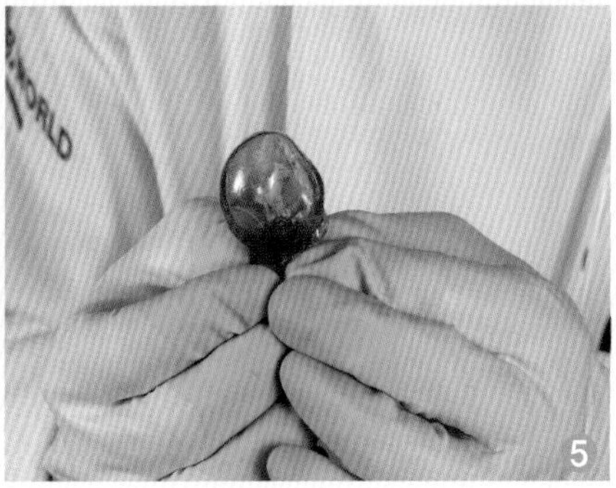

나비 소녀 더듬이

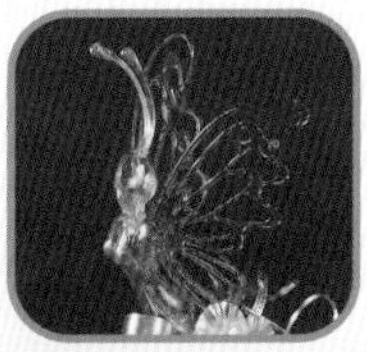

❶ 노란색 색소를 섞은 설탕반죽을 뿔 모양으로 잡아당겨 가위로 자른다. 〈사진 ①, ②〉
❷ ①을 2개 만든다. 〈사진 ③〉

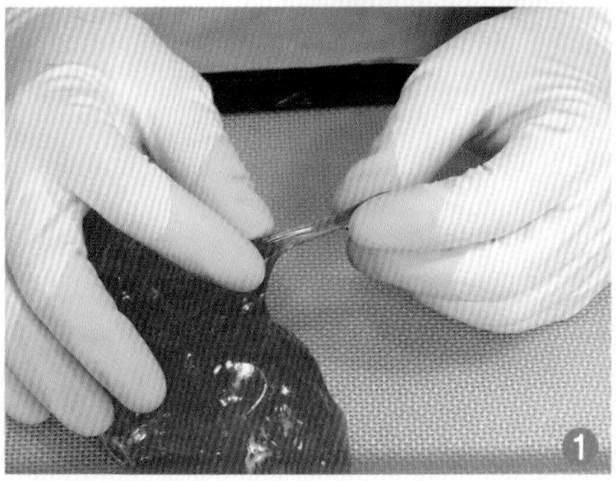

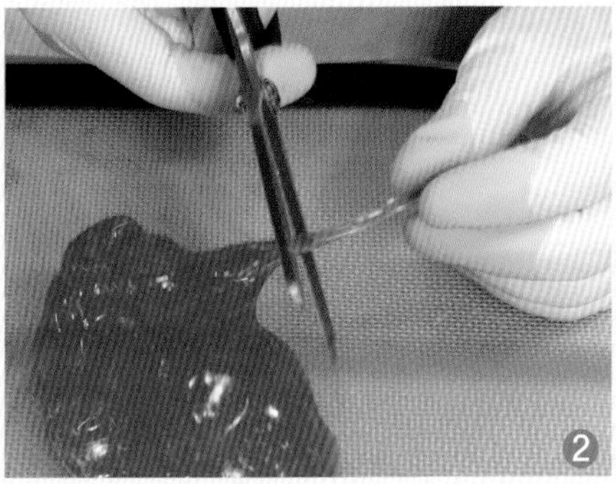

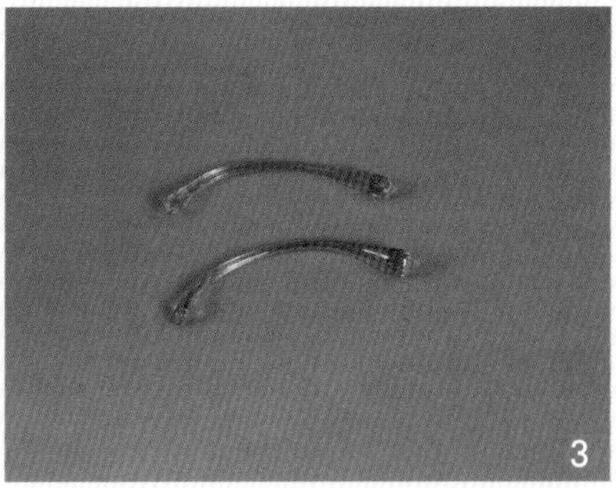

나비 소녀 몸

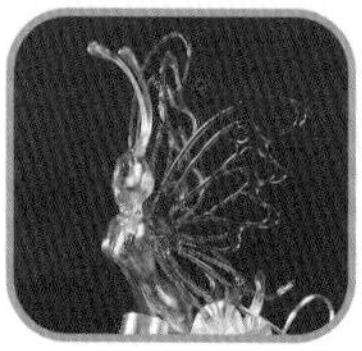

❶ 노란색 색소를 섞은 설탕반죽 적당량을 가위로 자른다. 〈사진 ①〉

❷ ① 밑에 검지손가락을 넣어 구멍을 내고 토치 램프로 달군 다음 펌프를 집어넣는다. 〈사진 ②, ③, ④〉

❸ 펌프로 공기를 주입시키며 가슴과 허리 모양을 만든다. 〈사진 ⑤〉

❹ 몸이 어느 정도 완성되면 펌프를 뺀 다음 펌프를 집어넣은 부분을 열풍기로 달궈서 꼬리처럼 날렵하게 만든다. 〈사진 ⑥, ⑦〉

❺ 나비 소녀 얼굴과 몸을 붙인다. 이음새 부분을 토치 램프로 달궈서 붙이면 접착면이 표지나지 않게 매끄럽게 된다. 〈사진 ⑧〉

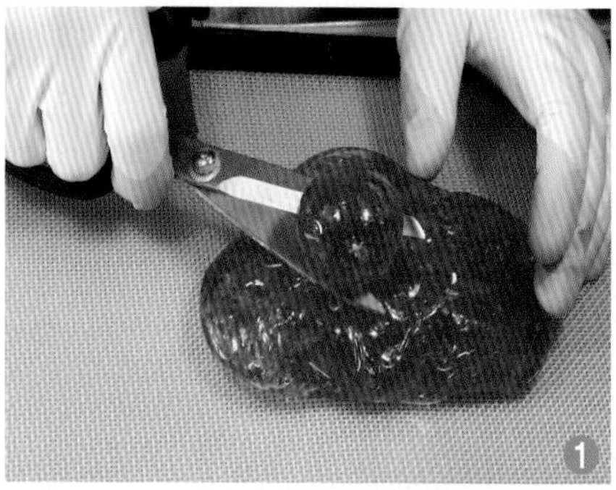

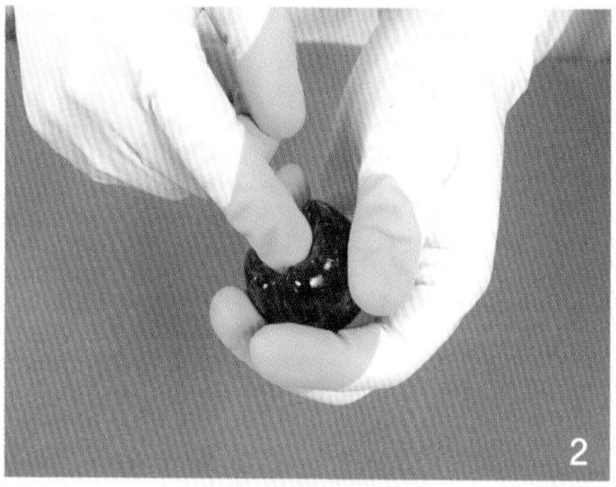

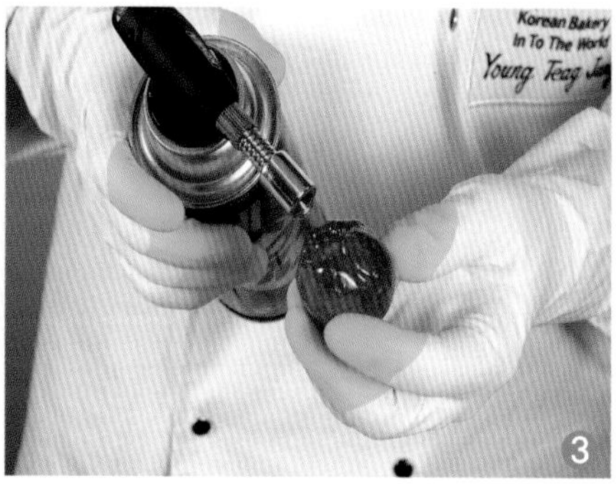

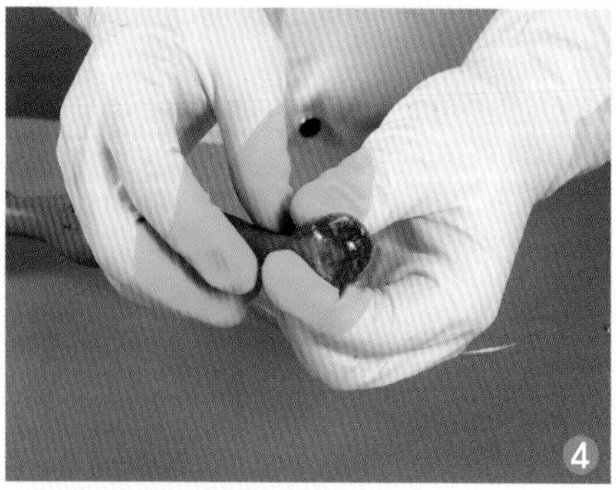

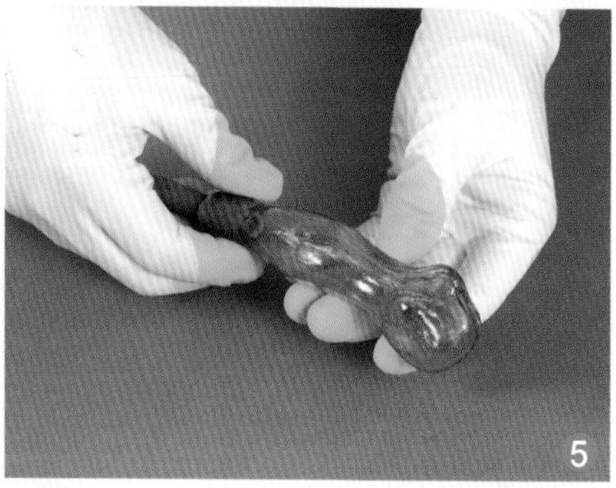

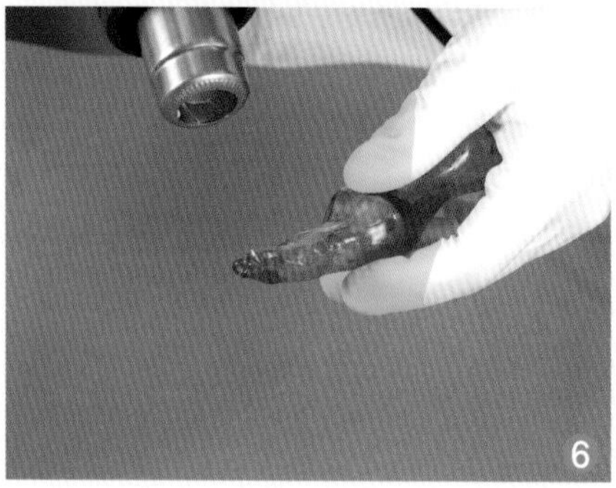

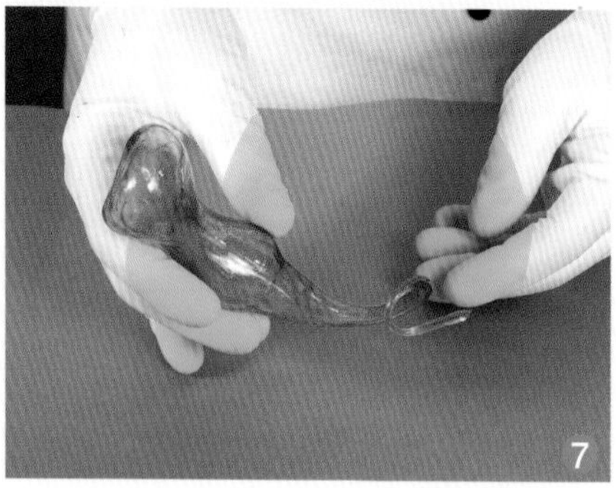

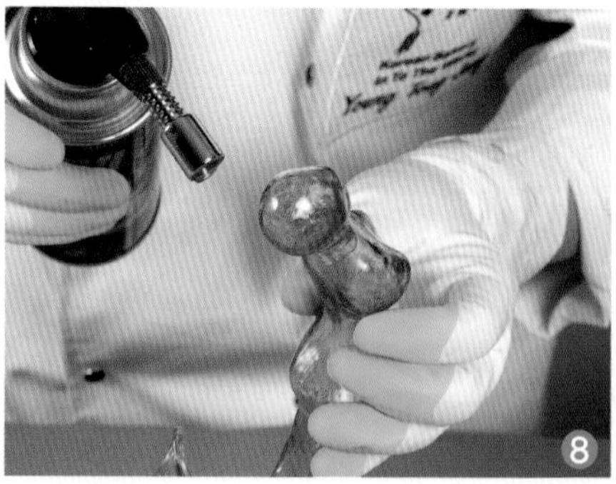

나비 소녀 날개 붙이기

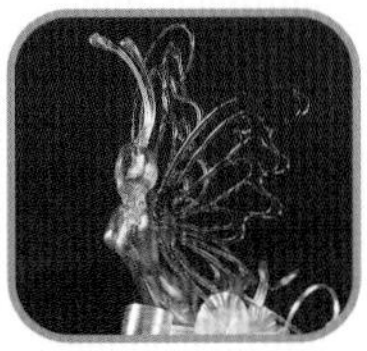

❶ 나비 날개를 비닐에서 떼어낸다.
❷ 토치 램프로 달군 나비 날개를 나비 소녀 왼쪽 어깨와 오른쪽 어깨에 붙인다. 〈사진 ①, ②〉
❸ 하프 맨 꼭대기에 나비 소녀를 올린다. 〈사진 ③〉
❹ 남은 나비 날개 2개를 토치 램프로 달궈 서로 맞붙게 붙인다. 〈사진 ④〉
❺ ④를 U자형 틀에 놔두면 굳으면서 모양이 잡힌다. 〈사진 ⑤〉

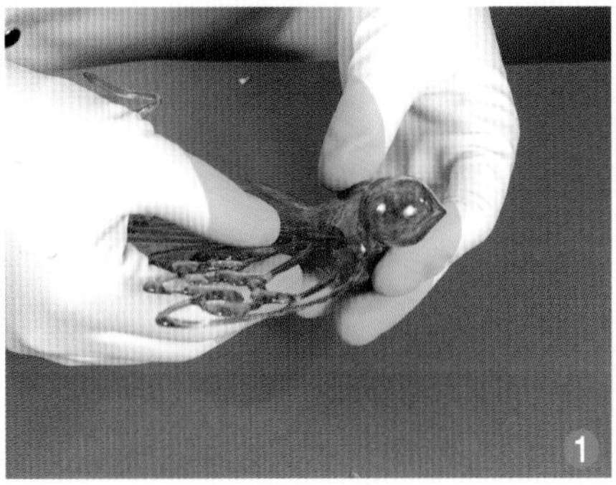

1

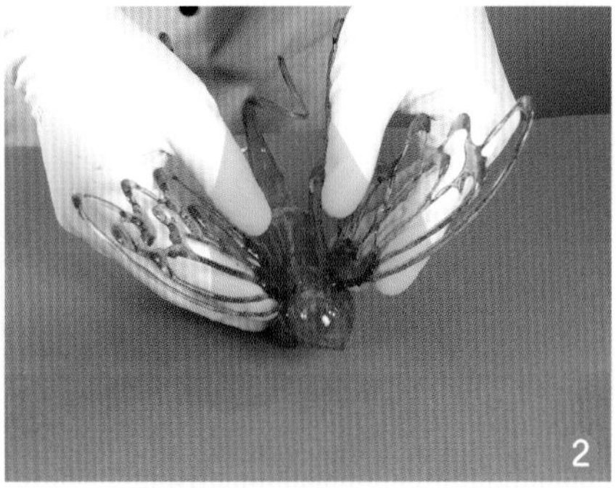

2

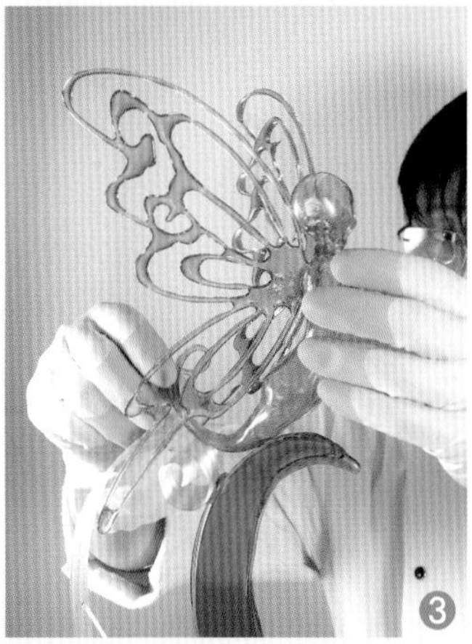

3

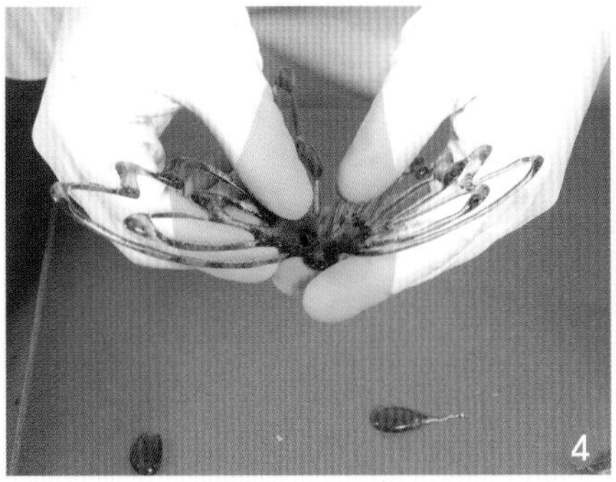

4

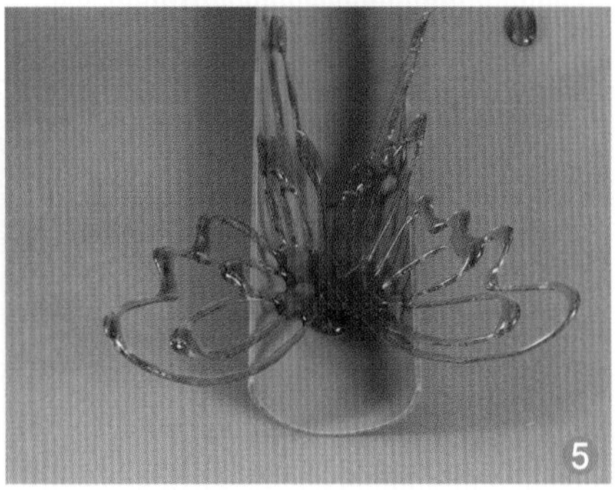

5

초록색 줄기 붙이기

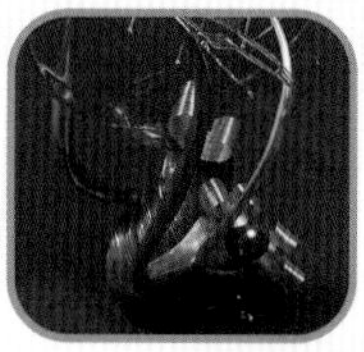

❶ 초록색 줄기를 받침대 오른쪽에 2개 붙인다. 〈사진 ①〉
❷ 초록색 줄기를 받침대 왼쪽에 1개 붙인다. 〈사진 ②〉
❸ 받침대와 줄기를 붙인 이음새는 리본을 붙여 가려준다. 〈사진 ③〉

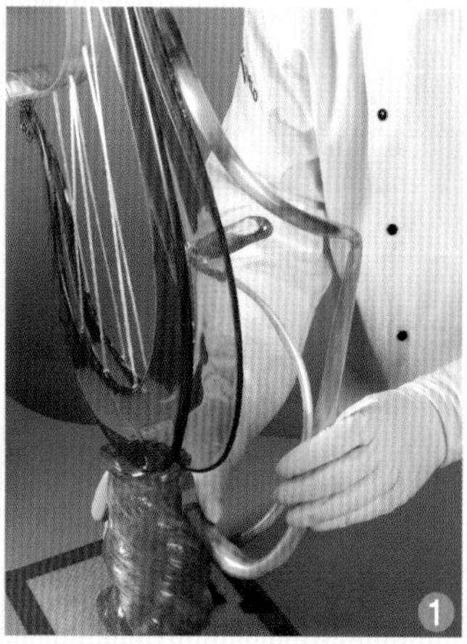

1

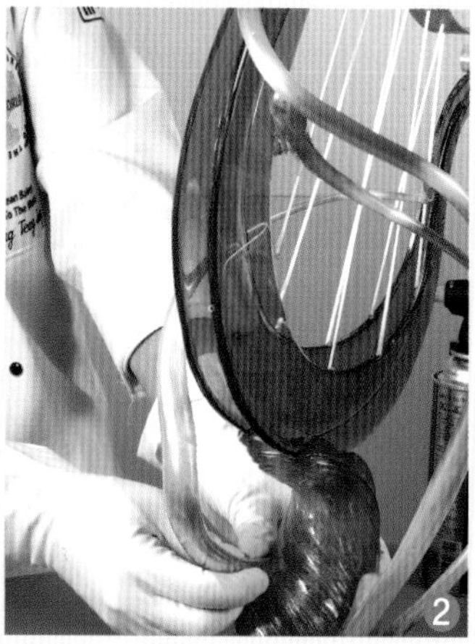

2

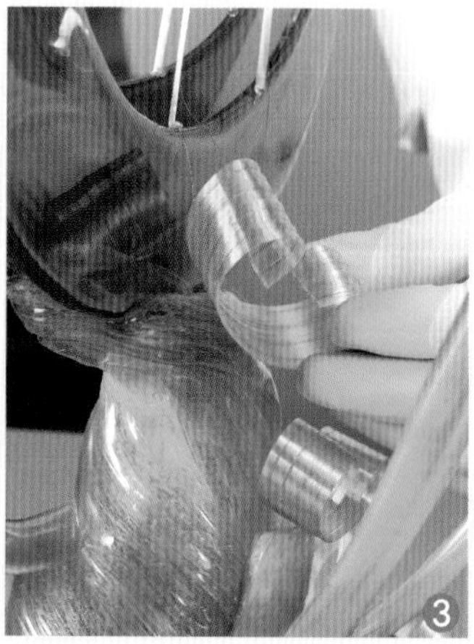

3

꽃 수술

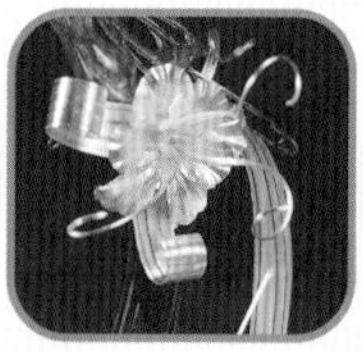

❶ 노란색 색소를 섞은 설탕반죽을 가늘고 길게 잡아당겨서 가위로 자른다. 〈사진 ①, ②〉
❷ ①을 손으로 자연스럽게 곡선 모양을 만든다. 〈사진 ③〉

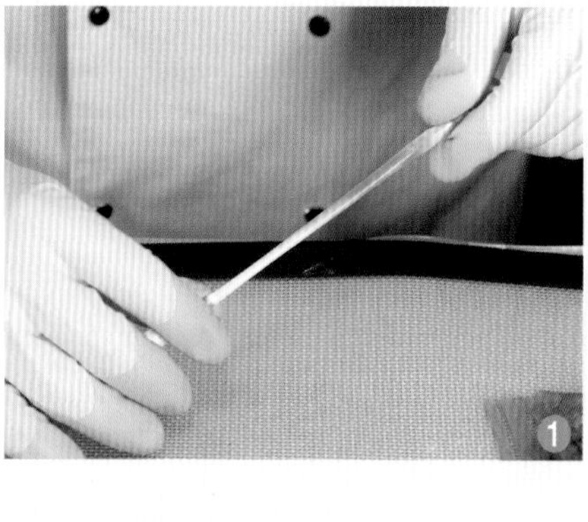

1

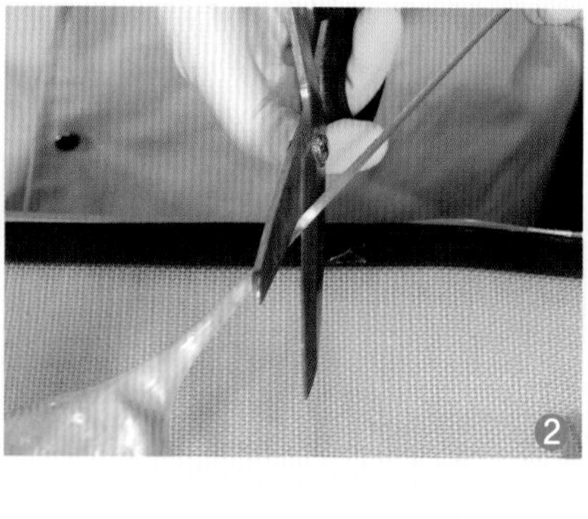

2

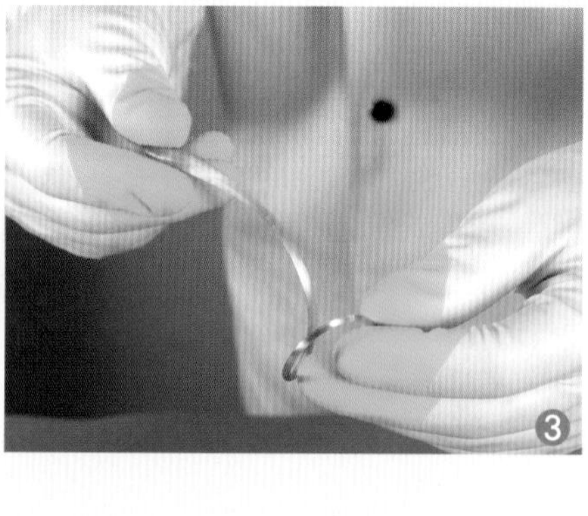

3

꽃

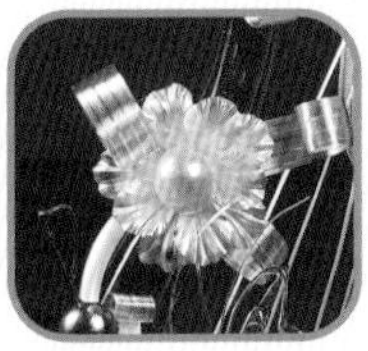

❶ 노란색 색소를 섞은 설탕반죽을 꽃잎 모양으로 당겨서 가위로 자른다. 〈사진 ①〉
❷ ①을 꽃잎 몰드로 찍어낸다. 〈사진 ②, ③〉
❸ 노란색 색소를 섞은 설탕반죽 적당량을 둥글게 만들어 가위로 자른다. 〈사진 ④〉
❹ 펌프 끝을 토치 램프로 달군 다음 밑에 구멍을 낸 ③에 집어넣는다. 〈사진 ⑤, ⑥〉
❺ 펌프로 공기를 주입시켜 꽃심을 만든 다음 펌프를 뺀다. 〈사진 ⑦〉
❻ 꽃잎을 토치 램프에 달궈 꽃심에 붙인다. 〈사진 ⑧〉
❼ 꽃잎 한 잎 한 잎이 꽃심에 붙어서 꽃이 완성된다. 〈사진 ⑨〉

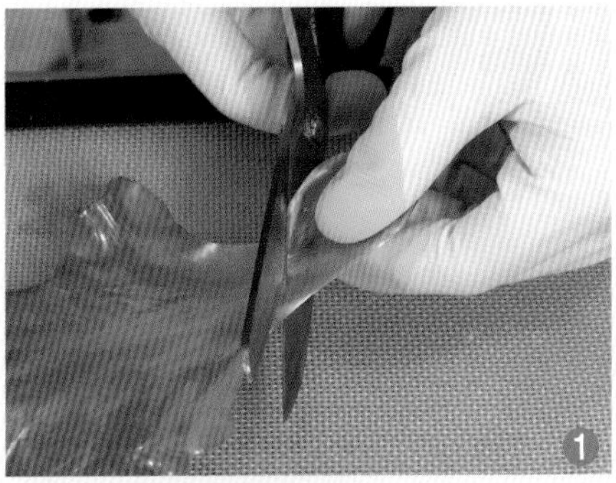
1

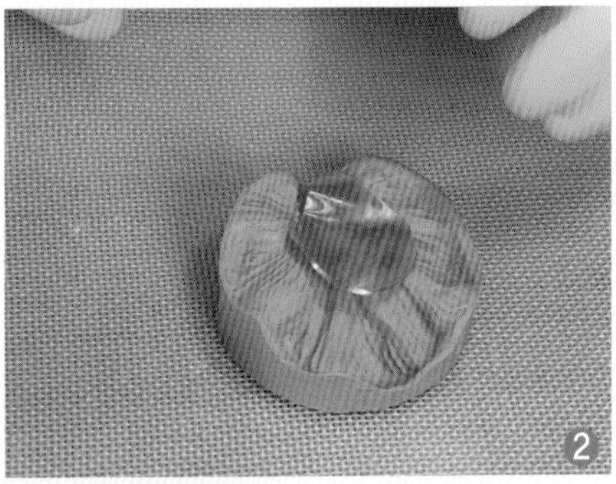
2

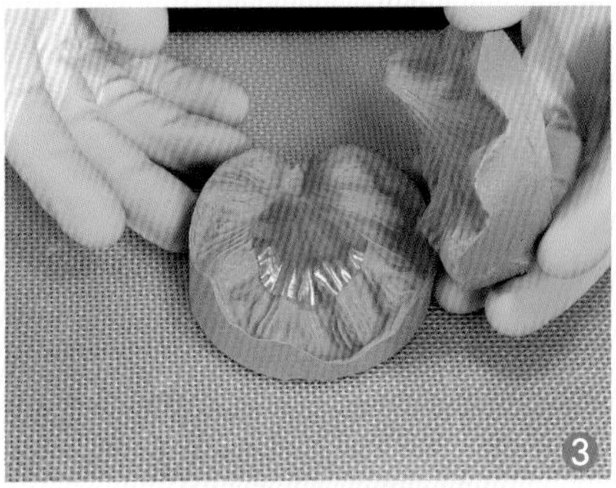
3

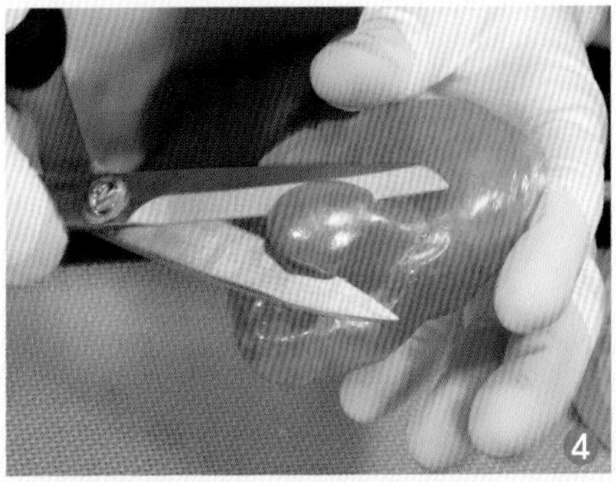
4

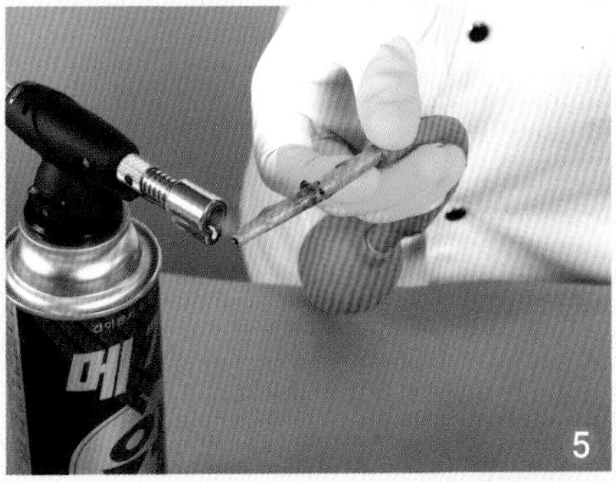

5

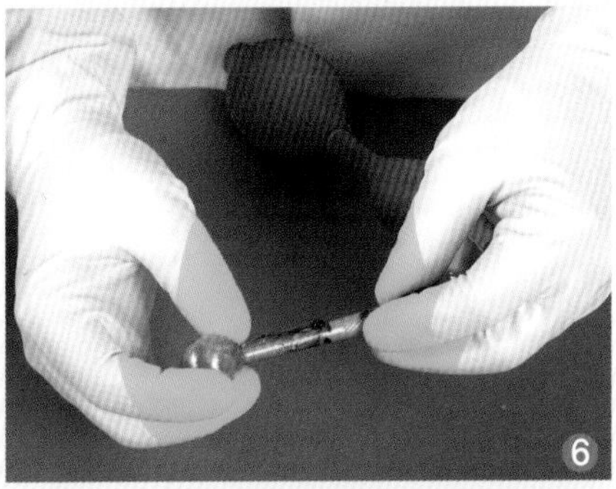
6

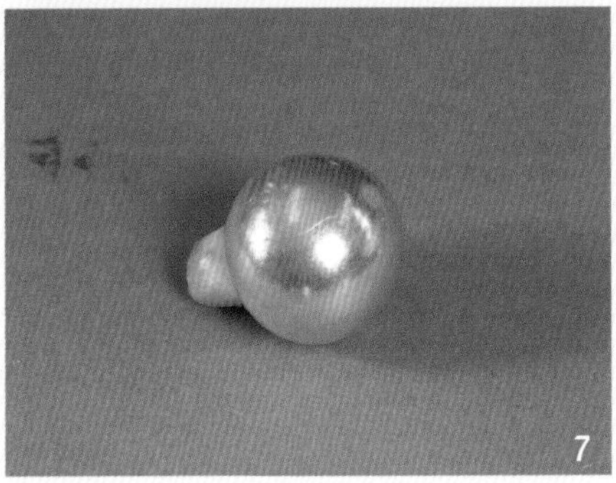
7

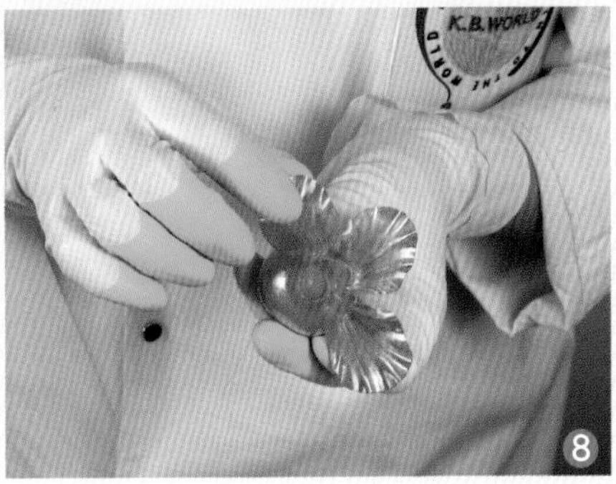

8

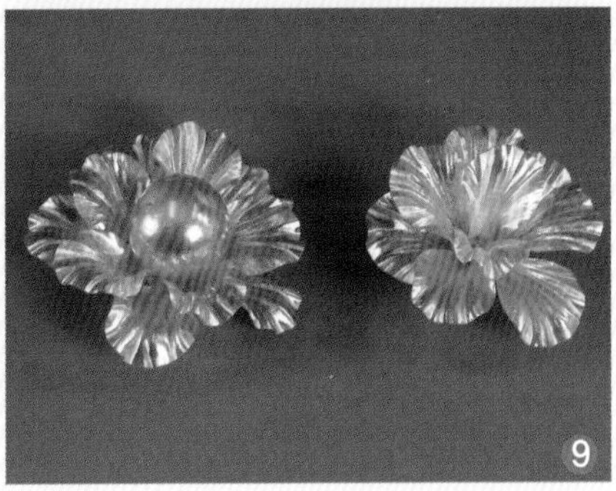
9

음표

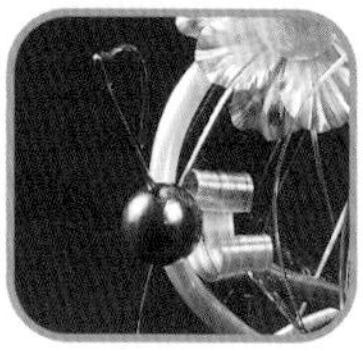

❶ 설탕을 끓인 것에 빨간색 색소 10방울과 보라색 색소 2방울을 떨어뜨려 섞은 시럽으로 반죽을 만든다.
❷ 설탕반죽을 동그랗게 만든 다음 가위로 자른다. 〈사진 ①〉
❸ ②에 검지손가락으로 구멍을 내고 토치 램프로 달군 다음 펌프를 집어넣는다. 〈사진 ②, ③〉
❹ 펌프로 공기를 주입시켜 둥근 원을 만들고 펌프를 뺀다(3개). 〈사진 ④〉
❺ 설탕반죽을 잡아당겨 가늘고 길게 뽑아내 가위로 자른다. 〈사진 ⑤, ⑥〉
❻ ⑤를 손으로 구부려 음표 모양을 만든다. 〈사진 ⑦, ⑧〉
❼ ④를 토치 램프로 달궈 ⑥을 붙인다.

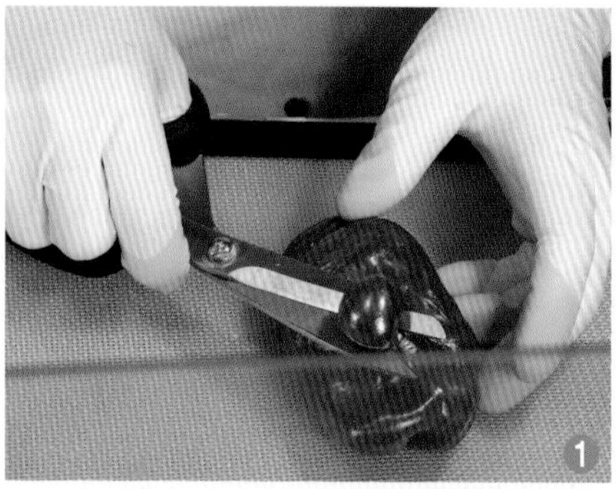
1

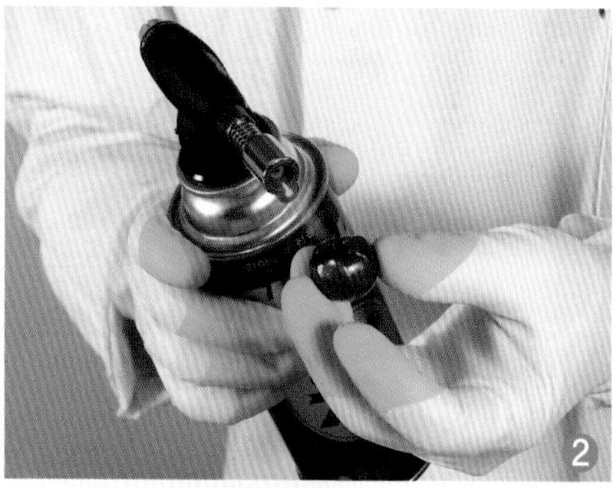
2

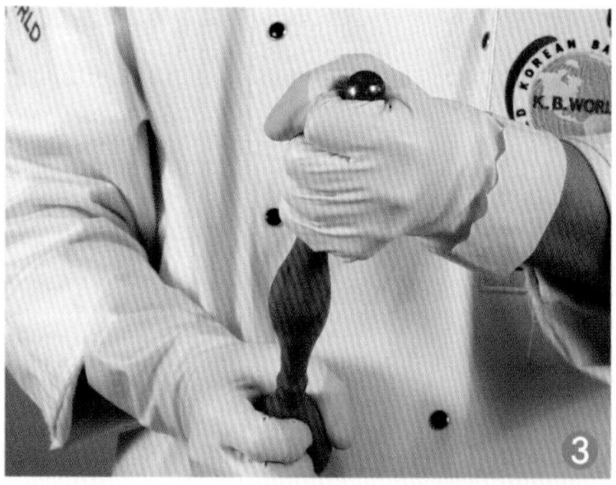
3

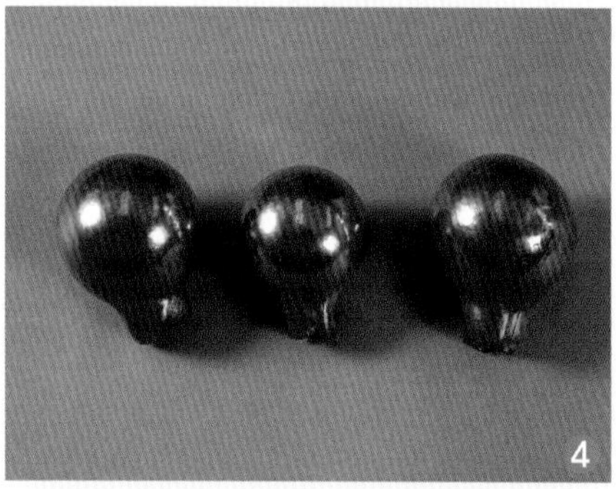
4

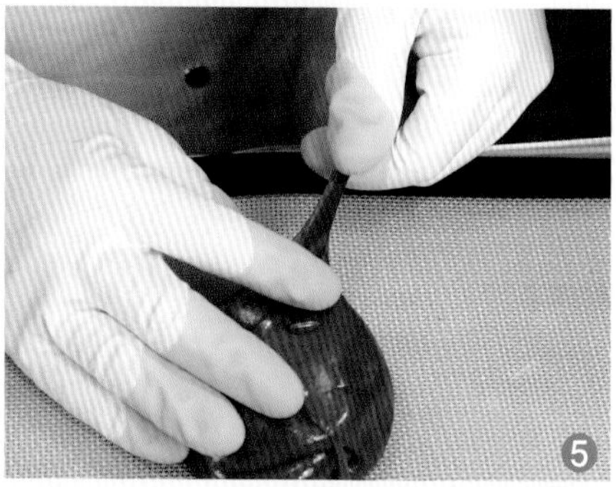
5

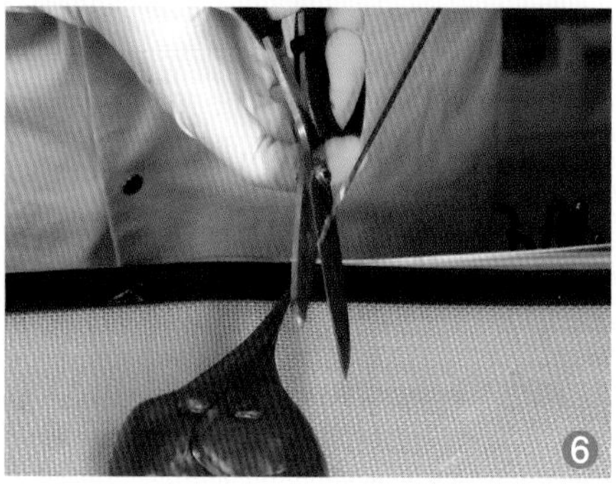
6

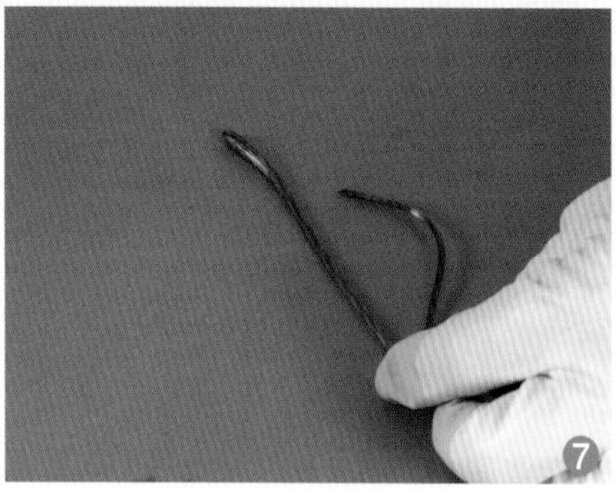
7

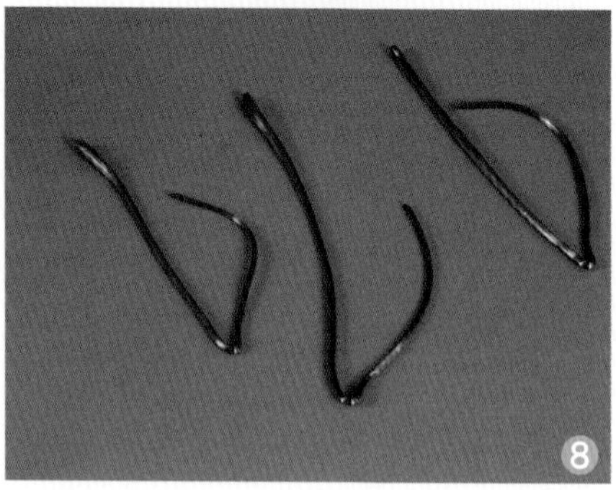
8

마무리

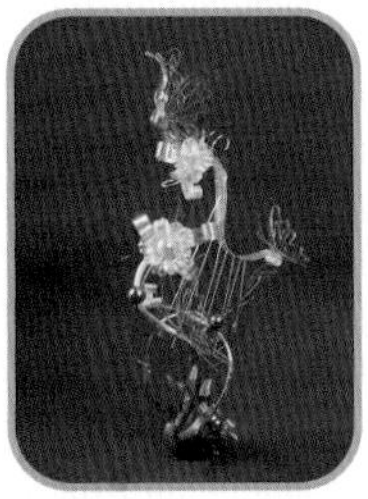

❶ 초록색 줄기에 노란꽃을 붙인다. 〈사진 ①〉
❷ 나비 소녀를 붙인 이음새가 보이지 않도록 노란꽃을 붙인다. 〈사진 ②〉
❸ 꽃을 붙인 자리에 초록색 리본을 붙인다. 〈사진 ③〉
❹ 노란 꽃 안에 꽃더듬이를 붙인다. 〈사진 ④〉
❺ 하프 리본에 나비 날개를 붙인다. 〈사진 ⑤〉

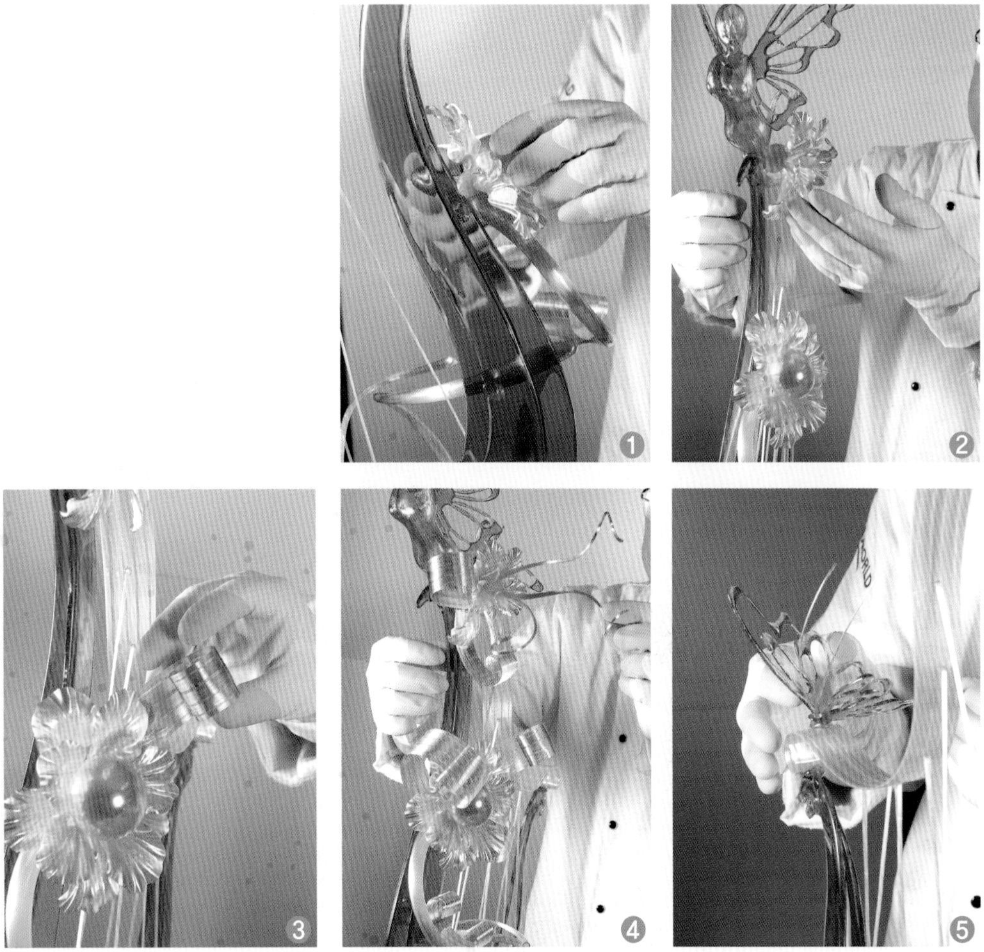

⑥ 초록색 줄기에 나비 날개를 붙인다. 〈사진 ⑥〉
⑦ 나비 소녀 머리에 더듬이를 붙인다. 〈사진 ⑦〉
⑧ 초록색 줄기에 음표를 보기 좋게 붙인다. 〈사진 ⑧〉

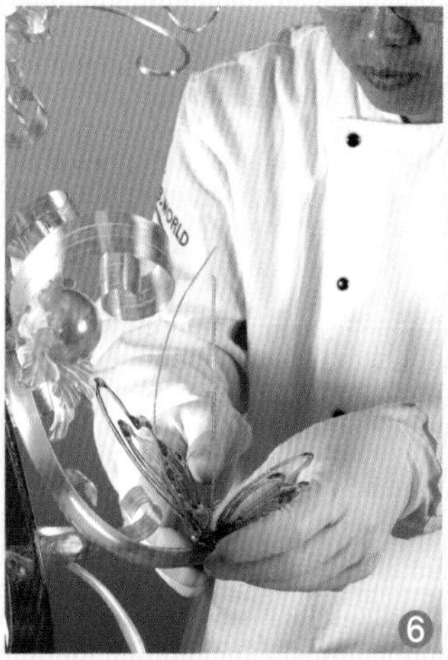

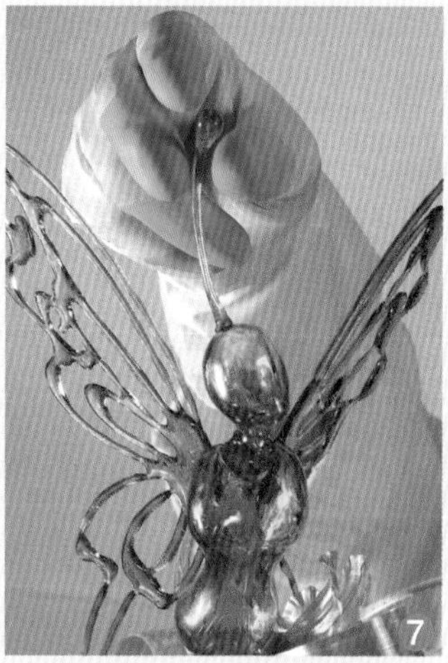

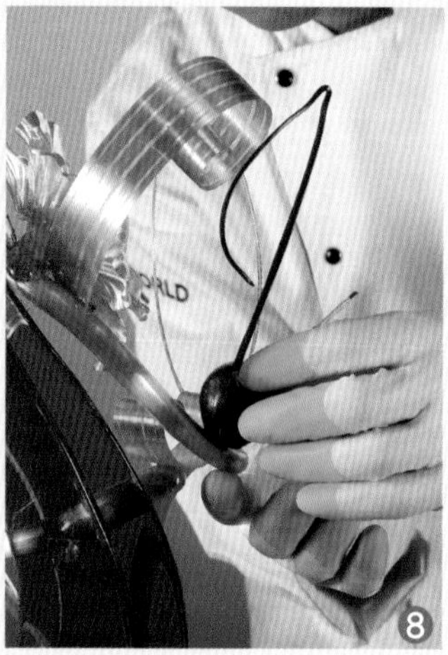

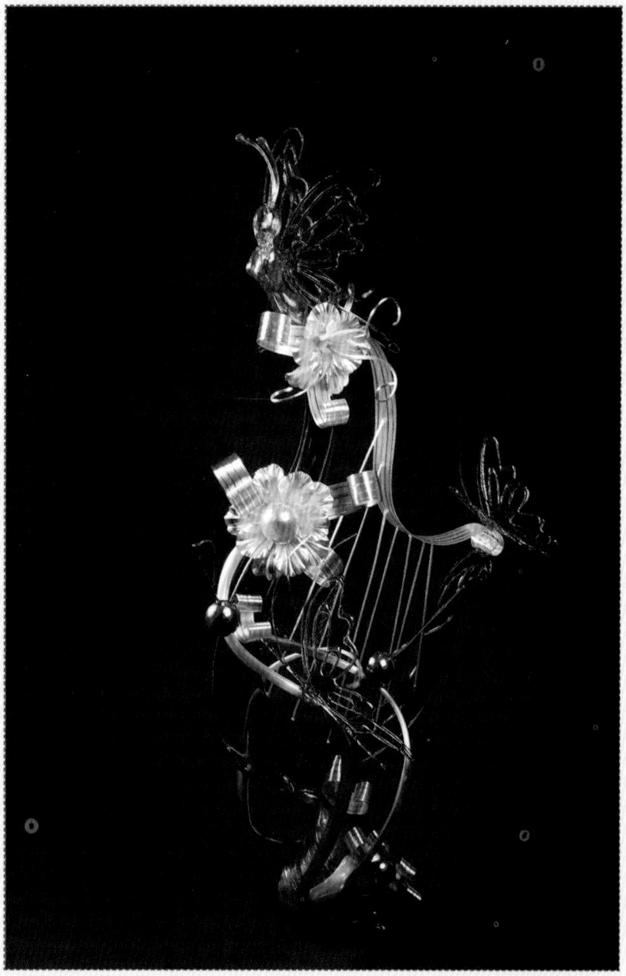

완성작

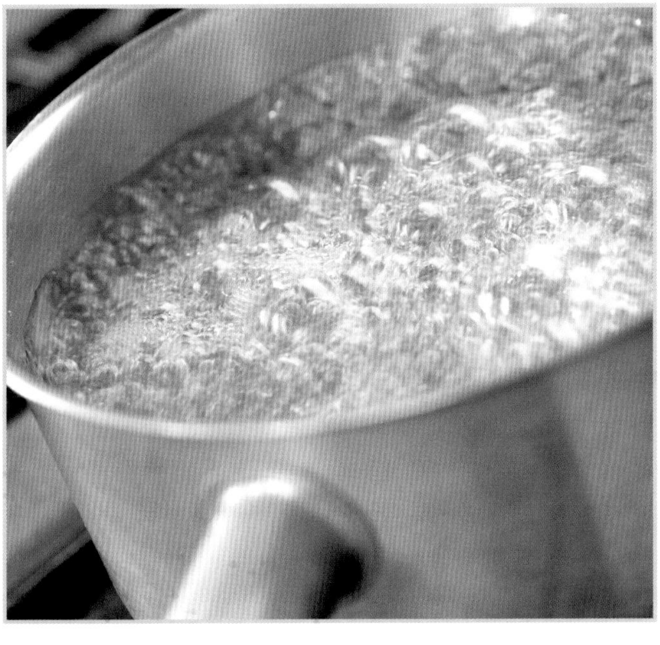

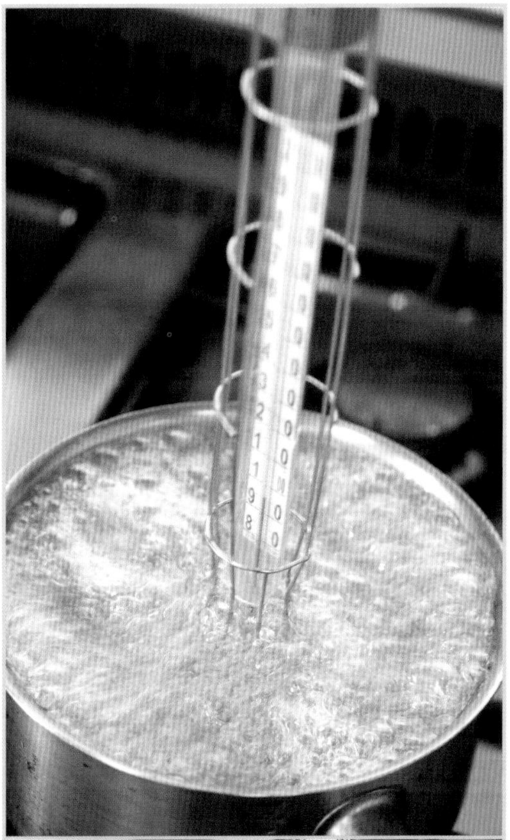

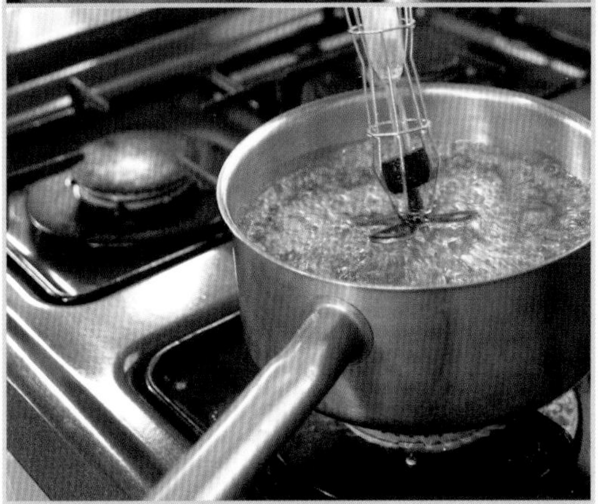

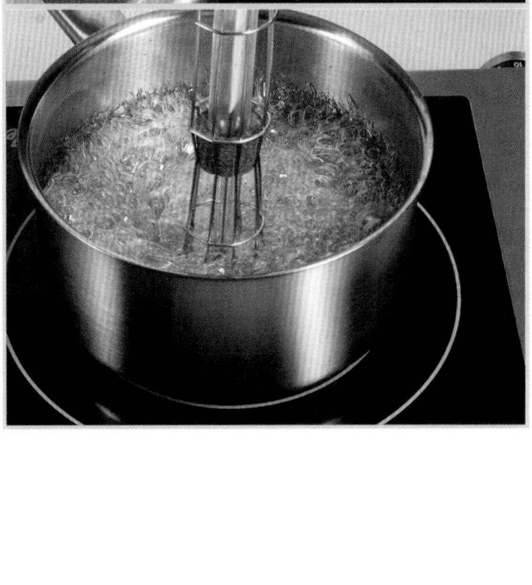

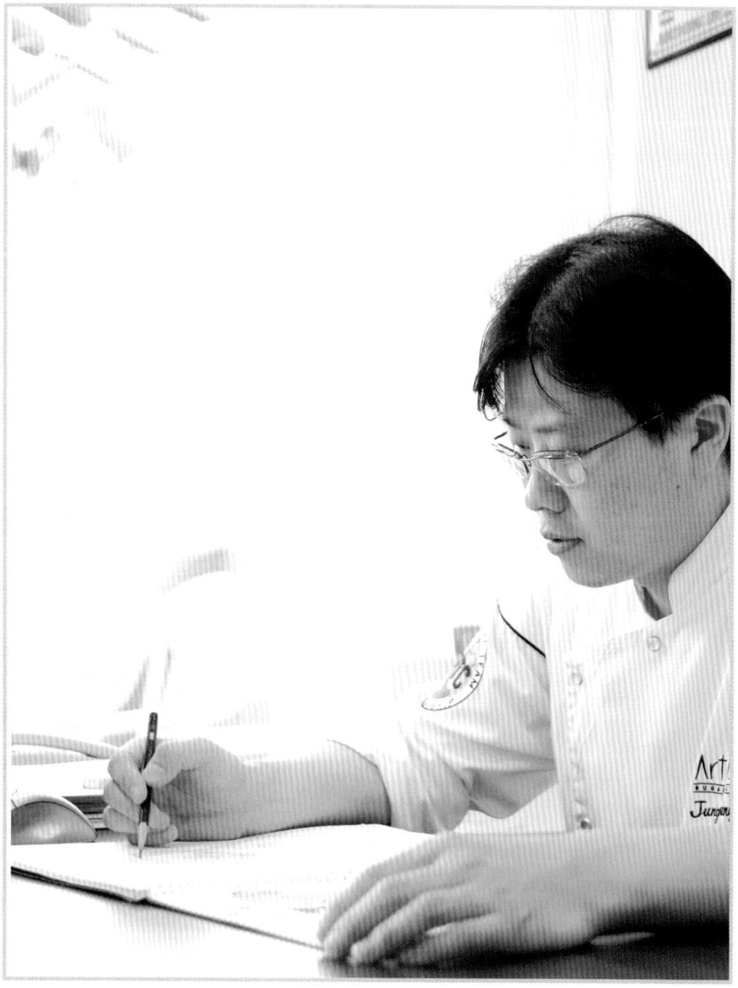

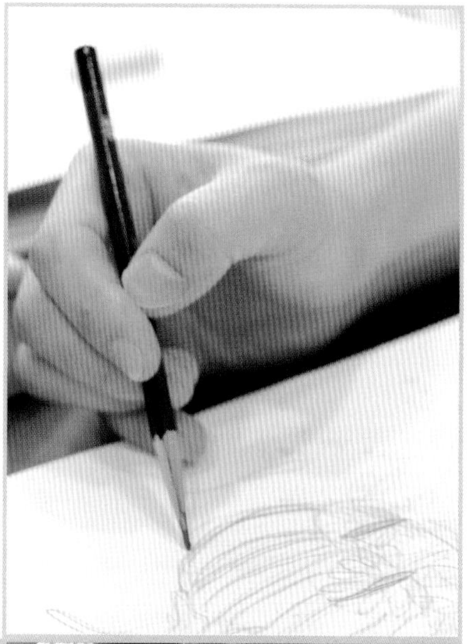

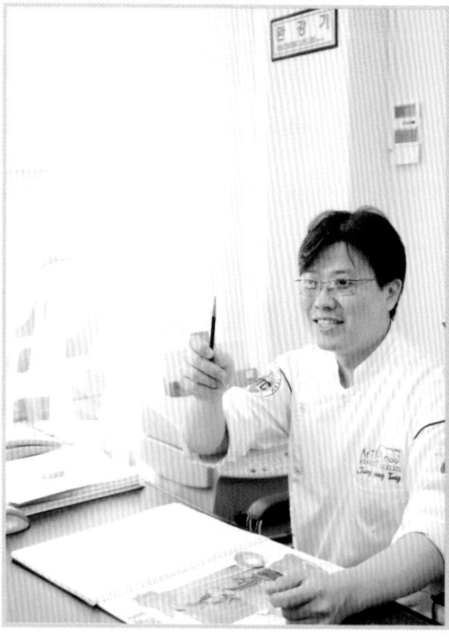

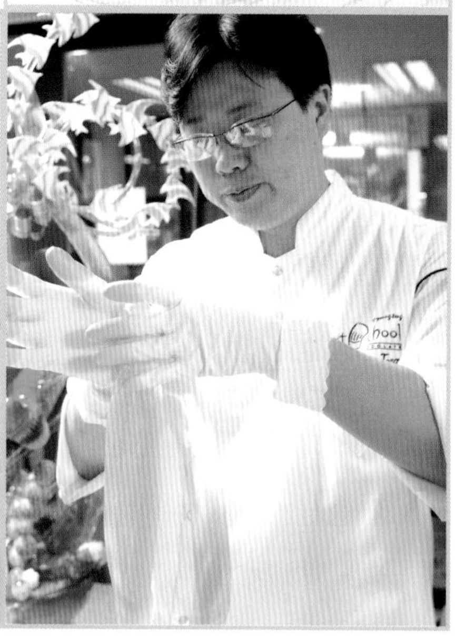

Part 3

설탕공예 작품 만들기

여인의 향기 · 숲속의 요정
꿈꾸는 전갈 · 언더 더 씨
호랑이

설탕공예의 기초 지식과 붓기, 당기기, 불기 등의 기본 테크닉을 이용하여 좀 더 응용된 액세서리와 아이디어로 멋진 작품을 만들어 본다.

여인의 향기

L'odeur d'une femme

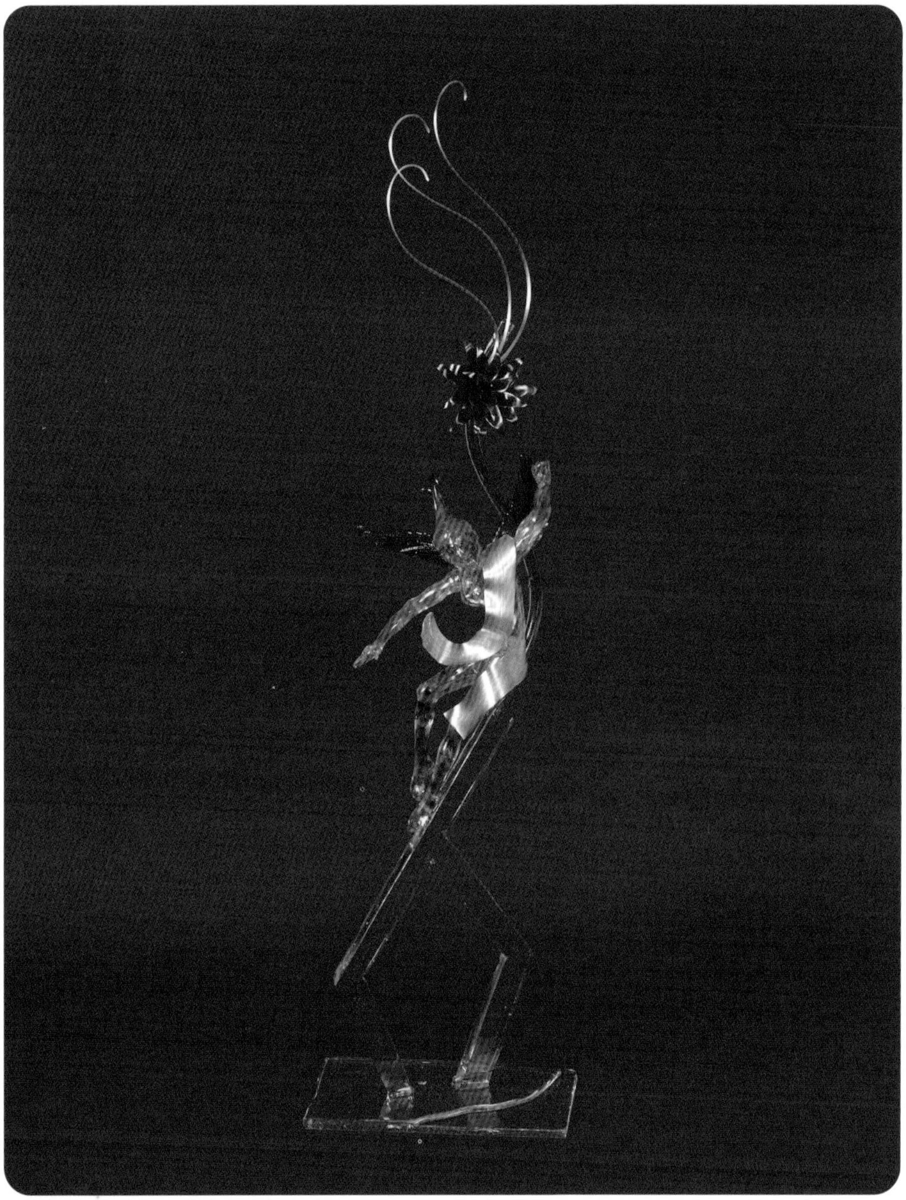

마치 멀리서 보면 한 여인이 공중에 떠있는 듯한 느낌을 준다. 이소말트의 투명함을 사용해 기둥을 표현했으며 간결한 구성으로 세련미를 더했다.

기둥과 받침대

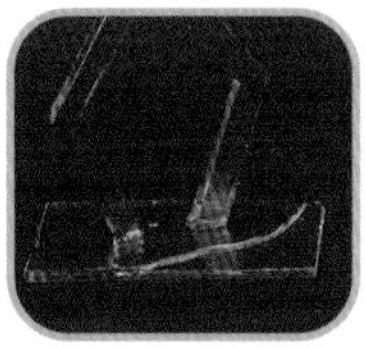

❶ 압축 스티로폼과 비닐판으로 만든 틀을 2개 준비한다. 〈사진 ①〉

– 틀을 사용할 때 실리콘 대신 압축 스티로폼과 비닐판으로 사용하면 재료도 아끼고, 모양도 좋게 만들어서 일석이조의 효과를 거둘 수 있다. 실리콘으로 틀을 만들어 설탕공예 작품을 만들면 비용부담도 크고, 투명도가 살지 않고 탁해 보인다.

❷ 적당한 길이의 비닐호스를 준비하고, 비닐호스를 막을 마개용으로 실리콘 판을 잘라서 쓴다. 〈사진 ②〉

❸ 종이컵에 끓인 이소말트를 붓고 그 위에 초록색 색소 1방울, 노란색 색소 2방울을 떨어뜨려 섞는다. 〈사진 ③〉

– 종이컵을 이용하면 그릇을 씻을 필요가 없어 편하다.

❹ 비닐호스에 120~110℃로 식힌 ③을 천천히 흘려 넣는다, 이때 서서히 식혀주면서 넣어야 모양이 그대로 살아난다. 〈사진 ④, ⑤〉

❺ 비닐호스에 색소가 가득 차면 양쪽 끝을 마개로 막고 나서 곡선이 되도록 모양을 잡아서 테이프로 고정시킨다. 〈사진 ⑥, ⑦〉

– 설탕공예에 곡선을 많이 넣는 이유는 생동감을 유지하고, 살아있게 보이게 하기 위해서다.

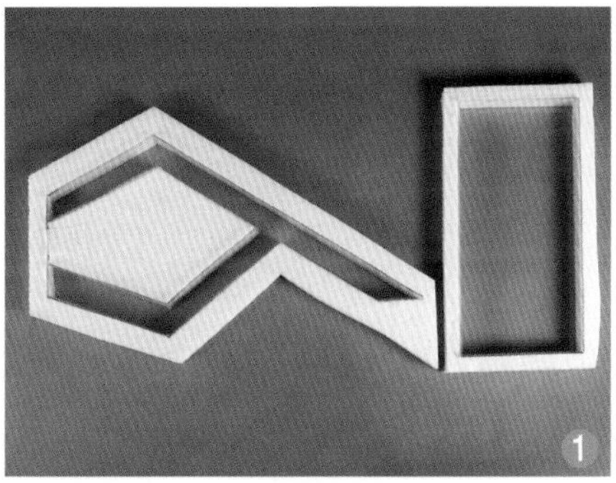

1

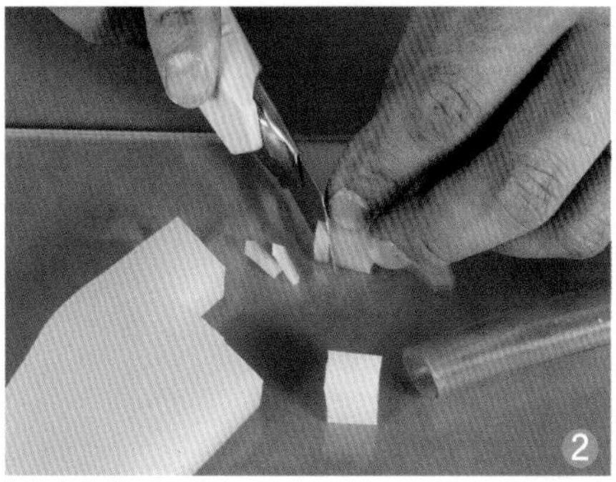

2

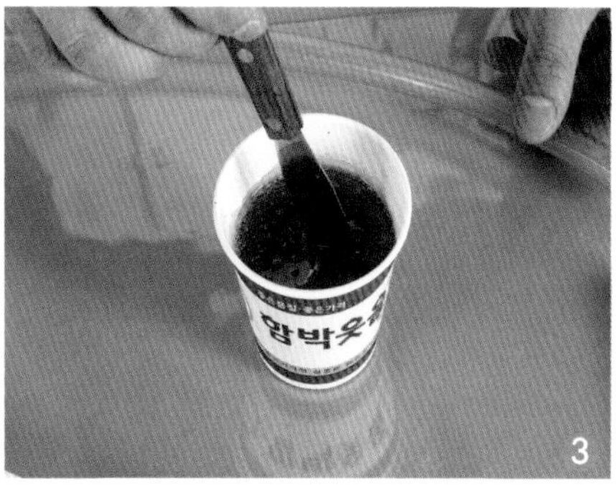

3

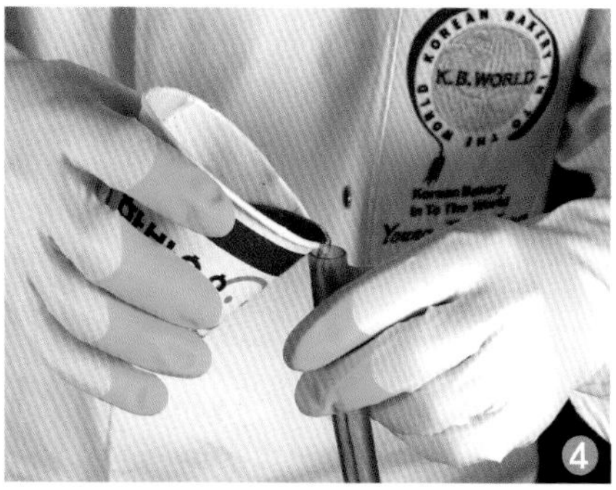

4

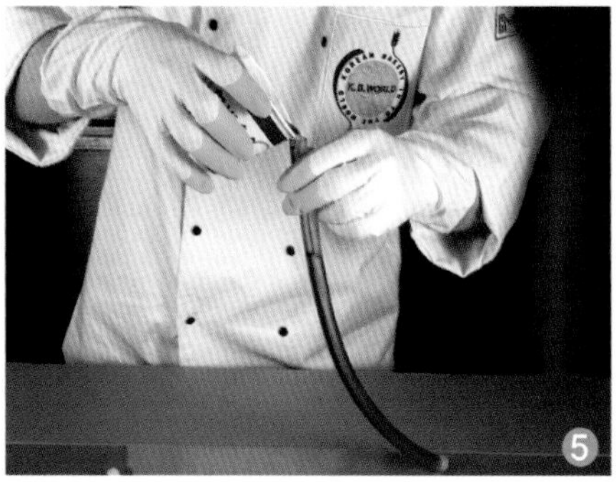

5

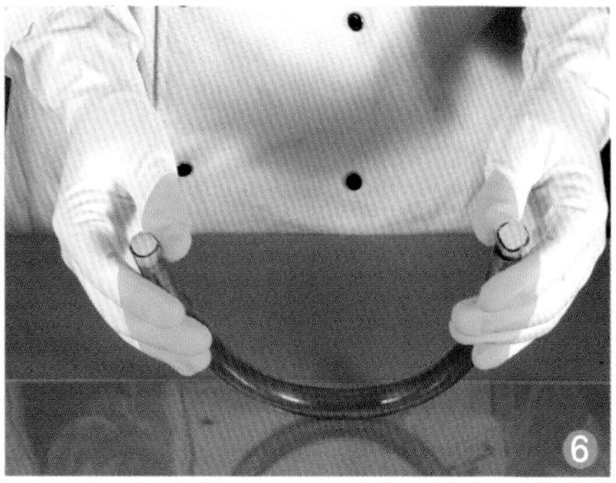

6

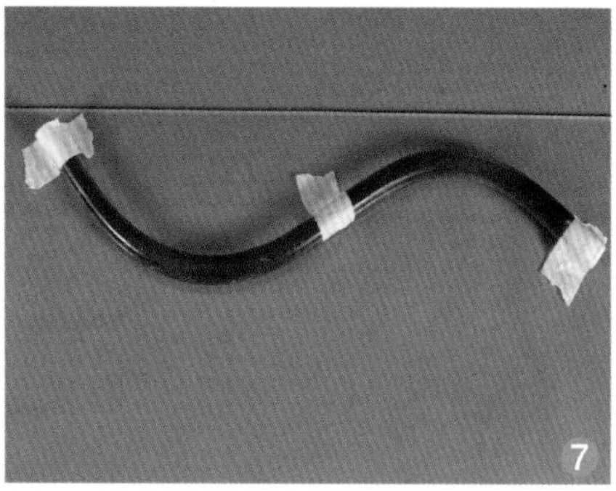

7

❻ 비닐호스에 다 넣고 남은 ③을 2개의 틀에 서서히 식히면서 붓는다.
〈사진 ⑧, ⑨, ⑩〉

❼ 틀에 부은 색소를 토치 램프로 살짝 그을려주면 기포가 빠진다. 〈사진 ⑪〉

❽ 비닐호스에 넣은 설탕시럽이 완전히 굳으면 비닐호스를 칼로 잘라내 벗겨낸다.
〈사진 ⑫, ⑬〉

❾ ⑧을 토치 램프로 살짝 달궈 기포를 없앤다. 〈사진 ⑭〉

❿ 틀의 설탕시럽이 완전히 굳으면 압축 스티로폼을 칼로 잘라서 비닐을 걷어낸 후 토치 램프로 살짝 달궈 기포를 없앤다.
〈사진 ⑮, ⑯, ⑰〉

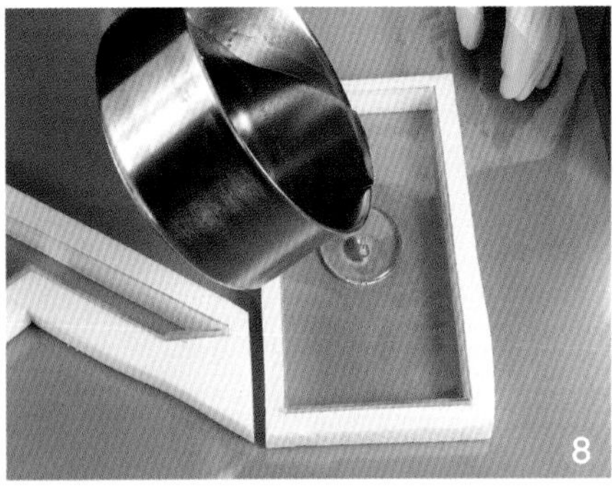

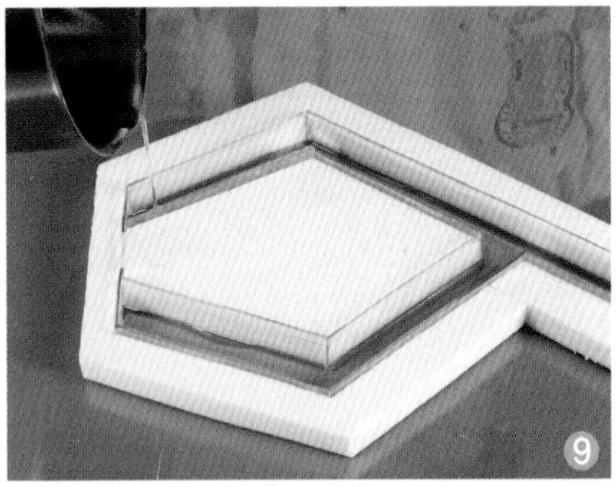

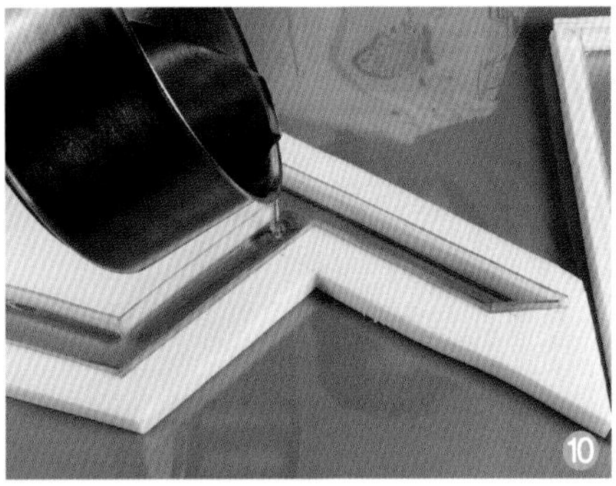

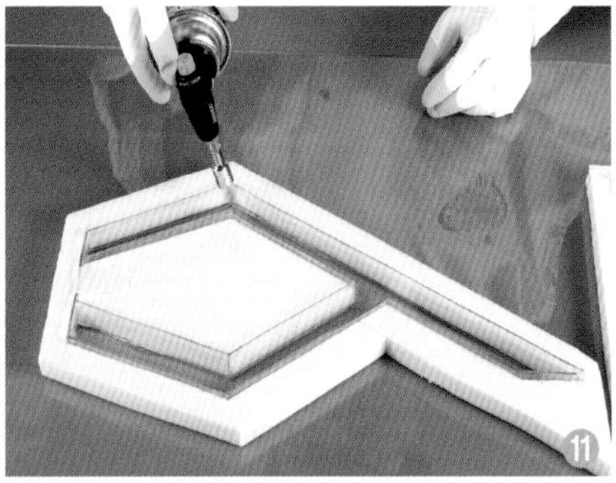

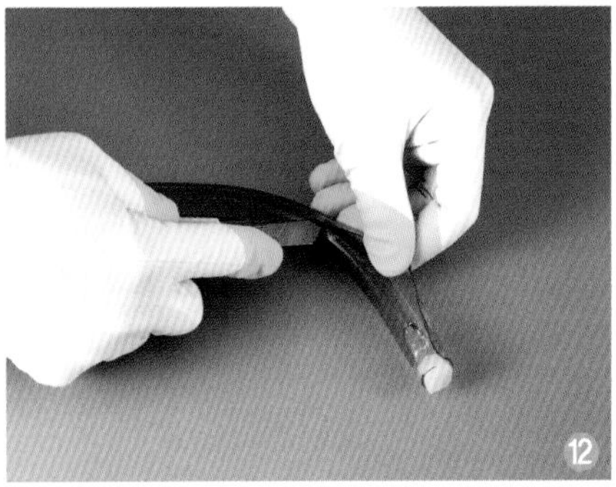

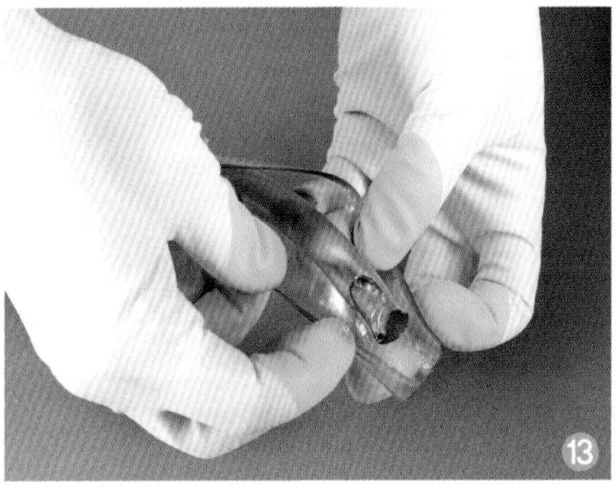

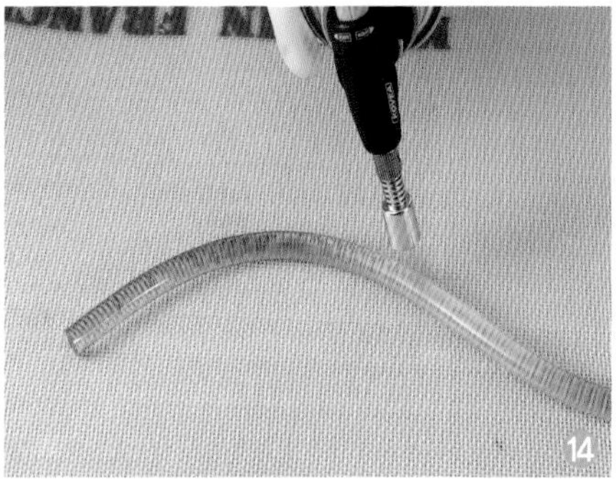

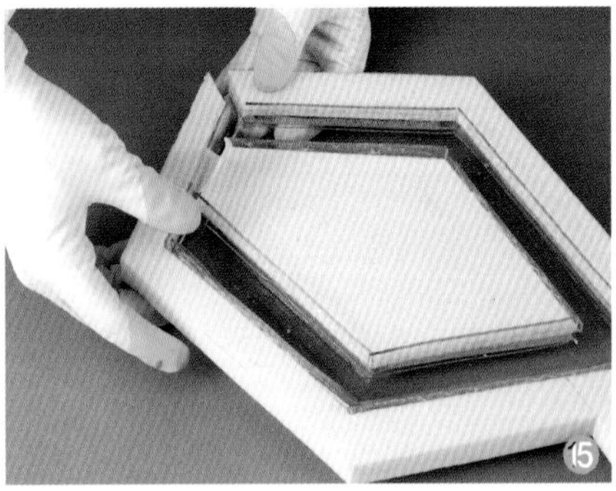

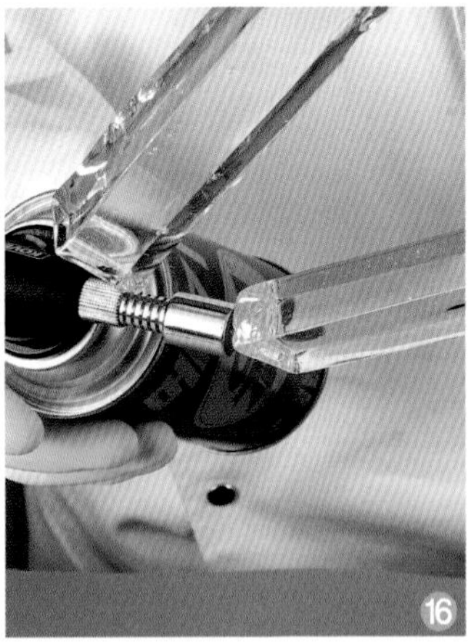

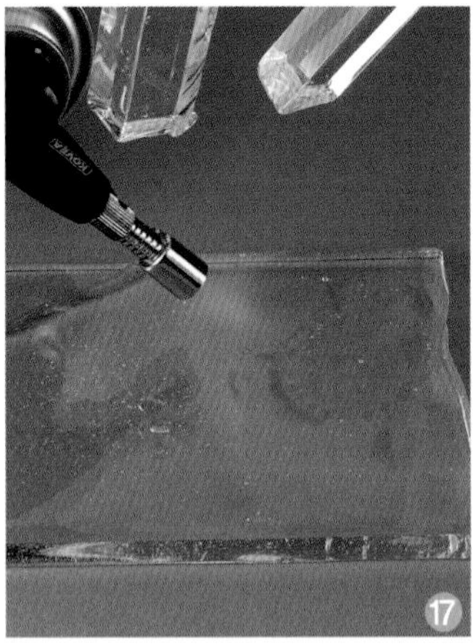

연인 얼굴

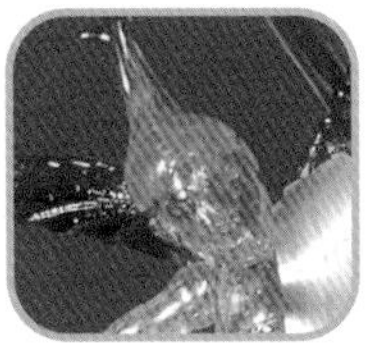

❶ 설탕을 끓여서 167℃까지 만든 다음 반죽한다.
❷ 설탕반죽을 얼굴 모양의 실리콘 틀에 찍어 낸다. 〈사진 ①〉
❸ ② 밑 부분에 검지손가락으로 구멍을 만들어 토치 램프로 살짝 달군 다음 그곳에 펌프를 집어넣고 얼굴 바닥 모양의 실리콘 틀에 넣는다. 〈사진 ②, ③〉
❹ 왼손으로 실리콘 틀을 잡고 펌프로 공기를 주입시킨 다음 실리콘 틀에서 뺀다. 〈사진 ④, ⑤〉
❺ ④를 선풍기 바람을 씌어 뜨거운 열기를 식힌다.

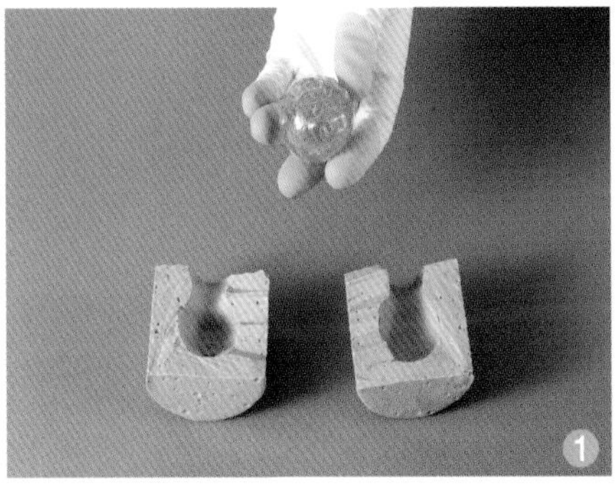

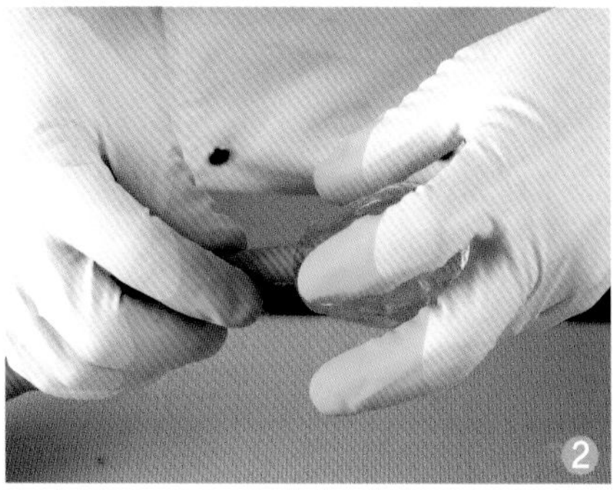

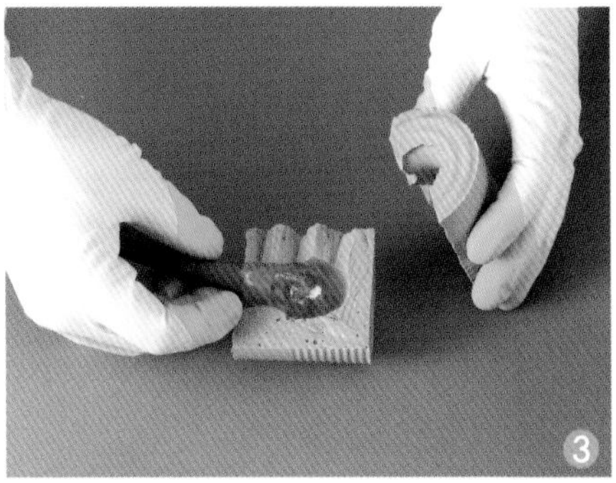

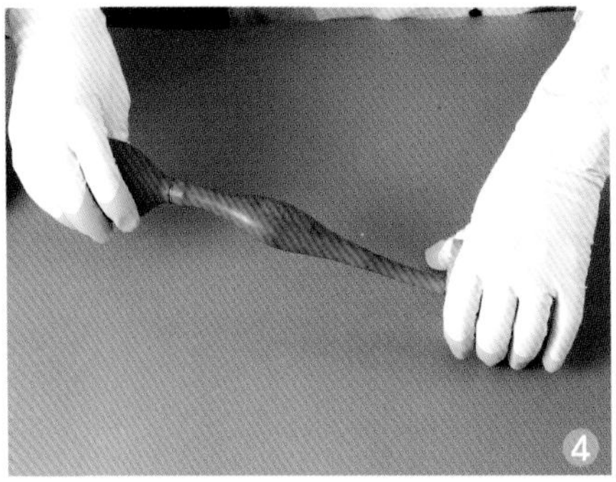

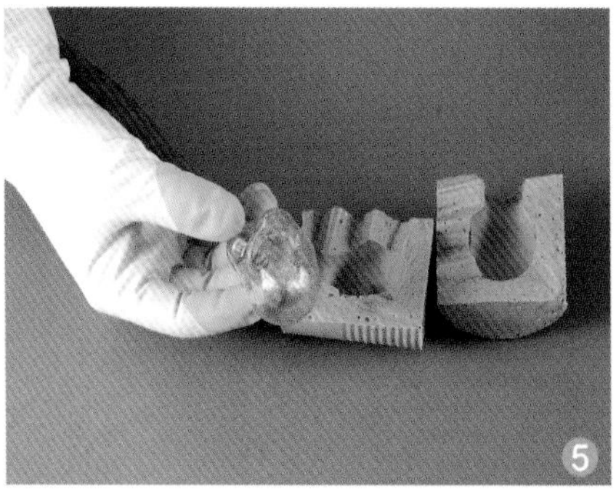

여인몸통

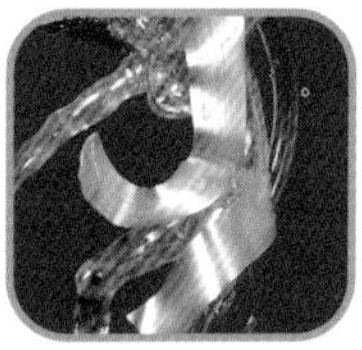

❶ 설탕반죽을 양손으로 밀어 동그랗게 올라오게 한 다음 가위로 자른다. 〈사진 ①, ②〉

❷ ① 밑부분에 구멍을 만들어 토치 램프로 살짝 달군 다음 그곳에 펌프를 집어넣어 공기를 주입시킨다. 〈사진 ③, ④〉

❸ ②를 조각도로 가슴과 허리 모양을 다듬어 가며 펌프로 공기를 주입시킨다. 〈사진 ⑤, ⑥〉

❹ 칼을 토치 램프에 달궈 얼굴과 몸통의 목부분이 될 곳을 자른다.〈사진 ⑦, ⑧, ⑨〉
- 이때 칼을 너무 세게 달구지 않도록 조심한다. 세게 달궈지면 칼이 닿는 부분의 설탕이 캐러멜화가 되어 예쁘게 다듬어지지 않는다.

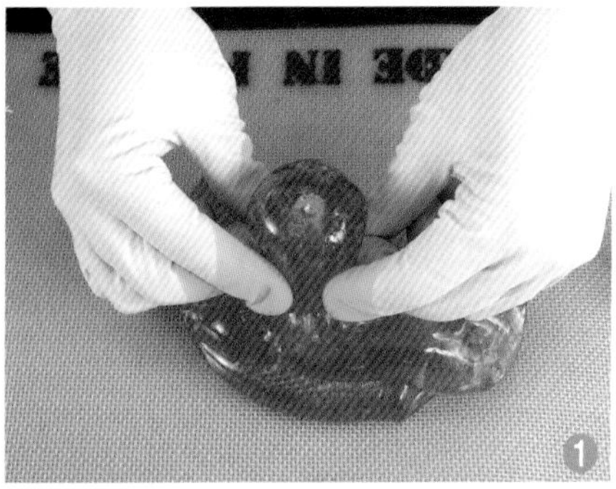

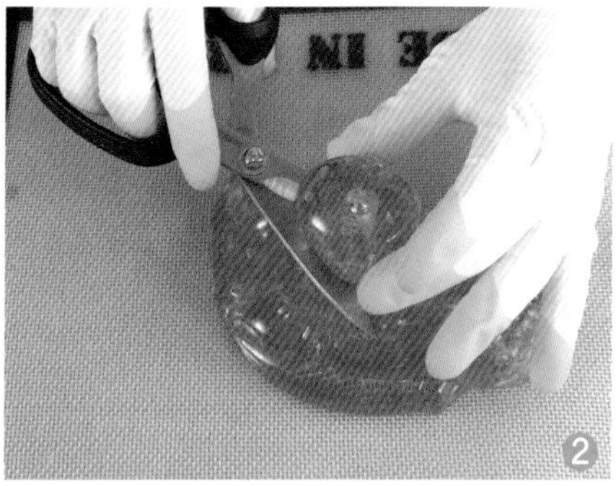

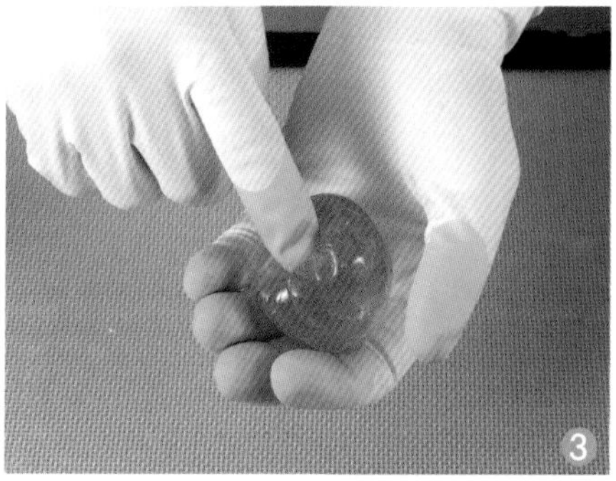

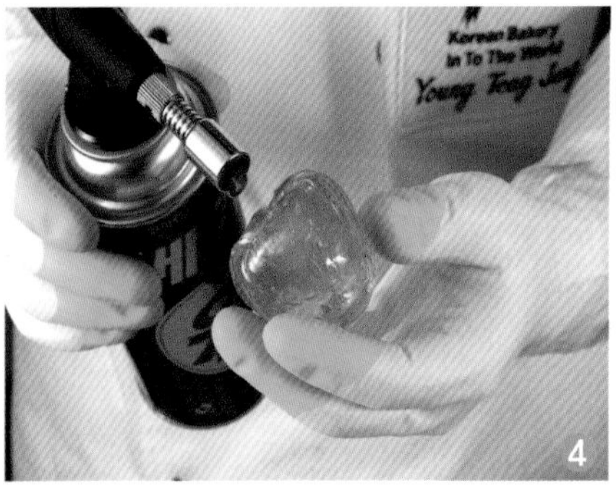

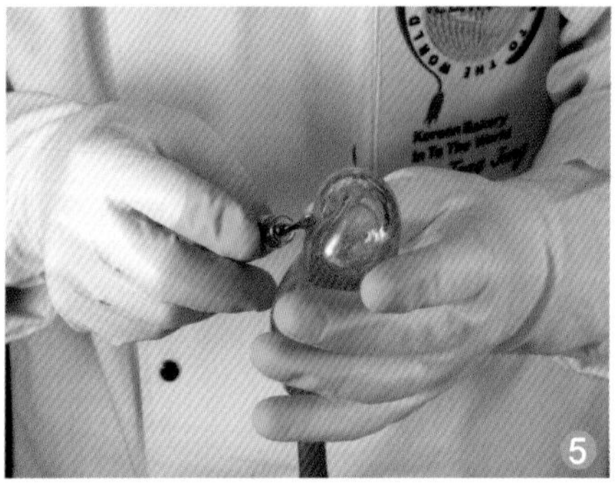

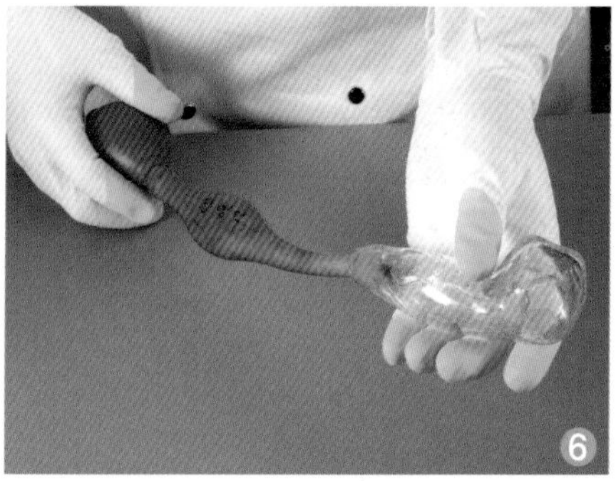

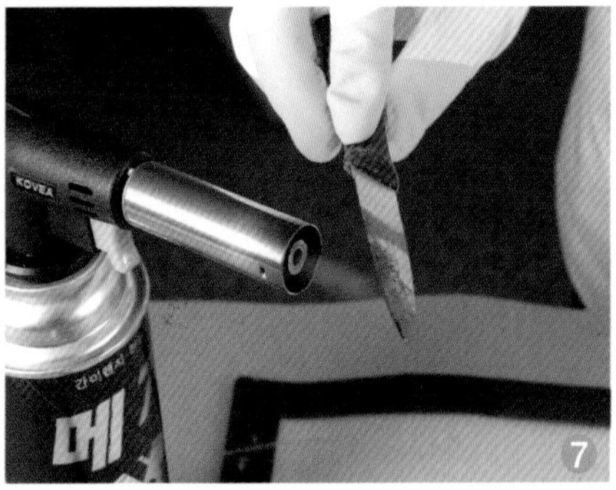

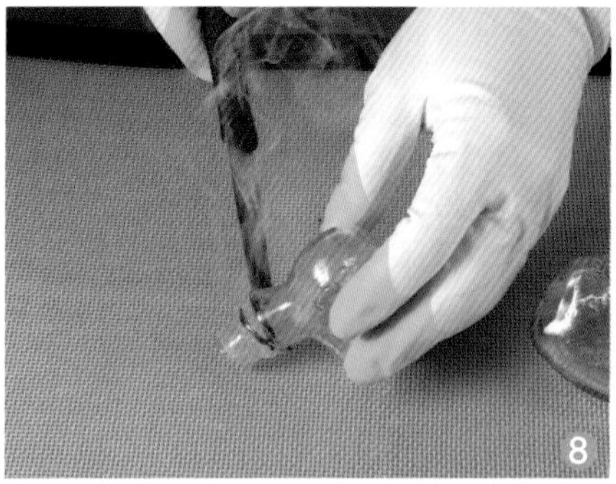

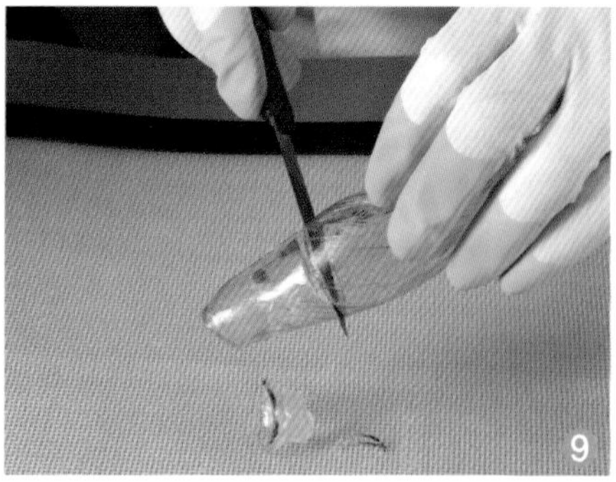

⑤ 얼굴과 몸통이 이어질 목부분 양쪽을 토치 램프로 달군 다음 붙인다. 〈사진 ⑩, ⑪〉

⑥ 토치 램프에 얼굴과 몸을 붙인 여인을 돌려가며 매끈하게 다듬는다. 〈사진 ⑫〉

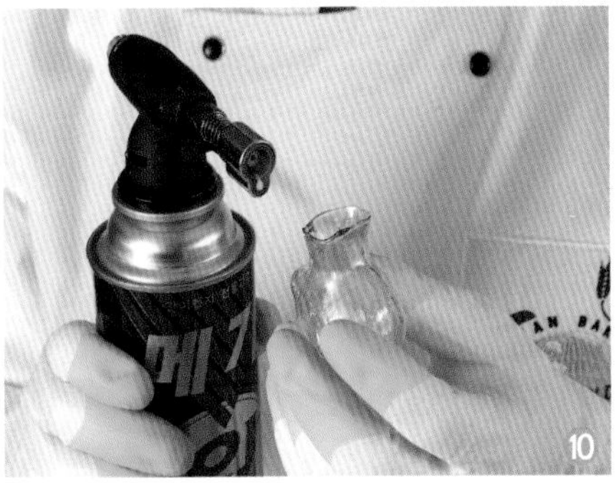

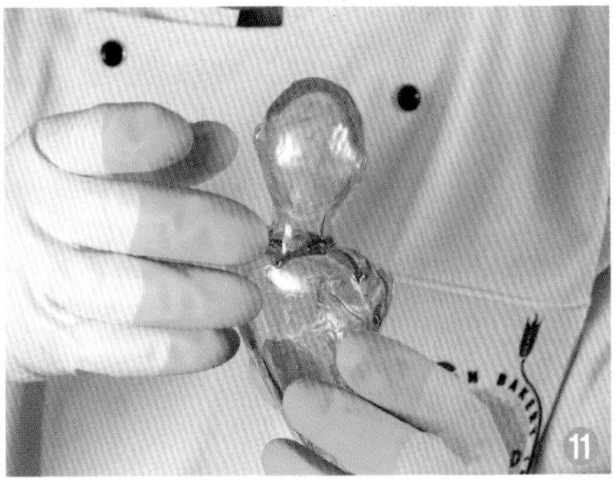

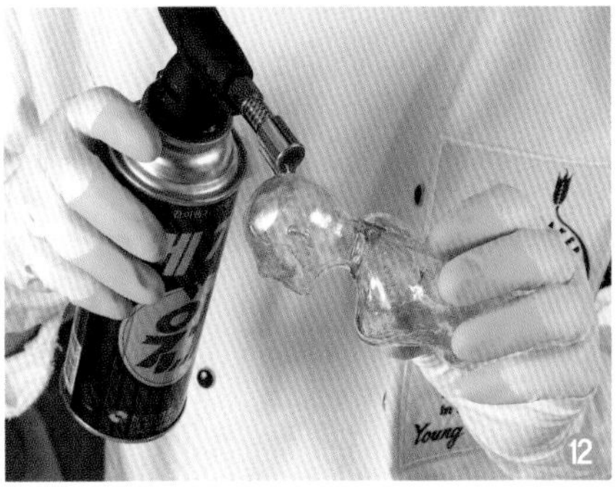

여인 다리

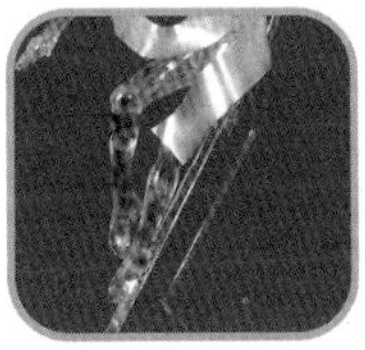

① 설탕반죽을 양손으로 밀어 동그랗게 올라오게 한 다음 가위로 자른다.

② ① 밑부분에 구멍을 만들어 토치 램프로 살짝 달군 다음 그곳에 펌프를 집어넣어 공기를 주입시킨다. 〈사진 ①〉

③ 펌프로 다리 모양을 갖춘 다음 종아리와 발의 모양을 손으로 다듬어준다. 〈사진 ②, ③〉

④ 펌프를 빼고 토치 램프로 달군 칼로 몸통과 연결될 다리 윗부분 끝을 잘라 열풍기로 살짝 녹인 다음 몸통을 붙인다. 〈사진 ④, ⑤, ⑥〉

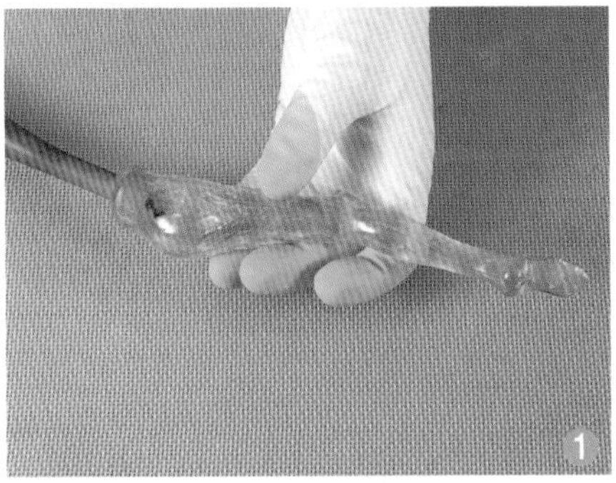

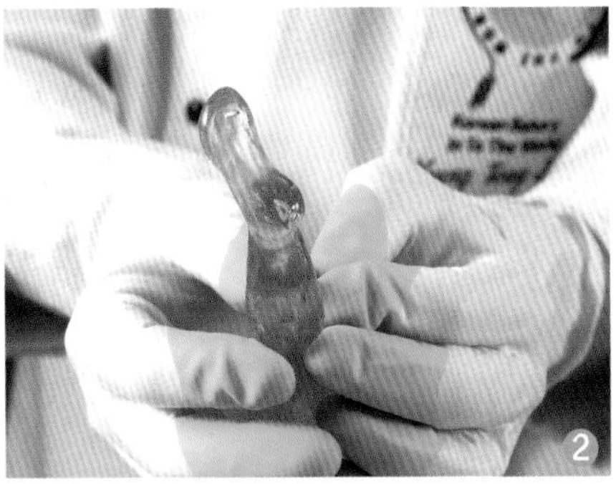

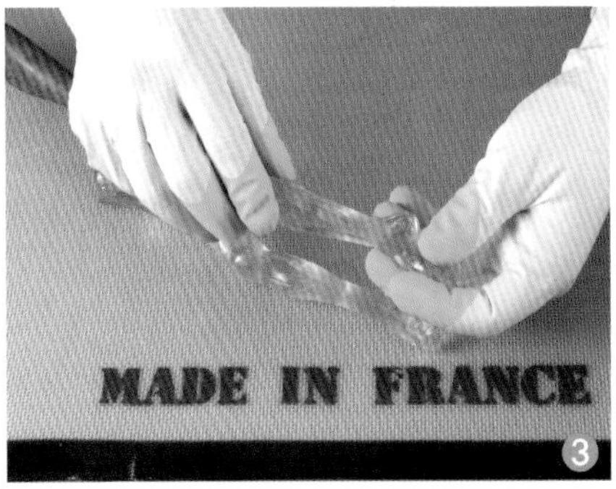

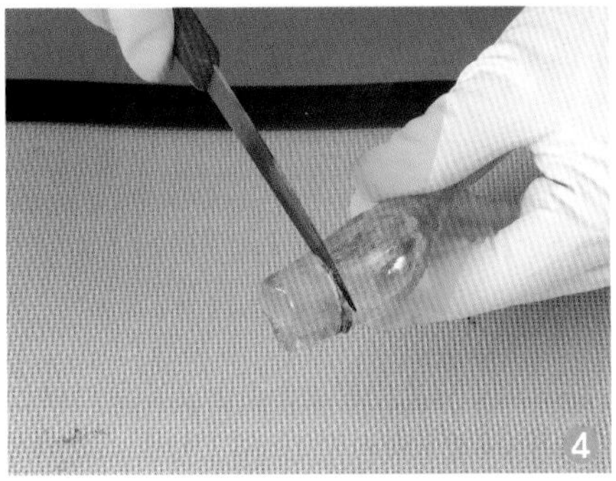

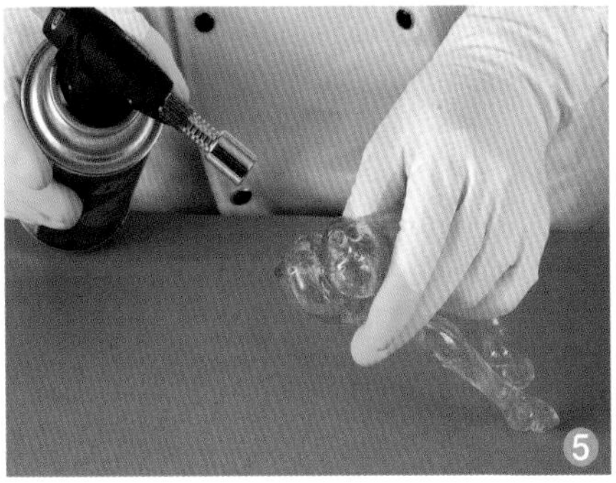

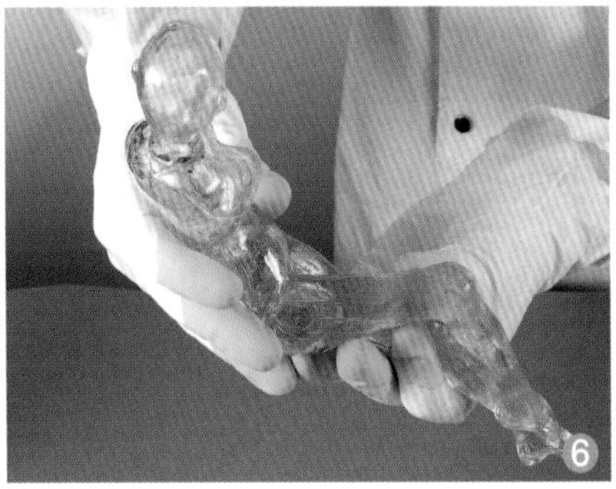

여인 팔

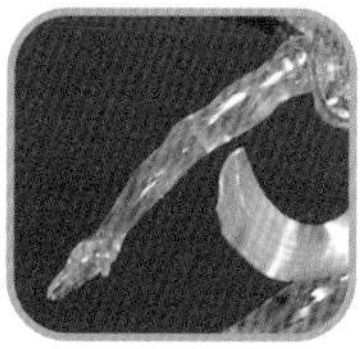

❶ 설탕반죽을 양손으로 밀어 동그랗게 올라오게 한 다음 가위로 자른다.

❷ ① 밑부분에 구멍을 내서 그곳에 펌프로 공기를 주입시키고 가위질로 손가락을 표현한다. 〈사진 ①〉

❸ 입체감 있게 팔의 볼륨을 만들어주며 팔을 완성한다. 〈사진 ②, ③〉

❹ 펌프를 빼고 토치 램프로 달군 칼로 몸통과 연결될 팔 윗부분 끝을 잘라 열풍기로 살짝 녹인 다음 몸통을 붙인다. 〈사진 ④, ⑤〉

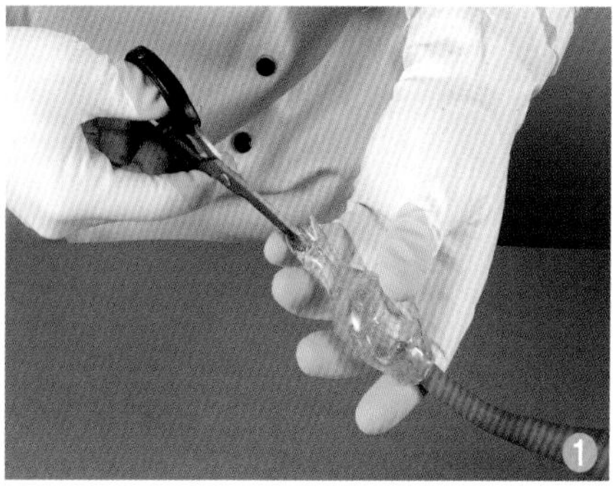

1

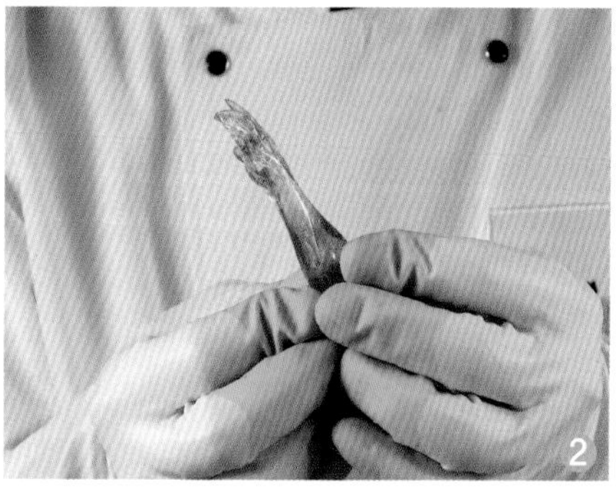

2

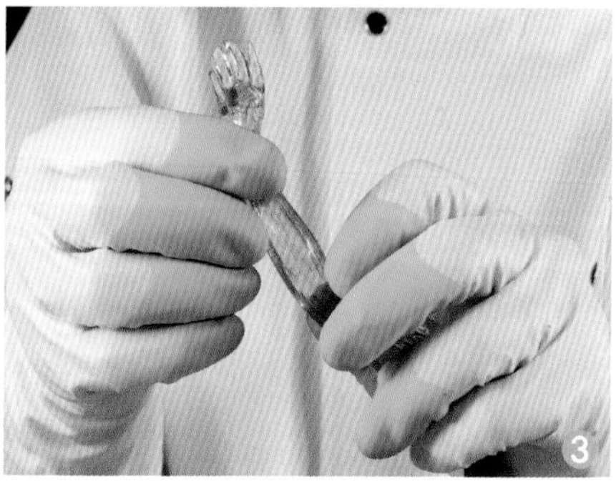

3

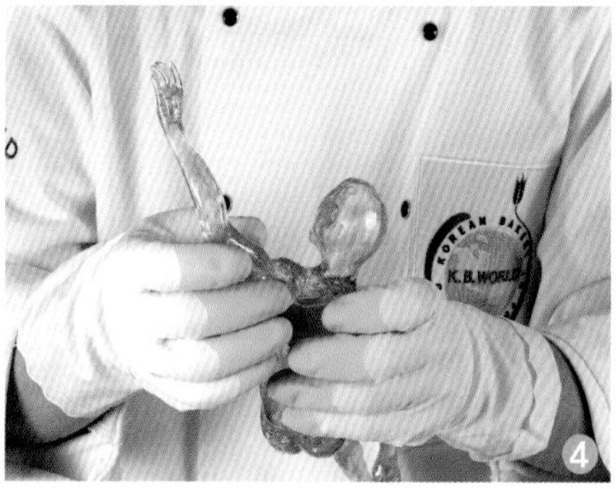

4

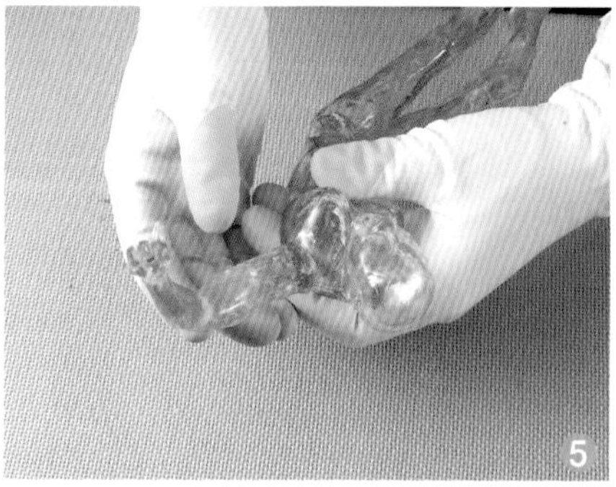

5

연인 머리카락

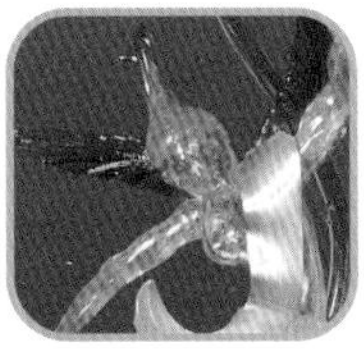

① 설탕반죽을 적당량 떼어내 머리카락이 될 부분을 손으로 다듬어 가위로 두 가닥을 잘라서 머리카락을 표현한 후 머리 위에 덧씌운다. 〈사진 ①〉
② 머리카락을 만든 머리와 몸통 끝을 열풍기로 살짝 녹인 후 몸통 위에 머리를 붙인다. 〈사진 ②〉

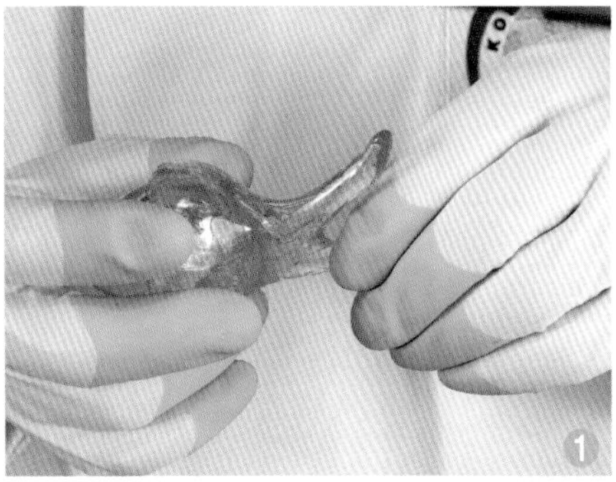

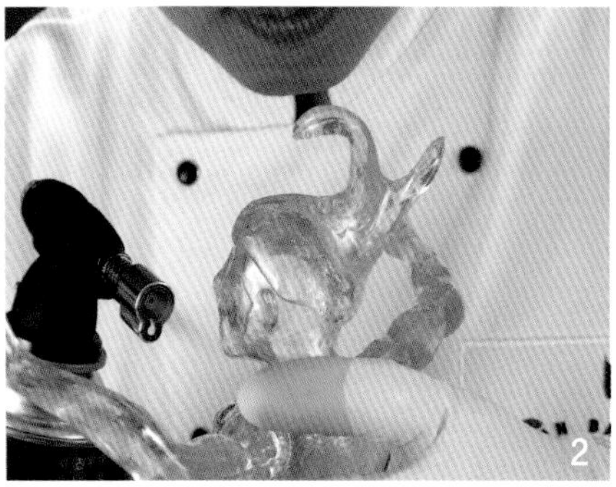

줄기

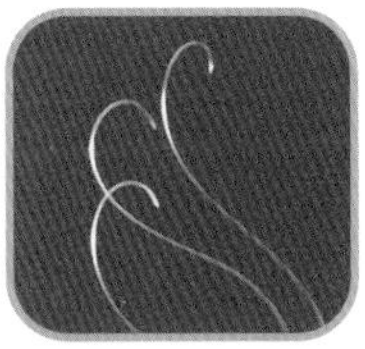

① 설탕반죽을 얇고 길게 쭉 뽑아내 가위로 자른다. 〈사진 ①, ②〉
② ① 양끝을 잡고 적당하게 구부려 곡선이 나오게 한다. 〈사진 ③〉

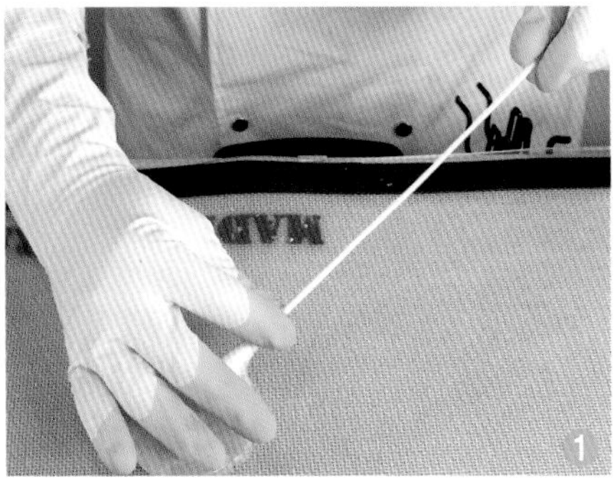

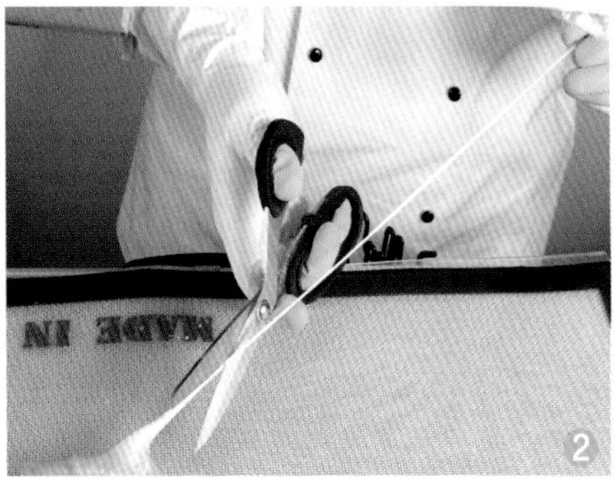

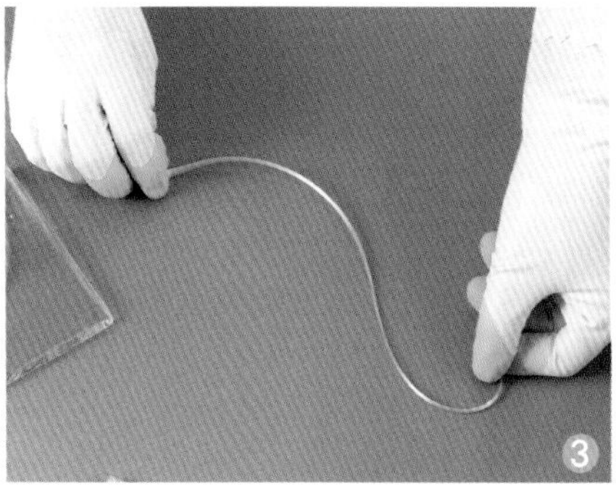

리번

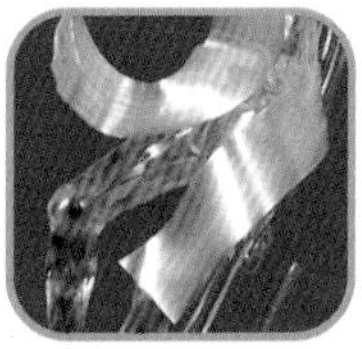

❶ 색소를 넣지 않은 설탕반죽과 초록색 색소를 넣은 설탕반죽을 나란히 놓고 안으로 모아 여러 번 접고 당기기를 반복하면서 설탕공예 특유의 광택을 낸다.
❷ ①을 양쪽으로 길게 늘어뜨려 쭉 펼친다.
❸ 칼을 토치 램프에 달군 뒤 길게 당겨진 ②의 양끝을 잘라낸 다음 적당한 크기로 잘라서 다양한 모양의 리번 모양을 만든다. 〈사진 ①, ②, ③〉
❹ ③을 설탕공예용 램프에서 살짝 녹인 뒤 자연스럽게 휜 모양을 잡는다. 〈사진 ④〉

- 리번 만들기에서 가장 중요한 것은 두께를 똑같이 뽑아는 내는 것이다. 여러 번 접고 당긴 후 일정한 두께가 되도록 길게 잡아당긴다.
- 기본편 리본 33p참조

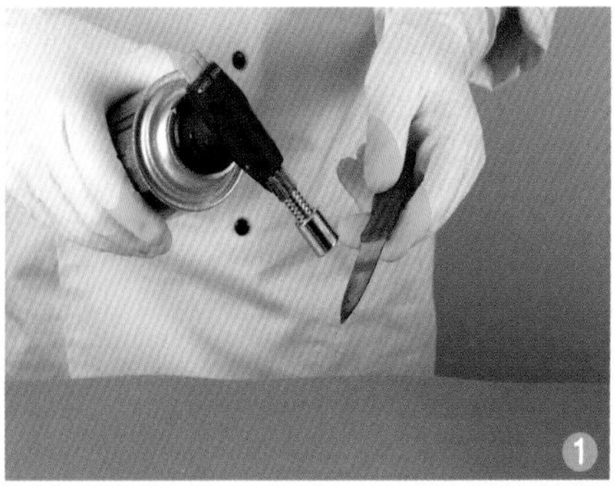

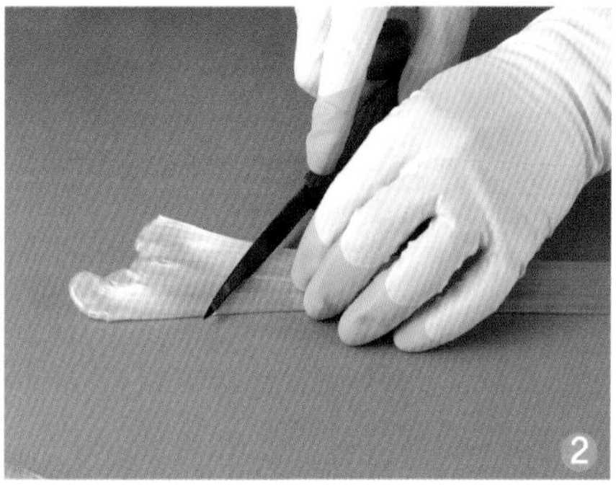

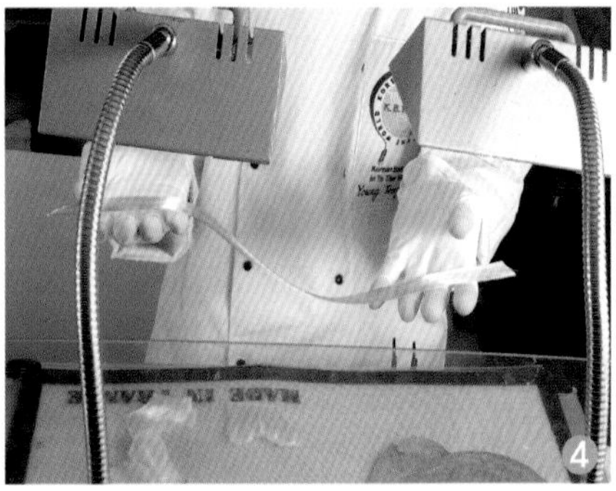

날개

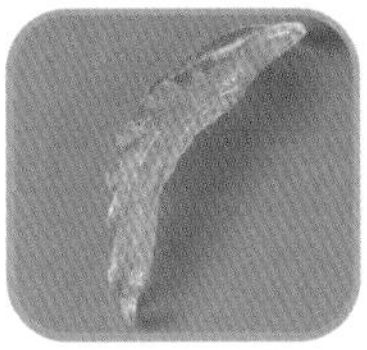

❶ 실리콘 페이퍼 위에 올려놓은 설탕반죽 적당량을 떼어 날개 모형 틀에 맞는 모양을 만든다. 〈사진 ①, ②〉

❷ ①을 날개 모형 실리콘 틀에 찍어낸다. 〈사진 ③, ④, ⑤〉

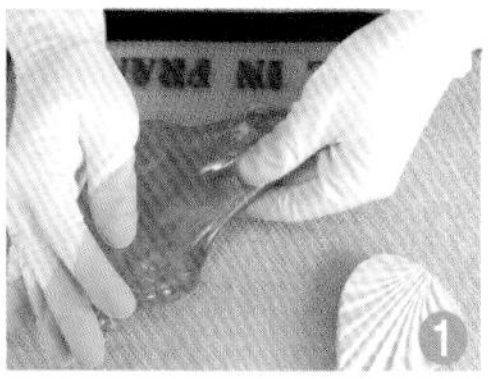
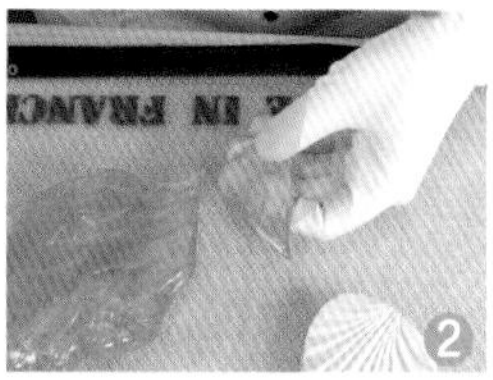
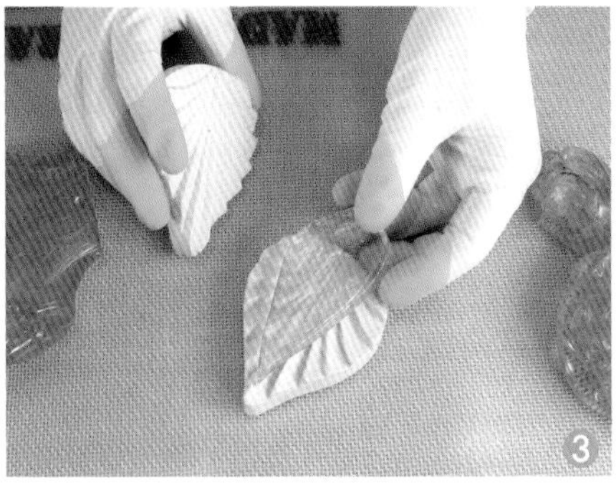
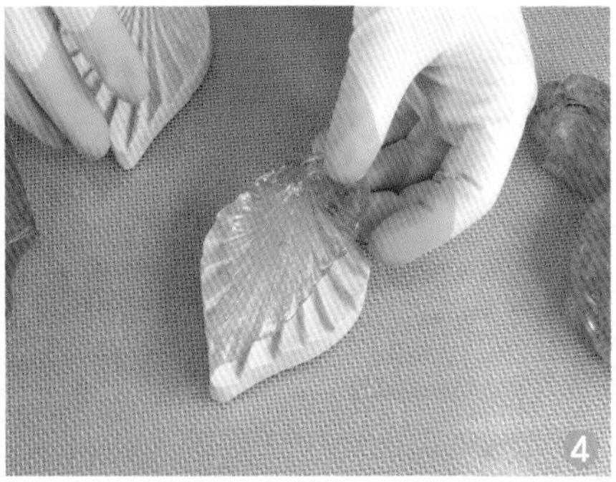
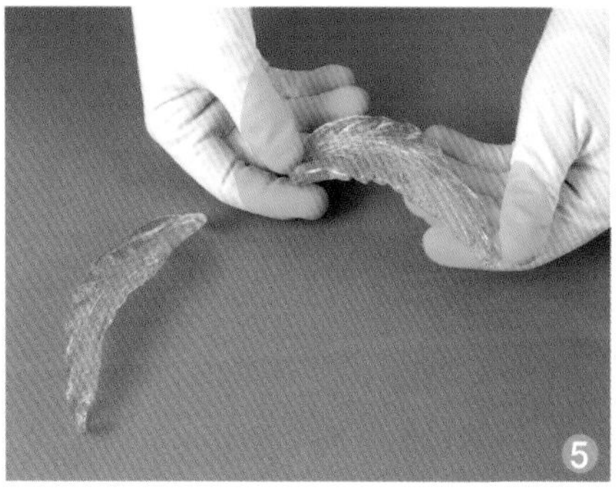

꽃잎

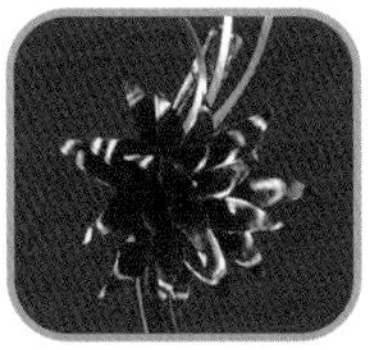

❶ 실리콘 페이퍼 위에 올려놓은 설탕반죽에 붉은색 색소와 보라색 색소를 섞어 자주색을 만든다.

❷ ①을 꽃잎 모양이 되도록 두 엄지손가락으로 밀어 벌리면서 얇게 편 다음 가위로 잘라낸다. 〈사진 ①, ②〉

❸ ②를 더욱 얇게 편 뒤 아랫부분은 살짝 말아주고, 윗부분 끝이 뒤로 가게 살며시 펴준다. 〈사진 ③, ④〉

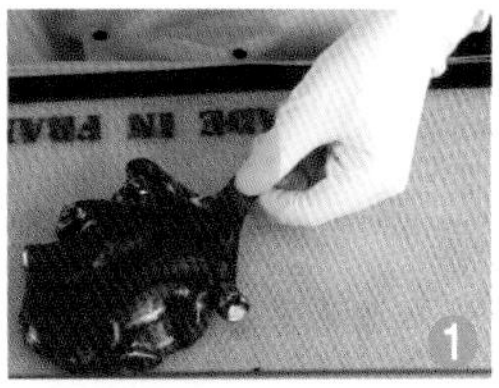
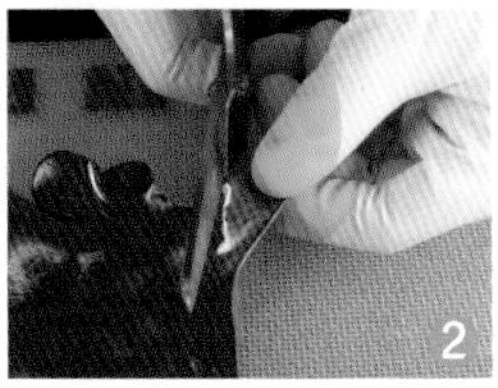
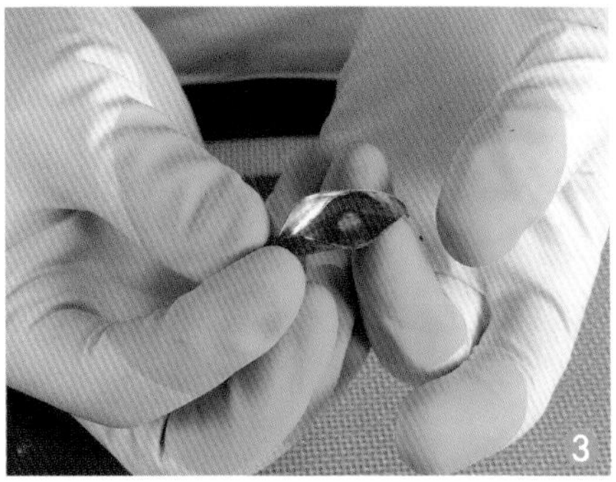
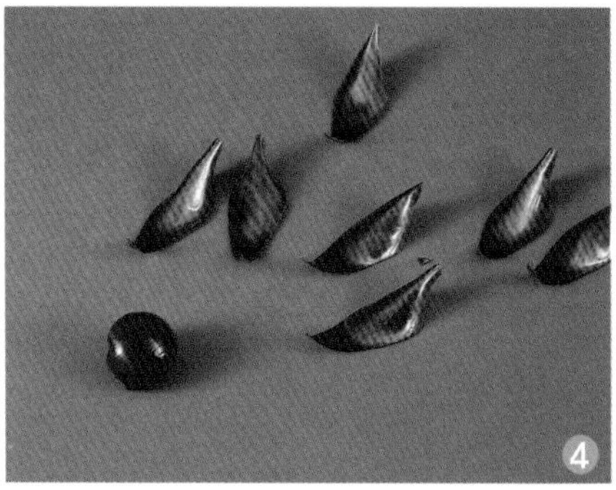

꽃심

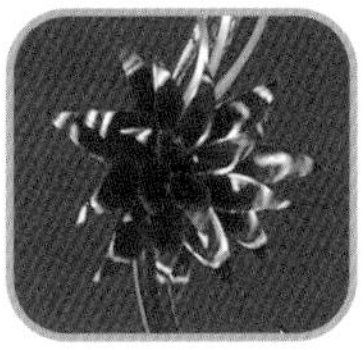

❶ 양손가락으로 설탕덩어리를 꼭꼭 눌러서 동그랗게 올라오게 만든다. 〈사진 ①〉
❷ ②를 가위로 자른다. 〈사진 ②〉

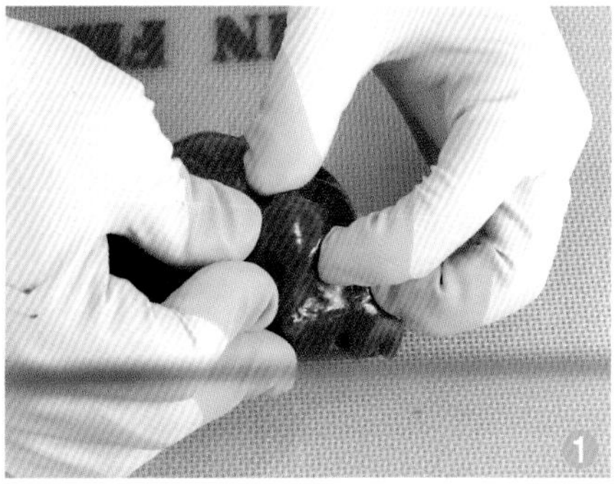

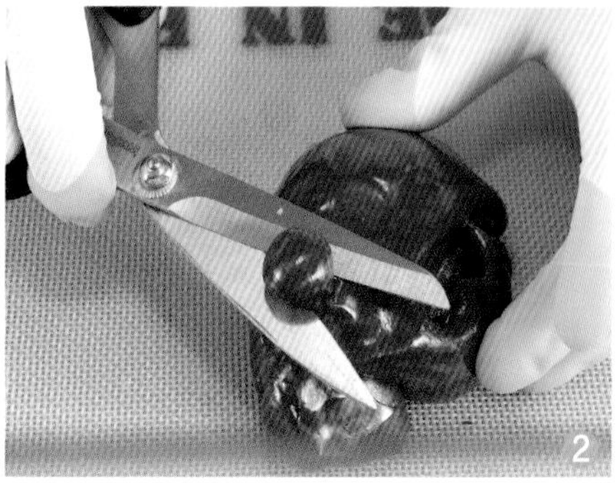

꽃

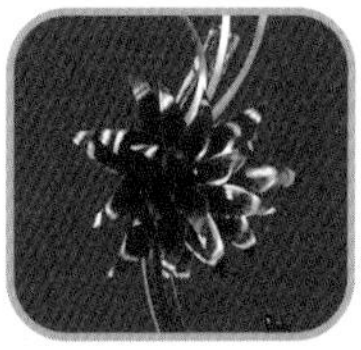

❶ 꽃심에 꽃잎을 한 장 한 장 붙여 봉오리를 만든다. 〈사진 ①〉
❷ ②에 꽃잎을 이어 붙여 꽃을 완성한다. 〈사진 ②〉
– 꽃잎을 붙일 때 반드시 토치 램프로 달군 다음 붙여야 단단하게 고정시킬 수 있다.

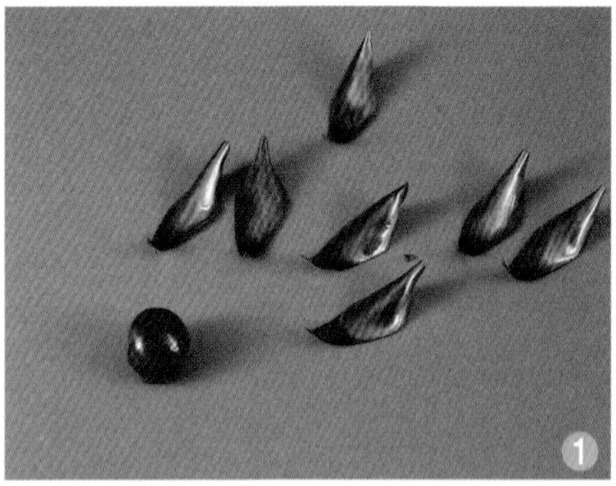

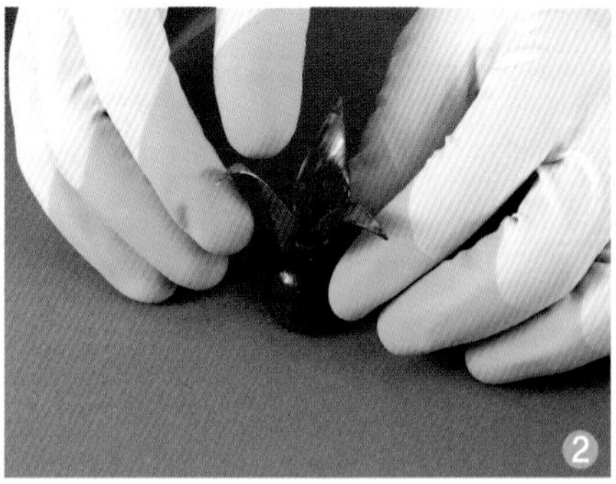

마무리

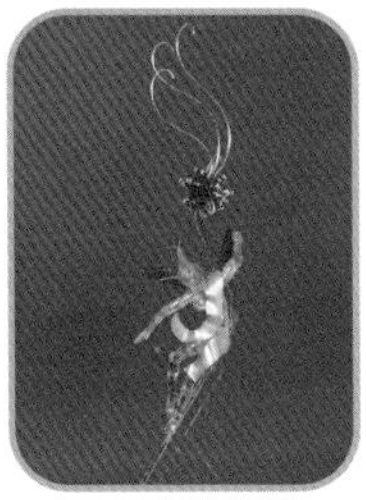

❶ 물결무늬가 있는 받침대 위에 투명한 기둥을 붙인다. 접착할 부분은 토치 램프로 살짝 달궈야 잘 붙는다. 이때 접착하는 양쪽 면 모두 달궈야 한다. 〈사진 ①, ②〉

❷ 기둥에 여인을 붙인다. 〈사진 ③, ④〉

– 설탕공예에서 접착할 때는 붙여야 하는 양쪽 모두 토치 램프로 살짝 달궈야 잘 붙인다. 붙인 다음 토치 램프로 깔끔하게 마무리 한 후 에어스프레이로 식힌다.

❸ 여인 등 뒤에 양쪽 날개를 붙인 다음 에어스프레이로 식힌다. 〈사진 ⑤, ⑥〉

❹ 날개 뒤에 비닐호스를 이용해 만든 3자 곡선 기둥을 붙인다. 〈사진 ⑦〉

❺ 에어브러시로 날개에 오렌지색을 입힌 다음 보라색 색소를 다시 덧칠한다. 〈사진 ⑧〉

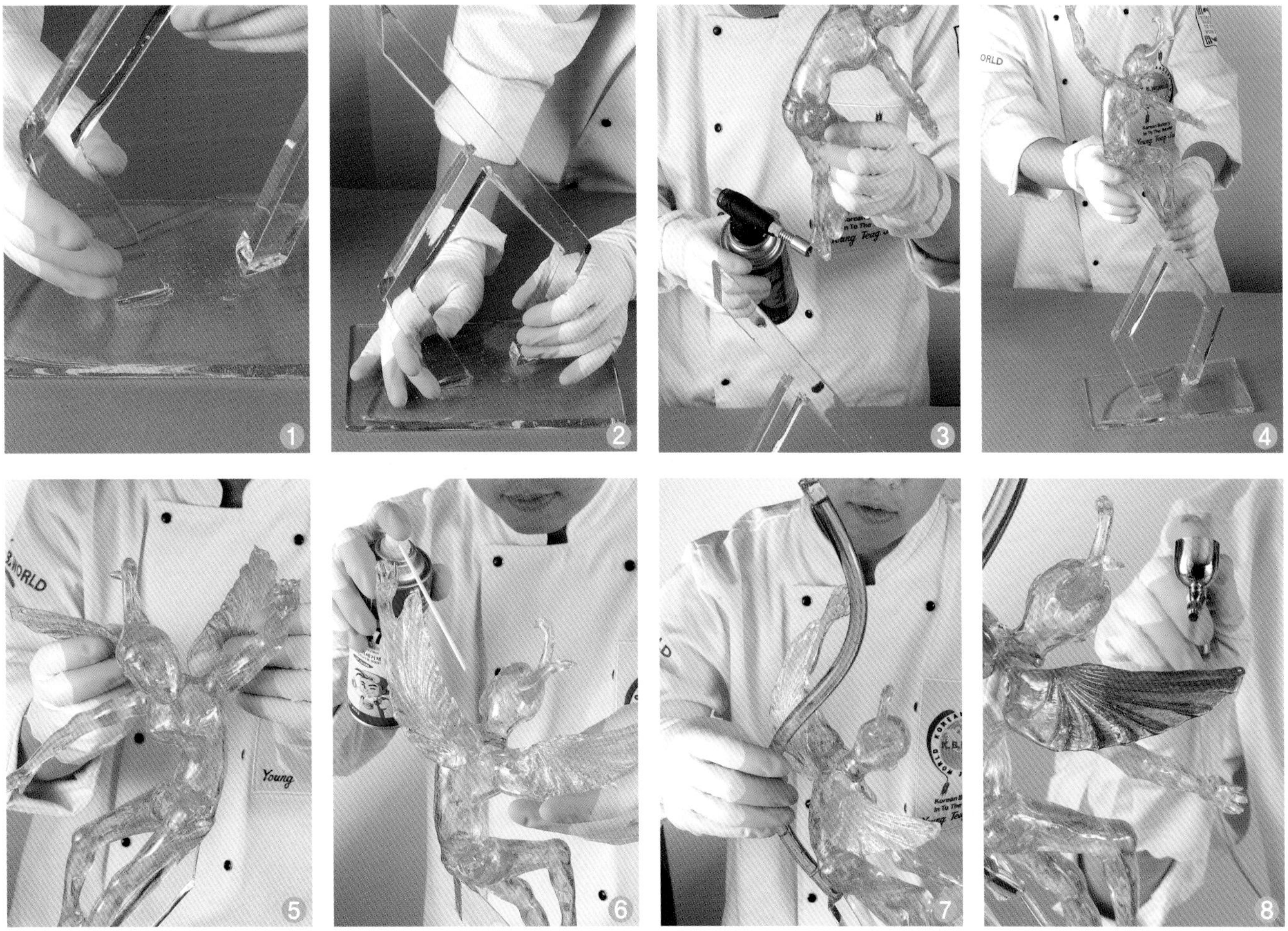

⑥ 에어브러시로 다리에 보라색으로 피스톨레한 다음 초록색을 점점이 뿌려준다. 〈사진 ⑨〉
⑦ 에어브러시로 여인 머리카락에 오렌지색을 입힌다. 〈사진 ⑩〉
⑧ 리본으로 가슴과 엉덩이를 감싸준다. 〈사진 ⑪〉
⑨ 3개의 줄기를 모아서 줄기 끝을 이소말트 녹인 것으로 붙인다. 〈사진 ⑫〉
⑩ ⑨를 녹색 기둥에 붙이고, S자곡선 기둥에 꽃을 붙인다. 〈사진 ⑬〉

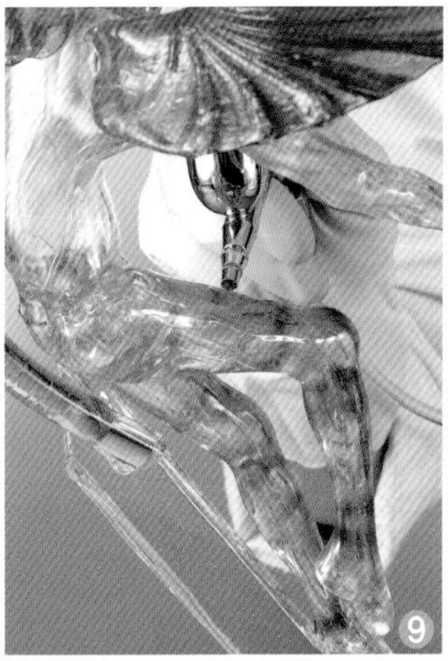

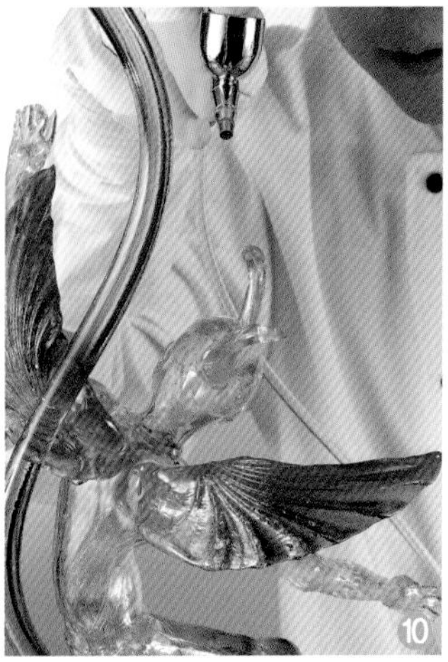

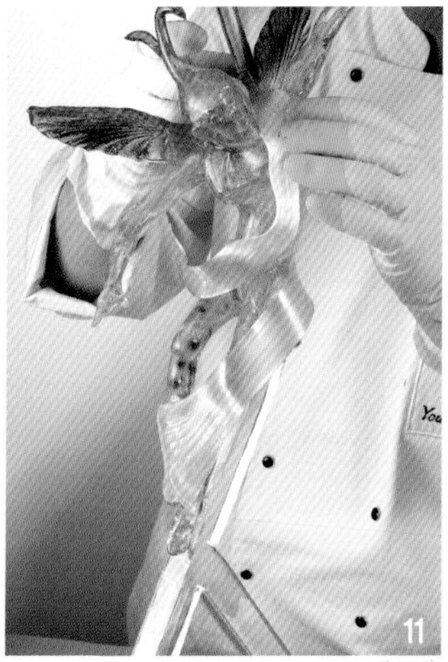

완성작

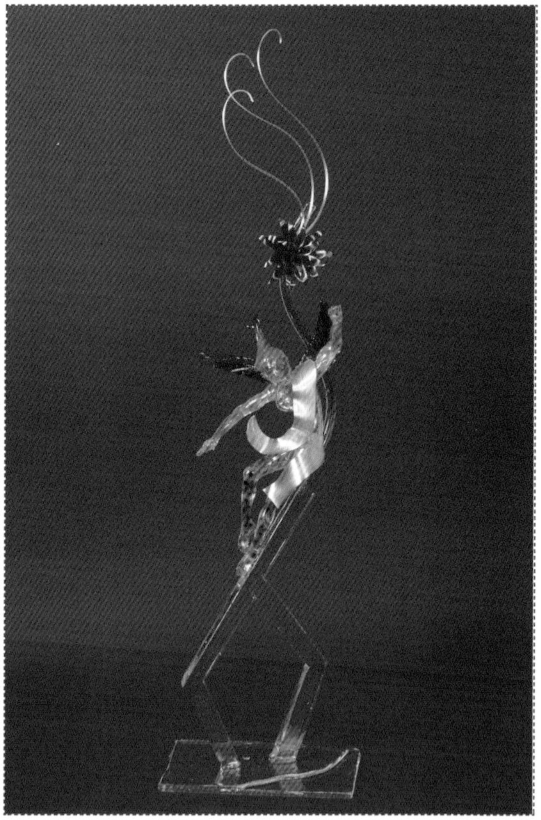

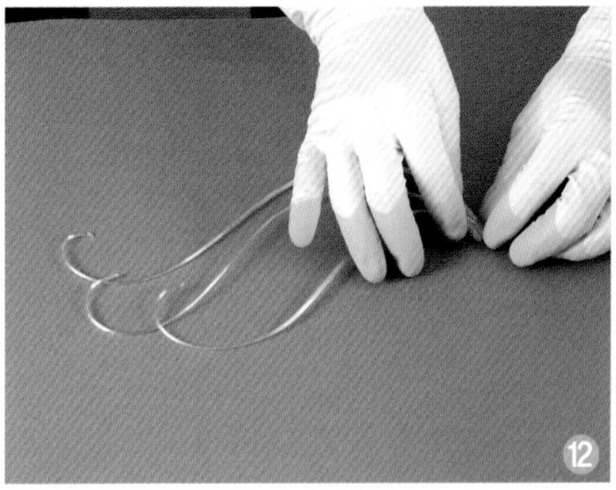

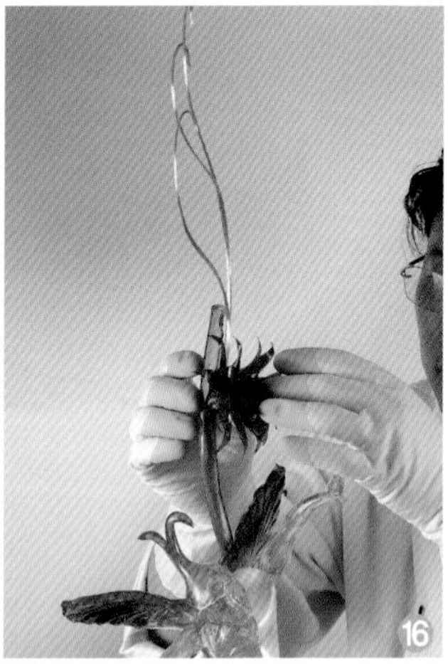

숲속의 요정

La fée des bois

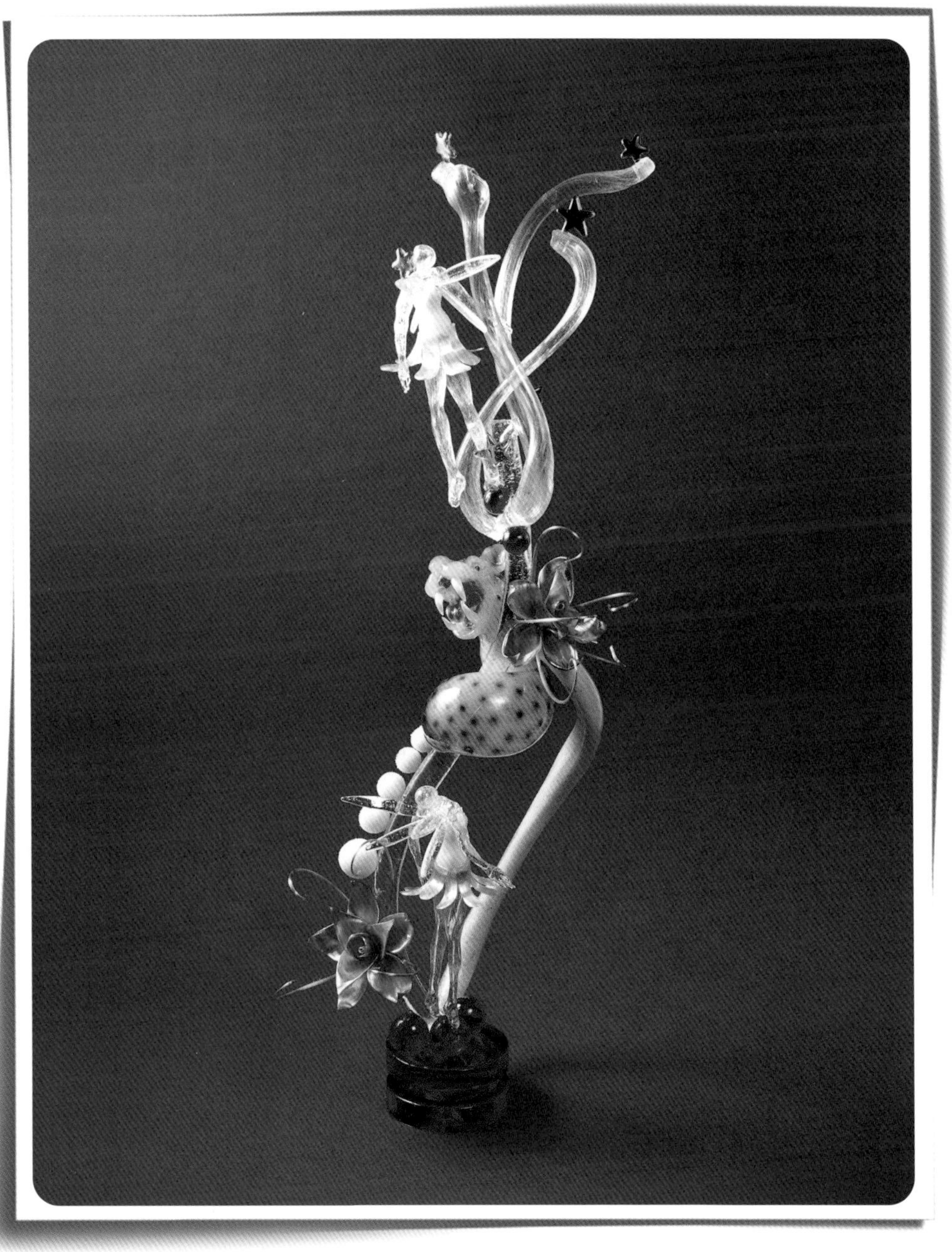

제목처럼 나무와 꽃, 동물이 한데 어우러진 숲속에서 살고 있는 요정의 판타스틱한 분위기를 자아내기 위해 투명함을 강조하고, 흰색을 주로 사용했다. 불기 기법으로 만든 요정은 난이도가 높은 작품이다.

구슬

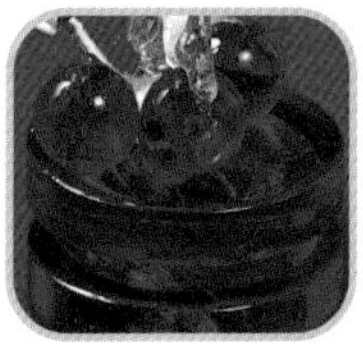

❶ 비닐판 위에 크기가 다른 여러 개의 구 몰드를 올려놓고 틀 안을 비닐랩으로 씌운다.

❷ 끓인 설탕시럽에 빨간색 색소 4방울을 떨어뜨려 흔들어 섞은 다음 종이컵에 따라서 실리콘 구 몰드에 붓고 몰드가 벌어지지 않도록 테이프로 둘러 감아준다. 〈사진 ①, ②, ③〉

– 실리콘 몰드를 이용해 구를 만들면 예쁘고 매끈하게 나온다.

❸ ②가 굳으면 구 몰드를 벗긴 다음 구슬을 돌려주면서 토치 램프로 달궈주면 구슬이 투명해진다. 〈사진 ④, ⑤〉

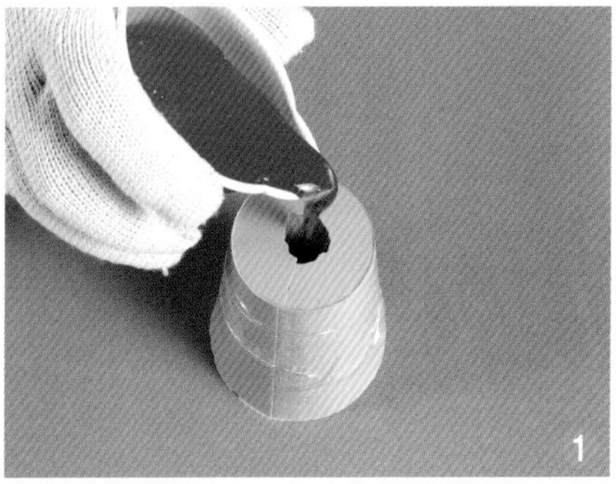

1

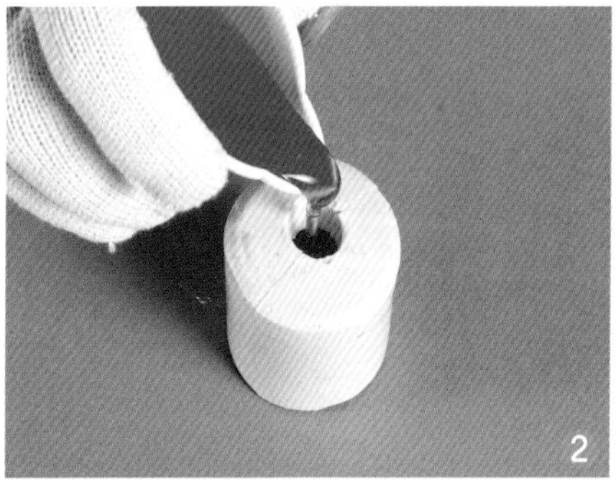

2

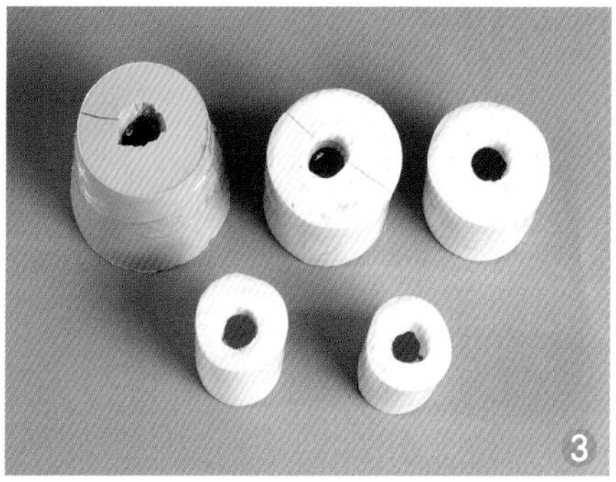

3

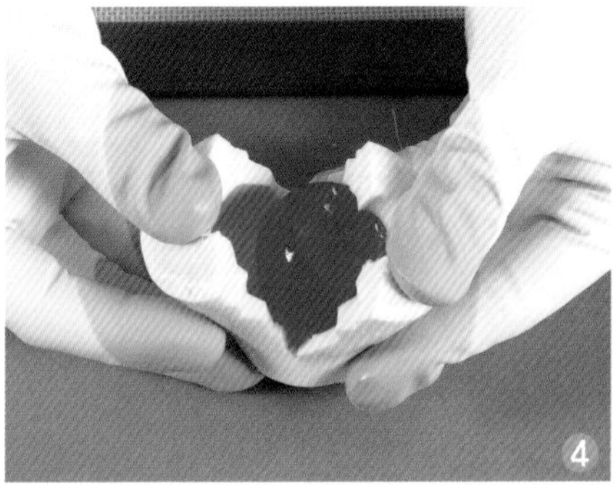

4

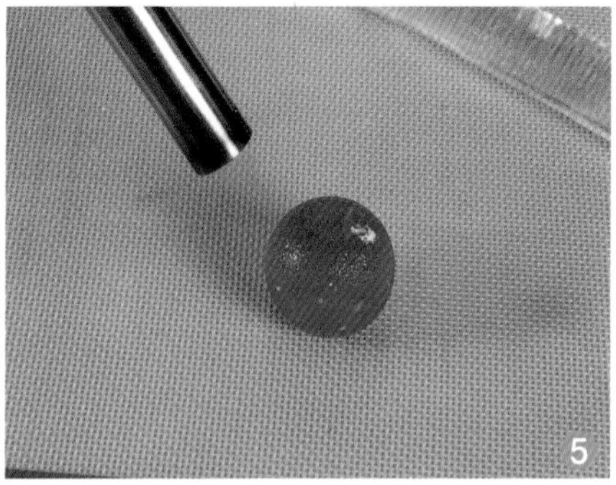

5

별

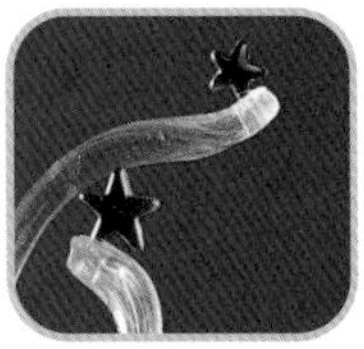

❶ 끓인 설탕시럽에 빨간색 색소 4방울을 떨어뜨려 흔들어 섞은 다음 종이컵에 따라서 별 몰드에 붓는다. 〈사진 ①〉
❷ ①이 굳으면 실리콘 몰드를 떼어낸다. 〈사진 ②〉
❸ 습도가 높은 날은 굳기 전에 방습제가 있는 통에 밀봉해 놓고 필요할 때 꺼내 쓴다. 〈사진 ③〉

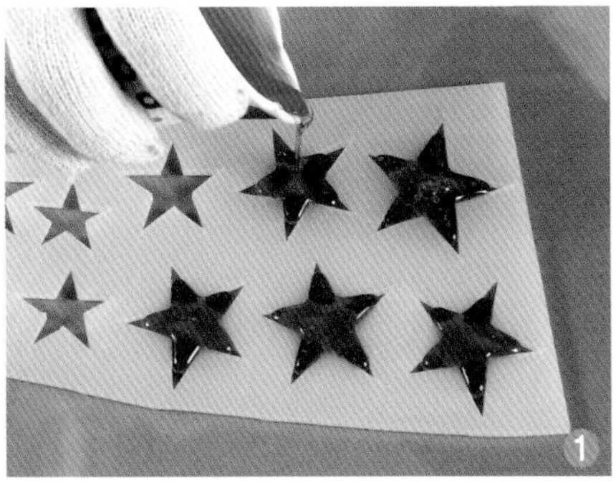

1

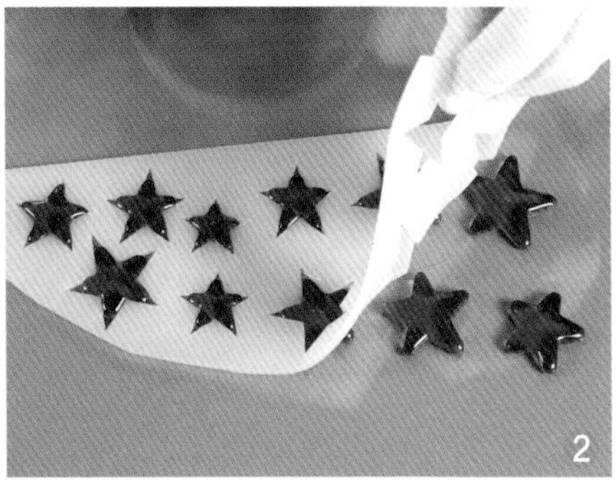

2

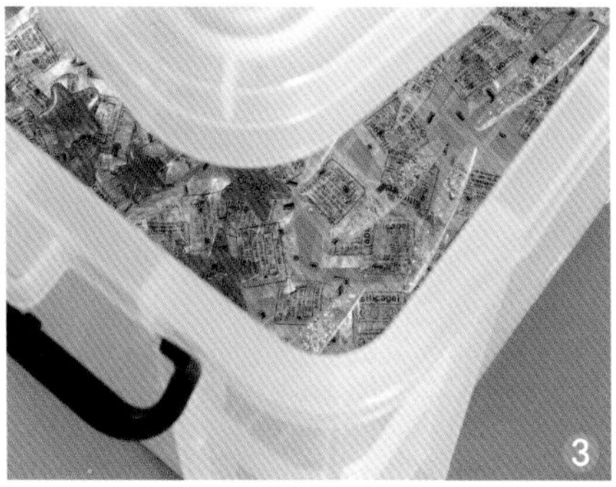

3

요정 날개

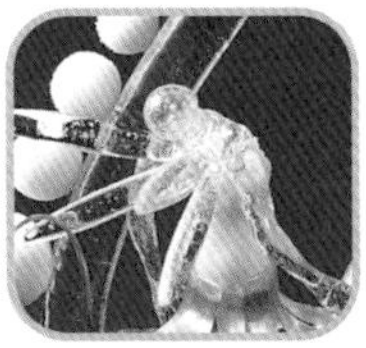

❶ 이소말트를 끓인 시럽을 종이컵에 따라서 타원형 몰드에 붓는다. 〈사진 ①〉
❷ ①에 금가루를 골고루 뿌린다. 〈사진 ②〉
❸ ②가 굳으면 몰드를 떼어낸다. 〈사진 ③〉

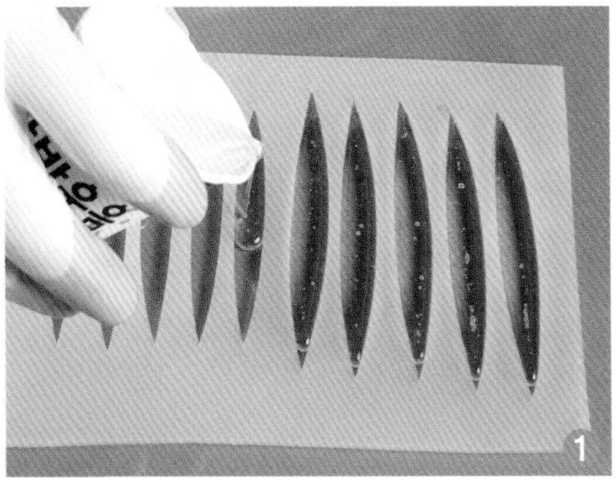

1

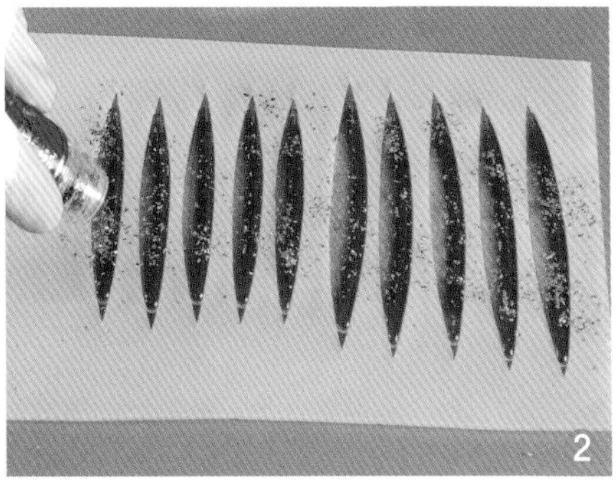

2

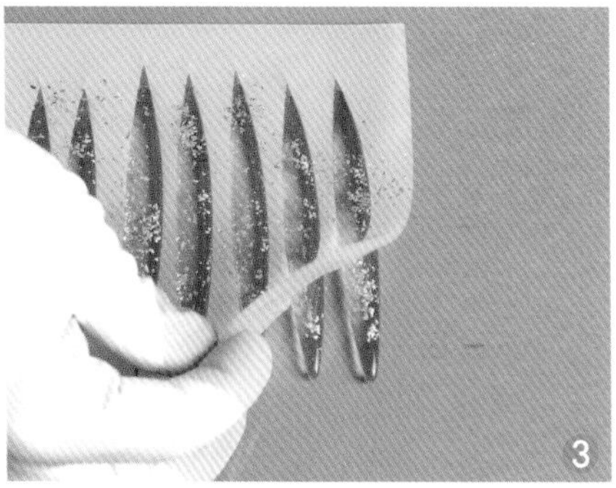

3

받침대

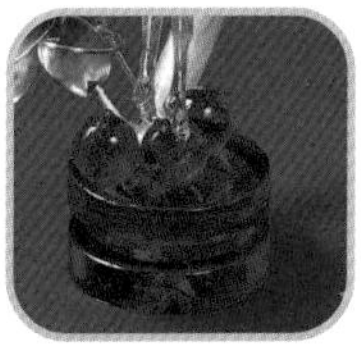

❶ 3개의 링틀을 준비해 링틀 안쪽에 종이를 덧댄 비닐판을 둘러준다.

❷ 끓인 설탕시럽에 빨간색 색소 4방울을 떨어뜨려 흔들어 섞은 시럽을 링틀에 붓는다. 〈사진 ①, ②〉

– 링틀 안쪽에 덧댄 종이가 굳은 모형을 빼낼 때 예쁘게 빠지게 하는 역할을 한다.

❸ 링틀에 부은 설탕시럽이 굳으면 틀을 올려서 뺀 다음 종이를 덧댄 비닐판을 떼어낸다. 〈사진 ③, ④〉

❹ 비닐판에서 떼어낸 받침대를 실팻 위에 올려놓고 토치 램프로 받침대를 달궈서 3개의 받침대를 차례대로 올린다. 〈사진 ⑤, ⑥, ⑦〉

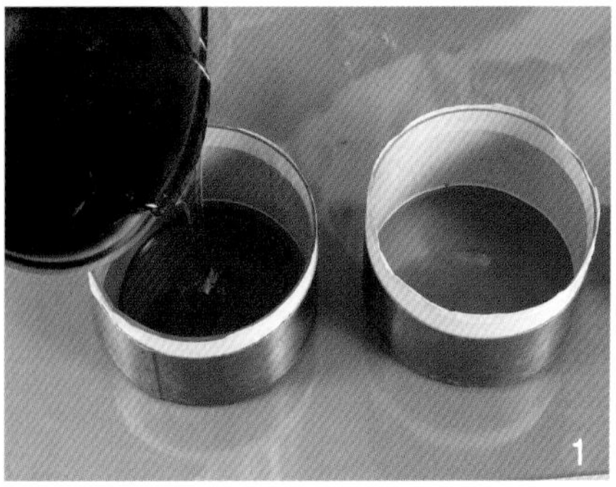
1

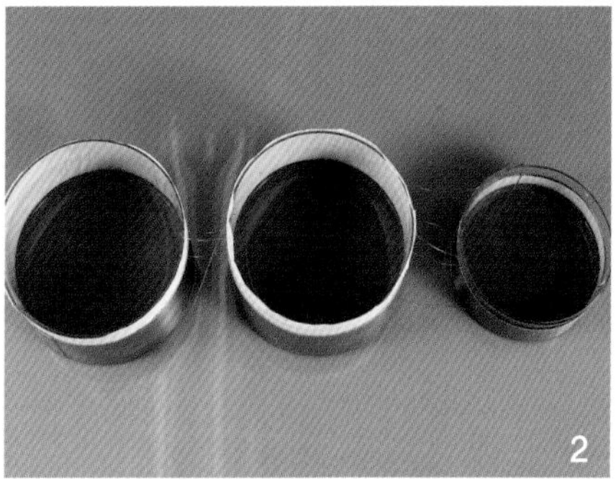
2

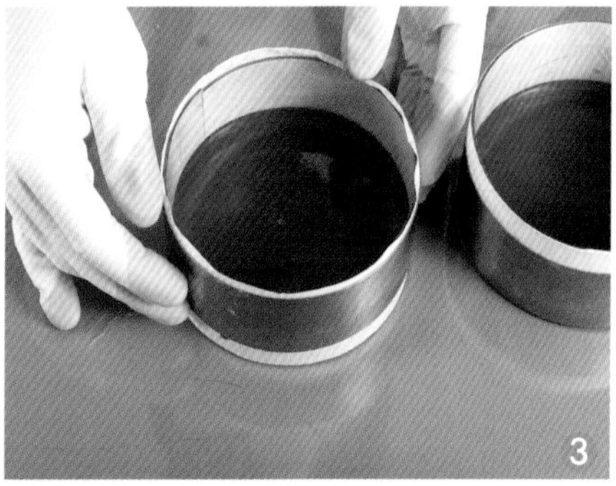
3

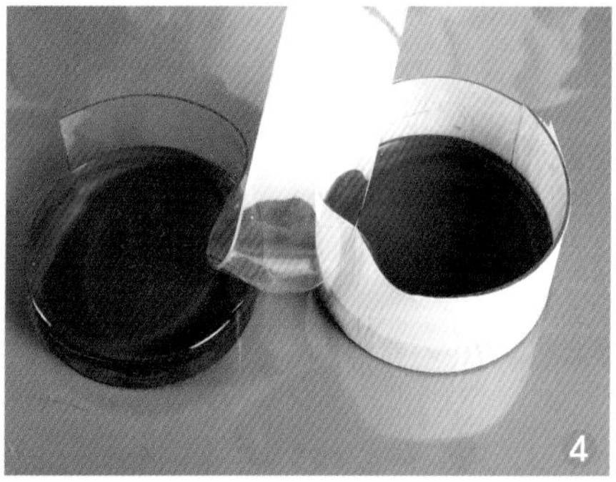
4

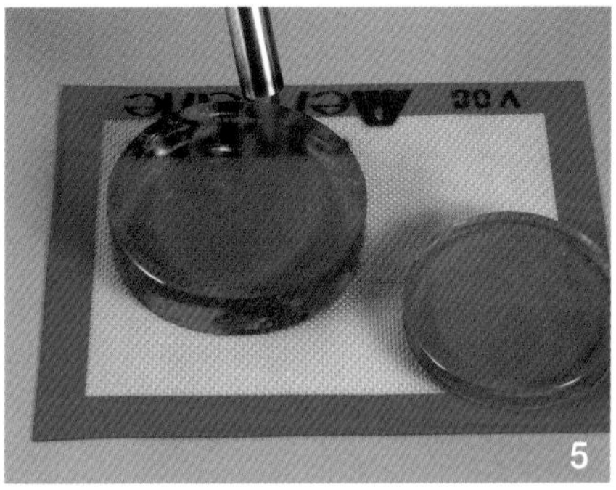
5

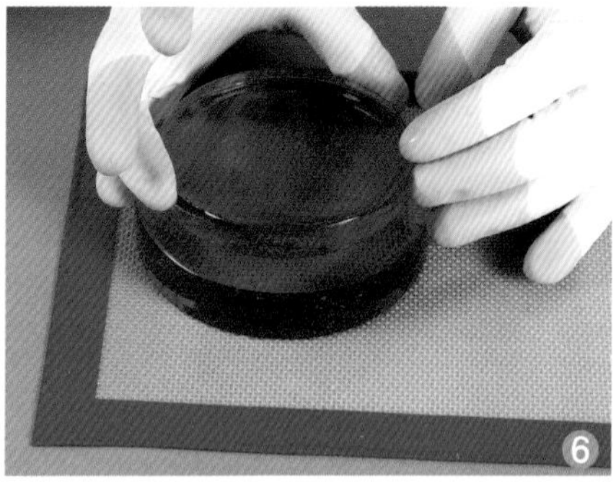
6

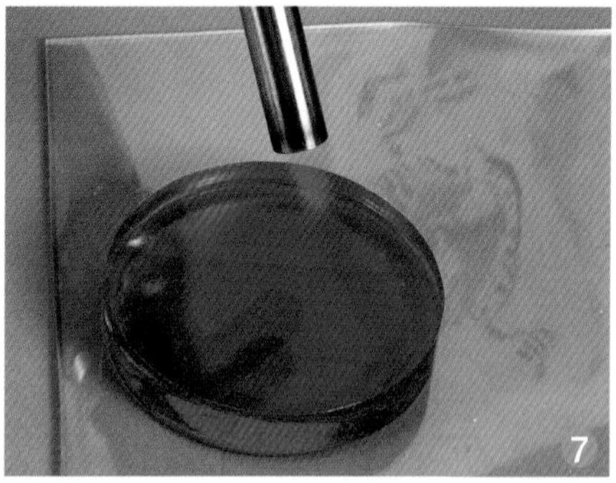
7

기둥

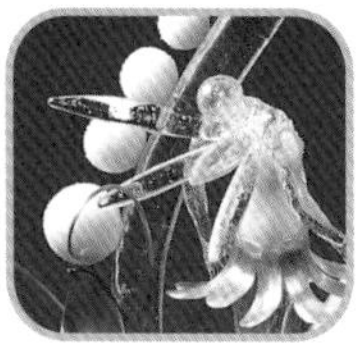

❶ 지름 3cm, 길이 65cm의 비닐호스에 끓인 이소말트 시럽을 천천히 붓는다. 〈사진 ①〉
❷ 실리콘으로 마개를 만들어 비닐호스 양쪽 끝을 막는다. 〈사진 ②〉
❸ 어느 정도 식었을 때 S자 모양을 잡은 다음 종이테이프를 붙여 고정시킨다. 뜨거운 이소말트 시럽을 붓자마자 바로 모양을 잡으면 모양이 휘어져 나중에 기둥이 기울어질 위험이 있다. 〈사진 ③〉
❹ 이소말트 시럽이 굳으면 비닐호스를 칼로 잘로 벗겨낸다. 〈사진 ④, ⑤〉
❺ 기둥 양 끝을 토치 램프로 달군 칼로 잘라낸다. 〈사진 ⑥〉

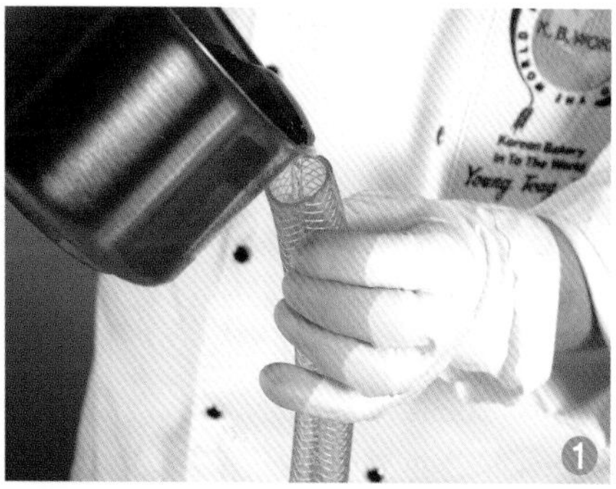

1

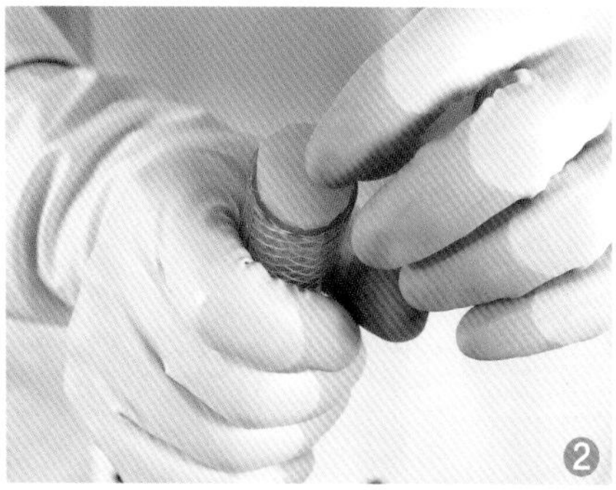

2

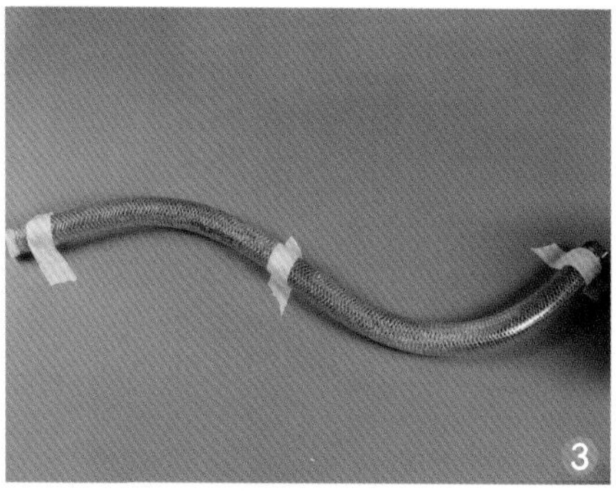

3

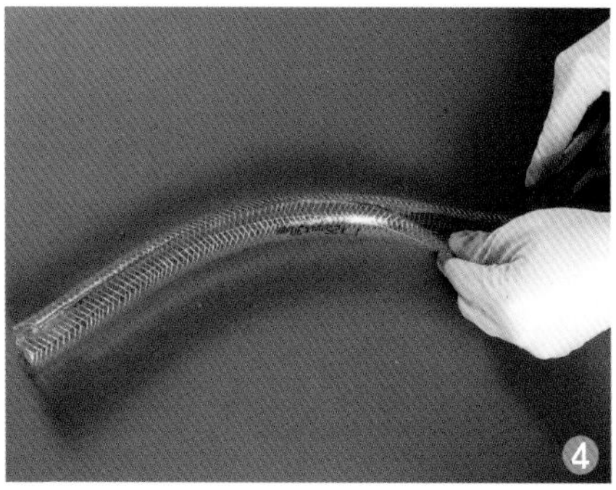

4

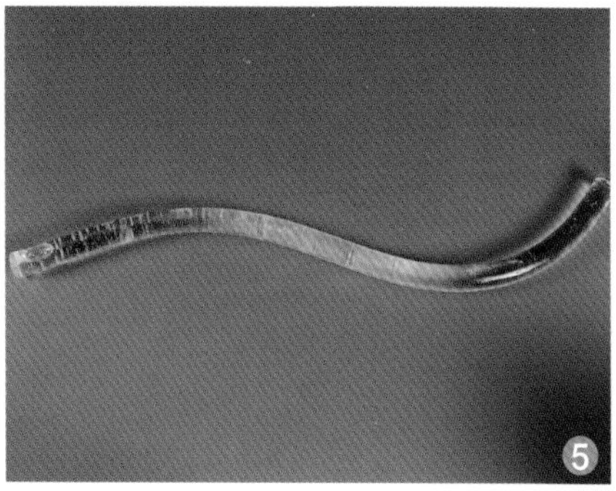

5

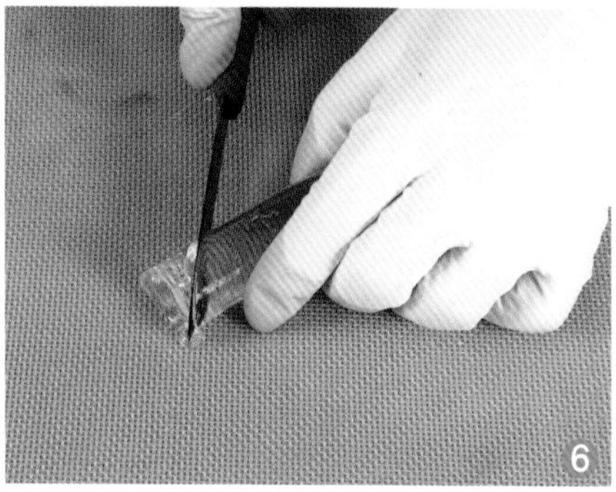

6

요정 스커트

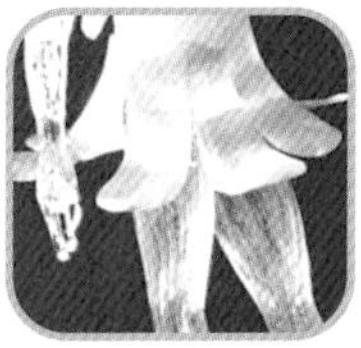

❶ 이소말트 반죽을 잡아당겨 스커트 조각을 만든다. 〈사진 ①〉
❷ ①을 만들어 엎어놓은 반구형 틀에 올려놓는다. 〈사진 ②〉

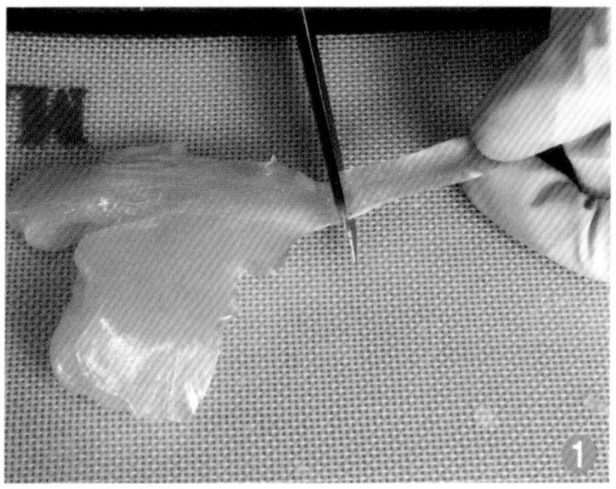

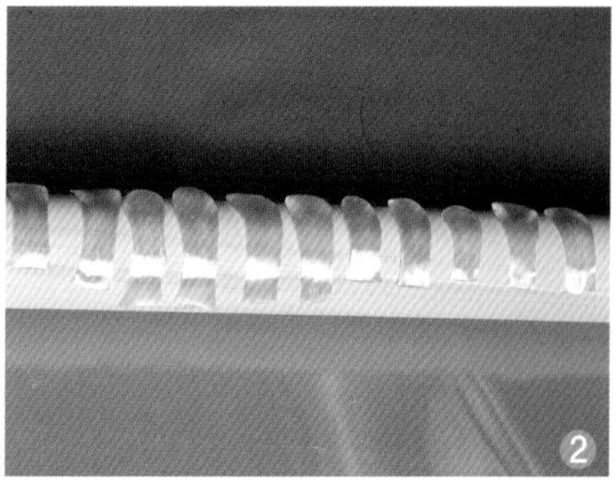

요정 몸통(2개)

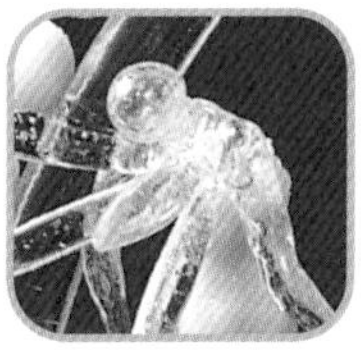

❶ 몸통은 크리스털로 만든다. 〈사진 ①〉

– 크리스털 만들기(기본편 크리스털 38p 참조)

1) 설탕반죽 적당량을 떼어 몸통 모양을 만든다.
2) ①를 이쑤시개에 찍어서 스티로폼에 꽂는다.
3) ②에 알코올을 뿌린 다음 설탕에 넣어 자연스럽게 굴린다.
4) 설탕 700g, 물 300g을 함께 끓인 후 식힌 다음 둥근 케이크 들에 붓는다,
5) 스티로폼을 뒤집어서 ④에 집어넣고 3일 동안 놔둔다.

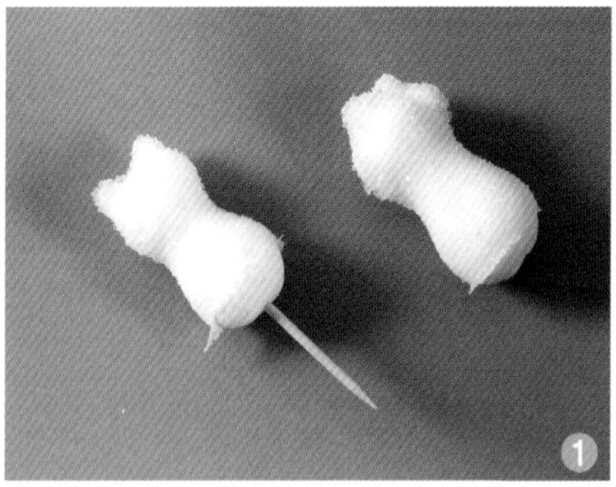

❷ 요정 몸을 대 보며 어깨를 만든다.
❸ 이소말트 반죽 적당량을 둥근 모양이 되게 만들어 가위로 잘라내 동그랗게 만든 다음 펌프를 집어넣는다. 〈사진 ②, ③〉
❹ 펌프로 공기를 주입시키면서 몸통 모양을 만든다.
❺ 펌프를 뺀 다음 몸통과 어깨 접착 부위를 토치 램프로 달궈서 크리스털 몸통에 어깨가 들어가도록 붙인다. 〈사진 ④, ⑤〉

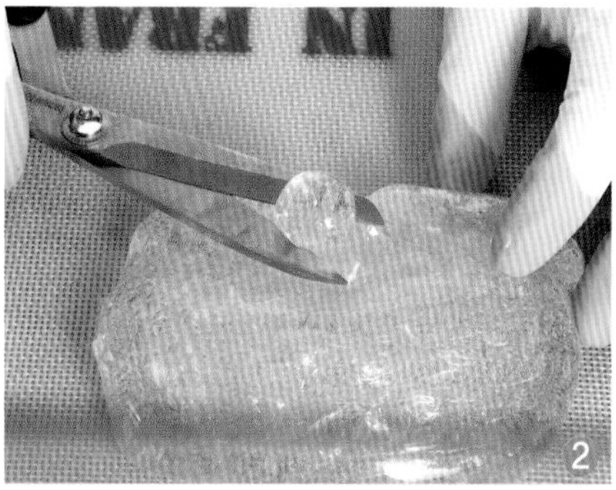

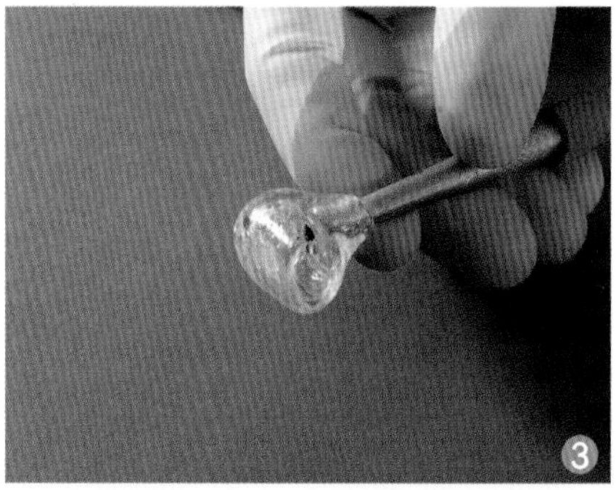

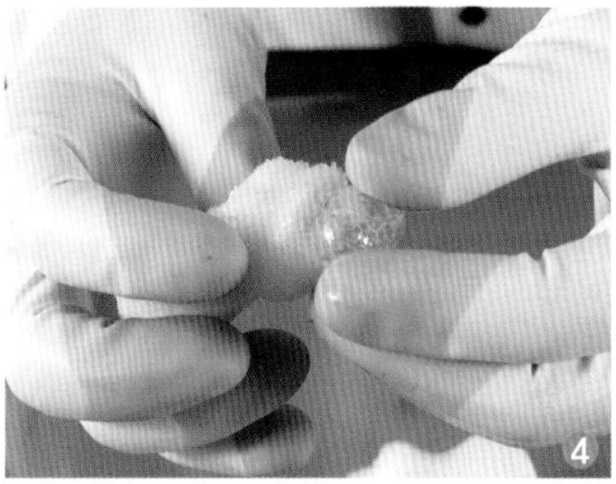

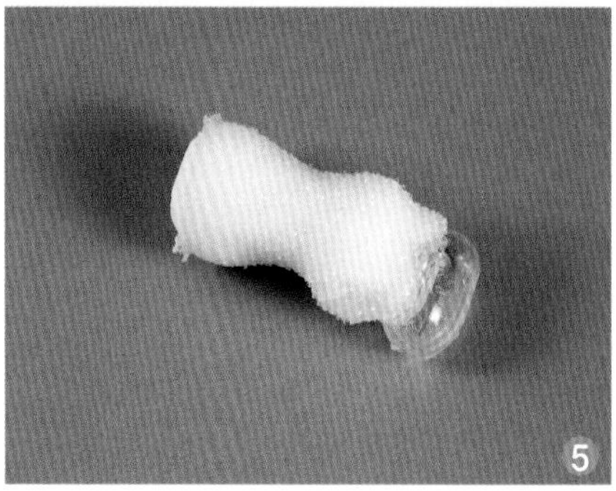

요정 머리(2개)

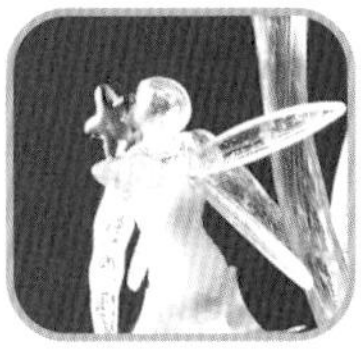

❶ 이소말트 반죽을 둥근 모양이 되게 만들어 가위로 자른 다음 펌프를 집어놓는다. 〈사진 ①, ②〉

❷ 펌프로 공기를 주입시키며 몸에 비례해서 머리 모양을 다듬는다. 〈사진 ③〉

❸ 펌프를 뺀 다음 머리와 어깨 접착 부위를 토치 램프로 달궈서 붙인다. 〈사진 ④〉

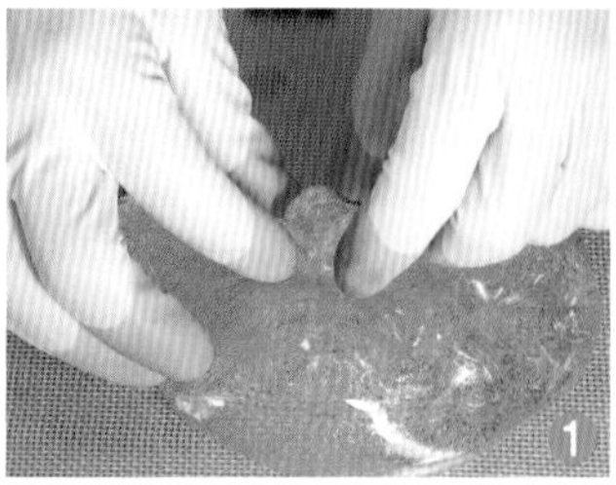

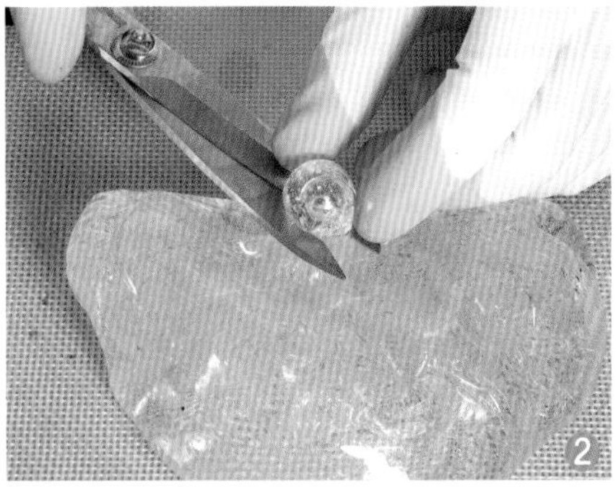

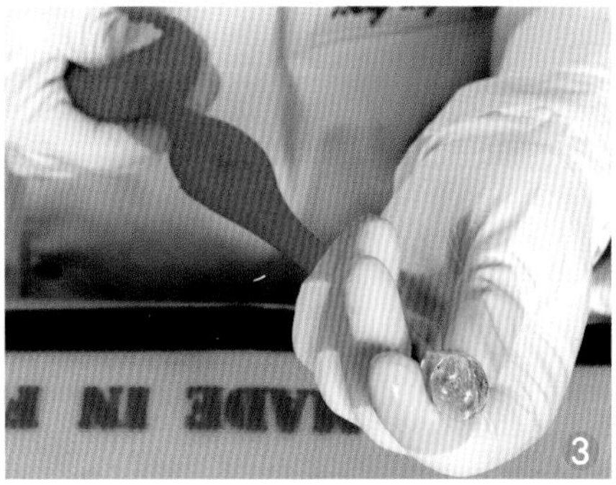

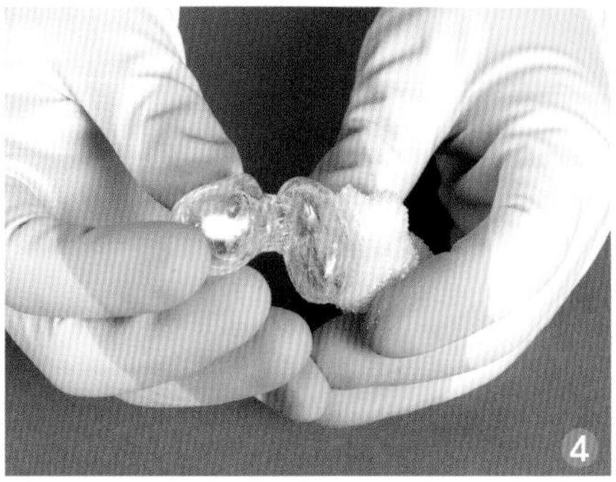

요정 팔(4개)

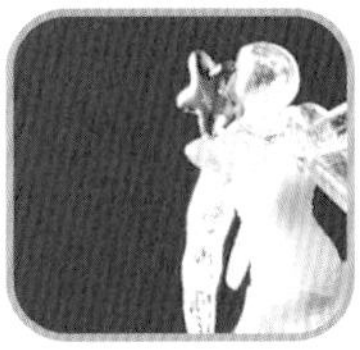

❶ 이소말트 반죽을 둥근 모양이 되게 만들어 가위로 자른 다음 펌프를 집어놓는다.

❷ 펌프로 공기를 주입시키며 팔 모양을 만들 수 있도록 부풀린 다음 가위질로 손을 표현한다. 〈사진 ①, ②〉

❸ 팔 모양으로 다듬는다. 〈사진 ③〉

❹ 어깨에 양 팔을 붙인다. 〈사진 ④〉

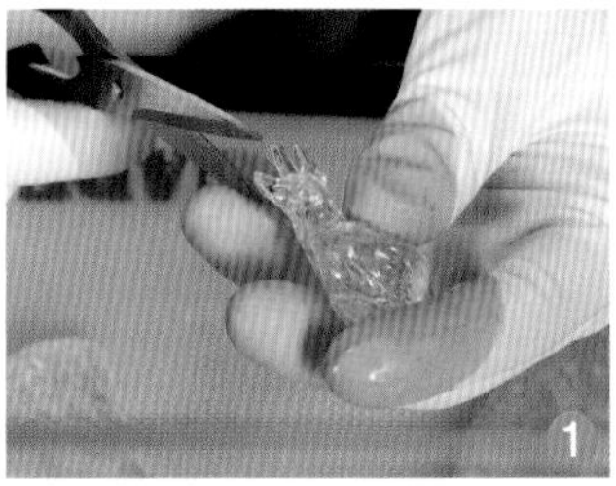

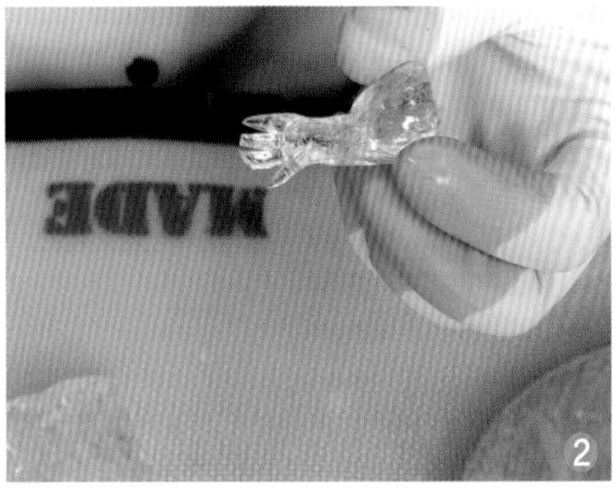

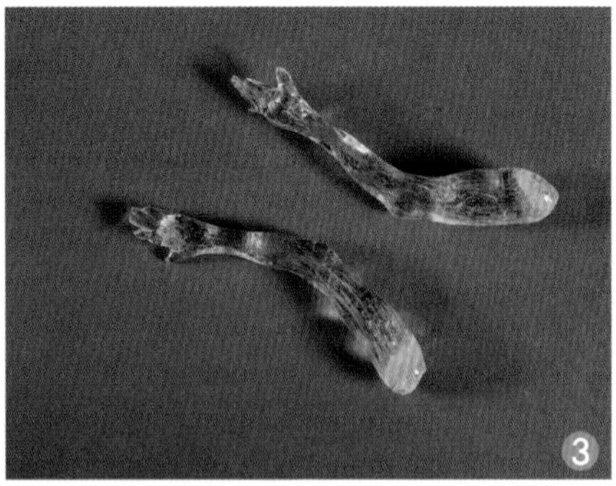

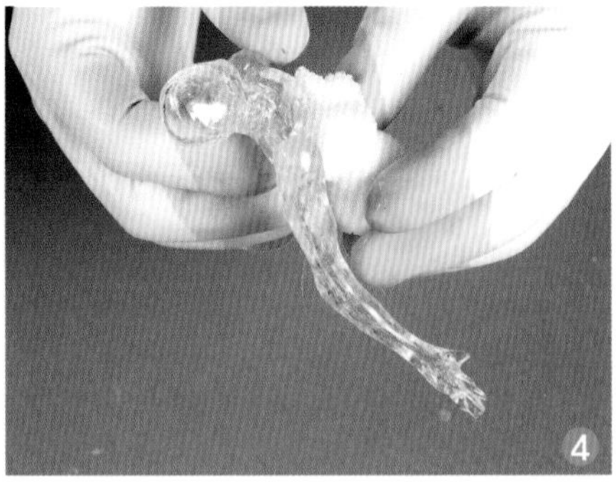

요정 다리(4개)

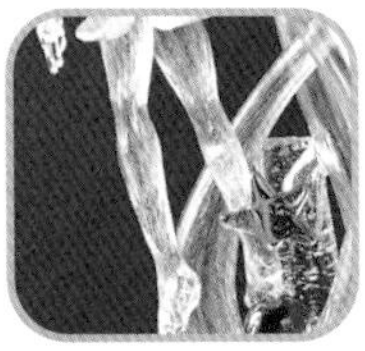

❶ 이소말트 반죽을 둥근 모양이 되게 만들어 가위로 자른 다음 펌프를 집어놓는다. 〈사진 ①〉

❷ 펌프로 공기를 주입시키며 다리 모양을 만들 수 있도록 부풀린 다음 손으로 다듬어 발을 표현한다. 〈사진 ②〉

❸ 다리를 몸통에 연결할 때 토치 램프로 달궈서 붙이면 녹을 위험이 있으므로 먼저 다리 접착부위를 설탕공예램프에서 미열로 녹인 다음 토치 램프로 달궈 몸통에 붙인다. 〈사진 ③, ④〉

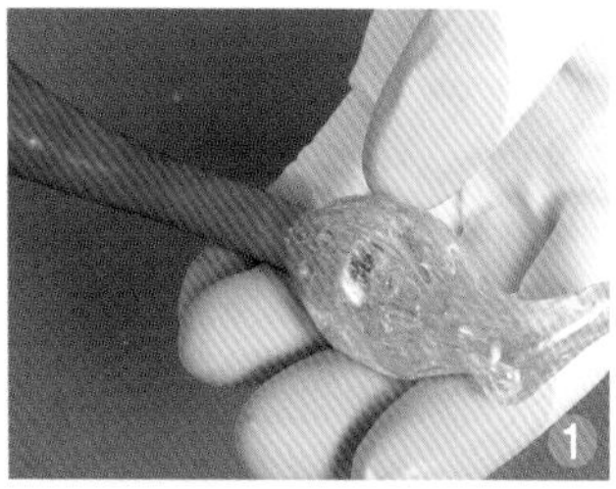

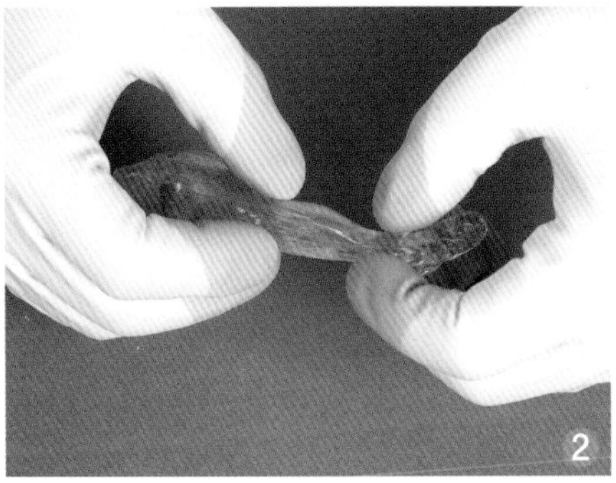

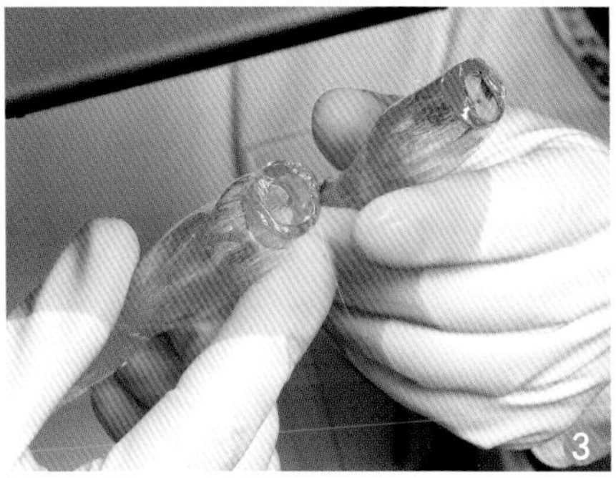

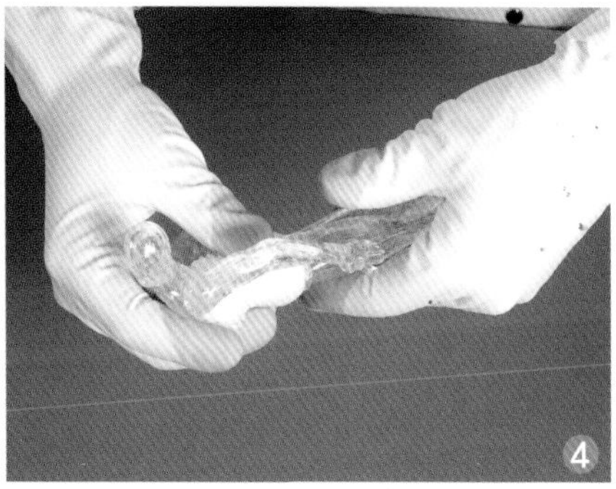

파이프 줄기(4개)

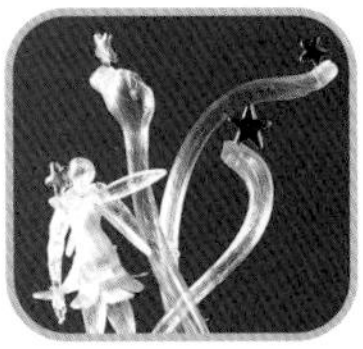

❶ 이소말트를 끓인 시럽으로 반죽을 만든다.

❷ 이소말트 반죽 둥근 모양이 되게 만들어 가위로 자른 다음 검지손가락으로 구멍을 낸 후 펌프를 집어넣고 공기를 주입시키며 부풀린다. 〈사진 ①〉

❸ 펌프를 빼고 조금 식힌 다음 완만한 S자 모양으로 휘어지게 모양을 잡는다. 〈사진 ②〉

❹ 조금씩 달리해 파이프 줄기를 3개 더 만든다. 〈사진 ③〉

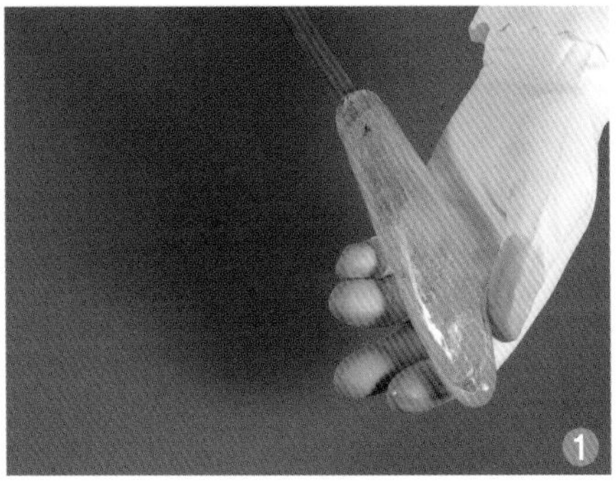

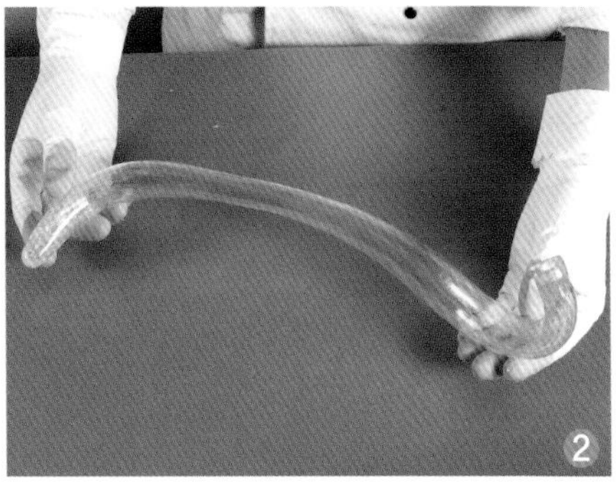

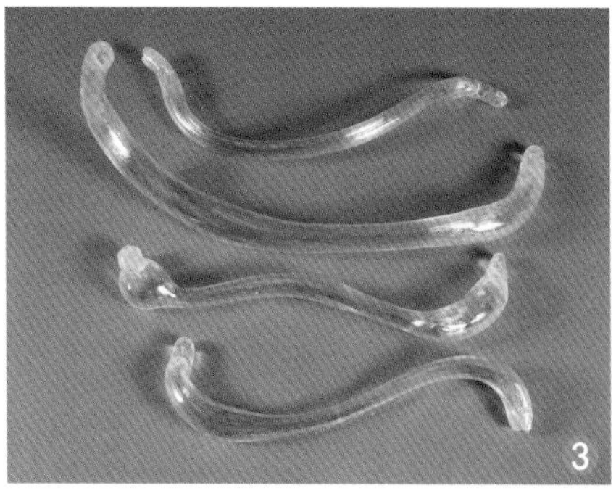

야생화

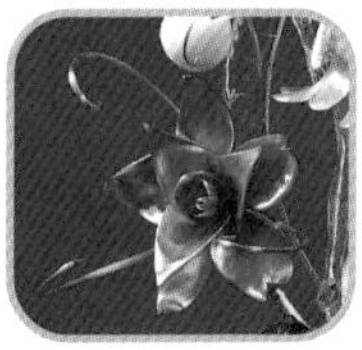

❶ 끓인 설탕시럽에 파란색 색소 5방울을 떨어뜨려 흔들어 섞은 다음 반죽을 만들어 꽃잎 모양으로 떼어낸다. 〈사진 ①〉
❷ ①을 안쪽으로 살짝 말아 꽃심을 만든다. 〈사진 ②〉
❸ 설탕반죽 적당량을 떼어내 꽃잎을 만든다. 〈사진 ③, ④, ⑤〉
❹ 꽃잎으로 꽃심을 가운데 두고 꽃잎으로 감싼다. 〈사진 ⑥, ⑦〉
❺ 꽃잎 한 장 한 장을 감싸서 꽃을 완성한다. 〈사진 ⑧, ⑨〉

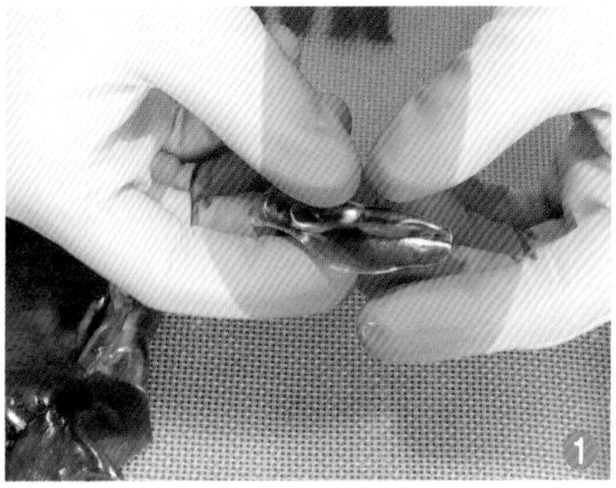
1

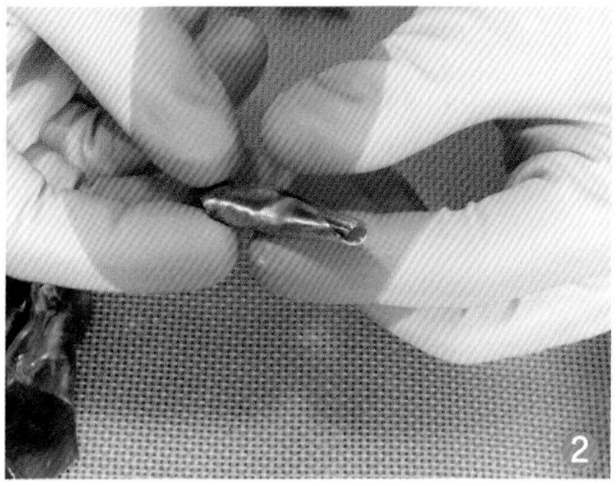
2

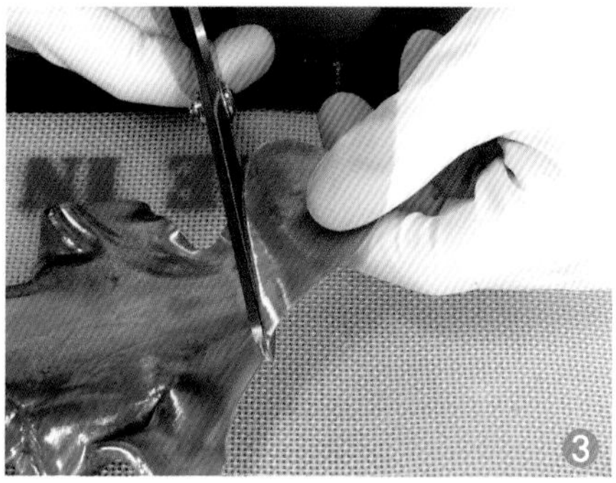
3

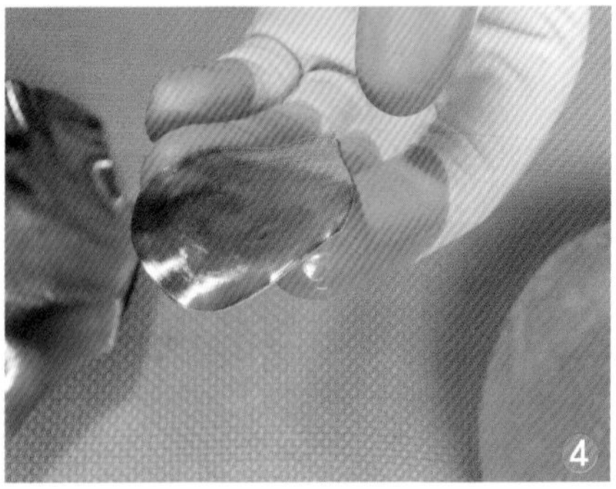
4

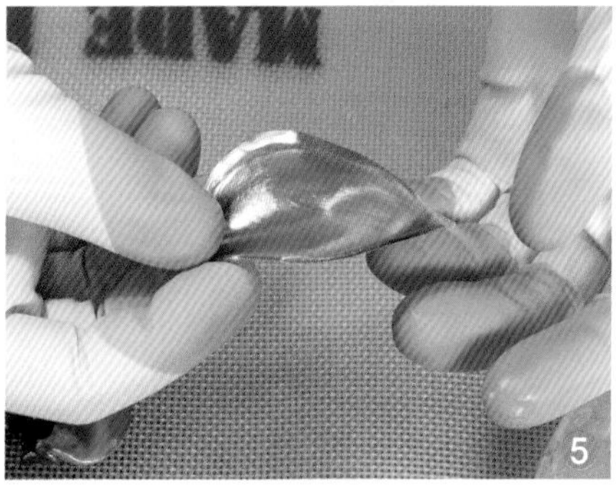
5

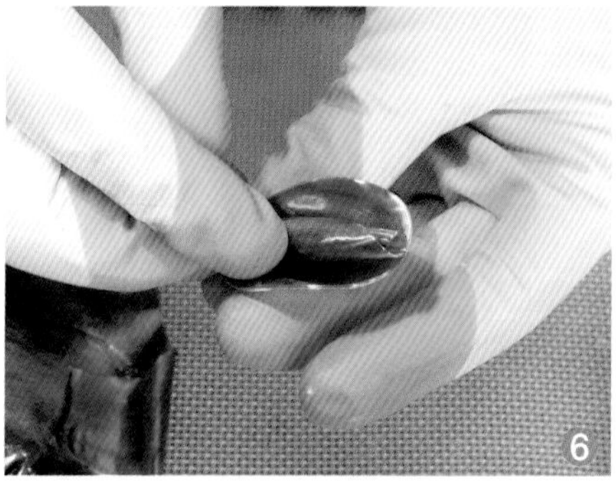
6

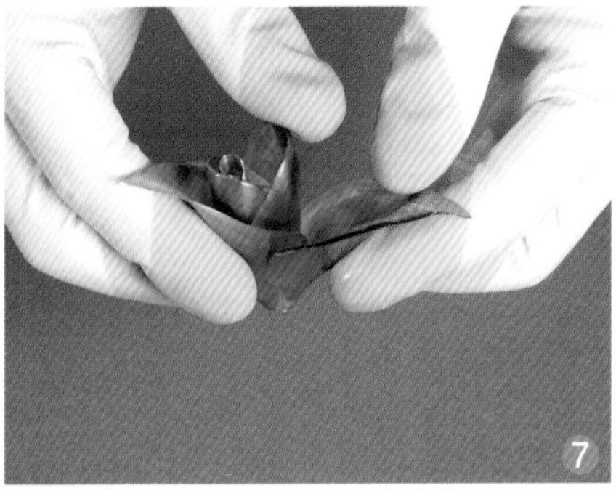
7

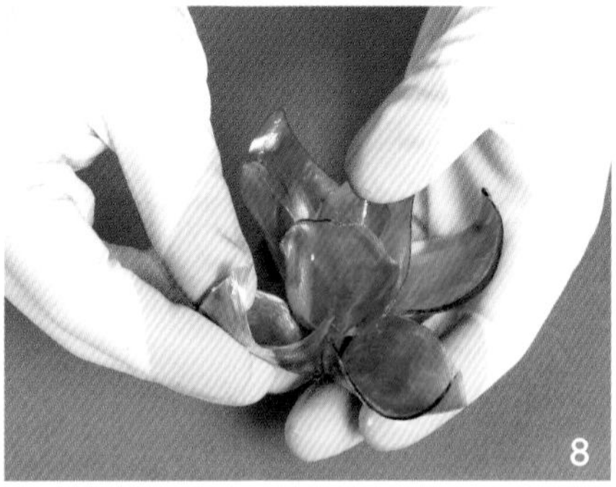
8

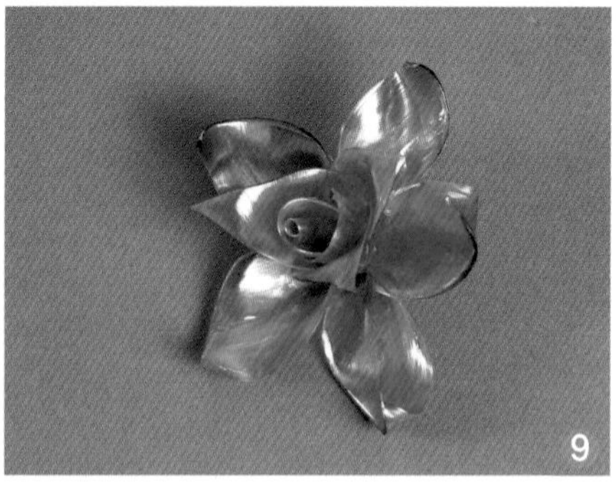
9

꽃 수술

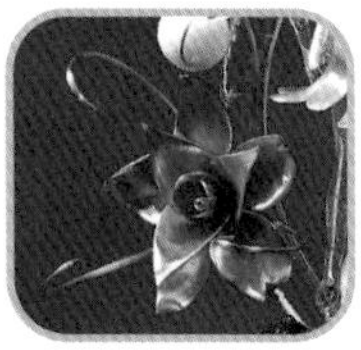

❶ 설탕반죽을 왼쪽은 최대한 얇게, 오른쪽은 조금 두껍게 뽑아 가늘게 뺀다.
❷ ① 끝을 손으로 가볍게 구부린다. 〈사진 ①, ②〉

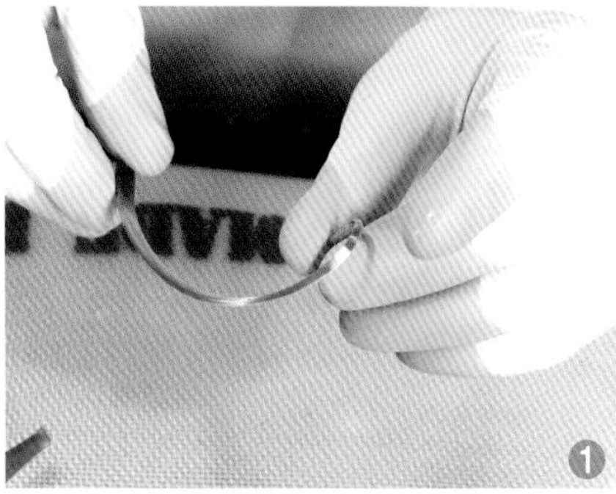

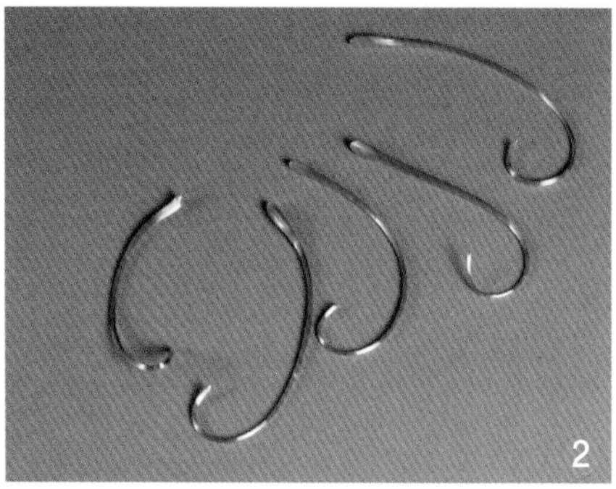

표범 눈

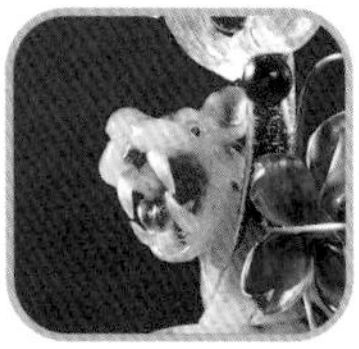

❶ 끓인 설탕시럽에 검은색 색소 4방울을 떨어뜨려 흔들어 섞은 다음 종이컵에 붓는다.
❷ 실팻 위에 ①을 1방울씩 5개를 떨어뜨린다. 〈사진 ①〉
❸ 이소말트 반죽으로 만든 모형을 토치 램프로 녹여 원형 실리콘 몰드에 떨어뜨린다. 〈사진 ②〉
❹ ③에 ②를 떨어뜨린다.
❺ ④가 굳으면 몰드에서 빼낸다. 〈사진 ③〉

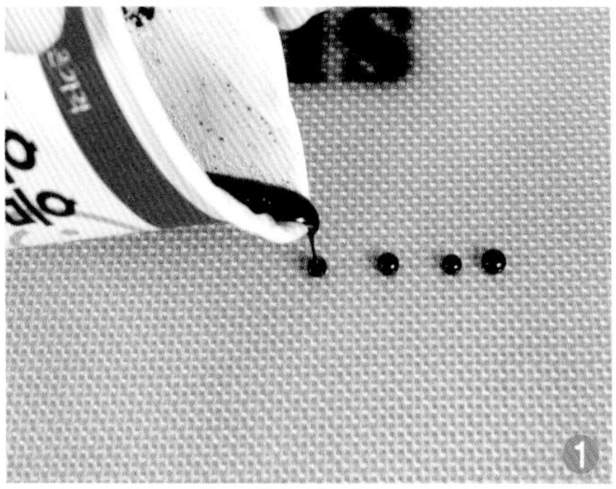

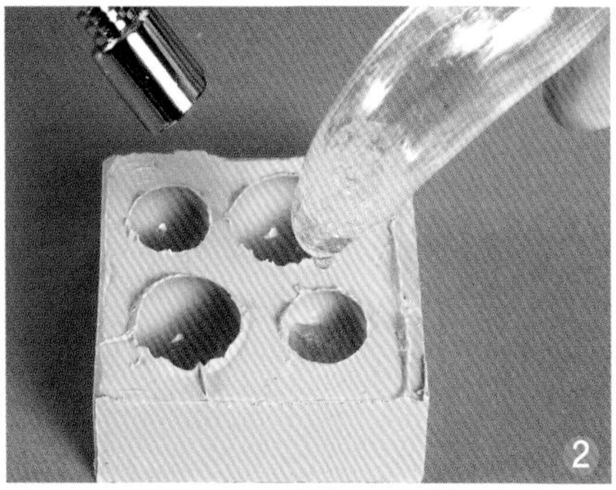

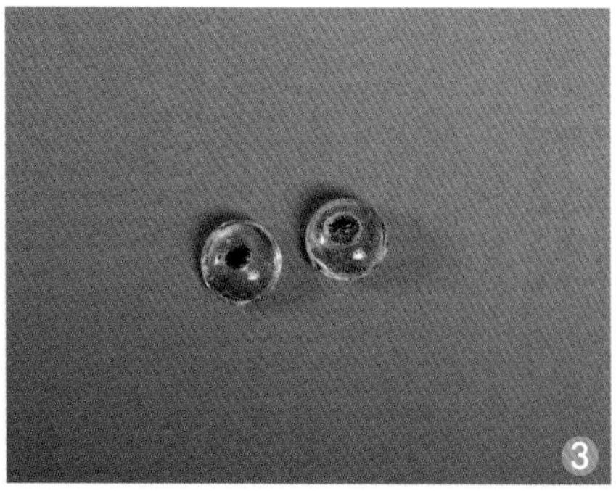

표범 얼굴

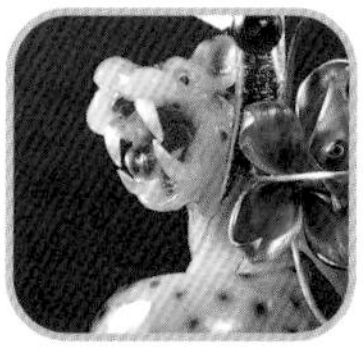

❶ 설탕반죽 적당량을 떼어내 둥근 모양이 되게 만들어 가위로 자른 다음 검지손가락으로 구멍을 낸다. 〈사진 ①〉

❷ ①에 펌프를 집어넣어 공기를 주입시키며 부풀린 다음 얼굴 모양을 다듬는다. 〈사진 ②, ③〉

❸ 토치 램프에 달군 칼로 입이 될 부분을 자른다. 〈사진 ④, ⑤〉

❹ ③을 손으로 크게 벌린다. 〈사진 ⑥, ⑦〉

❺ 토치 램프로 눈이 될 부분을 살짝 달군 다음 치과기공기구로 눈을 파낸다. 〈사진 ⑧, ⑨〉

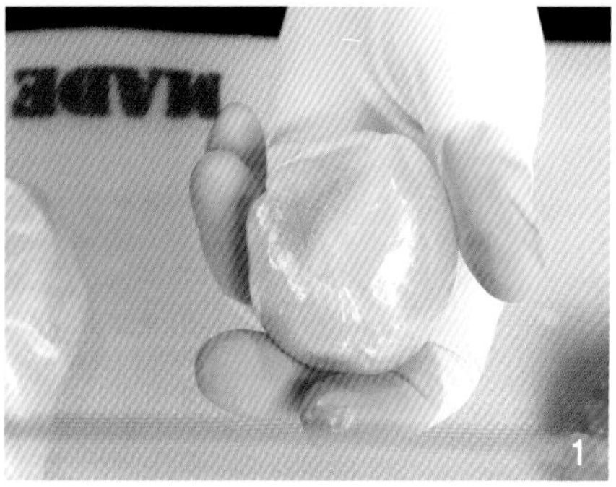

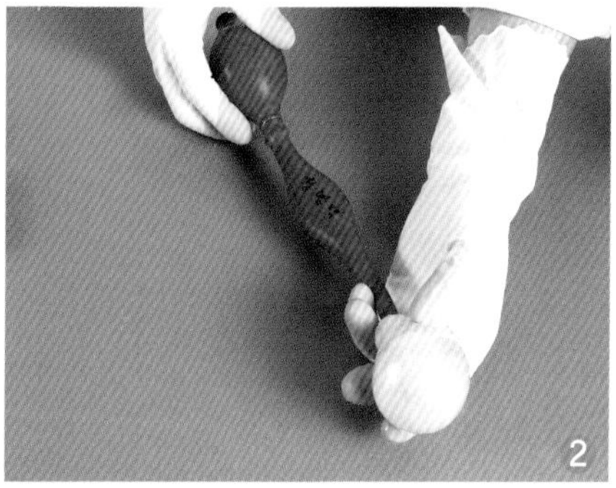

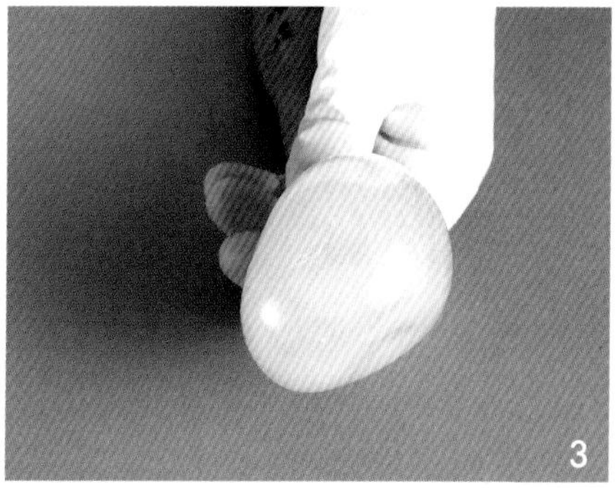

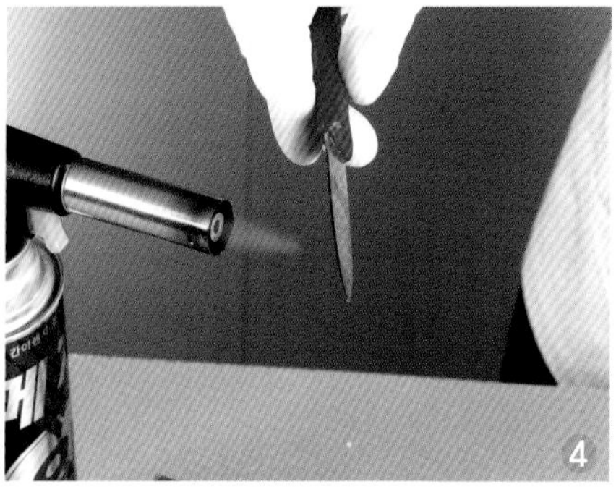

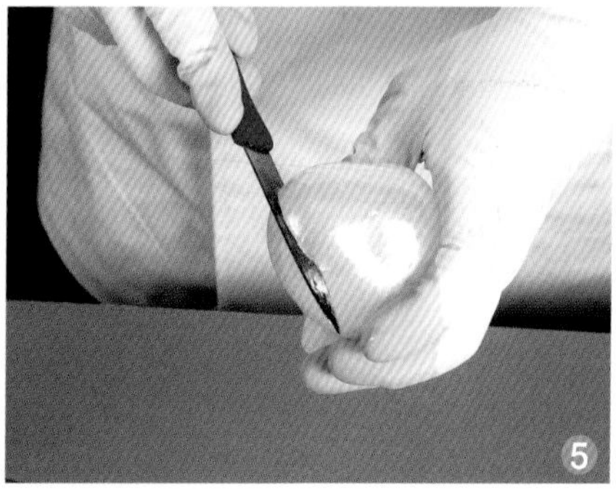

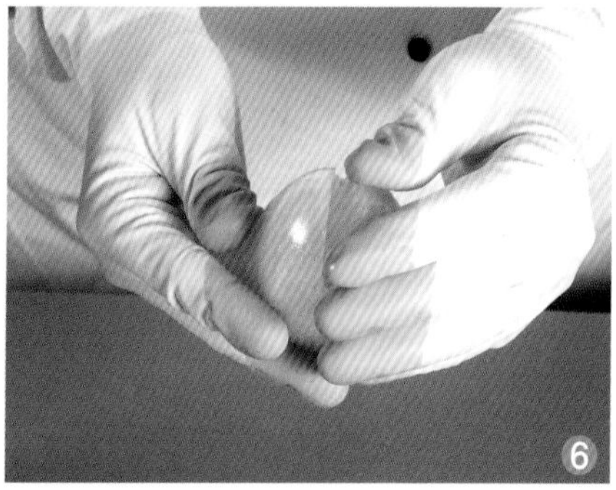

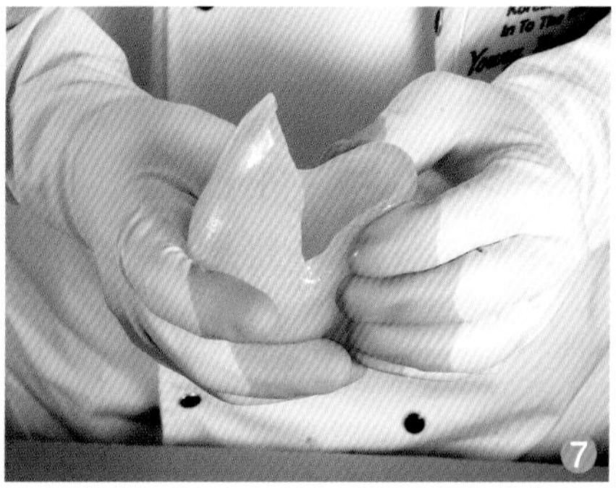

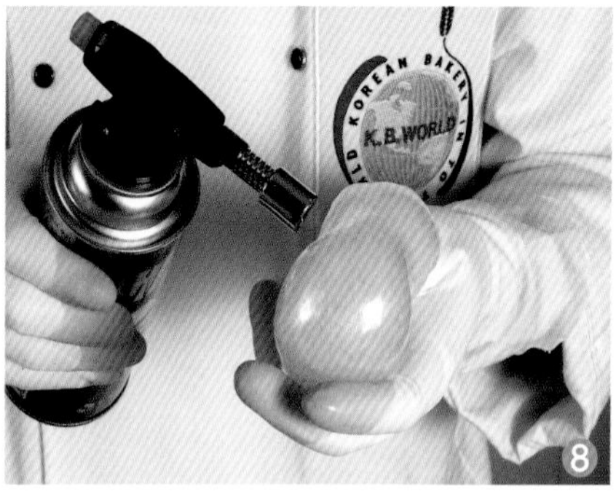

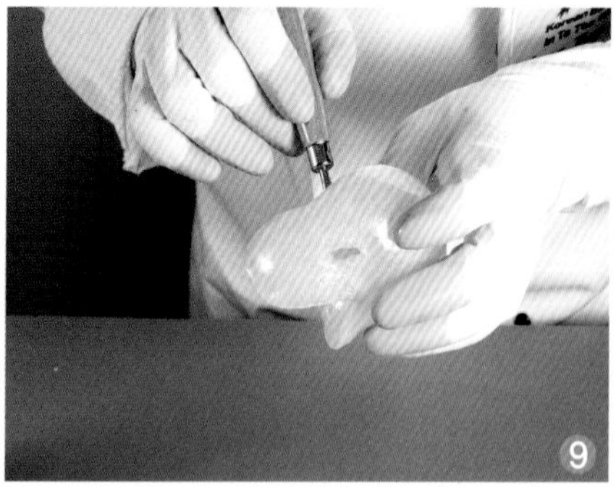

⑥ 눈에 눈알을 붙인다. 〈사진 ⑩〉
⑦ 설탕반죽으로 코를 만들어 붙인다. 〈사진 ⑪, ⑫〉
⑧ 치과기공기구로 콧구멍을 파내고 코 양 옆에 인중을 만들어 붙인다. 〈사진 ⑬〉
⑨ 치과기공용기구로 칼집을 내서 주름을 표현한다. 〈사진 ⑭〉
⑩ 입천장 막을 것을 만든다. 〈사진 ⑮〉
⑪ 입 안을 토치 램프로 달궈서 잇몸을 만들어준다. 〈사진 ⑯ 〉
⑫ 머리가 완성되면 몰드 위에 올려놓아 찌그러지지 않게 한다. 〈사진 ⑰〉

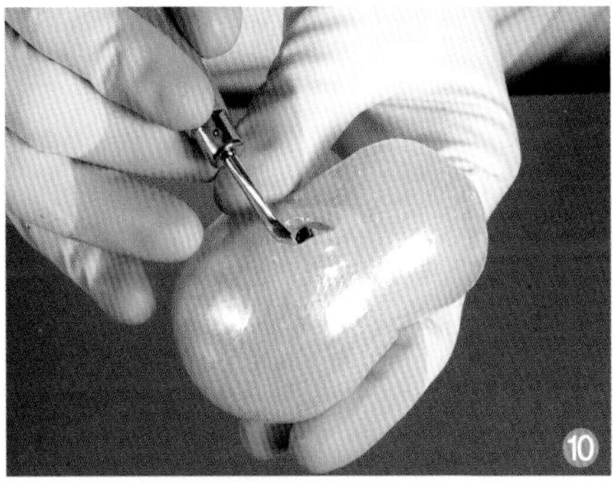

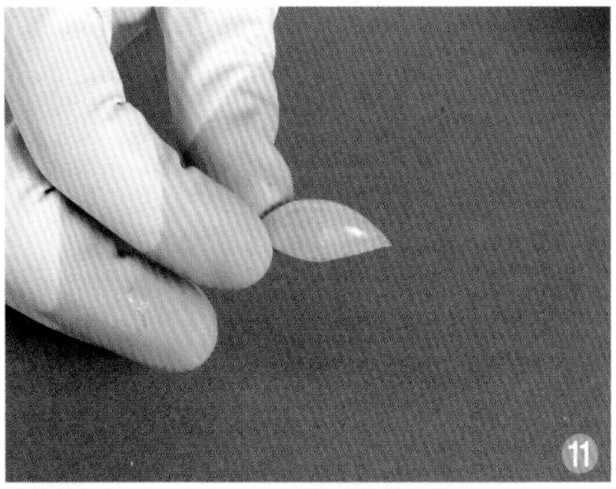

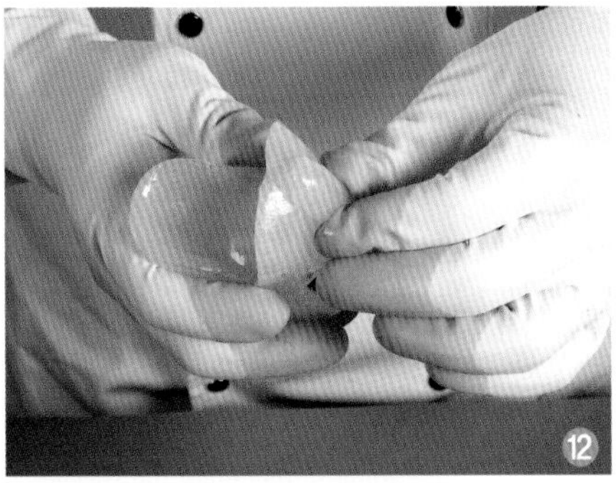

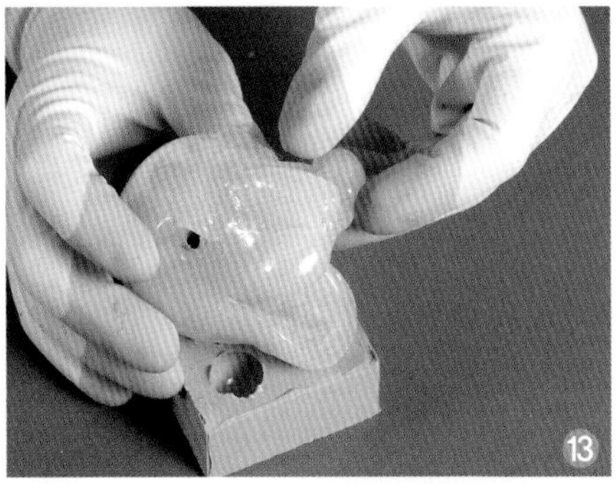

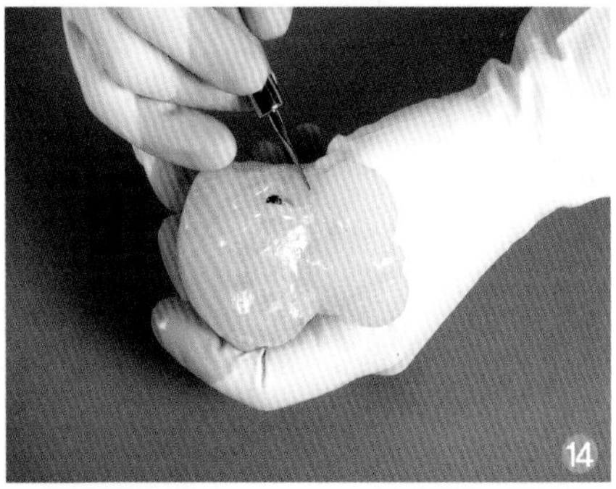

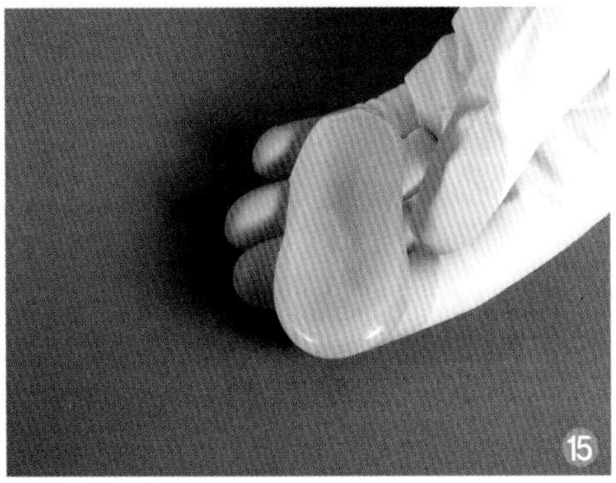

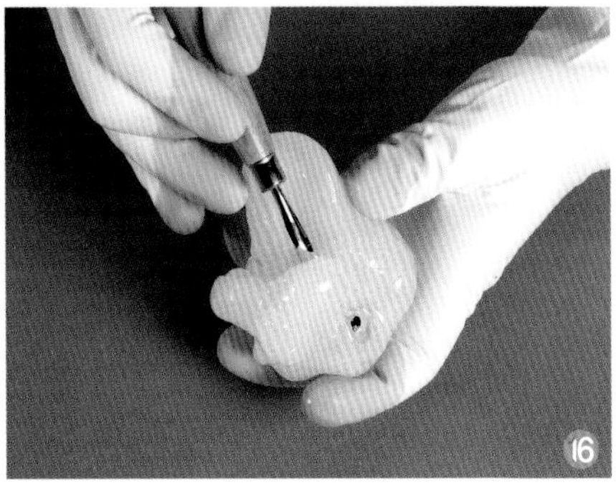

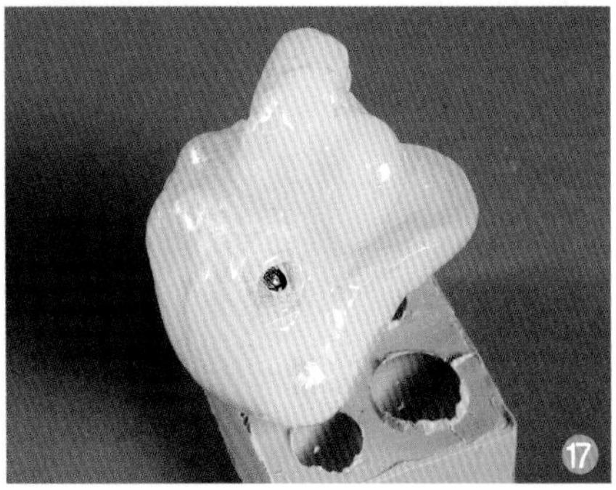

표범 몸통

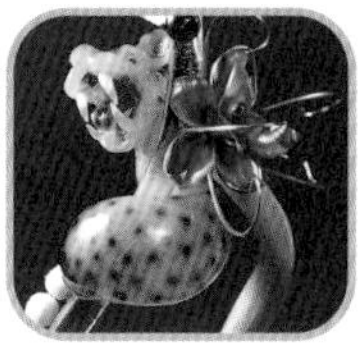

❶ 설탕반죽 적당량을 떼어내 둥근 모양이 되게 만들어 가위로 자른 다음 검지손가락으로 구멍을 내서 펌프를 집어넣는다. 〈사진 ①〉

❷ 펌프로 공기를 주입시키며 부풀린 다음 얼굴 모양을 다듬는다. 〈사진 ②〉

❸ 얼굴 크기와 비례해 몸통을 만든다. 윗부분을 안쪽으로 말아준다. 〈사진 ③〉

❹ 몸통이 나무기둥에 휘감겨 있는 것처럼 보이도록 S자로 꼬이게 손으로 매만진다. 〈사진 ④〉

❺ 펌프로 공기를 주입시켜 몸통 아랫부분을 부풀린 다음 토치 램프로 표범 얼굴을 붙일 접착 부위를 달군다. 〈사진 ⑤〉

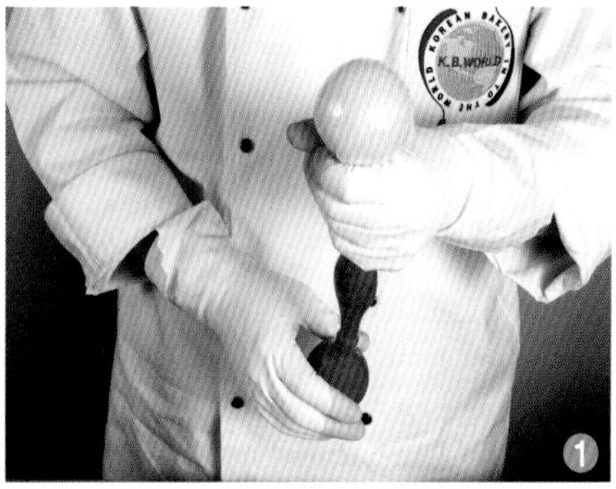

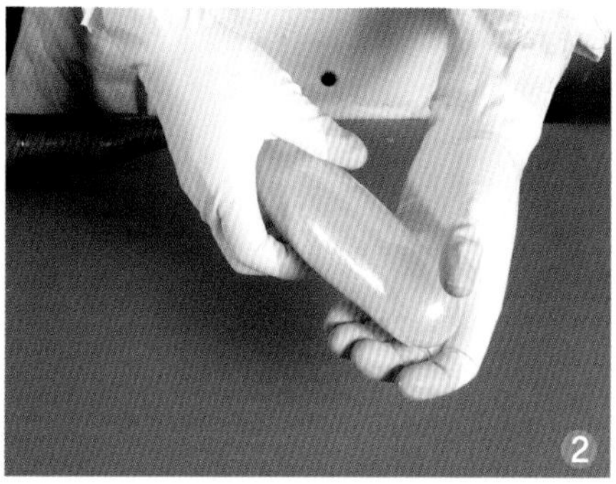

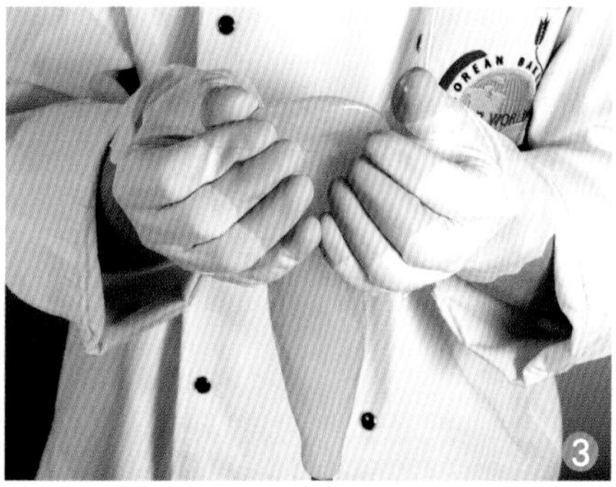

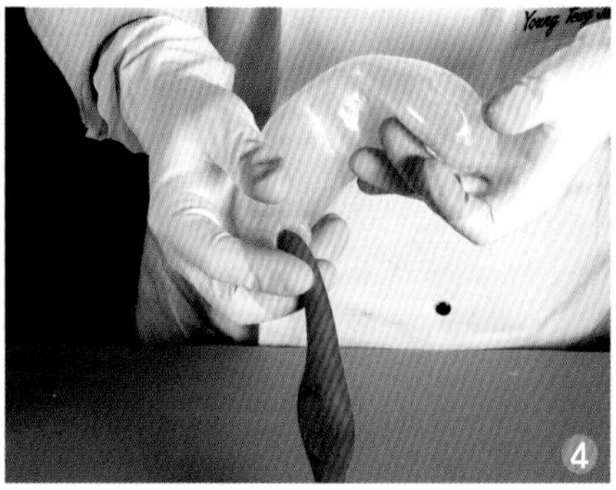

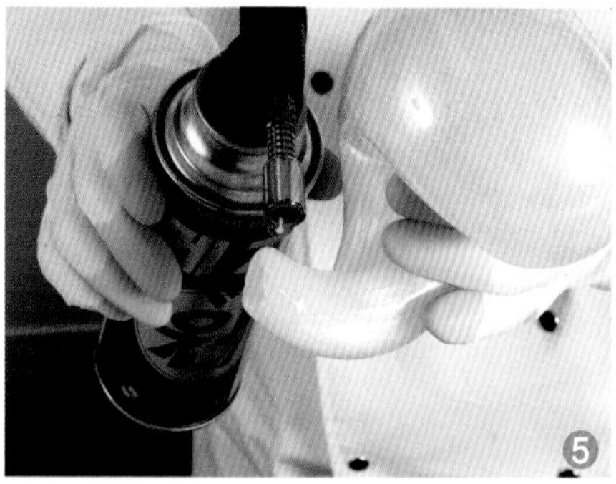

표범 합체

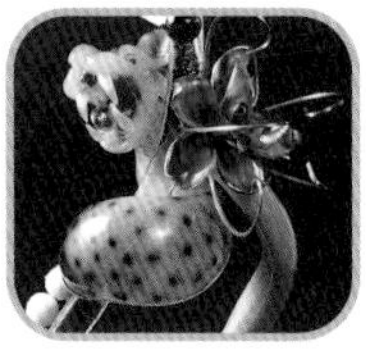

❶ 몸통에 얼굴을 붙인다. 이때 표범을 붙일 기둥에 대보면서 각도를 맞춘다. 〈사진 ①〉

❷ 설탕반죽 적당량을 떼어내 얼굴과 몸통이 연결되는 이음새에 붙이고 토치 램프로 달군 다음 목 부위를 손으로 매만져 매끈하게 만든다. 〈사진 ②, ③〉

❸ 설탕반죽 적당량을 떼어내 귀를 만들어 붙인다. 〈사진 ④, ⑤〉

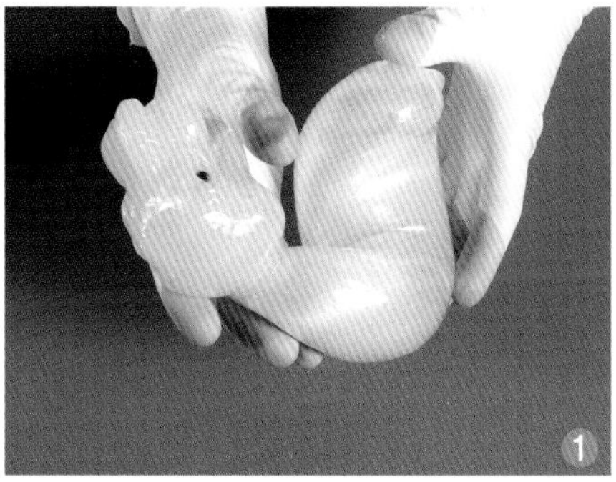

1

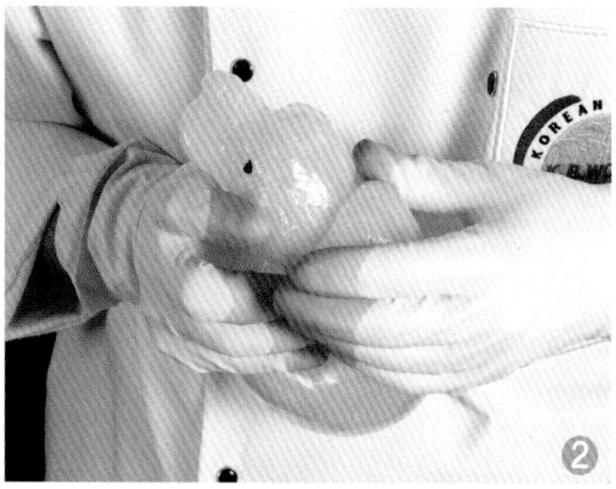

2

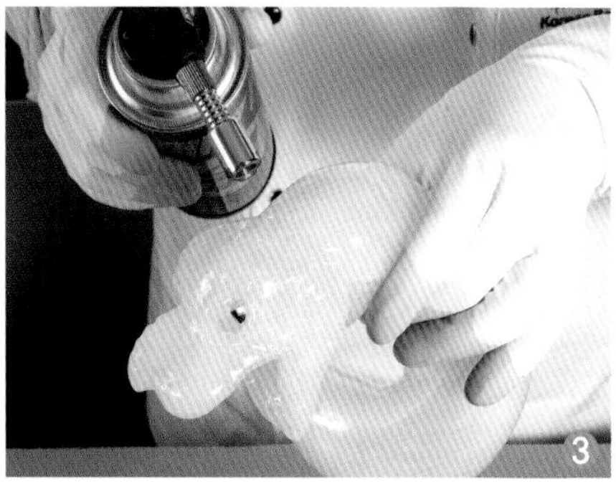

3

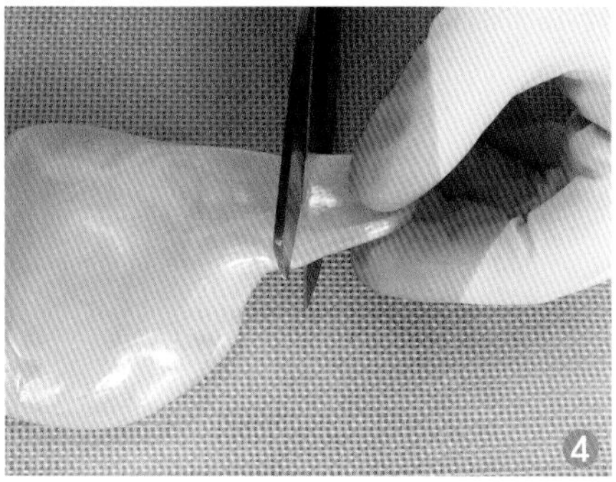

4

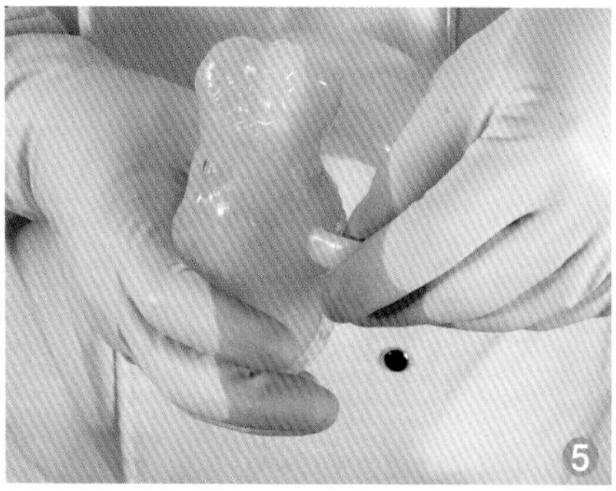

5

❹ 설탕반죽을 혓바닥 모양으로 얇게 펴서 자른 다음 토치 램프로 달군 칼로 혓바닥 중간에 자국을 낸 후 살짝 오므려 입 안에 집어넣는다. 〈사진 ⑥, ⑦, ⑧〉
❺ 이빨을 만들어 입 안에 붙인다. 〈사진 ⑨, ⑩, ⑪〉

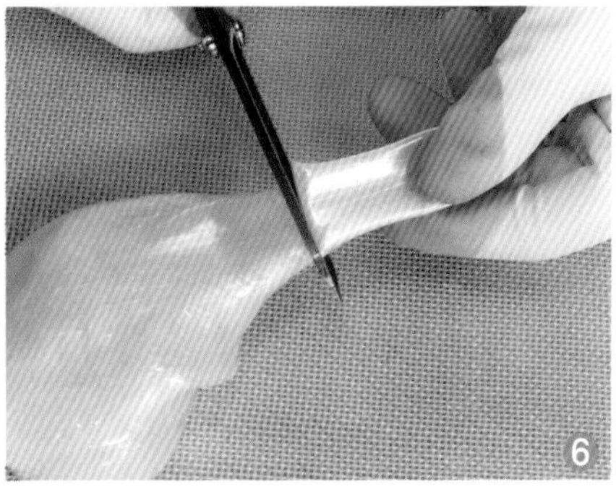

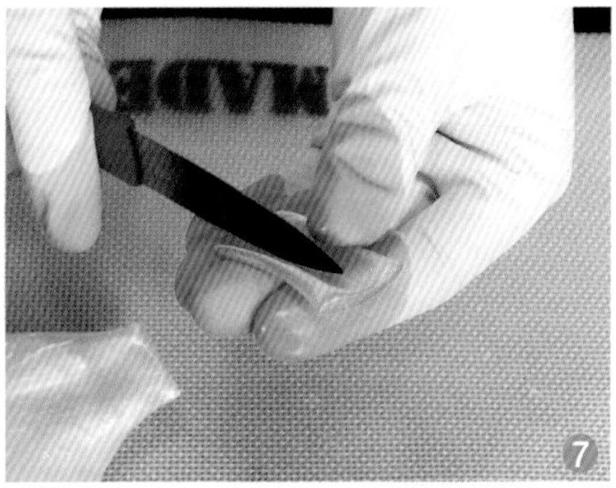

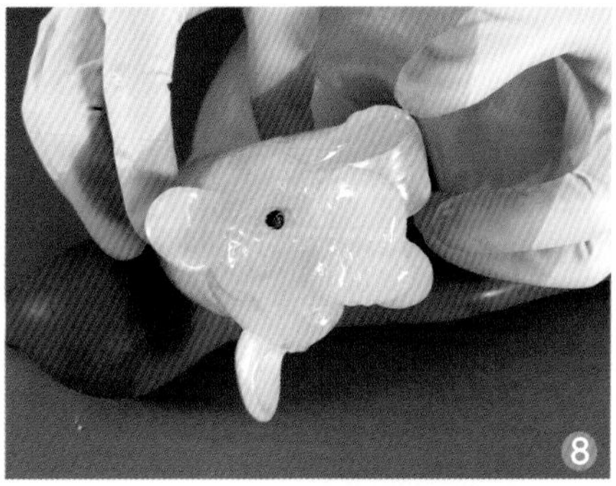

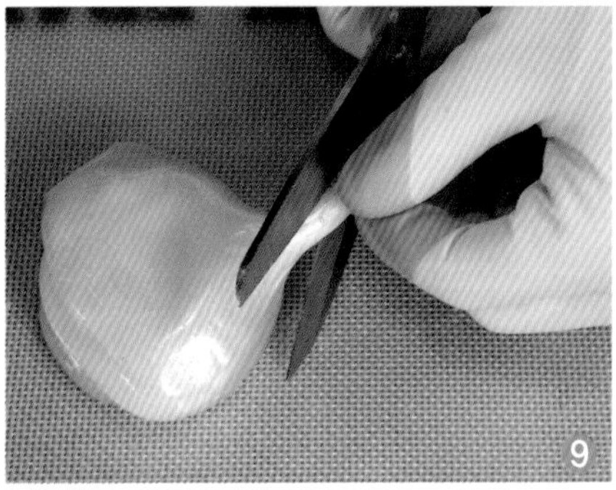

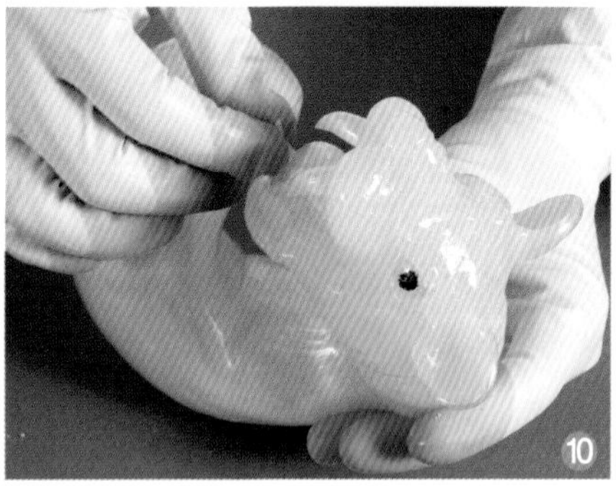

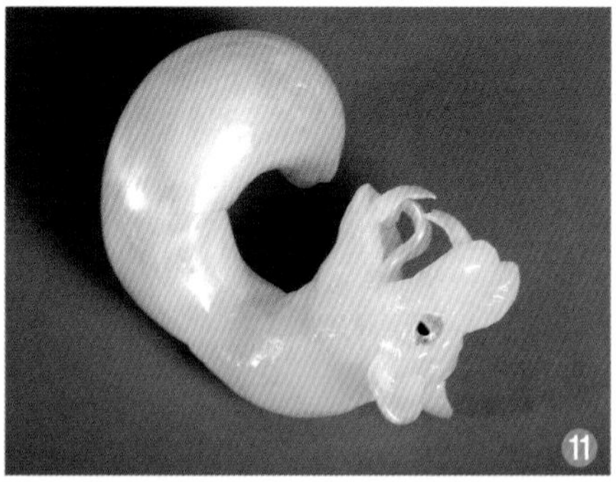

마무리

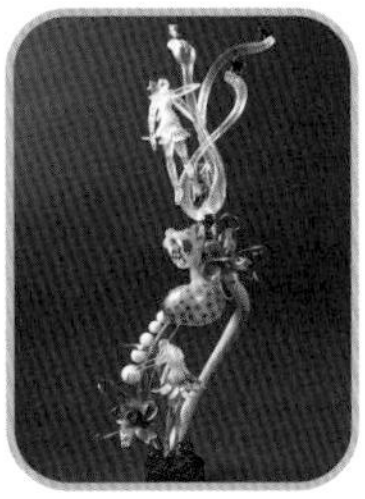

❶ 받침대 위에 기둥을 세워 붙인다. 서로 붙는 받침대와 기둥 양끝은 토치 램프로 달궈서 붙인다. 〈사진 ①〉
- 붙인 부분을 단단하게 고정시키기 위해서 에어스프레이를 뿌려서 식힌다.

❷ 기둥을 붙인 받침대 양쪽 끝에 구슬을 붙여서 접착 부분을 가리고 미적인 요소도 함께 추구한다. 〈사진 ②〉

❸ 기둥에 표범을 붙일 자리를 표시한 다음 이소말트 시럽을 접착제로 이용해 기둥에 표범을 붙인다. 〈사진 ③〉

❹ 에어브러시를 이용해 표범 전체를 노란색으로 피스톨레한 다음 붉은 색을 덧입힌다. 〈사진 ④, ⑤〉

❺ 혓바닥을 붉은 색으로 피스톨레 한 다음 몸통 아랫부분을 밤색을 점점이 뿌려 표범 무늬를 표현한다. 〈사진 ⑥〉

❻ 설탕 300g에 초록색 12방울, 노란색 색소 3방울을 떨어뜨려 연두빛 설탕가루를 만든다. 〈사진 ⑦〉

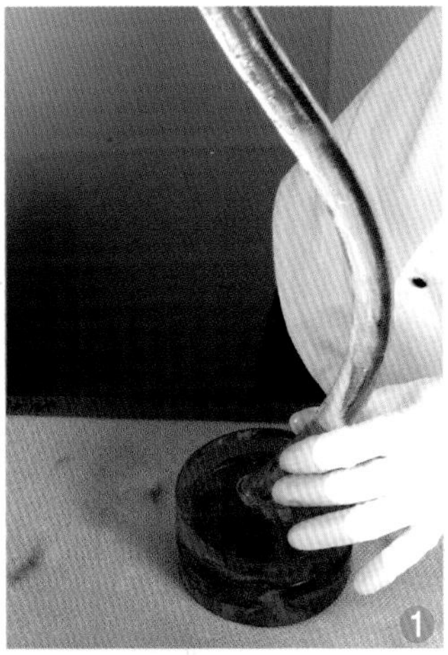
1

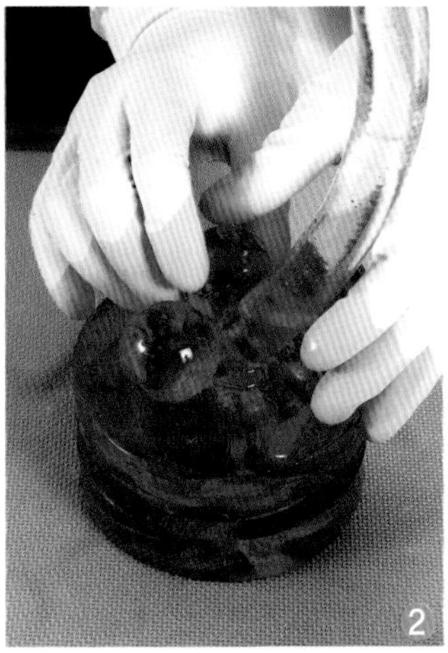
2

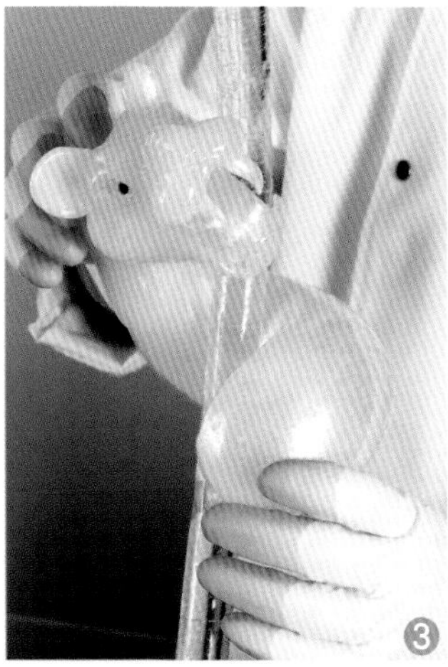
3

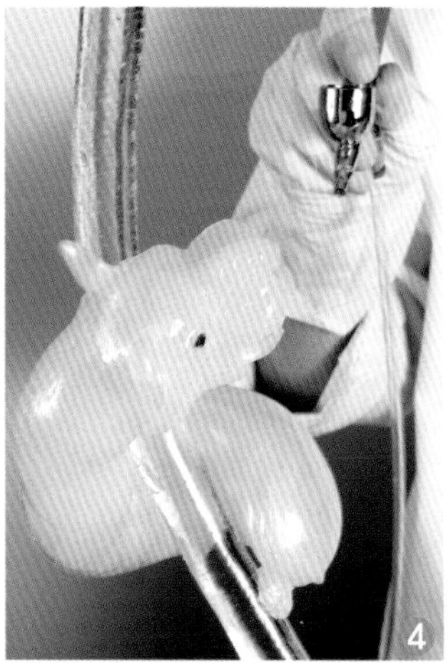
4

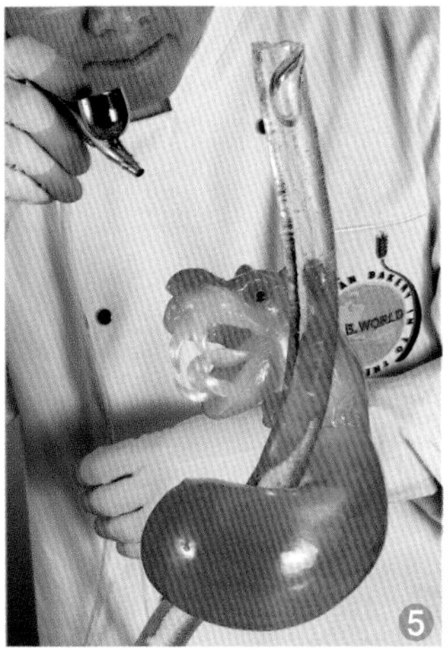
5

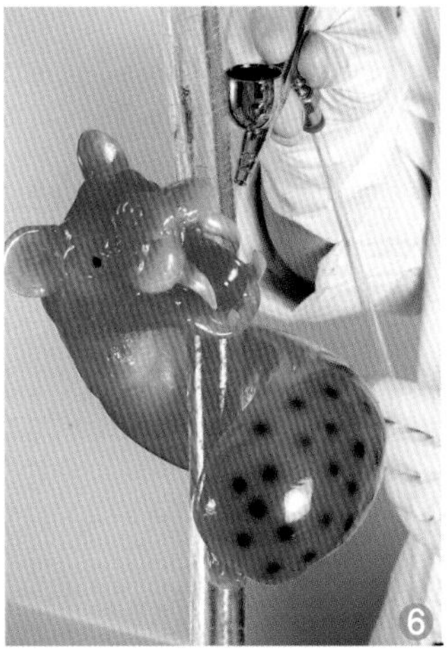
6

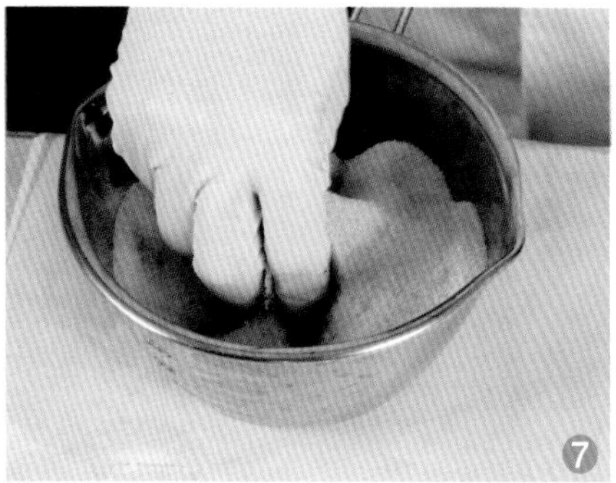
7

⑦ 짤주머니처럼 말아쥔 유산지에 연두빛 설탕가루를 부어서 파이프 줄기 입구에 흘려넣는다. 〈사진 ⑧〉

– 설탕가루를 이용한 것은 정영택 씨가 독창적으로 개발한 새로운 기법이다.

⑧ ⑦이 표범을 휘감은 기둥과 마주치도록 받침대에 붙인다. 〈사진 ⑨〉

⑨ 기둥 위에 ×자로 엇갈리게 파이프 줄기를 붙인다. 〈사진 ⑩, ⑪〉

⑩ 기둥과 엇갈린 파이프 줄기 사이에 구슬을 붙인다. 〈사진 ⑫〉

⑪ 요정에게 이소말트 시럽을 접착제로 이용해 스커트를 입힌다. 〈사진 ⑬〉

⑫ 받침대 위에 요정을 붙인 다음 요정의 어깨에 날개를 붙인다. 〈사진 ⑭, ⑮〉

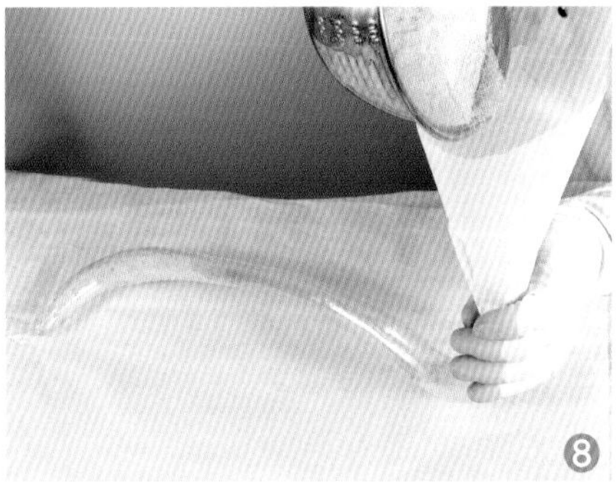
8

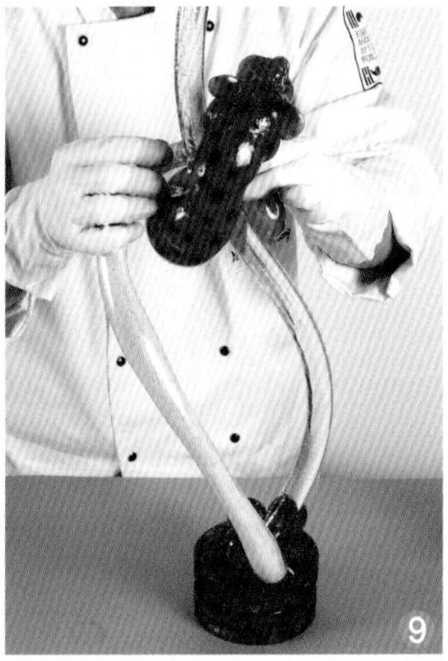
9

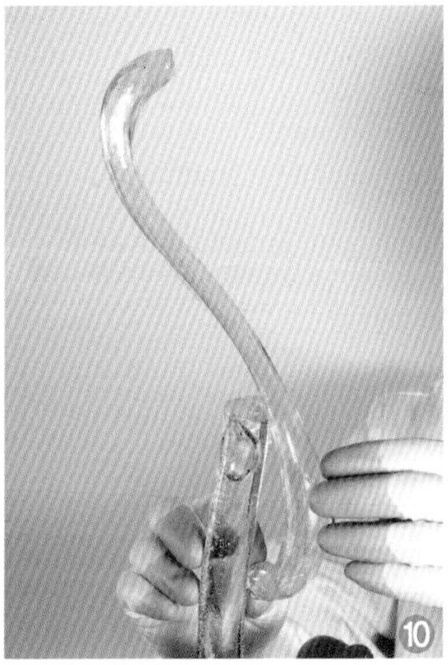
10

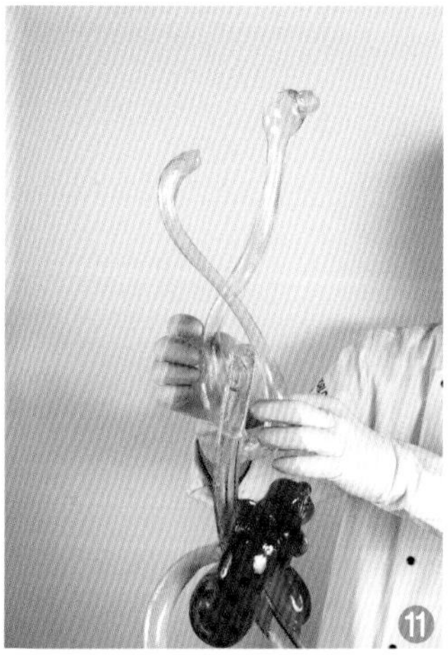
11

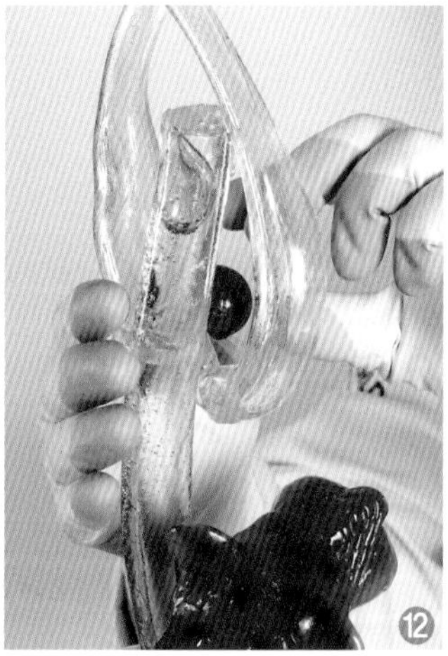
12

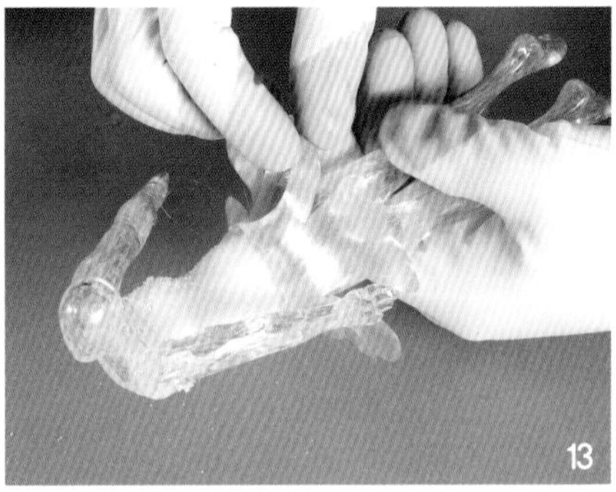
13

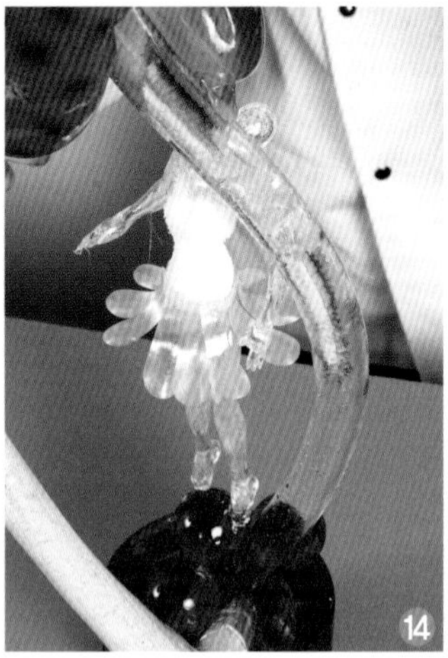
14

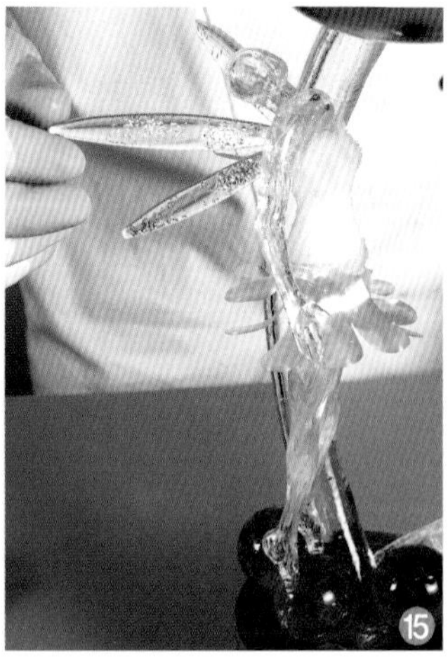
15

⑬ 기둥 위에 붙인 구슬 위에 요정을 붙이고 요정에게 스커트를 입힌다. 〈사진 ⑯, ⑰〉

⑭ 요정 어깨 뒤에 날개를 붙인다. 〈사진 ⑱〉

⑮ 받침대 바로 위의 기둥과 표범 옆의 파이프 줄기에 꽃과 더듬이를 보기 좋게 붙인다. 〈사진 ⑲, ⑳〉

⑯ 크리스털 구슬을 만들어 기둥 위에 나란히 붙인다. 〈사진 ㉑, ㉒〉
- 크리스털 구슬 만들기는 기본편 p38참조

⑰ 파이프 줄기 위에 별을 붙인다. 〈사진 ㉓〉

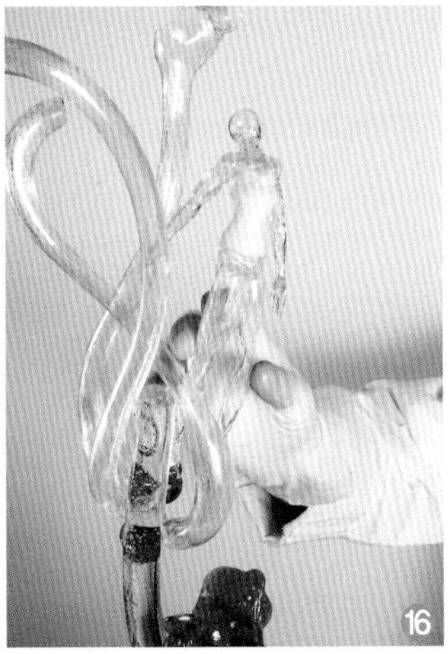
16

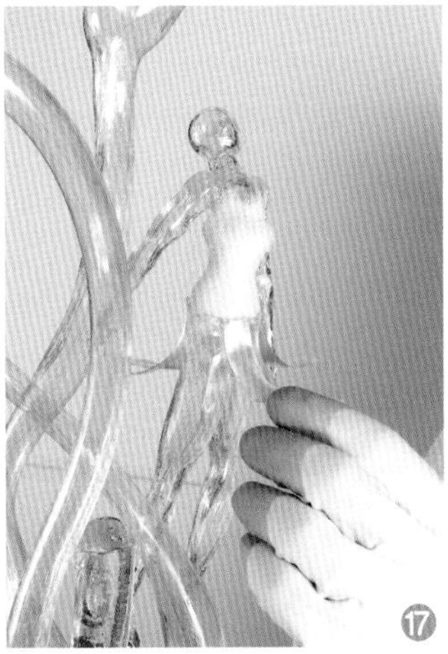
17

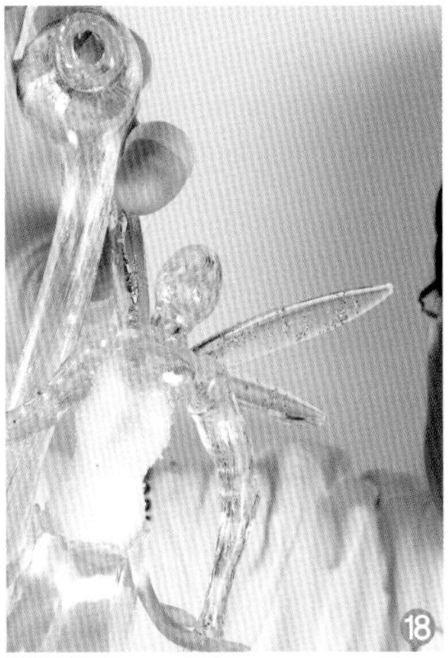
18

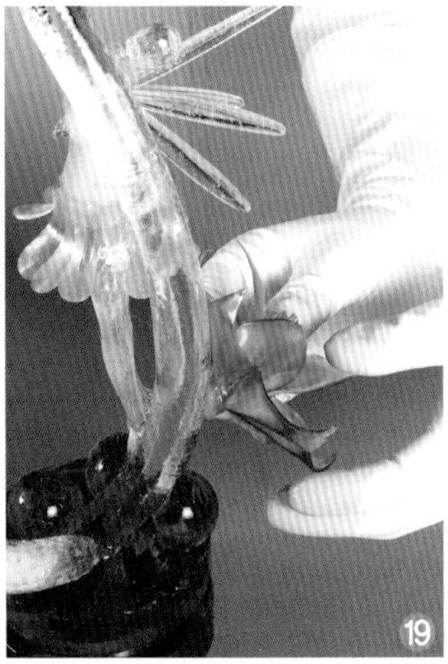
19

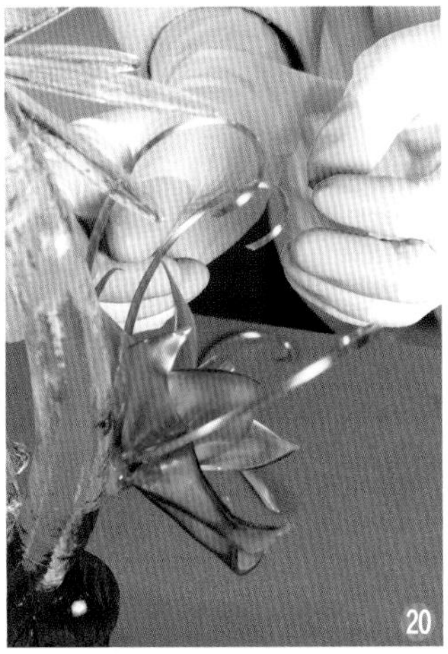
20

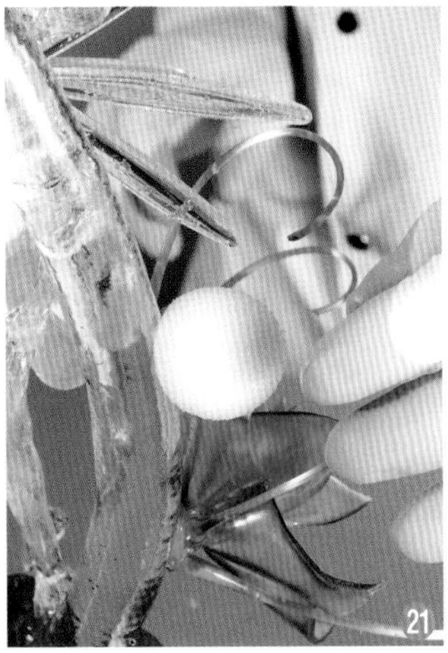
21

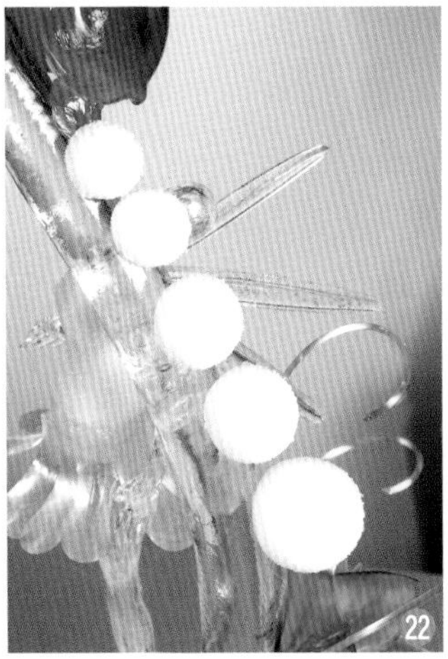
22

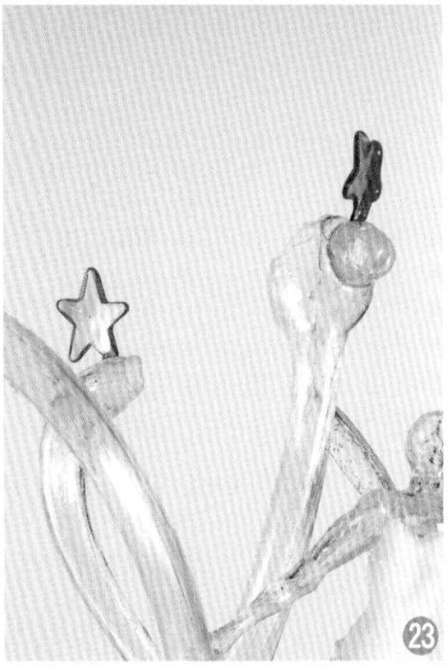
23

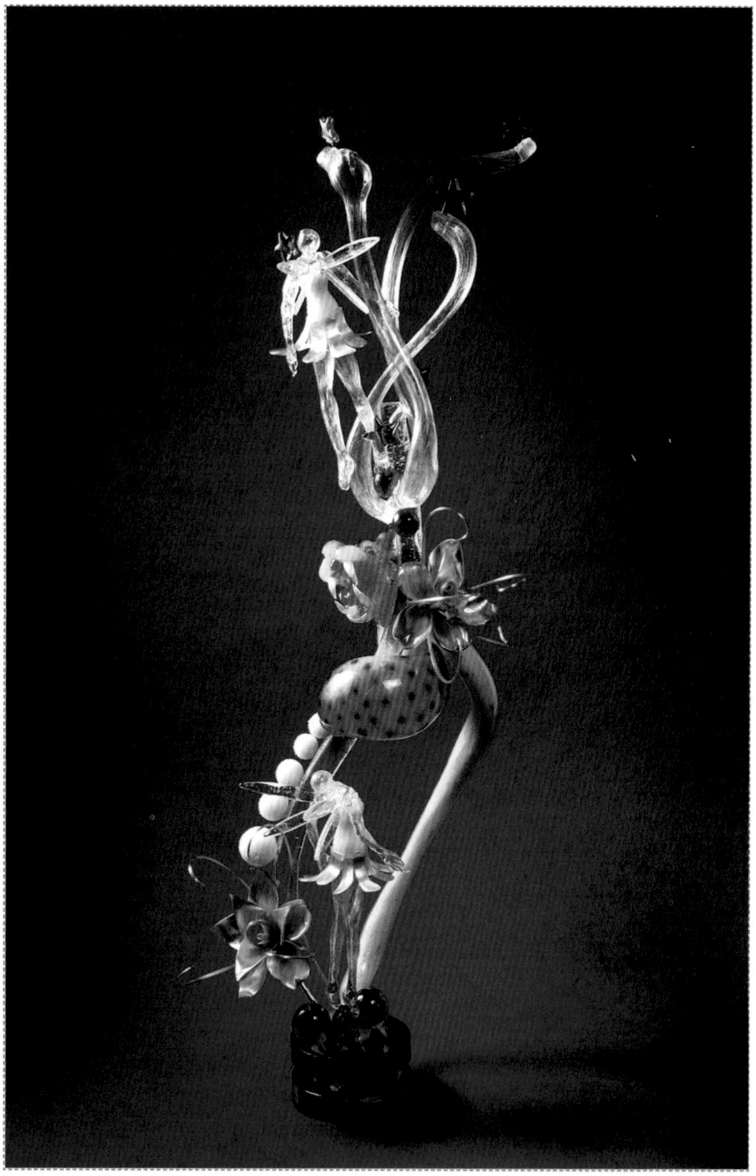

완성작

꿈꾸는 전갈

Le scorpion rêveur

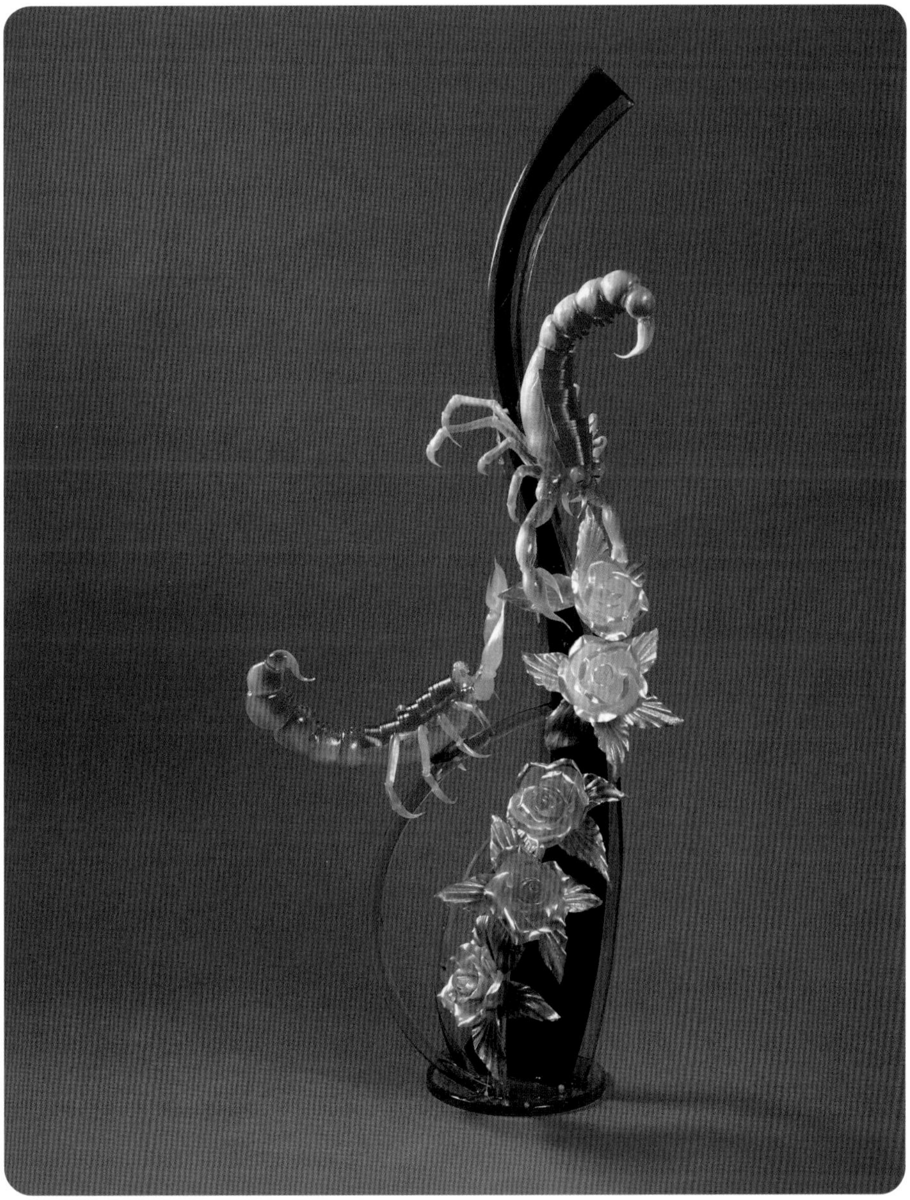

기둥 안에 검은 무늬가 들어가는 이중 기법을 사용한 작품. 당기기 기법으로 설탕공예 특유의 영롱한 광택을 자랑하는 꽃을 만들어 작품의 화려함을 한껏 살렸으며 불기 기법으로 전갈을 표현하여 작품의 섬세함을 강조했다.

이중기법을 사용한 기둥

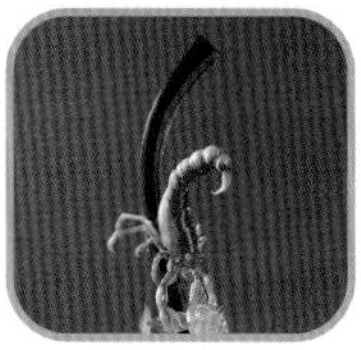

❶ 설탕을 끓인 시럽에 검은색 색소 20방울을 떨어뜨린다. 어설프게 색을 섞으면 밤색이 나올 우려가 있으므로 확실한 색깔을 내도록 한다.

❷ 실팻 위에 비닐판으로 만든 몰드를 올려놓고 ①이 기포가 없어질 때까지 식혔다가 몰드에 천천히 붓는다. 〈사진 ①, ②〉

❸ ②가 완전히 식기 전에 비닐판을 떼는 것이 좋다. 〈사진 ③, ④〉

❹ 기둥 안에 검은 줄무늬가 들어가는 이중기법을 위해 비닐판을 깔고 ③에서 떼어낸 검정색 모형 위에 스티로폼을 깐 비닐 몰드를 올려놓는다. 〈사진 ⑤〉

– 스티로폼은 비닐판 몰드에서 떼어낸 검정색 모형보다 크게 본떠서 만들어야 한다.

❺ 설탕을 끓인 시럽에 초록색 색소 4방울 떨어뜨린 것을 ④에 붓는다. 〈사진 ⑥〉

❻ ⑤를 선풍기 바람으로 식힌다.

❼ ⑤가 완전히 식은 다음 스티로폼을 깐 비닐 몰드를 떼어낸다. 〈사진 ⑦〉

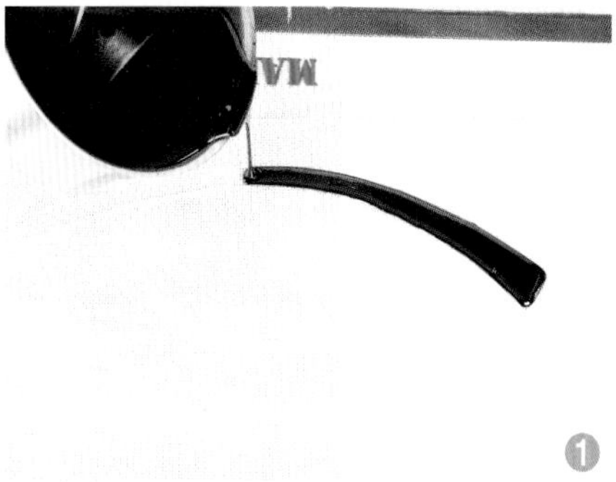

1

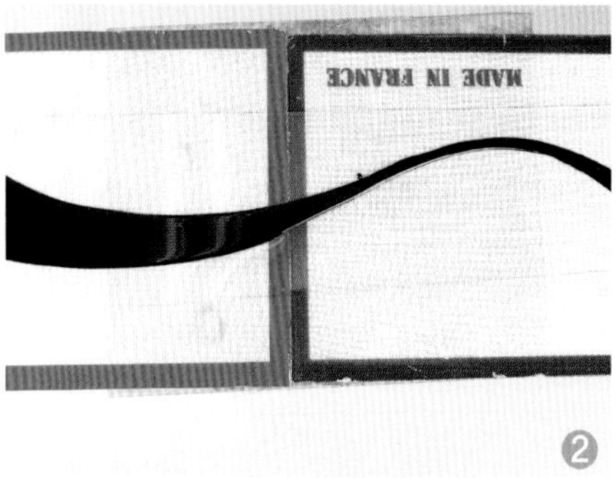

2

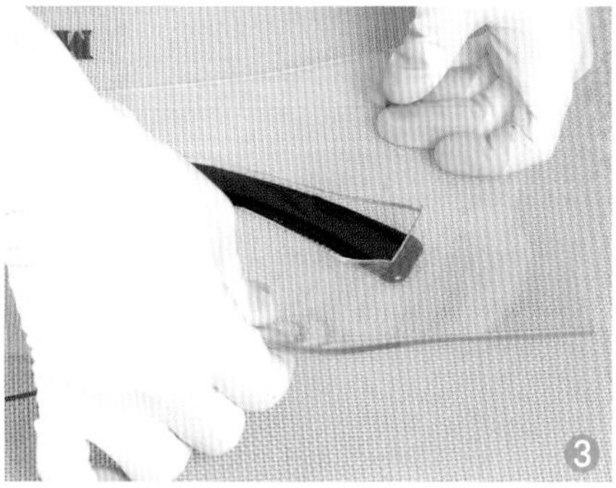

3

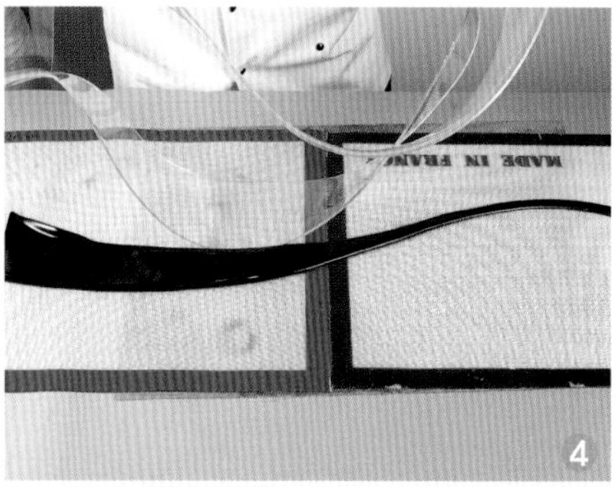

4

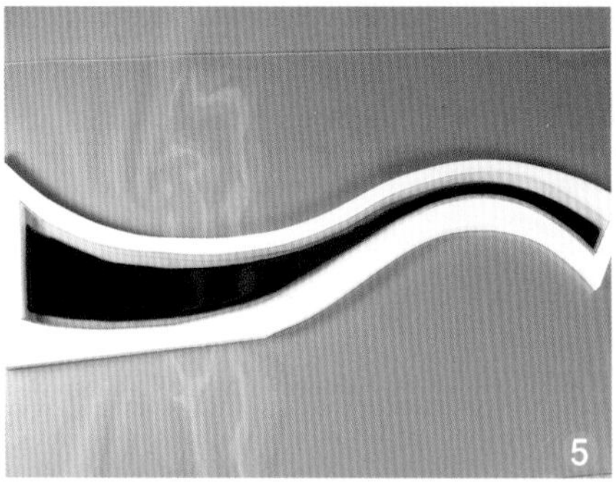

5

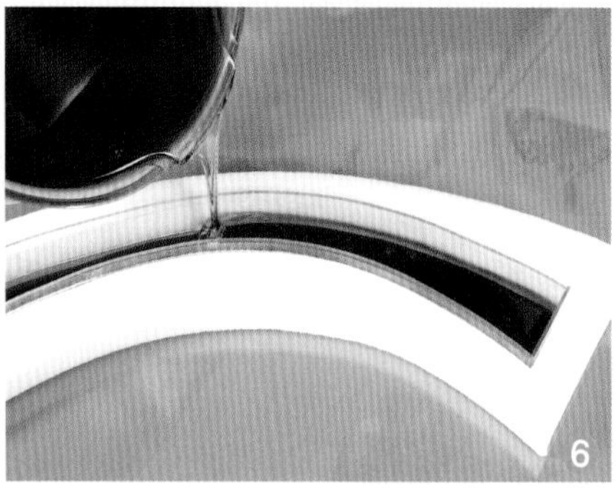

6

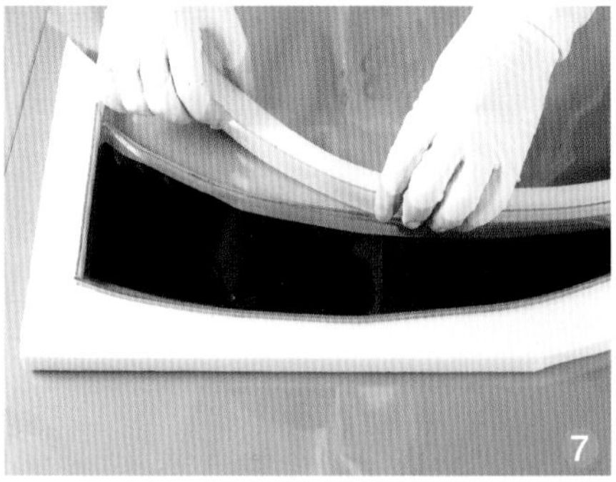

7

받침대와 줄기

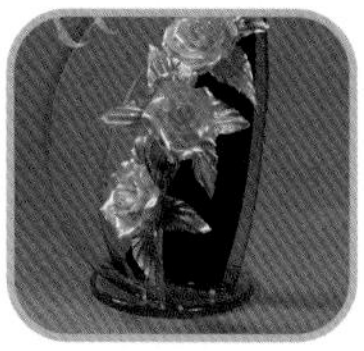

❶ 굵기가 조금 다른 비닐호스 2개와 링틀을 준비한다.

❷ 설탕을 끓인 시럽에 초록색 색소 2~3방울을 떨어뜨린 것을 종이컵에 부어서 비닐호스에 천천히 붓는다. 〈사진 ①〉

❸ 비닐호스 끝을 실리콘 마개로 막고, 둥근 링틀을 감싸게 해서 테이프로 고정시킨다. 〈사진 ②〉

❹ 비닐판을 깐 링틀에 설탕을 끓인 시럽에 초록색 색소 4방울 떨어뜨린 것을 붓는다. 〈사진 ③〉

❺ 굳힌 ④를 빼기 전에 가위로 가볍게 두들겨서 약간의 충격을 주면 잘 떨어진다. 〈사진 ④〉

❻ 비닐호스에 부은 초록색 설탕시럽이 굳으면 둥글게 말아놓은 2개의 비닐호스를 토치 램프로 달군 칼로 자른 다음 비닐호스를 벗겨낸다. 〈사진 ⑤, ⑥〉

❼ ⑥을 토치 램프로 살짝 그을리면 특유의 광택을 내며 투명해진다. 〈사진 ⑦〉

❽ 토치 램프로 달군 칼로 가는 비닐호스로 굳힌 줄기의 중간 부분을 자른다. 〈사진 ⑧〉

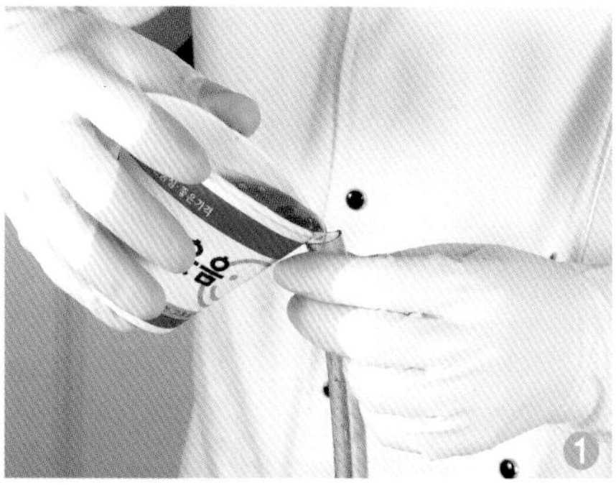
1

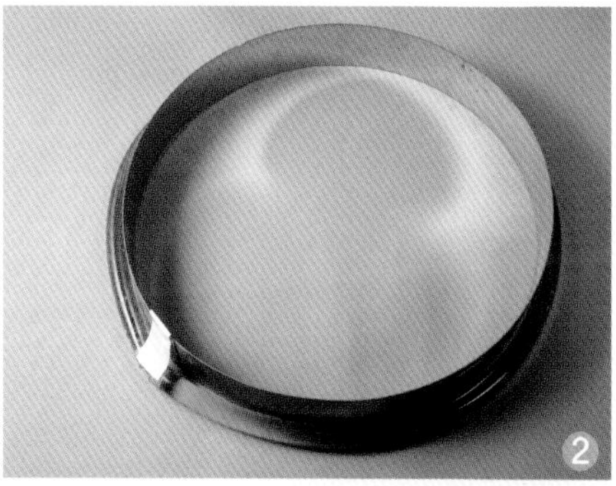
2

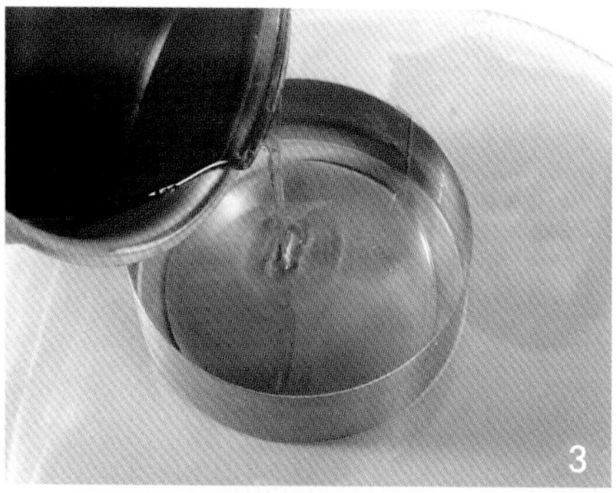
3

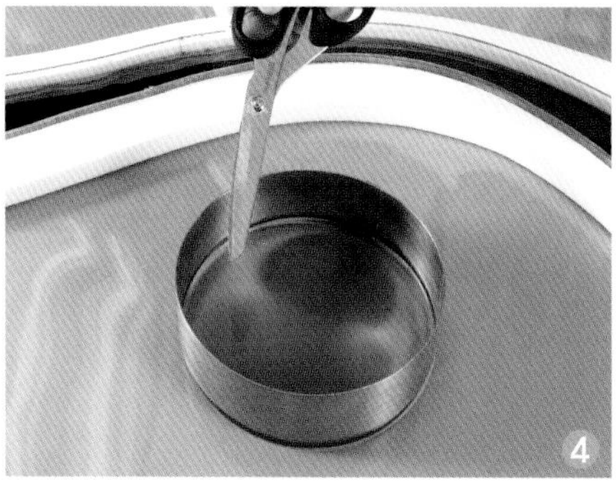
4

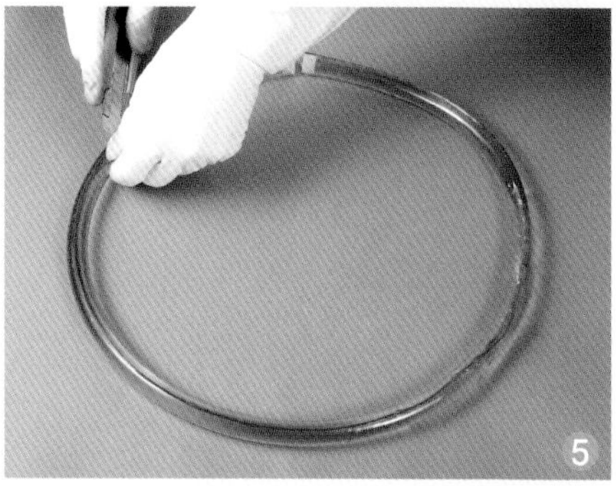
5

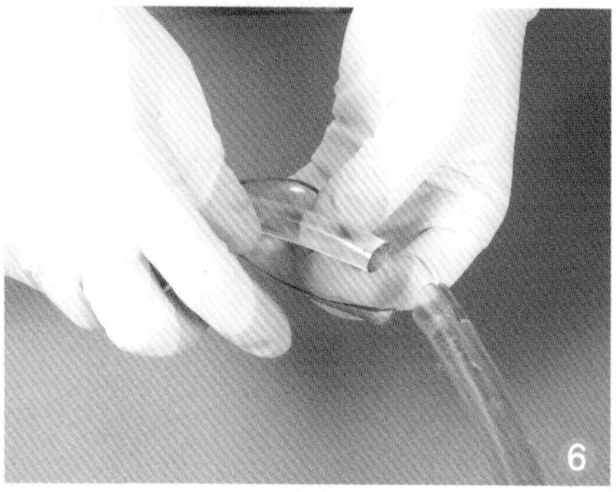
6

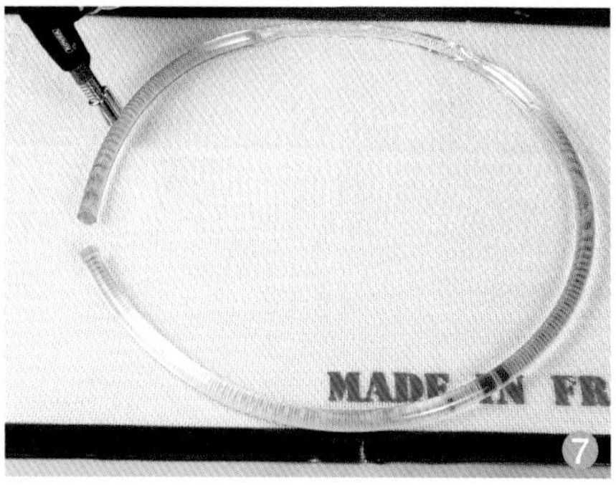

7

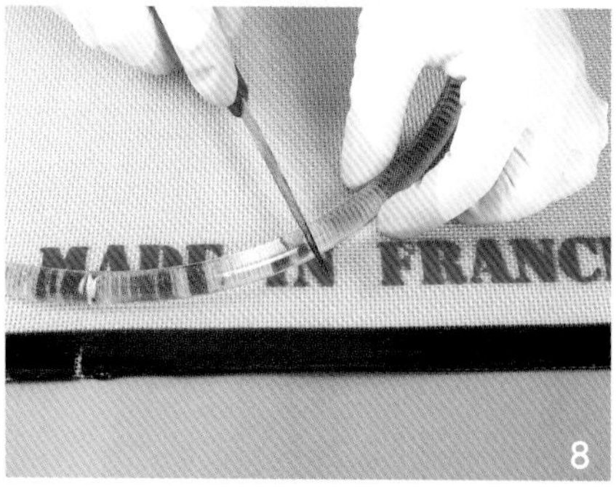

8

전갈 몸통

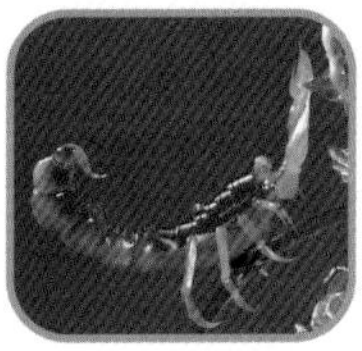

❶ 설탕반죽을 실팻 위에 올려놓고 적당량을 동그랗게 만들어 가위로 자른 다음 검지손가락으로 구멍을 낸다. 〈사진 ①, ②〉

❷ 구멍 낸 부분을 토치 램프로 살짝 달군 다음 펌프를 집어넣고 공기를 주입시킨다. 〈사진 ③, ④, ⑤〉

❸ 원하는 형태로 부풀린 다음 전갈 형태로 아래를 약간 구부린다. 〈사진 ⑥〉

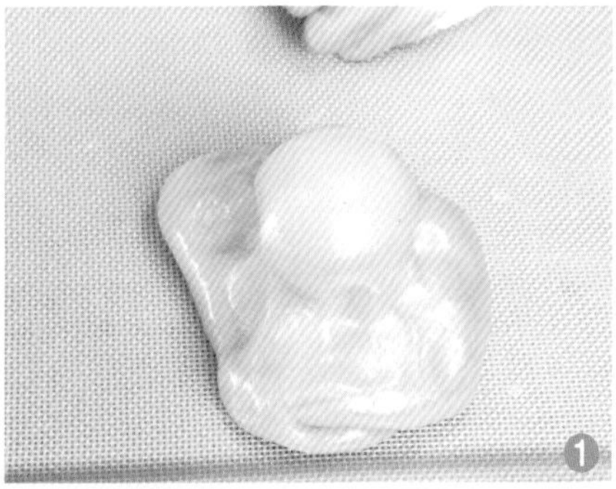
1

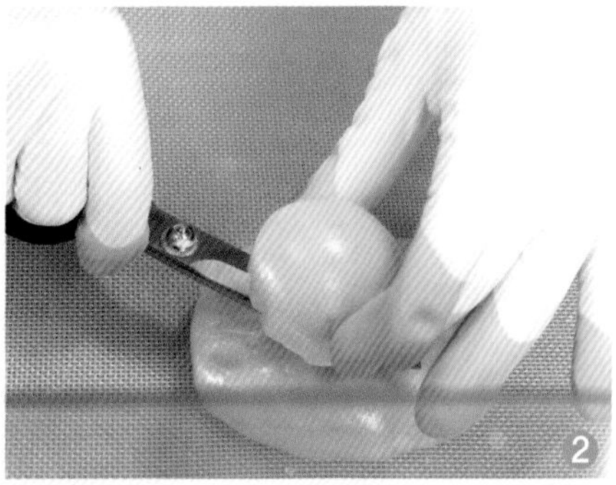
2

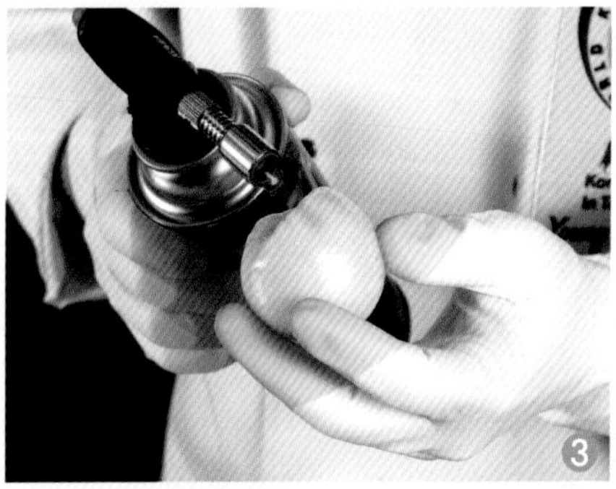
3

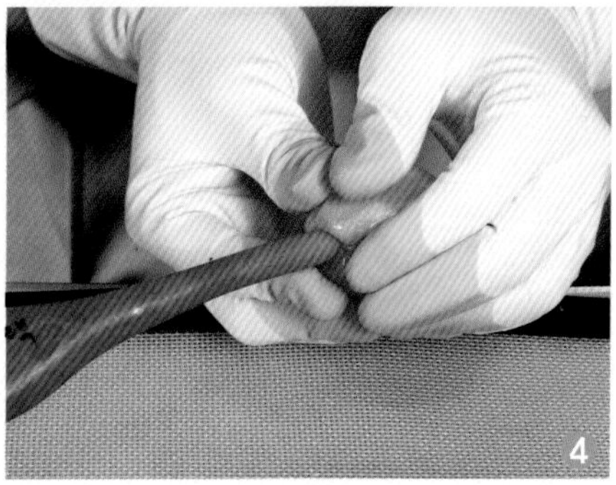
4

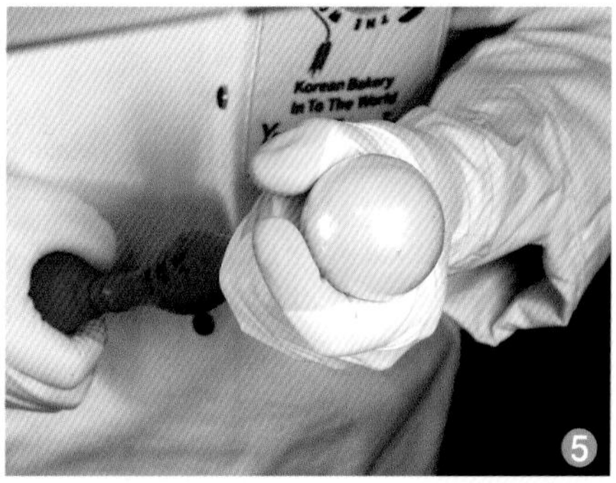
5

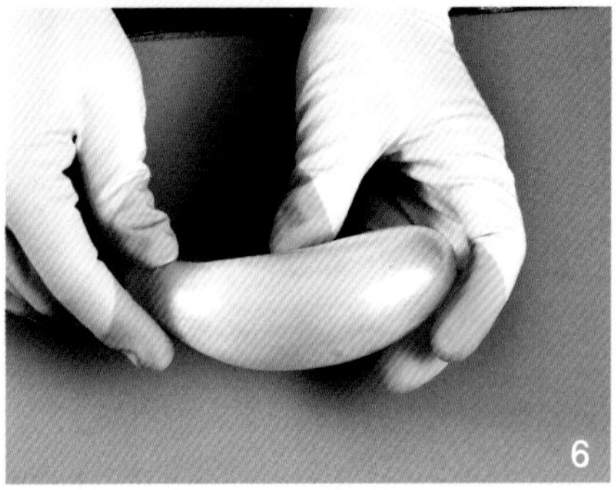
6

전갈 눈

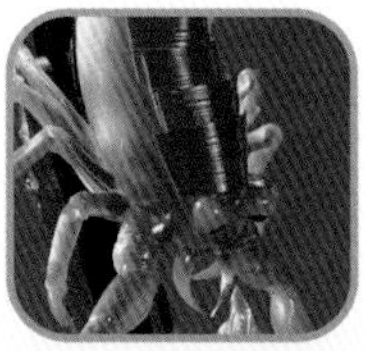

❶ 실리콘 몰드에 초록색 색소 2방울을 섞은 설탕시럽을 떨어뜨린다. 〈사진 ①〉
❷ 설탕반죽 적당량을 가위로 잘라 전갈 눈을 만든 다음 몰드에 굳힌 ①을 빼내어 검지손가락으로 눌러서 눈에 집어넣는다. 〈사진 ②, ③〉
❸ 전갈 몸통 맨 위쪽에 두 눈을 붙인다. 〈사진 ④〉

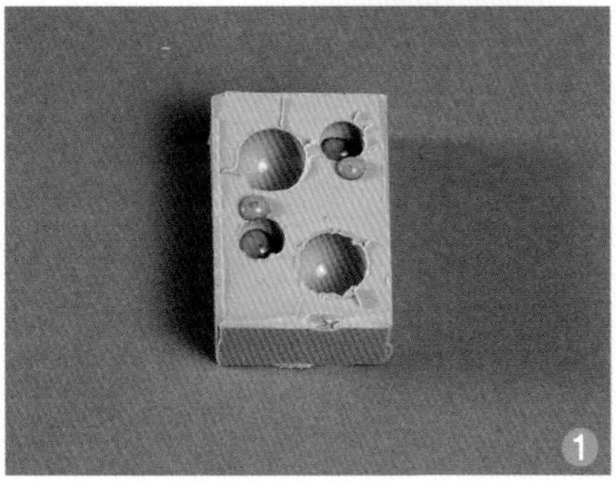

1

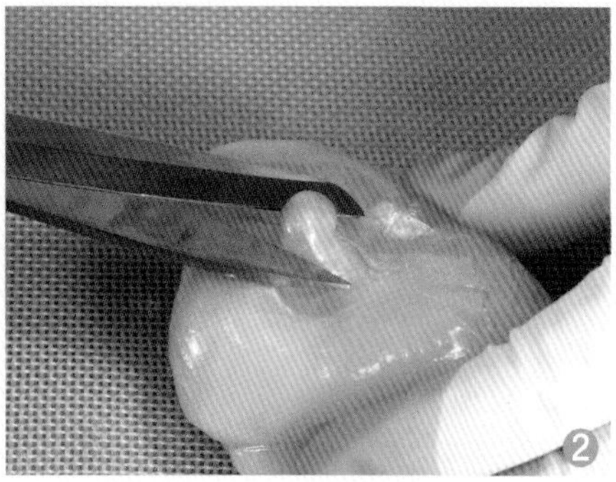

2

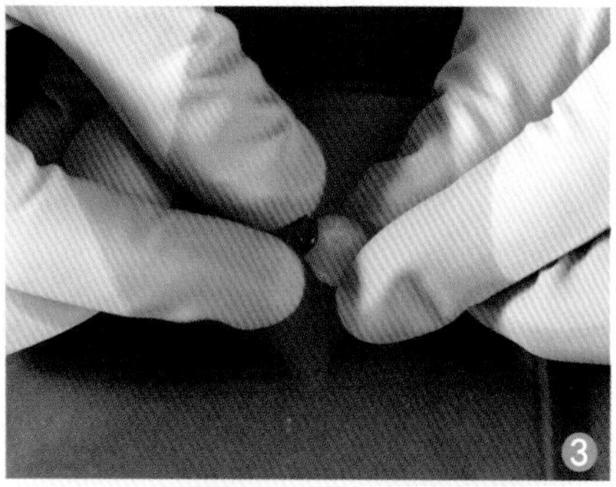

3

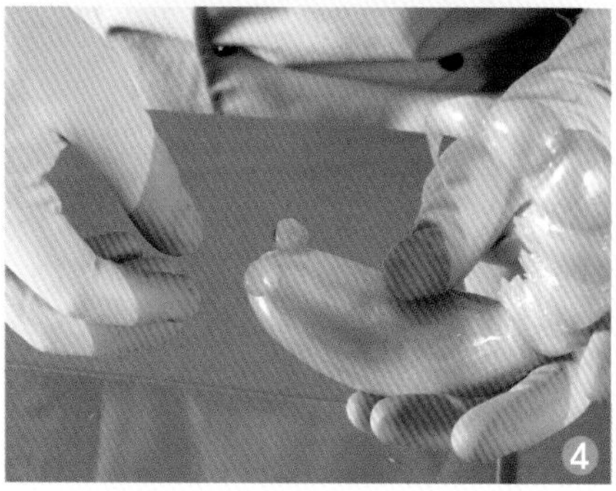

4

전갈 손

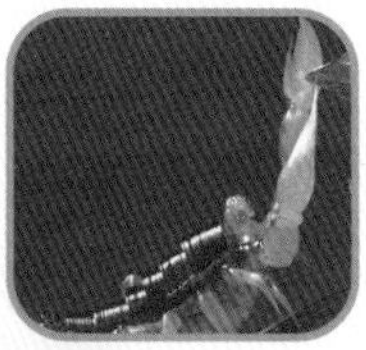

❶ 설탕반죽을 잡아당겨서 끝이 실처럼 얇아지게 만든 다음 손으로 떼어낸다. 〈사진 ①〉
❷ ①을 하나는 크게, 하나는 작게 각각 4개씩 만든다. 〈사진 ②, ③〉

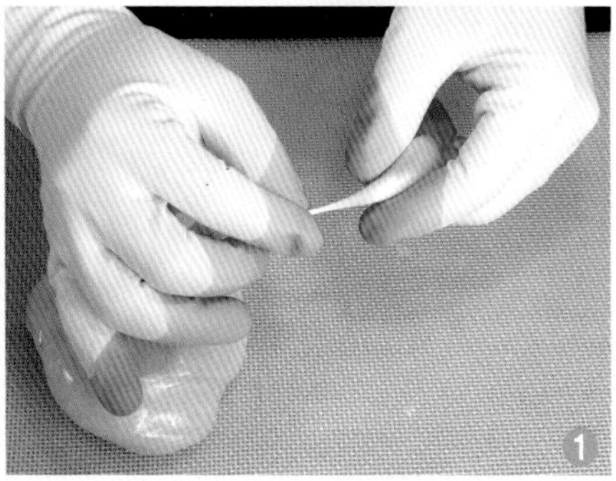

1

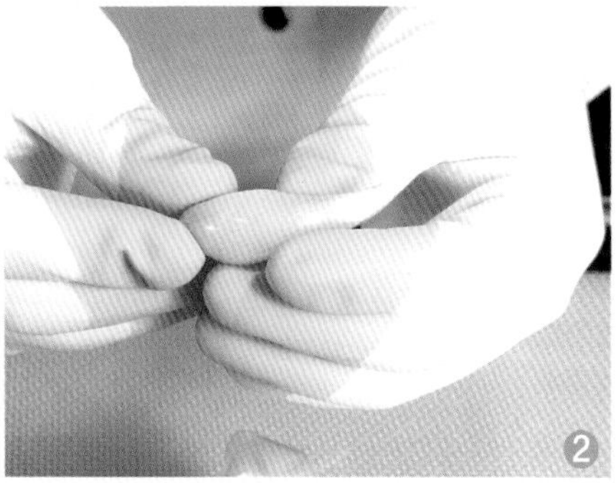

2

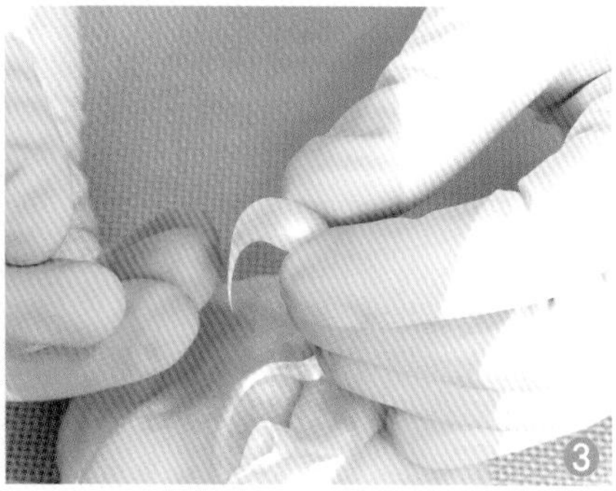

3

전갈 다리

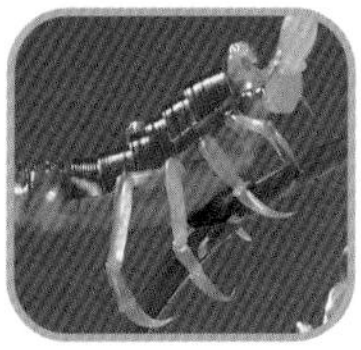

❶ 설탕반죽을 잡아당겨서 끝이 뭉툭해지게 만든 다음 가위로 자른다. 〈사진 ①, ②〉

❷ ①을 오른손으로 다듬는다.

❸ 마지막 다리는 집게손처럼 끝이 실처럼 얇아지게 만든 다음 손으로 떼어낸다.

❹ 집게손에 연결할 다리와 뒷다리 4개에 필요한 다리를 만든다.

- 다리와 다리를 연결할 때 붙여야 할 부분 양쪽 모두 토치 램프로 달군 다음 붙이면 이음새가 관절처럼 보인다.

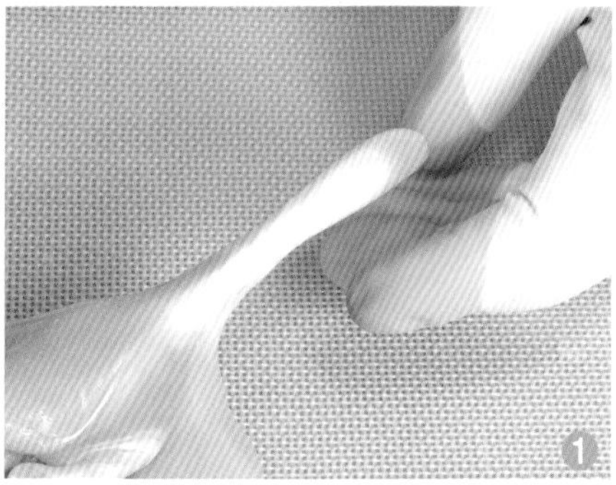

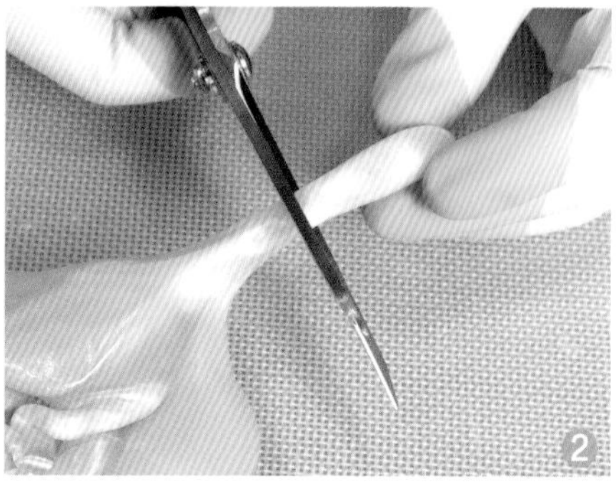

집게손에 다리 연결하기

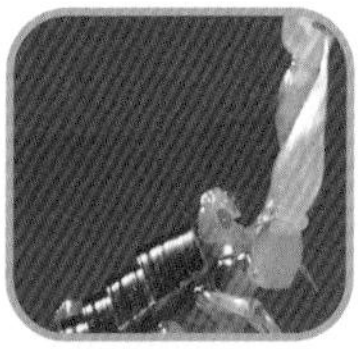

❶ 큰 집게손에 작은 집게손이 마주보도록 붙인다. 〈사진 ①〉

❷ 큰 집게손에 팔뚝을 연이어 붙인다. 〈사진 ②, ③〉

- 집게손과 팔뚝, 팔뚝과 팔뚝을 연결할 때 붙여야 할 부분 양쪽 모두 토치 램프로 달군 다음 붙이면 이음새가 관절처럼 보인다.

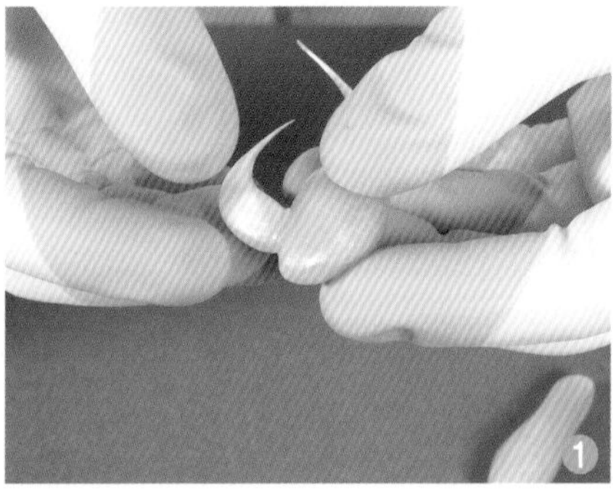

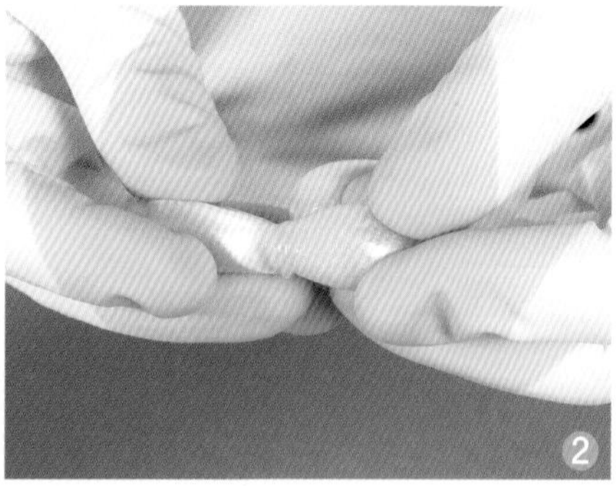

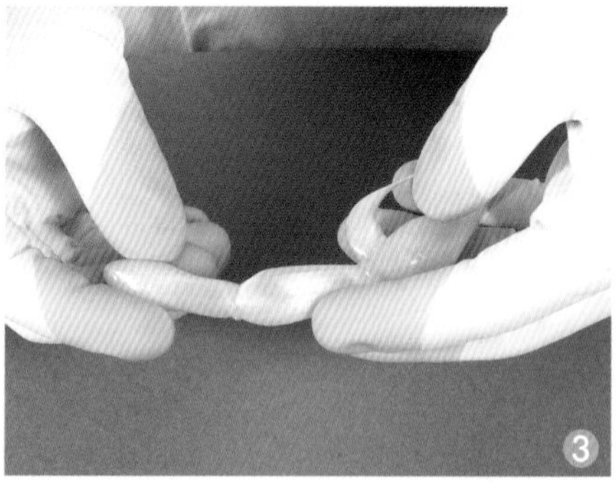

전갈 꼬리 연결하기

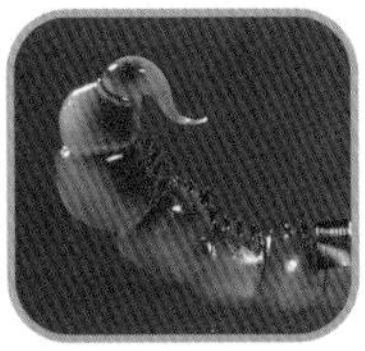

❶ 설탕반죽 적당량을 가위로 잘라서 몸통과 연결될 첫 번째 꼬리 모양을 잡아서 손가락으로 옴폭하게 만든다. 〈사진 ①, ②〉

❷ ①을 토치 램프로 달군 다음 가위질을 해서 모양을 낸다. 〈사진 ③, ④, ⑤〉

❸ ②를 곡선의 모양이 되도록 4개 만든다.

❹ 다섯 번째 꼬리는 가위질을 하지 않는다.

❺ 마지막 꼬리는 설탕반죽 적당량을 잡아당겨 끝이 실처럼 얇게 뽑아지게 한다. 〈사진 ⑥〉

❻ 몸통과 꼬리를 연결시킬 부분을 토치 램프로 각각 달궈서 붙인다. 〈사진 ⑦, ⑧〉

❼ 몸통에 꼬리를 차례차례 붙인다. 〈사진 ⑨〉

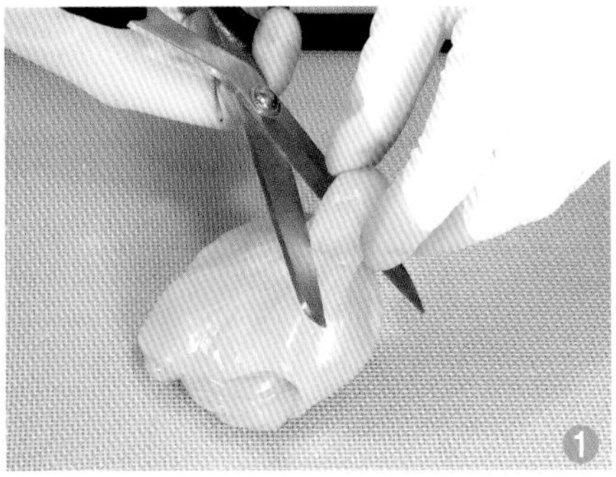
1

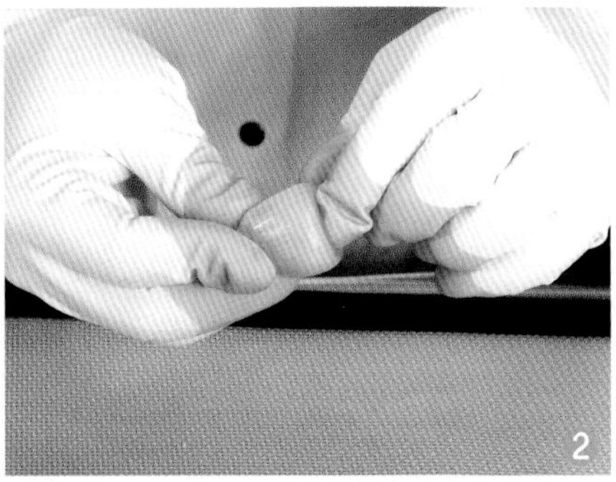
2

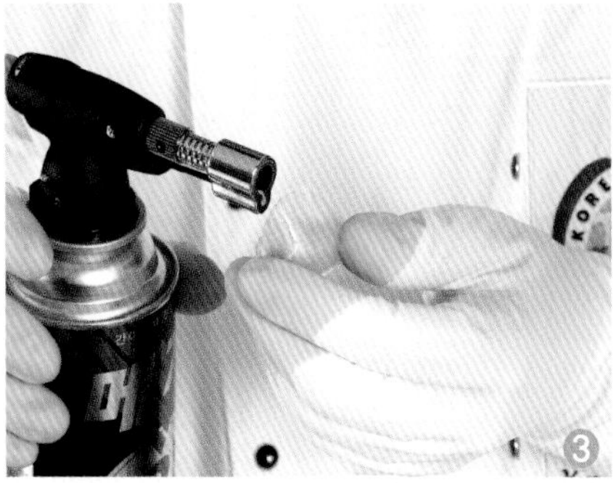
3

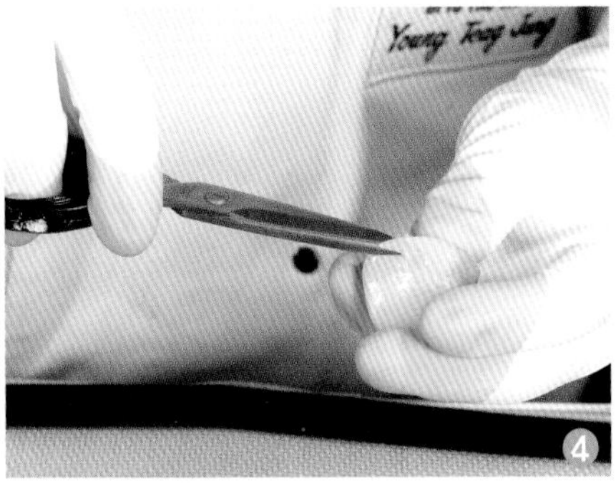
4

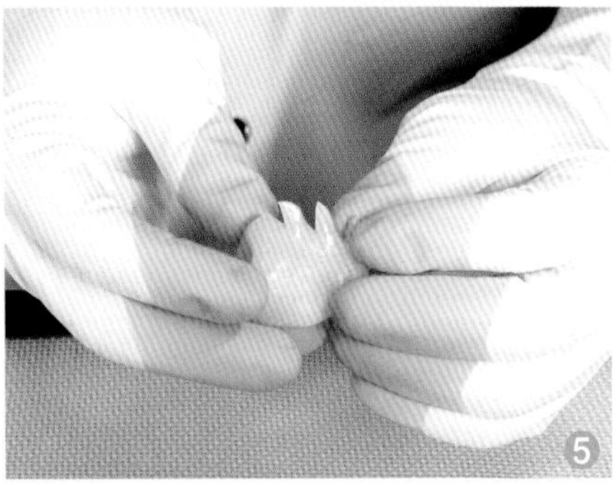
5

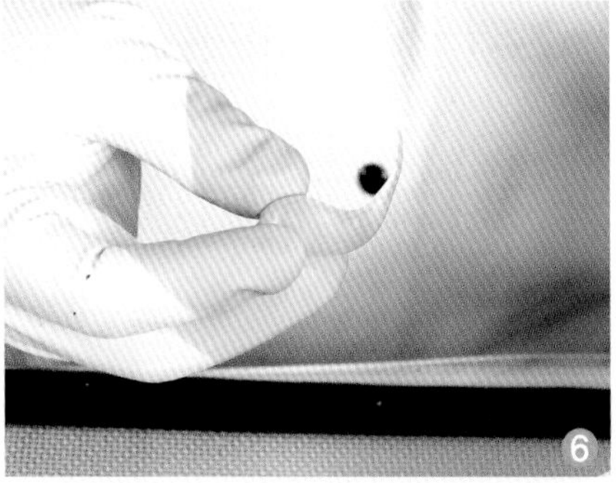
6

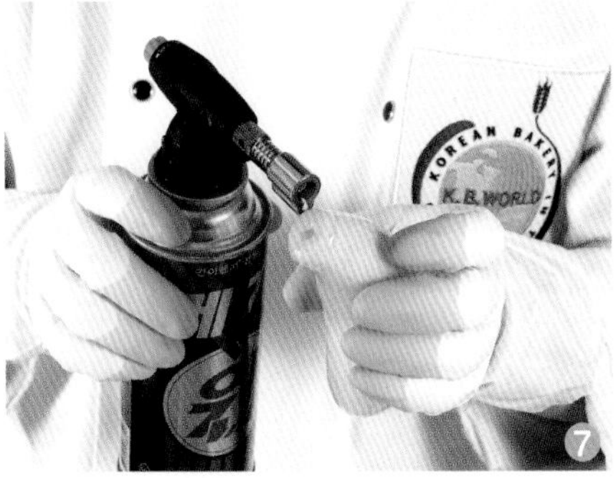
7

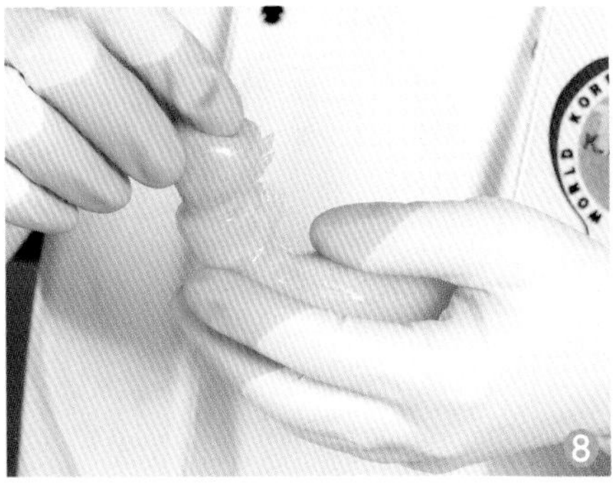
8

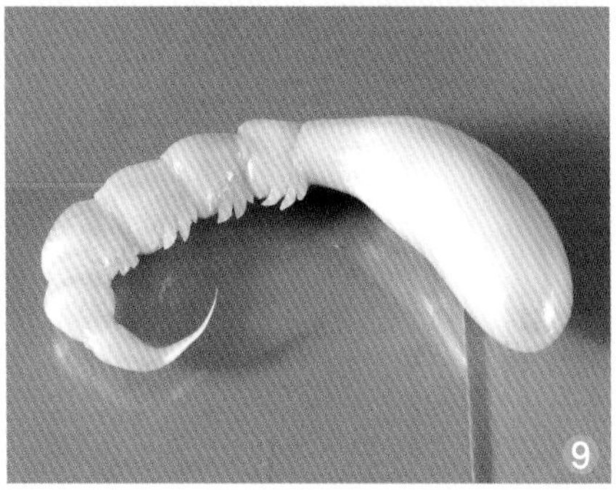
9

전갈 더듬이

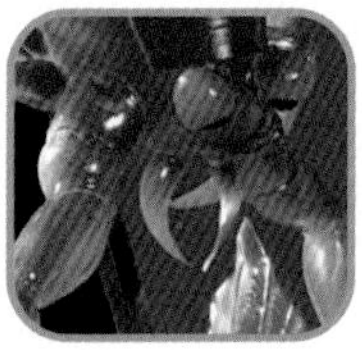

❶ 설탕반죽을 잡아당겨서 콩나물 머리처럼 만든다. 〈사진 ①〉
❶ ①을 얼굴의 눈 밑 입부분에 붙인다. 〈사진 ②〉

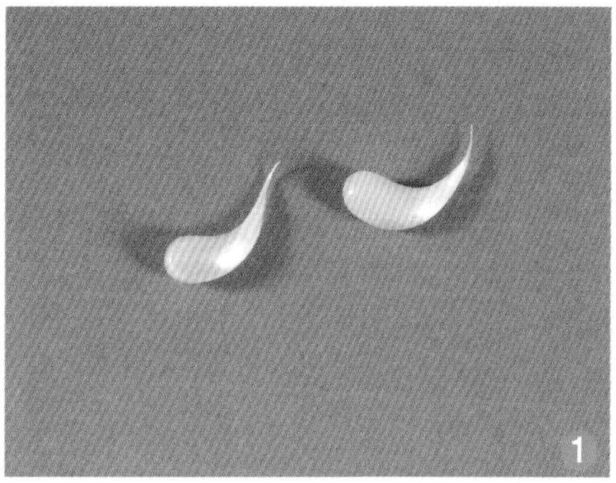

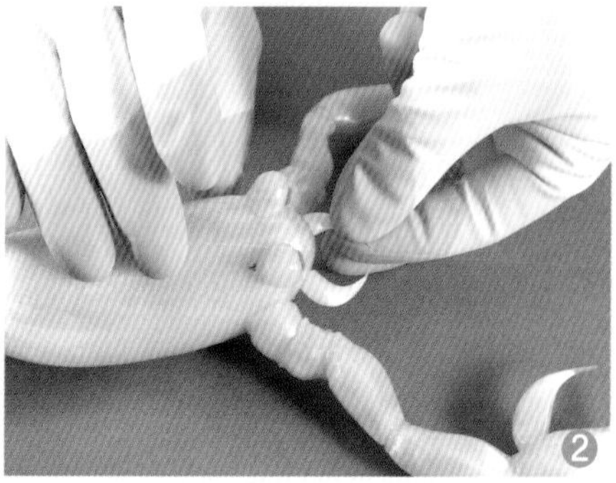

장미꽃

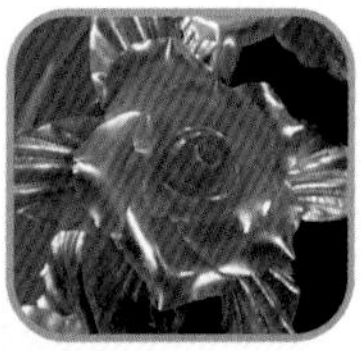

❶ 설탕반죽 적당량을 떼어 꽃심을 만든다. 〈사진 ①〉
❷ 설탕반죽 적당량을 떼어 꽃잎 한 장 한 장을 만들어 꽃심을 빙 둘러 붙인다. 〈사진 ②〉
❸ ①을 빙 둘러 장미꽃을 완성한다. 〈사진 ③〉

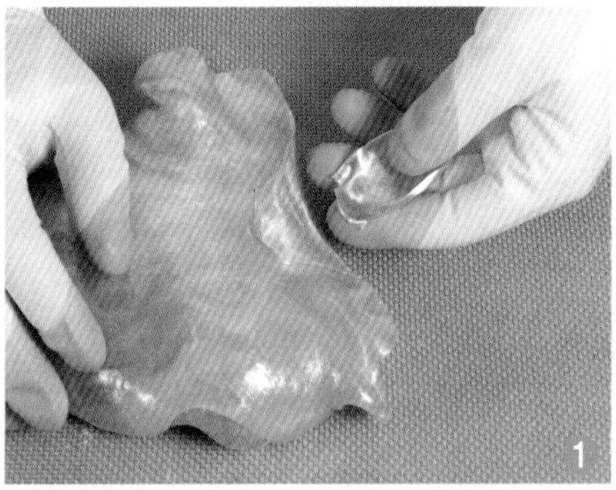

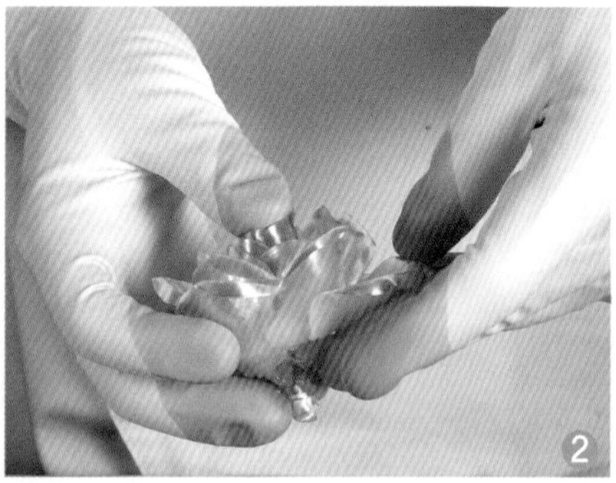

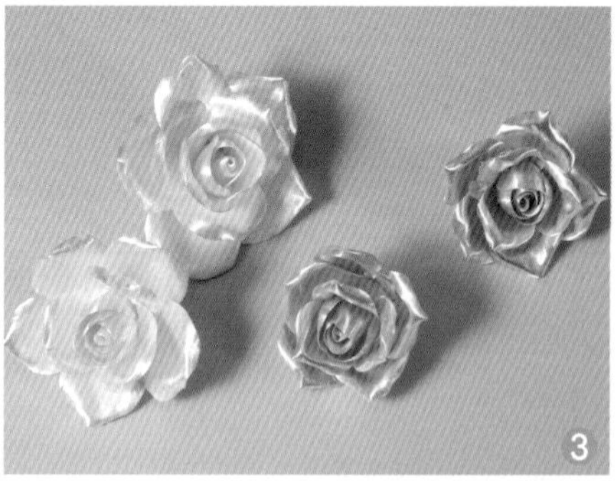

리번

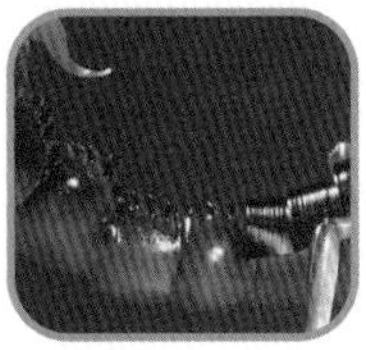

❶ 설탕 적당량을 떼어 여러 번 접고 당기기를 반복하면서 광택을 낸다. 〈사진 ①, ②〉

❷ ①을 안으로 모아 가운데를 잘라주고 편평하게 펴는 과정을 반복한다. 〈사진 ③, ④〉

❸ ②의 양 끝을 잡고 길게 쭉 늘린다. 〈사진 ⑤〉

❹ 토치 램프로 달군 칼로 리번을 적당한 길이로 자른다. 〈사진 ⑥〉

❺ ④를 설탕램프에 살짝 녹인 후 전갈 몸통 위에 차례대로 붙여 덮는다. 〈사진 ⑦, ⑧〉

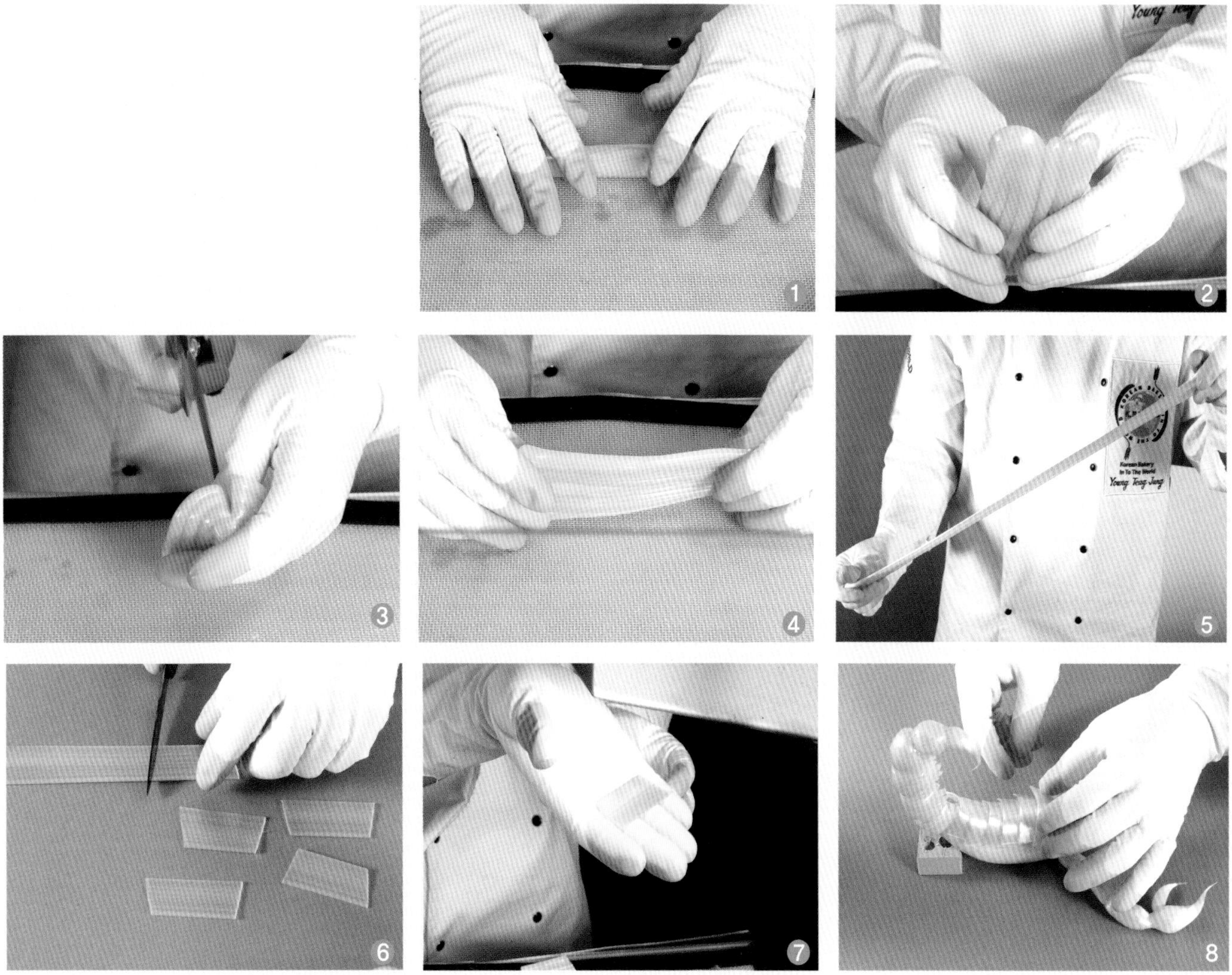

잎사귀

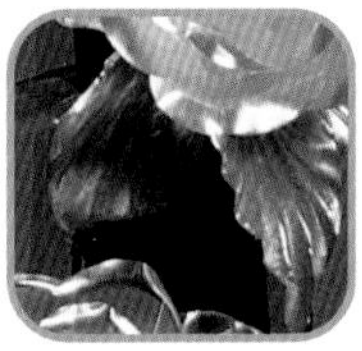

❶ 초록색 색소를 섞은 설탕반죽 적당량을 떼서 잎 모양으로 펴서 가위로 잘라낸다. 〈사진 ①, ②〉

❷ ①을 나뭇잎 몰드에 넣어 찍는다. 〈사진 ③, ④, ⑤〉

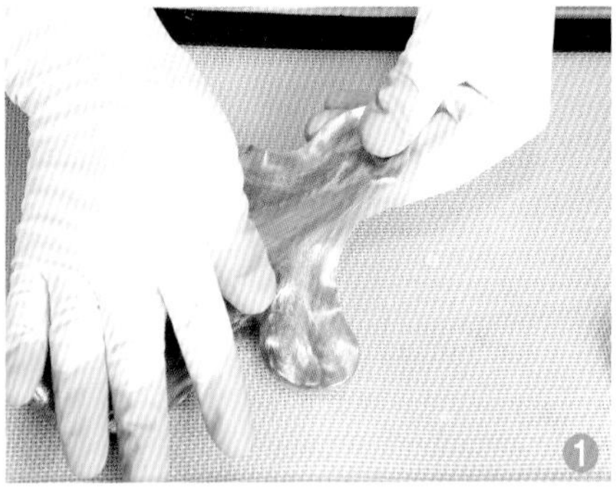

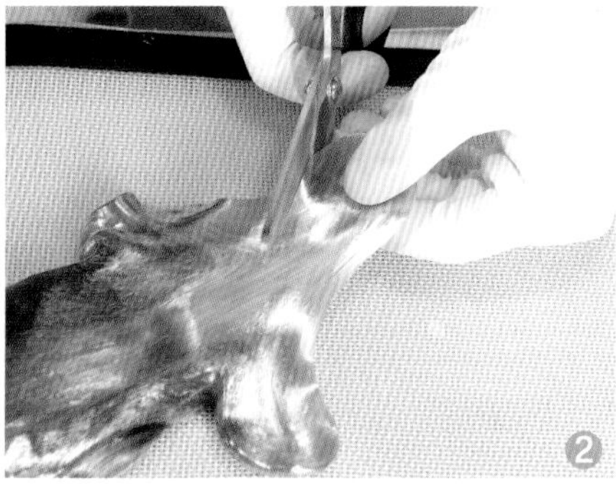

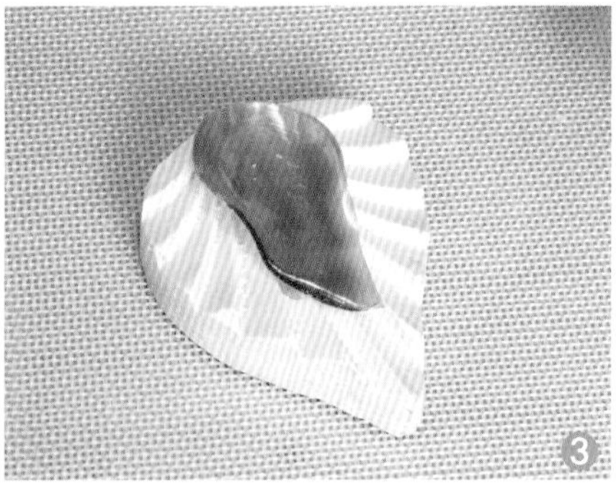

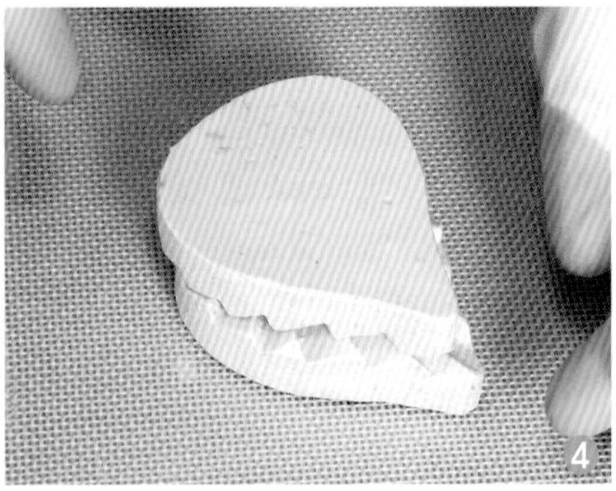

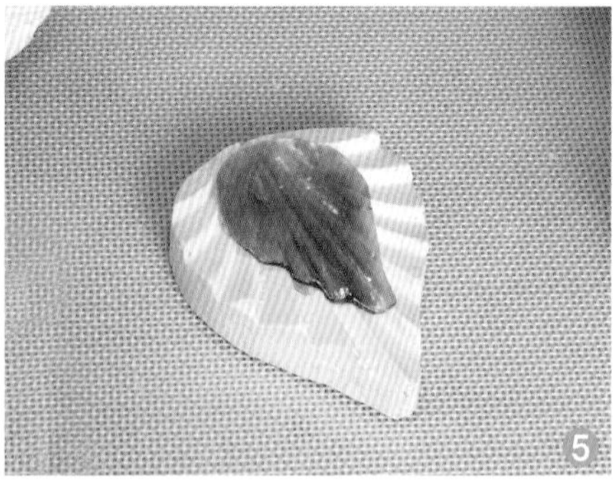

마무리

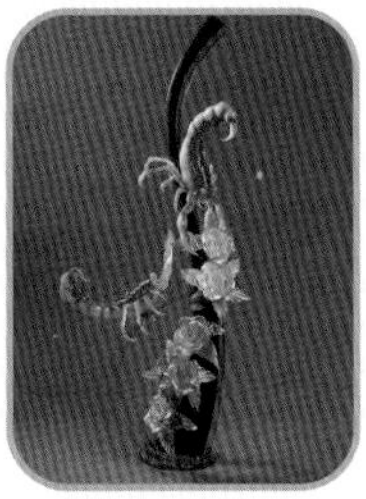

❶ 받침대에 보기 좋게 세 개의 줄기를 붙인다. 〈사진 ①〉
❷ 전갈을 기둥 오른쪽에 붙인다. 전갈이 붙을 기둥 접착부위를 토치 램프로 달군 다음 전갈모양을 살려서 붙인다. 〈사진 ②, ③〉
❸ 초록색 색소를 섞은 설탕반죽을 조금 떼어 줄기 위에 붙인 다음 전갈을 붙인다. 〈사진 ④〉
❹ 에어브러시를 이용해 노란색으로 전갈을 피스톨레한다. 〈사진 ⑤〉
❺ ④ 위에 붉은색을 덧칠한다. 〈사진 ⑥〉
❻ 줄기에 장미꽃을 보기 좋게 붙인다. 〈사진 ⑦〉
❼ 장미꽃에 잎사귀를 붙인다. 〈사진 ⑧〉

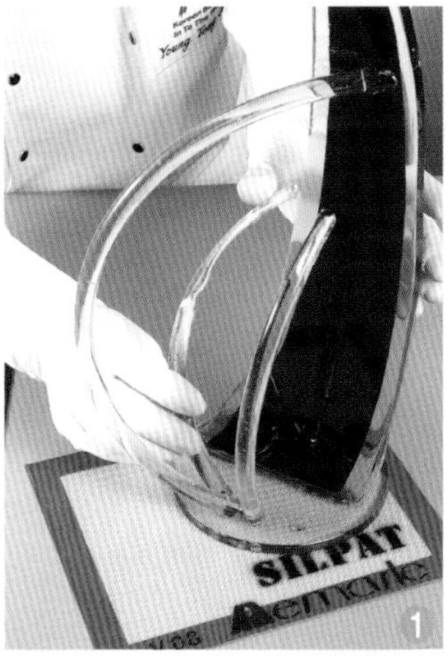

1

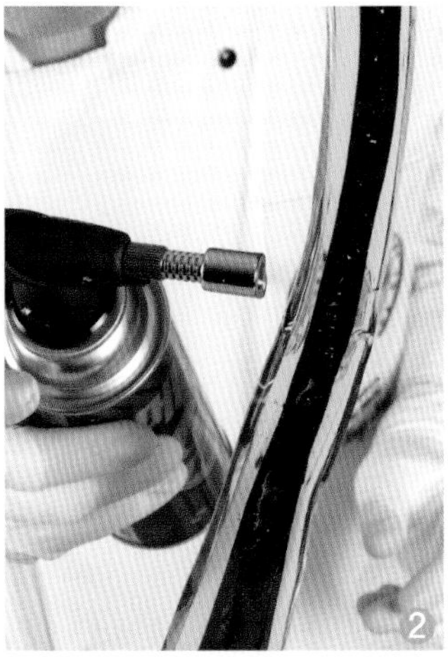

2

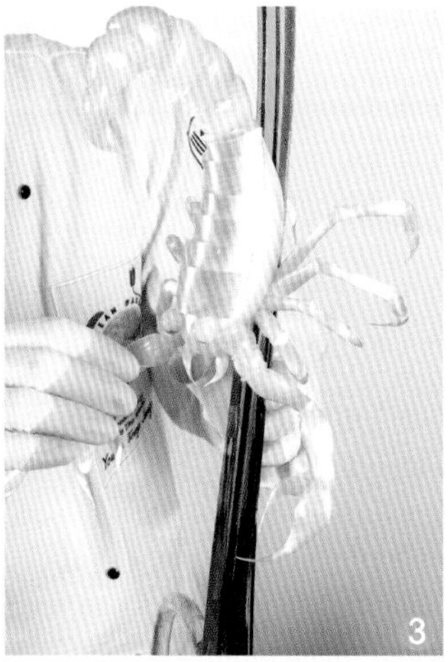

3

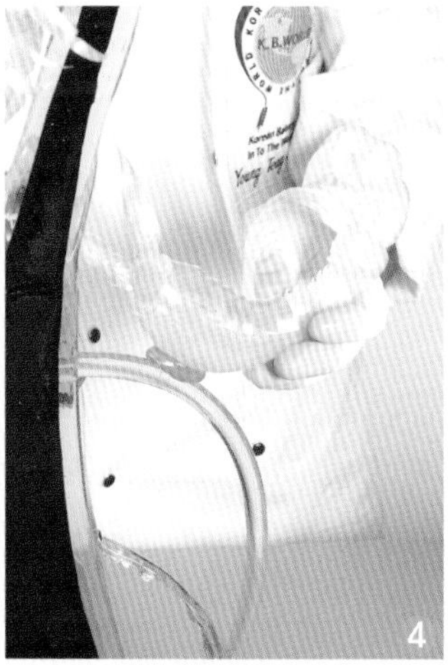

4

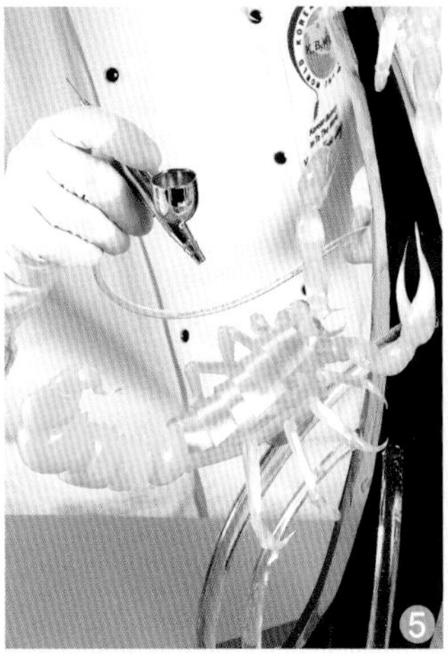

5

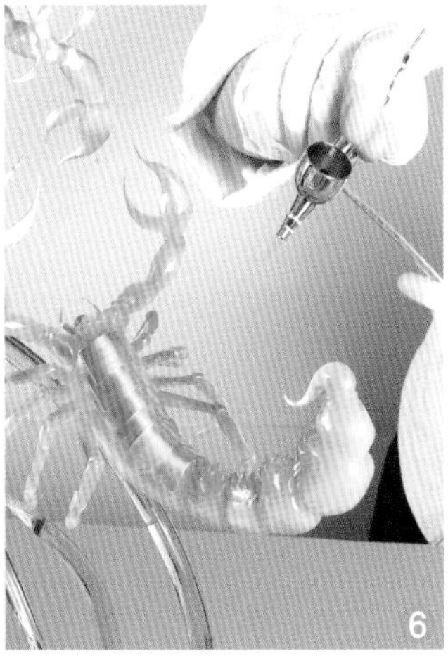

6

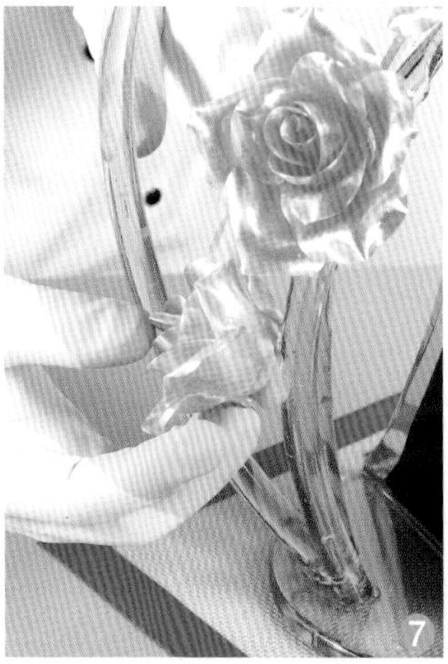

7

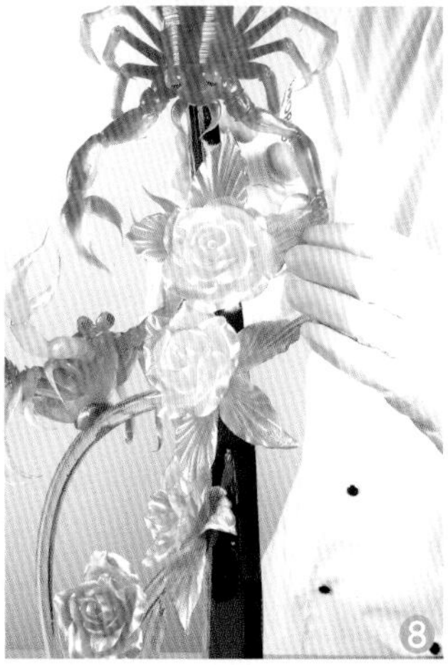

8

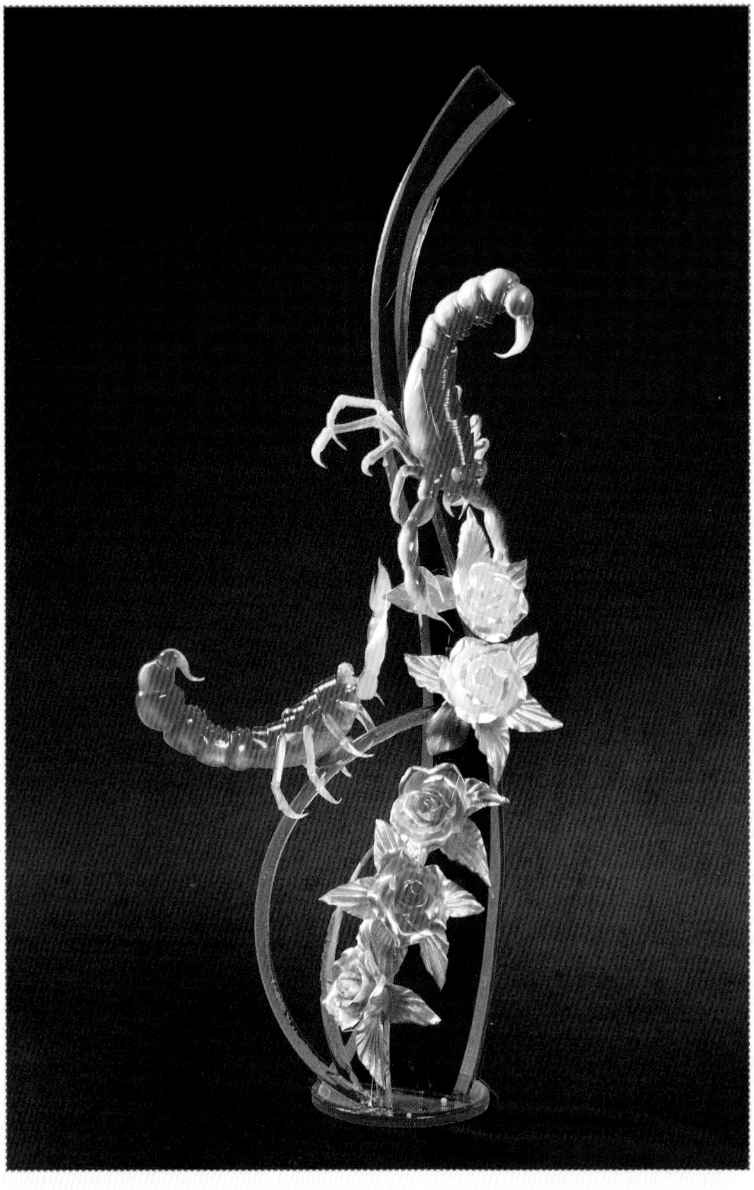

완성작

언더 더 씨

Sous la mer

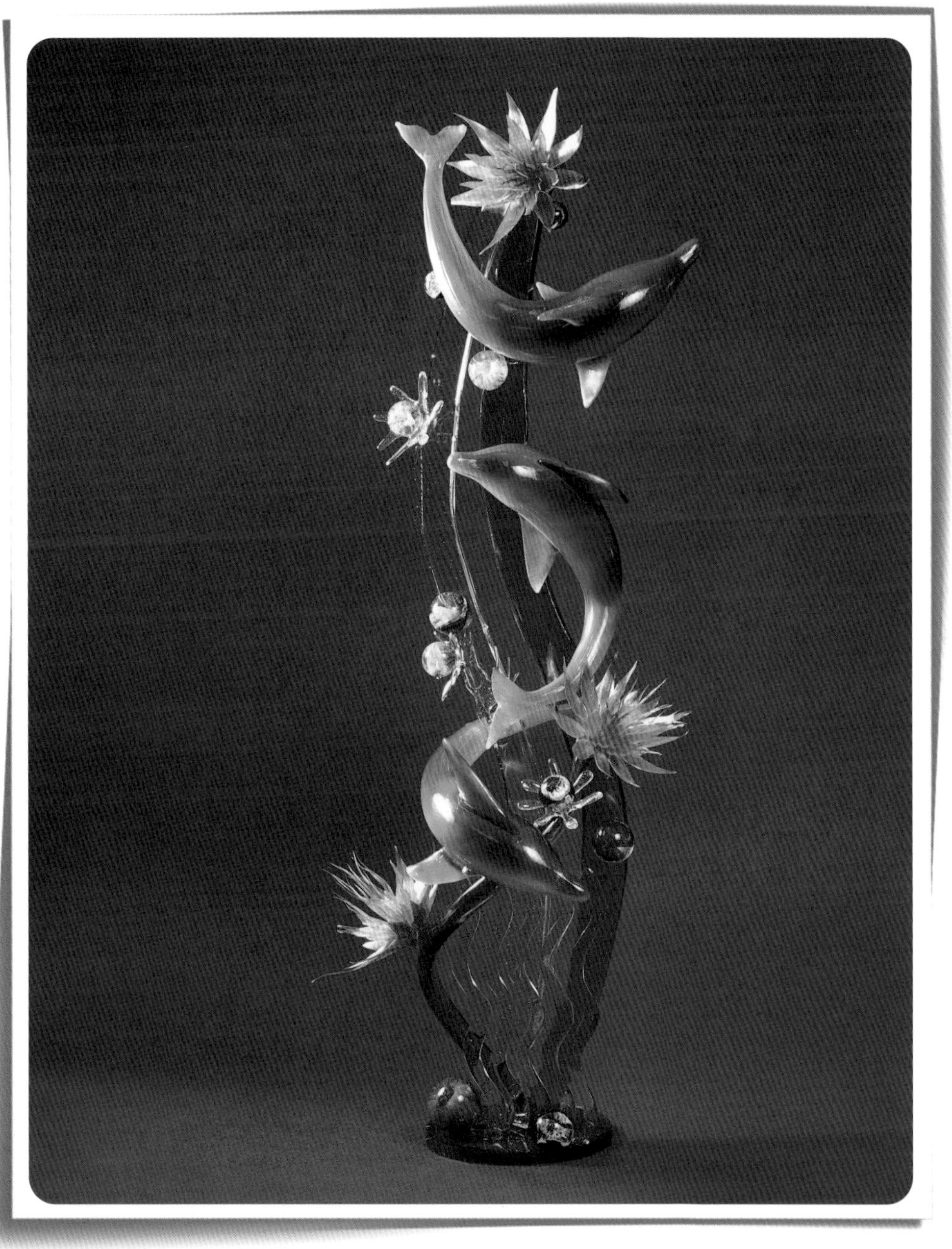

붓기 기법을 강조한 작품. 푸른빛으로 빛나는 바다의 시원함과 물의 투명함을 이소말트를 사용해 만든 제품.
돌고래가 마치 뛰어다니는 것처럼 바다를 고스란히 표현했다.

산호꽃

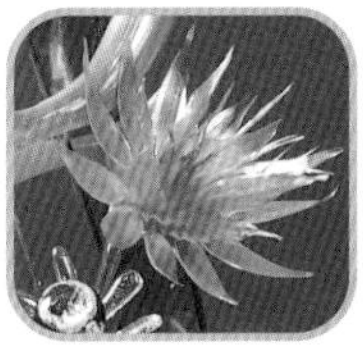

❶ 주황색 색소를 5방울 넣은 설탕시럽으로 반죽을 만든다.
❷ 왼손으로 조금씩 돌려가며 반죽을 뽑아내 꽃수술을 만든다.
❸ 적당한 크기를 동그랗게 모아 가위로 잘라낸다. 〈사진 ①〉
❹ 잎 모양이 되도록 매만진 반죽을 가위로 잘라내 꽃잎 모형 실리콘 몰드에 찍어낸다. 〈사진 ②, ③, ④, ⑤, ⑥〉
❺ 둥근 꽃심에 더듬이를 하나하나 붙인 다음 몰드로 찍어낸 꽃잎을 붙인다. 〈사진 ⑦, ⑧, ⑨〉

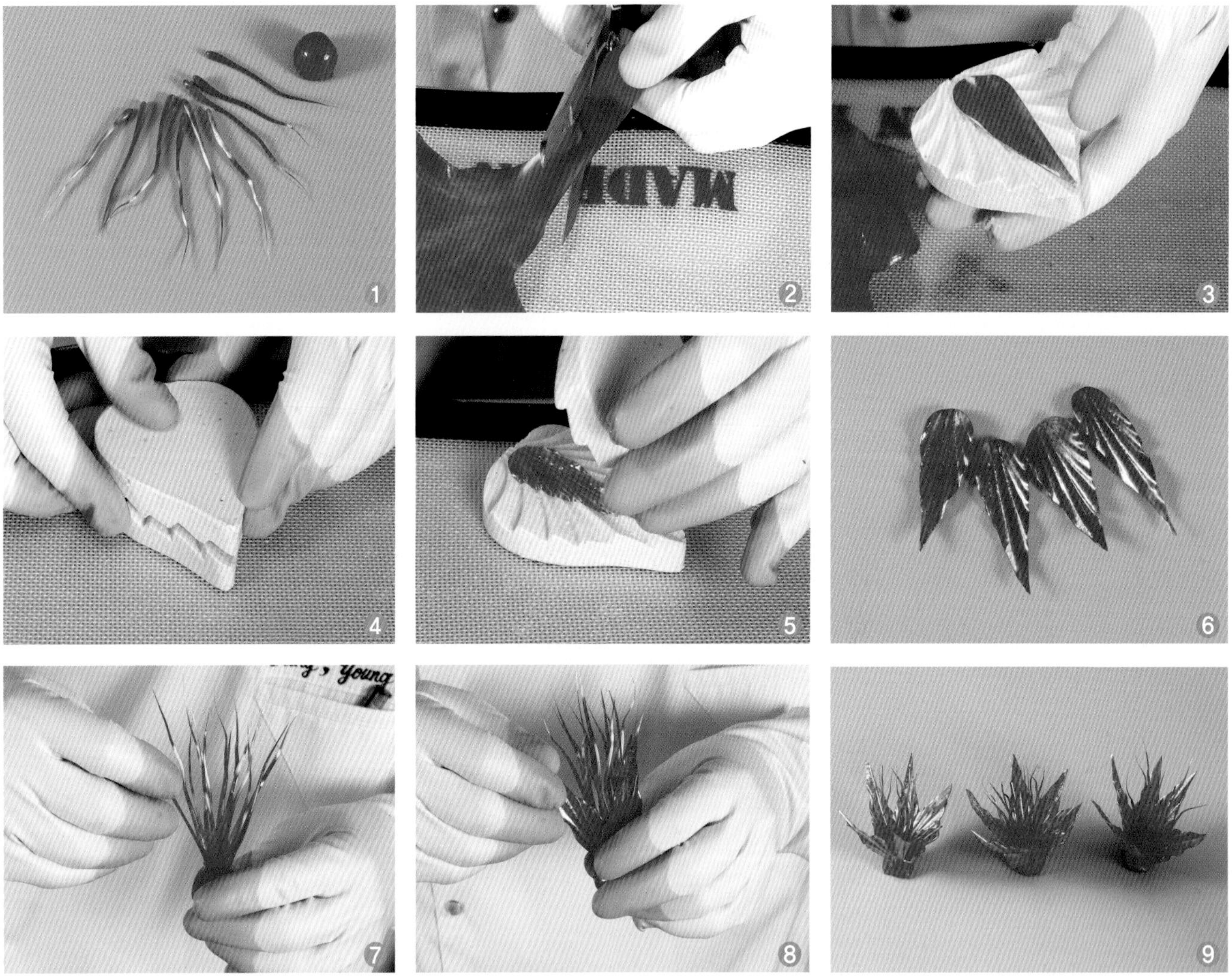

구슬

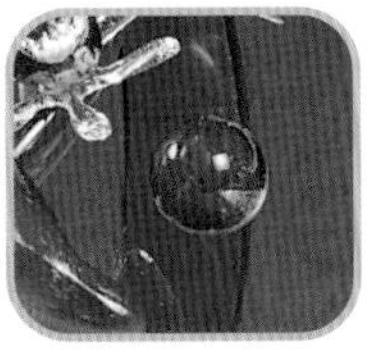

❶ 크기가 서로 다른 구 모형 실리콘 틀 10개를 준비한다.
❷ ①에 이소말트를 끓인 시럽을 1/2씩 붓는다. 〈사진 ①〉
❸ ②에 티탄을 1방울씩 떨어뜨린다. 〈사진 ②〉
❹ 이소말트를 끓인 시럽에 파란색 색소 5방울을 떨어뜨린 것을 구 모형 실리콘 틀에 가득 채운다. 〈사진 ③〉

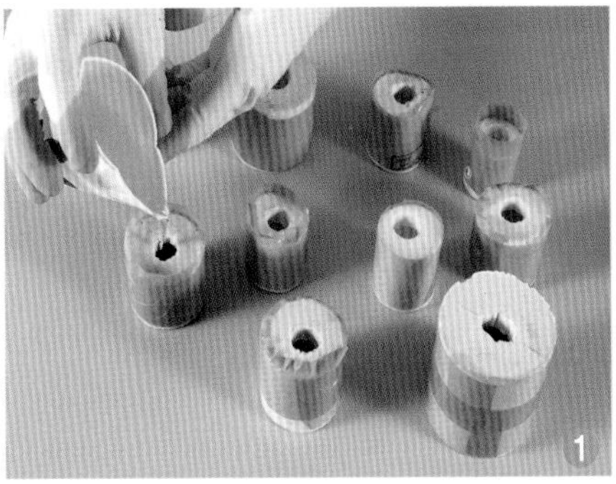
1

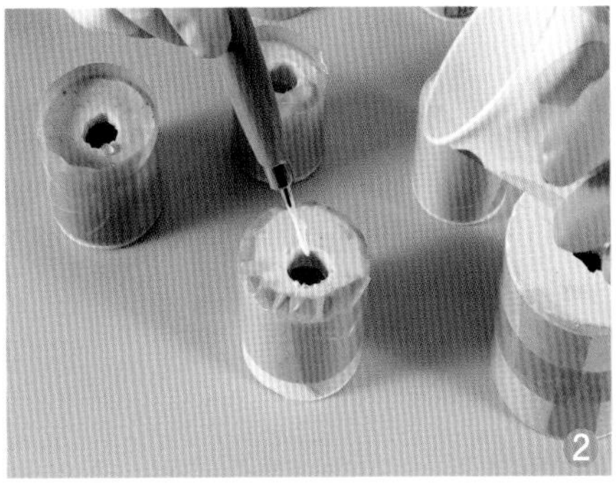
2

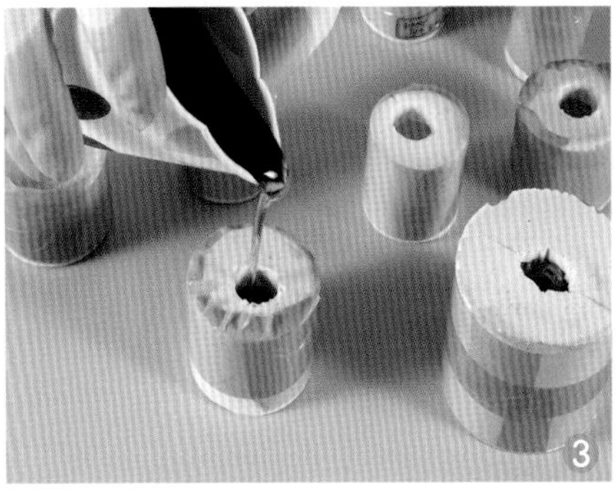
3

S자 기둥

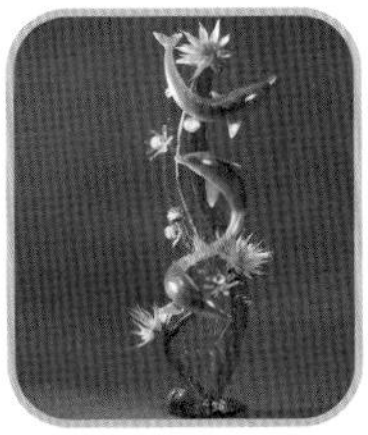

❶ 비닐판 위에 스티로폼으로 만든 S자 곡선 틀을 올려놓은 다음 파란색 색소 10방울을 떨어뜨린 설탕시럽을 틀에 조심스럽게 붓는다. 〈사진 ①〉
❷ ①의 기포를 토치 램프로 없앤다.
❸ 비닐판 위에 올려놓은 스티로폼으로 만든 S자 곡선 틀에 이소말트를 끓여서 만든 시럽을 천천히 붓는다. 〈사진 ②〉
❹ ③의 기포를 토치 램프로 없앤다.

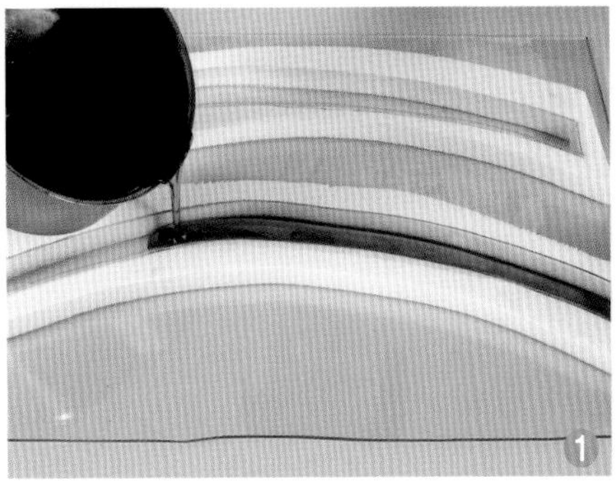
1

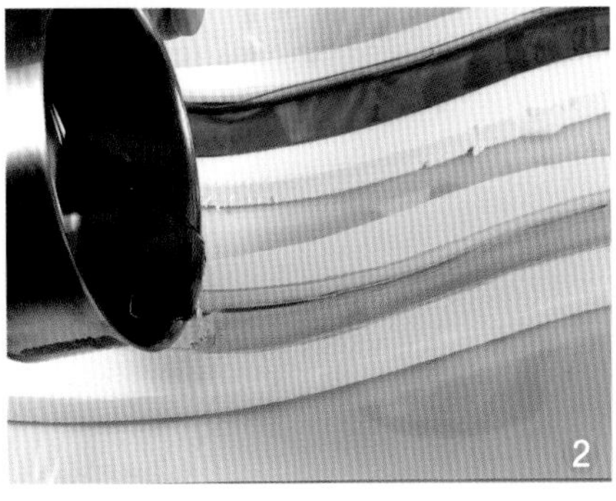
2

눈알 없는 돌고래 (3개)

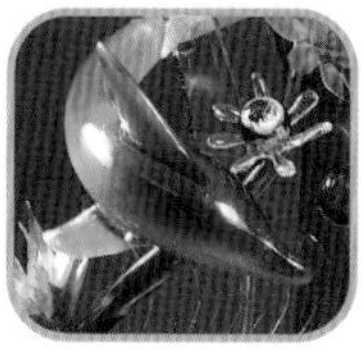

❶ 설탕반죽을 안으로 모아주며 치대다가 둥글게 만들어 가위로 자른다. 〈사진 ①, ②〉
❷ ① 밑 부분을 검지손가락으로 구멍을 낸 다음 펌프를 집어넣고 끝을 얇게 모아서 붙인다. 〈사진 ③〉
❸ 펌프로 공기를 주입시키면서 모양을 매만진다. 〈사진 ④, ⑤〉
❹ 선풍기 바람으로 식혀가며 돌고래 모양을 다듬는다.
❺ 꼬리 부분을 열풍기로 살짝 녹여서 지느러미 모양을 만든 후 열풍기로 쐬어주며 지느러미를 다듬는다. 〈사진 ⑥, ⑦, ⑧, ⑨〉

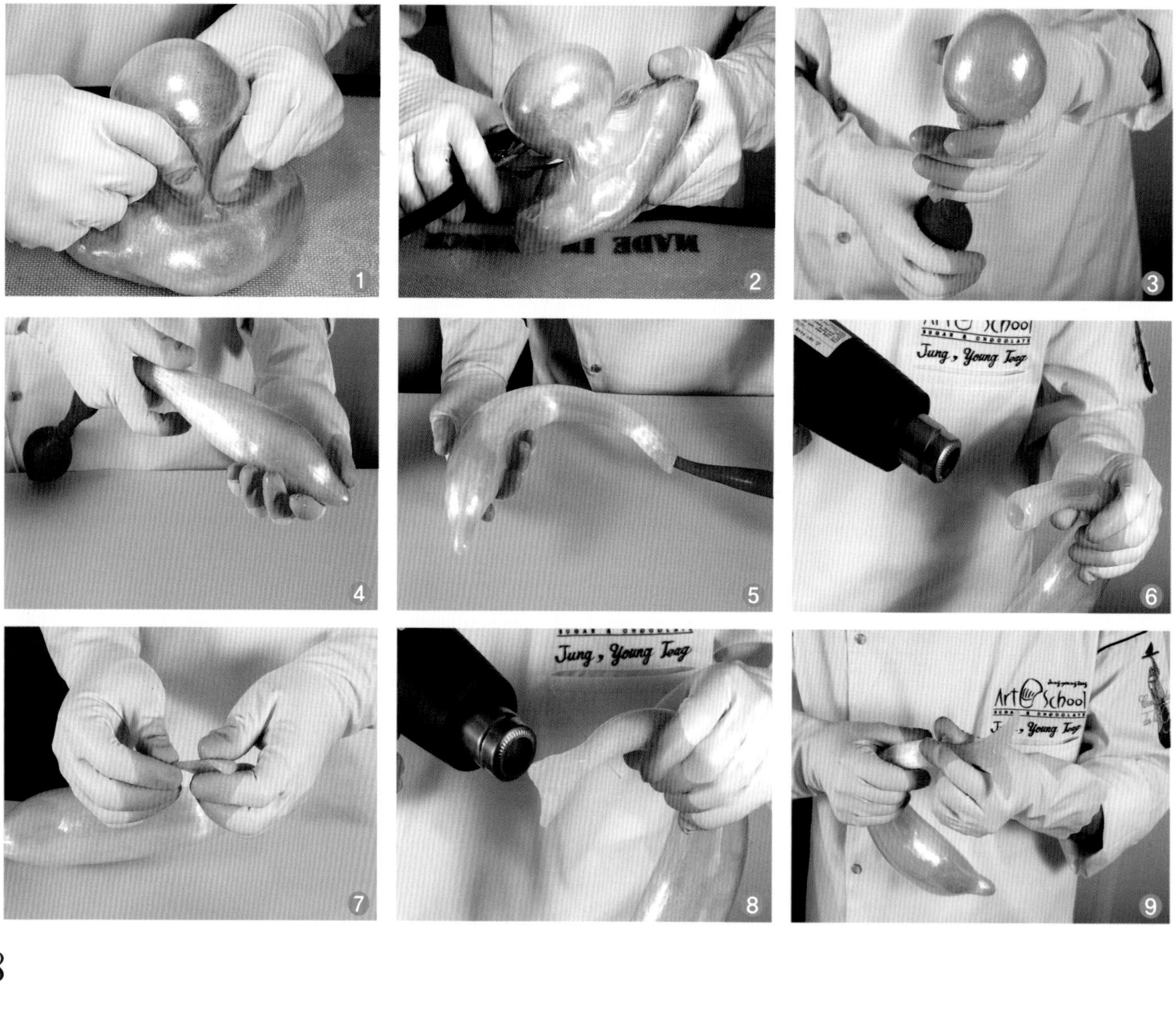

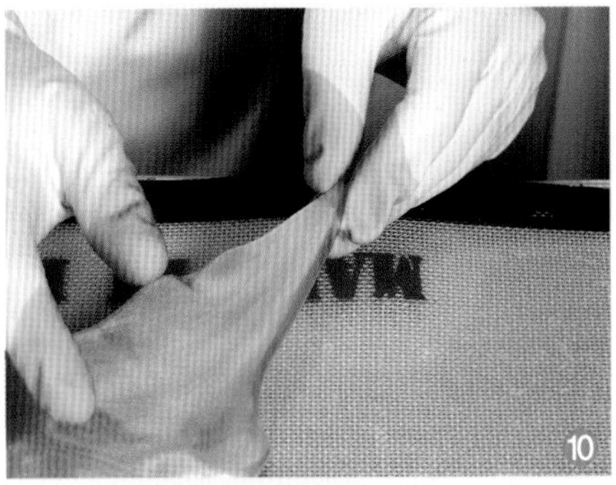

⑦ 적당량의 반죽을 넓적하게 펴서 가위로 잘라내 날개 지느러미를 2개 만든다. 〈사진 ⑩, ⑪〉

⑧ 돌고래 양옆에 지느러미를 붙인다.〈사진 ⑫, ⑬〉

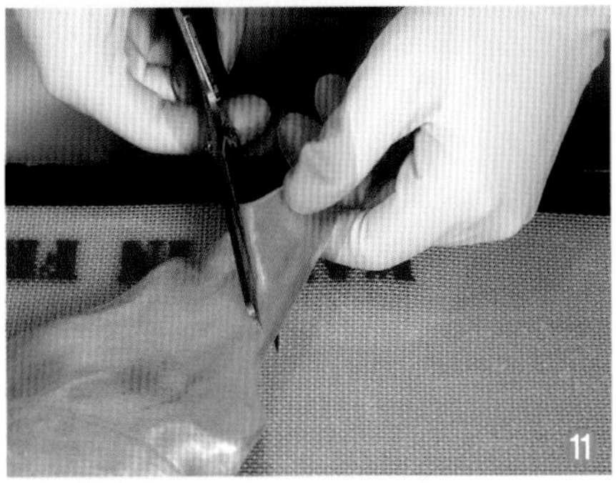

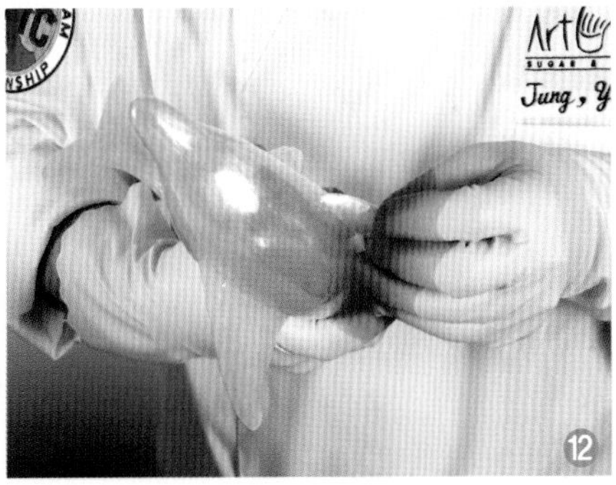

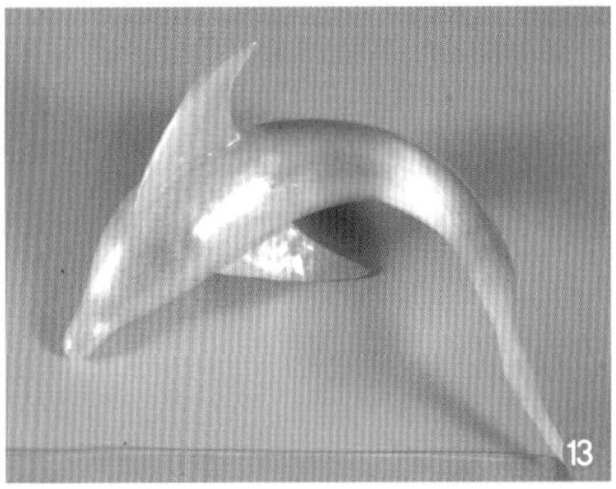

받침대와 기둥

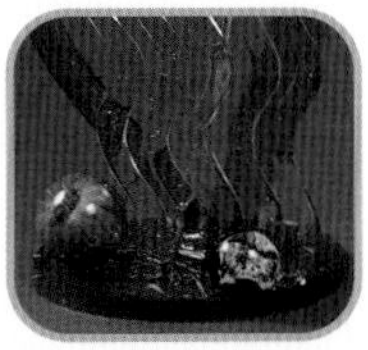

❶ 설탕시럽에 파란색 색소 5방울을 떨어뜨려 끓인다.

❷ 비닐판을 깐 다음 링 틀을 올려놓고 ①을 틀 안에 붓는다. 〈사진 ①〉

❸ 비닐호스에 ①을 붓고 호스 양 끝을 고무마개로 막은 뒤 잡고 위 아래로 돌려주어서 평행이 되게 만든 다음 둥근 기둥 위에 S자 모양이 되게 감아서 테이프로 고정시킨다. 〈사진 ②, ③〉

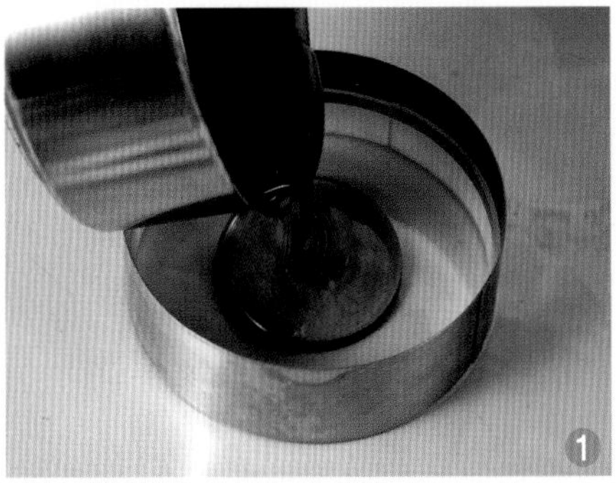

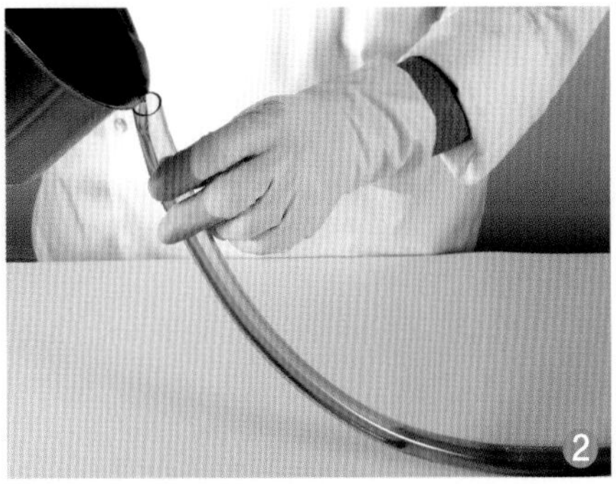

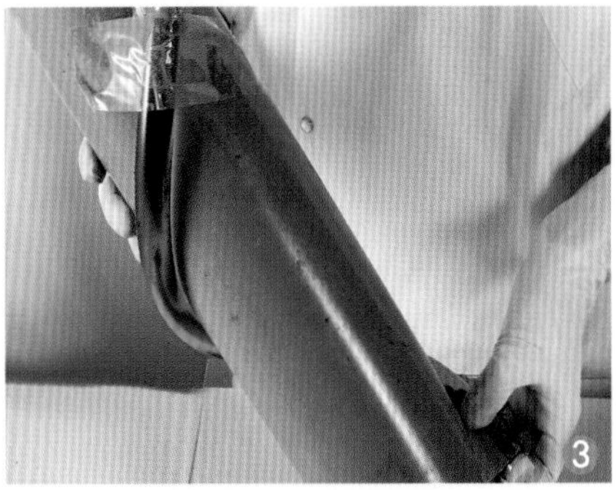

물결 무늬와 물방울

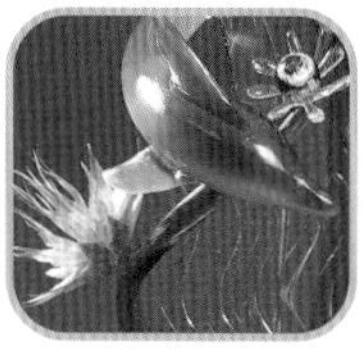

1. 비닐판 위에 물결무늬가 있는 비닐판을 올려놓는다.
2. 유산지를 말아 쥐어서 만든 짤주머니에 이소말트를 끓인 시럽을 넣어 물결무늬에 짜준다. 〈사진 ①〉
3. 유산지를 말아 쥐어서 만든 짤주머니에 이소말트를 끓인 시럽을 넣어 물방울 모양으로 짜준다. 〈사진 ②〉
4. ②에 금가루를 뿌린다. 〈사진 ③〉
5. 물결 무늬를 비닐판에서 떼어낸다. 〈사진 ④〉
6. 물방울 모양을 비닐판에서 떼어낸 다음 안으로 살며시 오므려준다.
7. 시럽물을 넣어 굳힌 구형 실리콘 틀에서 구슬을 빼낸다. 〈사진 ⑤, ⑥〉
8. 실팻 위에 구슬을 올려놓고 토치 램프로 그을리면 투명해진다. 〈사진 ⑦〉
9. 물방울 무늬 모형 위에 구슬을 올려놓는다. 〈사진 ⑧, ⑨〉

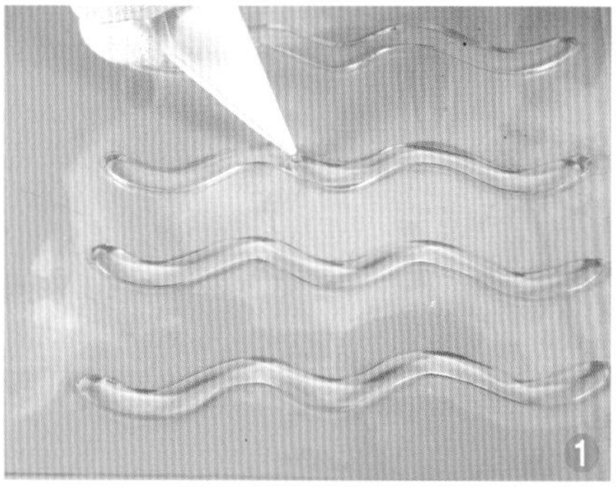

1

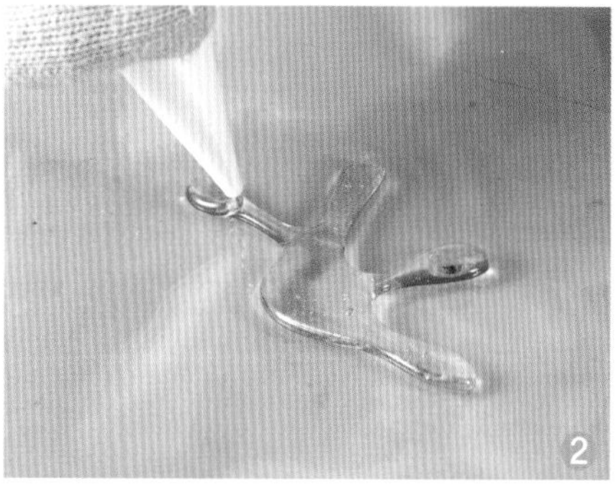

2

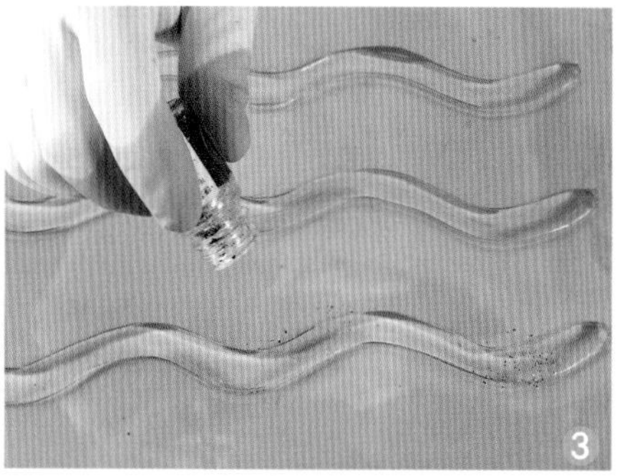

3

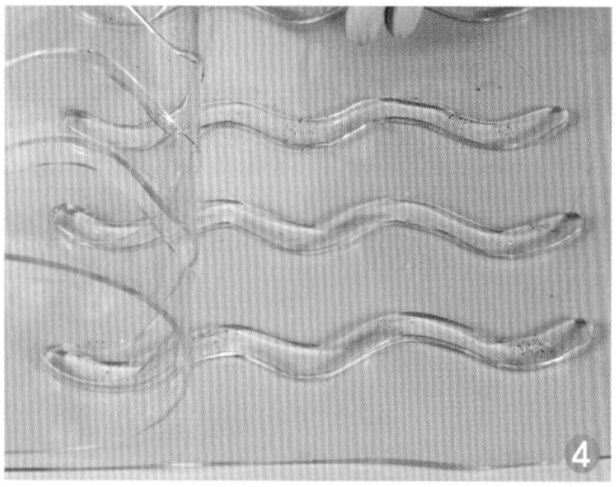

4

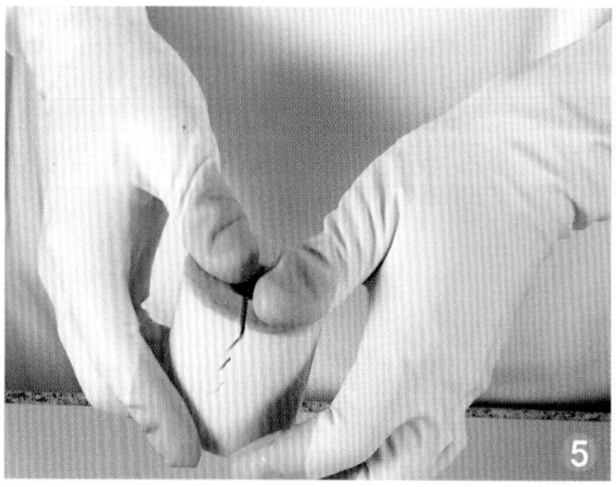

5

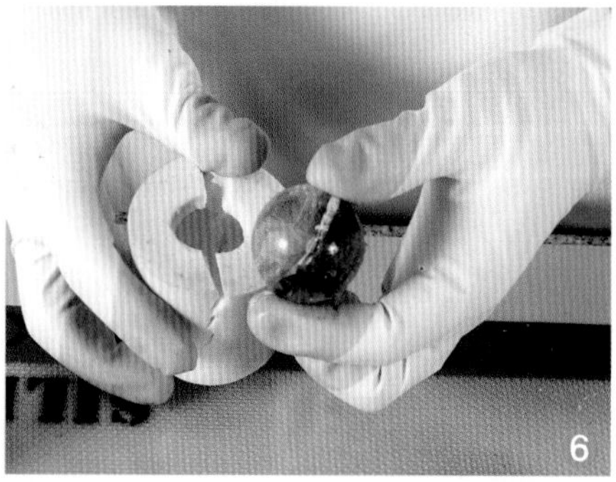

6

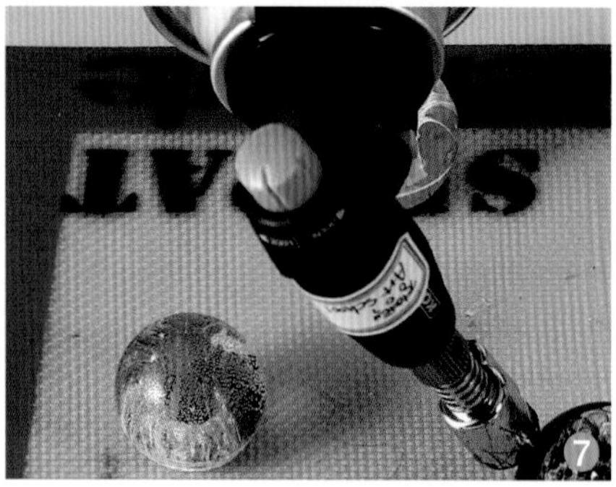

7

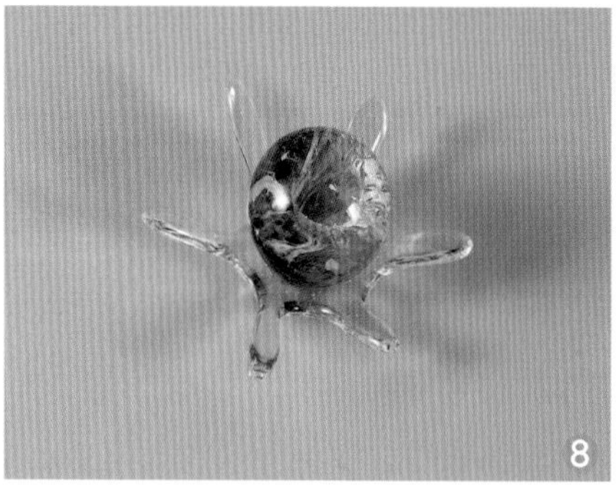

8

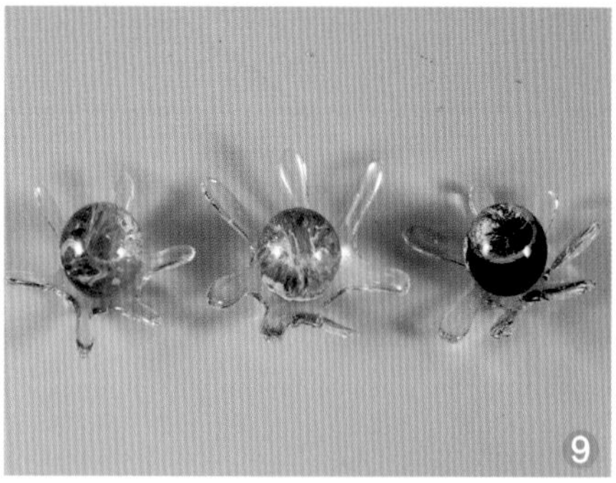

9

마무리

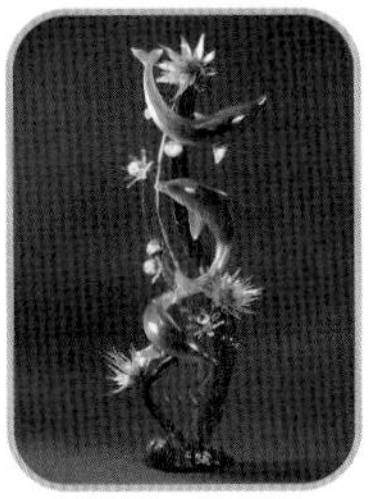

❶ 스티로폼은 양 끝을 약간 잘라 S자 기둥을 스티로폼에서 분리시킨다.
❷ 링 틀 안에 굳힌 것을 뺀다.
❸ 비닐 호스를 칼로 잘라서 틀을 뺀다. 〈사진 ①〉
❹ 받침대 위에 투명 기둥을 세운다. 〈사진 ②〉
❺ 투명기둥과 각도를 맞춰서 파란색 기둥을 세운다. 윗부분을 붙여서 힘을 받게 한다.〈사진 ③, ④〉
❻ 비닐호스에 굳혀 만든 줄기를 세워 모양을 살리는 동시에 튼튼하게 받혀주는 역할을 하게 한다. 〈사진 ⑤〉
❼ 첫 번째 돌고래는 비닐호스로 굳힌 기둥에 살짝 거치게 붙인다. 〈사진 ⑥〉

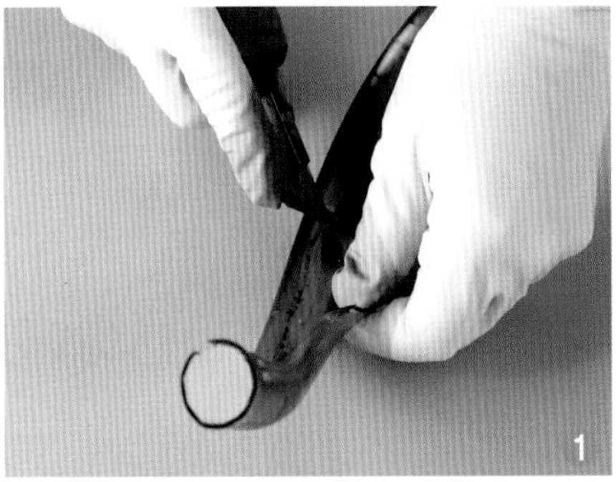
1

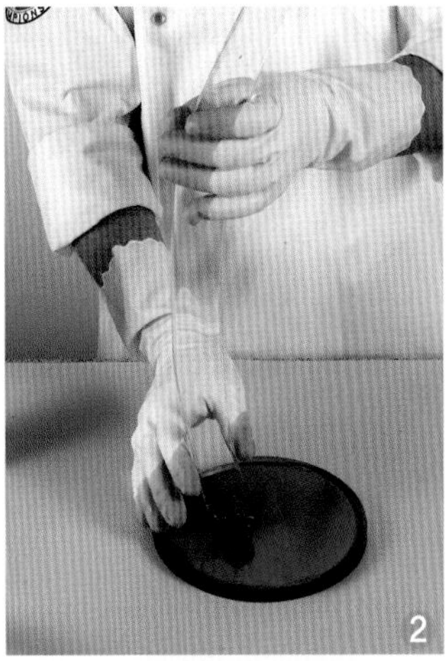
2

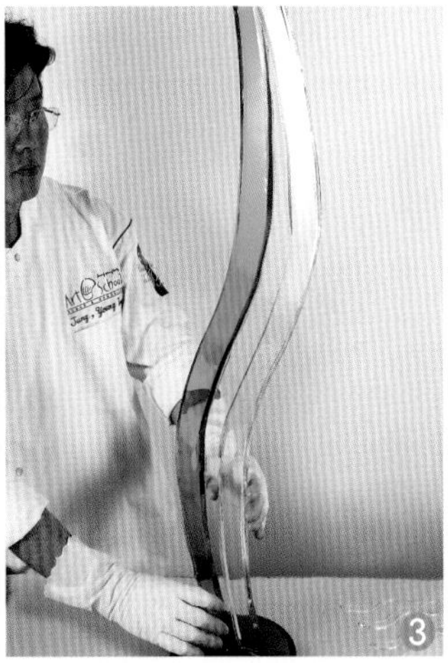
3

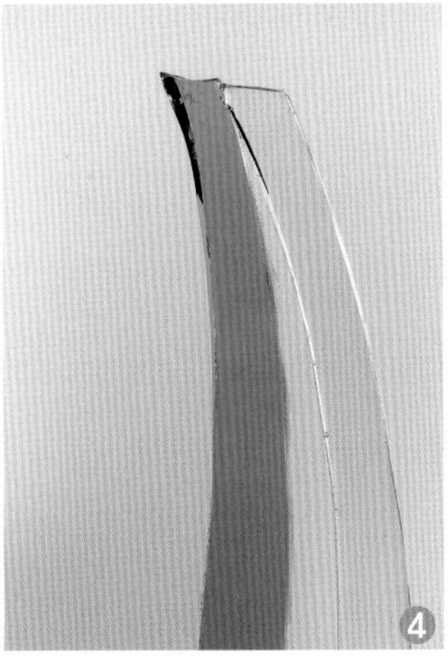
4

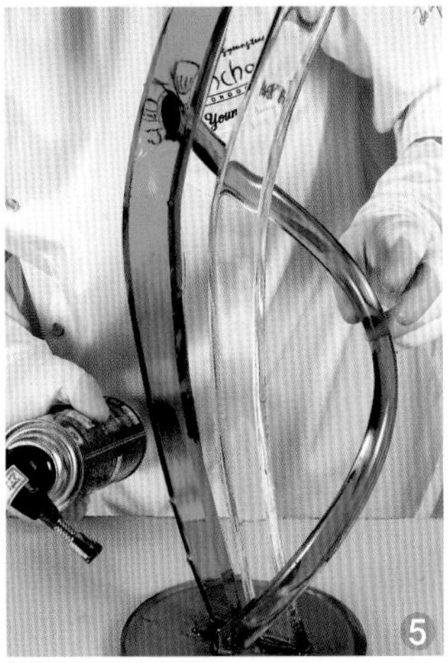
5

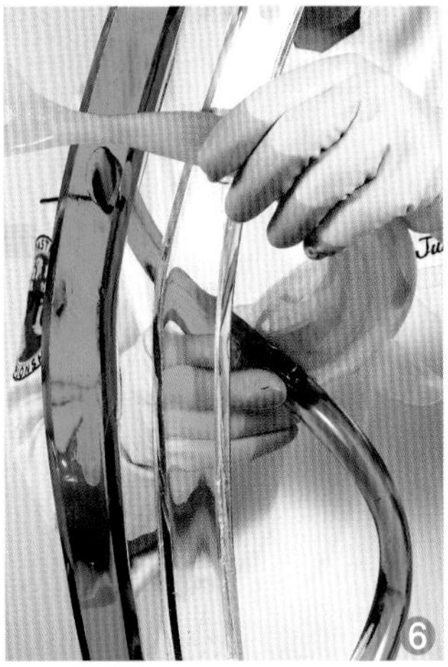
6

❽ 두 번째 돌고래는 파란색 기둥 중간 부분에 붙인다. 〈사진 ⑦, ⑧〉

- 붙일 때는 열풍기로 살짝 녹이거나 이소말트를 끓여서 접착제로 사용한다. 접착 부분은 붙는 곳과 붙이는 곳 양쪽 모두 꼼꼼하게 신경써야 한다.

❾ 세 번째 돌고래는 꼬리지느러미가 투명 기둥 위로 향하게 파란색 기둥 윗부분에 붙인다. 〈사진 ⑨, ⑩〉

- 붙일 때 접착 부분이 떨어지지 않도록 바람을 이음새 부분을 에어 스프레이로 식힌다.

❿ 에어브러시를 이용해 돌고래를 파란색으로 피스톨레한다. 〈사진 ⑪〉

⓫ 받침대 위에 물결무늬를 세로로 세워서 붙인다. 〈사진 ⑫〉

⓬ 비닐 호스를 이용한 줄기와 파란색 기둥에 산호초를 붙인다. 〈사진 ⑬, ⑭〉

⓭ 투명 기둥의 고래가 위치한 곳에 물방울을 붙인다. 〈사진 ⑮, ⑯〉

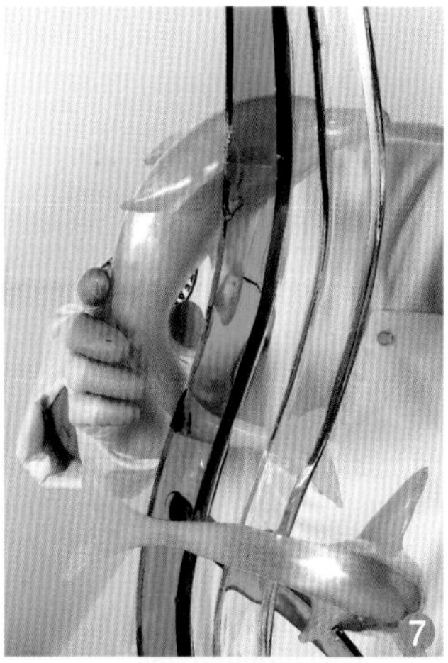
7

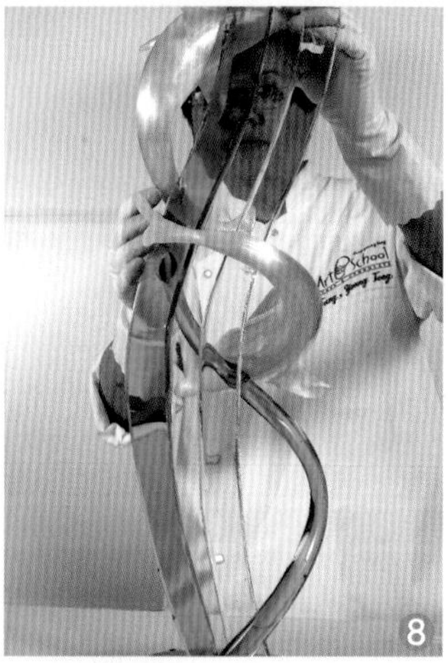
8

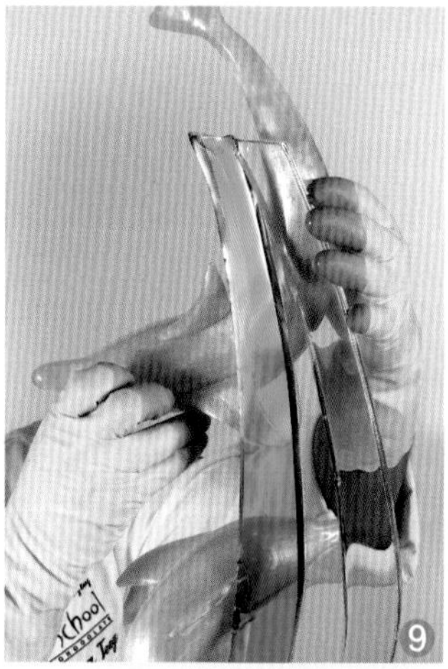
9

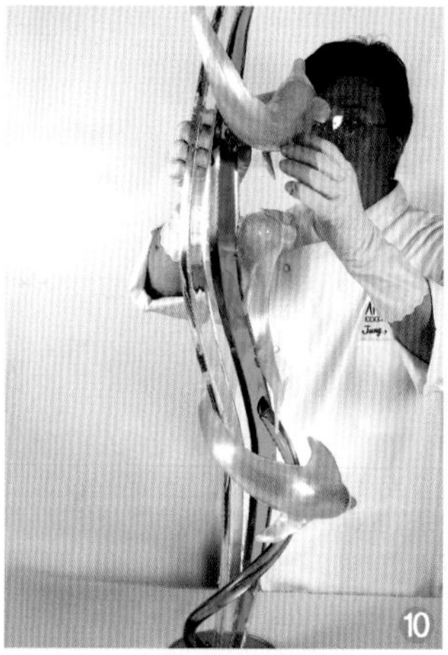
10

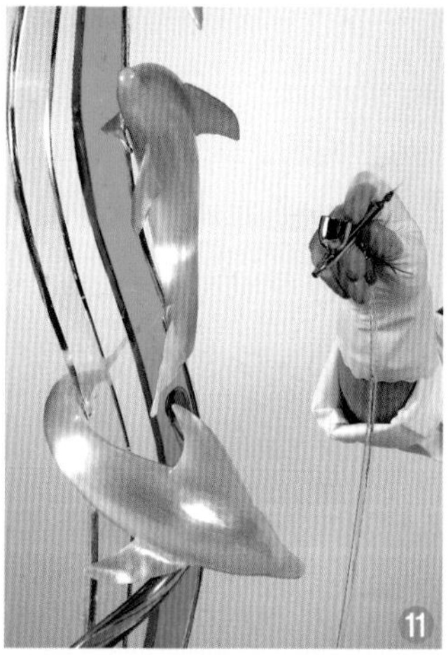
11

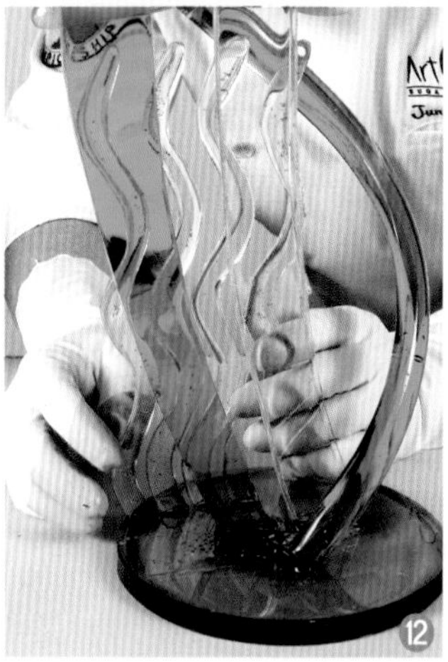
12

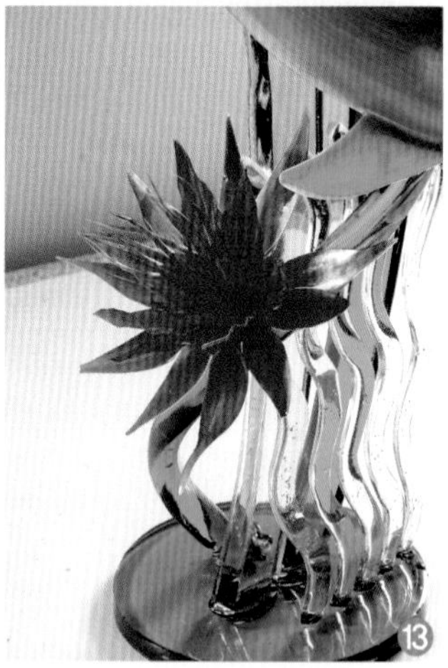
13

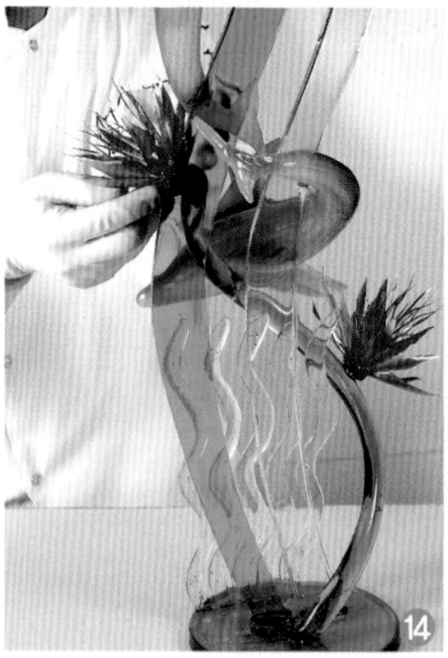
14

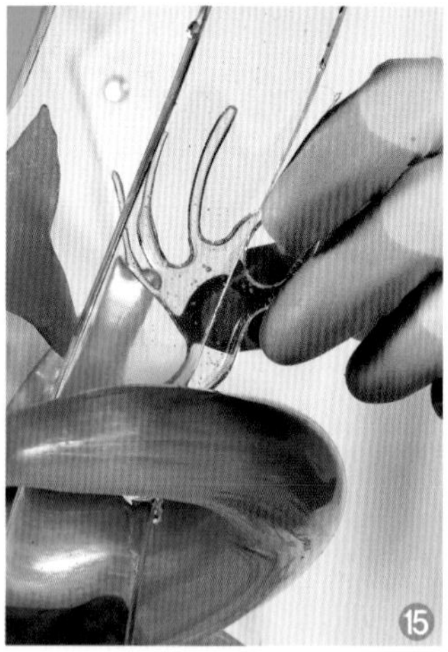
15

⑭ 투명한 파란빛이 감도는 구슬을 기둥 곳곳에 붙인다. 〈사진 ⑰, ⑱, ⑲〉

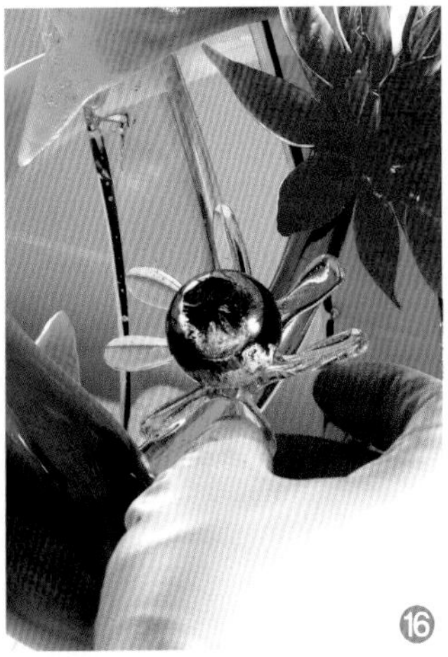

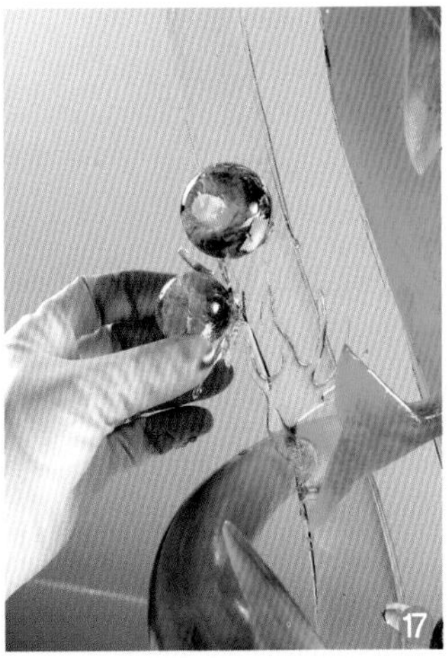

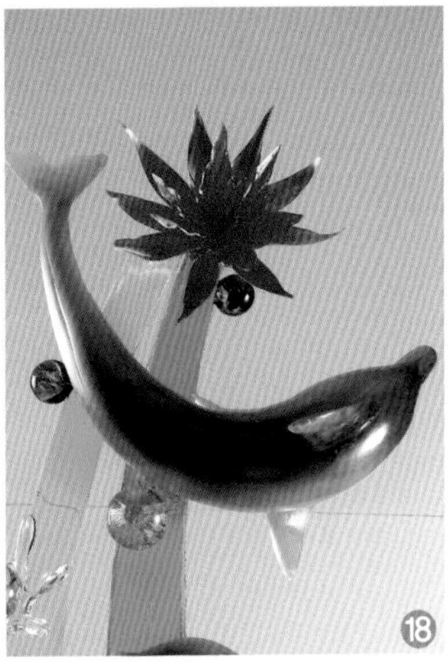

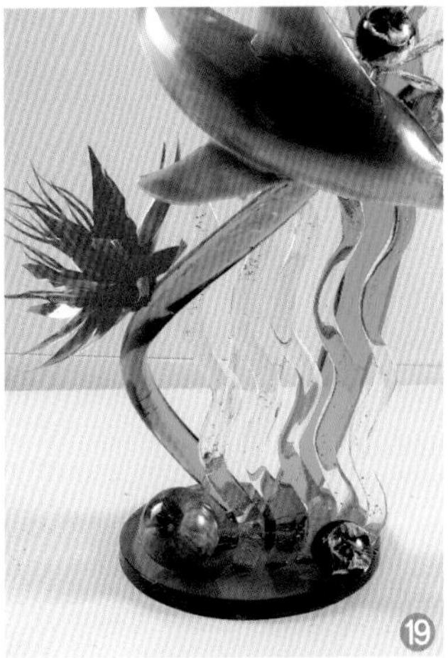

완성작

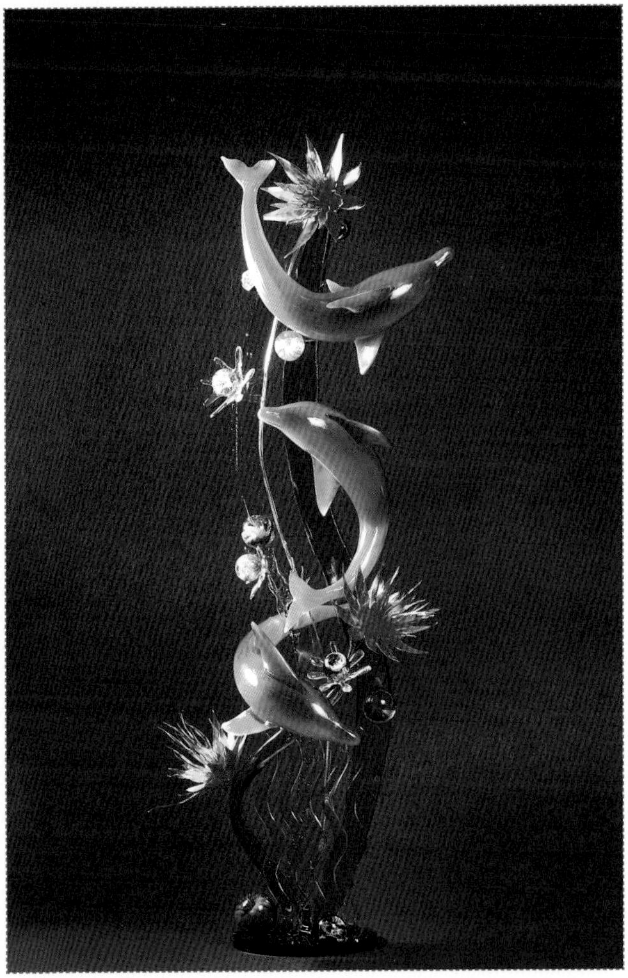

우리의 수호신 호랑이

Le tigre

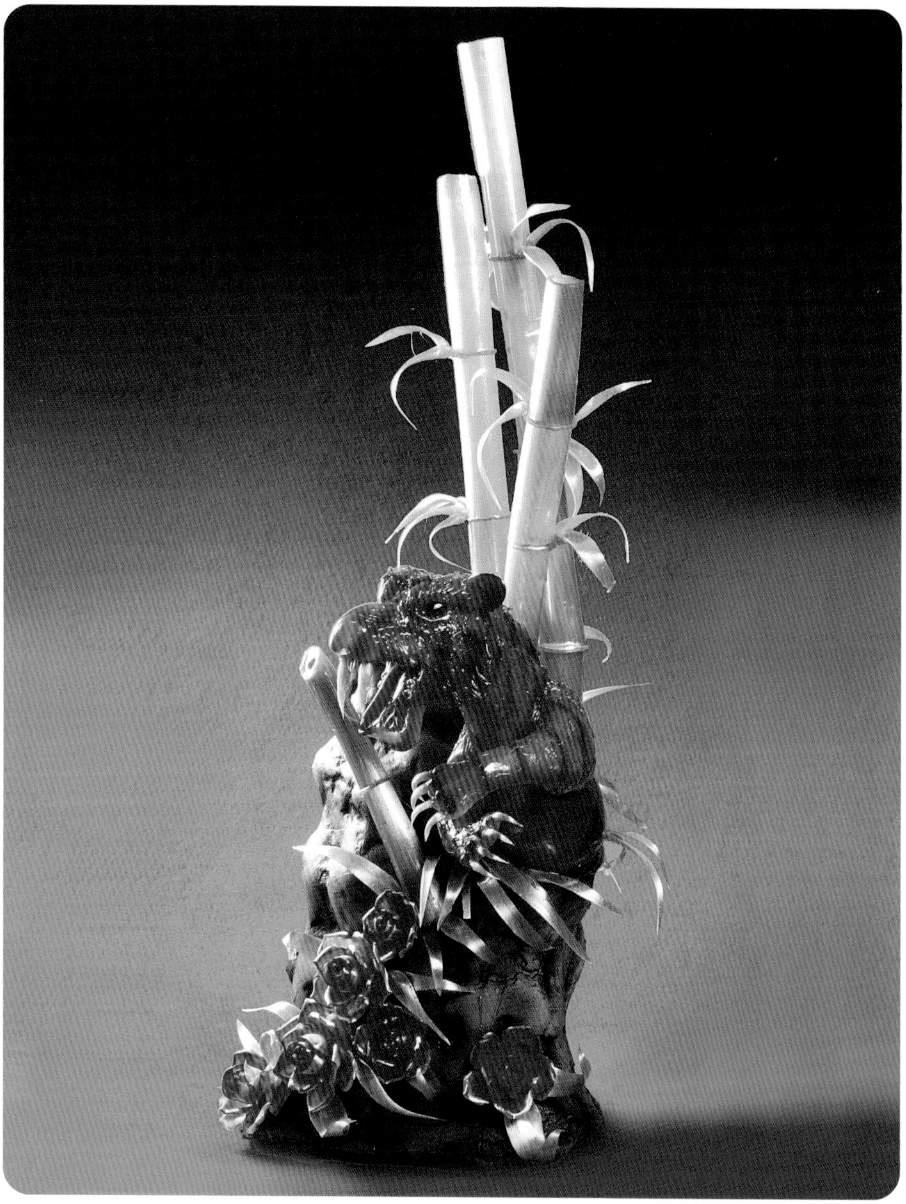

2003 월드페이스트리컵 한국대표 선발전 금상 수상작. 동양적인 소재인 호랑이와 대나무를 표현했다. 몰드 사용을 최대한 자제하고 불기, 당기기 등의 난이도 높은 기술을 활용했다. 특히 불기 기술로 제작한 호랑이는 이빨과 발톱에서 위압감이 느껴진다.

바위

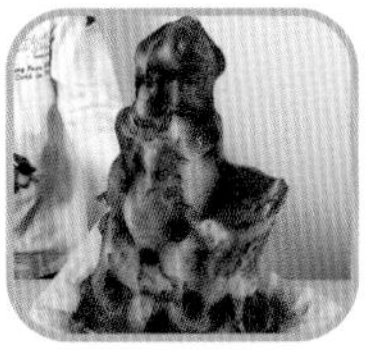

❶ 파스티아주로 만든 바위를 초콜릿색으로 피스톨레한다. 〈사진 ①〉

– 파스티아주 바위는 15일 동안 굳힌 다음 사용해야 한다.

❷ 검정색으로 명암을 준다. 〈사진 ②〉

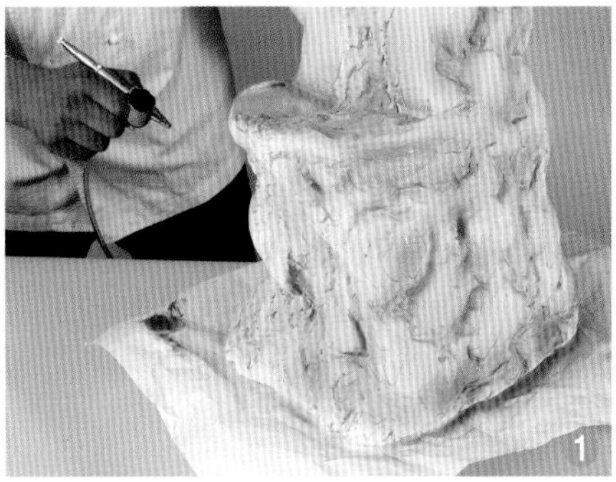

1

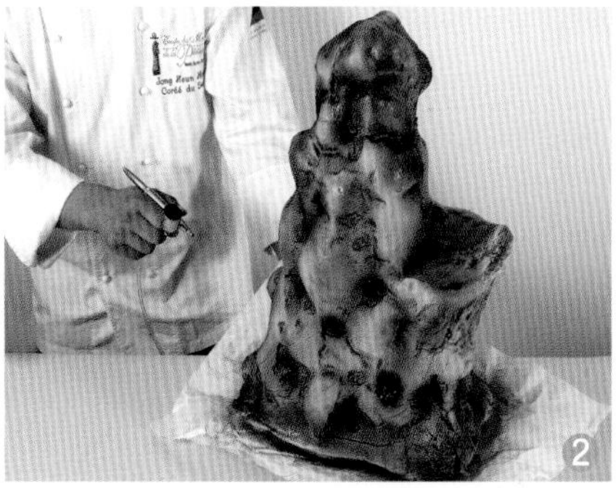

2

호랑이 다리

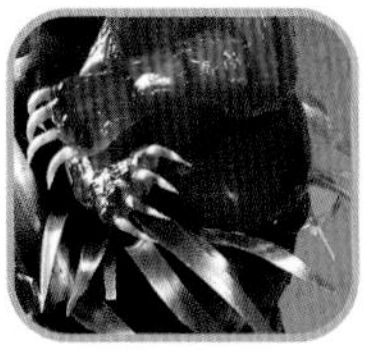

❶ 설탕반죽 적당량을 떼어내 둥글게 만든 다음 밑 부분에 구멍을 내서 펌프를 집어 넣고 공기를 주입시키며 손으로 입체감 있게 모양을 다듬는다. 〈사진 ①, ②〉

❷ 치과기구용 기구로 발가락 모양을 만든 다음 겉 표면을 긁어서 털을 표현해 준다. 〈사진 ③〉

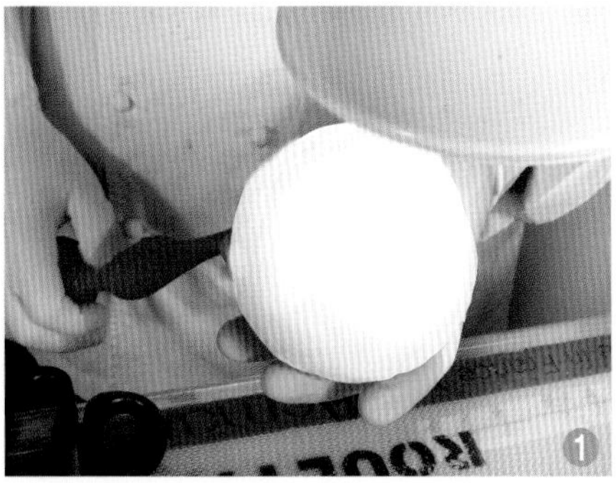

1

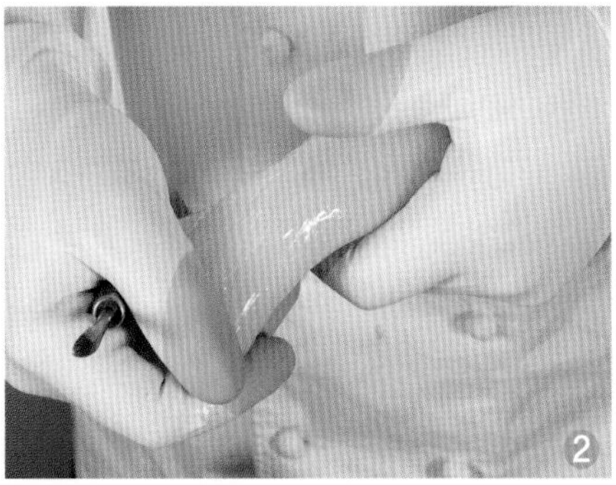

2

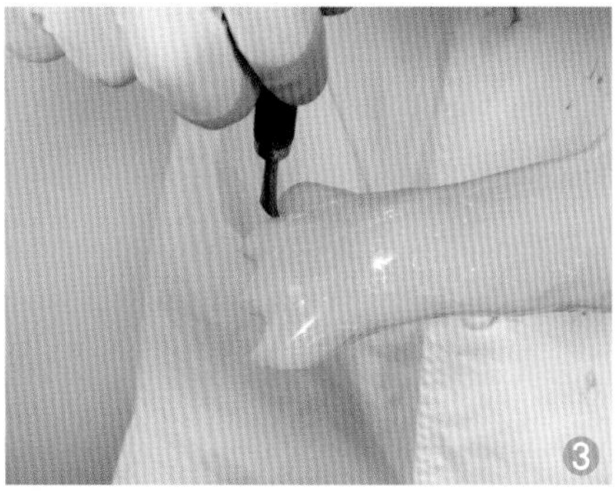

3

호랑이 눈

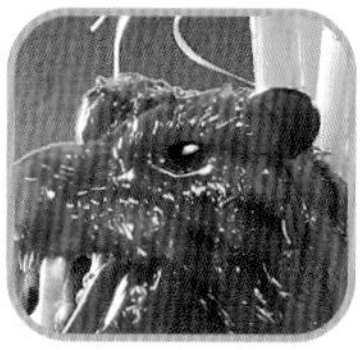

❶ 설탕시럽을 전자레인지에 가열해 까맣게 태운 다음 실팻 위에 붓는다. 〈사진 ①〉
❷ 설탕시럽을 안으로 말아 넣어주며 반죽을 뭉친 다음 눈알에 필요한 만큼 적당량을 떼어서 가위로 자른다. 〈사진 ②〉
❸ 까만 눈동자가 되게 둥글리기해서 4개를 만든 다음 토치 램프로 살짝 그을려 광택을 낸다. 〈사진 ③, ④〉
❹ 눈알 모형 실리콘 틀에 설탕시럽을 붓고 기구를 이용해 눈동자를 집어넣는다. 〈사진 ⑤, ⑥〉
❺ ④가 완전히 굳으면 실리콘 틀에서 눈알을 빼낸 다음 토치 램프로 살짝 그을려 광택을 낸다. 〈사진 ⑦, ⑧〉

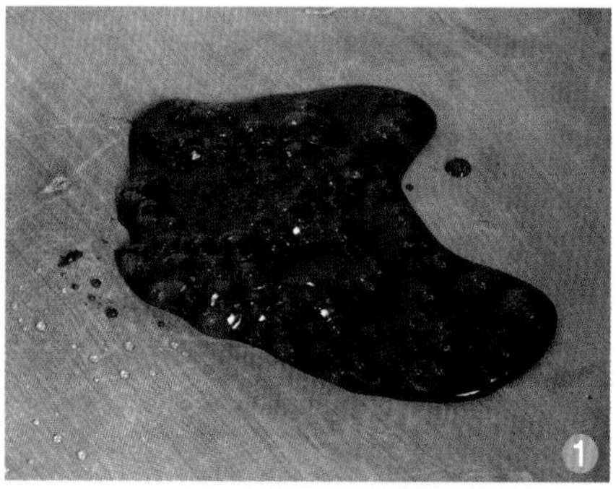
1

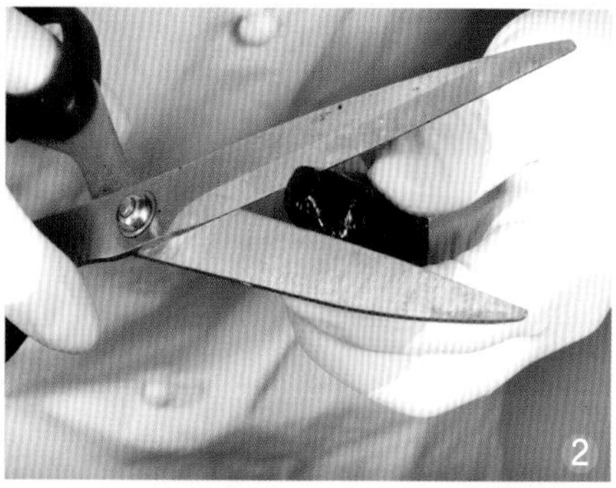
2

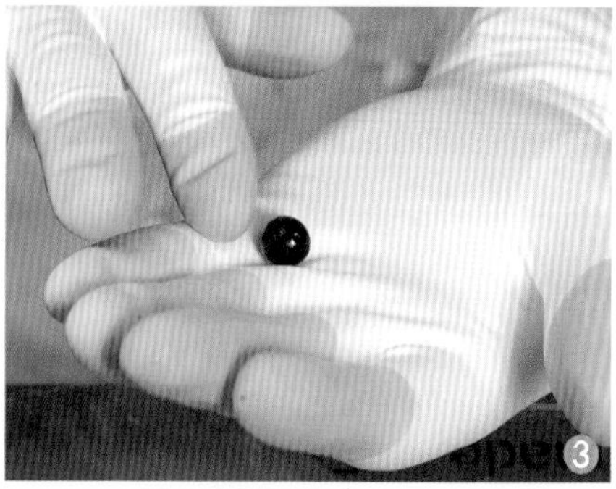
3

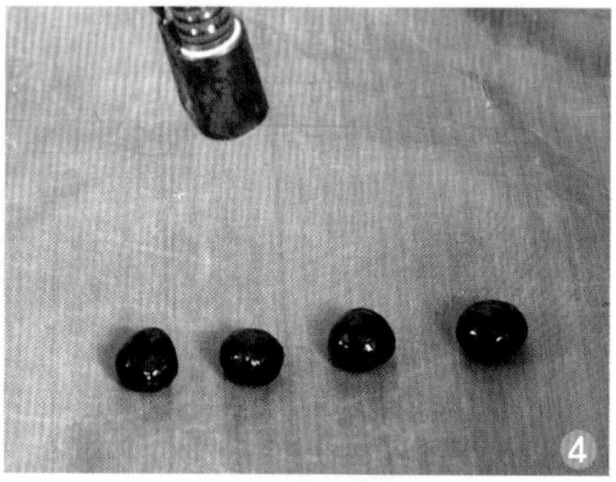
4

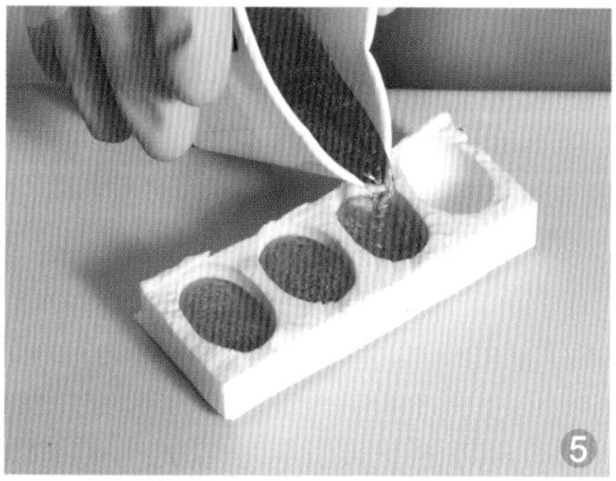
5

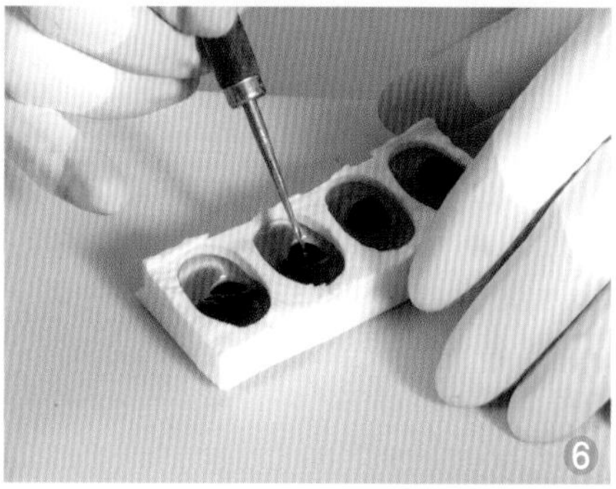
6

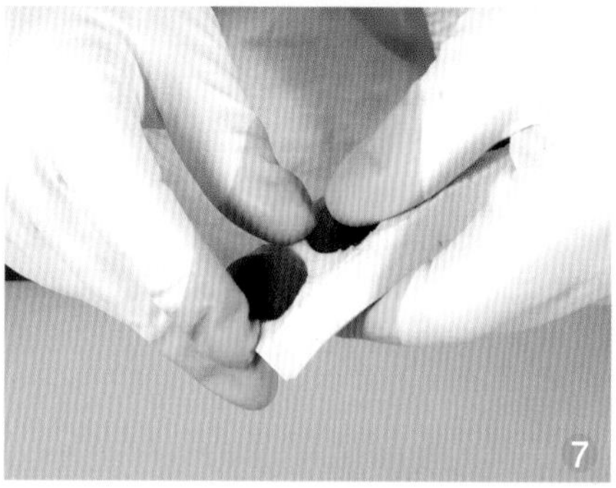
7

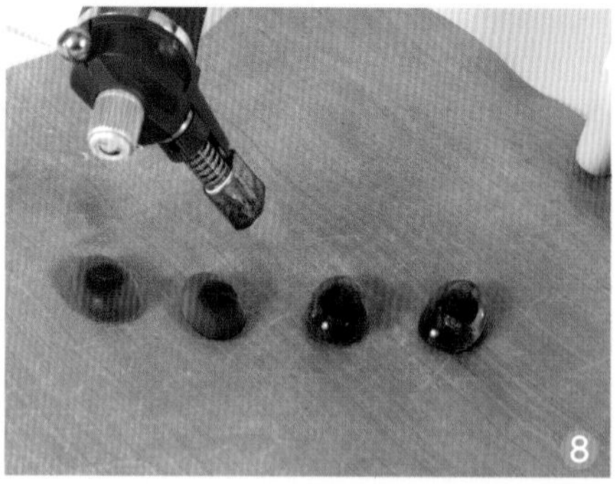
8

호랑이 머리

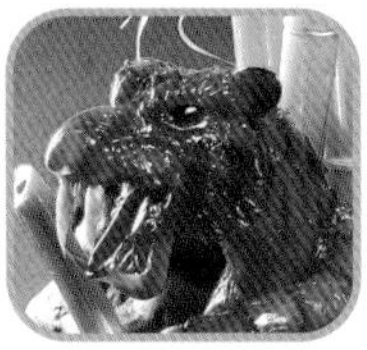

❶ 설탕시럽을 끓여서 실팻 위에 붓고 안으로 말아주며 반죽을 뭉친다. 〈사진 ①〉
❷ 광택이 날 때 까지 여러 번 당긴 다음 저울에 재서 500g의 중량을 맞춰 자른다. 〈사진 ②, ③, ④〉
❸ ②를 둥글게 만들어 구멍을 낸 다음 펌프를 집어넣고 공기를 주입시키며 모양을 잡아간다. 〈사진 ⑤, ⑥, ⑦〉

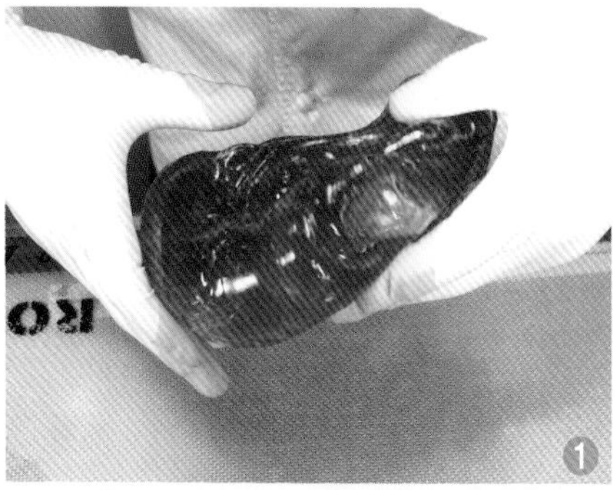
1

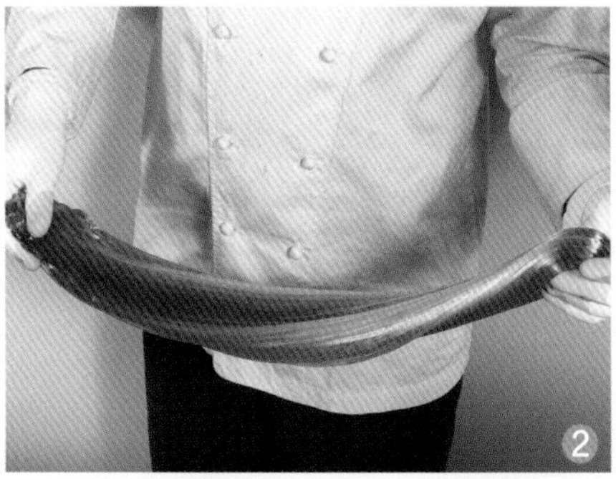
2

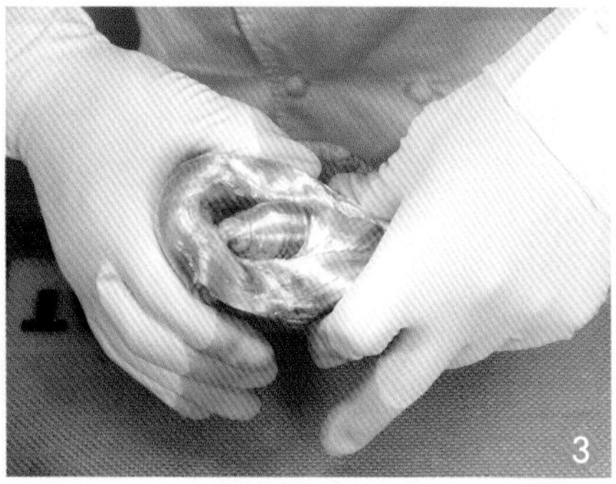
3

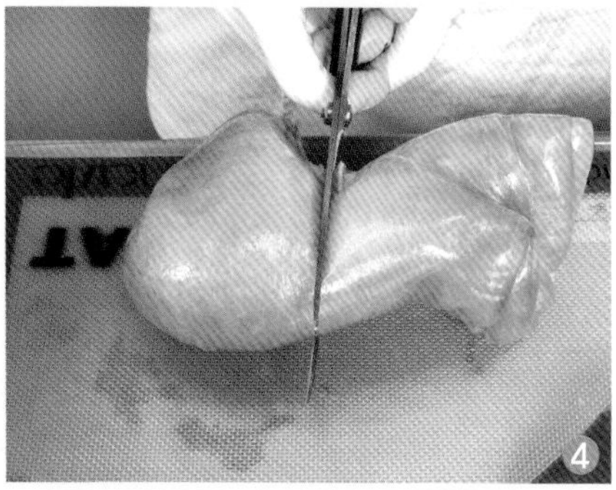
4

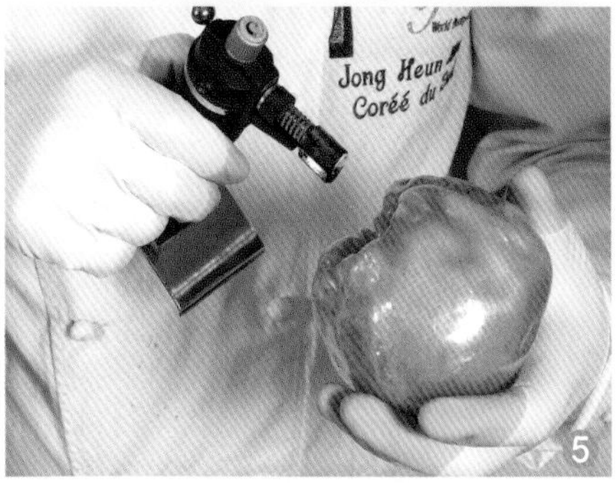
5

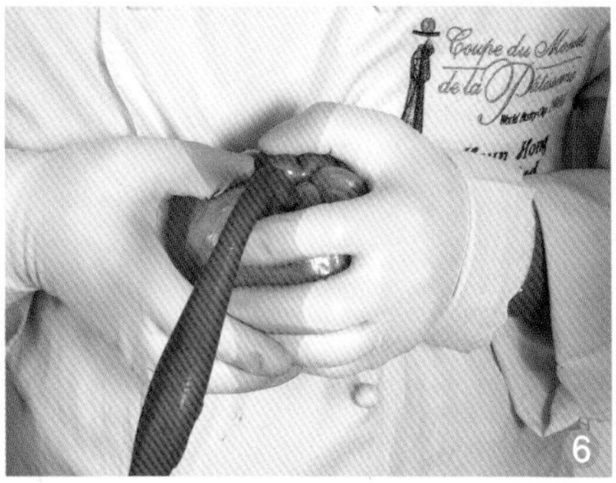
6

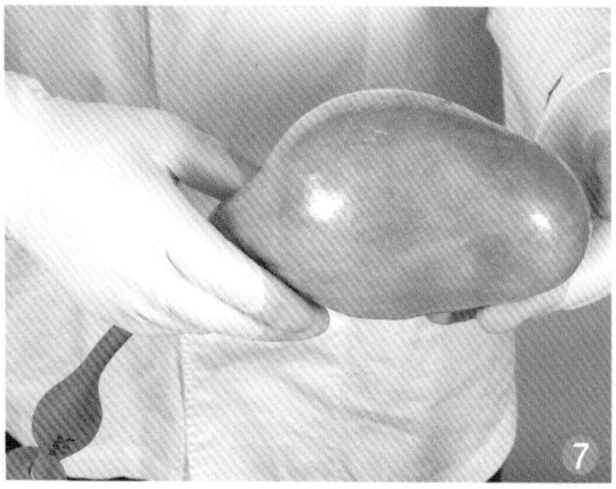
7

④ 칼을 토치 램프에 달군 후 입 부분을 자른다. 〈사진 ⑧, ⑨〉
⑤ 칼로 자른 부분을 토치 램프로 녹인 후 손으로 입을 벌린다. 〈사진 ⑩, ⑪〉
⑥ 눈알이 들어갈 자리를 토치 램프로 녹인 후 조각도(조소용 도구)로 파낸다. 토치 램프로 눈알 크기를 맞추어가며 눈알이 들어갈 자리를 완성한다. 〈사진 ⑫, ⑬, ⑭〉
⑦ 눈알을 입속으로 넣어 붙인다. 〈사진 ⑮, ⑯〉

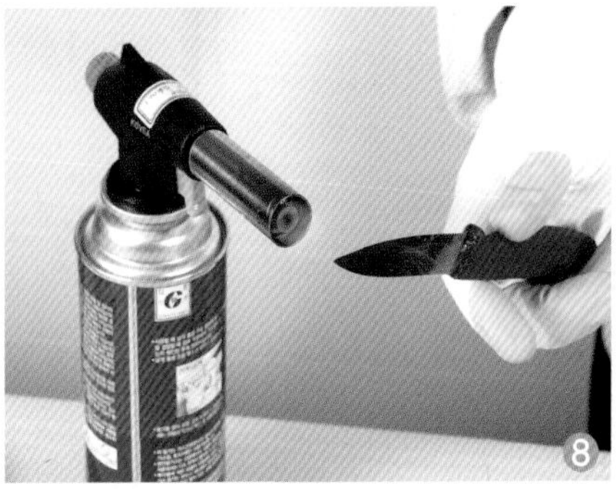
8

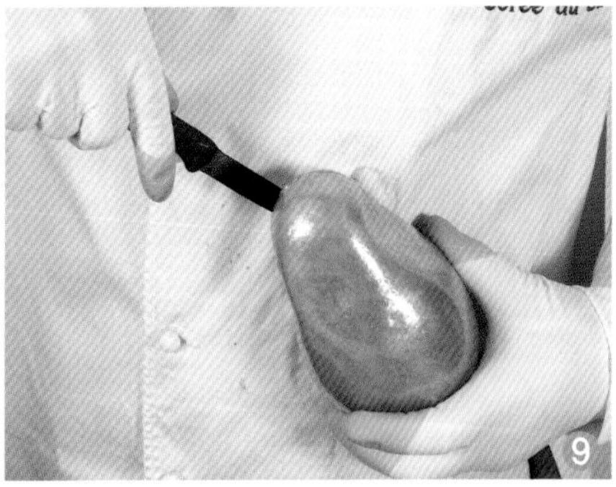
9

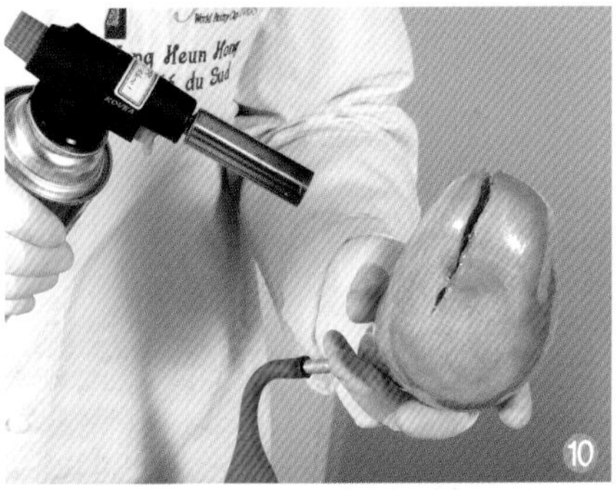
10

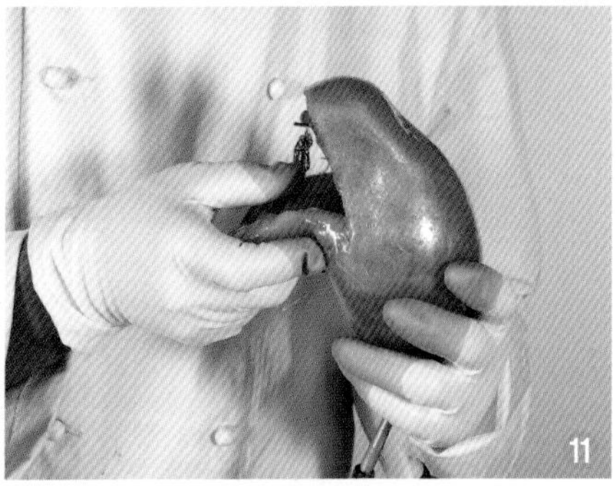
11

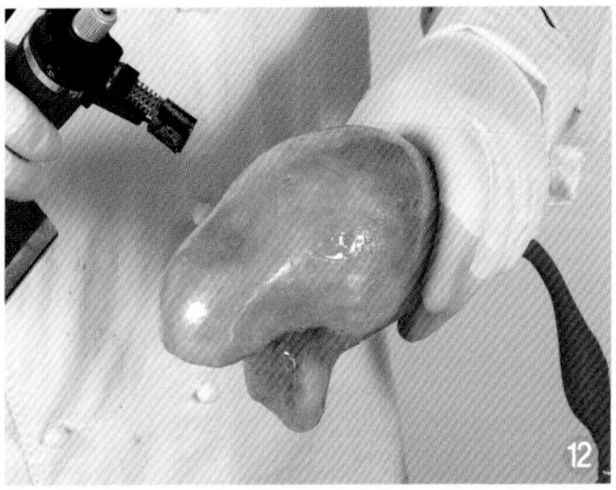
12

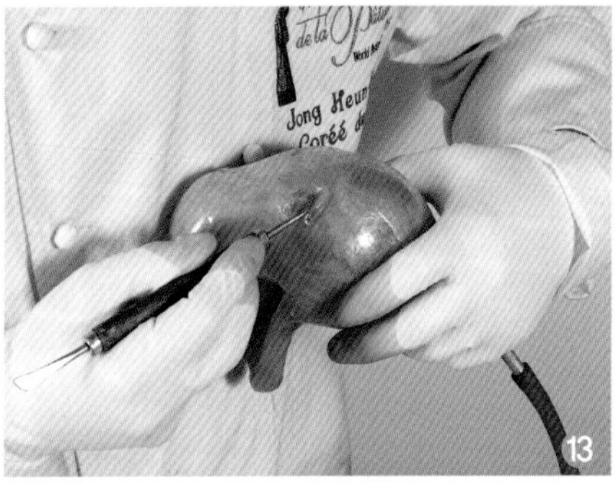
13

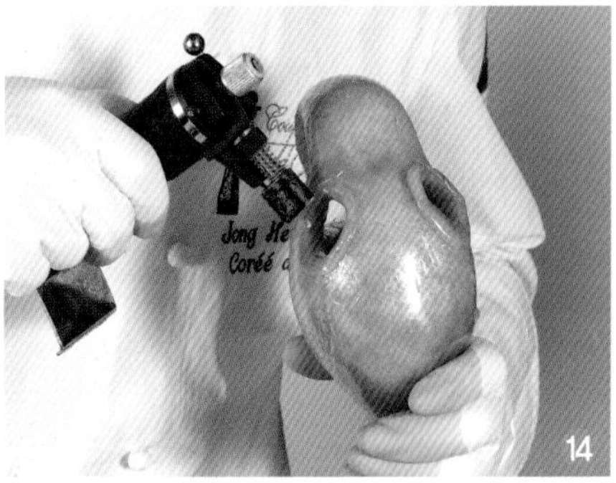
14

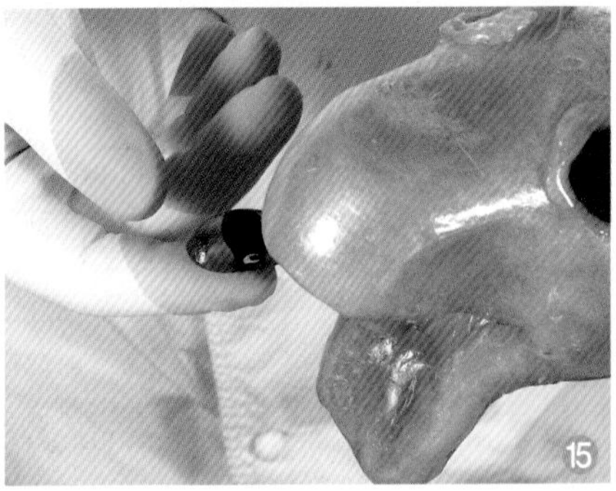
15

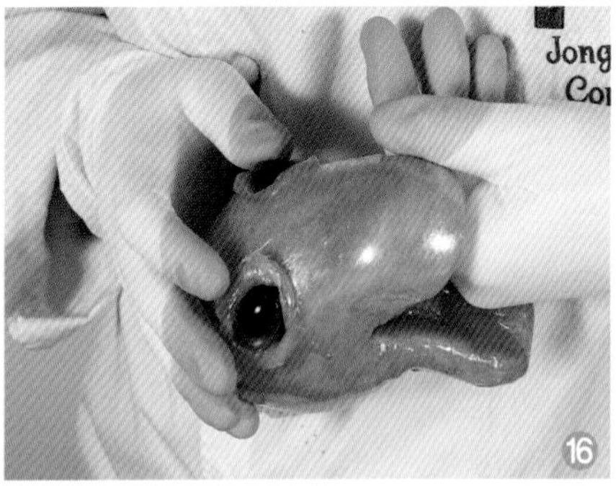
16

⑧ 설탕반죽 적당량을 가위로 잘라 눈꺼풀을 만들어서 눈 위에 붙인다. 〈사진 ⑰, ⑱〉

⑨ 코가 될 부위를 토치 램프로 달군 다음 조각도로 콧구멍을 파낸다. 〈사진 ⑲, ⑳〉

⑩ 코 양쪽 옆과 머리 위에 털이 될 부분을 붙인다. 〈사진 ㉑, ㉒〉

⑪ 털이 될 부분을 토치 램프로 달군 다음 조각도로 칼집을 내서 털을 만든다. 〈사진 ㉓, ㉔, ㉕, ㉖〉

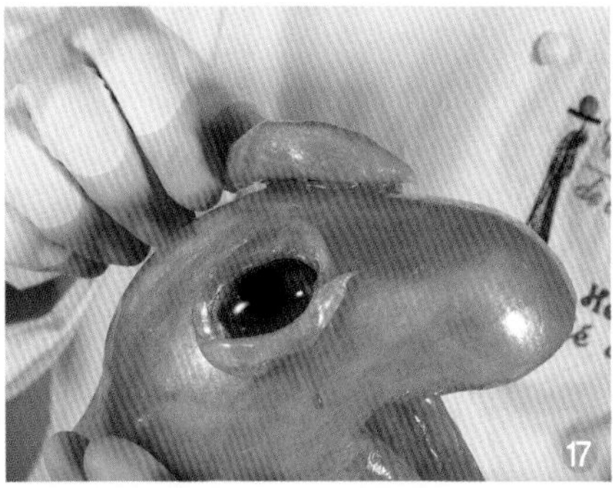
17

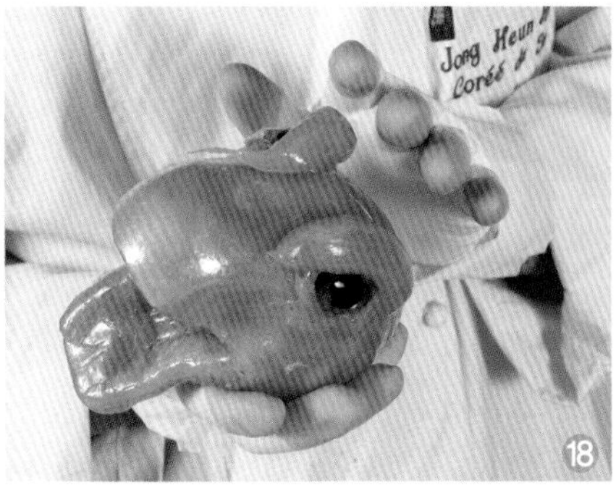
18

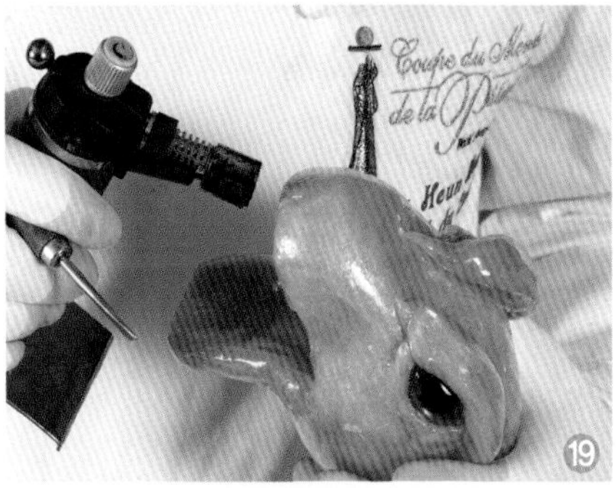
19

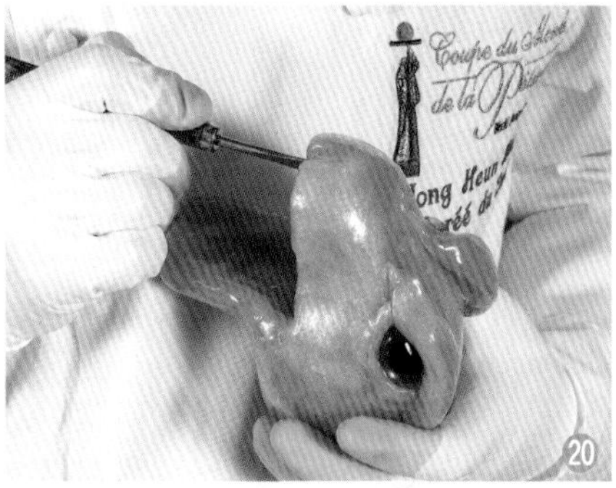
20

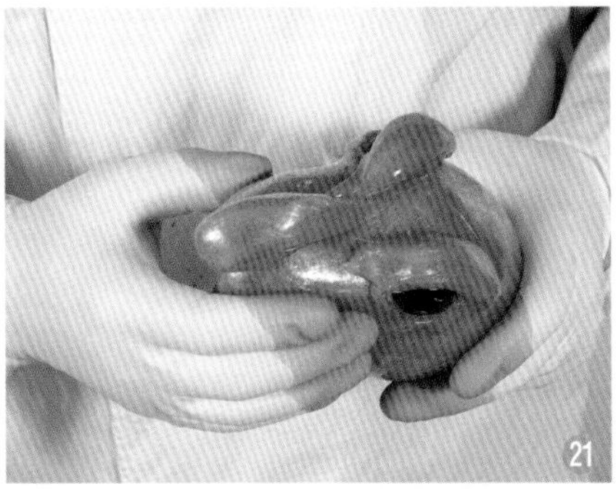
21

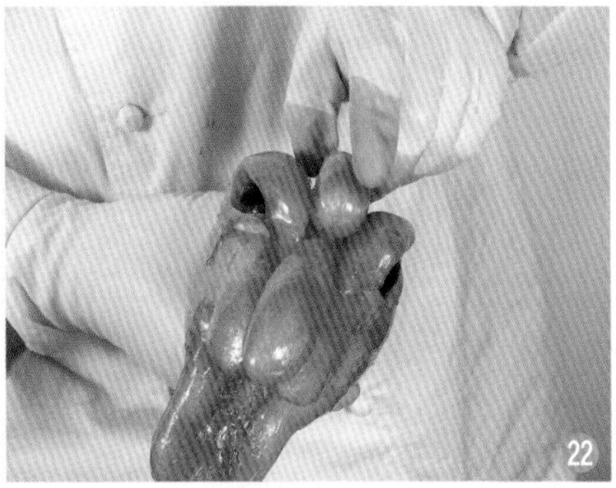
22

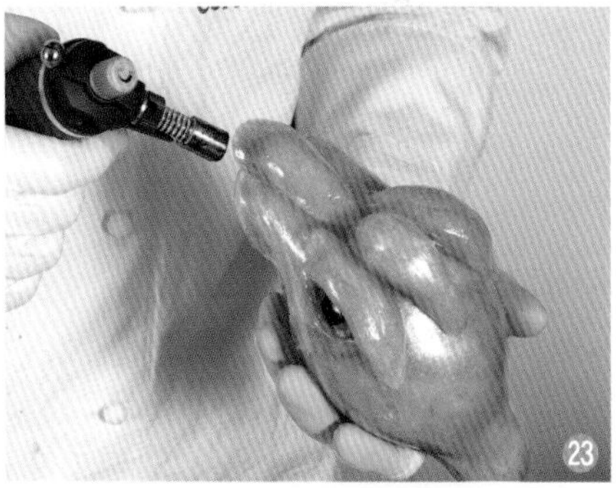
23

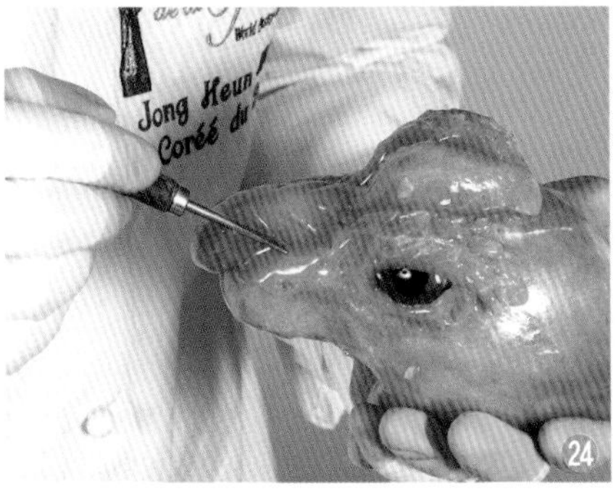
24

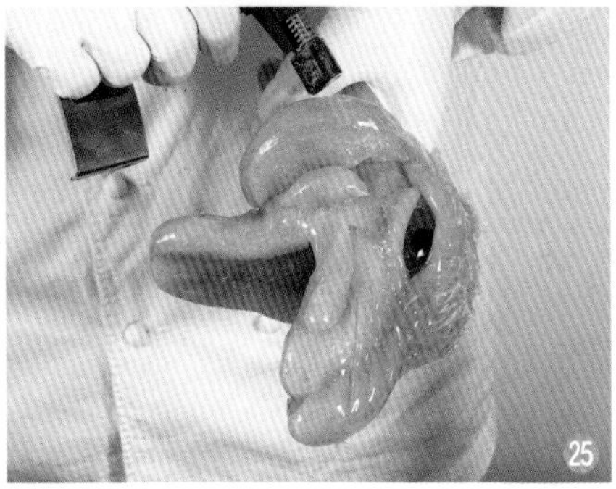
25

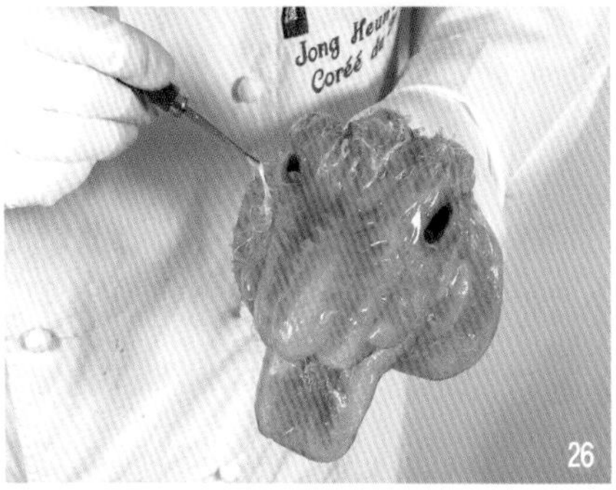
26

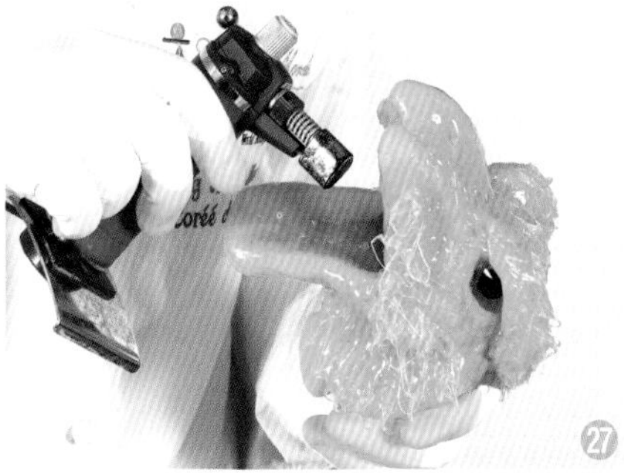

⑫ 설탕반죽을 적당량 떼어내 입을 막고 토치 램프로 살짝 달궈 손으로 다듬은 다음 치과기공기구로 평평하게 만들어 다시 토치 램프로 달군 후 치과기공기구로 칼집을 낸다. 〈사진 ㉗, ㉘ ㉙. ㉚〉

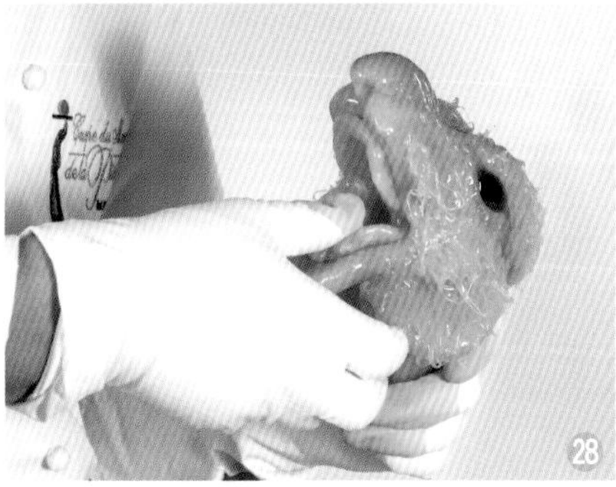

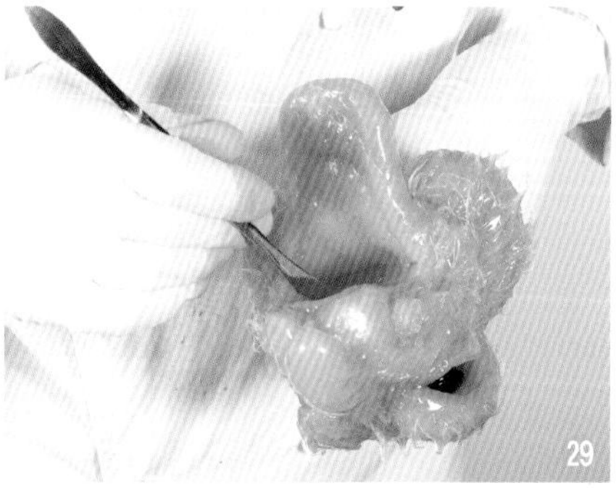

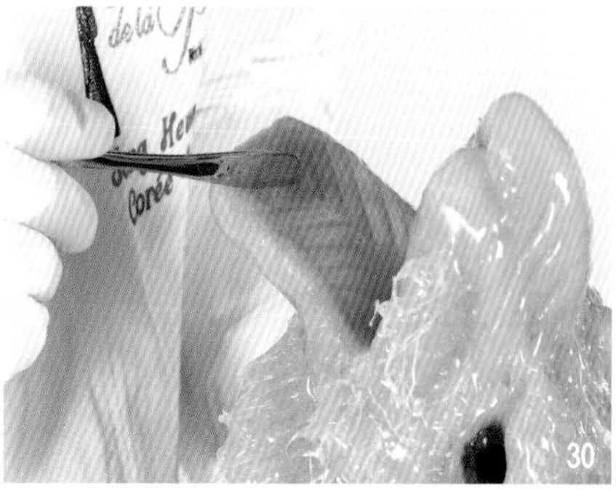

호랑이 이빨

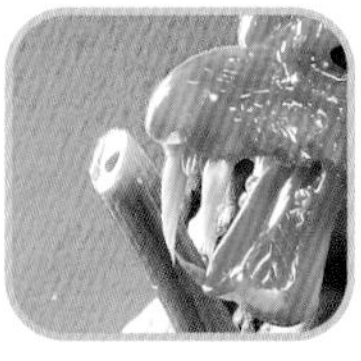

❶ 설탕반죽 끝을 잡고 조금씩 잡아당겨서 이빨 모양을 만든 후 가위로 자른다. 〈사진 ①, ②〉

❷ ①을 8개 만든다. 〈사진 ③〉

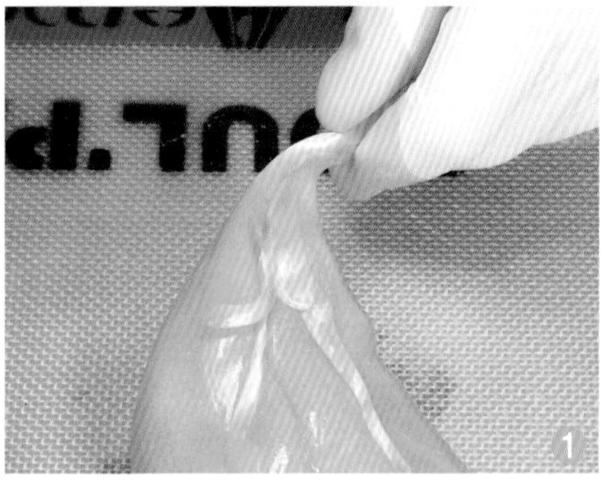

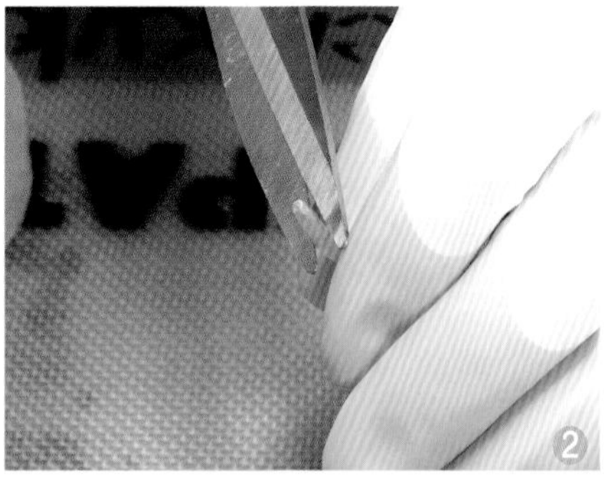

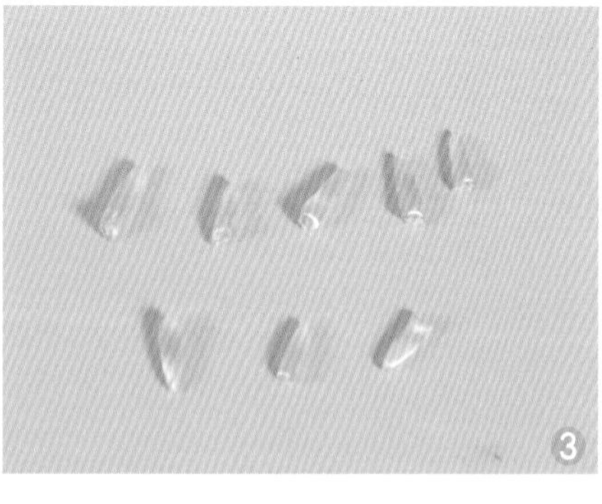

❸ 설탕반죽을 어금니 모양으로 동그랗게 만들어 가위로 자른 다음 치과기공기구로 십자모양이 나게 눌러준다.〈사진 ④, ⑤, ⑥〉

❹ ②를 8개 만든다.〈사진 ⑦〉

❺ 설탕반죽을 호랑이 송곳니 모양으로 만든 다음 자른다. 〈사진 ⑧, ⑨〉

❻ 입 안쪽을 토치 램프로 살짝 달군 다음 윗부분과 아랫부분에 어금니와 송곳니를 붙인 다음 윗부분 송곳니 사이에 이빨을 붙인다.
〈사진 ⑩, ⑪. ⑫〉

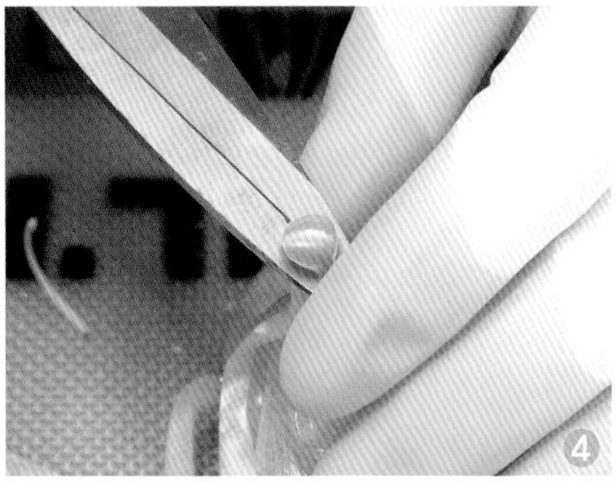

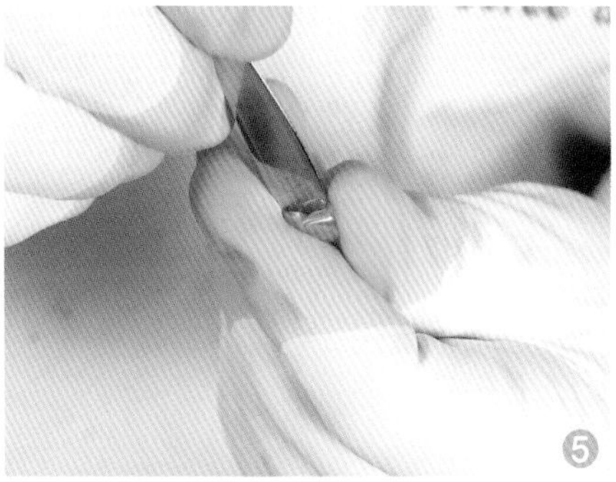

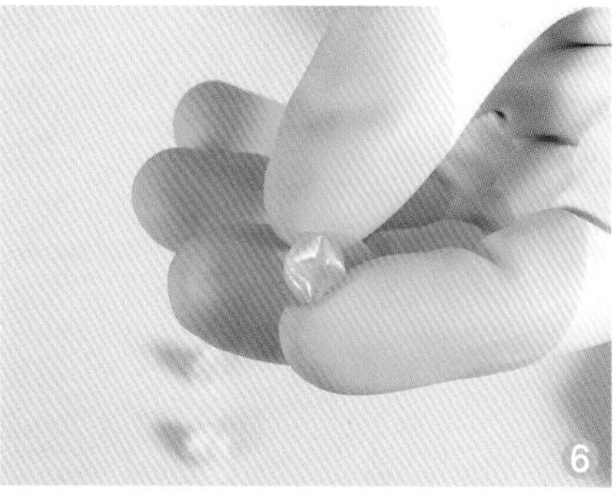

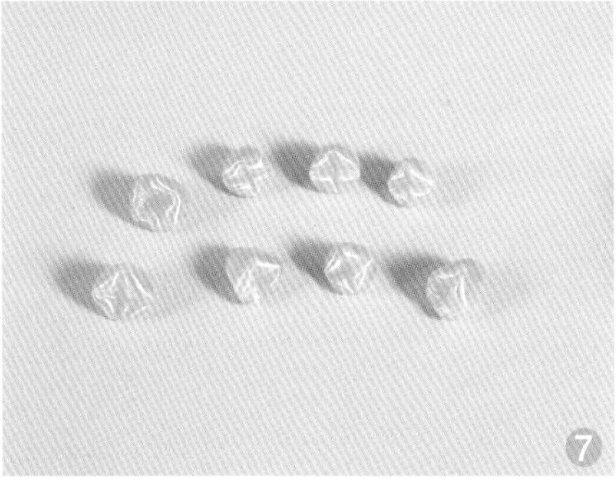

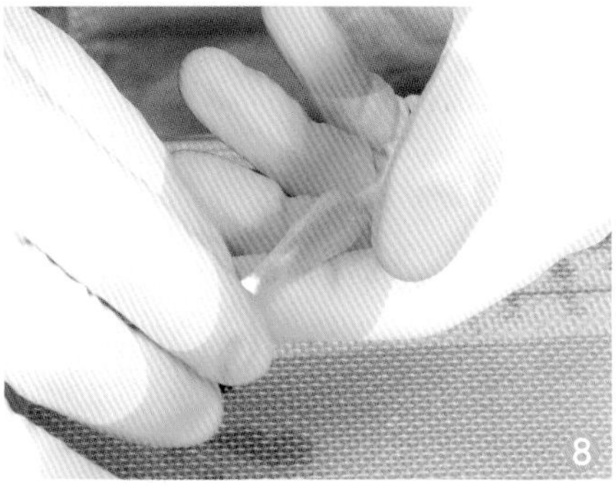

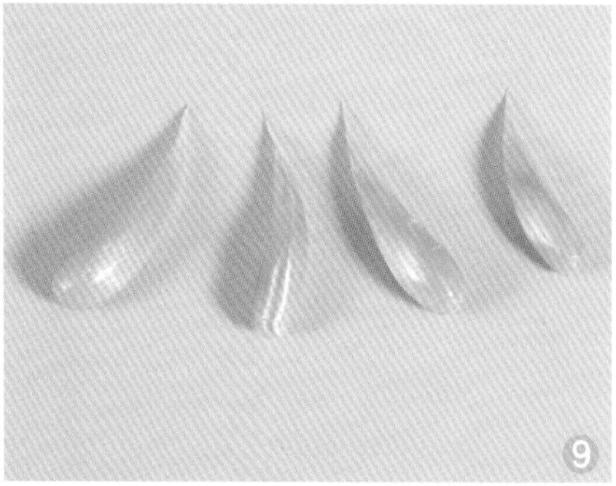

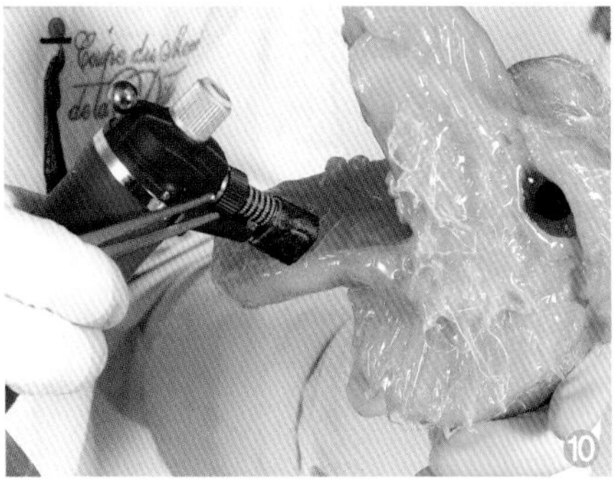

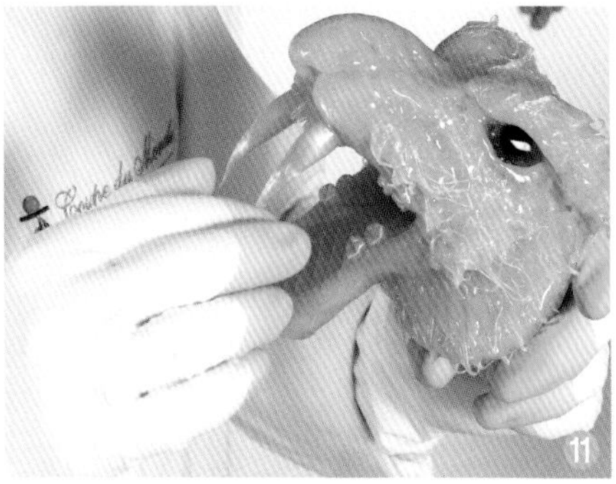

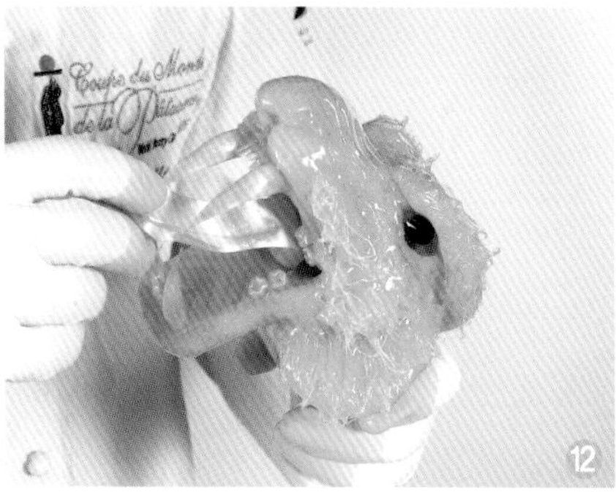

호랑이 혀

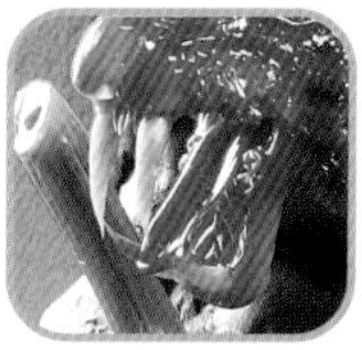

❶ 설탕반죽을 잡아당겨 혀 모양으로 만든 다음 가위로 자른다. 〈사진 ①〉
❷ 혀의 한쪽 끝을 뒤쪽으로 살짝 말아준 다음 혀의 가운데를 조각도로 자국을 낸다. 〈사진 ②, ③〉
❸ 혀를 입 속에 넣어 붙인다. 〈사진 ④, ⑤〉

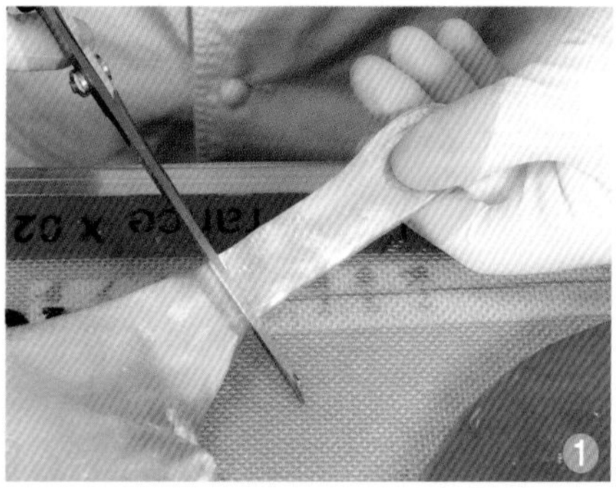

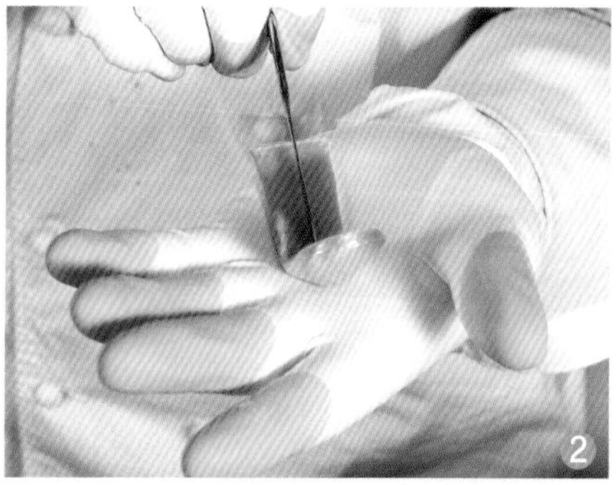

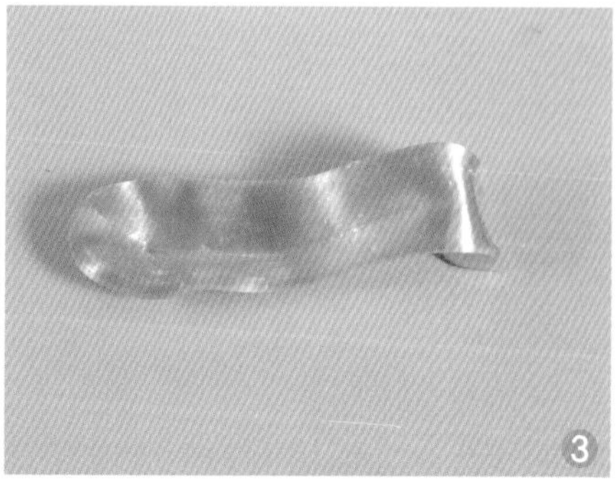

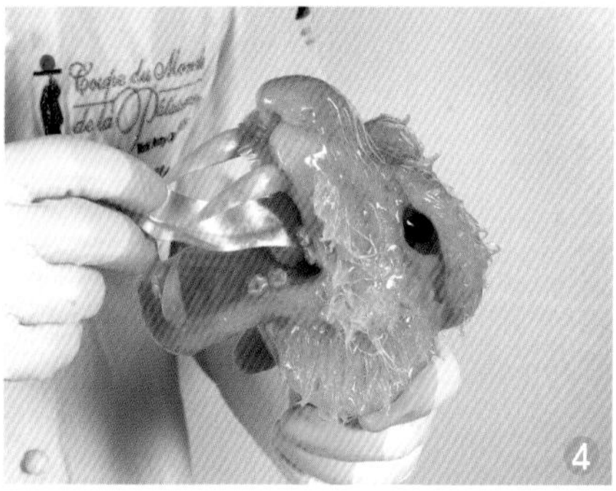

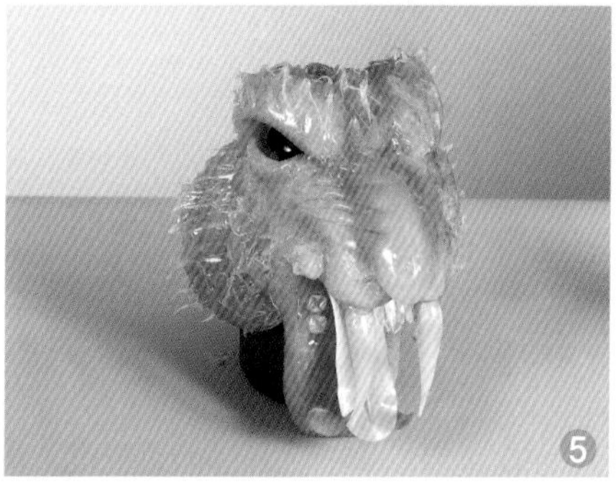

호랑이 발톱

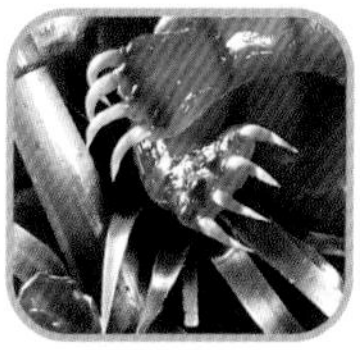

❶ 설탕반죽을 잡아당겨 발톱모양을 만든 다음 떼어낸다. 〈사진 ①〉
❷ 발톱을 10개 만든다. 〈사진 ②〉

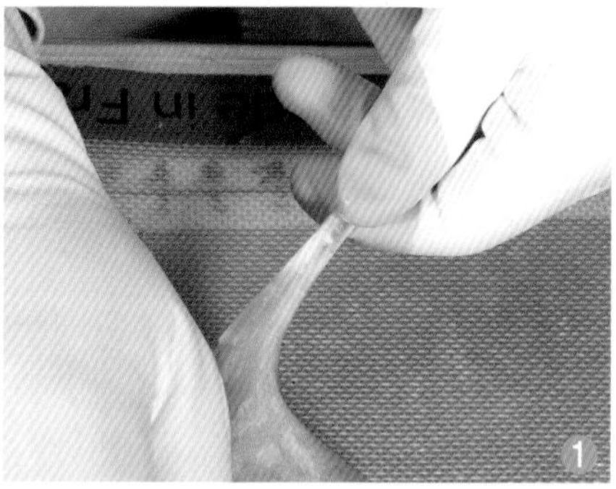

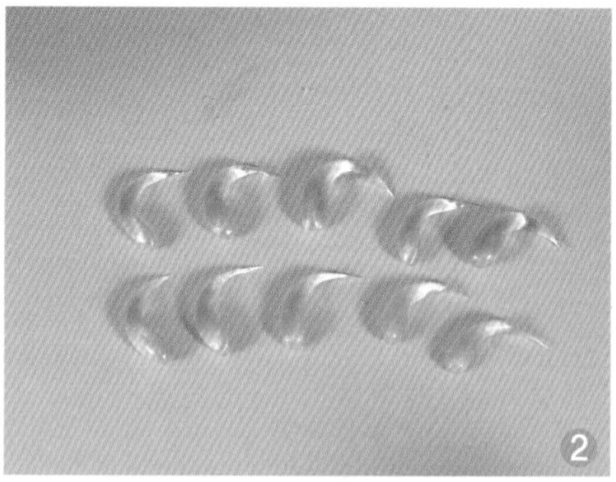

호랑이 몸통

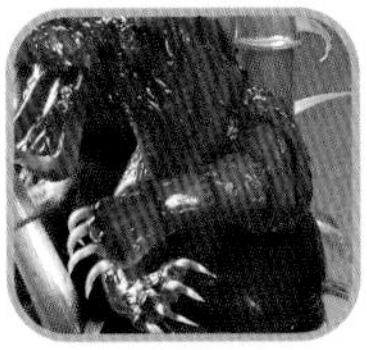

❶ 설탕반죽 적당량을 떼어내 둥글게 만든 다음 밑 부분에 구멍을 내서 펌프를 집어 넣고 공기를 주입시키며 손으로 입체감 있게 모양을 다듬는다. 〈사진 ①, ②, ③, ④〉

❷ 몸통이 바닥에 닿지 않게 실리콘 틀에 얹어놓고 칼을 토치 램프에 달궈 펌프를 집어넣었던 부분을 잘라낸다.

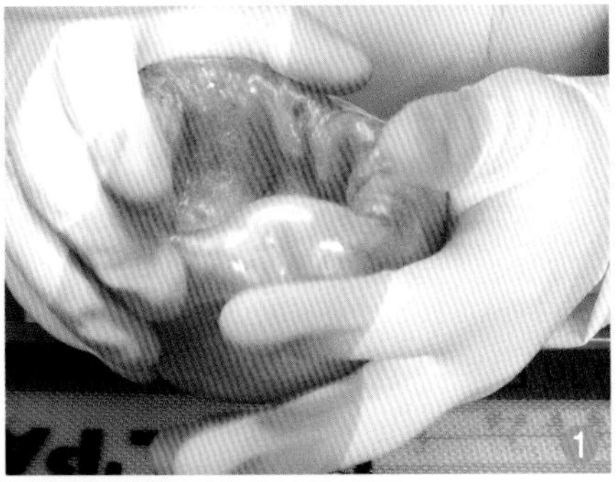

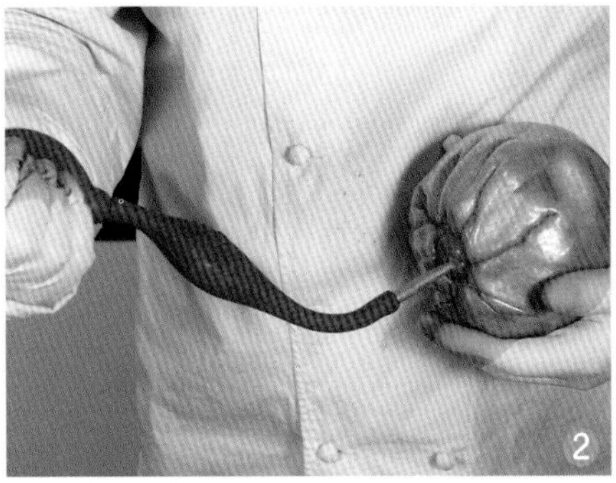

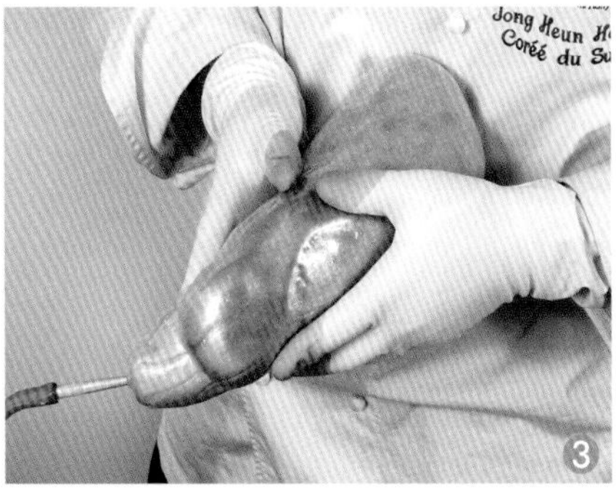

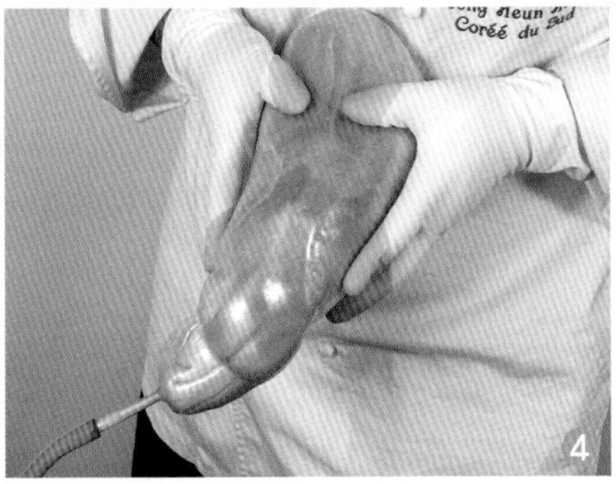

호랑이 갈기

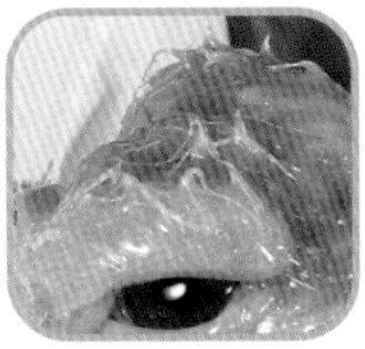

❶ 설탕반죽 적당량을 떼어 갈기를 만들어 머리 바로 밑의 몸통 가운데에 붙인다. 〈사진 ①〉

❷ 치과기공용기구로 갈기를 긁어서 털을 표현한다. 〈사진 ②〉

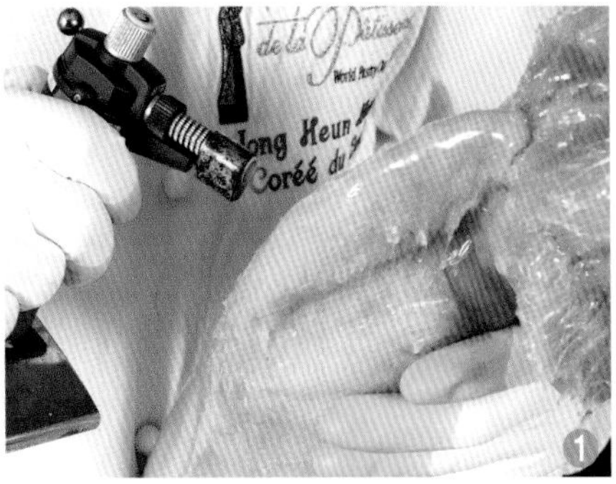

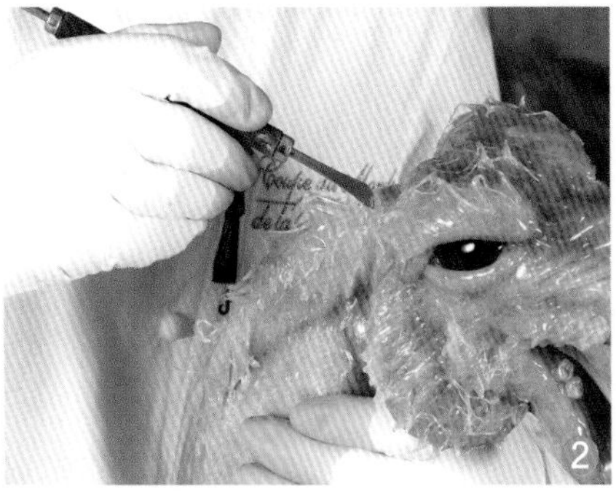

머리, 몸통, 다리 연결하기

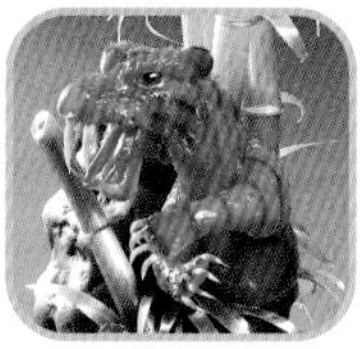

① 호랑이 머리가 바닥에서 뭉그러지지 않도록 실리콘틀에 얹은 채 펌프를 집어넣은 부분을 토치 램프에 달군 칼로 잘라낸다. 〈사진 ①〉
② 몸통의 펌프를 집어넣는 부분을 토치 램프에 달군 칼로 잘라낸다. 〈사진 ②〉
③ 머리와 몸통을 연결시킬 부분을 각각 토치 램프로 달군 다음 붙인다. 〈사진 ③, ④〉
④ 몸통과 다리를 연결시킬 부분을 각각 토치 램프로 달군 다음 붙인다. 〈사진 ⑤, ⑥, ⑦〉

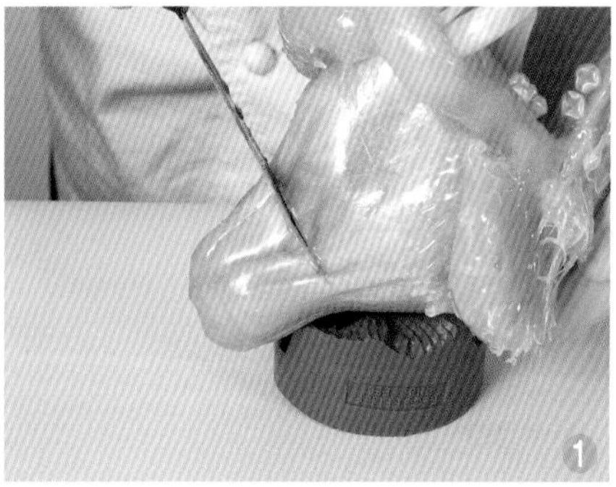
1
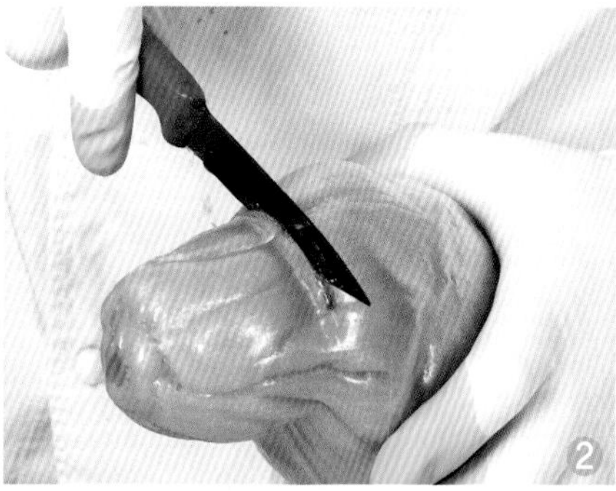
2
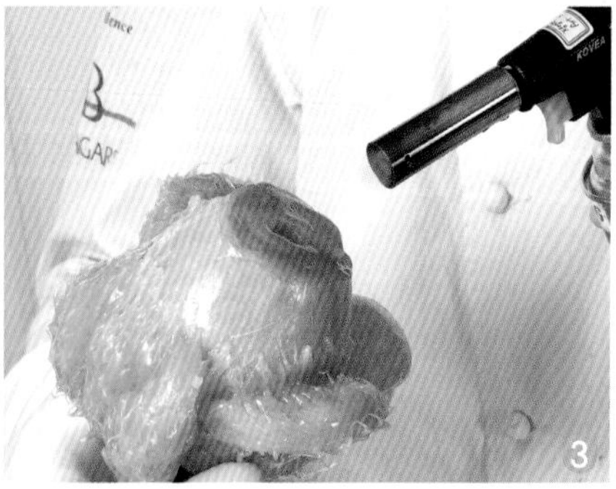
3
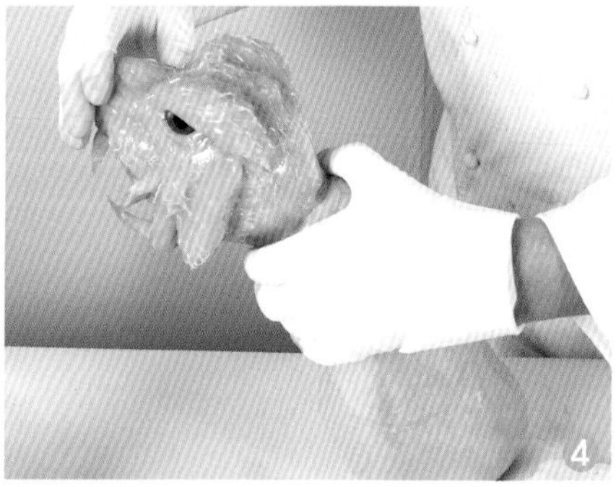
4
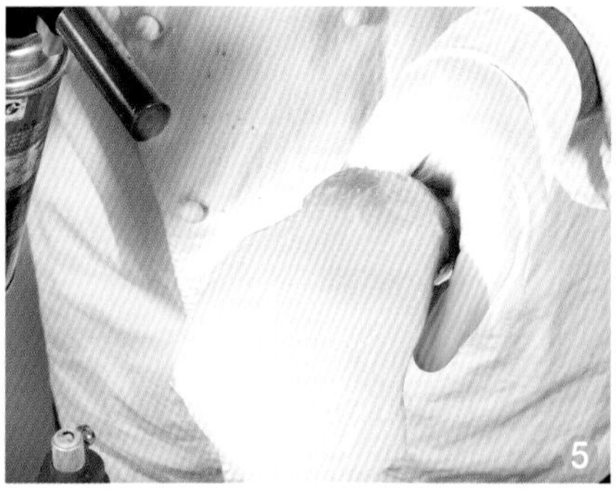
5
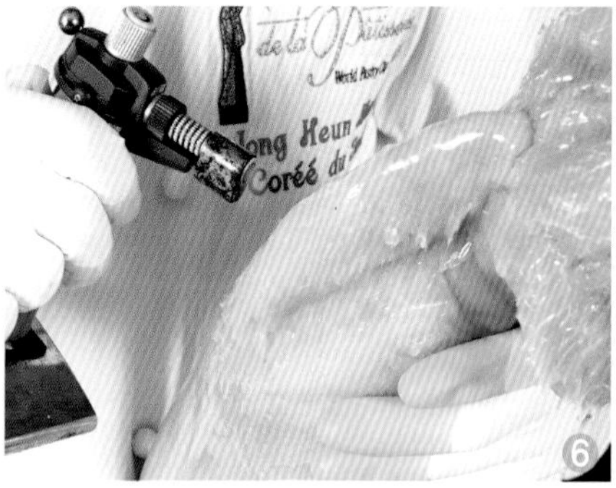
6
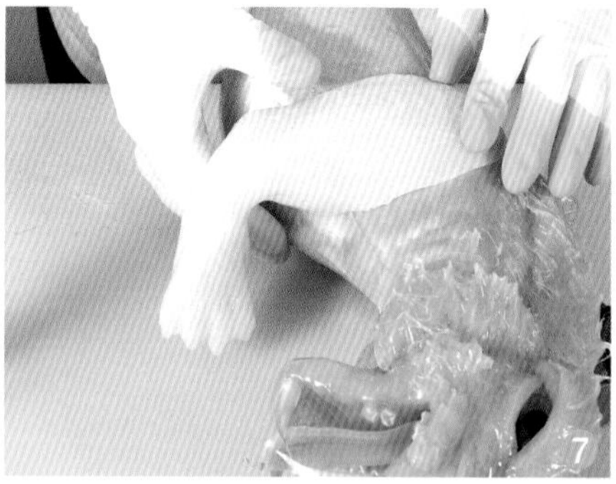
7

호랑이 귀

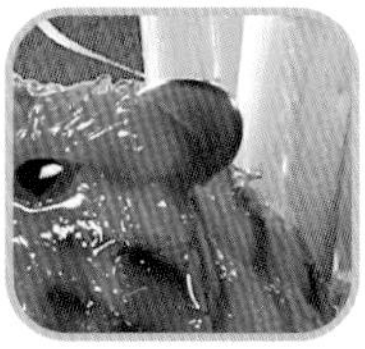

❶ 설탕반죽을 귀모양으로 잡아당겨 매만진 다음 가위로 자른다. 〈사진 ①, ②〉
❷ 양쪽 눈 위쪽으로 갈기 양 옆에 붙인다. 〈사진 ③〉

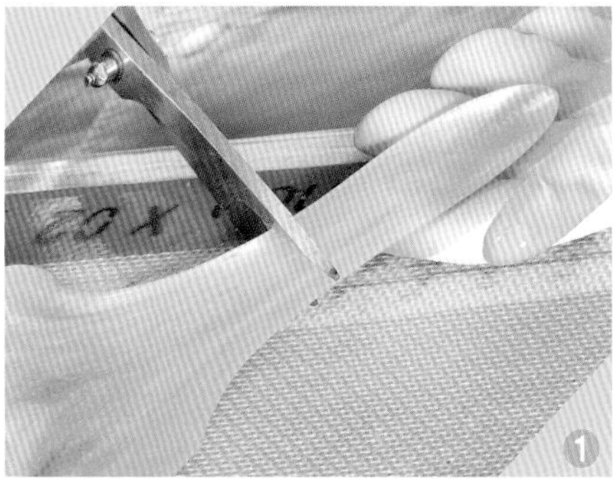

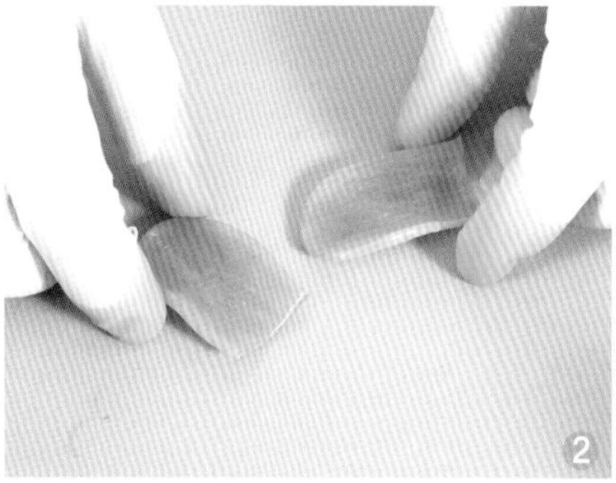

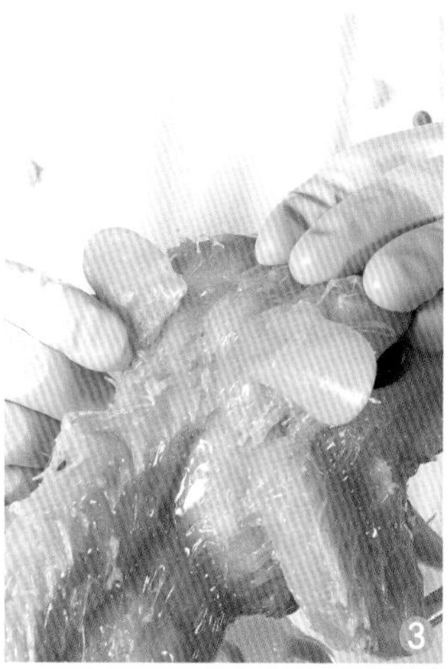

받침대

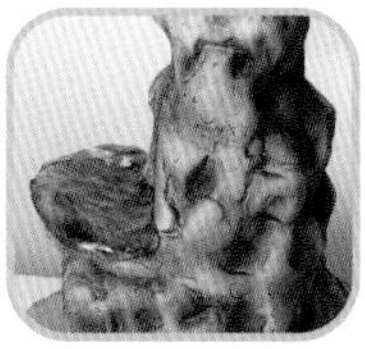

❶ 설탕반죽을 토치 램프로 녹여 넓게 펼쳐서 호랑이를 붙힐 틀 위에 편형하게 굳힌다. 〈사진 ①〉

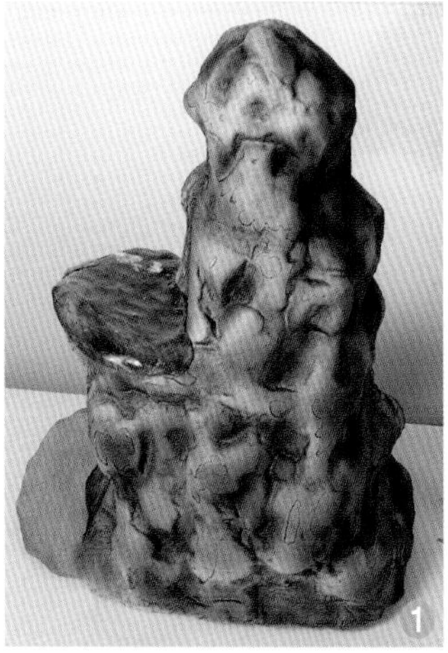

대나무

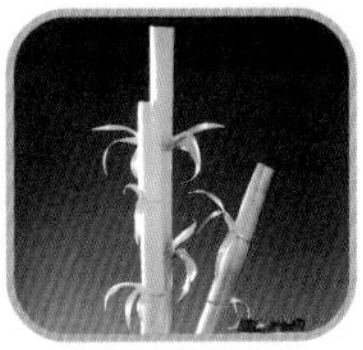

❶ 끓인 설탕시럽에 초록색 색소 10방울을 떨어뜨려 반죽을 만든 다음 여러 번 당겨서 둥글게 모양을 만든다. 〈사진 ①, ②〉

❷ ②를 절반으로 자른 다음 펌프를 집어넣어 길게 대나무 모양으로 매만진다. 〈사진 ③, ④〉

❸ 2개의 대나무가 완성되면 토치 램프로 달군 칼로 4등분하고 남는 가장자리는 잘라버린다. 〈사진 ⑤, ⑥〉

❹ 4등분한 대나무를 설탕공예 램프에 달궈서 하나 하나 붙인다. 〈사진 ⑦, ⑧, ⑨〉

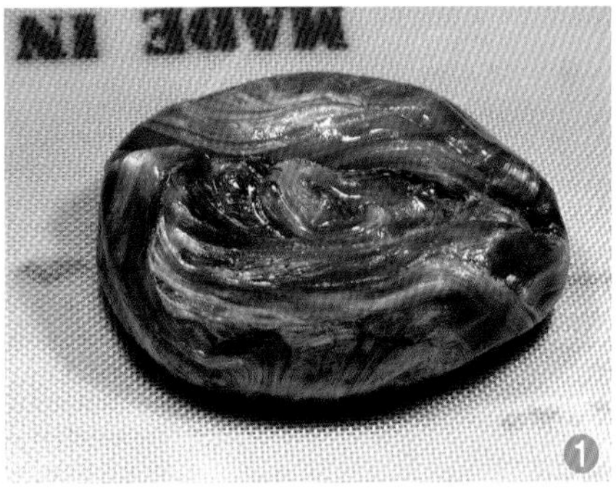

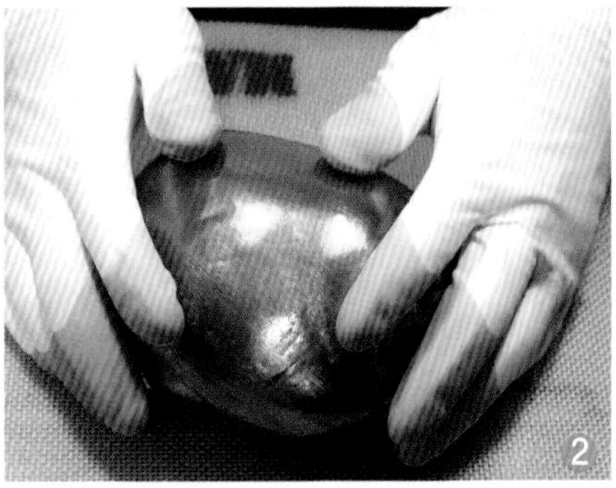

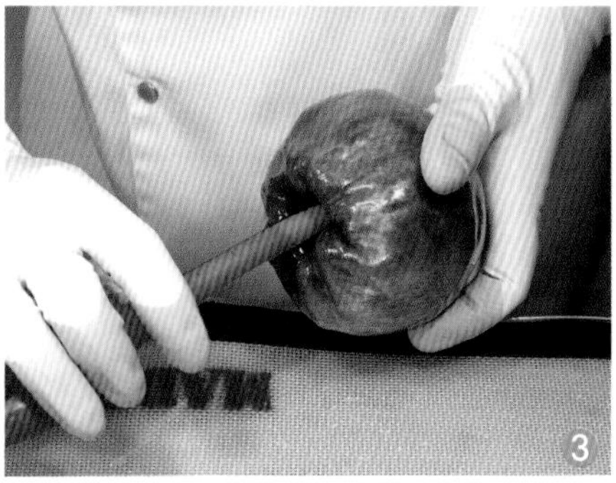

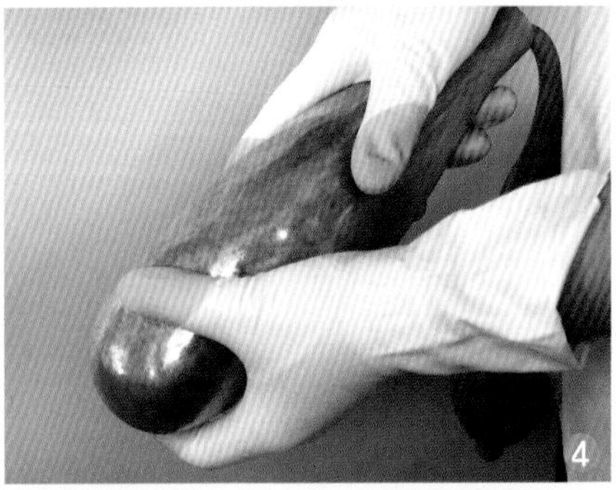

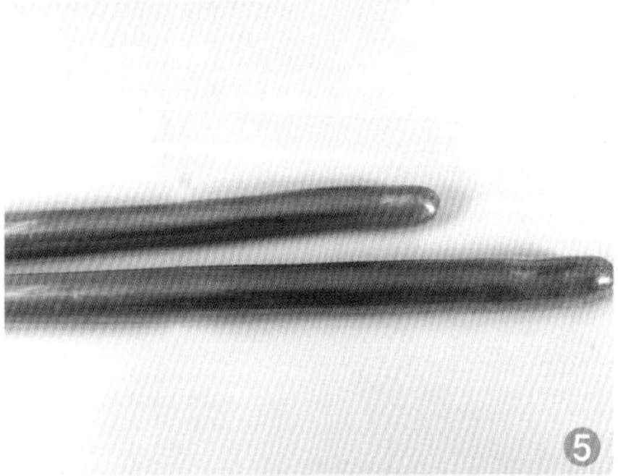

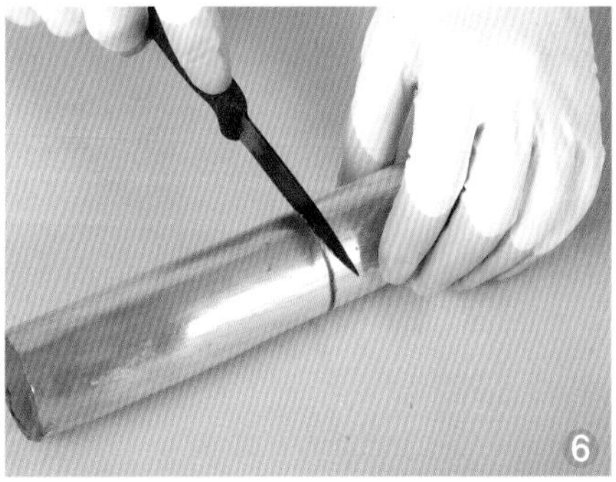

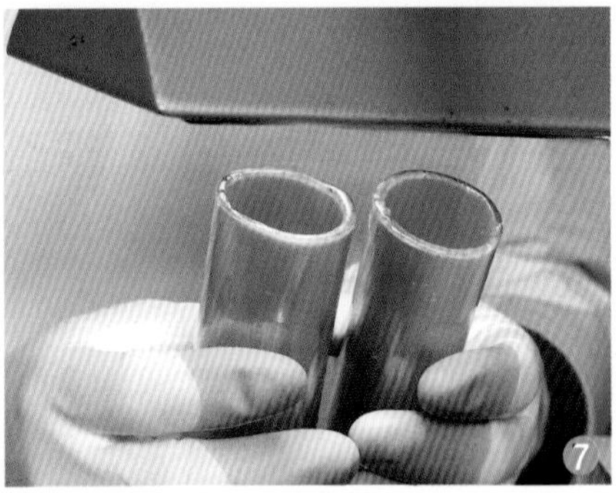

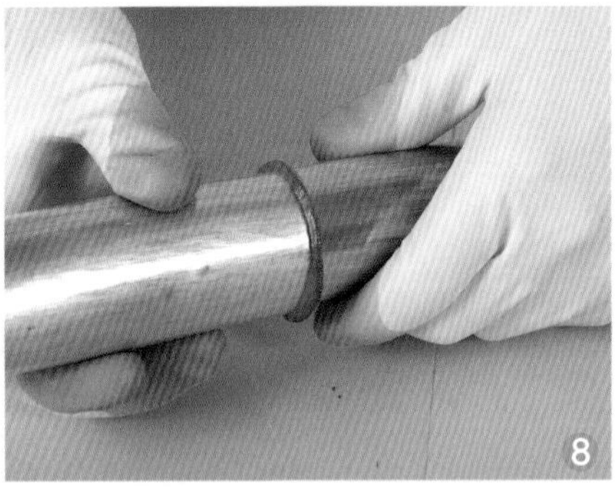

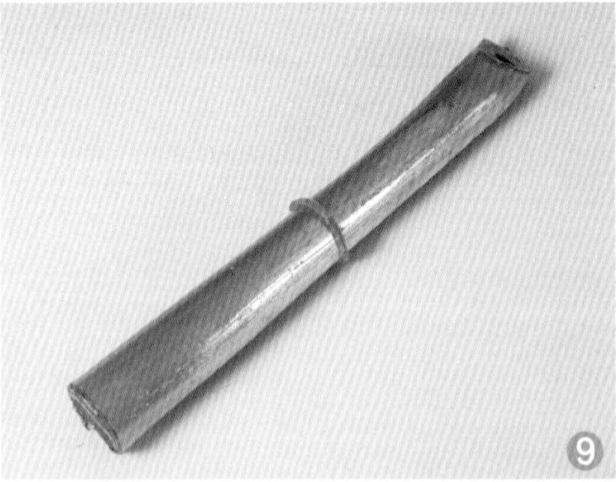

대나무 잎

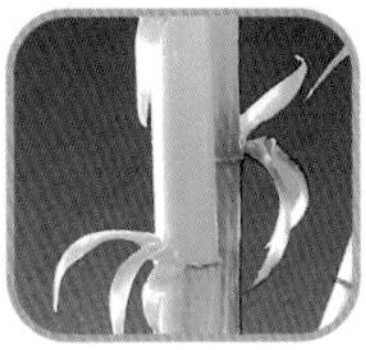

❶ 대나무를 만들고 남은 반죽으로 넓적하게 펴서 짧은 대나무잎 모양이 나오도록 잡아당긴다. 〈사진 ①, ②〉
❷ 대나무를 만들고 남은 반죽으로 넓적하게 펴서 길쭉한 대나무잎 모양이 나오도록 잡아당긴다. 〈사진 ③, ④〉
❸ 짧은 대나무 잎과 긴 대나무 잎을 여유있게 만든다. 〈사진 ⑤〉

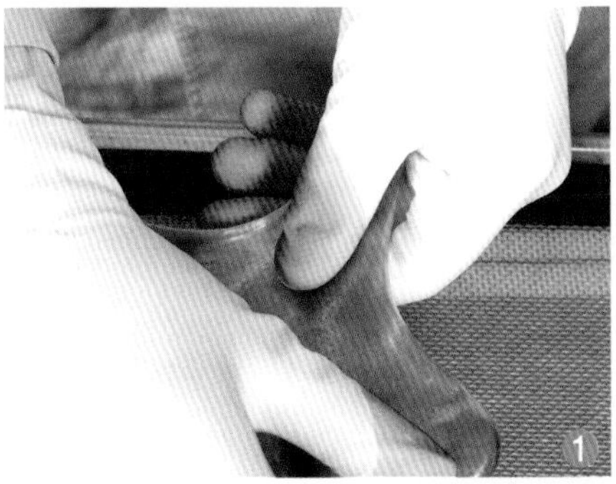

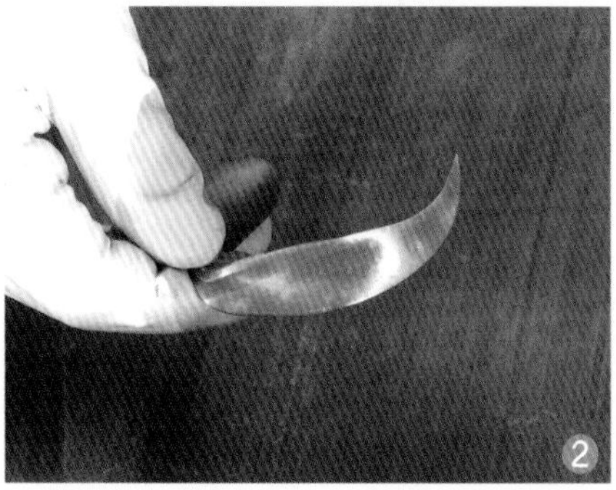

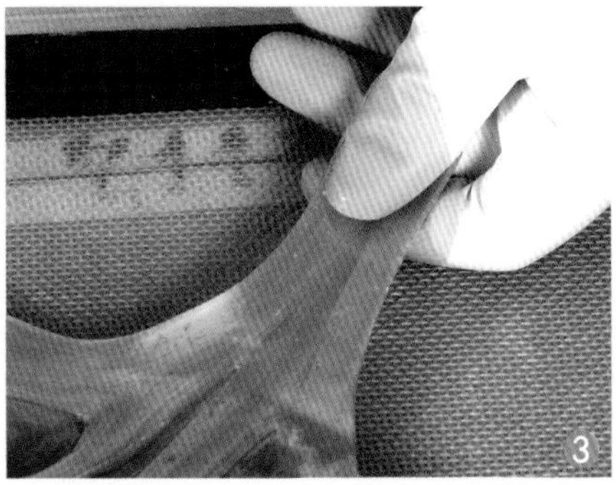

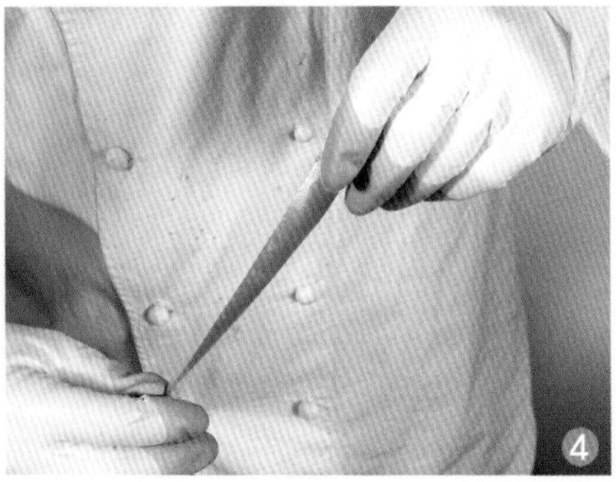

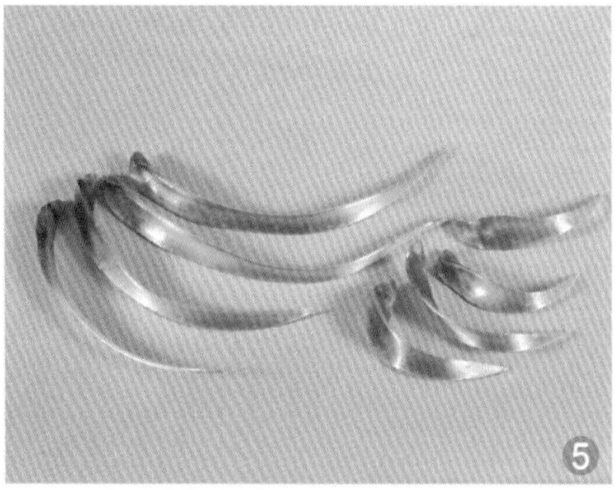

장미꽃

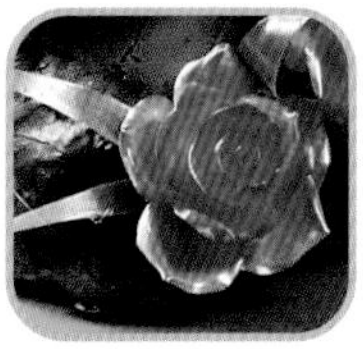

① 설탕반죽을 여러 번 당겨서 특유의 광택이 나게 한 다음 꽃잎 모양으로 잡아당겨 떼어낸다. 〈사진 ①, ②〉
② ①을 매만져 꽃잎 모양으로 다듬는다. 〈사진 ③〉
③ 설탕반죽을 꽃심 모양으로 잡아당겨 떼어낸 다음 꽃잎으로 감싼다. 〈사진 ④〉
④ 꽃 잎 한 장 한 장으로 ③을 감싸 붙인다. 〈사진 ⑤〉
⑤ 여러 송이의 장미꽃을 만든다. 〈사진 ⑥〉

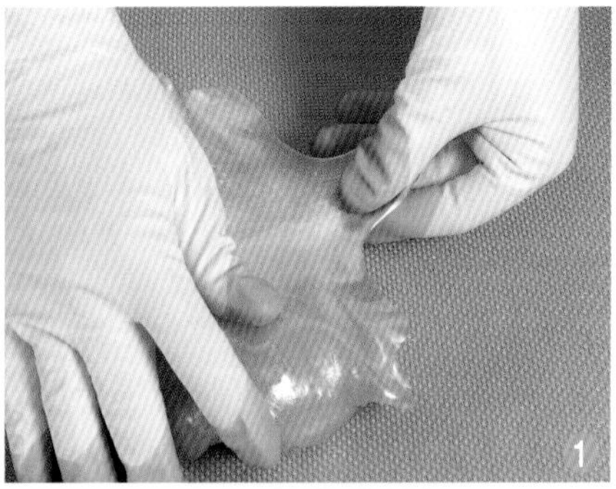

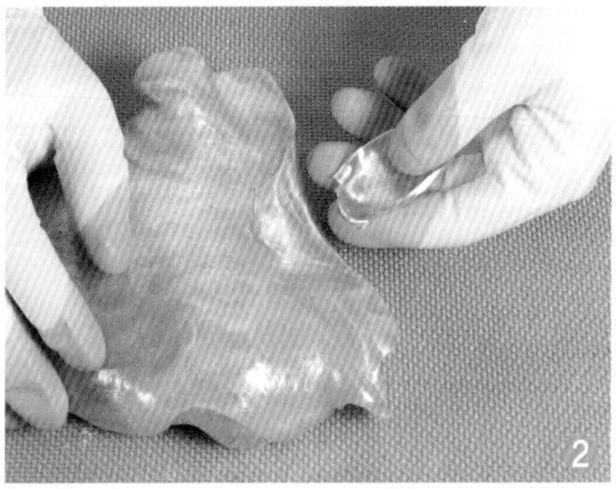

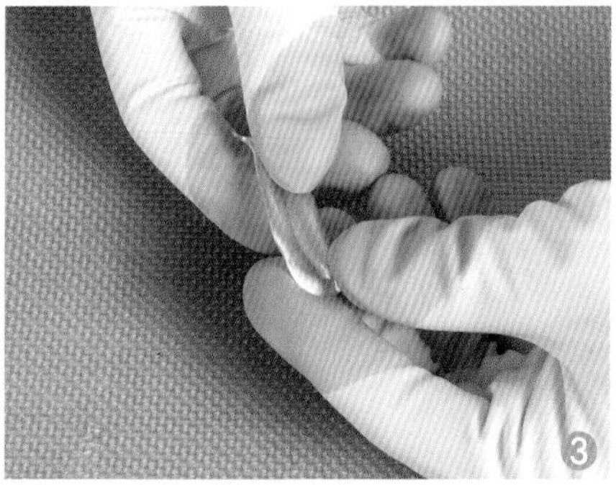

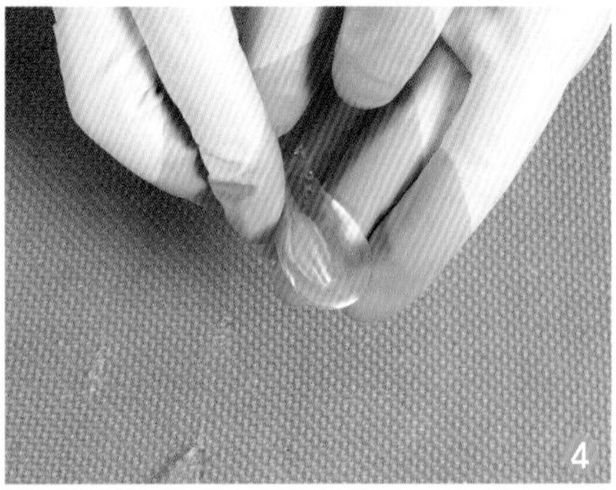

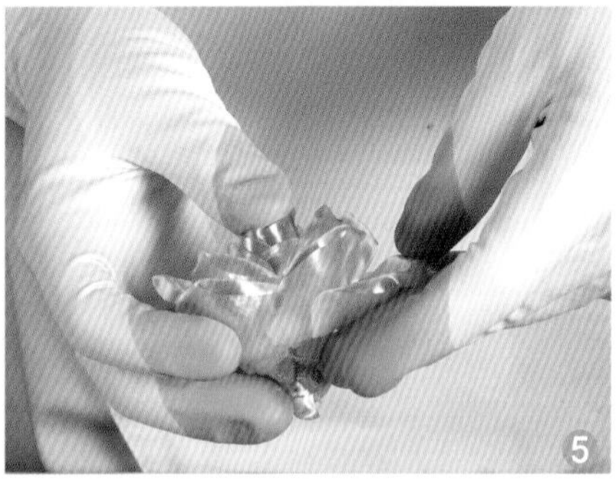

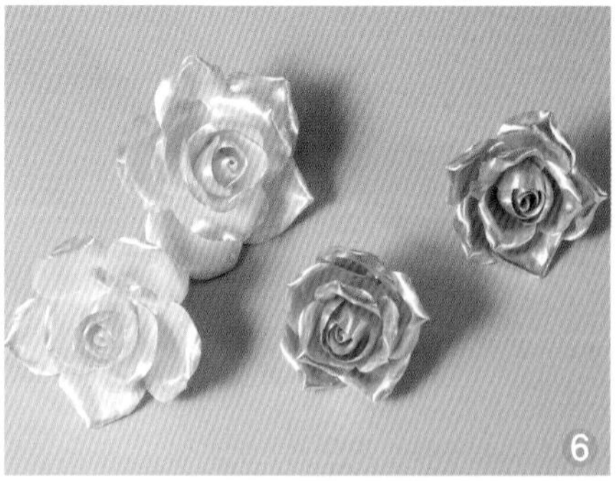

마무리

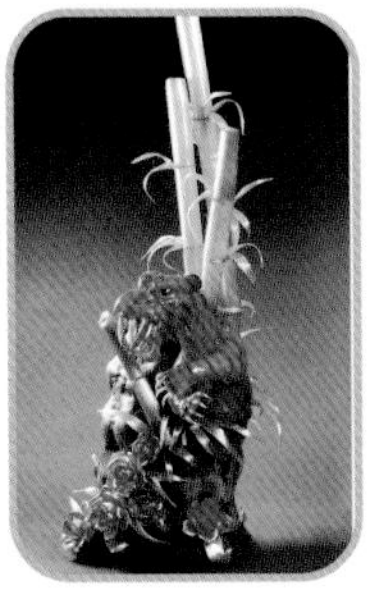

❶ 호랑이를 바위 위에 놓여있는 받침대에 고정시킨다. 이때 호랑이와 받침대의 접착하는 부위를 토치 램프로 살짝 달군 다음 붙이고 선풍기 바람으로 식혀야 단단하게 고정된다. 〈사진 ①, ②〉

❷ 발톱을 붙일 발가락 부위를 토치 램프로 살짝 달군 후 발톱을 붙인 다음 에어스프레이로 식힌다. 〈사진 ③〉

❸ 에어브러시를 이용해 호랑이를 노란색으로 피스톨레한 다음 오렌지색깔을 덧입힌다. 〈사진 ④, ⑤〉

❹ 호랑이를 강렬하게 표현하기 위해 ③ 위에 초콜릿색으로 피스톨레한 다음 검정색과 초콜릿색을 섞어 줄무늬를 나타내고, 호랑이 혀를 빨간색으로 피스톨레한다. 〈사진 ⑥〉

❺ 호랑이 뒤편에 이소말트 시럽을 접착제로 이용해 4개의 대나무를 차례대로 붙인다. 〈사진 ⑦〉

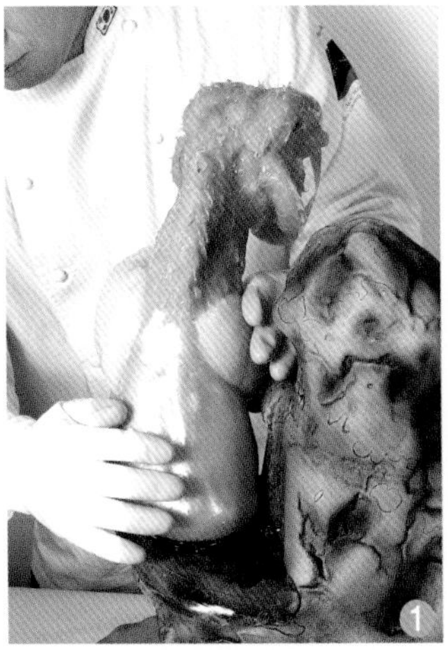
1

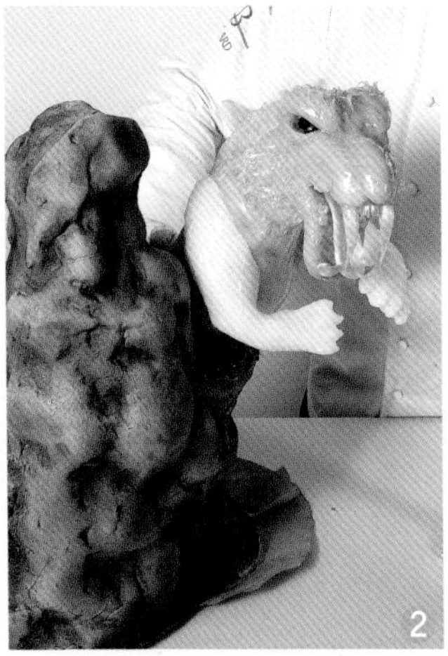
2

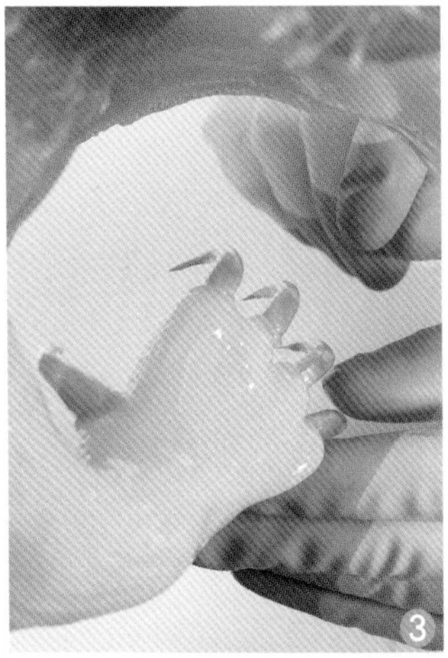
3

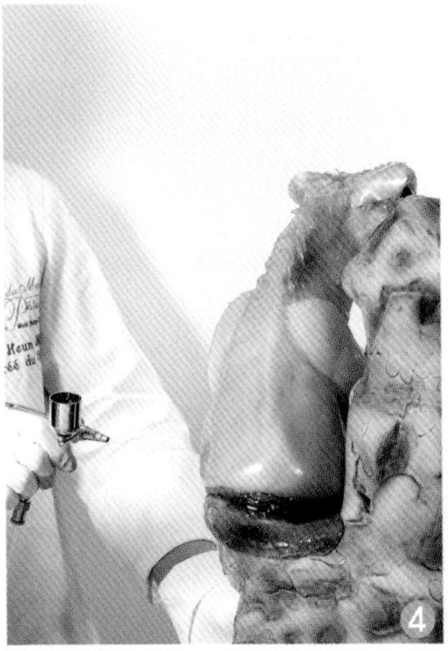
4

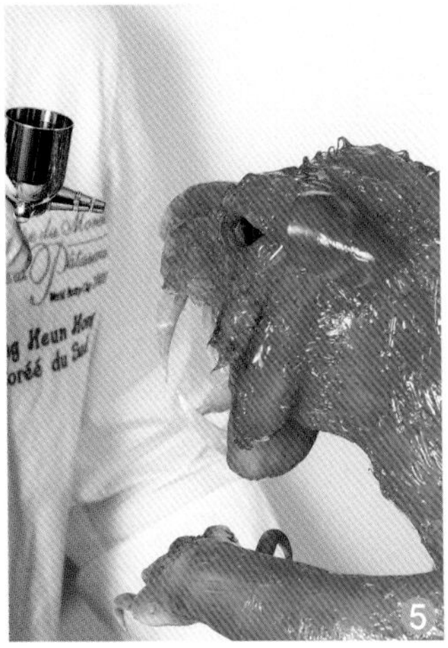
5

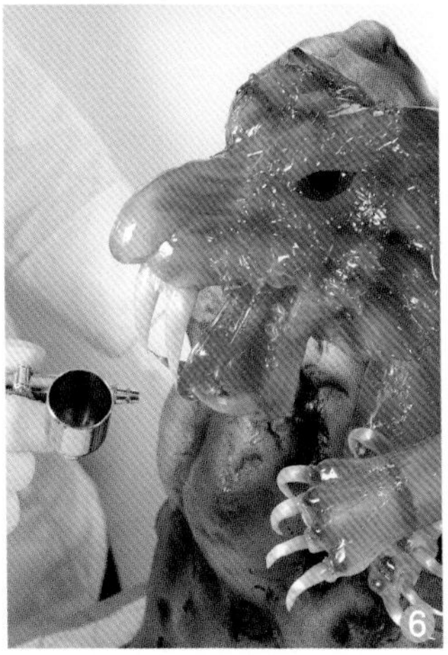
6

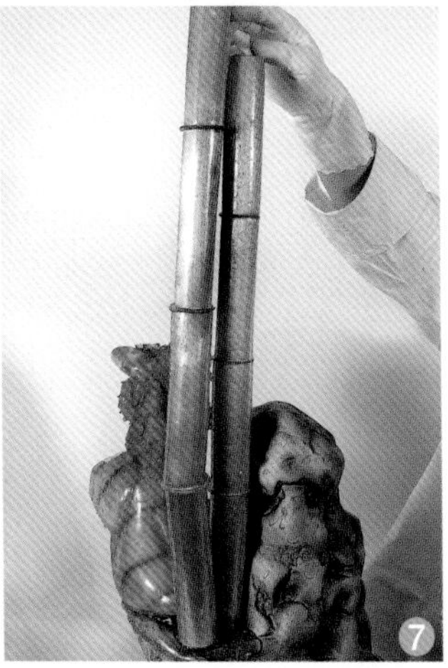
7

⑥ 대나무에 잎사귀를 붙인다. 〈사진 ⑧〉
⑦ 바위에 장미꽃을 보기좋게 붙인다. 〈사진 ⑨〉
⑧ 장미꽃을 에어브러시를 이용해 핑크색으로 피스톨레한다. 〈사진 ⑩〉

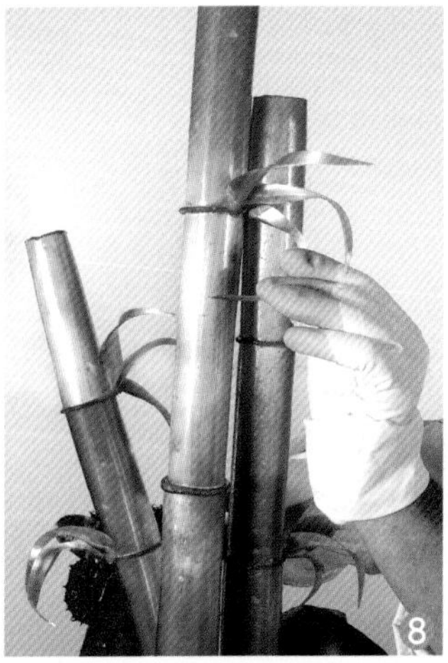
8

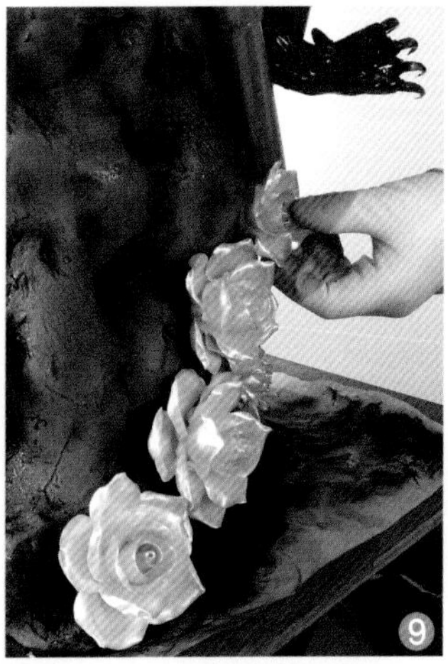
9

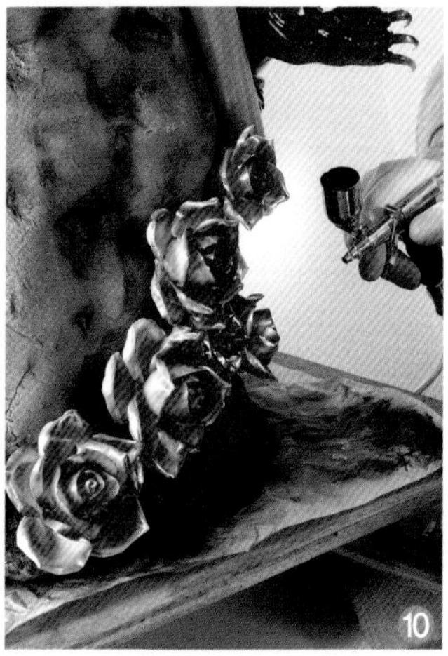
10

완성작

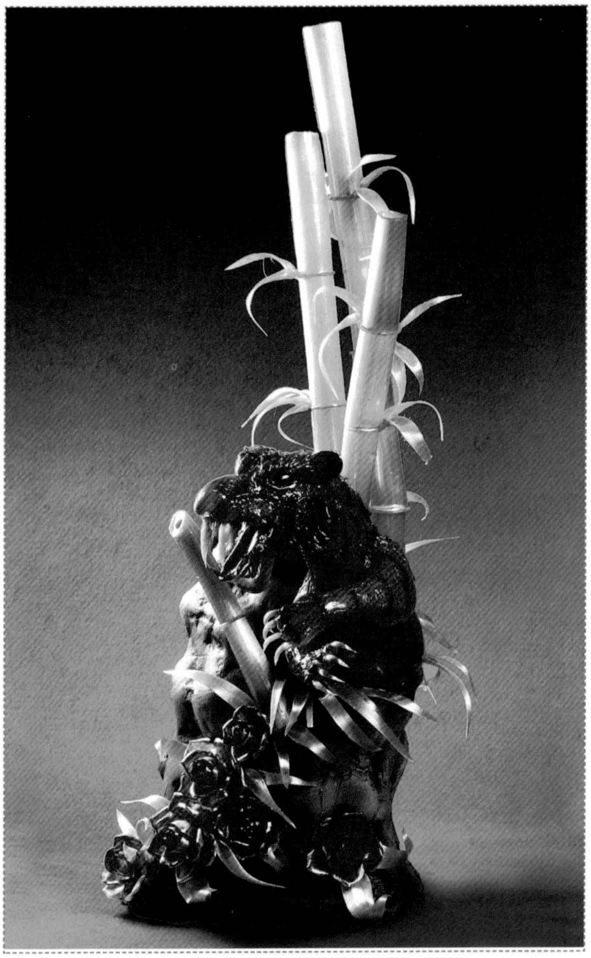

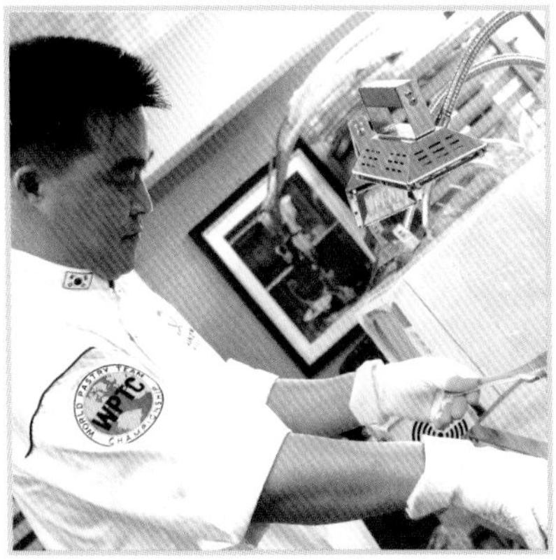
WPTC

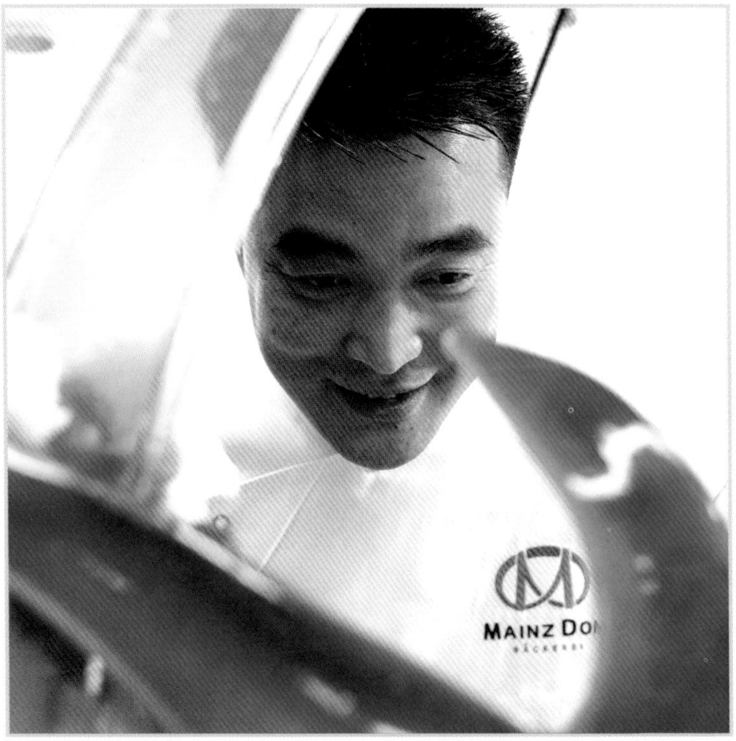

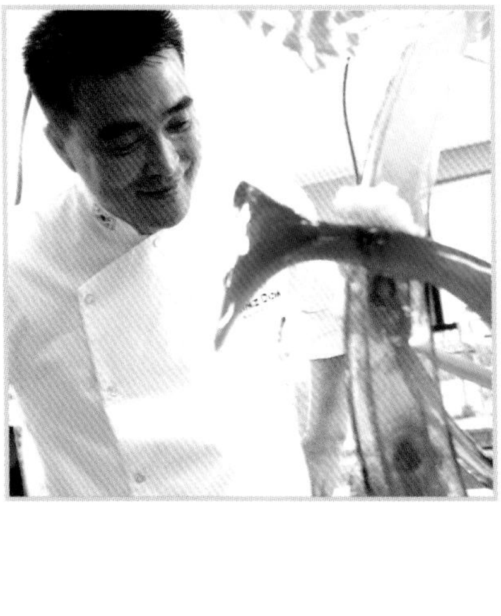

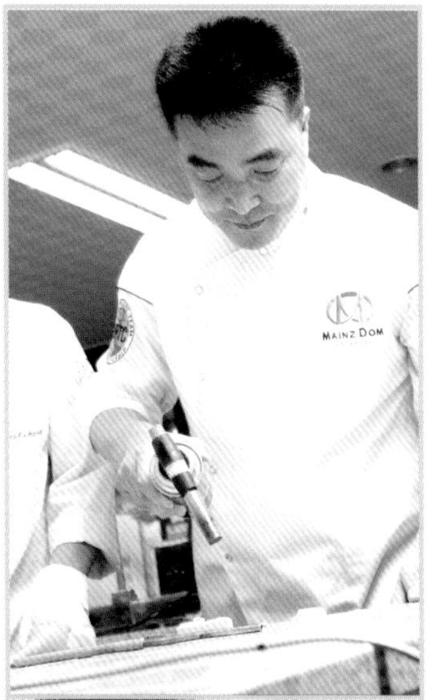
MAINZ DOM

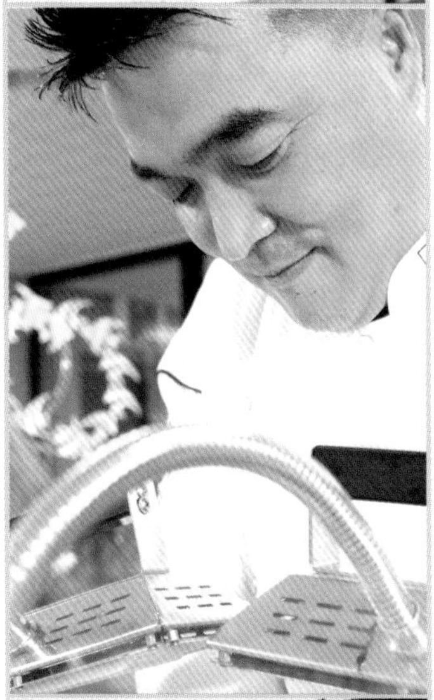

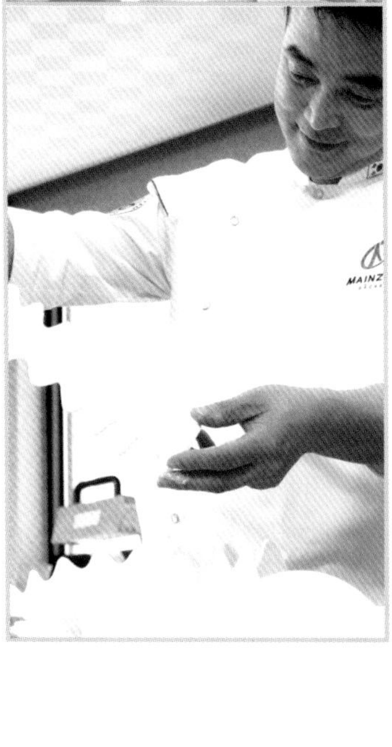

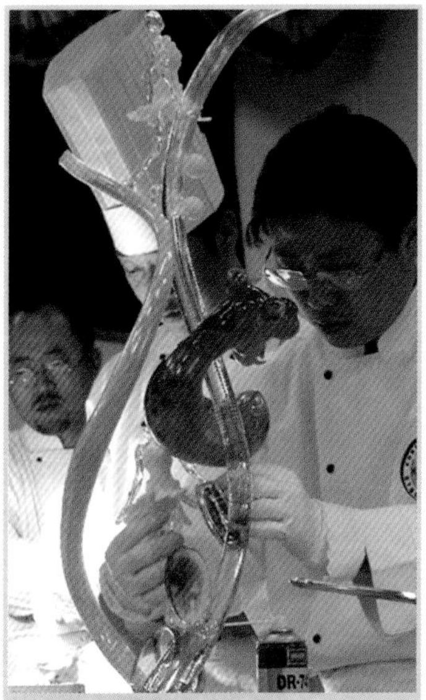
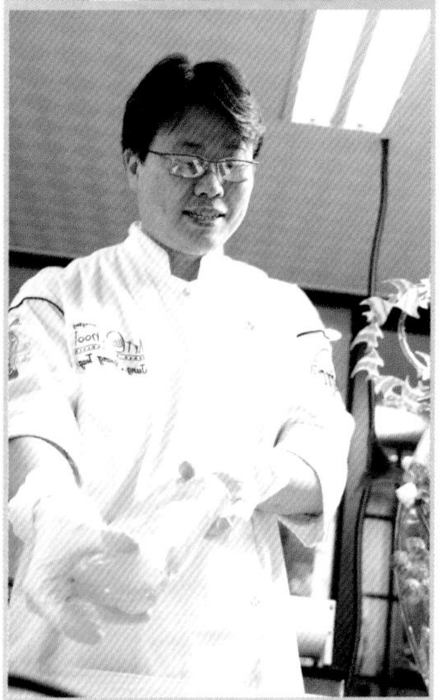
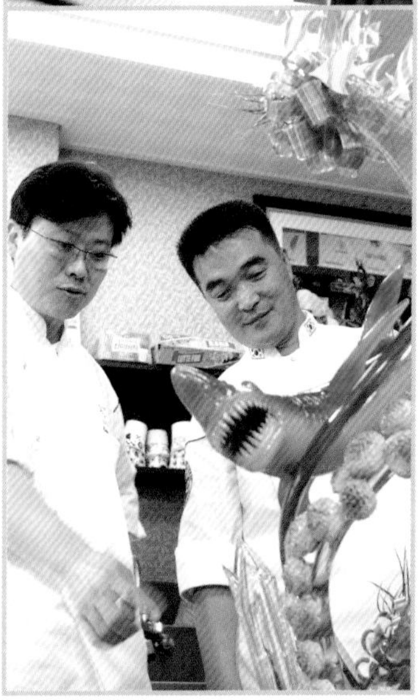
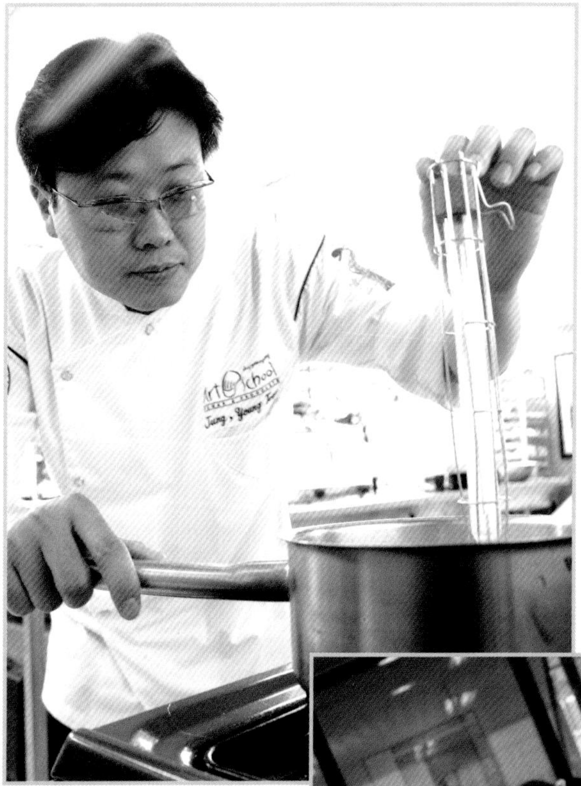
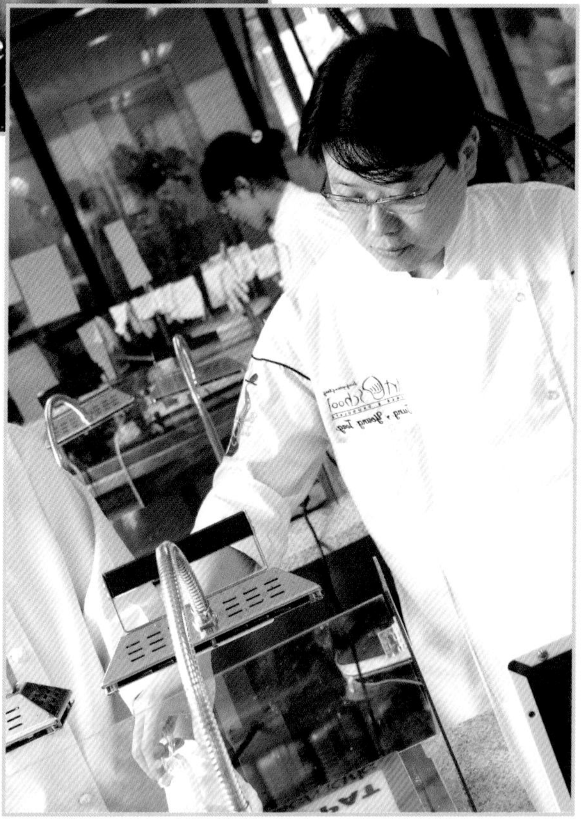

Part 4

세계대회에서 수상한 설탕공예 작품

4 원 소

(2004 미국 라스베이거스 '월드페이스트리팀챔피언십' 설탕공예 1위)

몬 스 터

(2005 프랑스 리옹 '월드페이스트리컵' 설탕공예 특별상)

4원소

La quatriemè élément

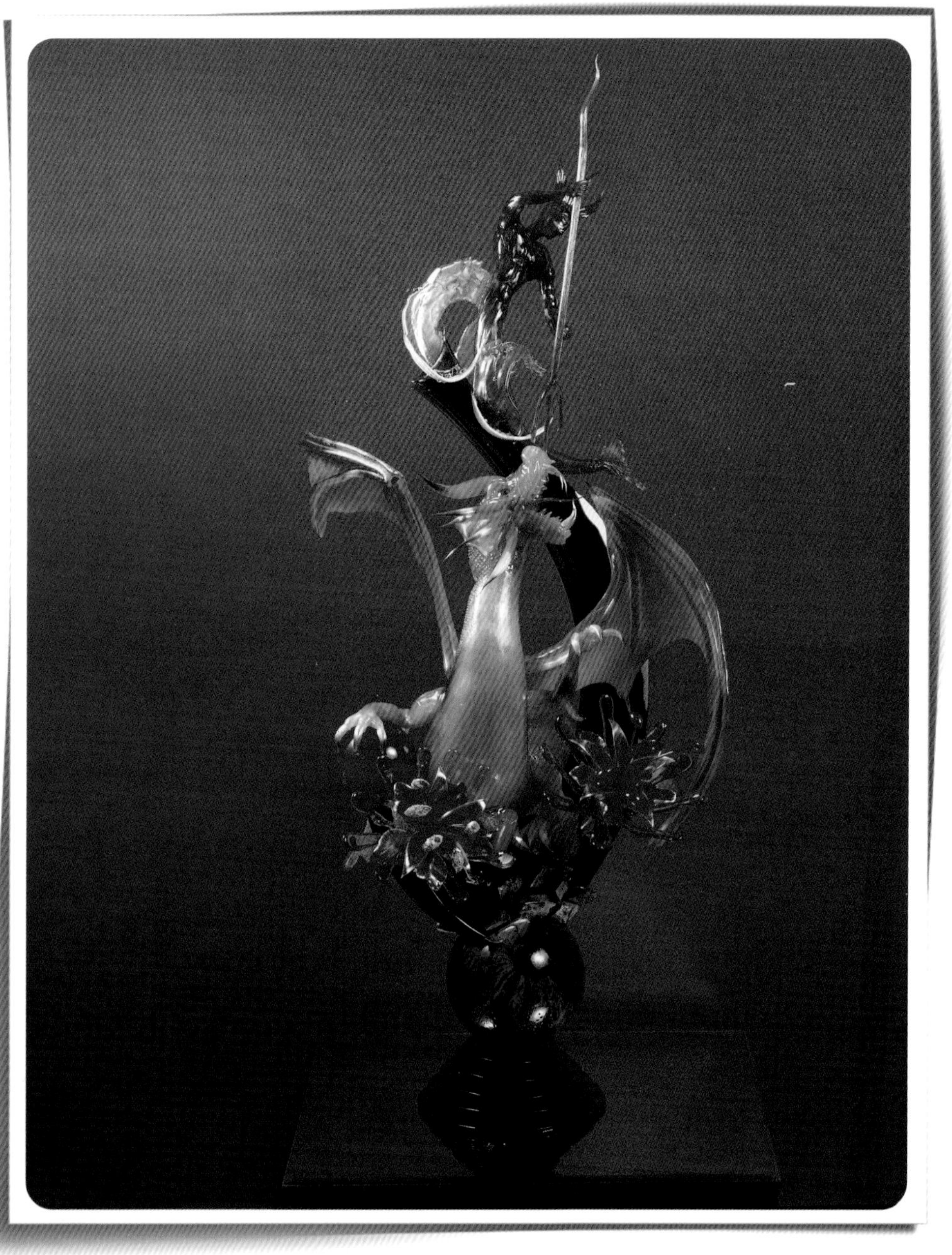

라스베이거스 월드페이스트리팀챔피언십 1등 수상작. 설탕공예의 거의 모든 기법을 사용했다. 특히 붓기 기법과 불기 기법이 강조됐으며 신기법의 창출로 월드페이스트리팀챔피언십 대회장에서 대단한 호평을 받은 작품이다.

블랙홀

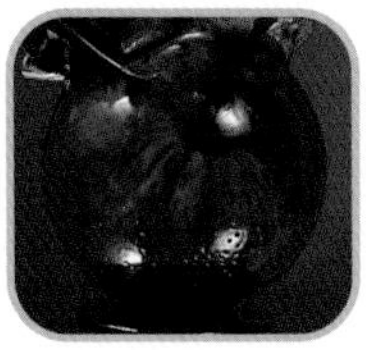

❶ 커다란 구 모형 실리콘 틀을 준비한다.

❷ 티탄 다이옥시드(표백제)를 되직하게 물을 섞는다.

❸ 이소말트 4kg을 끓여 구 모형 실리콘틀에 중간 정도까지 채우고 조금 식힌 다음 티탄 다이옥시드 3~4방울을 실리콘 틀에 떨어뜨린다. 〈사진 ①, ②〉

- 티탄 다이옥시드를 너무 빨리 떨어뜨리면 구멍이 작아지므로 이소말트 시럽을 조금 식혀야 한다.

❹ 20분 정도 시간이 흐르면 끓인 이소말트에 파란색 색소 10방울을 떨어뜨려 구형 실리콘 틀을 끝까지 채운다.

❺ 30분 정도 시간이 지나면 ②가 1/6이 가량 가라앉는다. 이때 설탕 300g에 빨간색 색소 4방울을 떨어뜨려 끓인 설탕시럽을 부어 구 모형 실리콘 틀을 끝까지 채우고 하룻밤 동안 굳힌다. 〈사진 ③〉

- 빨간색 색소를 섞은 설탕시럽을 틀에 부을 때 입구 가까이에 대고 붓다가 점점 높이를 올려서 부어야 소용돌이가 휘몰아 치는 모양을 낼 수 있다.

❻ 하룻밤 지나 ④를 구형 실리콘 틀에서 빼낸다. 〈사진 ④, ⑤〉

❼ 토치 램프로 살짝 그을려주면 특유의 투명한 광택이 살아난다. 〈사진 ⑥〉

- 너무 차가운 상태에서 불에 가까이 대면 구에 금이 가서 갈라질 위험이 있으므로 설탕공예 램프에서 약하게 온도를 데운 다음 토치 램프로 그을려야 한다. 또 불꽃은 직선이 아닌 최대한 비스듬하게 넣어서 센 열이 들어가지 않도록 한다.

❽ ⑦을 선풍기로 식힌다.

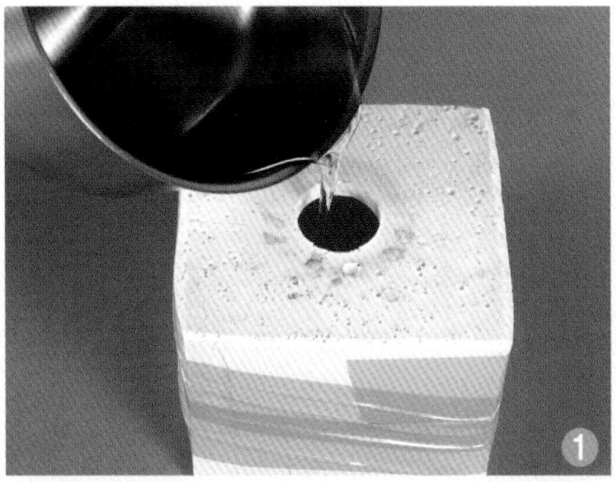
1

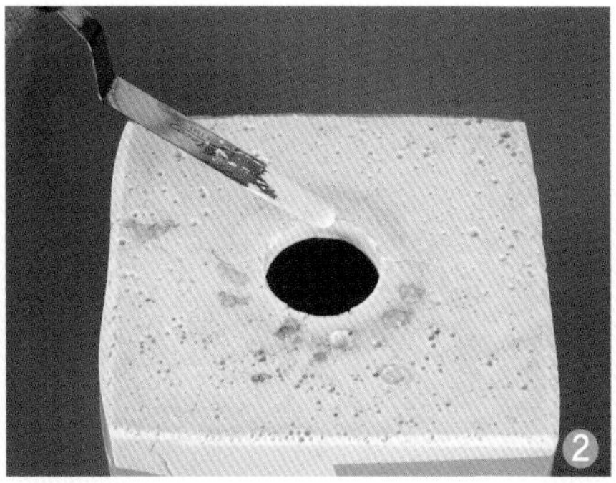
2

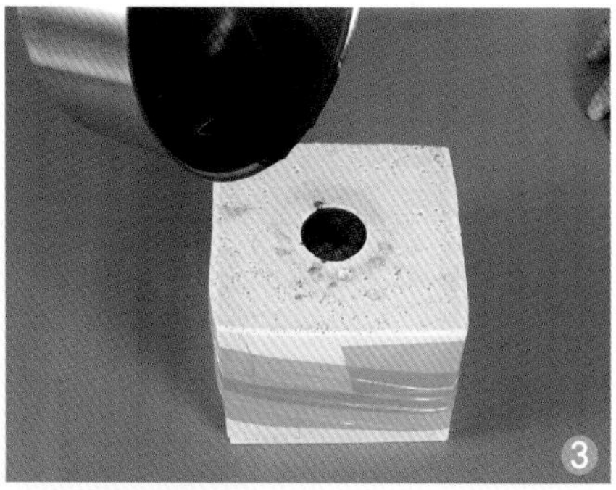
3

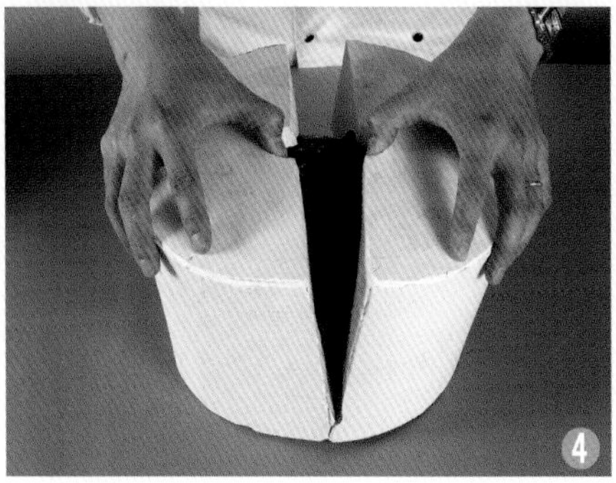
4

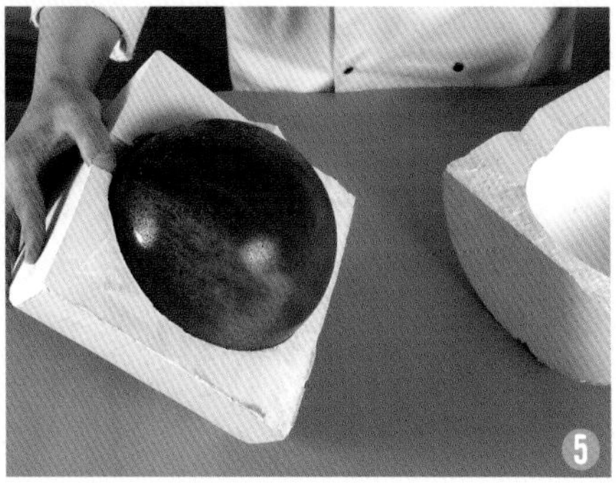
5

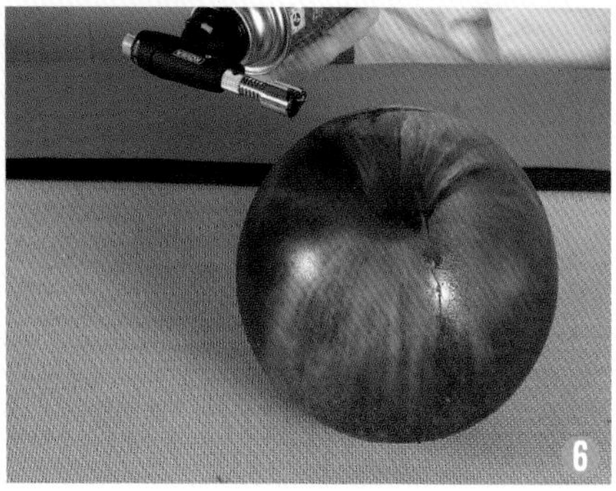
6

드래곤 볼

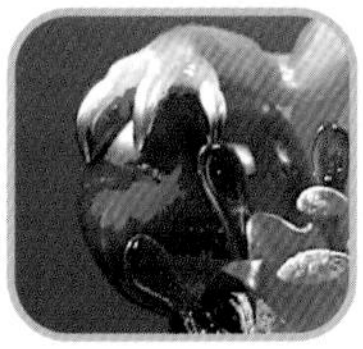

❶ 구 모형 실리콘 틀을 준비한다.

❷ 티탄 다이옥시드(표백제)를 되직하게 물을 섞는다.

❸ 이소말트 4kg을 끓여 구 모형 실리콘틀에 중간 정도까지 채우고 조금 식힌 다음 티탄 다이옥시드를 3~4방울을 실리콘 틀에 떨어뜨린다. 〈사진 ①, ②〉

- 티탄 다이옥시드를 너무 빨리 떨어뜨리면 구멍이 작아지므로 이소말트를 조금 식혀야 한다.

❹ 설탕 300g에 빨간색 색소 4방울을 떨어뜨려 끓인 설탕시럽을 부어 구 모형 실리콘 틀을 끝까지 채우고 하룻밤 동안 굳힌다. 〈사진 ③〉

- 빨간색 색소를 섞은 설탕시럽을 틀에 부을 때 입구 가까이에 대고 붓다가 점점 높이를 올려서 부어야 소용돌이가 확 치는 모양을 낼 수 있다.

❺ 드래곤 볼을 틀에서 빼내 토치 램프로 달궈서 투명한 광택이 살아나게 한다. 〈사진 ④〉

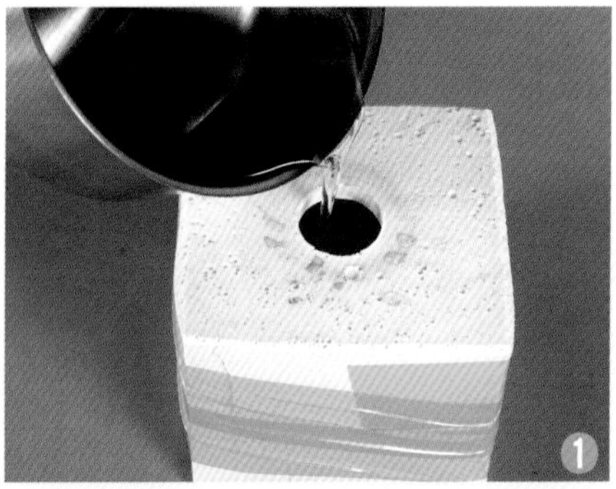

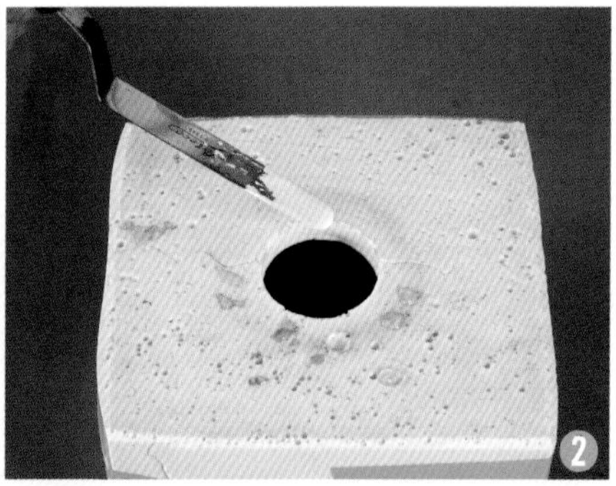

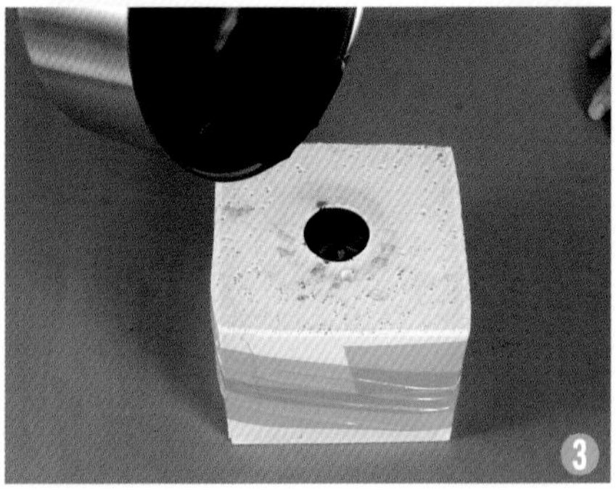

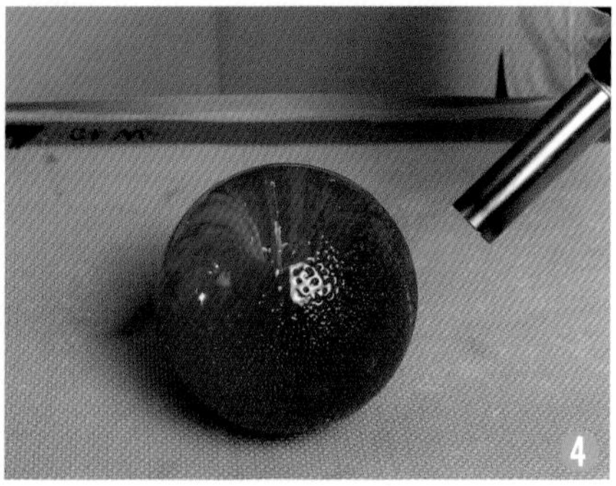

둥근 받침대

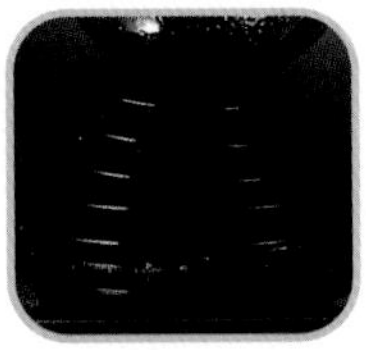

❶ 비닐판 위에 갖가지 크기의 링 틀(10개)에 이소말트를 끓여서 검정색 색소 2~3방울을 떨어뜨린 시럽을 붓는다. 〈사진 ①〉

❷ 토치 램프로 링 틀 안의 시럽을 살짝 그을려 기포를 없앤 다음 선풍기 바람으로 식힌다.

❸ 드래곤 볼을 올려놓을 링은 반구틀로 살짝 눌러준 다음 식힌다. 〈사진 ②, ③〉

❹ ③이 굳으면 링 틀을 쳐서 틀에서 잘 떨어지게 한 다음 링틀은 그대로 위로 빼낸다. 〈사진 ④〉

❺ 비닐판에서 링 모양을 뗀다. 〈사진 ⑤〉

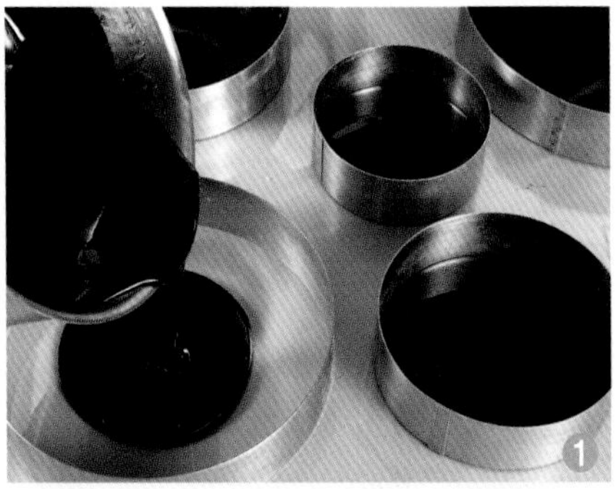

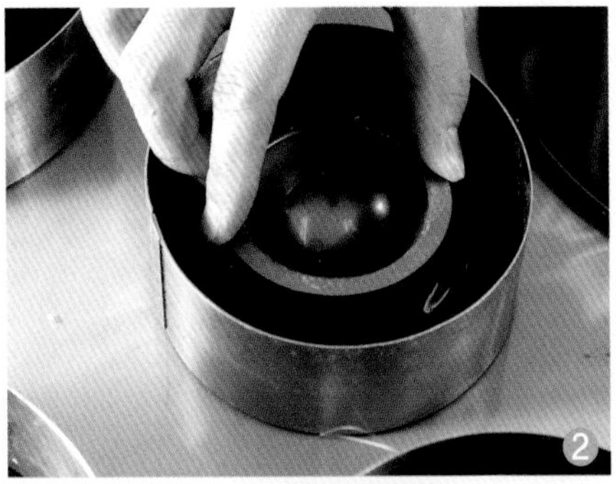

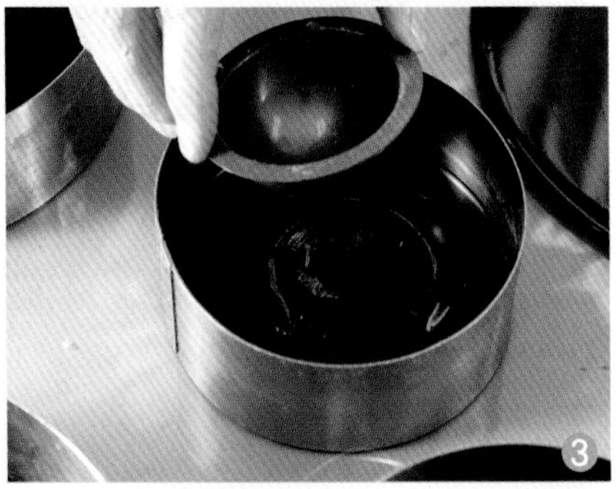

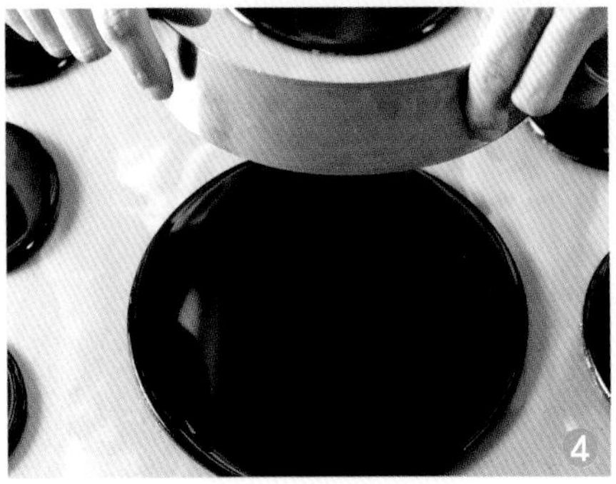

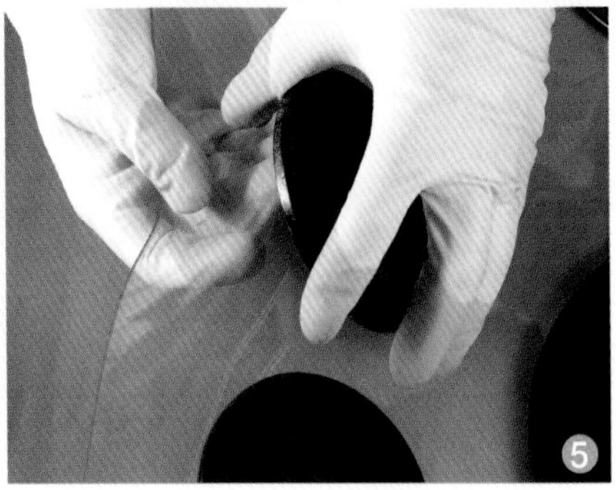

기둥(2개)-이중기법

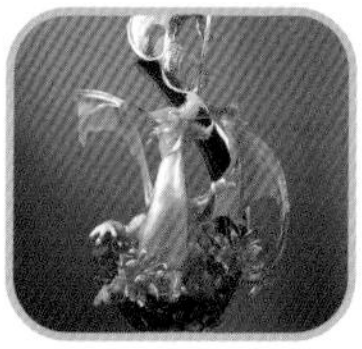

❶ 모형 틀 위에 종이와 비닐판을 대고 그 위에 또 다른 모형 틀을 올려놓는다. 〈사진 ①〉

- 종이를 대는 것은 모형이 서로 붙지 않게 하기 위해서다.

❷ 맨 윗 틀에 이소말트를 끓여 검정색 색소 2~3방울 떨어뜨린 시럽을 붓는다. 〈사진 ②〉

❸ 토치 램프로 살짝 그을려 기포를 없앤 다음 식힌다.

❹ ③이 굳으면 윗 틀을 벗겨낸다. 〈사진 ③〉

❺ ④에 금가루를 붓으로 칠해 무늬를 낸 다음 실리콘 틀을 얹는다. 〈사진 ④, ⑤〉

❻ 설탕 1.5kg을 끓여 파란색 색소 4방울을 떨어뜨린 시럽을 금가루가 칠해진 틀에 붓는다. 〈사진 ⑥〉

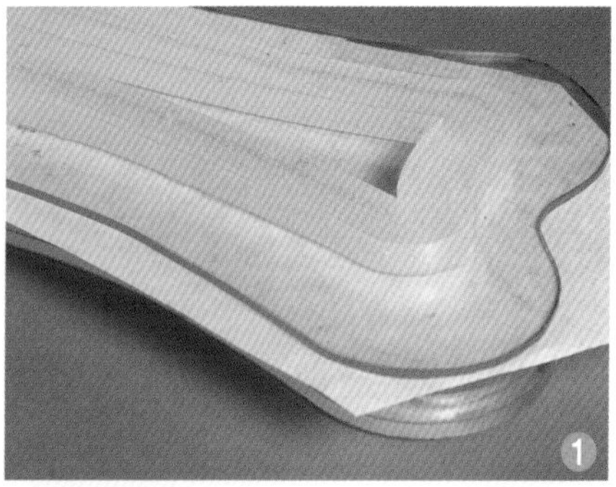
1

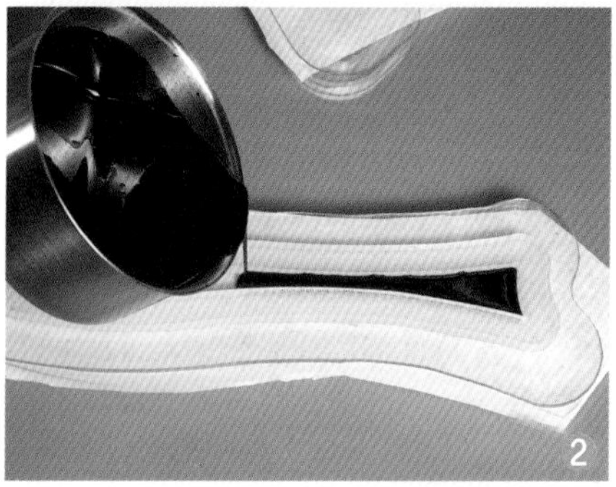
2

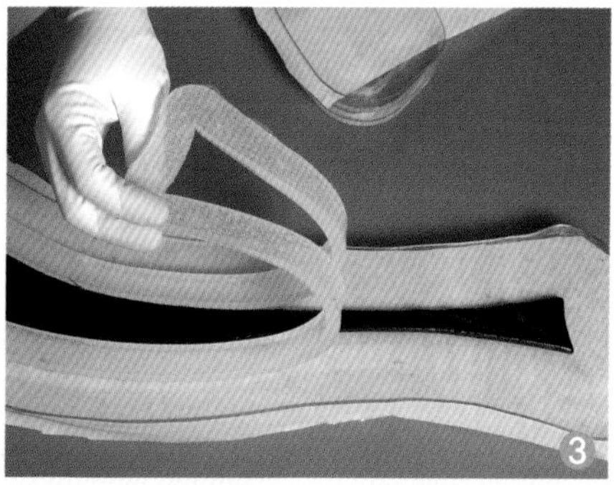
3

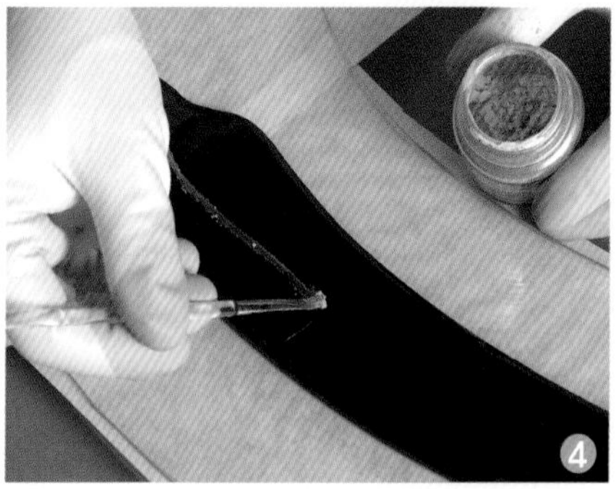
4

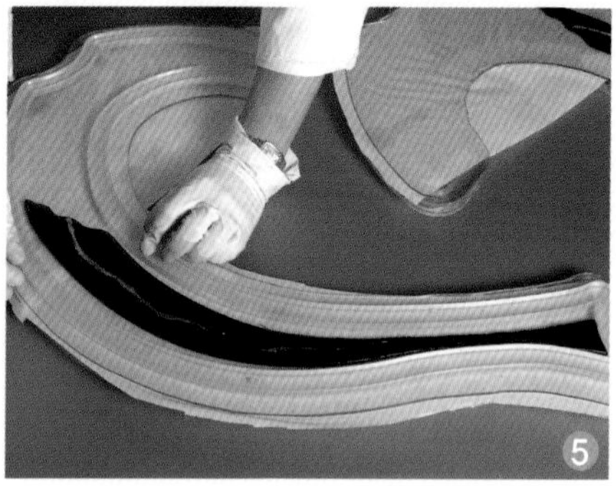
5

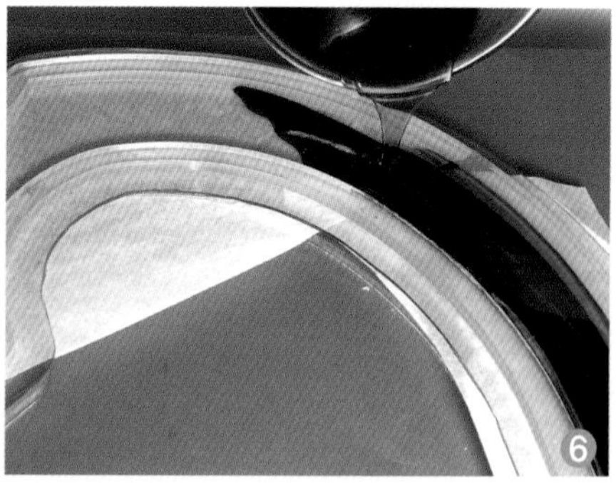
6

❼ 적당한 크기로 굳힌 링을 깨뜨려 산산조각 낸다. 〈사진 ⑦〉
❽ ⑦의 조각조각에 금가루가 다 배이게 금가루를 왕창 뿌린다. 〈사진 ⑧〉
❾ ⑥이 거의 식어갈 무렵 금가루를 묻힌 조각을 적당히 박아준다. 〈사진 ⑨〉
❿ 토치 램프로 ⑨를 살짝 그을려주면 금가루 조각이 마치 반짝반짝 빛을 내며 금처럼 된다.

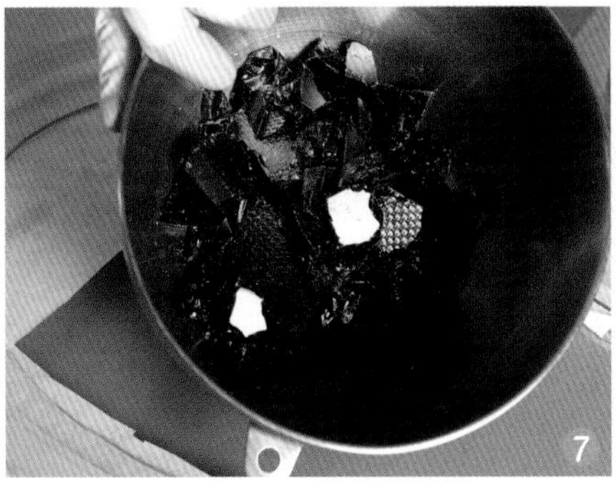

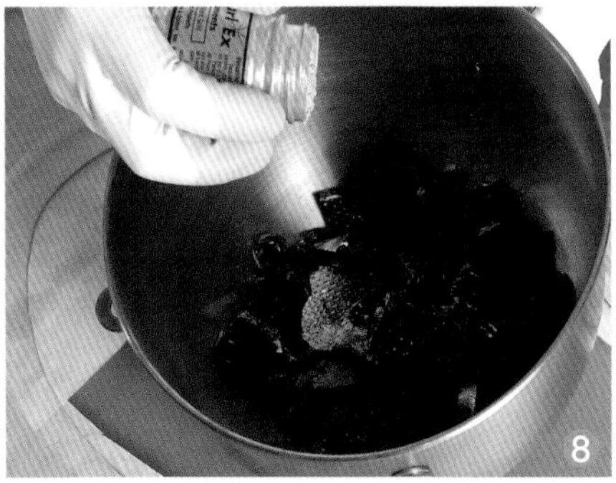

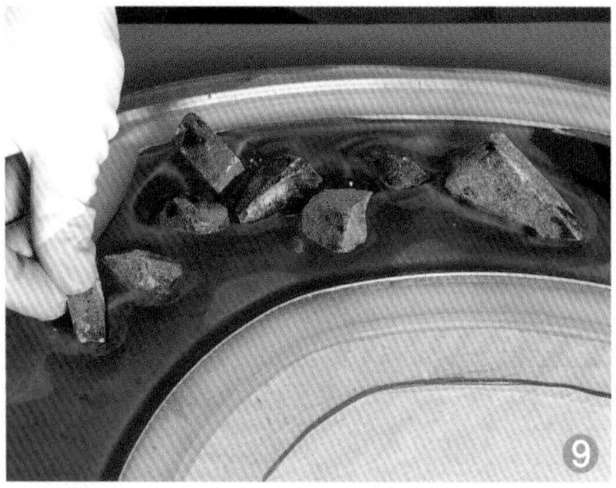

봉

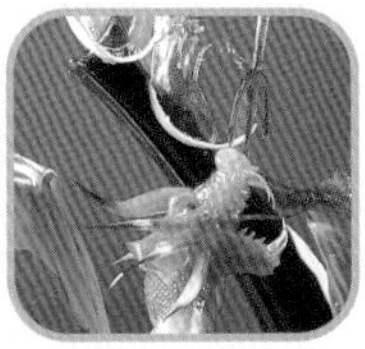

❶ 2개의 비닐호스를 준비해 설탕 1.5kg을 끓여 파란색 색소 4방울을 떨어뜨린 시럽을 붓는다. 〈사진 ①〉
❷ 비닐호스의 양 끝을 실리콘을 잘라 만든 마개로 막은 뒤 틀에 비닐호스를 담아 모양을 굳힌다. 〈사진 ②〉
❸ ②가 굳으면 칼로 비닐호스를 벗겨낸다. 〈사진 ③〉

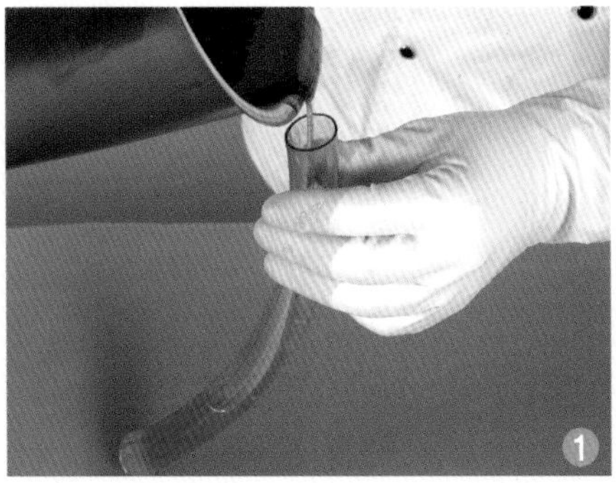

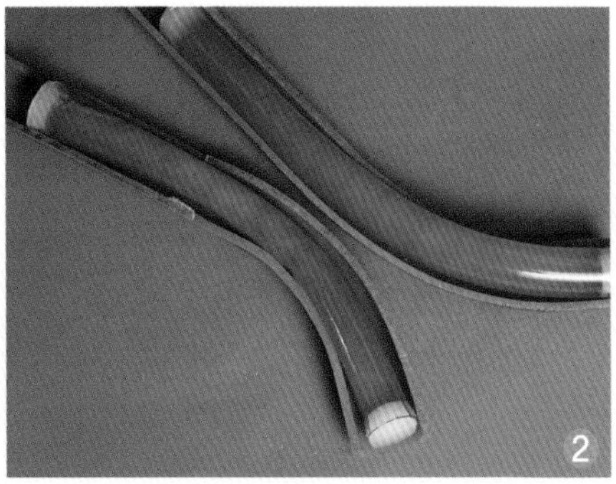

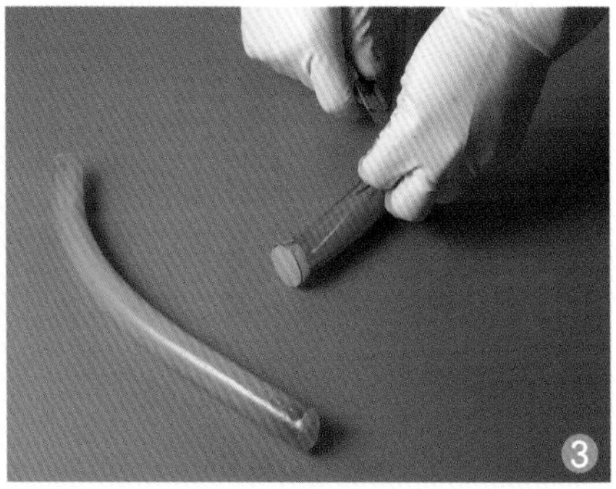

블랙홀 올리기

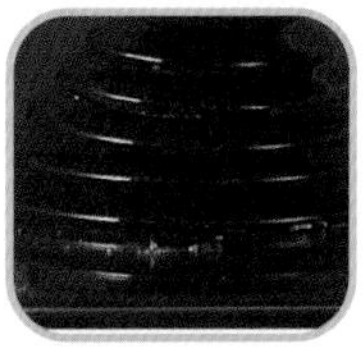

① 링 틀에서 떼어낸 링을 실팻 위에 올려놓고 마치 탑을 쌓듯이 크기별로 차례차례 정성스럽게 붙인다. 링을 붙일 때는 설탕시럽을 접착제로 사용한다. 맨 먼저 가장 큰 링 위에 접착제를 뿌리고 작은 링을 올린 다음 그 위에 접착제를 뿌리고 두 번째로 큰 링을 올린다. 〈사진 ①, ②, ③, ④〉

② ①과 똑같은 방법으로 차례차례 링을 올려서 반구형 틀로 누른 링을 맨 꼭대기에 올려 6개의 링이 보이도록 끓인 설탕시럽을 접착제로 사용해 링 탑을 쌓는다. 〈사진 ⑤ ~⑯〉

③ ② 위에 드래곤 볼을 붙인다. 〈사진 ⑰, ⑱〉

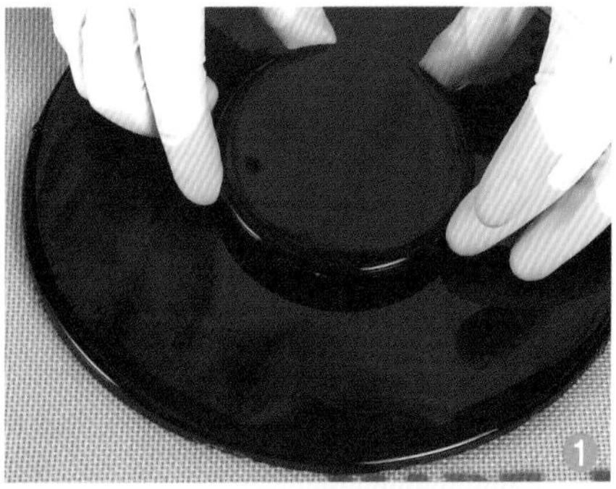
1

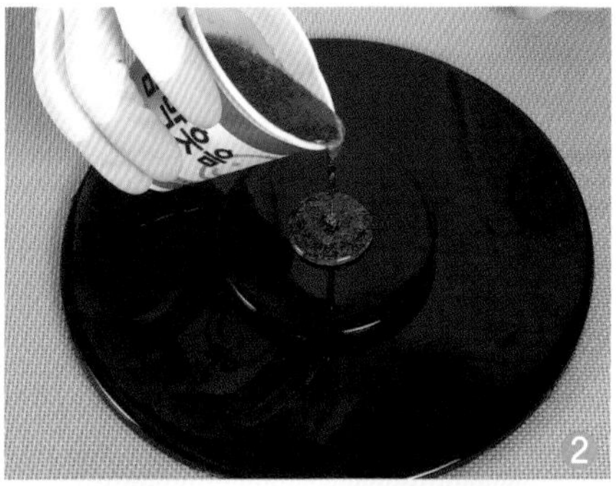
2

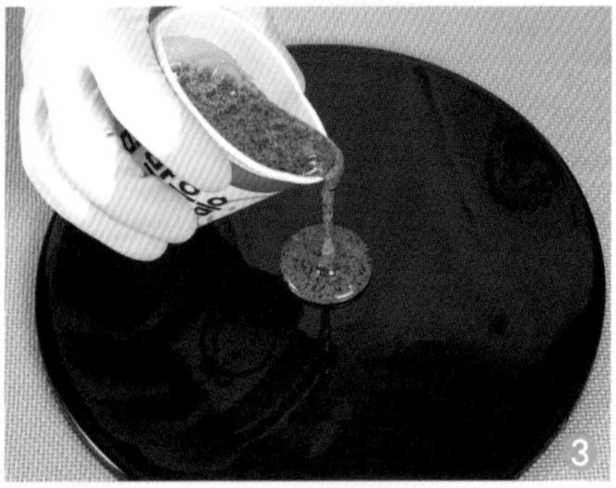
3

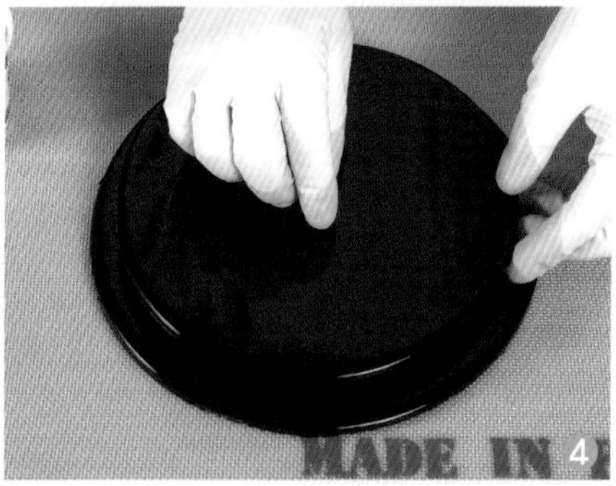

4

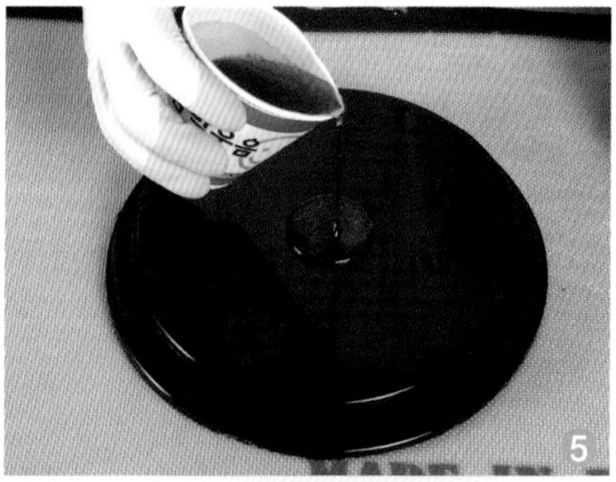
5

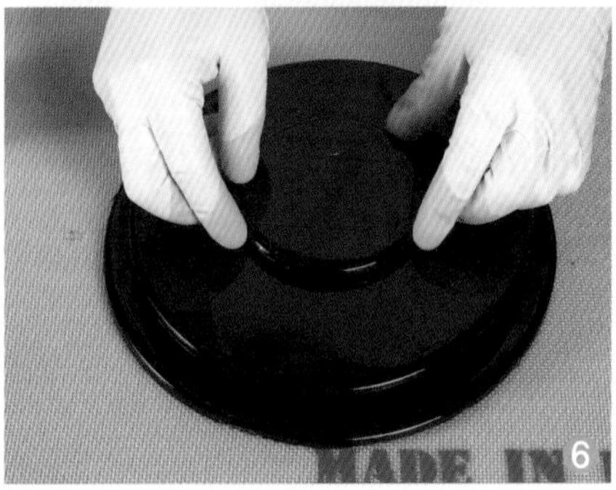

6

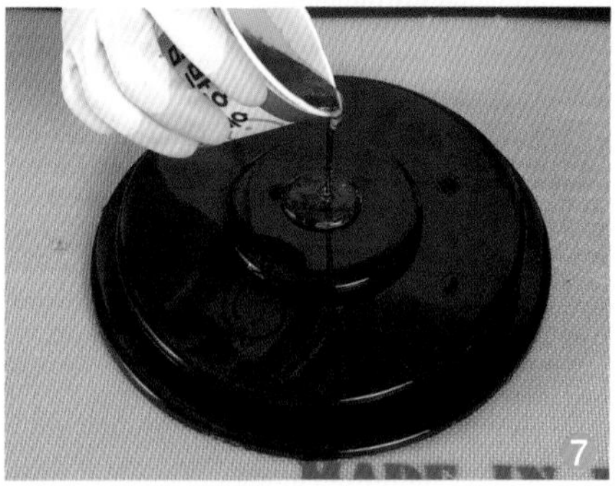
7

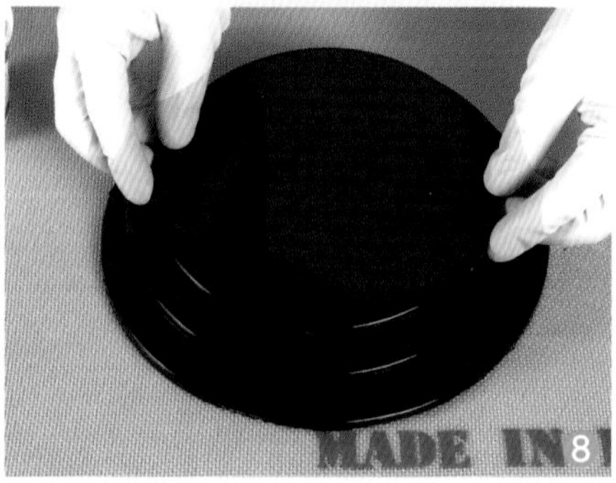

8

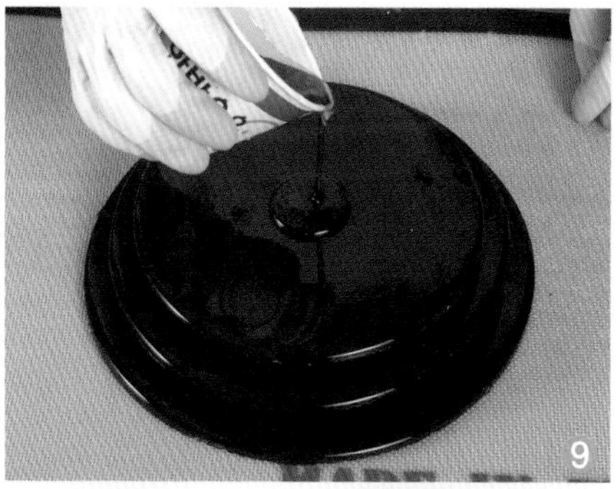
9

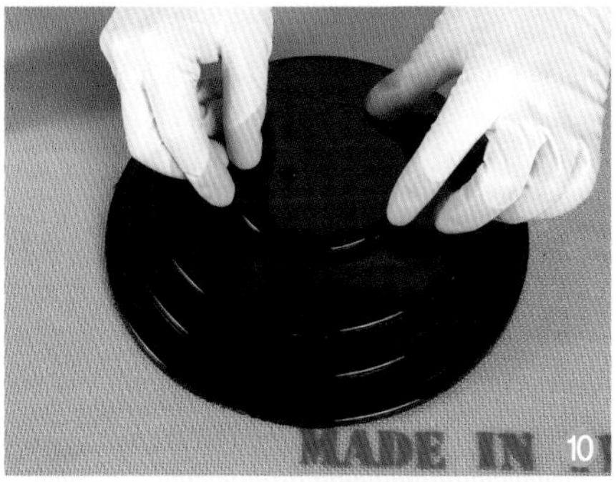

10

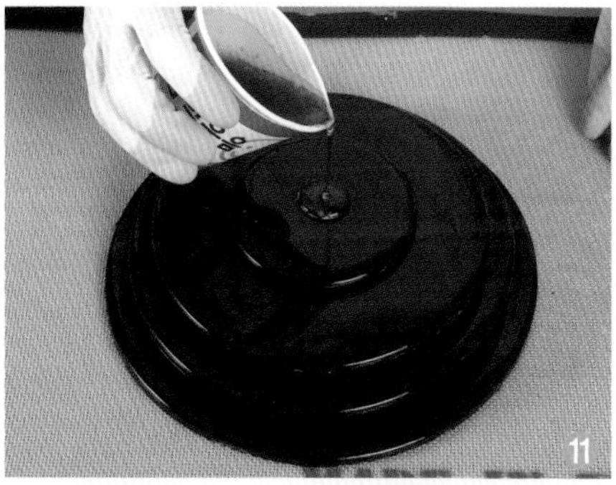
11

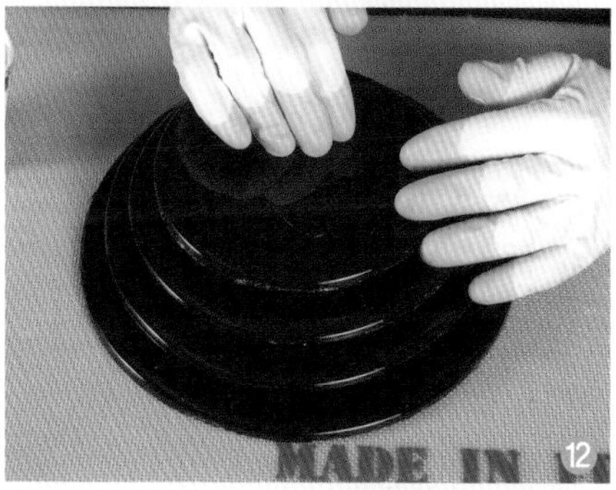

12

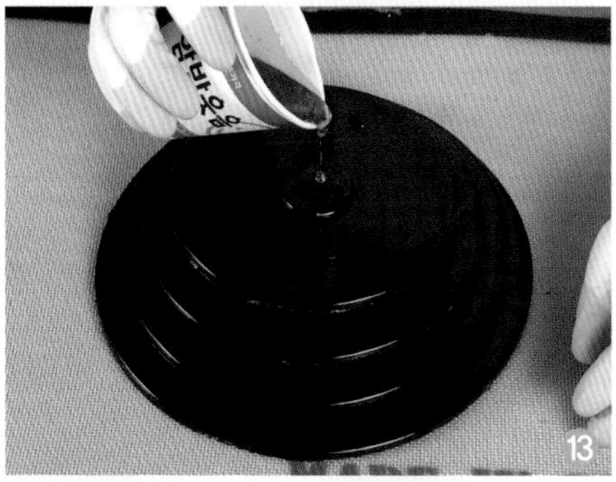
13

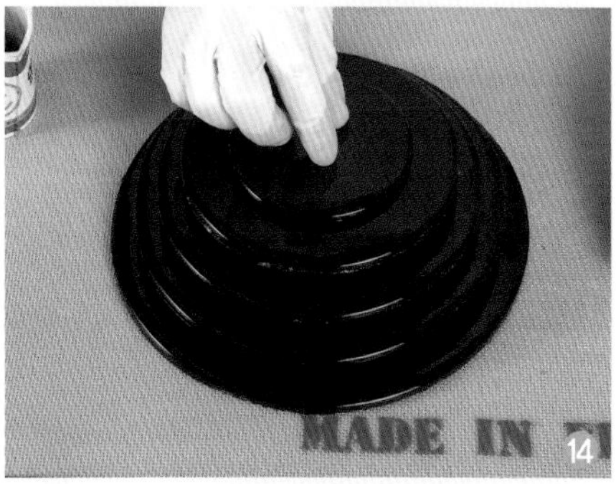

14

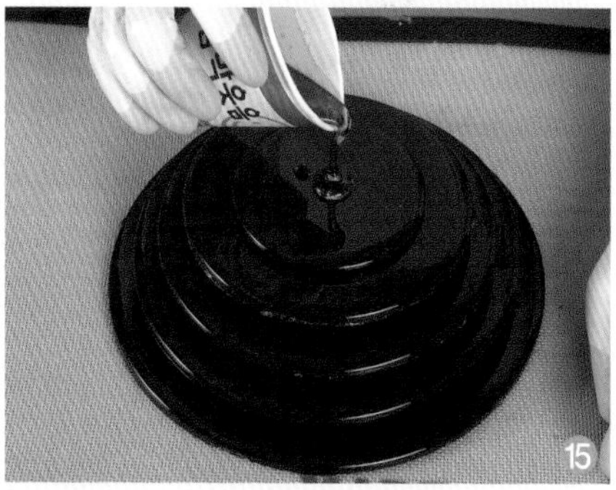
15

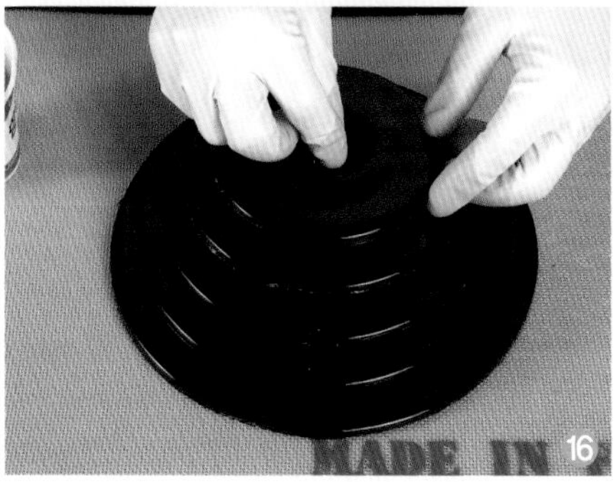

16

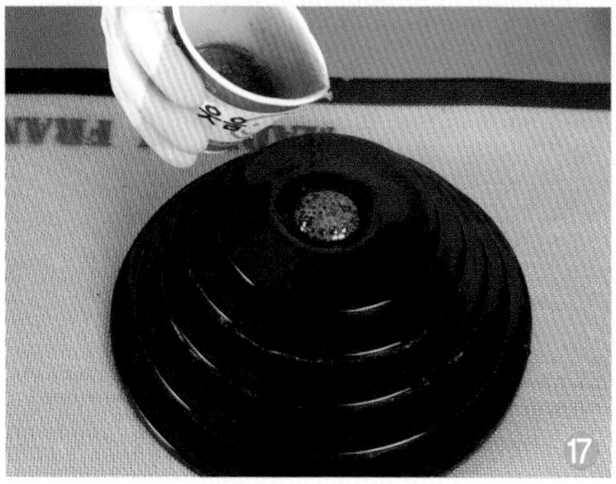
17

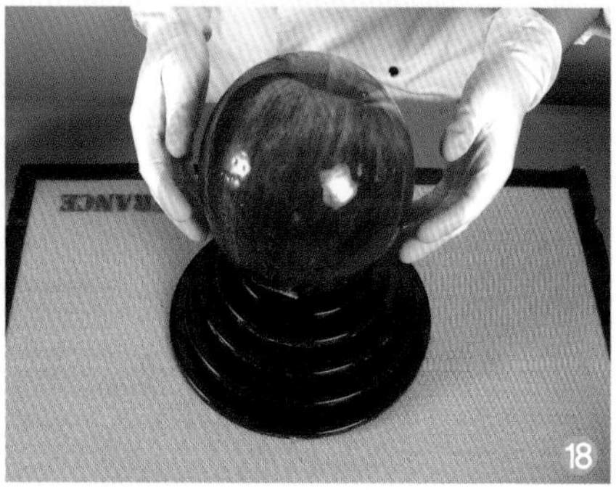
18

꽃 받침대

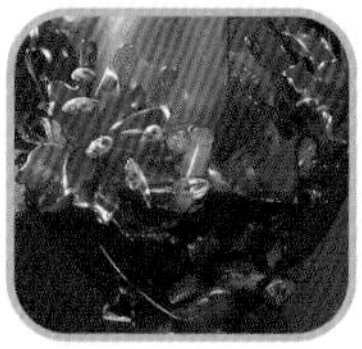

❶ 끓인 설탕에 초록색 색소 5방울을 떨어뜨린 시럽을 짤주머니 모양으로 말아진 유산지에 부어서 비닐판 위에 꽃 받침대 모양으로 짜준다(2개). 〈사진 ①, ②〉
❷ ①이 굳으면 비닐판에서 떼어낸다. 〈사진 ③〉
❸ ②를 반구형 아크릴 반원 틀에 엎어놓고 열풍기를 쐬어주며 반원 틀을 돌려주면 틀을 감싸듯이 안으로 휘어진다. 〈사진 ④〉
❹ 굳으면 선풍기바람을 식힌다.

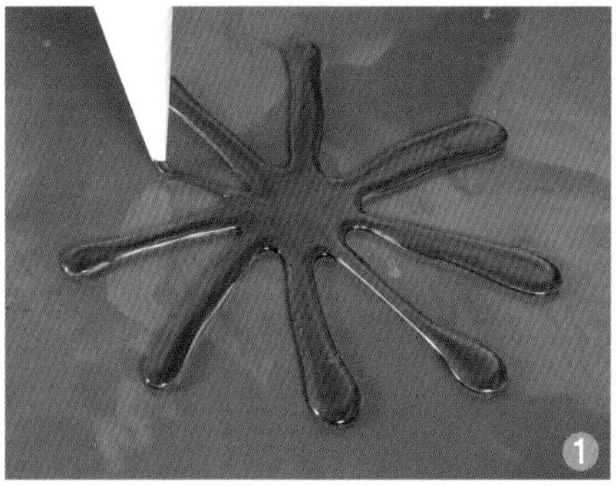
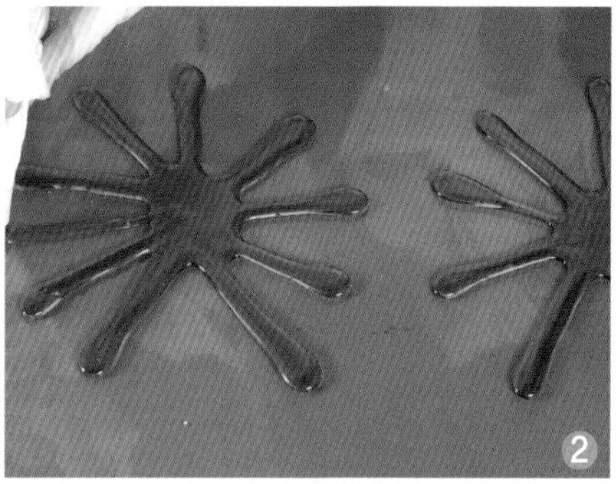
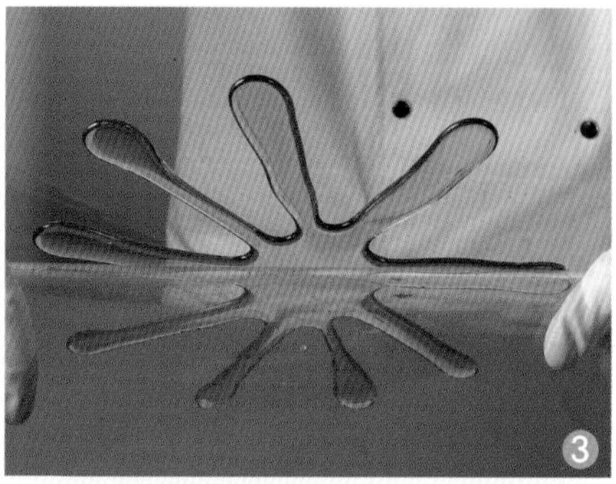
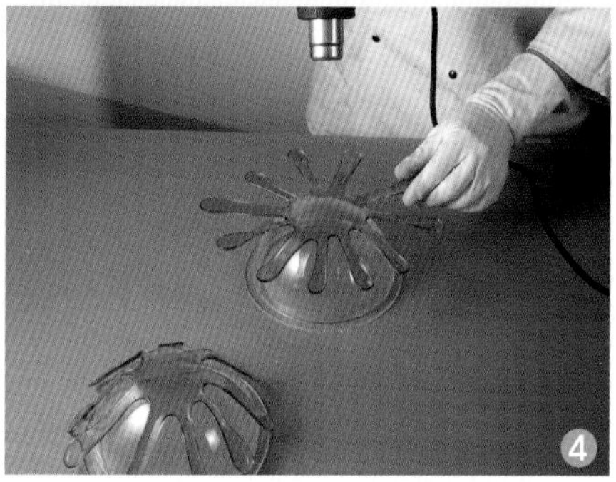

파도

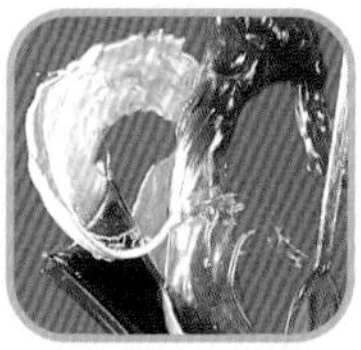

❶ 실리콘 페이퍼 위에 파스티야주로 만들어 굳힌 곡선을 올려놓고, 곡선 안쪽으로 끓인 이소말트 시럽을 부은 다음 스패튤러로 파도 모양을 만든다(4개). 〈사진 ①, ②〉
❷ ①이 식으면 실리콘 페이퍼 위에서 떼어낸다. 〈사진 ③〉

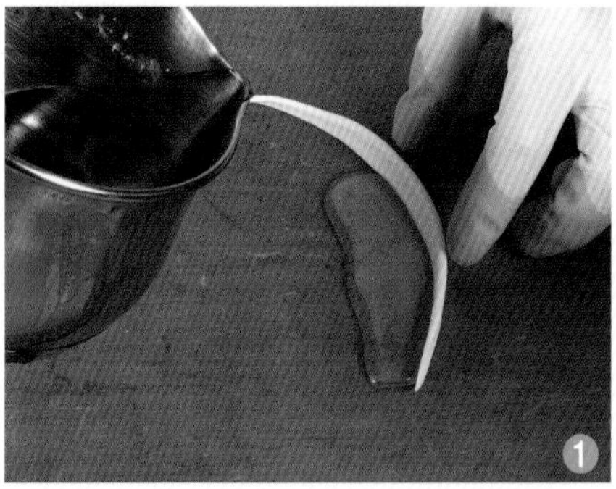
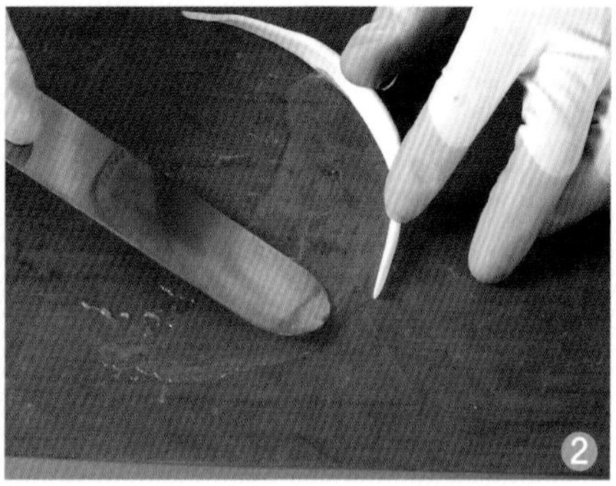
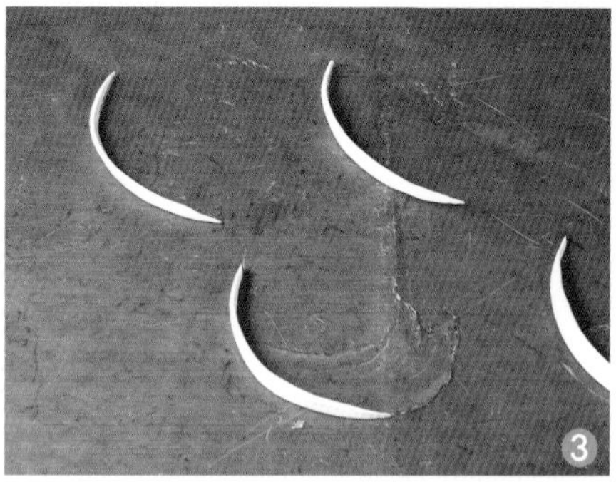

초록색 무늬판

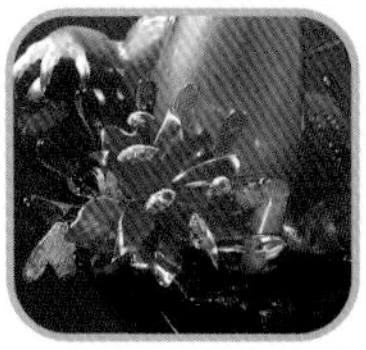

❶ 쟁반 위에 종이를 깔고 설탕을 가득 뿌린 다음 손으로 모양을 낸다. 〈사진 ①〉
❷ 모양을 낸 설탕 위에 설탕을 끓여 초록색 색소 5방울과 노란색 색소 2방울을 섞은 시럽을 흘려 붓어서 굳힌다. 〈사진 ②〉
❸ 실팻 위에 설탕을 굳힌 면이 앞이 되도록 ②를 올려놓고 열풍기를 쐬어주면 광택이 살아난다. 〈사진 ③〉

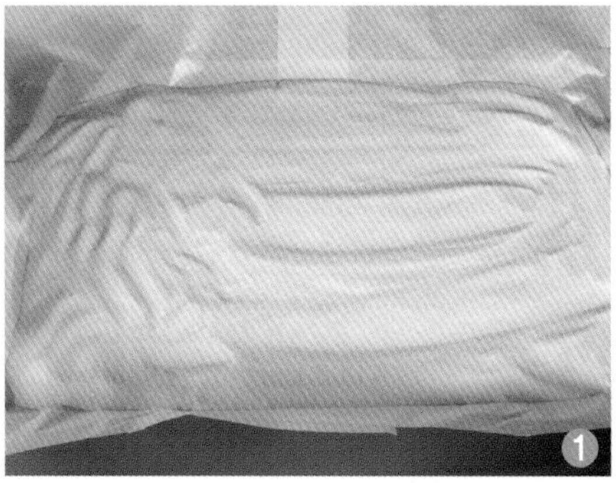

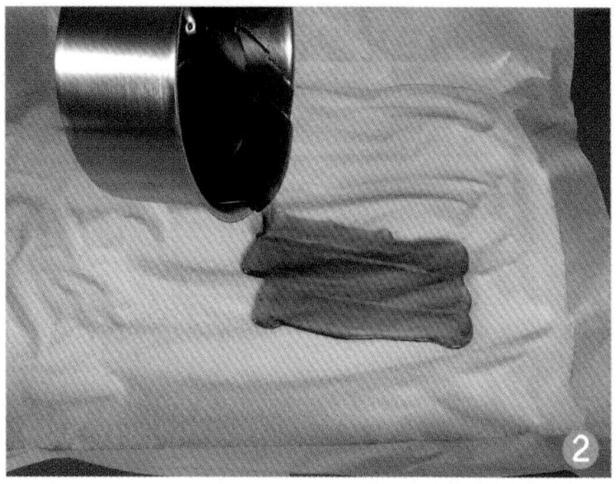

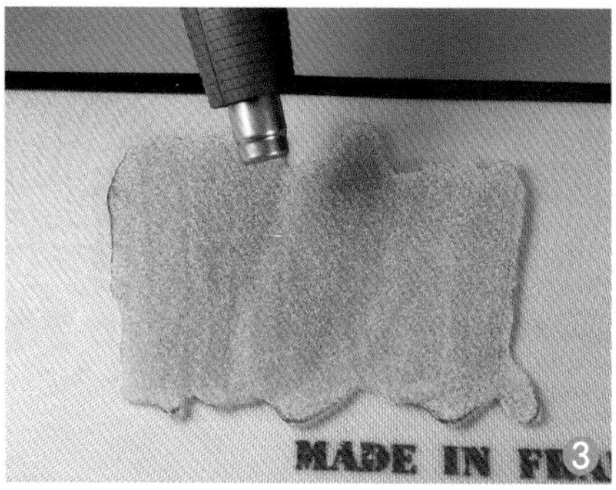

꽃

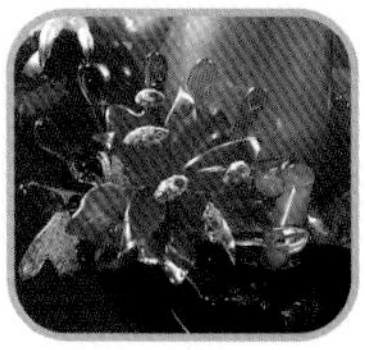

❶ 끓인 설탕에 노란색 색소 10방울을 떨어뜨린 시럽으로 반죽을 만든 다음 여러 가지 꽃잎을 만든다.
❷ 끓인 설탕에 빨간색 색소 5방울을 떨어뜨린 시럽으로 반죽을 만든다.
❸ ①을 작은 타원형의 꽃 수술이 되도록 가위로 자른다. 〈사진 ①〉
❹ 왼손으로 반죽을 조금씩 잡아당겨 꽃 수술을 만든다. 〈사진 ②〉

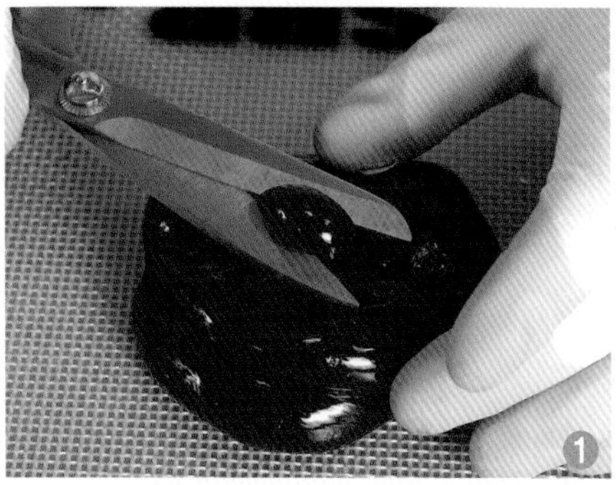

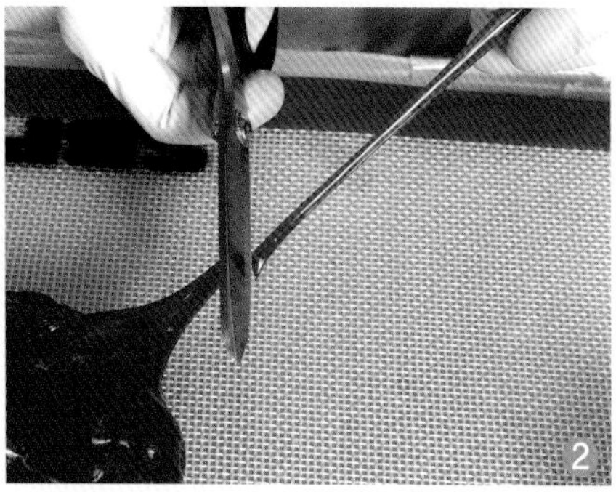

❺ 꽃 수술과 꽃심을 여러 개 만든다. 〈사진 ③〉
❻ 노란색 반죽 위에 소량의 빨간색 반죽을 떼어 붙이고 손으로 펴가며 잡아당겨서 꽃잎을 만들어 가위로 자른다. 〈사진 ④, ⑤, ⑥〉
❼ 노란색 반죽 위에 소량의 빨간색 반죽을 떼어 붙이고 손으로 펴가며 잡아당겨서 꽃잎 모양을 다듬어 꽃잎 실리콘 틀에 찍어낸다. 〈사진 ⑦, ⑧, ⑨〉
❽ 2개의 꽃을 만들 수 있도록 꽃잎을 만든다. 〈사진 ⑩〉
- 꽃잎을 만든 다음 선풍기에 바로 식혀야 광택이 살아난다. 뜨거운 상태에 그대로 놔두면 광택이 사라진다.

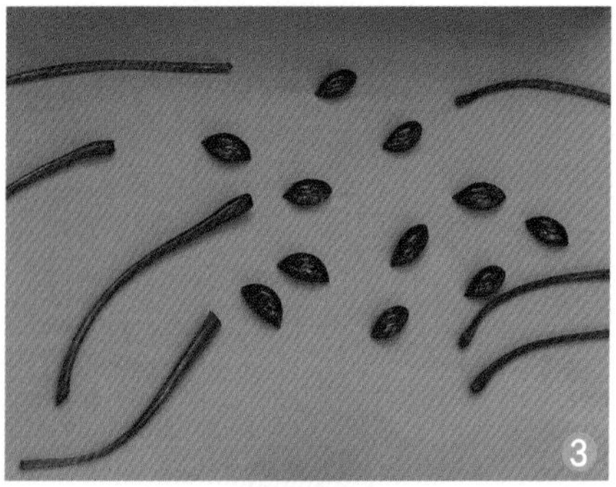
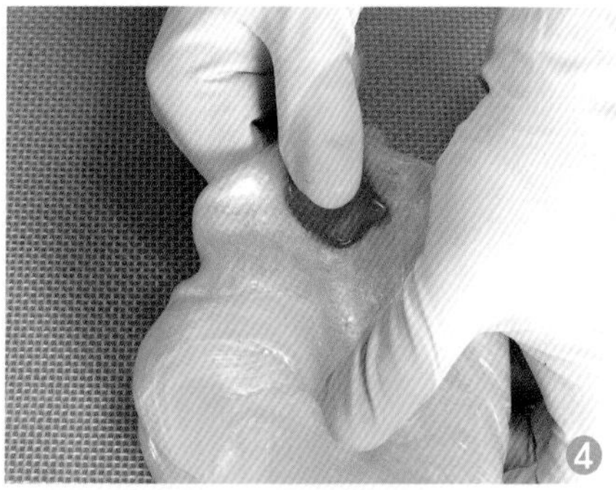
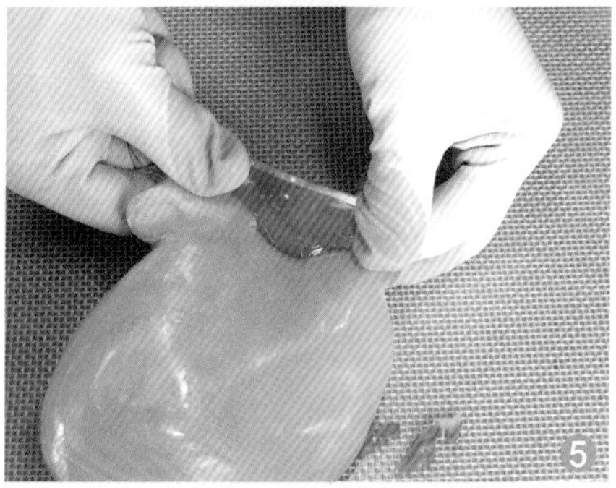
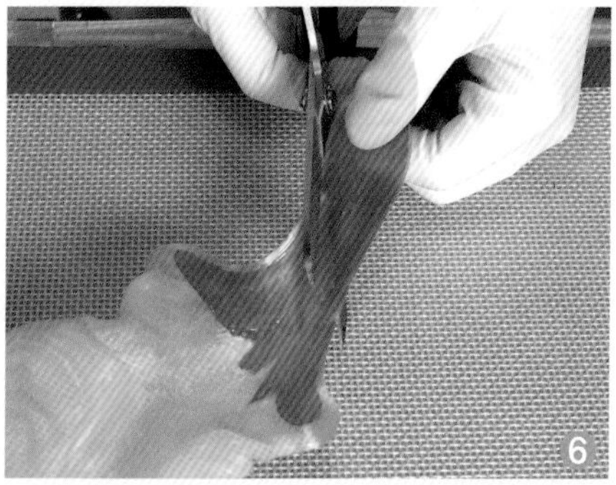
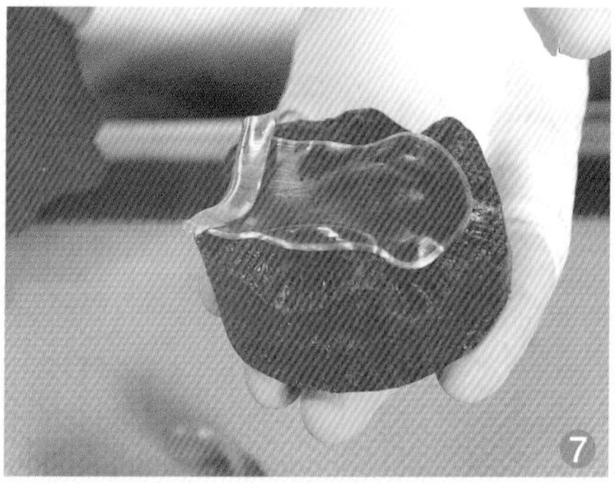
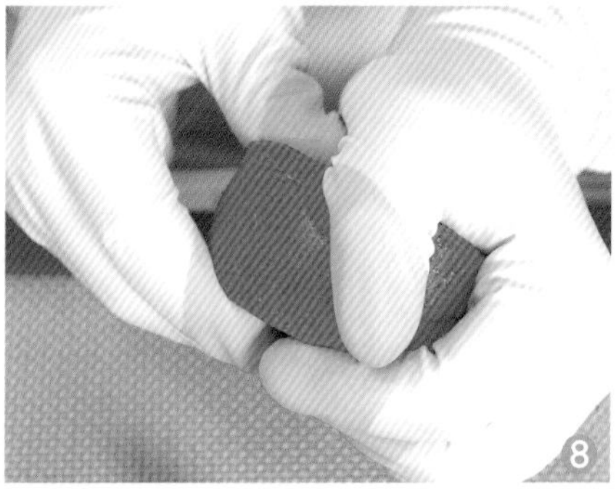
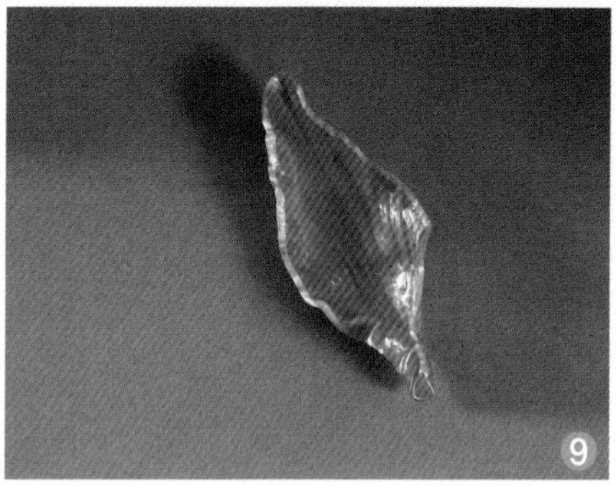
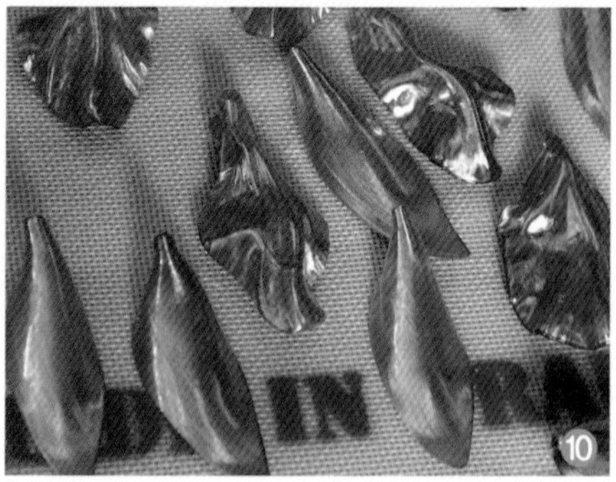

블랙홀에 기둥 올리기

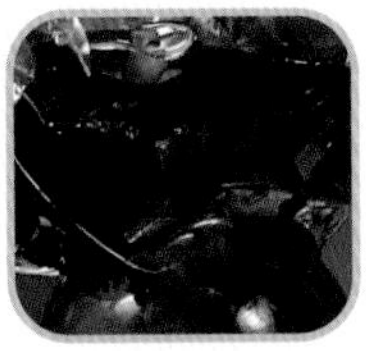

❶ 기둥을 올린 블랙홀의 접착부위를 토치 램프로 살짝 달군 다음 칼로 표시한다. 〈사진 ①, ②〉
❷ 블랙홀에 금가루 뿌린 조각이 들어있는 기둥 2개를 나란히 올린다. 〈사진 ③, ④〉
❸ 기둥을 토치 램프로 살짝 그을려 광택을 낸다. 〈사진 ⑤〉
❹ 블랙홀과 기둥이 붙어있는 이음새가 눈에 띄지 않게 금가루 뿌린 조각을 붙인다. 〈사진 ⑥〉
❺ 금조각을 토치 램프로 그을려 광택을 낸다.

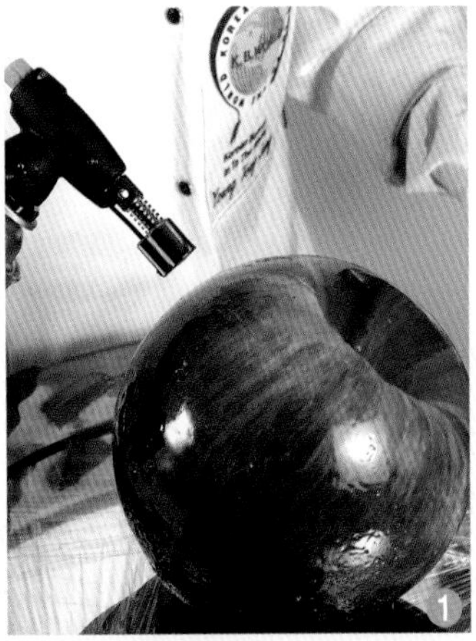
1

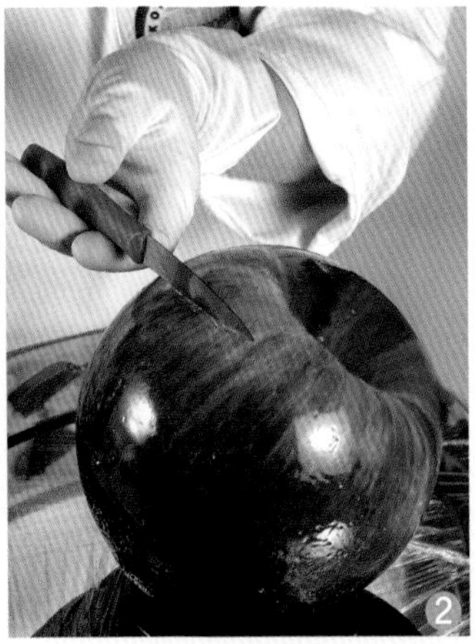
2

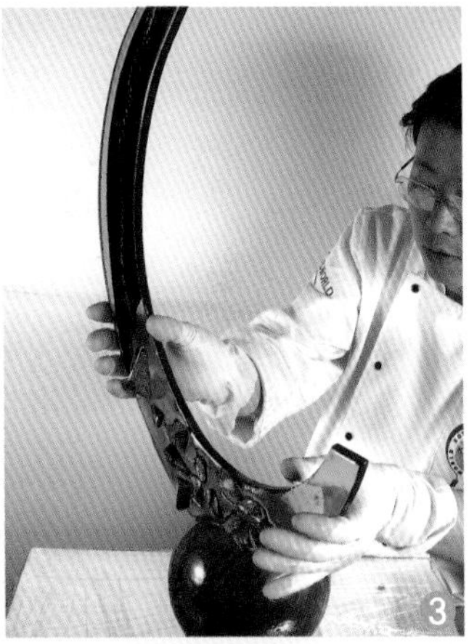
3

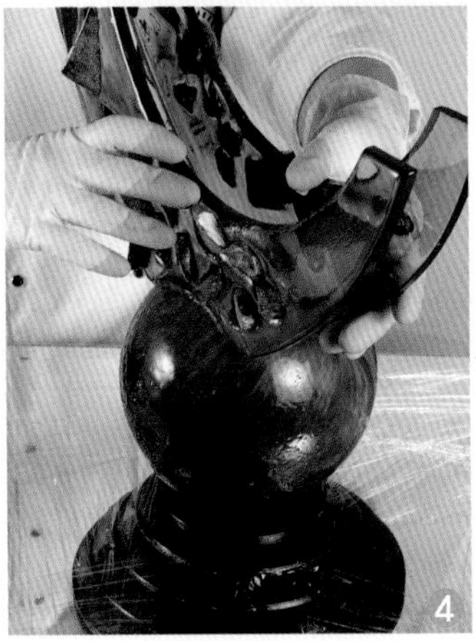
4

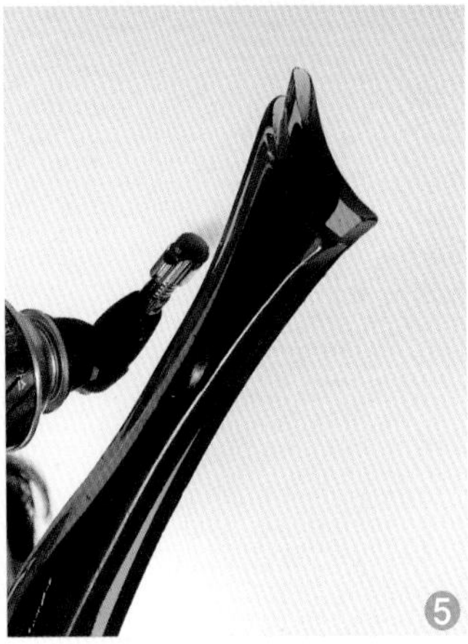
5

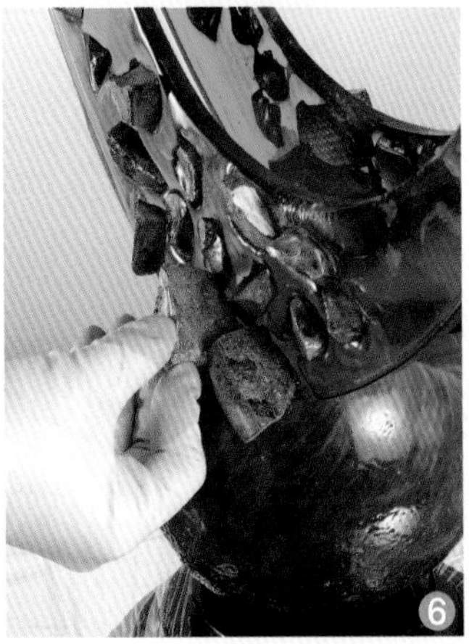
6

기둥에 봉 올리기

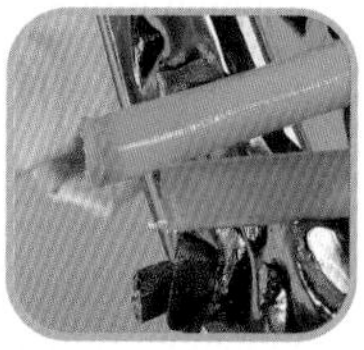

❶ 2개의 기둥 사이에 봉을 붙일 부분을 토치 램프로 달군다. 이때 기둥과 봉 양쪽 접착 부위 모두를 달군 다음 2개의 봉을 가로로 붙인다. 〈사진 ①〉

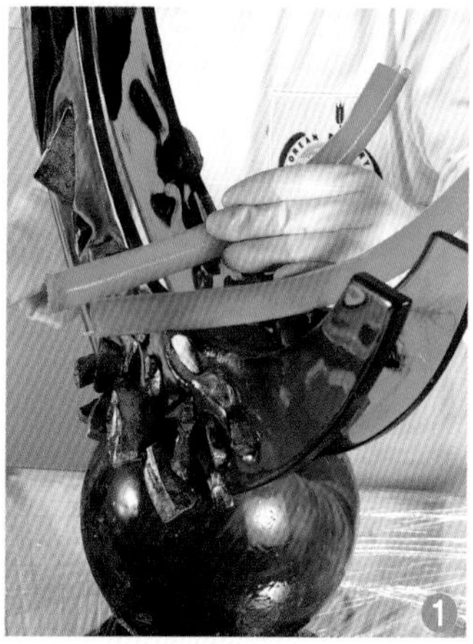

초록색 무늬판 올리기

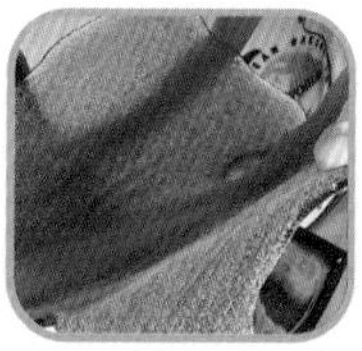

❶ 비닐호스로 만든 봉 위에 초록색 무늬판을 올려 붙인다.

❷ ①에 열풍기를 쐬어주며 손가락으로 눌러 판을 오목하게 들어가게 만든다. 〈사진 ①〉

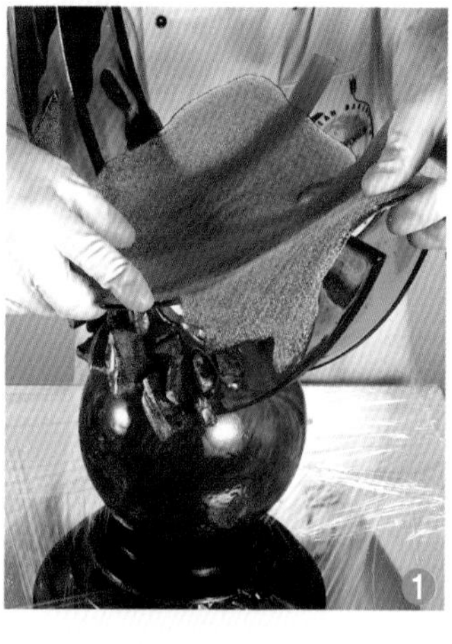

꽃 받침대에 꽃 올리기

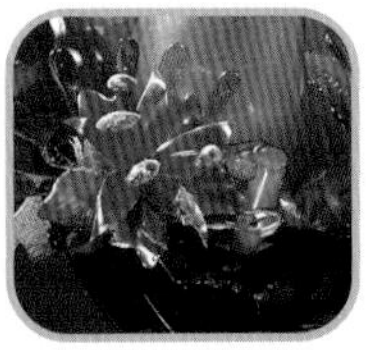

❶ 꽃 더듬이를 휘어진 부분이 바끝쪽으로 향하게 해서 5개를 붙인다. 〈사진 ①〉
❷ 꽃 받침대에 ①을 붙인다. 〈사진 ②〉
❸ 꽃 더듬이를 꽃받침대 가운데에 넣고 손으로 당겨서 만든 꽃잎을 붙인 다음 꽃잎 실리콘 몰드로 찍어낸 꽃잎을 맨 바깥쪽에 붙인다. 〈사진 ③, ④〉
❹ 꽃 더듬이 위에 타원형의 꽃 수술을 붙인다. 〈사진 ⑤〉
❺ 알코올과 설탕을 준비한다. 〈사진 ⑥〉
❻ 꽃 수술에 알코올을 묻힌 설탕을 바른 다음 꽃 더듬이에 붙인다. 〈사진 ⑦〉

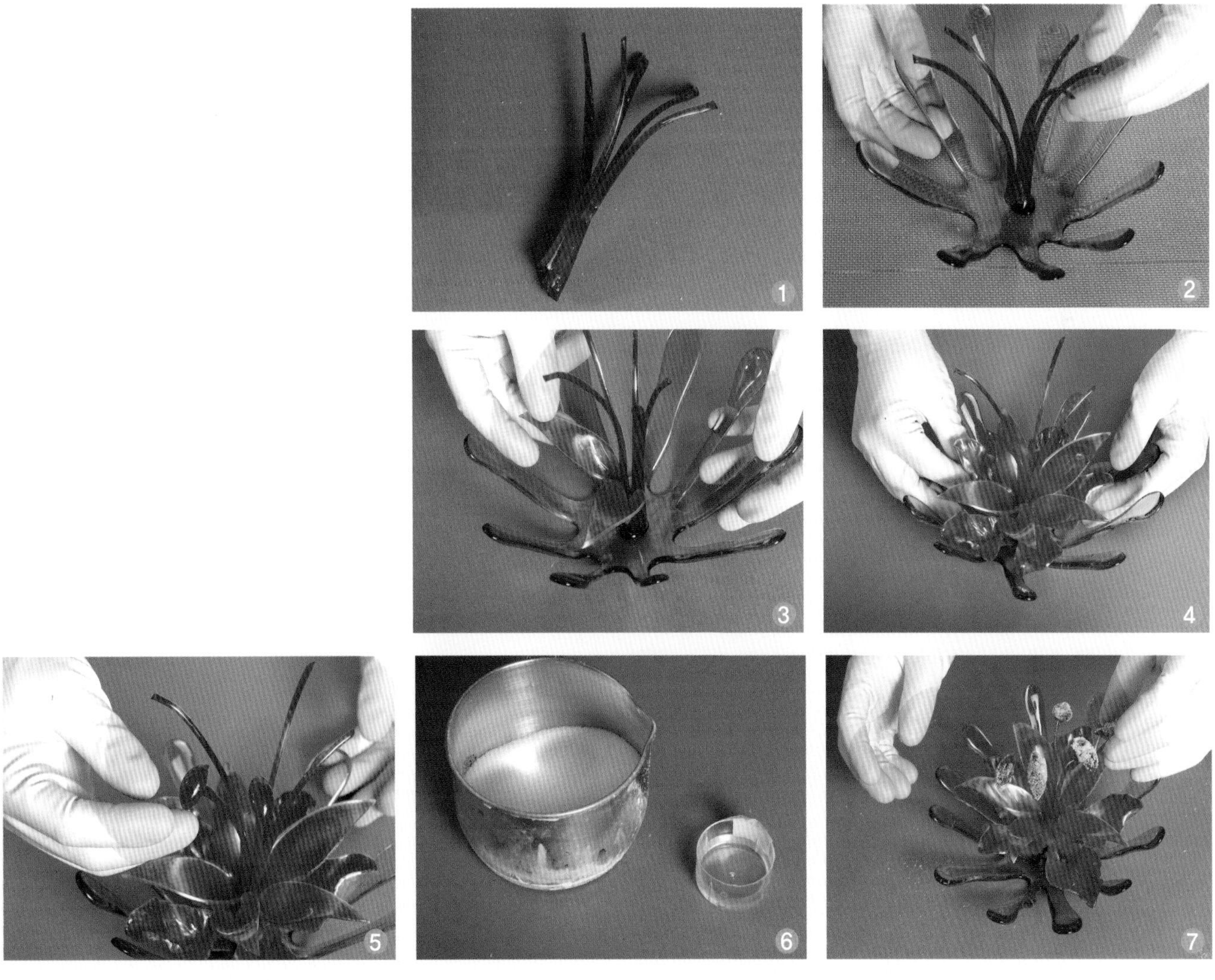

드래곤 눈

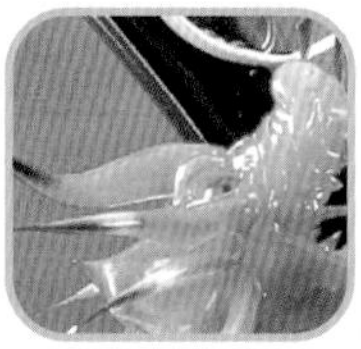

❶ 끓인 설탕시럽에 검은색 색소 4방울을 떨어뜨려 흔들어 섞은 다음 종이컵에 붓는다.
❷ 실팻 위에 ①을 1방울씩 5개를 떨어뜨린다. 〈사진 ①〉
❸ 이소말트 반죽으로 만든 모형을 토치 램프로 녹여 원형 실리콘 몰드에 떨어뜨린다. 〈사진 ②〉
❹ ③에 ②를 떨어뜨린다.
❺ ④가 굳으면 몰드에서 빼낸다. 〈사진 ③〉

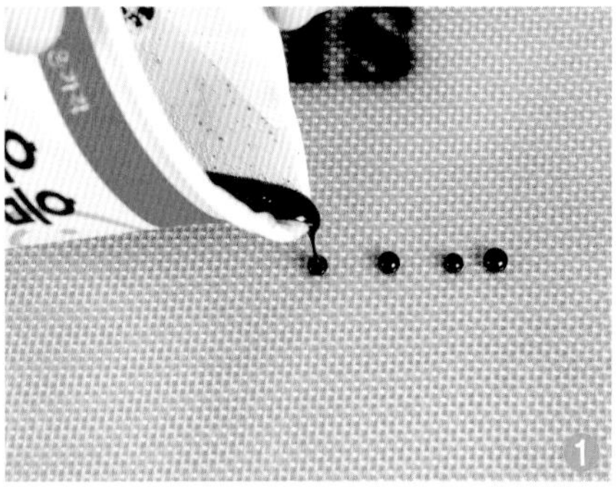

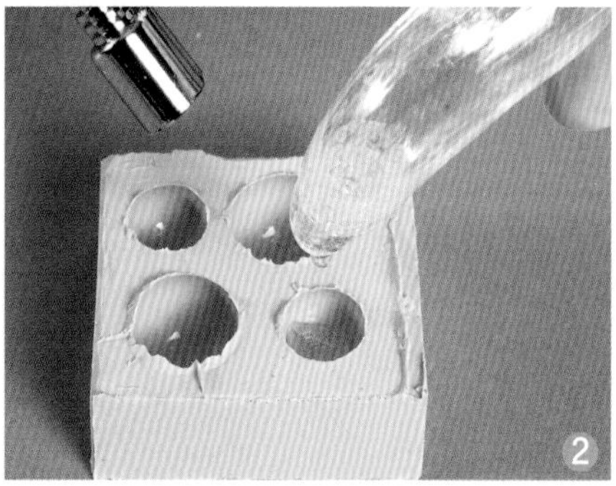

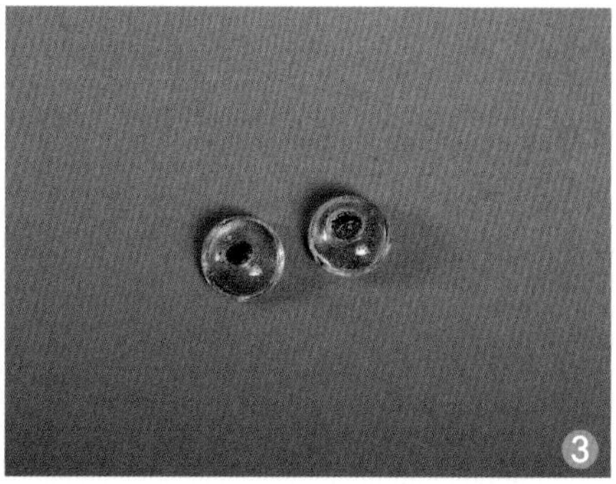

드래곤 머리

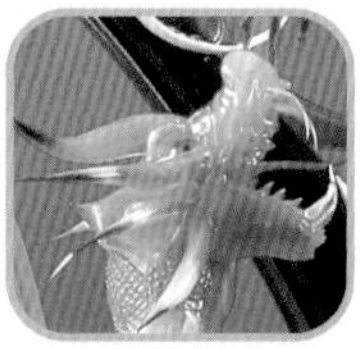

❶ 설탕시럽을 끓여 반죽을 만든 다음 여러 번 잡아당겨서 광택을 낸다. 〈사진 ①〉
❷ 설탕반죽 적당량을 가위로 잘라 검지로 구멍을 만들어 펌프를 집어넣는다. 〈사진 ②, ③〉

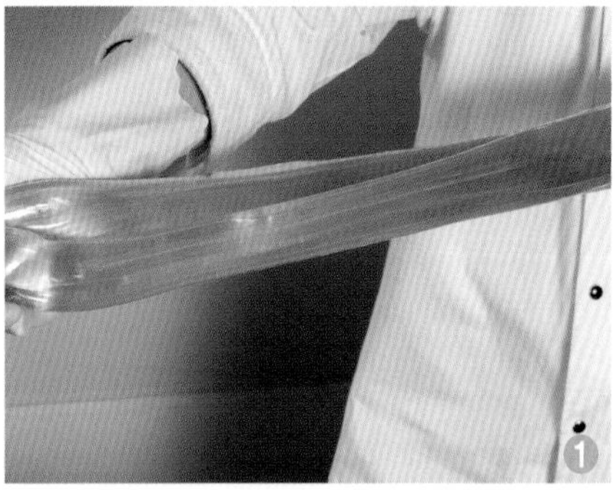

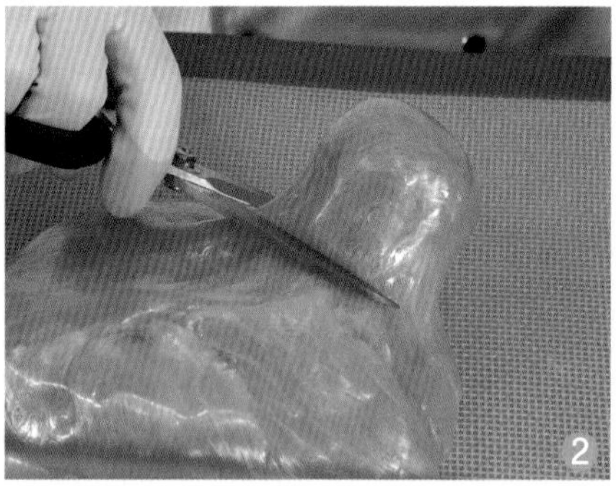

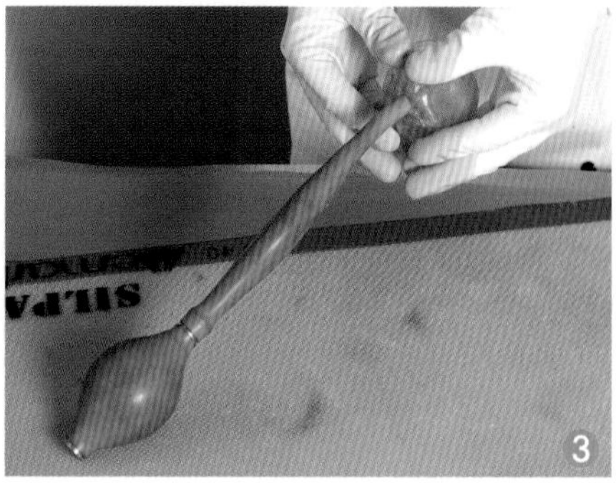

❸ 펌프를 집어넣고 공기를 주입시키며 손으로 머리 모양을 만든 다음 펌프를 빼낸다. 〈사진 ④, ⑤〉
❹ 토치 램프에 달군 칼로 입 부분이 될 곳을 자른 다음 입을 벌린다. 〈사진 ⑥, ⑦〉
❺ 토치 램프로 눈이 될 부위를 달군 다음 치과기공기구로 파낸다. 〈사진 ⑧, ⑨〉
❻ 눈에 눈알을 붙인다. 〈사진 ⑩〉

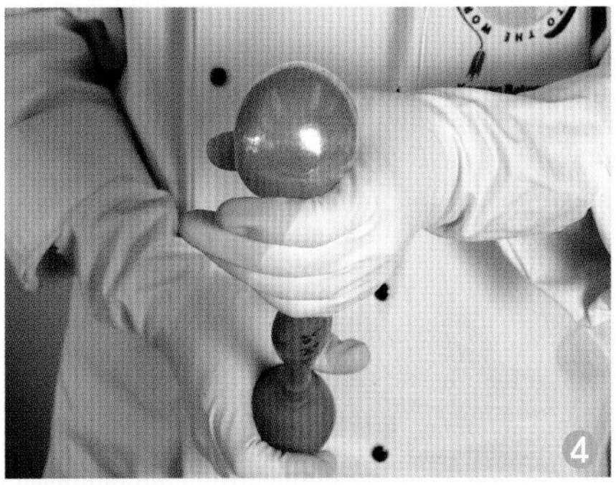
4

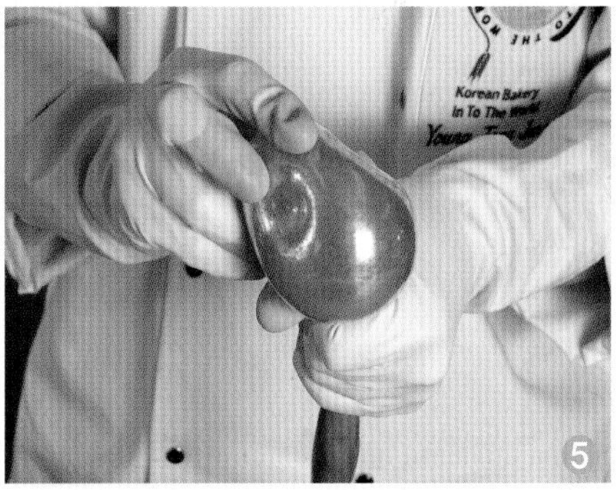
5

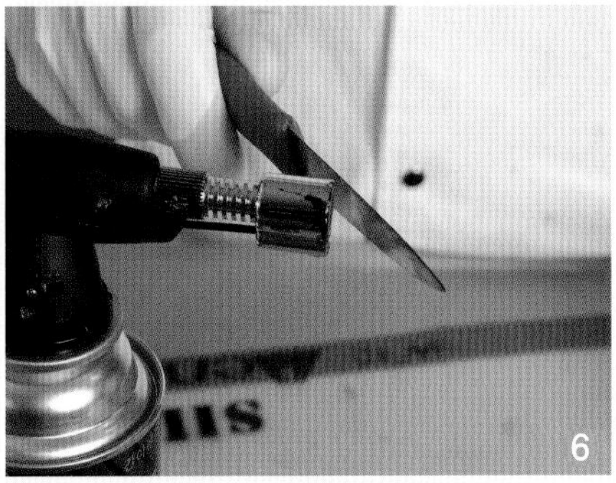
6

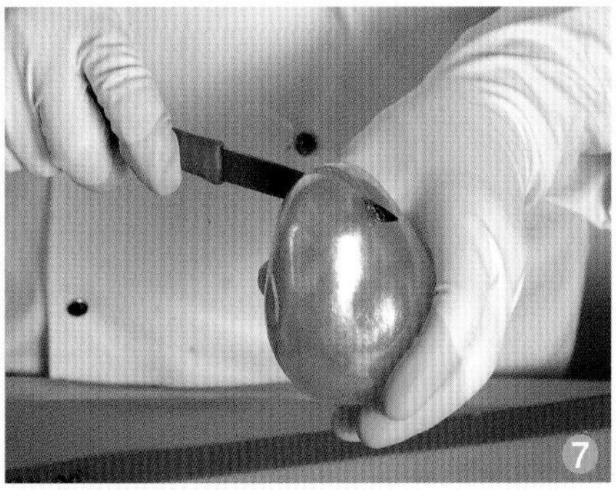
7

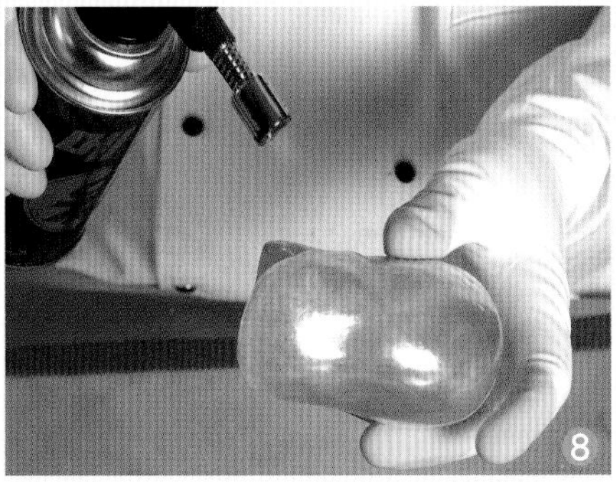
8

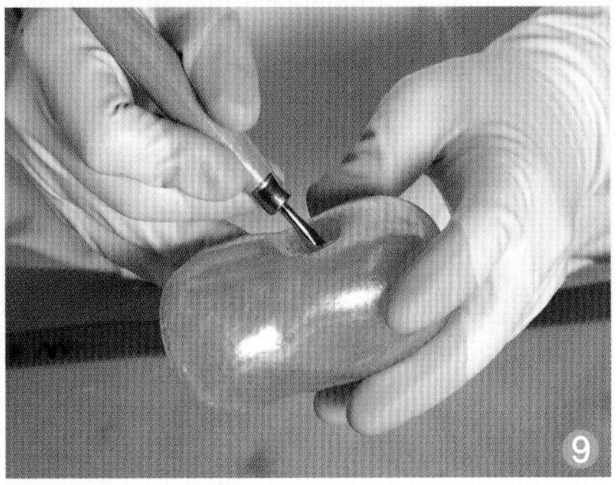
9

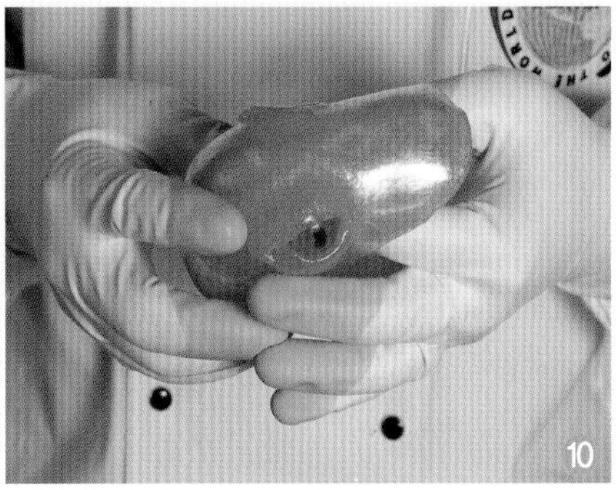
10

⑦ 눈 밑부분을 치과기공용기구로 줄을 그어서 쭈글쭈글한 무늬를 만든다. 〈사진 ⑪〉

⑧ 입 막는 틀을 만들어 입 속에 집어넣은 다음 칼로 입 안의 무늬를 낸다. 〈사진 ⑫, ⑬〉

⑨ 설탕반죽 적당량을 잡아당겨 입 위와 아래 부분에 붙일 U자 틀을 만든다. 〈사진 ⑭, ⑮〉

⑩ U자 틀을 입 속에 집어 넣어 붙인다. 〈사진 ⑯〉

⑪ ⑩을 토치 램프로 달군 다음 치과기공용기구로 3군데를 오목하게 눌러준다. 〈사진 ⑰, ⑱〉

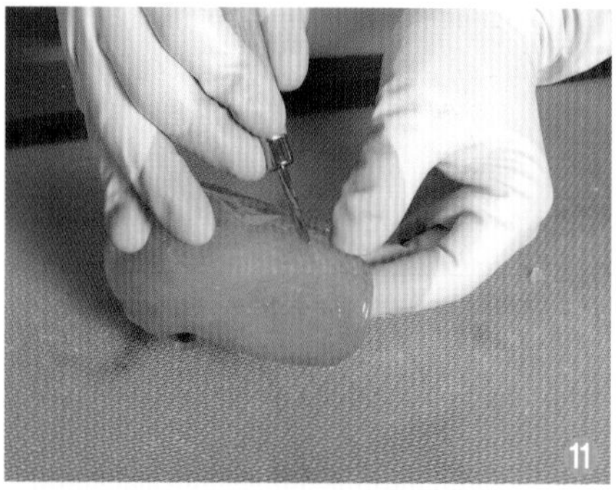
11

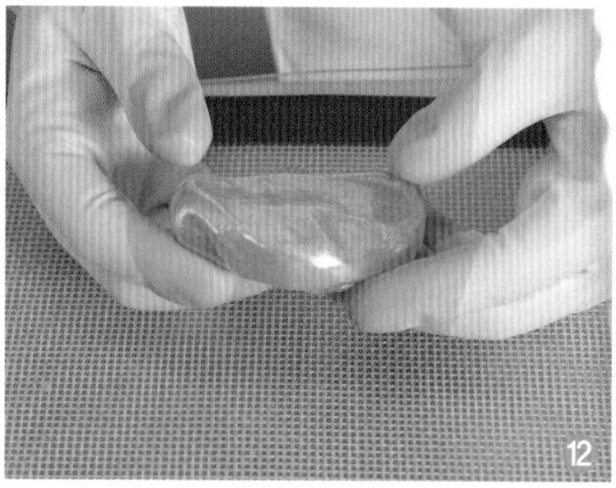
12

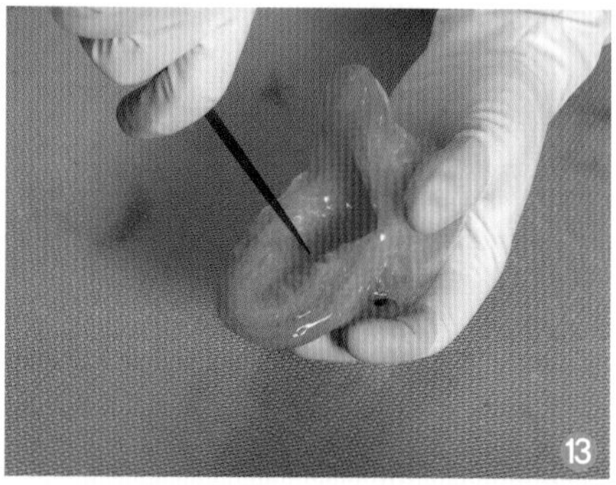
13

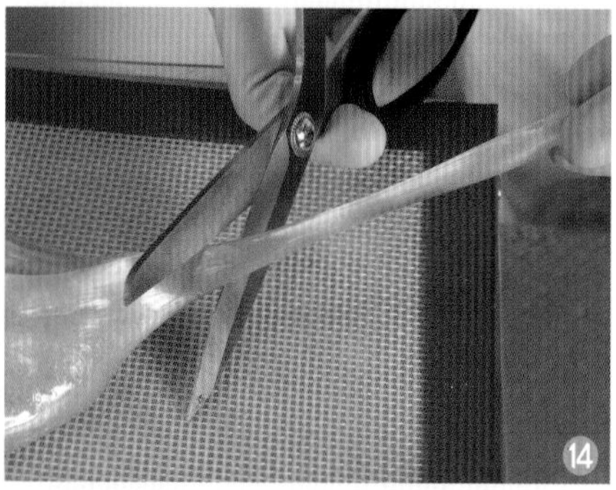
14

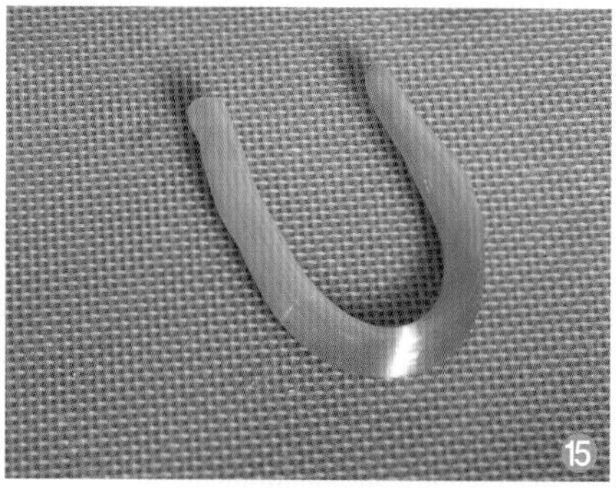
15

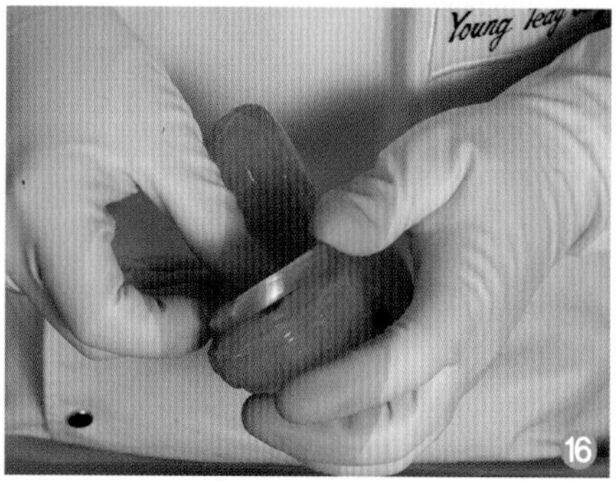
16

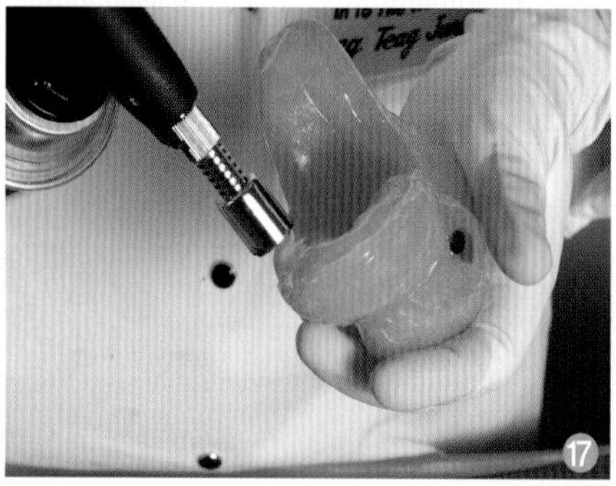
17

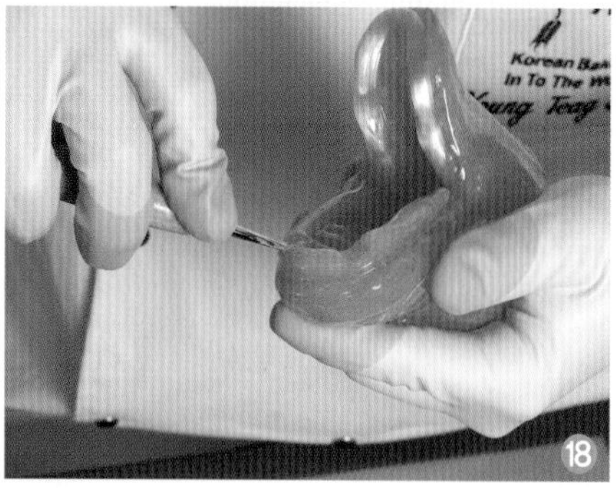
18

⑫ 작은 가위로 가위집을 내서 이빨을 만든다. 〈사진 ⑲, ⑳〉
⑬ 설탕반죽 적당량을 잘라 콧망울 2개를 만들어 붙인다. 〈사진 ㉑, ㉒〉
⑭ 콧망울 주변을 치과기공용기구로 매끈하게 다듬는다. 〈사진 ㉓ 〉
⑮ 설탕반죽 적당량을 잘라 눈두덩 2개를 만들어 붙인다. 〈사진 ㉔, ㉕〉

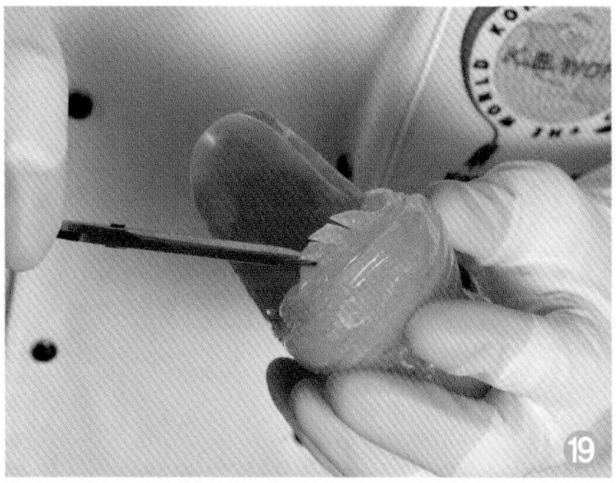
19

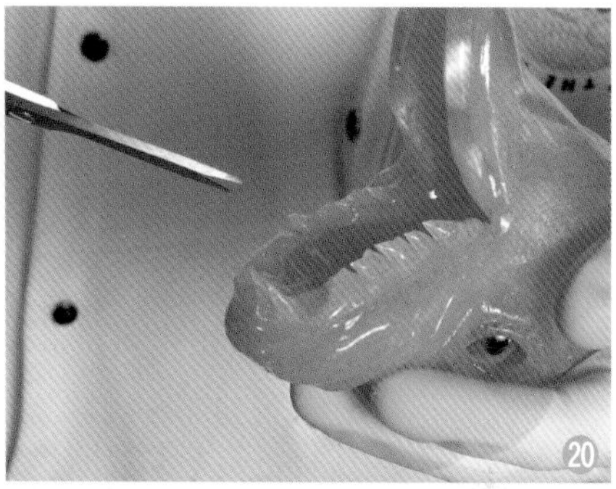
20

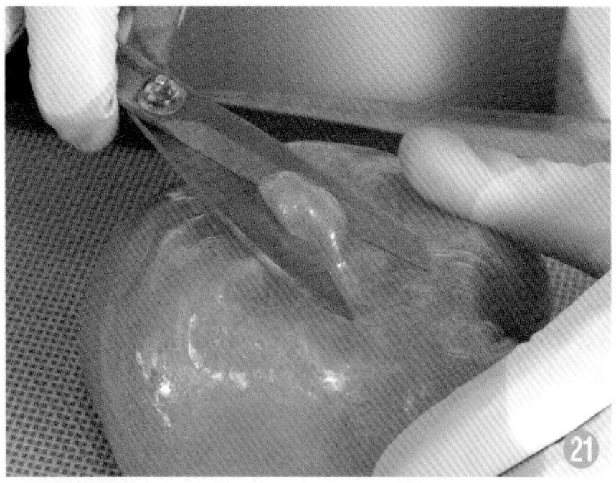
21

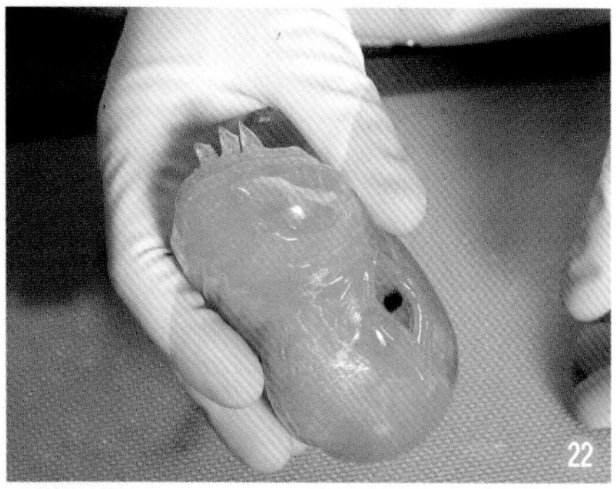
22

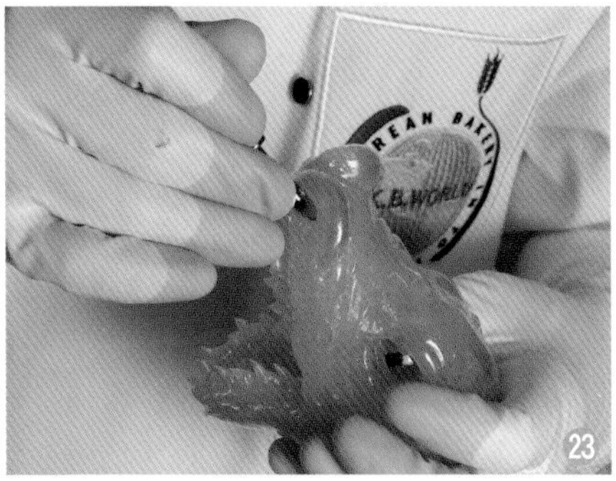
23

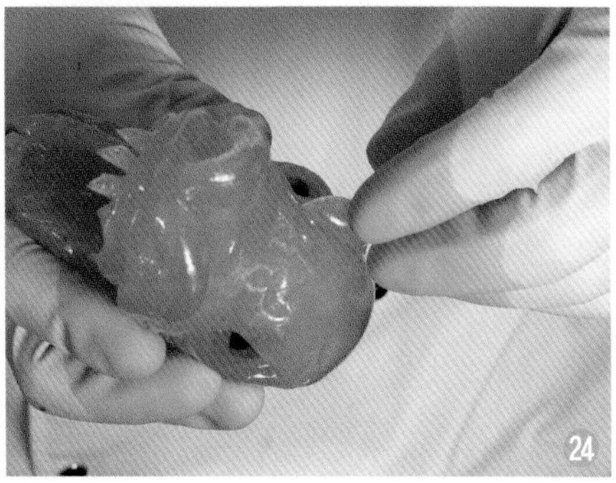
24

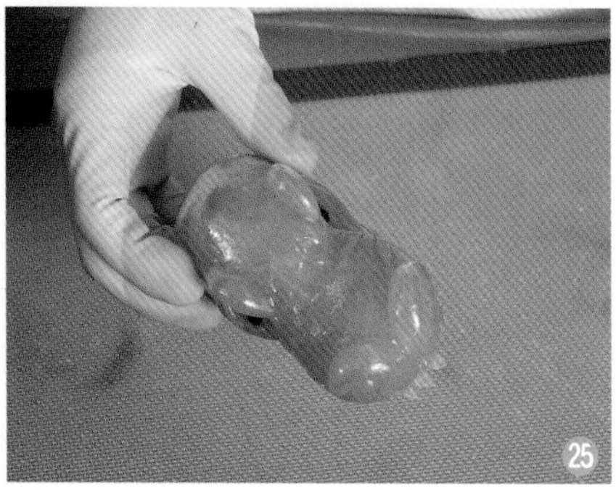
25

드래곤 몸통

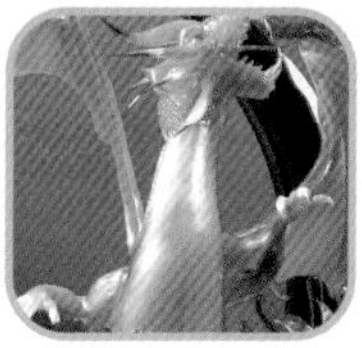

❶ 설탕반죽을 광택이 나도록 충분히 당긴 다음 둥글게 빚어 가위로 자른 후 양손으로 다듬어가며 펌프를 집어넣을 구멍을 만든다. 〈사진 ①, ②, ③〉

❷ 구멍 주위를 토치 램프로 달군 다음 펌프를 집어넣고 공기를 주입시킨다. 〈사진 ④, ⑤〉

❸ 펌프로 공기를 주입시키며 기둥 위를 휘감고 있는 드래곤 몸통을 만든다. 이때 기둥에 갖다 대면서 모양을 다듬는 것이 좋다. 〈사진 ⑥〉

❹ 펌프를 뺀 꼬리 부분은 토치 램프로 달궈서 날렵하게 다듬는다. 〈사진 ⑦, ⑧〉

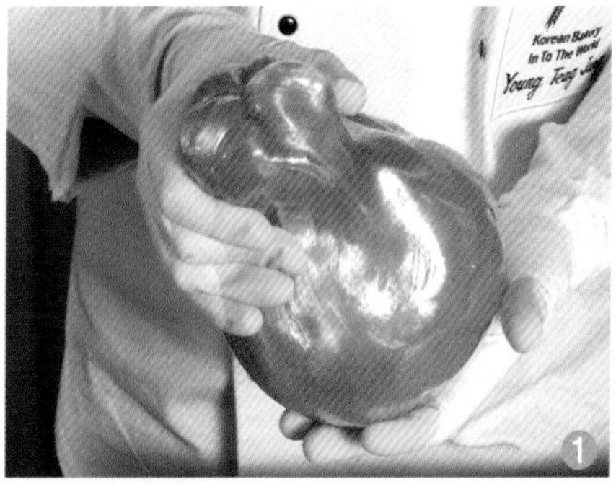

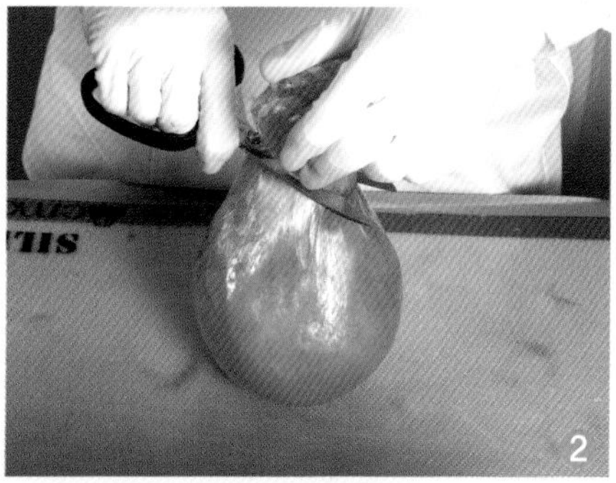

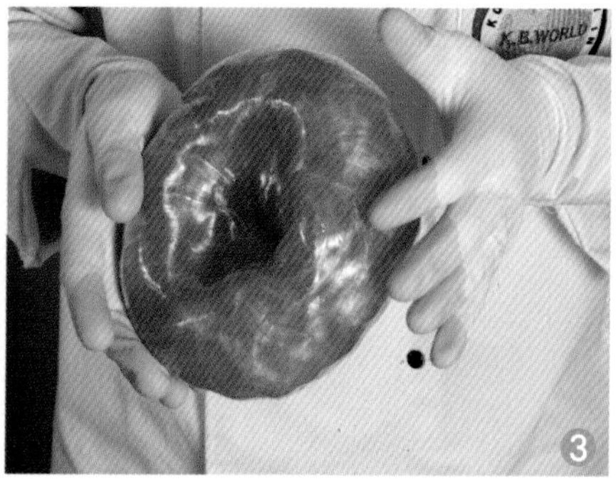

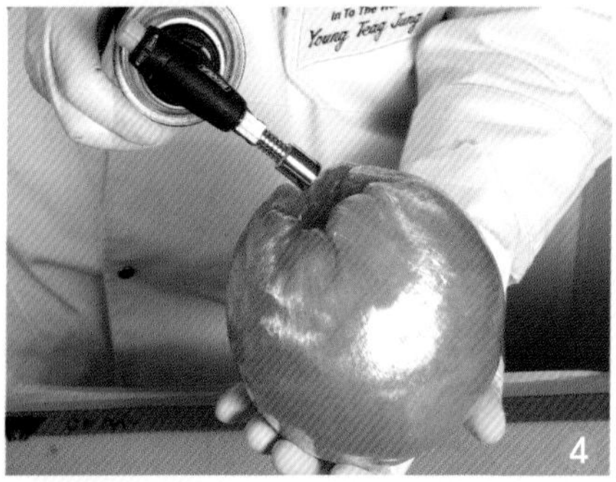

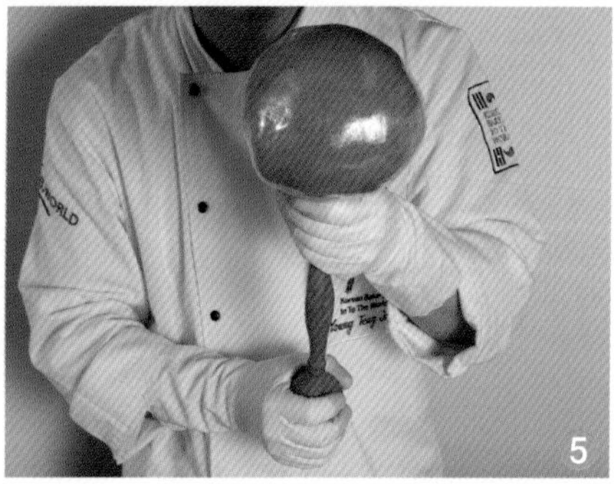

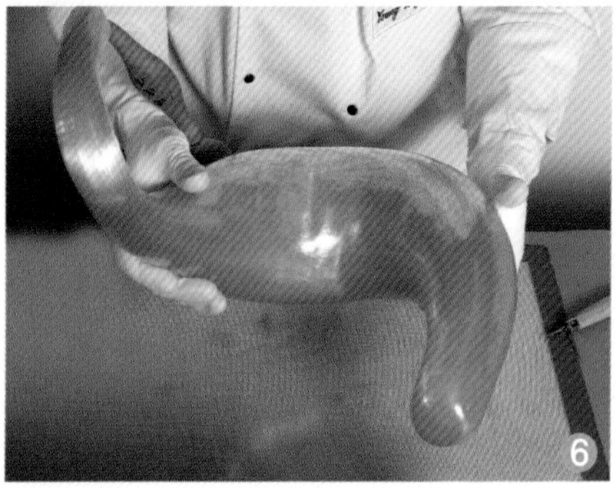

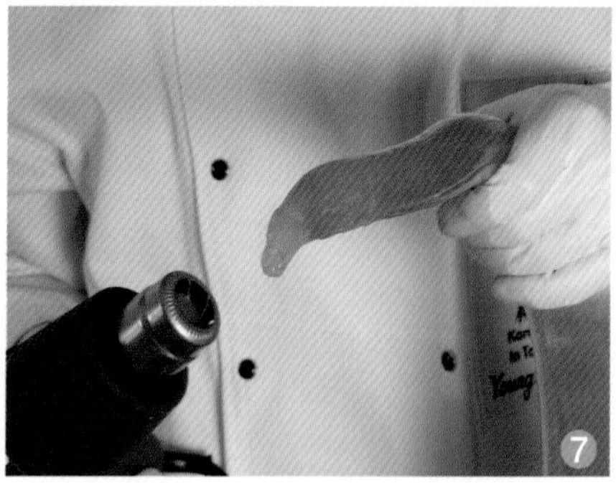

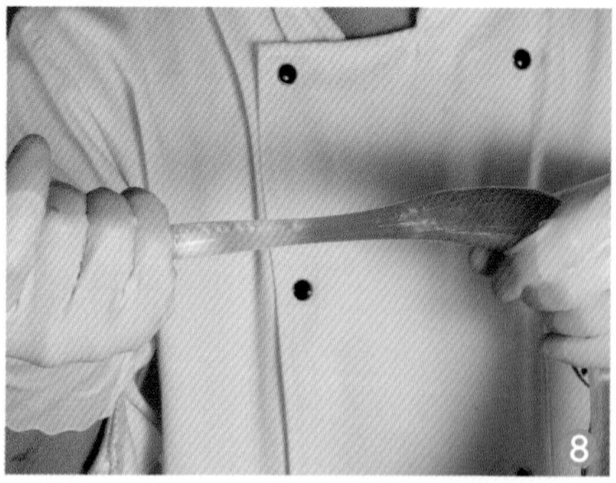

머리와 몸통 연결하기

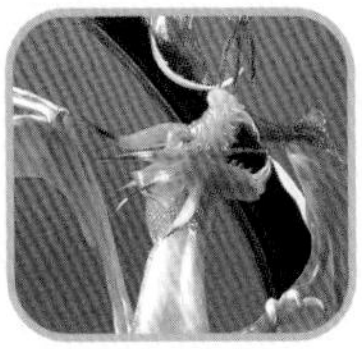

❶ 머리를 연결할 목을 토치 램프로 달군 다음 머리를 붙인 다음 손으로 매만진다. 〈사진 ①, ②, ③〉

❷ 목 이음새를 만들어 붙인 다음 토치 램프로 달궈서 매끄럽게 다듬는다. 〈사진 ④, ⑤〉

❸ 볼록한 나뭇잎 몰드로 머리부터 목까지 찍어 용가죽 무늬를 나타낸다. 〈사진 ⑥〉

❹ 등을 토치 램프로 달군 다음 볼록한 나뭇잎 몰드로 찍어 용가죽 무늬를 나타낸다. 〈사진 ⑦, ⑧〉

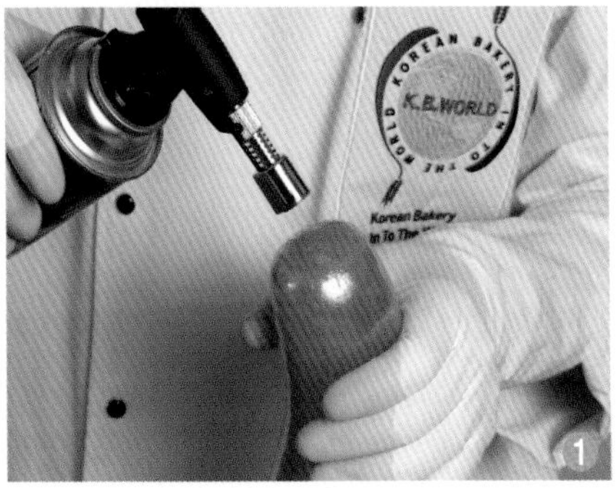

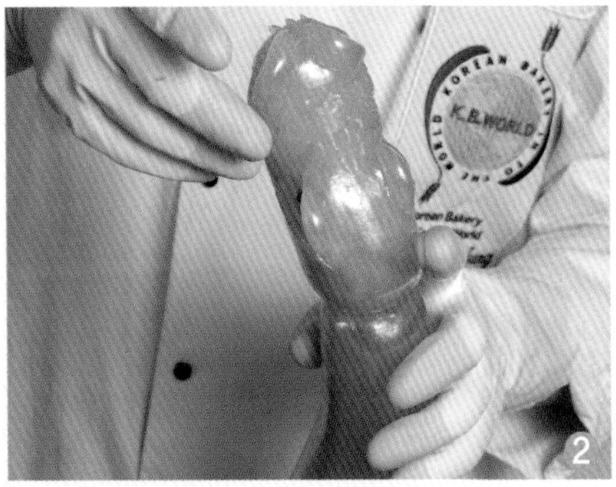

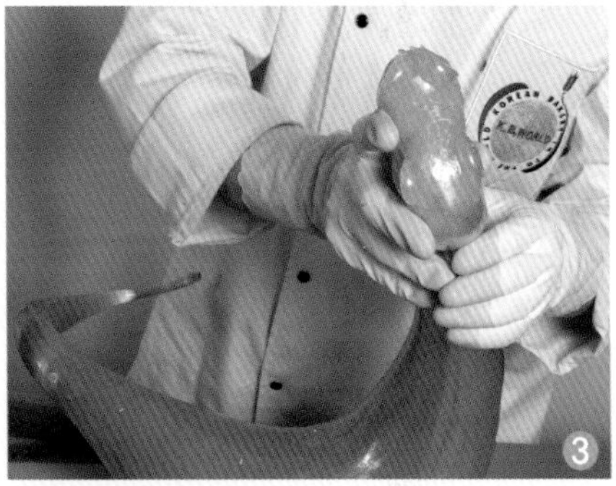

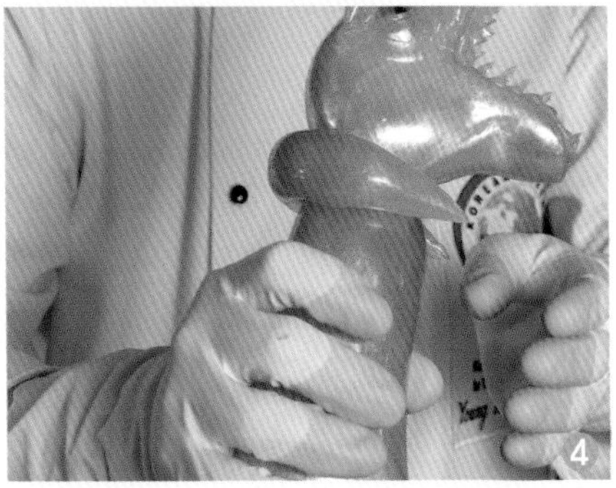

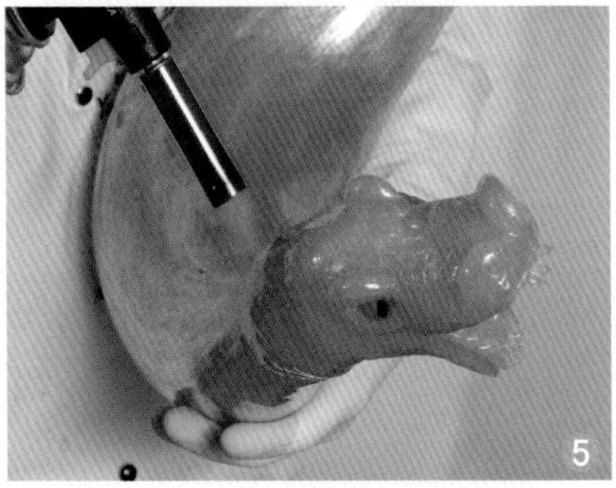

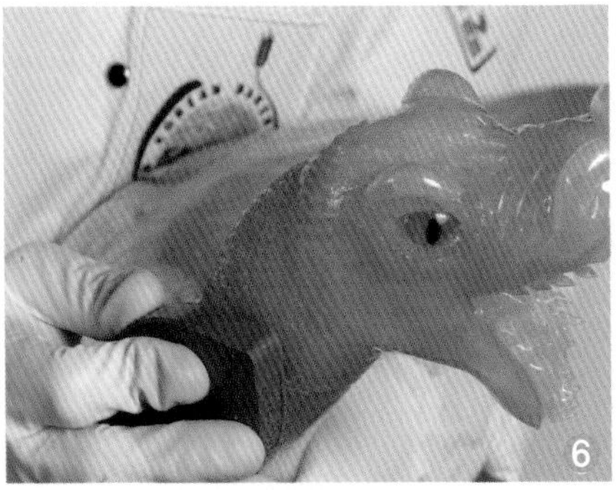

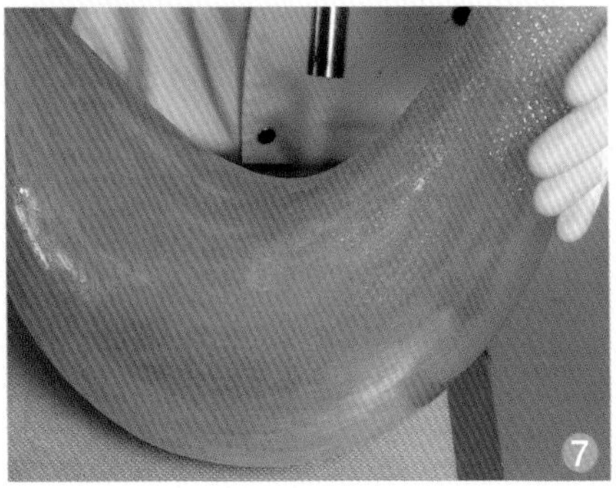

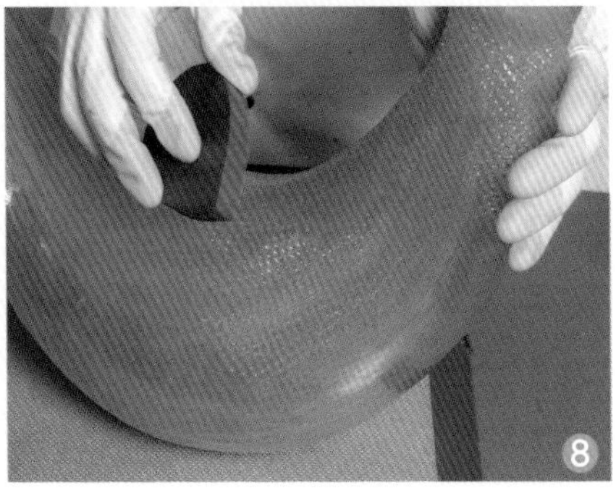

기둥에 드래곤 올리기

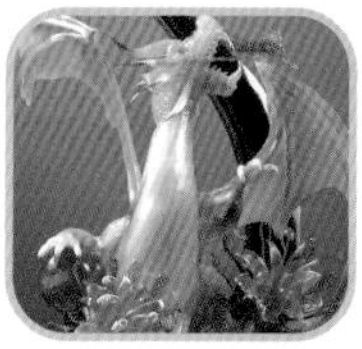

❶ 초록색 무늬판 위에 이음새 역할을 하는 같은 색깔의 초록색 무늬판을 살짝 올려 놓아 붙인다. 〈사진 ①〉
❷ 이음새 위를 토치 램프로 달군 다음 용꼬리가 기둥을 휘감도록 용을 붙인다. 〈사진 ②, ③〉

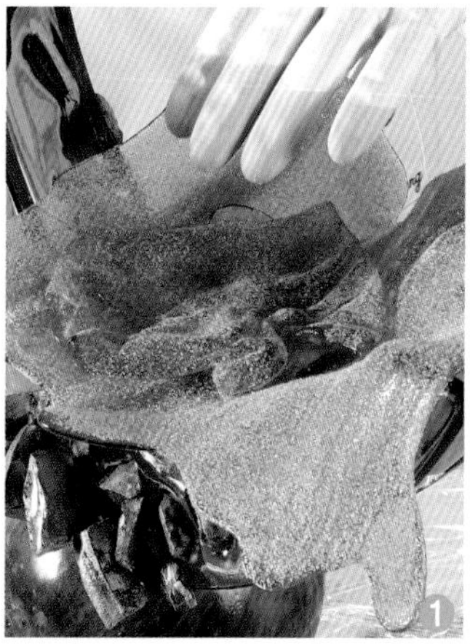

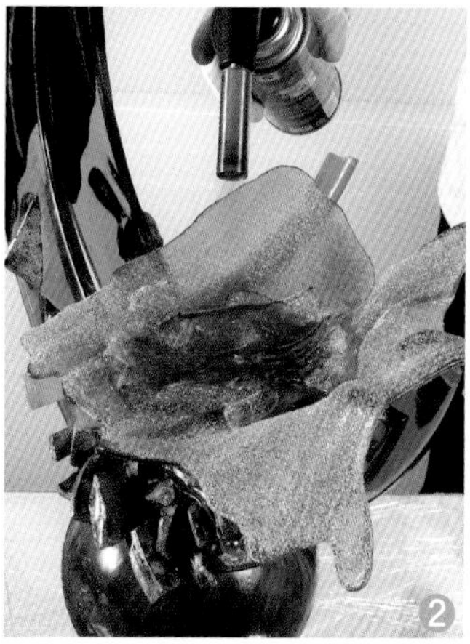

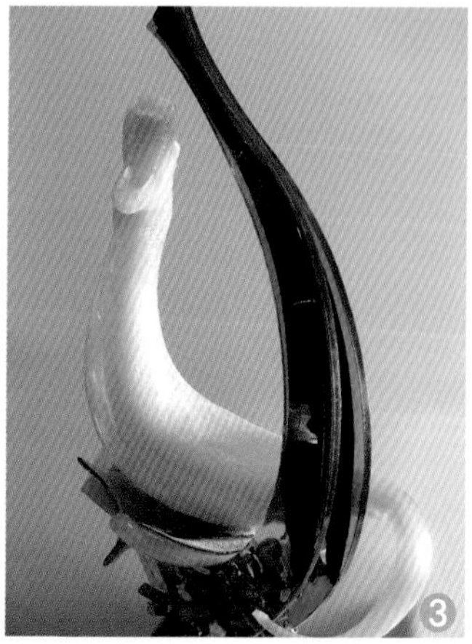

드래곤 날개

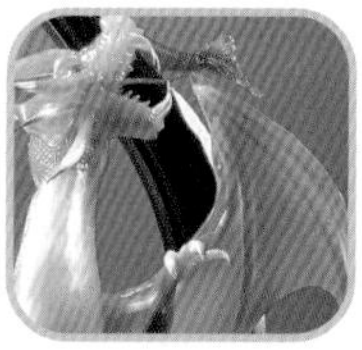

❶ 설탕반죽을 손으로 누르고 펴서 날개 모양을 만든다(오른쪽 날개, 왼쪽 날개 각 1개) 〈사진 ①〉
❷ 설탕반죽을 잡아당겨서 날개 뼈를 만들어 날개에 붙인다(한쪽 날개에 4개). 〈사진 ②, ③〉

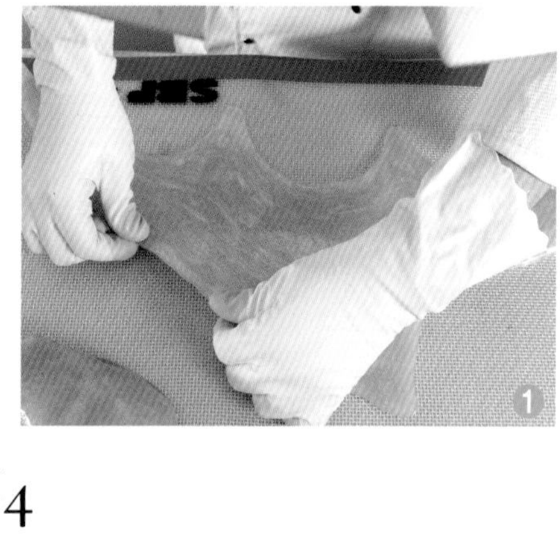

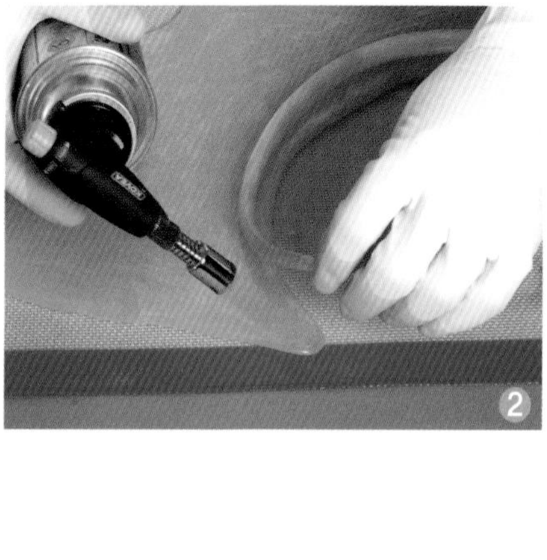

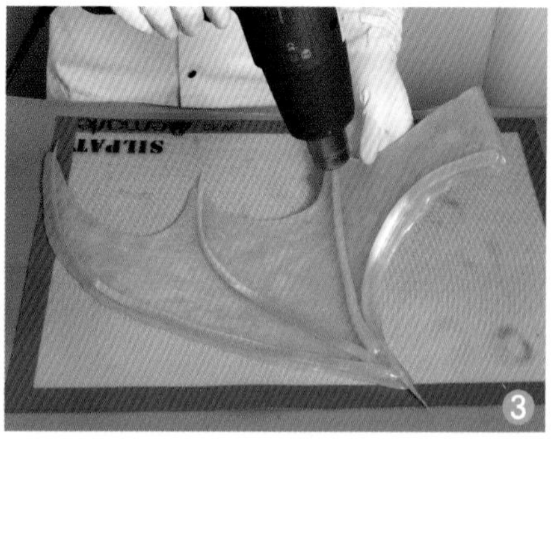

❸ 용 등과 날개 뼈를 토치 램프로 달군 다음 왼쪽 날개를 꺾어 붙인 다음 오른쪽 날개를 붙인다. 〈사진 ④, ⑤〉

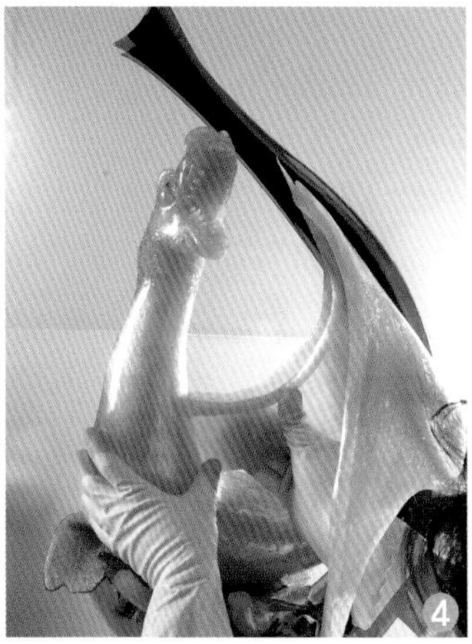

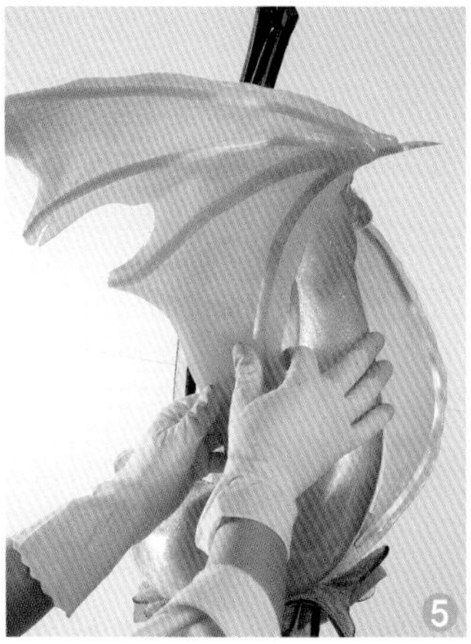

드래곤 아가미

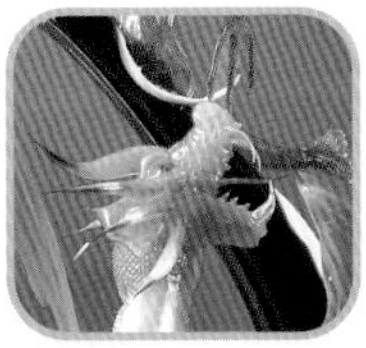

❶ 설탕반죽을 당겨서 귓불과 혀, 뿔, 수염, 이빨을 만든다. 〈사진 ①, ②〉
❷ 이빨, 혀, 귓불, 뿔, 수염을 차례대로 붙인다. 〈사진 ③, ④, ⑤, ⑥〉

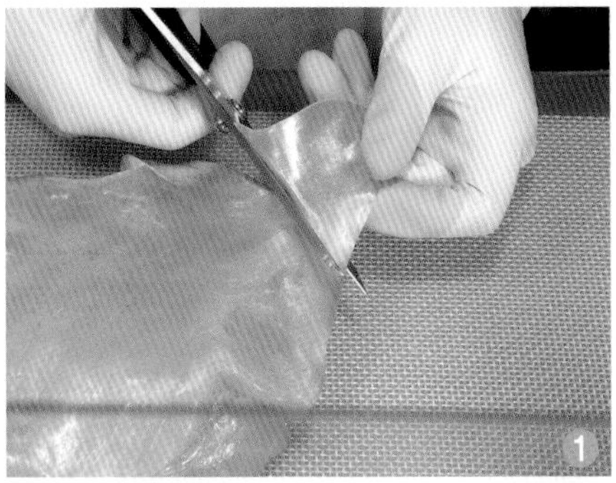

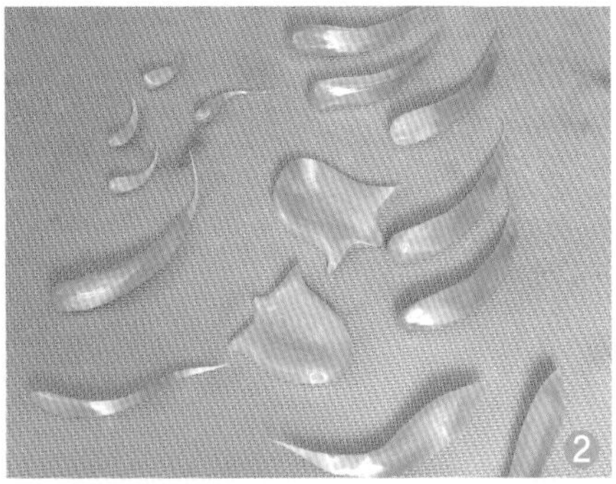

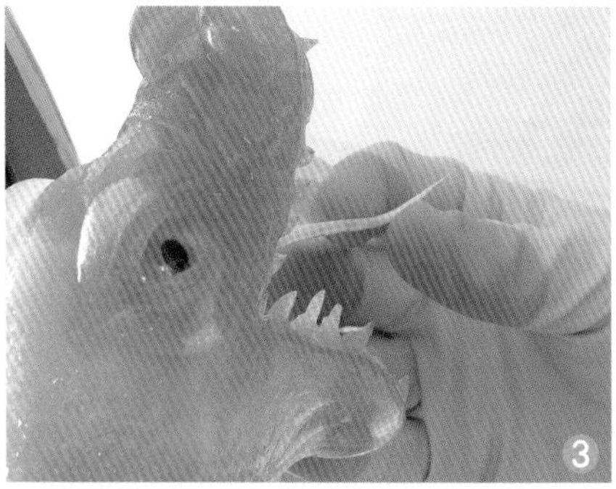

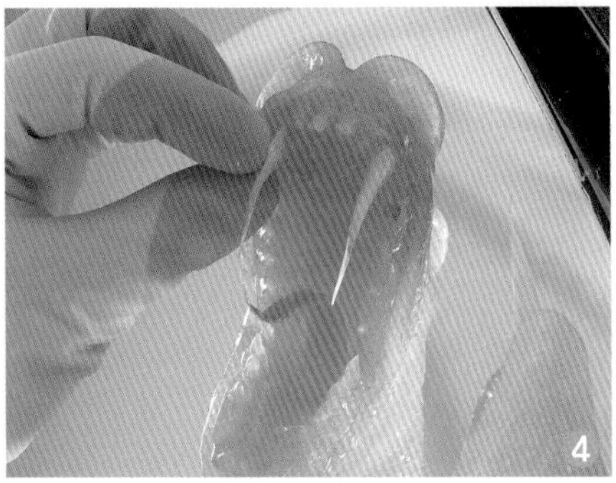

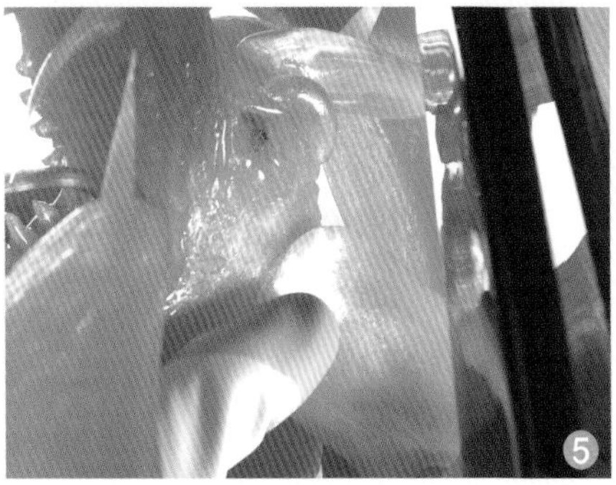

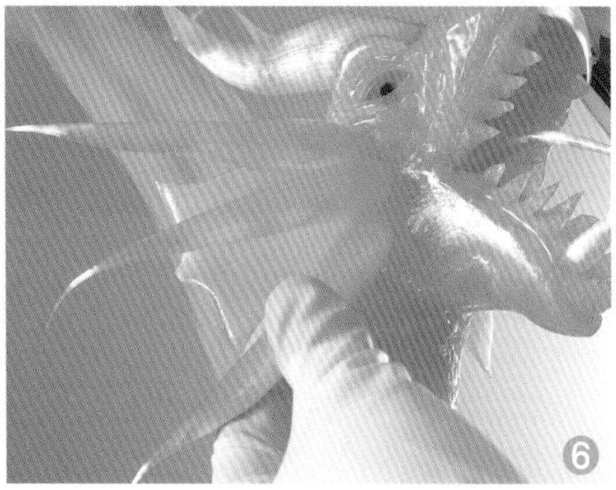

드래곤 꼬리

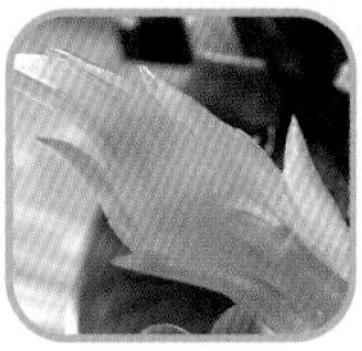

❶ 반죽 적당량을 떼어내 가위집을 내서 다듬은 다음 용꼬리 부분에 붙인다. 〈사진 ①〉

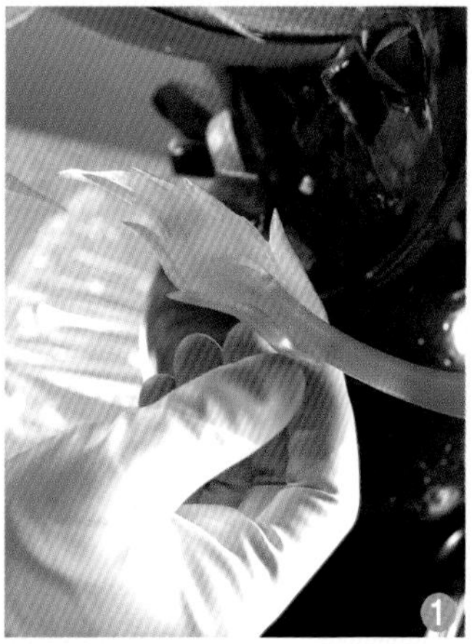

드래곤 다리

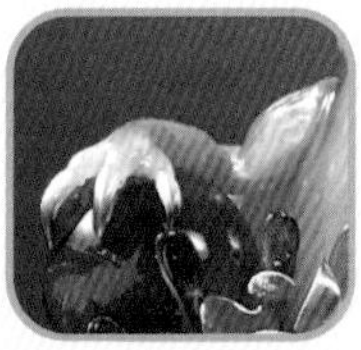

❶ 반죽 적당량을 떼어내 각각 짧은 다리 2개와 긴 다리 2개를 만든 다음 가위질로 발을 만든다. 〈사진 ①, ②〉

❷ 발톱을 만든다. 〈사진 ③〉

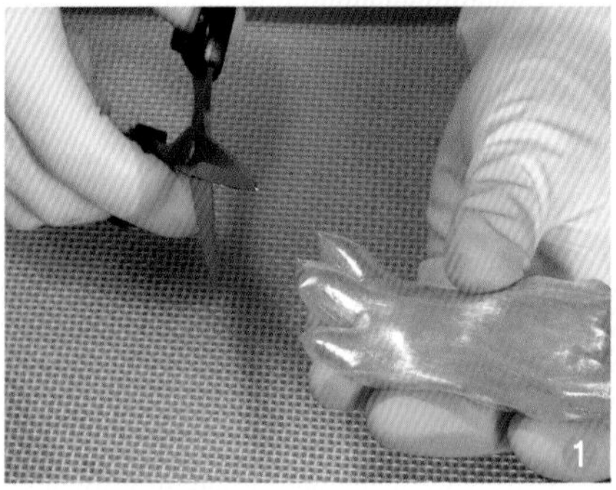

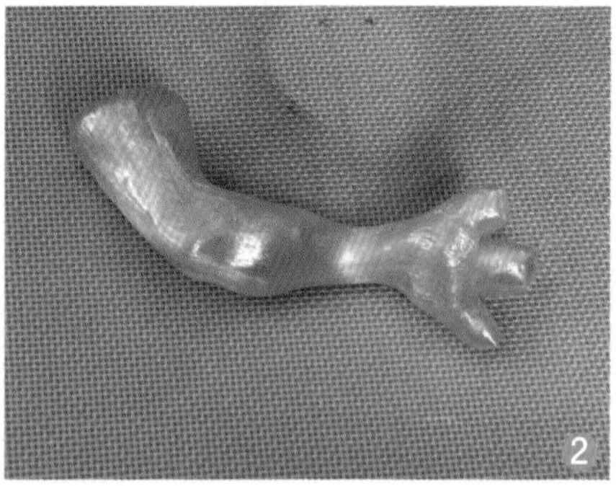

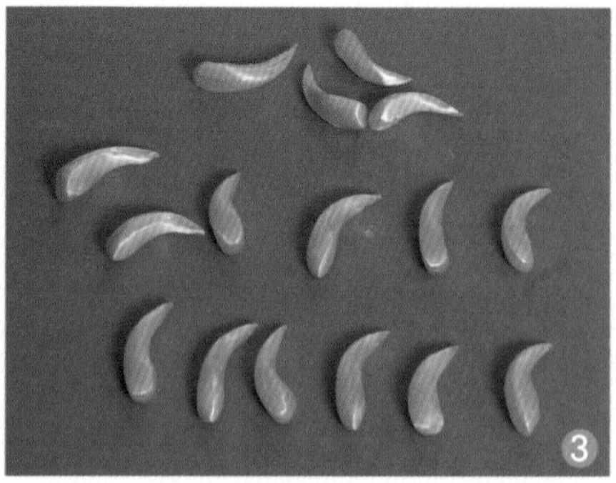

드래곤 볼과 다리 붙이기

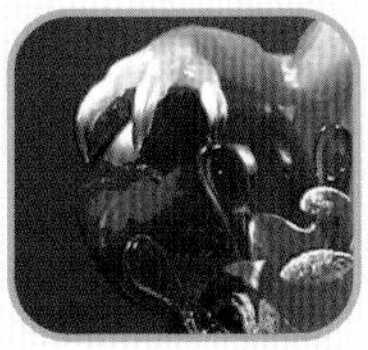

❶ 드래곤 오른쪽 날개 등 밑에 빨간 드래곤볼을 붙인다. 〈사진 ①〉
❷ 왼쪽 날개 밑에 드래곤볼을 잡고 있는 앞다리와 뒤쪽에 있는 초록색 무늬판에 올려놓은 뒷다리를 붙인다. 〈사진 ②, ③〉
❸ 다리를 토치 램프로 살짝 달군 다음 나뭇잎 몰드로 찍어서 용무늬 가죽을 나타낸다. 〈사진 ④〉
❹ 오른쪽 날개 옆에 앞다리와 뒷다리를 붙인 다음 발톱을 붙인다. 〈사진 ⑤, ⑥〉

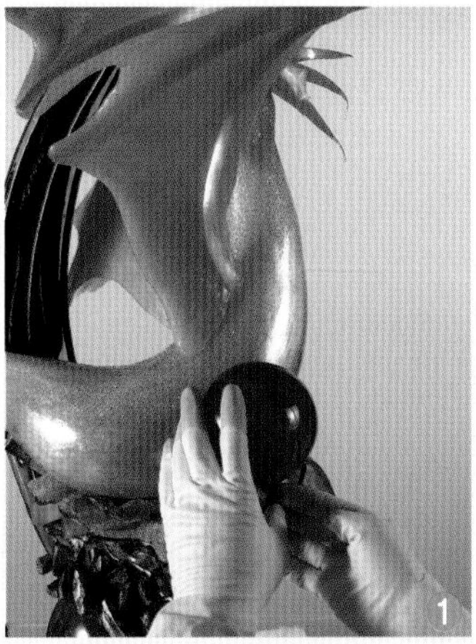
1

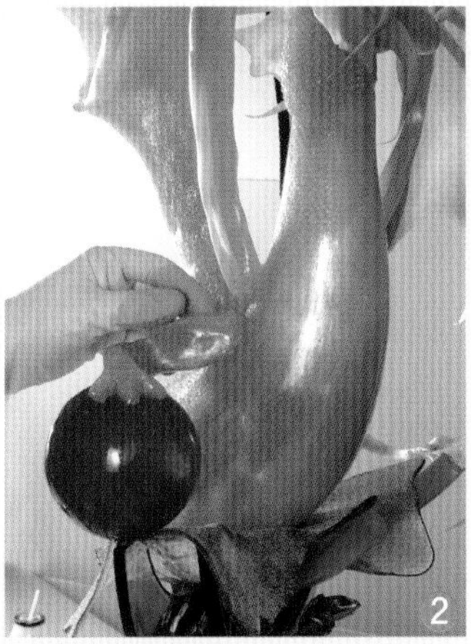
2

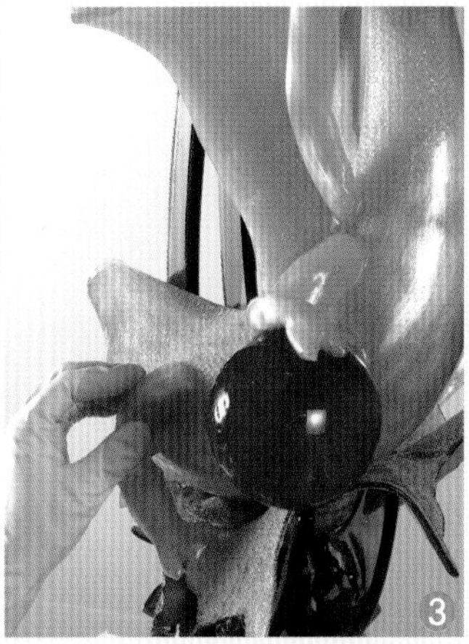
3

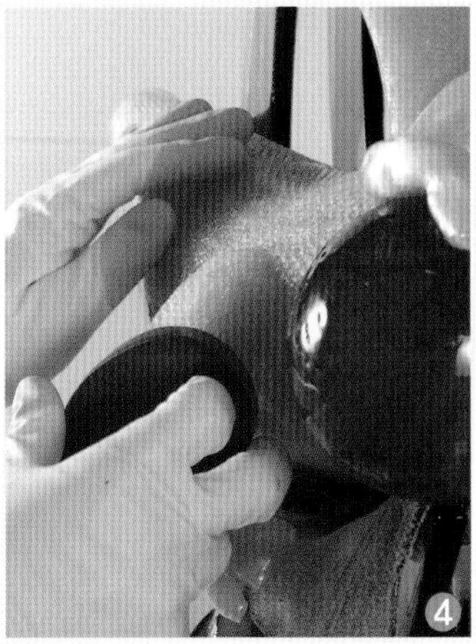
4

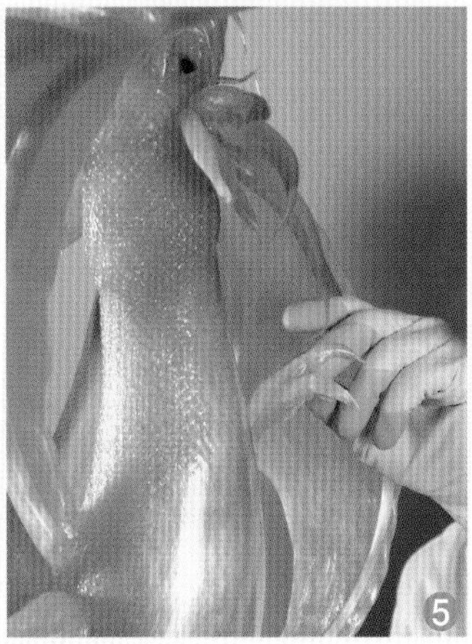
5

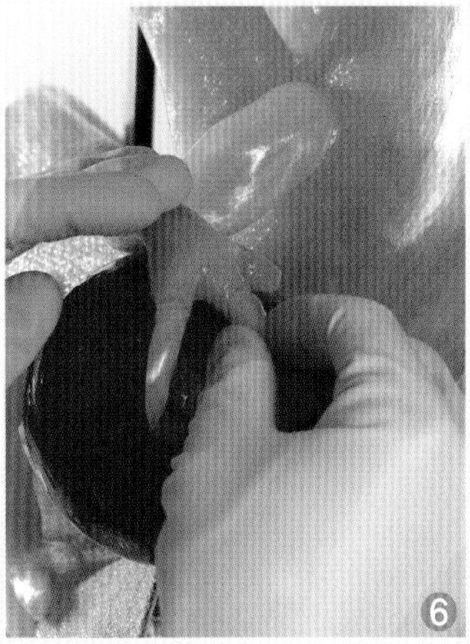
6

머맨(Meman)

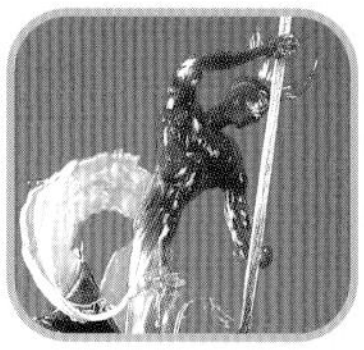

❶ 설탕 1kg을 끓인 시럽에 초록색 색소 5방울, 붉은색 색소 2방울을 떨어뜨려 반죽을 만든다.

❷ 창모양의 몰드에 끓인 설탕에 초록색 색소 5방울, 붉은색 색소 2방울을 떨어뜨린 시럽을 붓는다. 〈사진 ①〉

❸ 설탕반죽을 적당량 떼어내 둥글게 만든 다음 펌프를 집어넣어 공기를 주입시키며 머리를 만든다. 〈사진 ②, ③〉

❹ 설탕반죽을 적당량 떼어내 둥글게 만든 다음 펌프를 집어넣어 공기를 주입시키며 몸통을 만든다. 토치 램프로 달군 칼로 다듬어가며 머맨 모양을 잡는다. 〈사진 ④, ⑤, ⑥〉

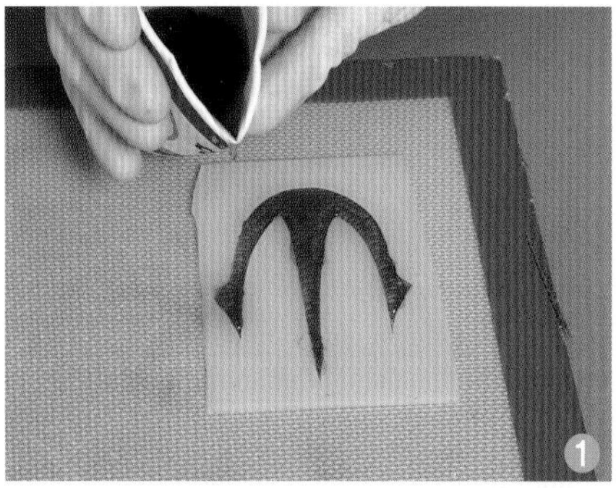

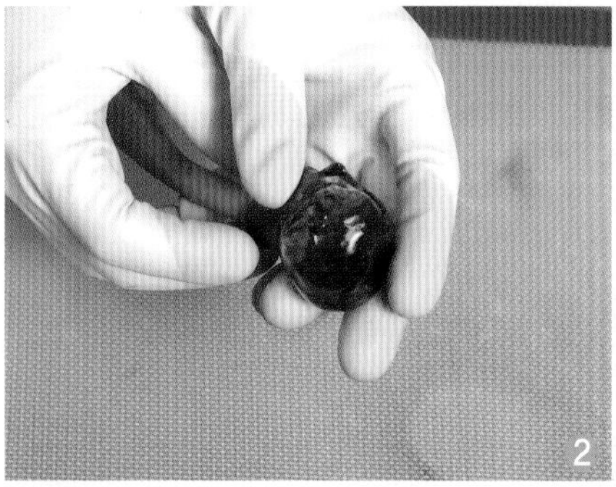

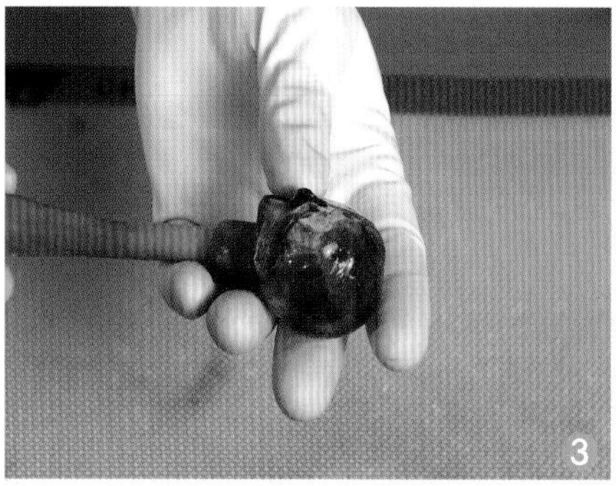

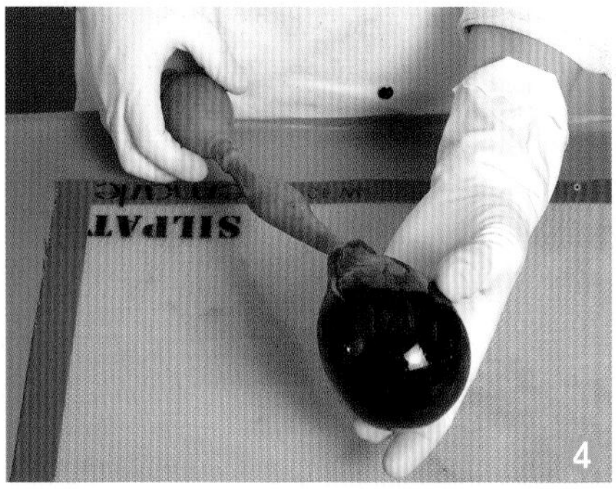

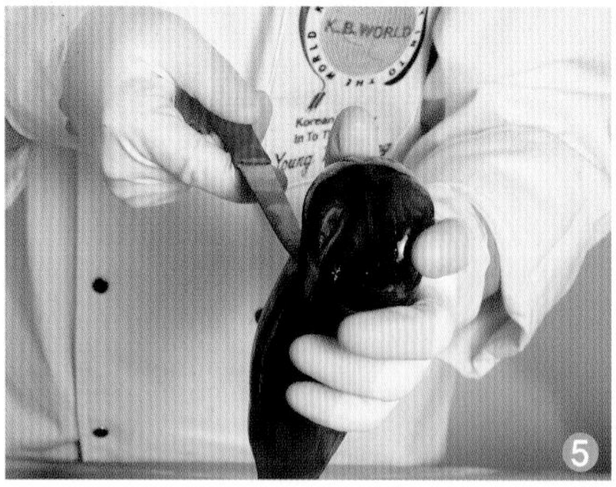

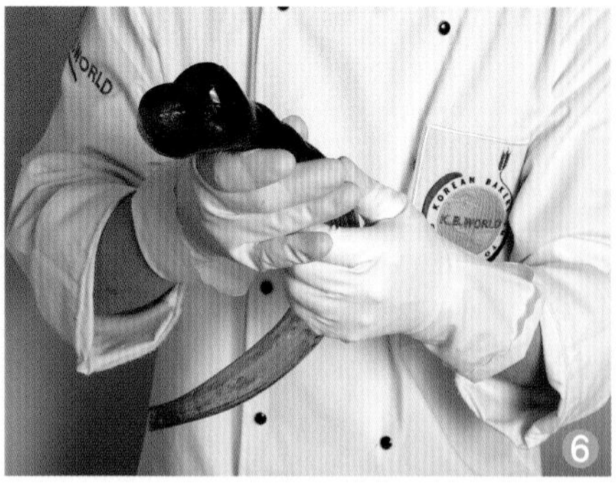

⑤ 머리와 몸통 붙일 부위를 토치 램프로 달군 다음 붙인다. 〈사진 ⑦, ⑧〉
⑥ 설탕반죽을 적당량 떼어낸 다음 펌프를 집어넣어 공기를 주입시키며 팔을 만들고 가위질로 손을 만든다.〈사진 ⑨, ⑩〉
⑦ 몸에 양 팔을 붙인다. 〈사진 ⑪〉
⑧ 꼬리를 토치 램프로 달군 다음 나뭇잎 몰드로 찍어 꼬리 무늬를 나타낸다. 〈사진 ⑫, ⑬, ⑭〉

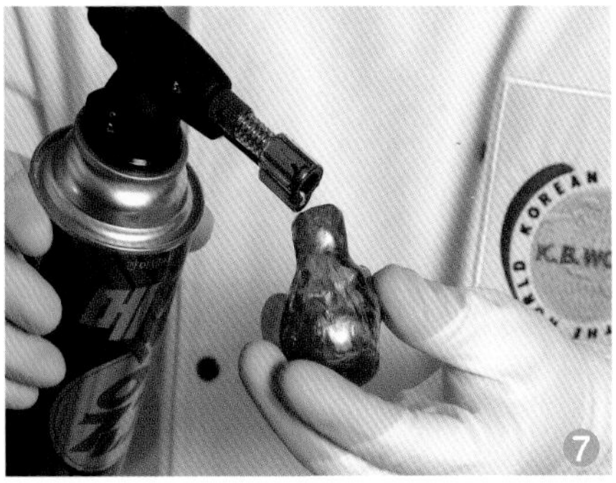

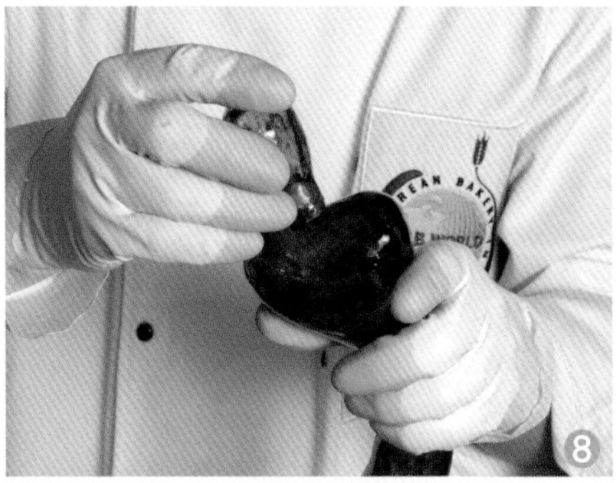

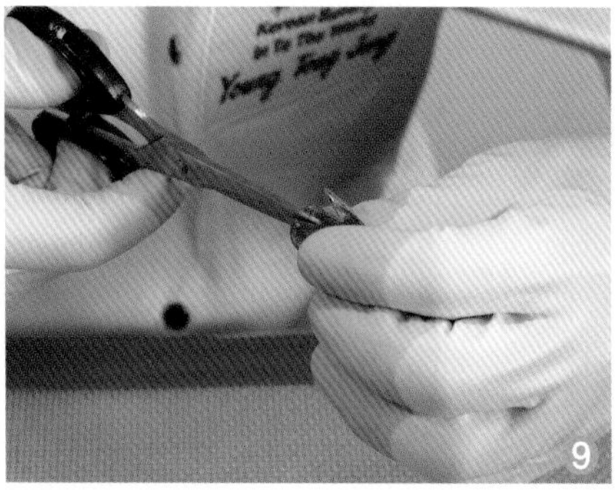

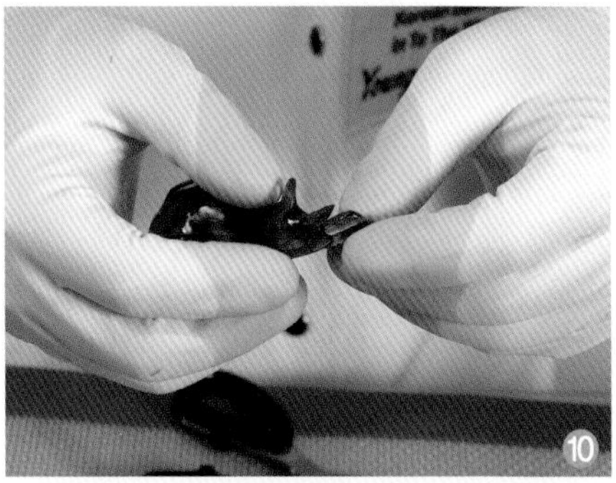

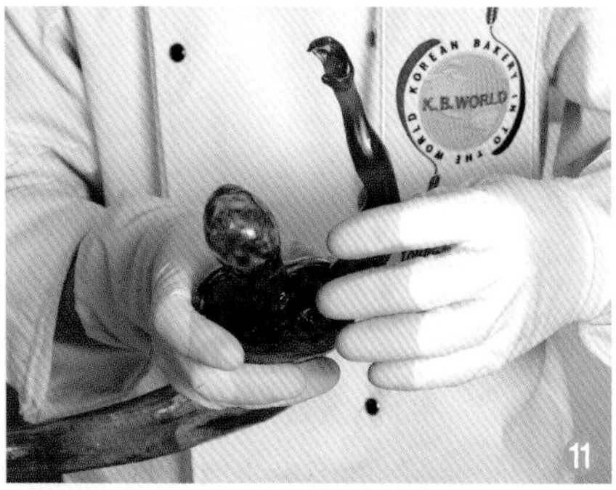

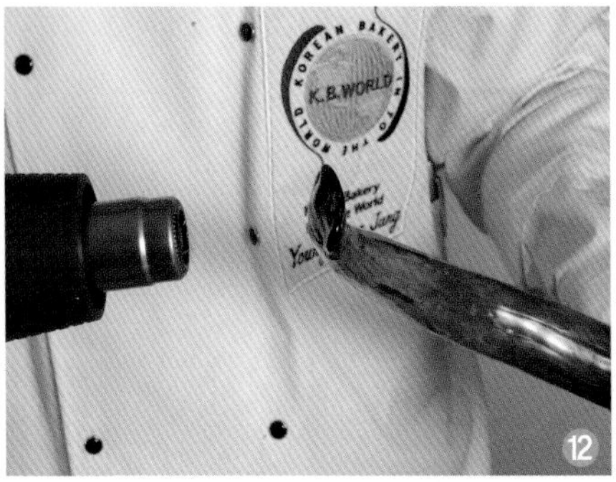

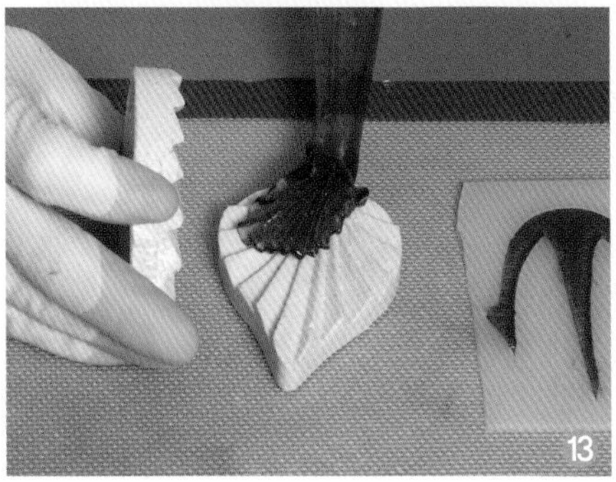

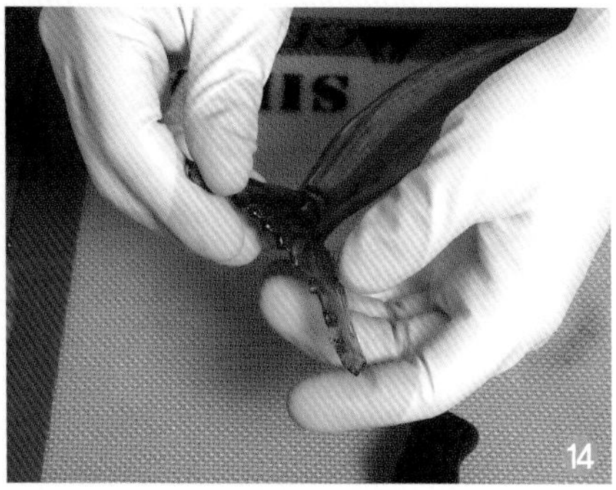

⑨ 창 손잡이를 만들어 몰드에서 떼어낸 창을 붙인다. 〈사진 ⑮〉

⑩ 빨간색 설탕반죽으로 뿔 모양을 만든 다음 나뭇잎 몰드에 찍어낸다(3개). 〈사진 ⑯, ⑰, ⑱〉

⑪ 머맨 머리 위에 뿔을 붙인다. 〈사진 ⑲, ⑳〉

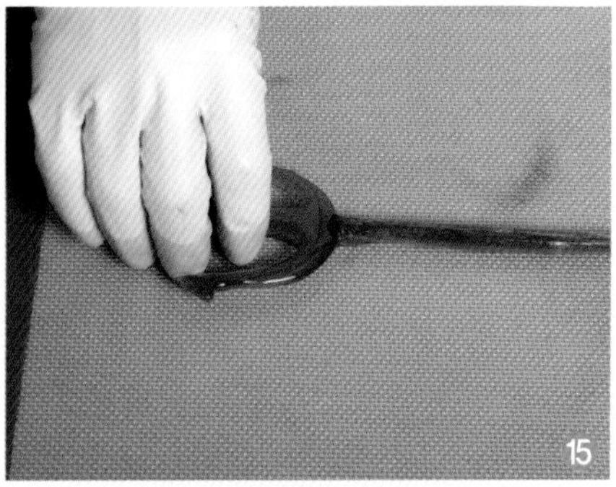

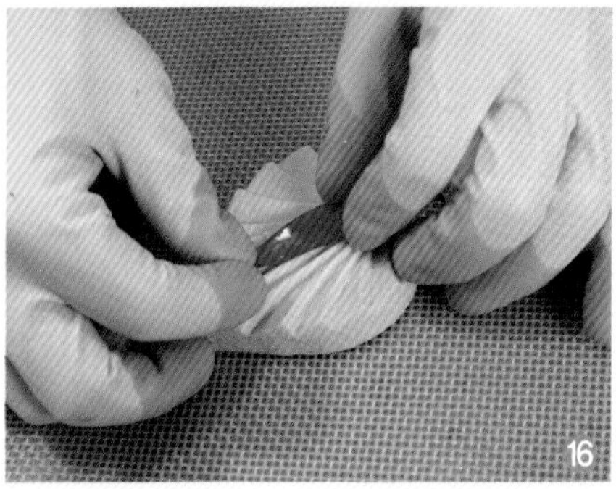

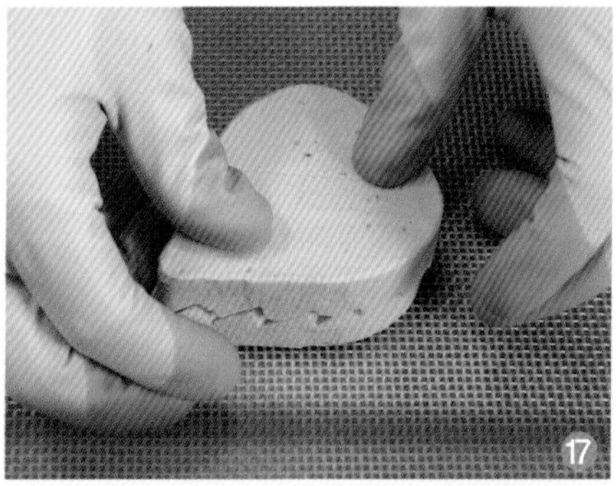

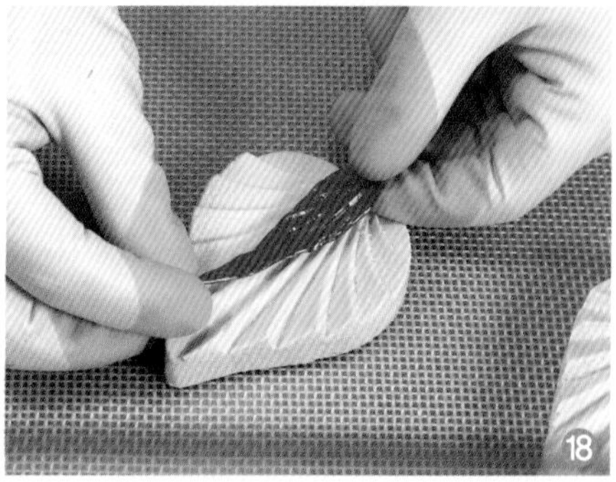

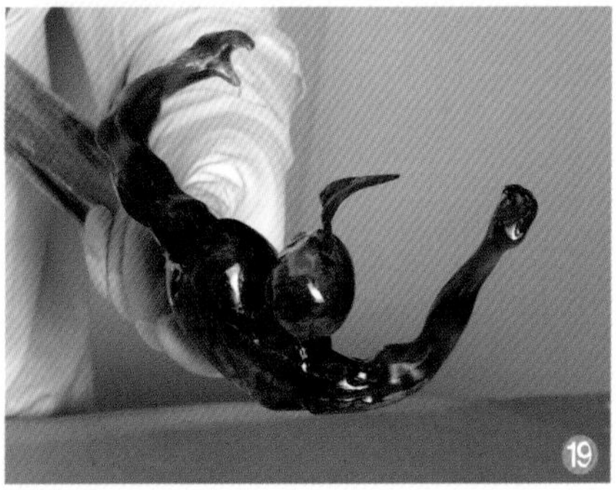

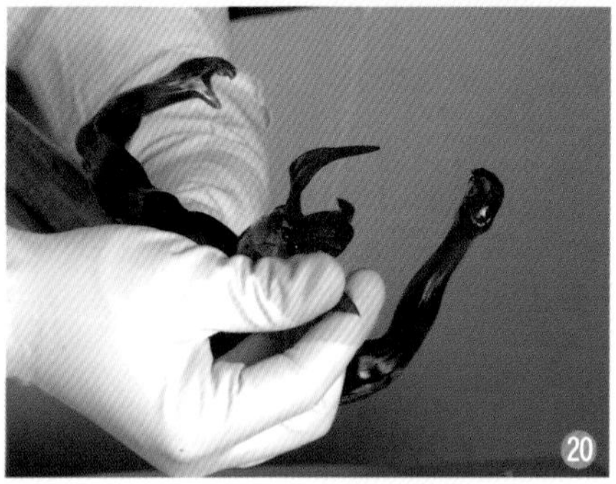

마무리

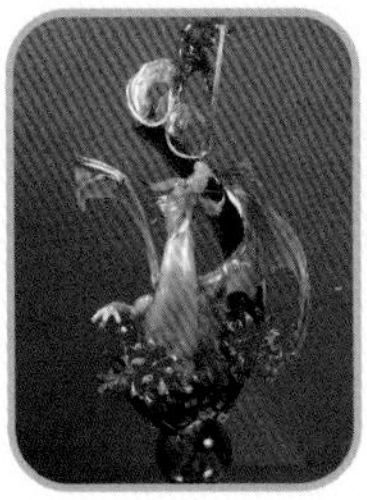

❶ 용을 에어브러시를 이용해 노란색으로 피스톨레한 다음 주황색을 덧입힌다. 〈사진 ①, ②〉
❷ ① 위에 붉은색으로 피스톨레한 다음 검은색으로 포인트를 준다. 〈사진 ③〉
❸ 기둥 위에 창을 든 머맨을 붙인다. 〈사진 ④〉
❹ 기둥 맨 위에 파도를 붙인다. 〈사진 ⑤〉
❺ 용 발톱 아래 2개의 꽃을 나란히 붙인다. 〈사진 ⑥, ⑦〉

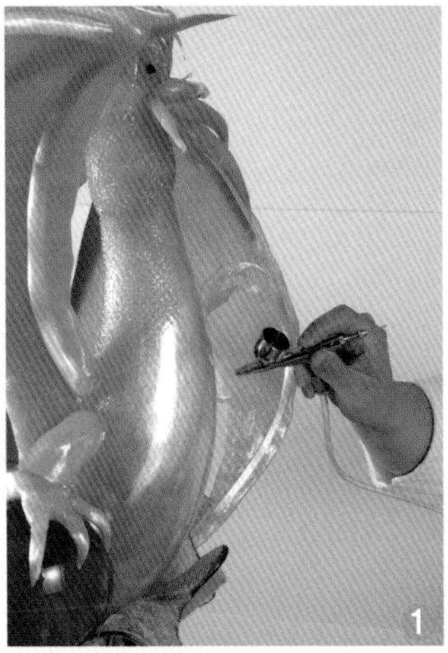
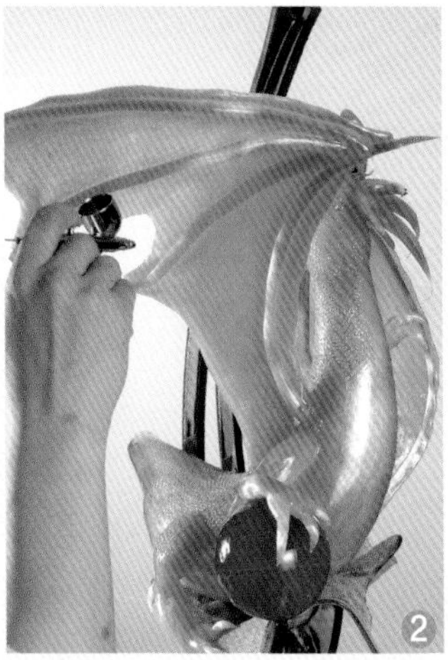
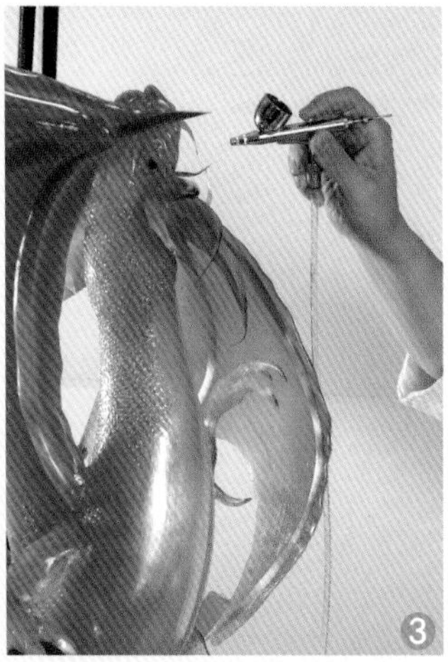
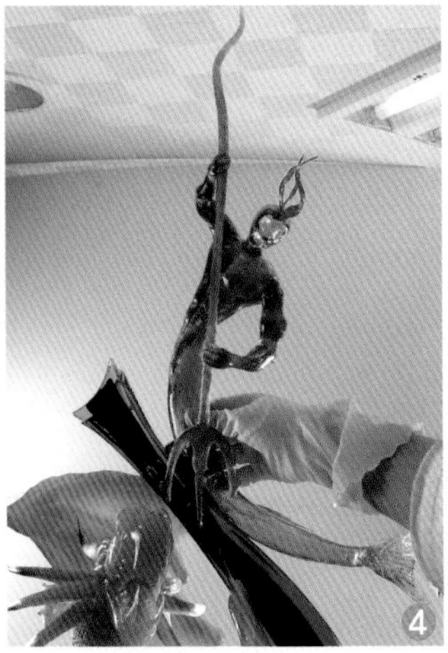
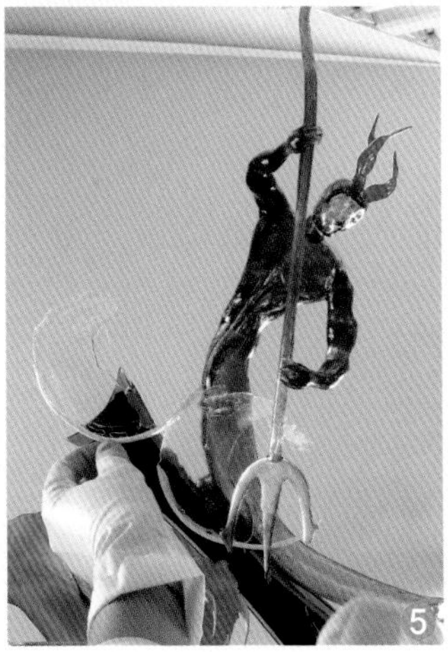
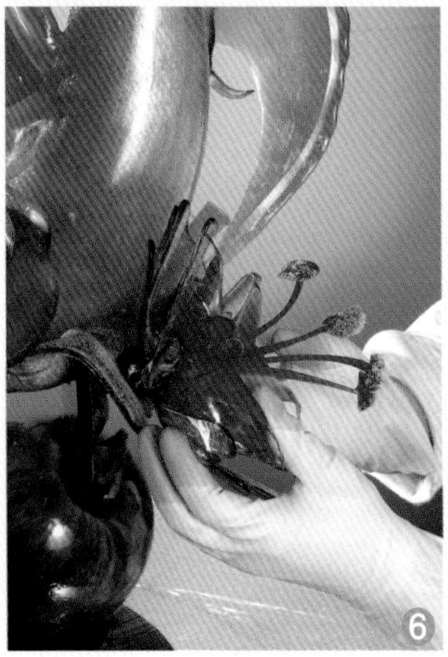
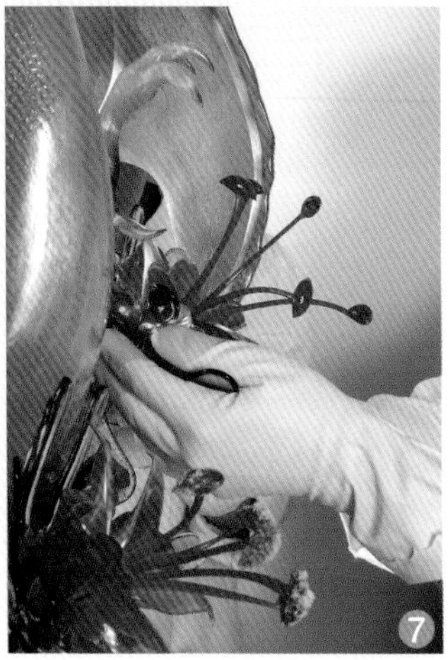

완성작

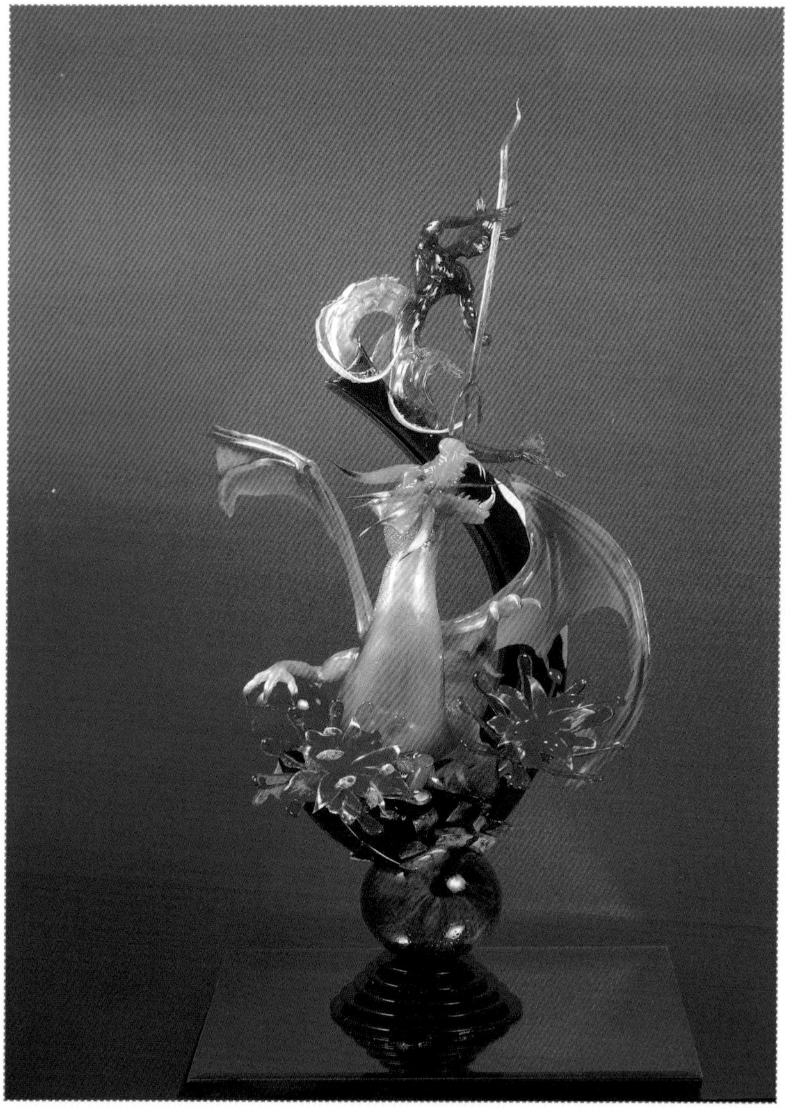

몬스터

Le monstre

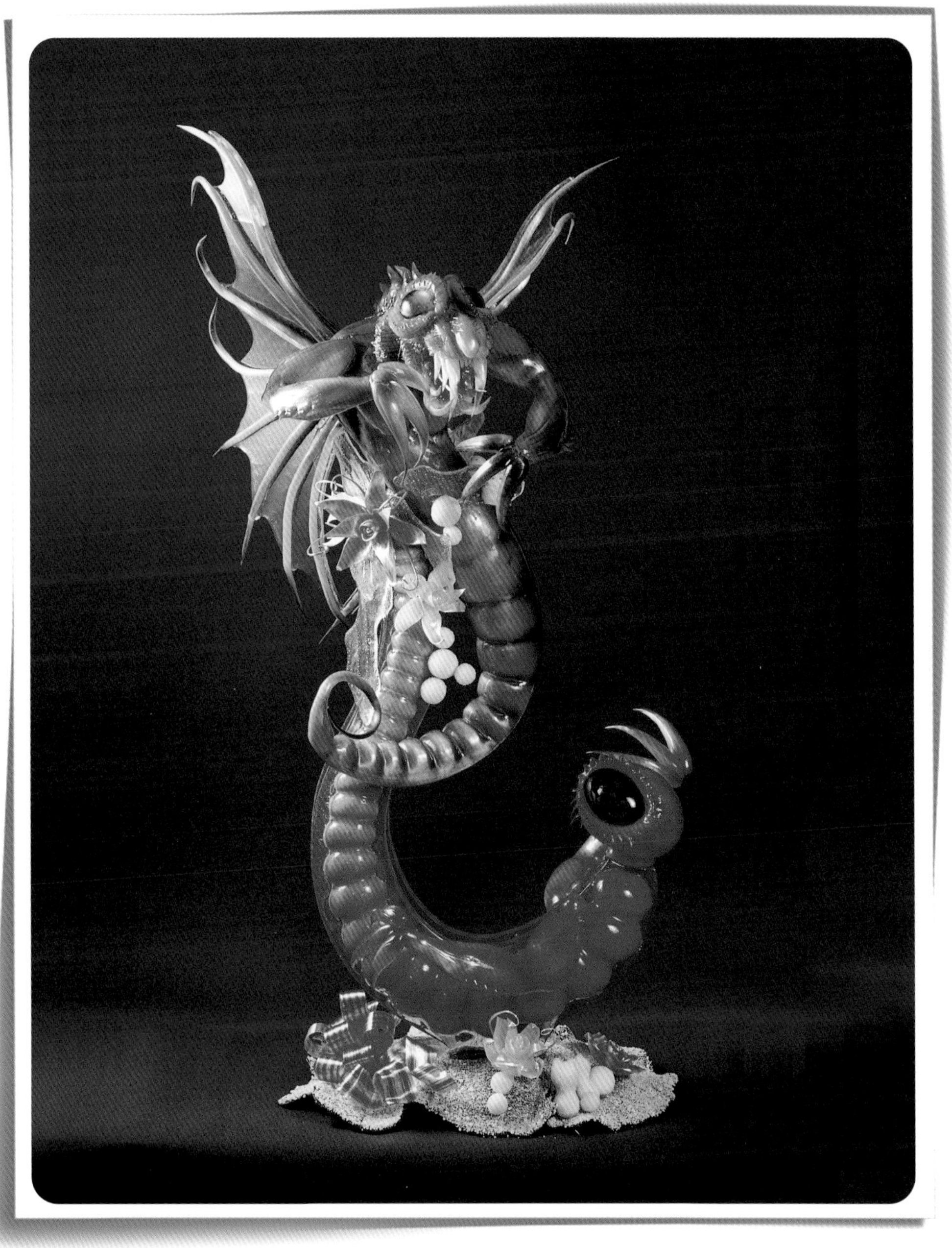

2005 월드페이스트리컵 특별상 수상작. 역동적이면서 강한 이미지로 세계인들의 이목을 단숨에 사로잡았다. 파스티야주와 불기 기법, 붓기 기법이 혼용된 몬스터의 모습이 위압감을 주기에 충분하다.

파스티야주 몬스터

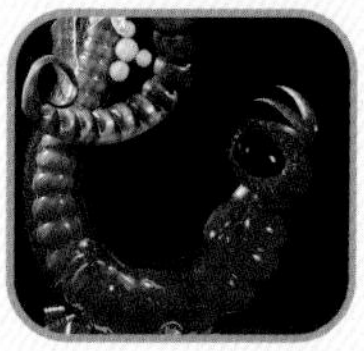

❶ 파스티야주 반죽으로 에이리언 틀 2개를 만들어 15일 동안 굳힌다. 〈사진 ①〉

❷ 유산지에 ①을 올려놓고 에어브러시로 노란색을 뿌린 다음 주황색을 뿌리고, 머리 부분에 빨간색을 뿌린다. 〈사진 ②, ③, ④〉

❸ 파스티야주 틀 안쪽에 빨간색을 뿌린다. 〈사진 ⑤〉

❹ 나무판 위에 실리콘으로 에이리언 모형을 만들어 나무판 가장자리는 스티로폼으로 막은 다음 실리콘 위에 파스티야주 에이리언 틀을 올려놓는다. 〈사진 ⑥, ⑦〉

❺ 설탕을 끓인 시럽을 120℃로 식힌 다음 ④ 위에 뿌려서 ④를 코팅한다. 〈사진 ⑧〉

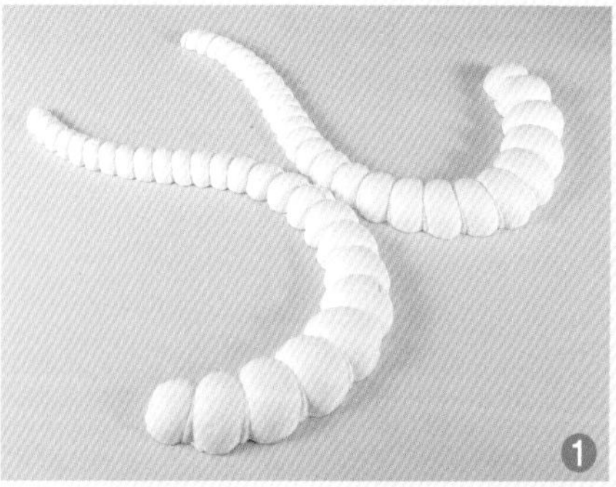

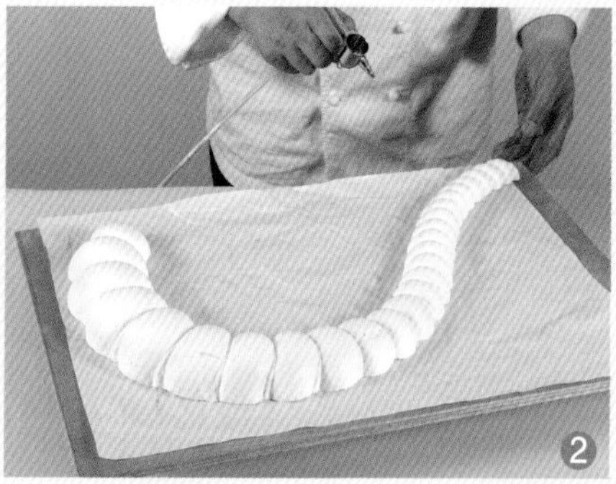

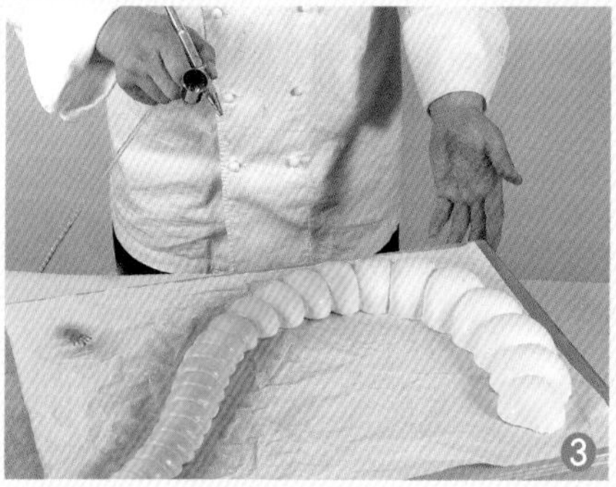

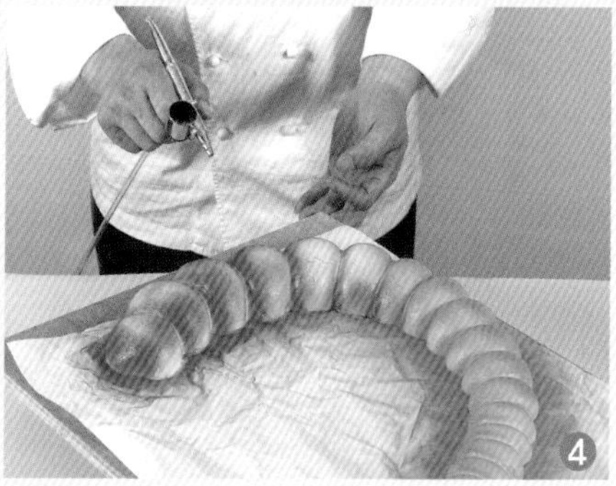

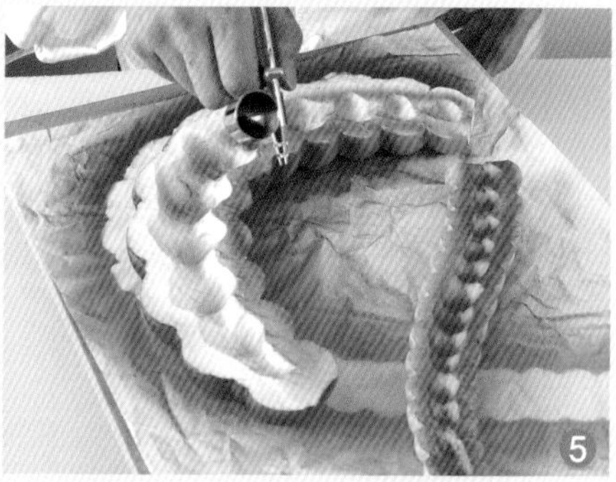

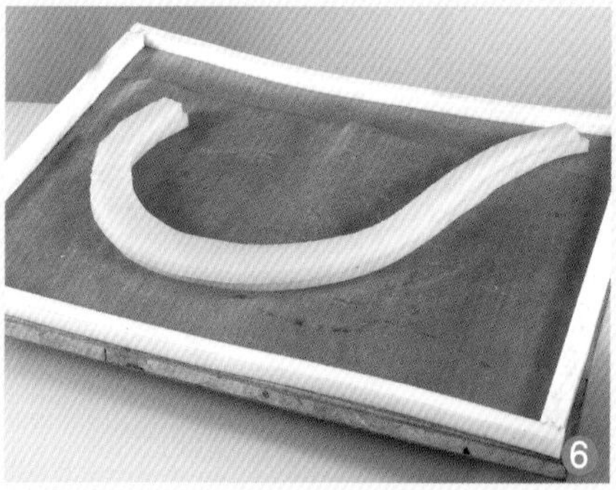

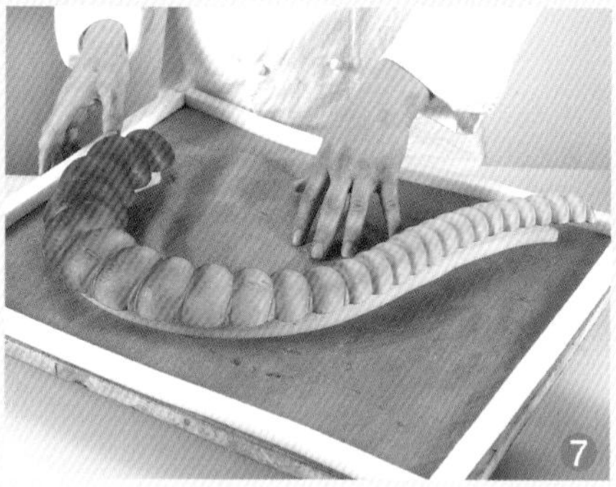

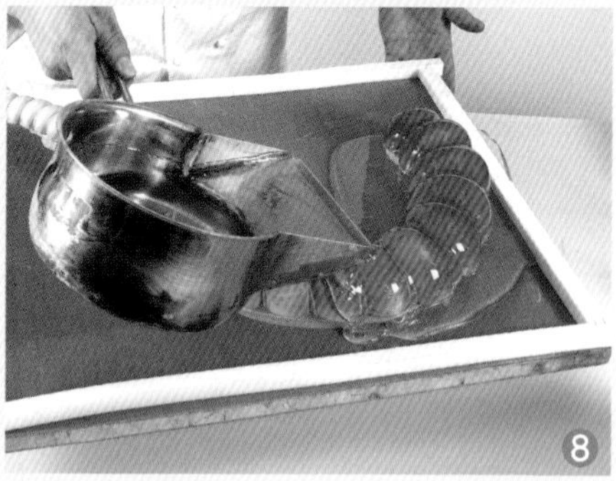

⑥ 실리콘 틀을 준비해 초록색 색소 3방울과 노란색 색소 1방울을 떨어뜨려 끓인 설탕시럽을 120℃까지 식힌 다음 실리콘 틀에 붓는다. 〈사진 ⑨〉
⑦ ⑥에 파스티야주를 옮겨 놓는다. 〈사진 ⑩, ⑪〉

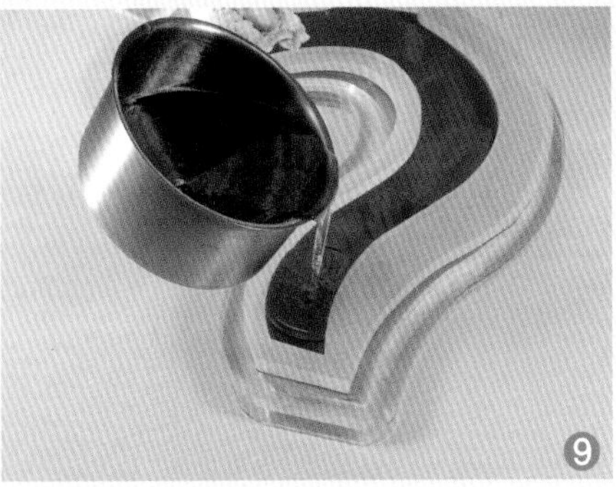

⑨

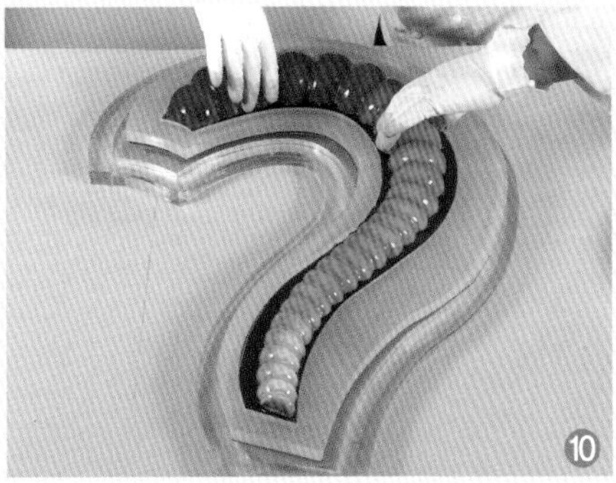

⑩

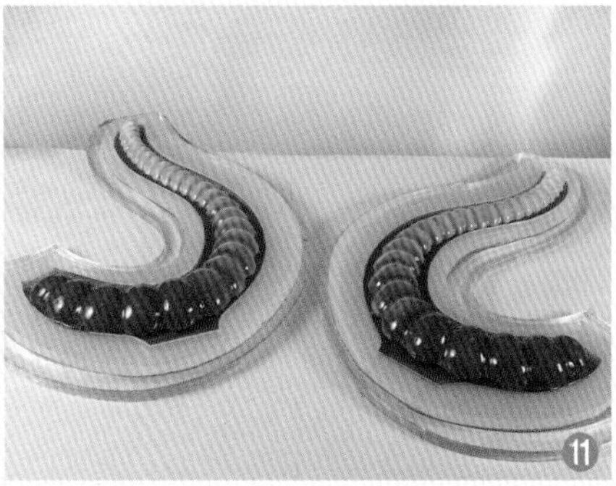

⑪

파스티야주 몬스터받침대

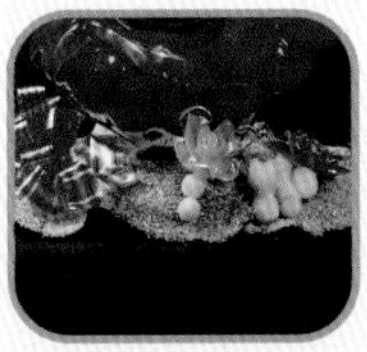

❶ 설탕가루 위에 설탕을 끓인 초록색 색소 3방울과 노란색 색소 1방울을 섞고 끓인 설탕시럽을 붓는다. 〈사진 ①〉
❷ 설탕시럽이 굳으면 설탕 위에서 떼어내 뒤집어서 램프에 올려놓는다. 〈사진 ②〉
❸ 설탕반죽을 큰 덩어리로 굳힌 다음 그 위에 ②를 덮는다. 〈사진 ③〉

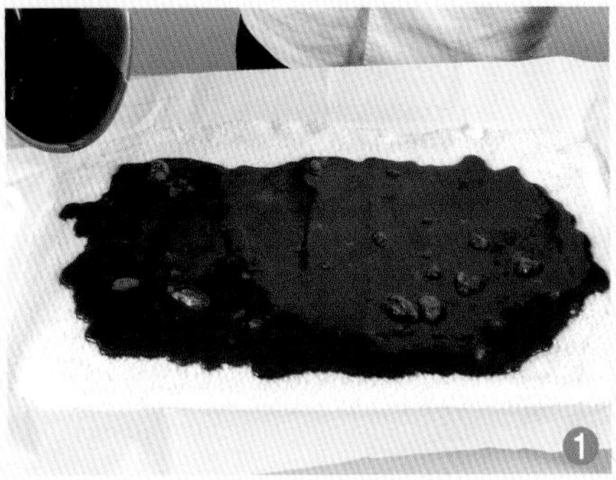

1

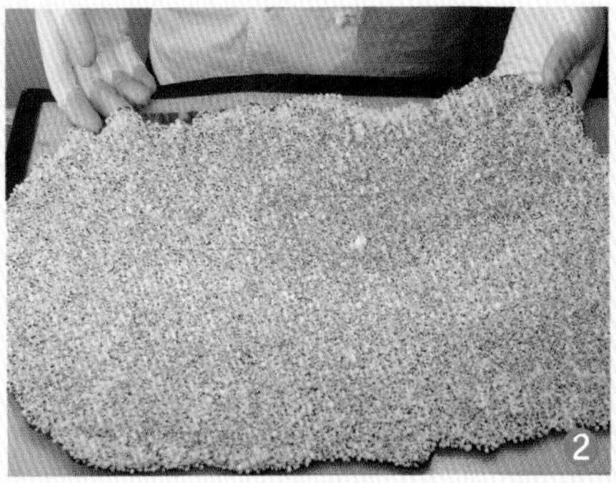

2

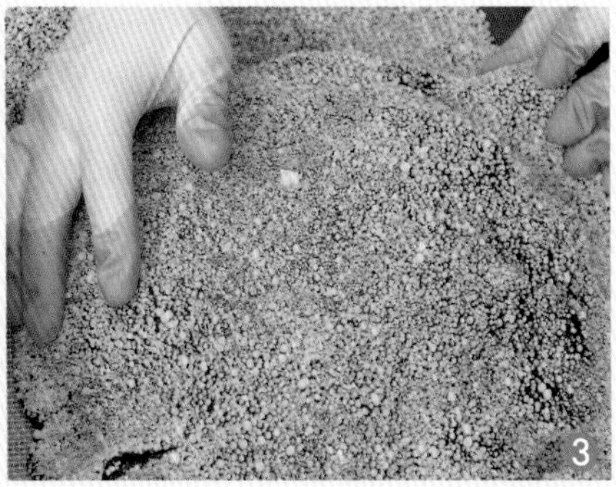

3

몬스터 II 머리

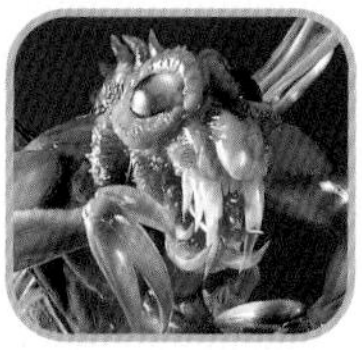

❶ 설탕시럽을 양손으로 여러 번 잡아당겨서 광택을 낸 다음 적당량을 가위로 자른다. 〈사진 ①, ②〉

❷ 설탕반죽을 안으로 오므려 둥글게 만들고 펌프를 토치 램프로 살짝 달군 다음 설탕반죽에 펌프를 끼워 공기를 집어넣으며 모양을 잡아간다. 〈사진 ③, ④〉

❸ 손가락으로 눌러주며 머리 모양을 만들어간다. 〈사진 ⑤〉

❹ ④를 펌프에서 뺀 다음 선풍기 바람으로 식힌다.

❺ 칼을 토치 램프에 살짝 달궈 입이 될 부분을 자르고 손으로 입을 벌린다. 〈사진 ⑥, ⑦〉

❻ ⑥을 토치 램프로 살짝 달궈서 손으로 다듬어가며 모양을 완성한다. 〈사진 ⑧, ⑨〉

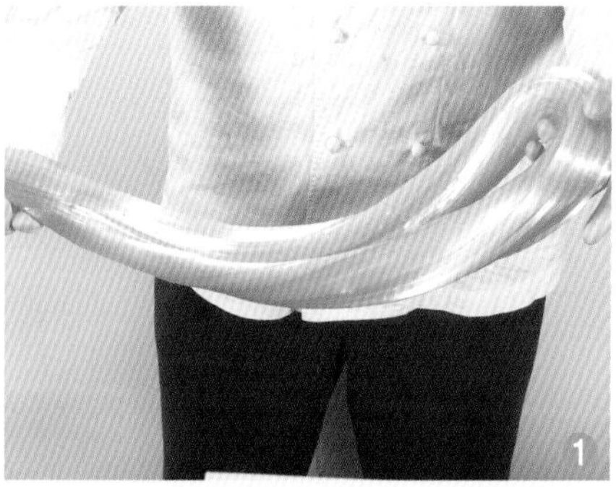
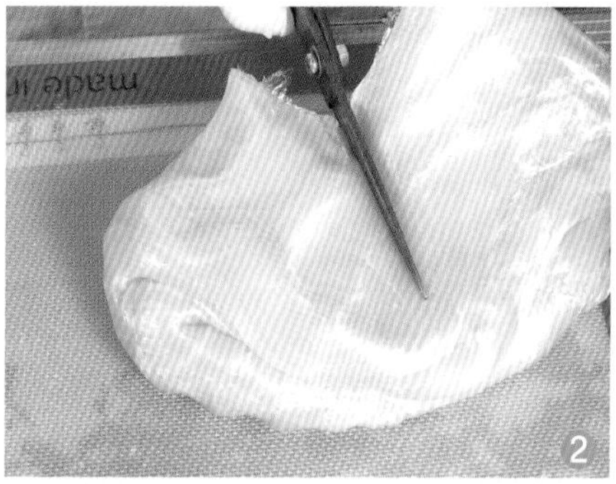
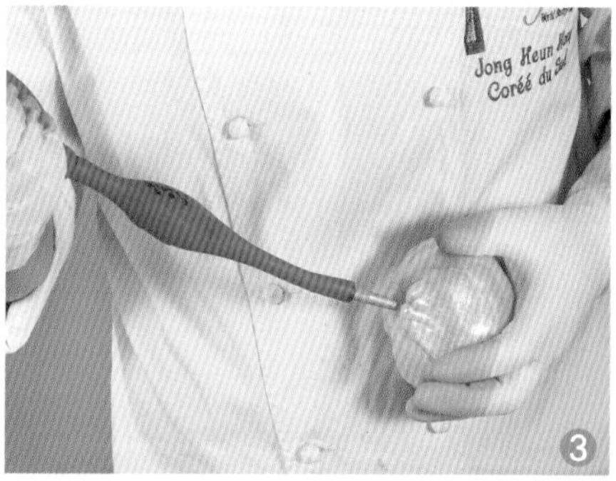
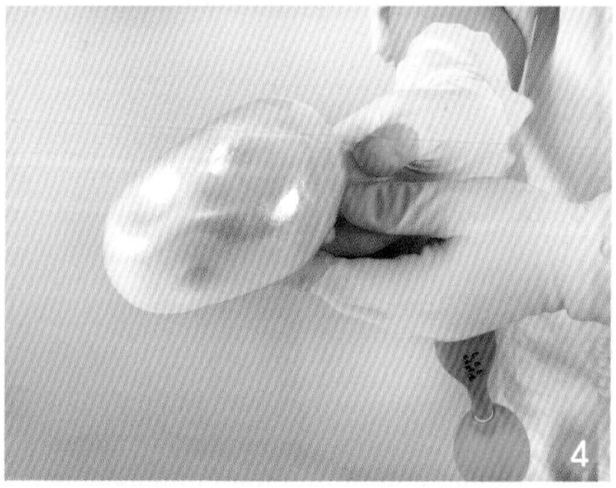
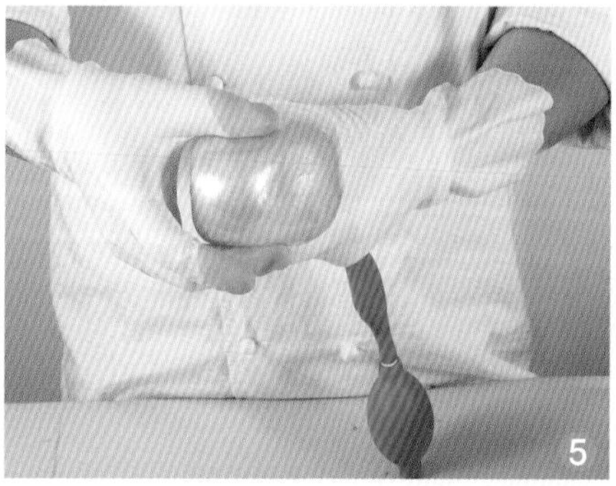
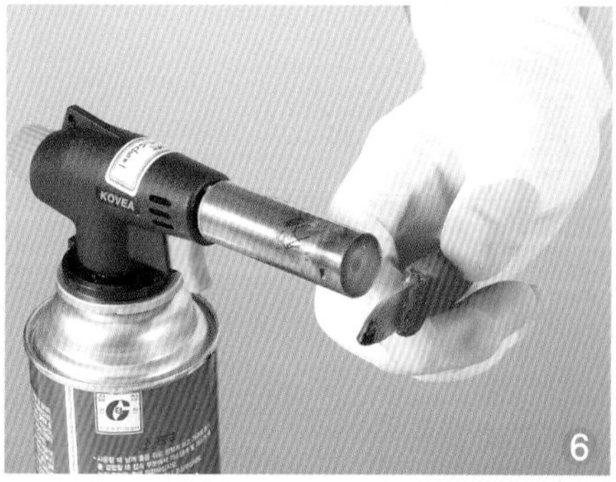
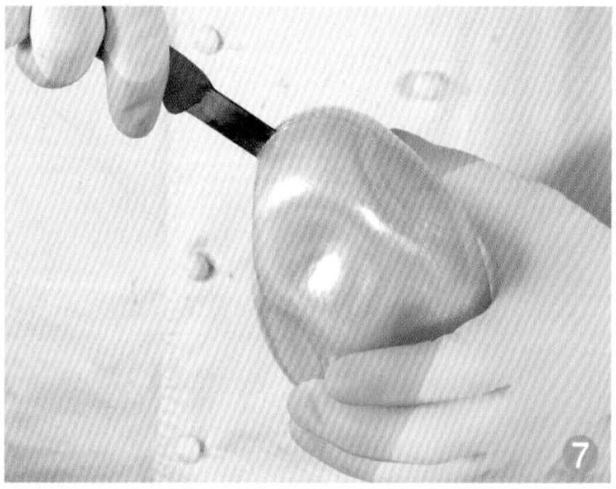
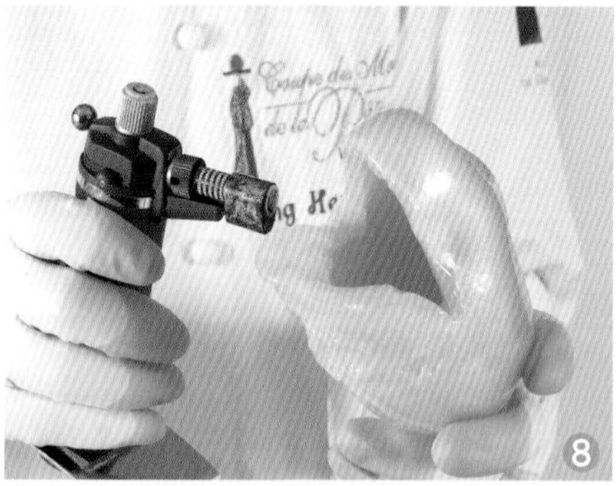
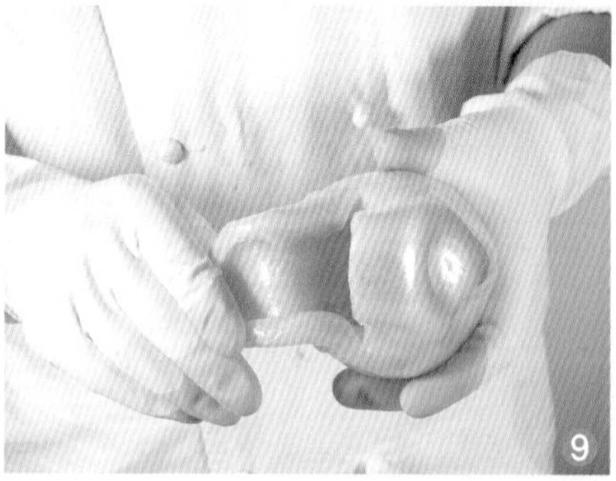

❼ 조소용 도구로 입 윗부분 중간 홈을 파내 모양을 다듬는다. 〈사진 ⑩〉
❽ 코가 될 부분을 잘라서 입 위에 붙인 다음 조소용 도구로 다듬어가며 모양을 낸다. 〈사진 ⑪〉
❾ 머리가 완성되면 실리콘 틀에 받혀준다.

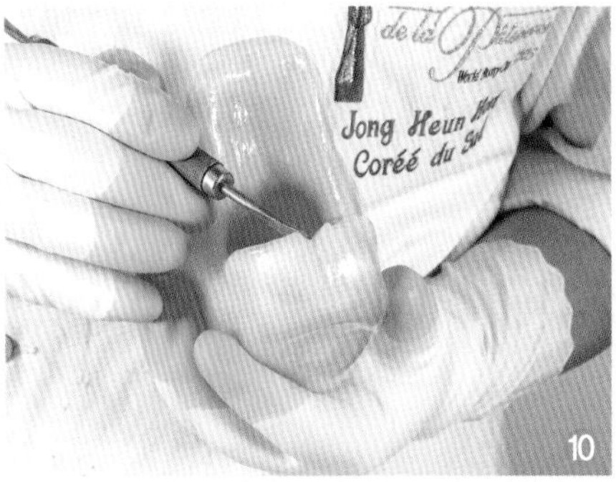
10

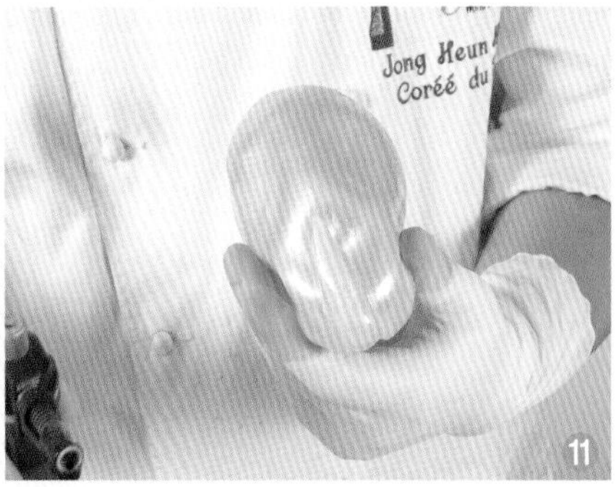
11

몬스터 II 눈

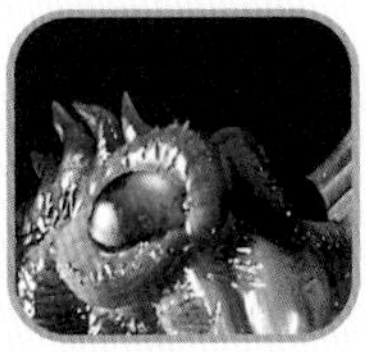

❶ 원형 실리콘 틀에 파란색 색소 2방울을 떨어뜨린 설탕시럽을 붓는다. 〈사진 ①〉
❷ ①이 완전히 굳으면 실리콘 틀에서 빼내어 실리콘 페이퍼 위에 올려놓고 토치 램프로 그을리면 투명해지며 특유의 광택이 살아난다. 〈사진 ②〉
❸ 코 양 옆으로 눈을 붙인다. 〈사진 ③〉
❹ 설탕반죽을 가위로 잘라 눈두덩이 되게 길쭉하게 매만진다. 〈사진 ④, ⑤〉
❺ 토치 램프로 눈두덩과 눈두덩이 붙는 곳을 살짝 달군 다음 눈 가장자리에 붙인다. 〈사진 ⑥〉

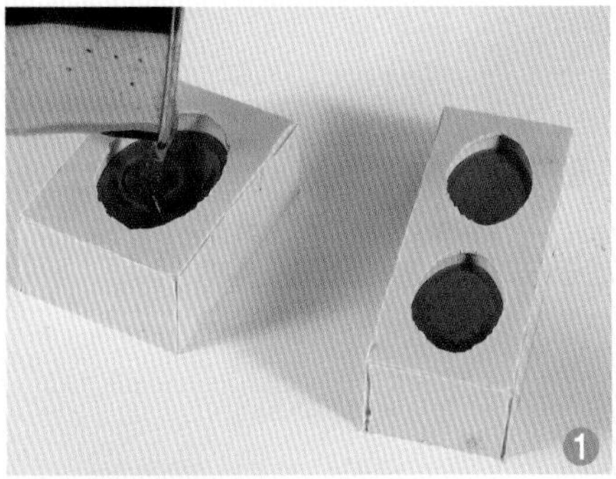
1

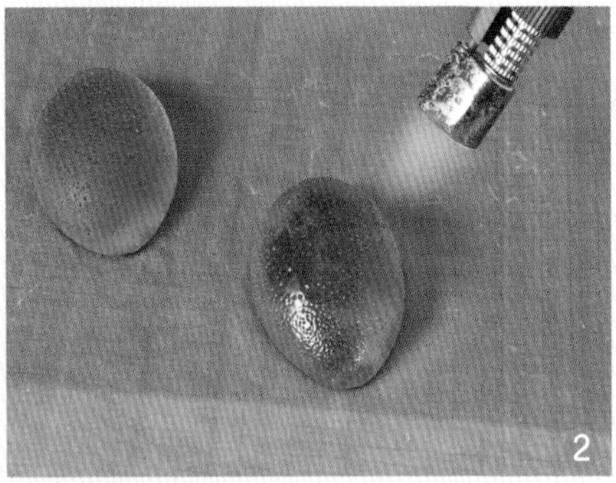
2

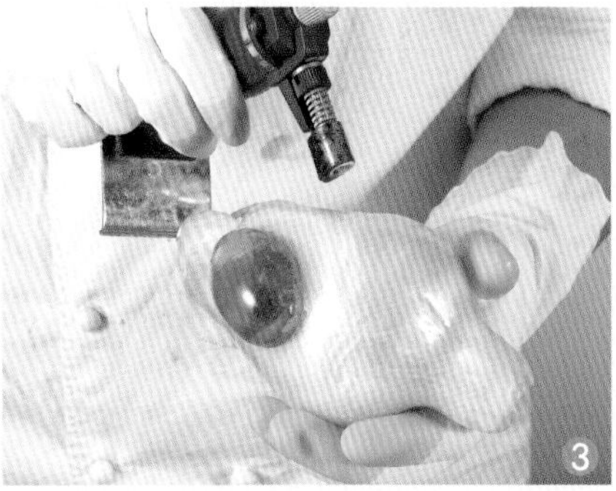
3

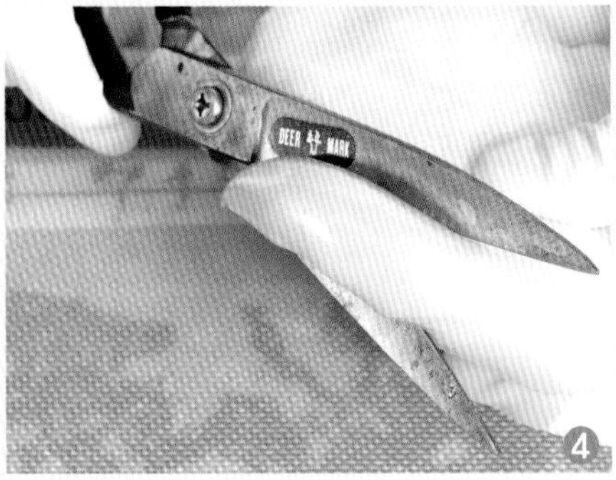
4

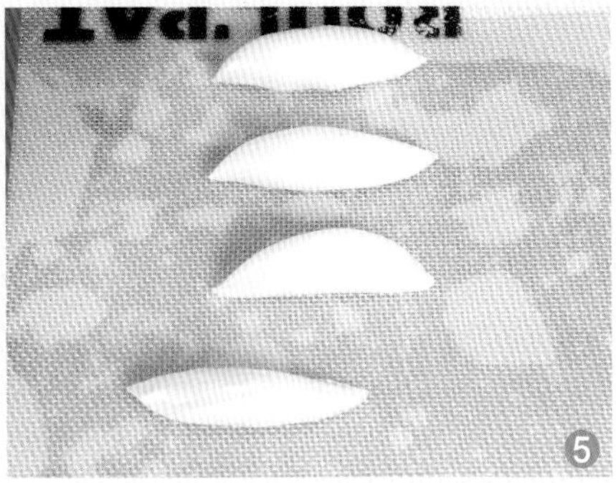
5

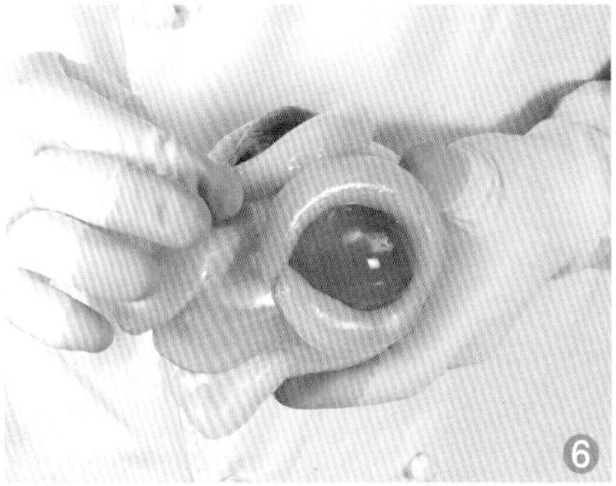
6

몬스터 II 주름과 털

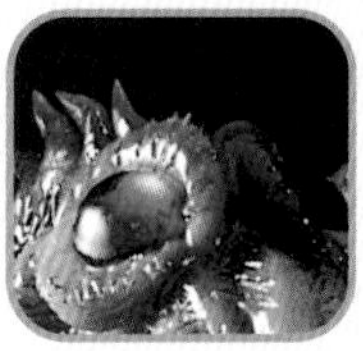

❶ 몬스터 형체를 구체화시키기 위해 설탕반죽을 가위로 잘라 매만진다. 〈사진 ①〉
❷ 토치 램프로 귓불처럼 생긴 것을 얼굴 양쪽에 세로로 길게 붙이고, 작은 것은 눈 밑에 붙인다. 〈사진 ②〉
❸ ②를 토치 램프로 달군 다음 조소용 도구로 긁어서 주름과 털을 나타낸다. 털을 섬세하게 표현할 수 있도록 꼼꼼하게 긁어주어야 한다. 〈사진 ③, ④〉
❹ 조소용 도구로 귓불과 눈 밑의 긁어준다. 섬세하게 표현할 수 있도록 꼼꼼하게 긁는다.
❺ 눈두덩도 조각용 도구로 긁어서 털을 나타낸다.

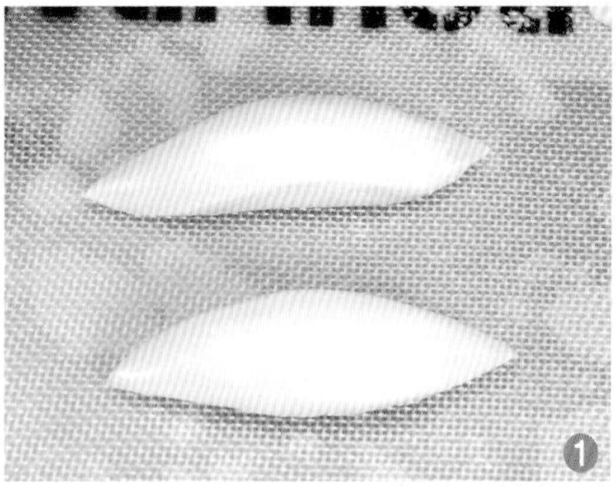
❶

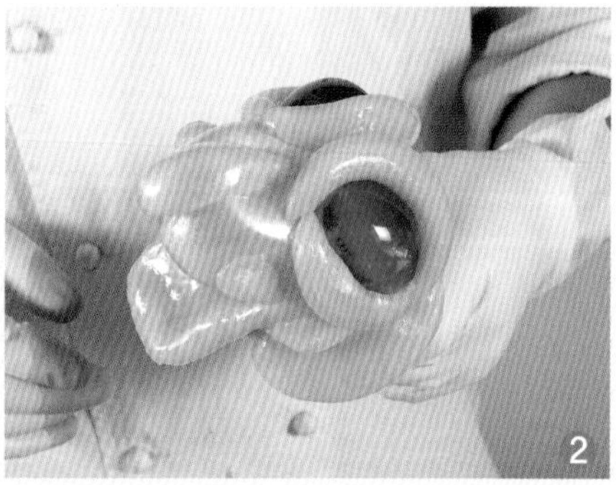
2

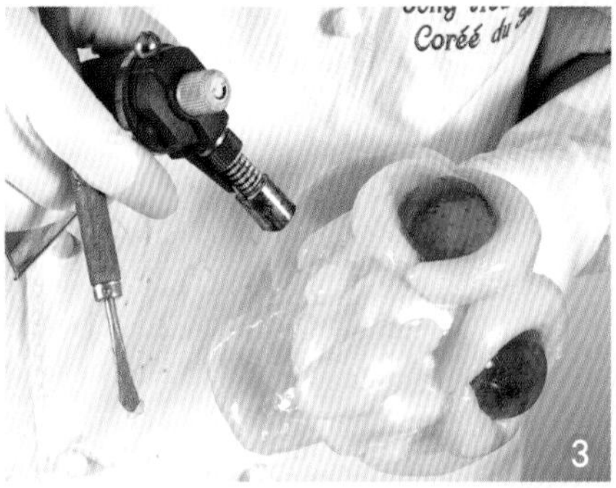

3

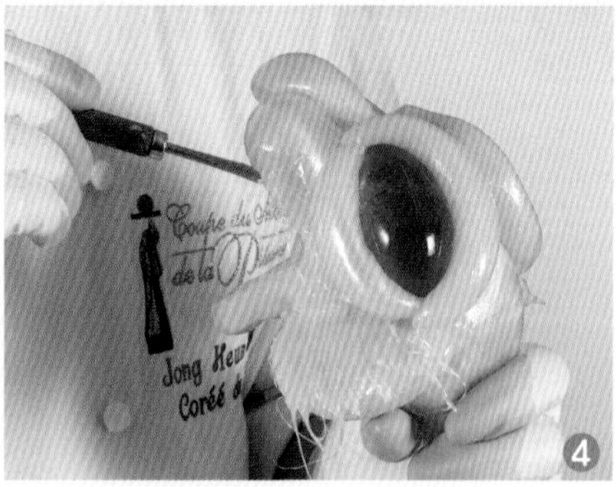

❹

몬스터 II 입

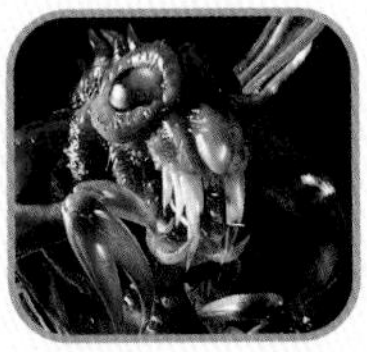

❶ 몬스터 입을 막는 용도로 설탕반죽을 길게 잡아당겨 떼어낸다. 〈사진 ①〉
❷ ①로 몬스터 입을 막는다. 〈사진 ②〉
❸ 치과기공용기구로 칼집을 내서 잇몸을 표현한다. 〈사진 ③〉
❹ 설탕반죽을 잡아당겨 앞쪽은 두텁고, 혓바닥 끝이 올라가 날름거리는 혀의 모습을 나타낸다. 〈사진 ④, ⑤〉

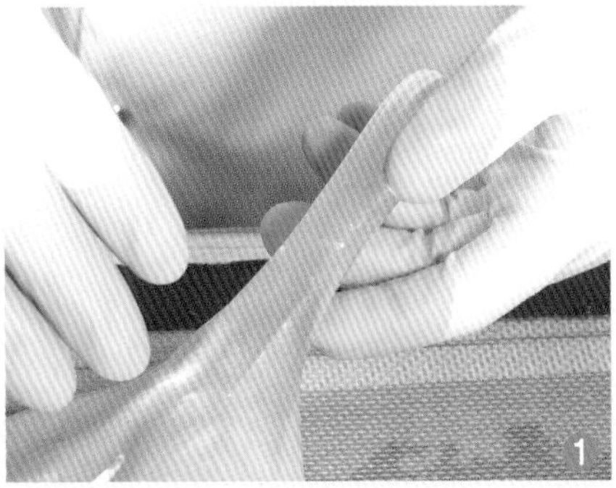

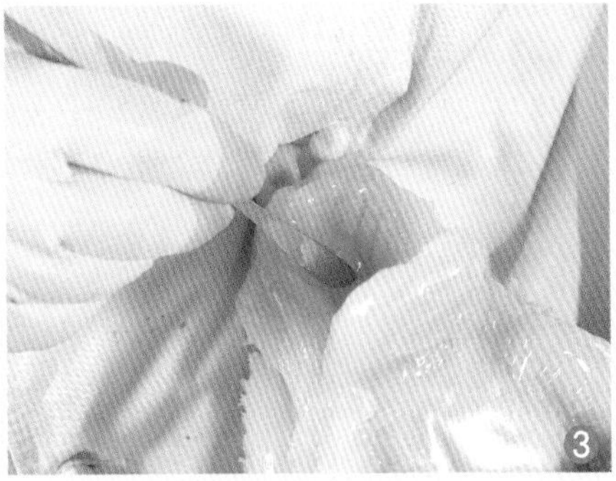

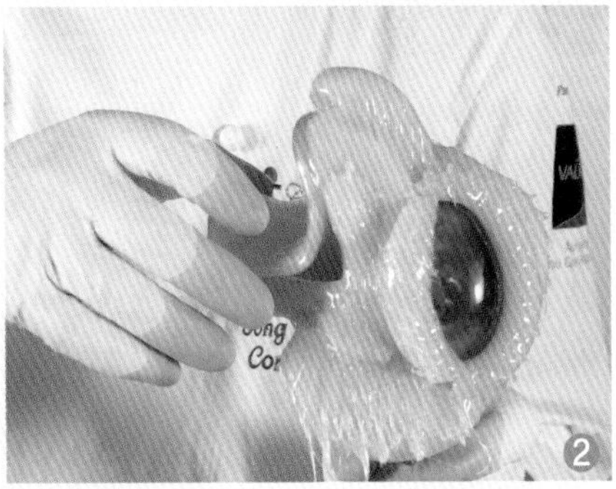

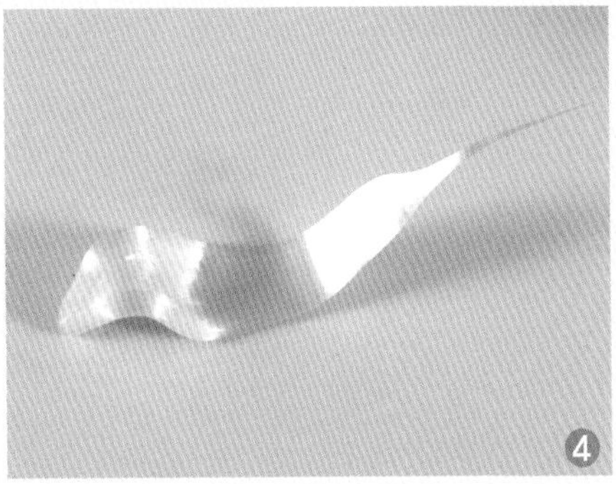

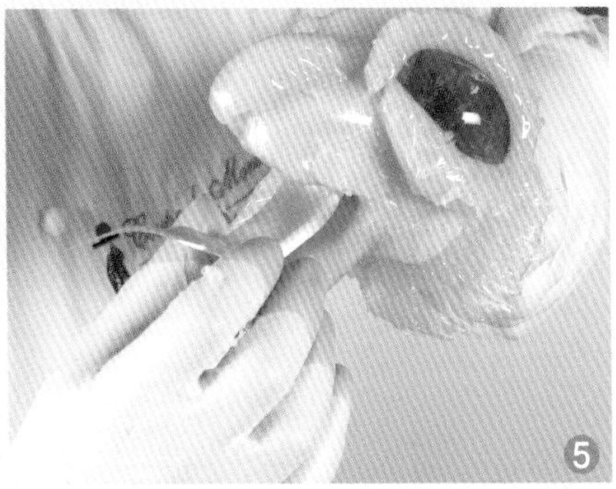

몬스터 II 이빨

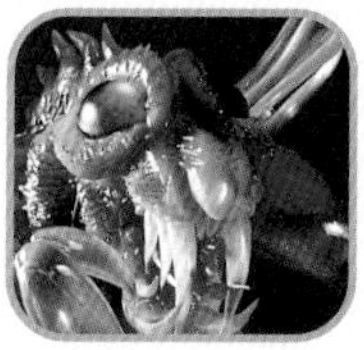

❶ 설탕반죽 끝을 잡고 조금씩 잡아당겨서 크기가 조금씩 다른 이빨 모양을 만든 후 가위로 자른다. 〈사진 ①, ②, ③〉

❷ 설탕반죽을 어금니 모양으로 동그랗게 만들어 가위로 자른 다음 치과기공기구로 십자모양이 나게 눌러준다. 〈사진 ④, ⑤, ⑥〉

❸ 설탕반죽을 송곳니 모양으로 만든 다음 자른다. 〈사진 ⑦, ⑧〉

❹ 입 안쪽을 토치 램프로 살짝 달군 다음 윗부분과 아랫부분에 어금니를 차례대로 붙인 다음 송곳니를 삐죽하게 바깥쪽에서 붙인다. 〈사진 ⑨〉

❺ 이빨 사이로 조심스럽게 혀를 집어넣는다. 〈사진 ⑩〉

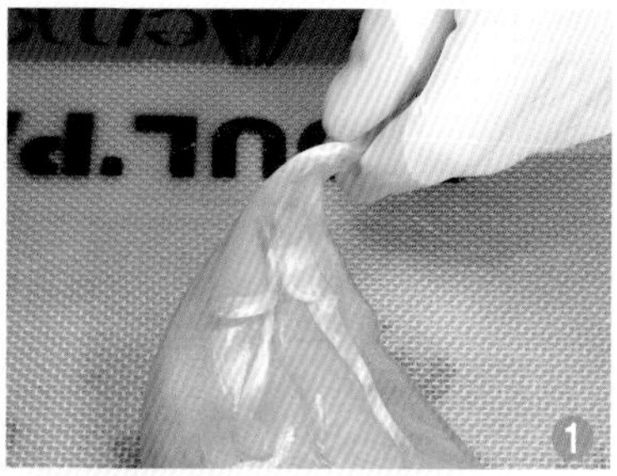

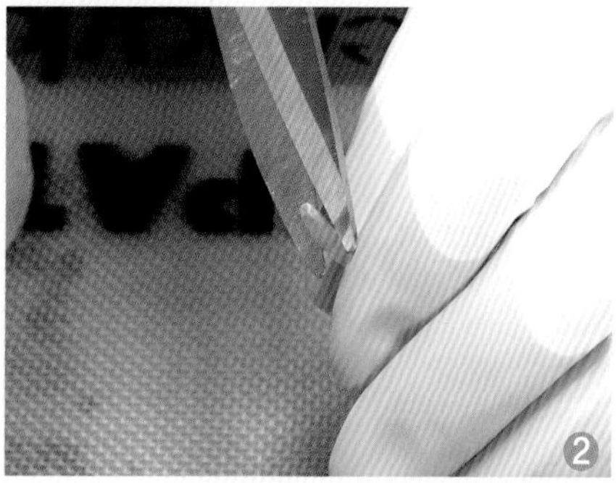

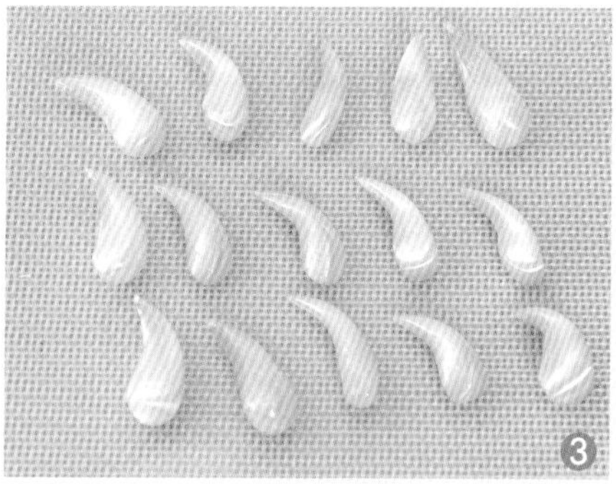

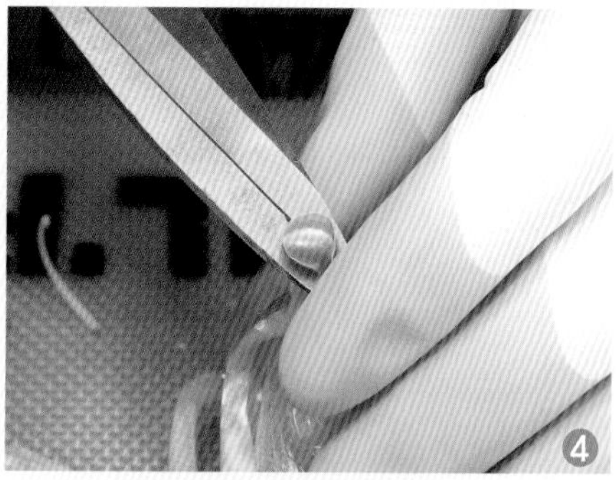

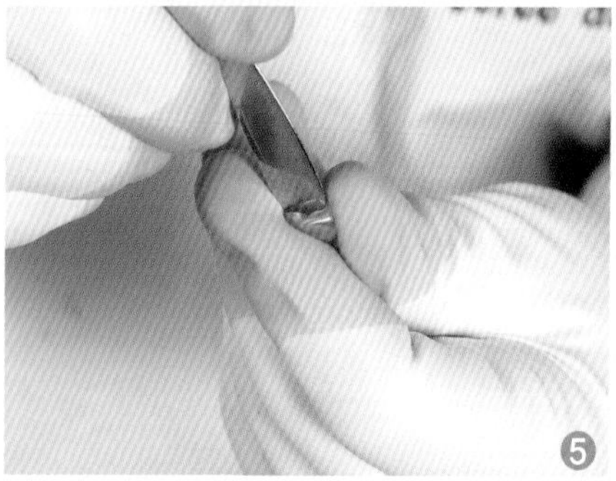

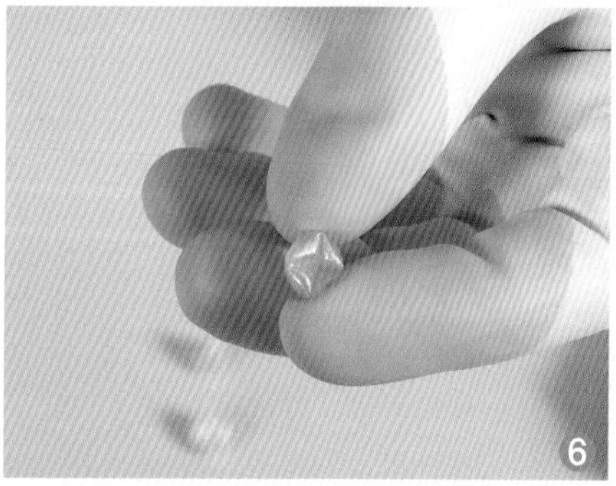

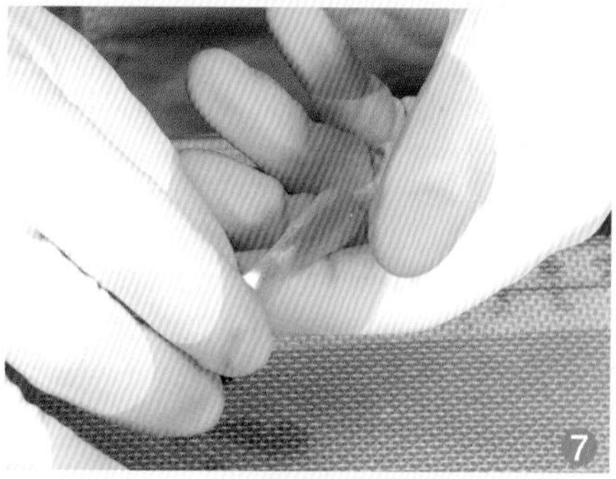

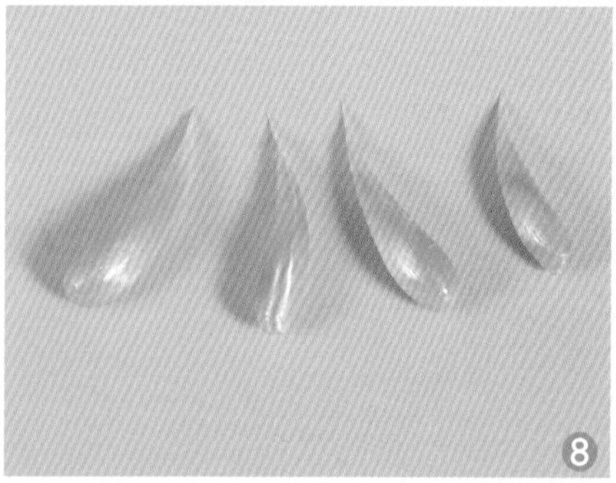

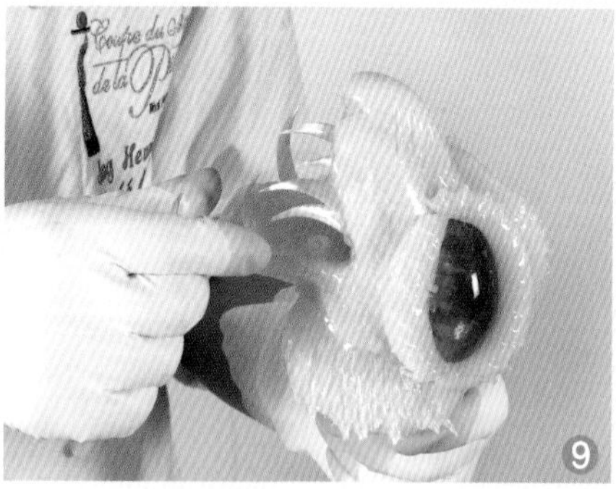

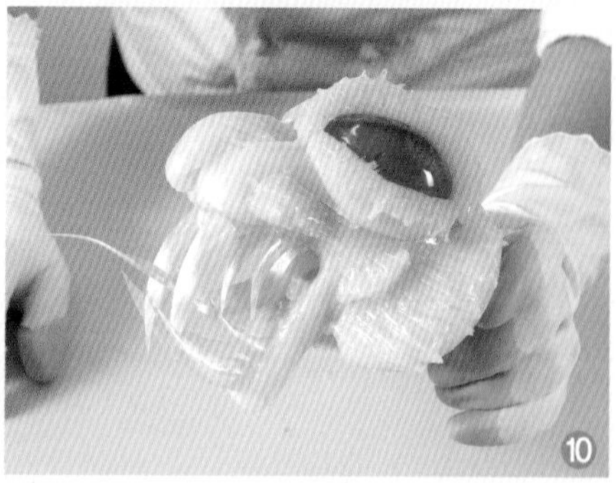

몬스터 II 팔뚝

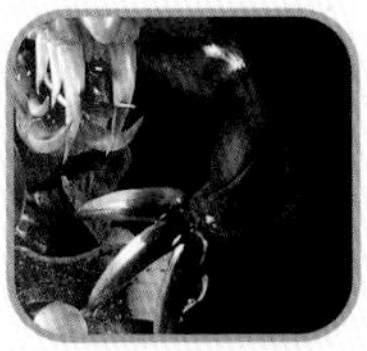

❶ 설탕반죽을 둥글게 만들어 가위로 자른 다음 펌프를 끼워 공기를 집어넣으며 모양을 잡아간다. 〈사진 ①, ②, ③, ④〉

❷ 토치 램프로 살짝 달군 다음 가위질로 모양을 만들고 손으로 다듬는다. 〈사진 ⑤, ⑥. ⑦〉

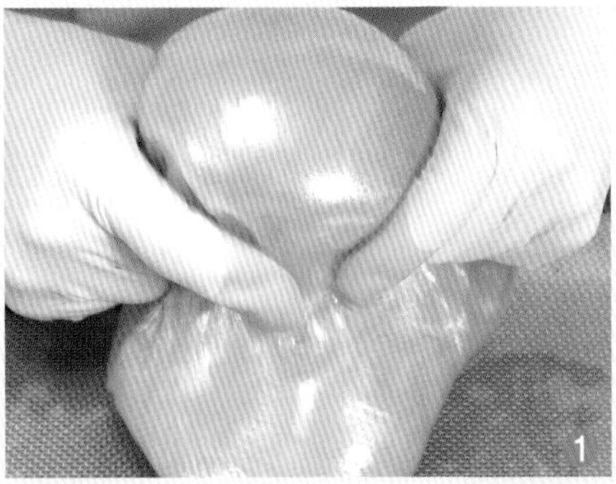

1

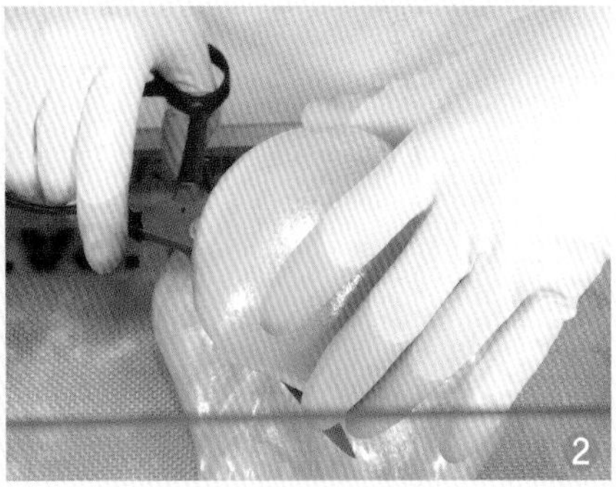

2

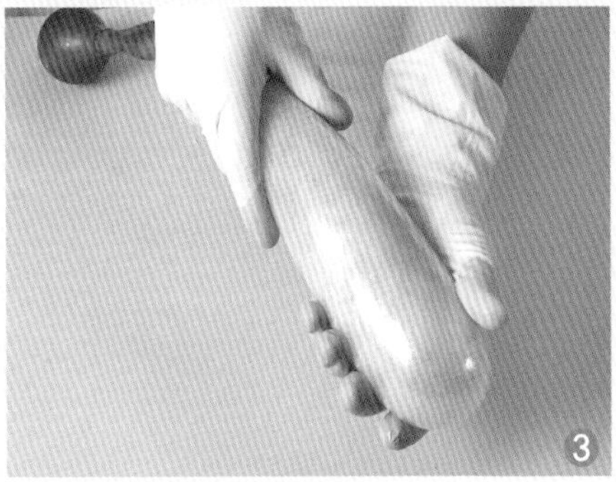

3

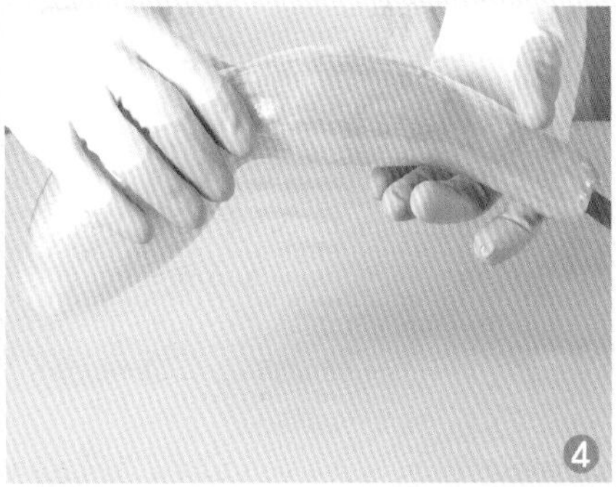

4

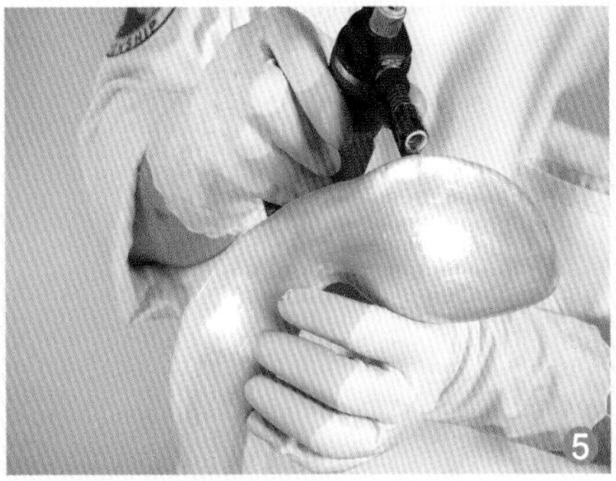

5

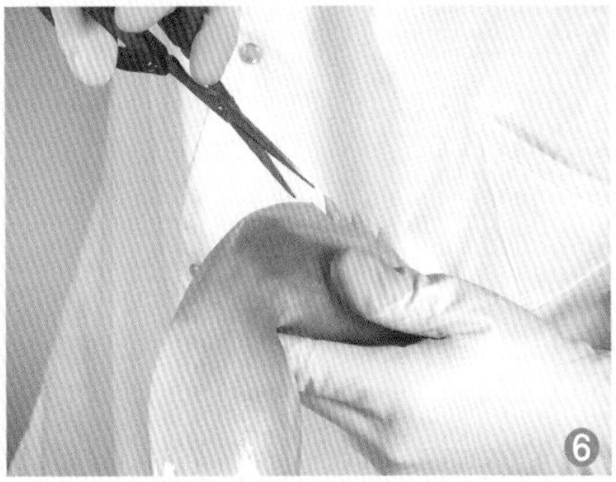

6

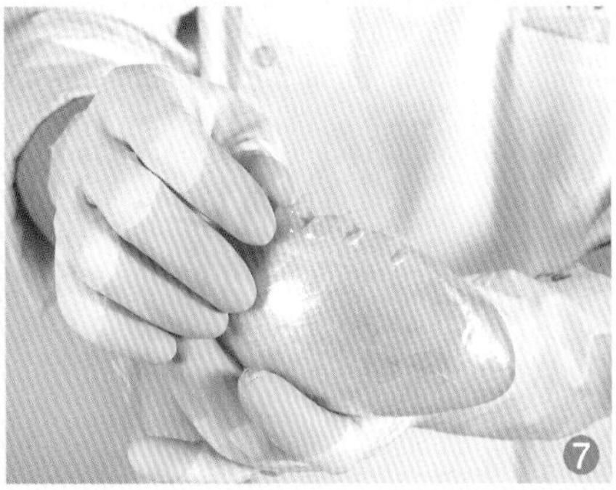

7

몬스터 II 손톱

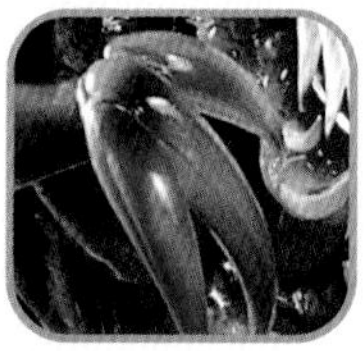

❶ 설탕반죽을 손톱모양으로 떼어내 3개를 만든 다음 토치 램프에 달궈 3개를 붙인다. 〈사진 ①, ②, ③〉

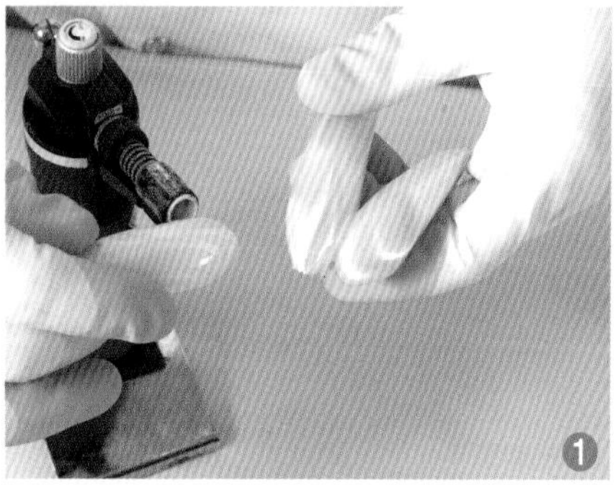

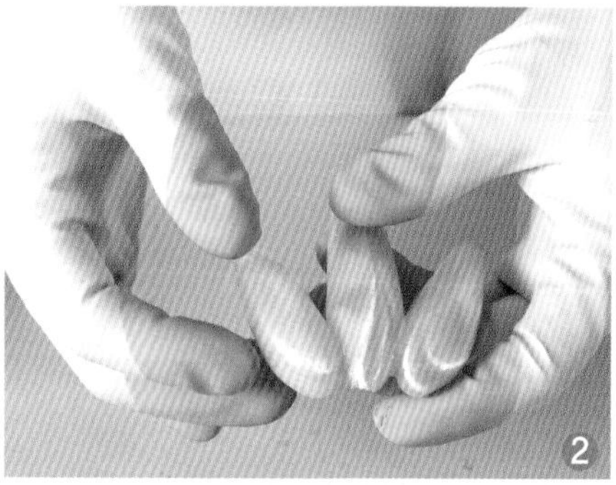

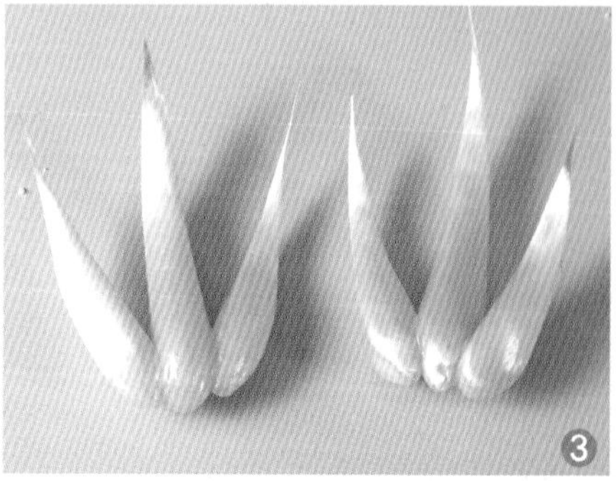

몬스터 II 몸통

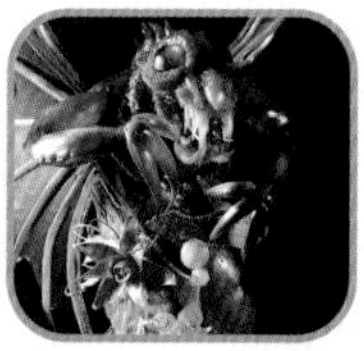

❶ 설탕반죽 적당량을 떼어내 안으로 오므려 둥글게 만든 다음 펌프를 끼워 공기를 주입시키며 모양을 잡아간다. 〈사진 ①, ②〉

❷ 펌프로 공기를 주입시켜 부풀리면서 손으로 어깨를 다듬는다. 〈사진 ③, ④〉

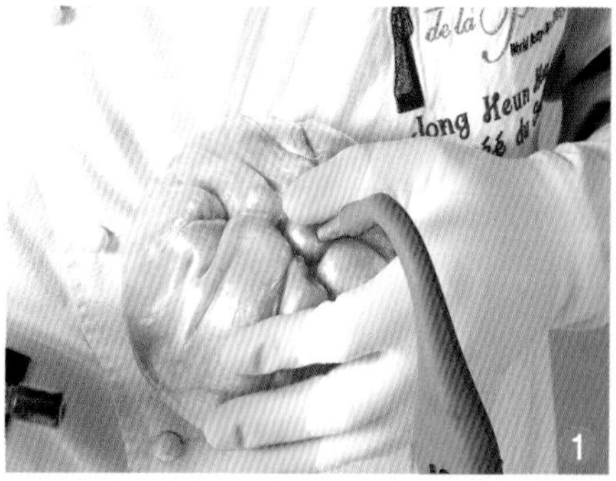

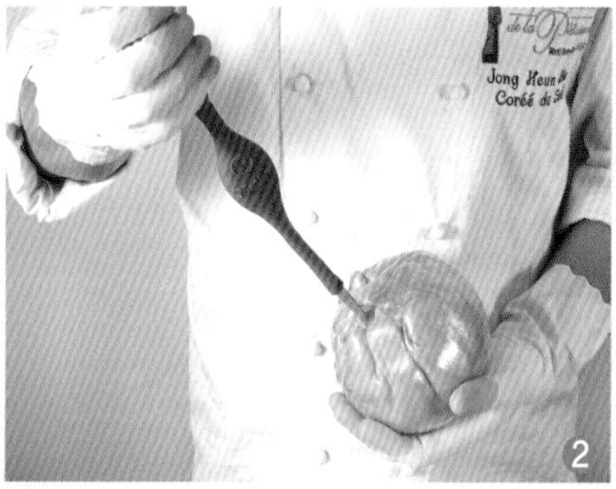

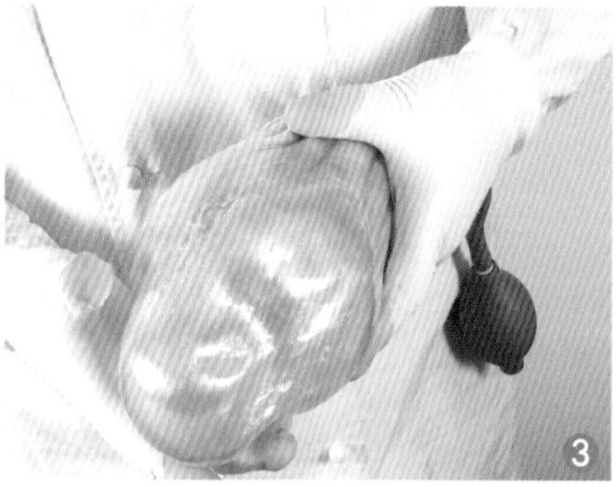

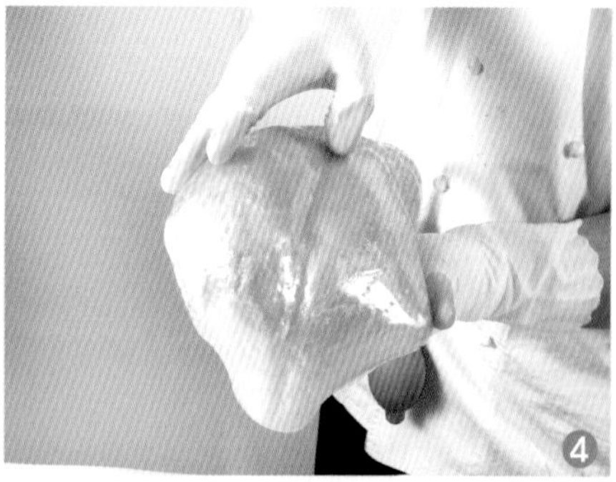

몬스터 II 꼬리

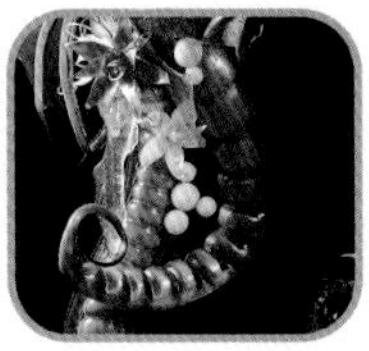

❶ 설탕반죽을 둥글게 만들어 가위로 자른 다음 펌프를 끼워 공기를 주입시키며 모양을 잡아간다. 〈사진 ①, ②, ③, ④〉

❷ ①의 모양을 윗부분은 통통하게 만들고 아래로 내려갈수록 가늘게 만든 다음 실리콘 페이퍼 위에 조소용 도구로 ①을 일정한 간격으로 모양을 내서 매만지고, 꼬리 끝은 말아 올라가게 한다. 〈사진 ⑤, ⑥. ⑦〉

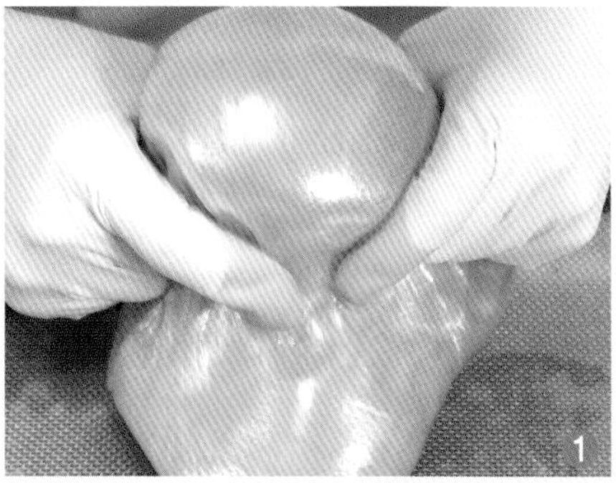

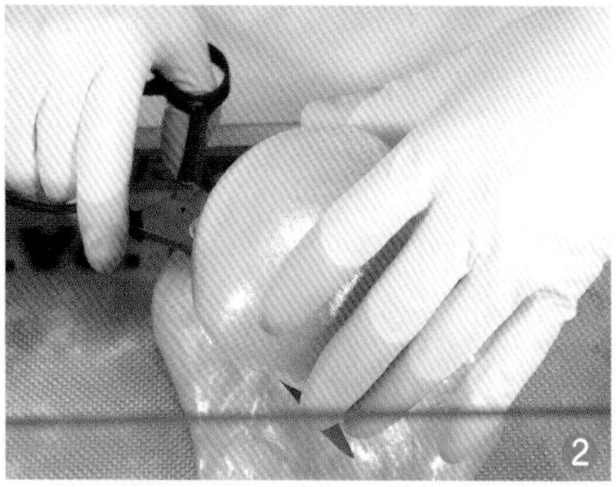

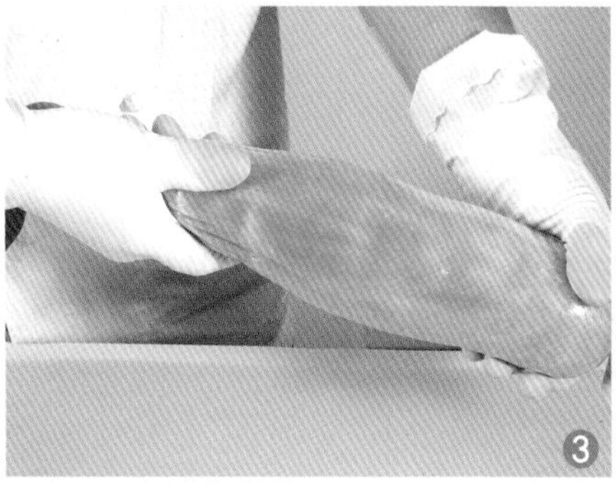

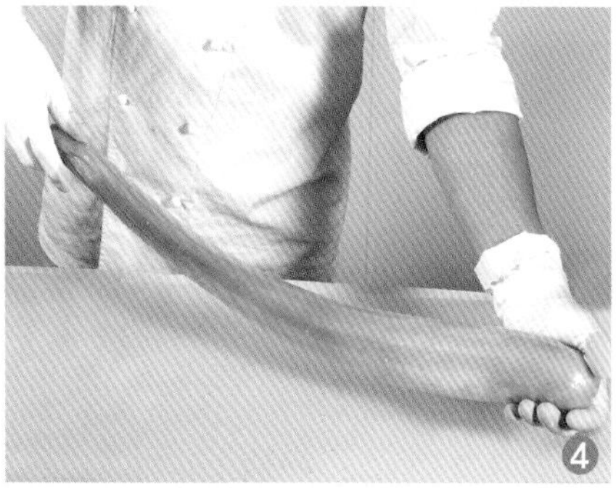

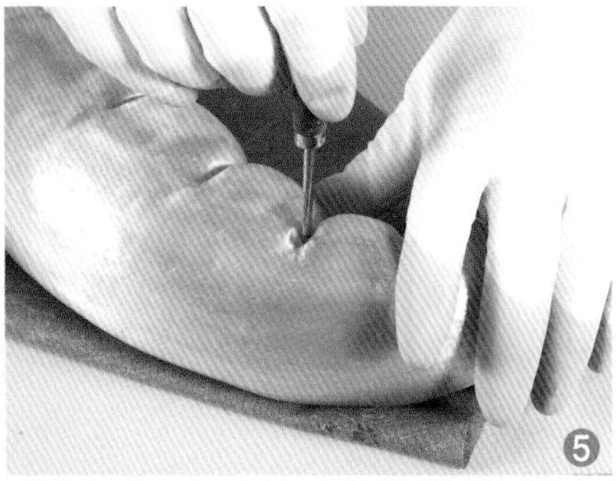

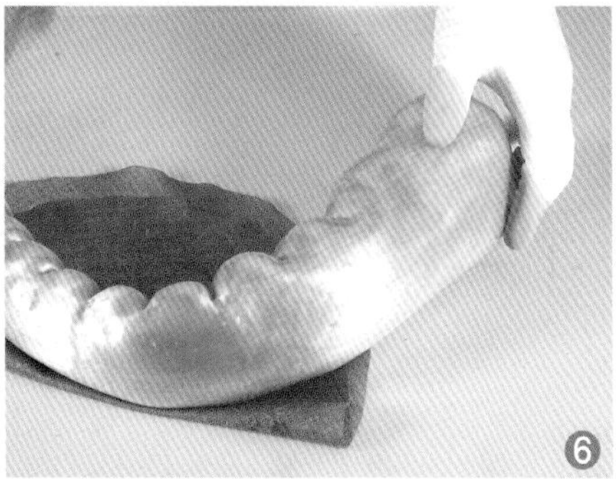

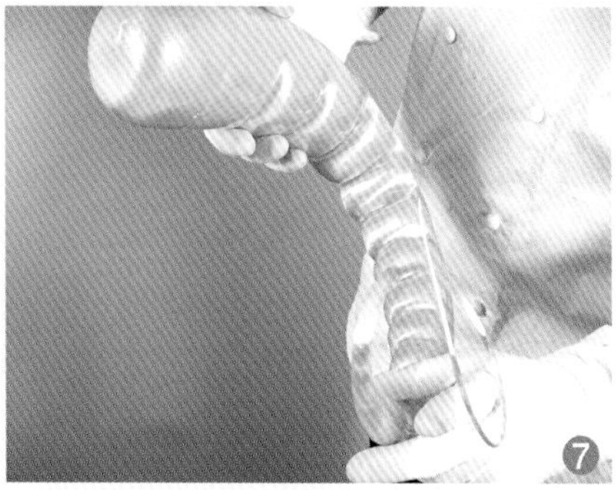

몬스터 II 날개

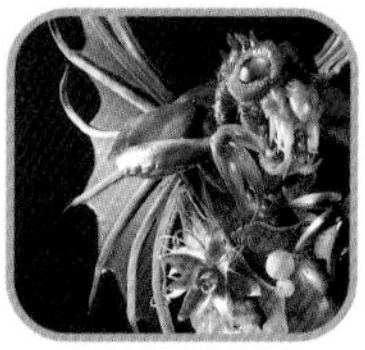

❶ 나무판 위에 실리콘으로 몬스터 날개 모형을 2개 만들어 놓는다. 이때 테두리를 실리콘으로 막고 초록색 색소 3방울 정도 섞은 연한 초록색 설탕시럽을 끓여 120℃로 식힌 다음 날개 모형에 붓는다. 〈사진 ①〉

❷ ①을 토치 램프로 살짝 그을려 기포를 없앤다. 〈사진 ②〉

❸ ②가 완전히 굳으면 열풍기를 쐬어서 광택을 낸다. 〈사진 ③〉

❹ 설탕반죽을 얇고 길쭉하게 뽑아내 날개 뼈를 만든다.〈사진 ④〉

❺ 날개를 나무판 위에 올려놓고 날개 뼈를 하나하나 붙인다. 〈사진 ⑤〉

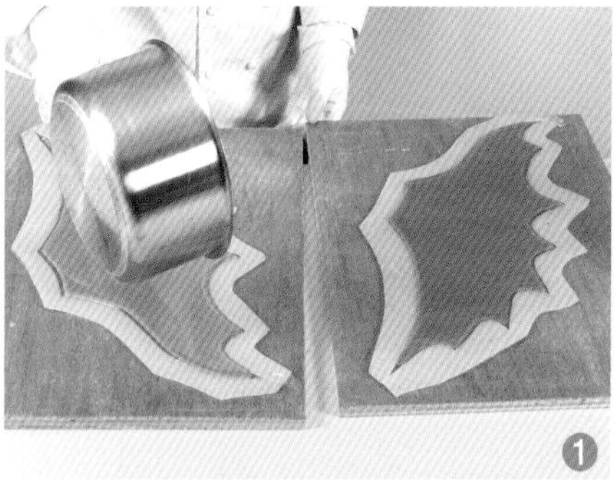

❶

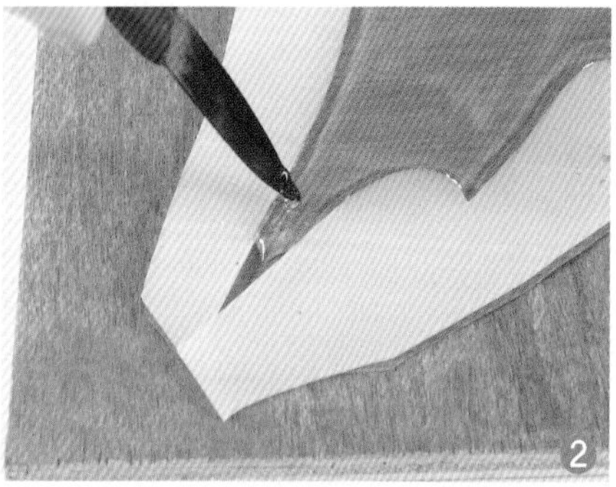

❷

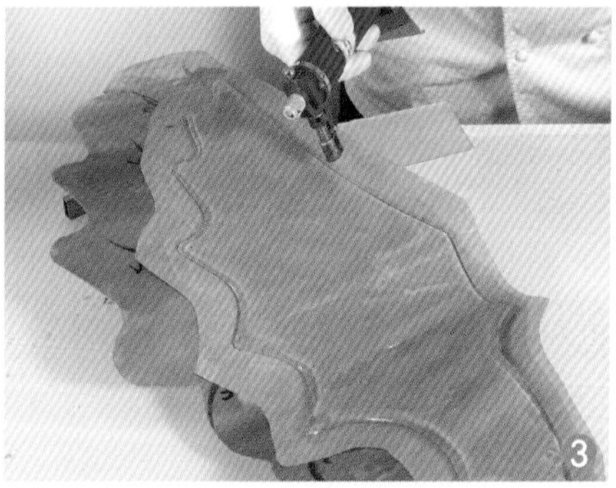

❸

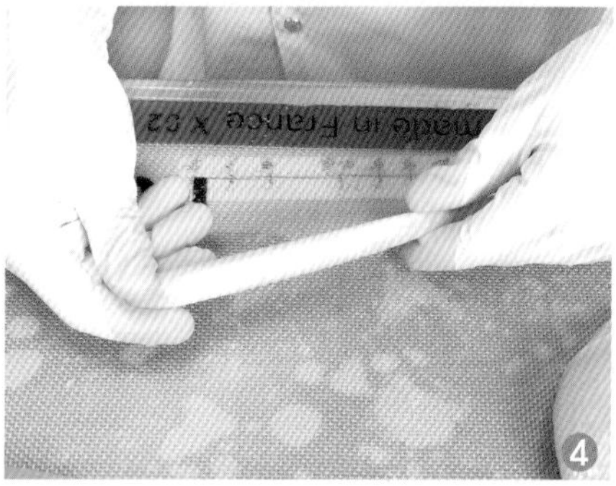

❹

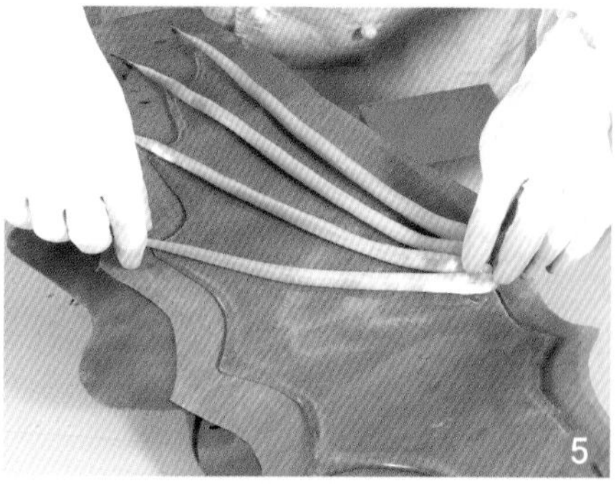

❺

몬스터 II 갈기

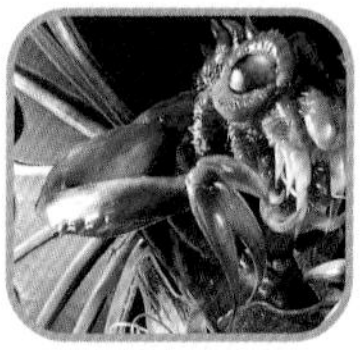

❶ 설탕반죽 적당량을 떼어 갈기를 만들어 가위질을 한 다음 손으로 다듬는다. 〈사진 ①〉

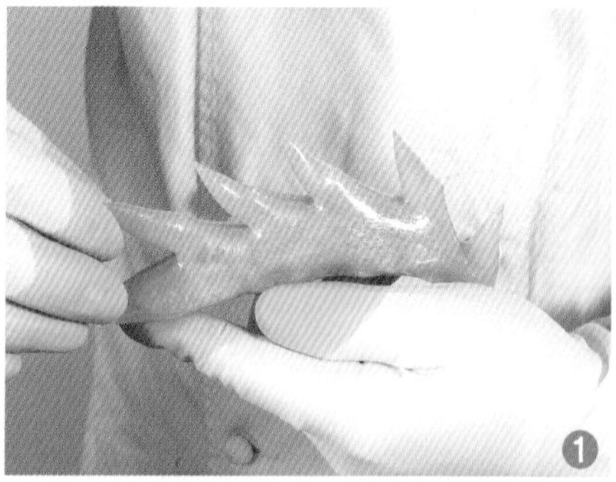

❶

몬스터 II 합체

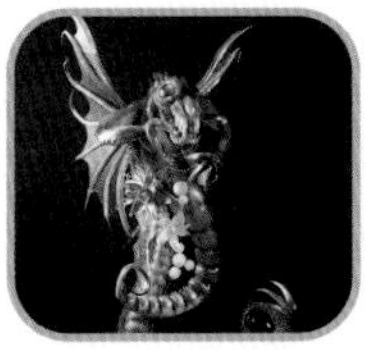

❶ 몸통의 펌프를 집어넣었던 부분을 토치 램프로 달군 칼로 자른 다음 손가락으로 바깥쪽에서 안쪽으로 밀어넣으며 매끄럽게 만들어준다.
❷ 머리와 몸통이 붙을 곳을 각각 토치 램프로 달군 다음 붙인다. 〈사진 ①〉
❸ 머리와 몸통 이음새에 갈기를 붙이고, 갈기는 토치 램프로 달군 다음 조소용 도구로 긁어서 털의 느낌을 살려준다. 〈 사진 ②, ③〉
❹ 몬스터 앞 목 부위도 조소용 도구로 긁어서 털의 느낌을 살려준다. 〈사진 ④〉
❺ 몸통 끝과 꼬리 시작되는 부분을 각각 토치 램프로 달군 후 조심스럽게 붙인다. 〈사진 ⑤, ⑥, ⑦〉

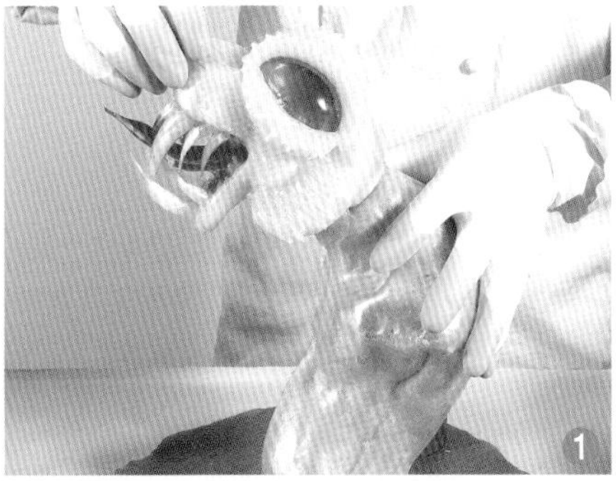
1

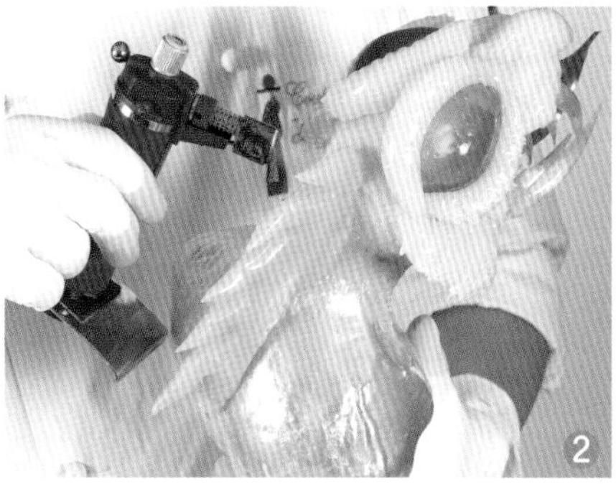
2

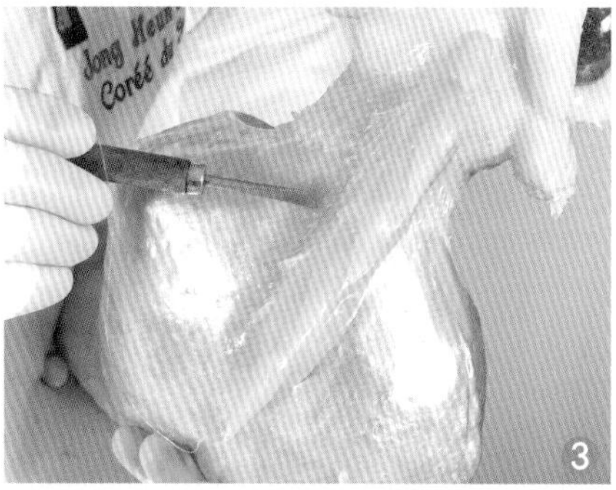
3

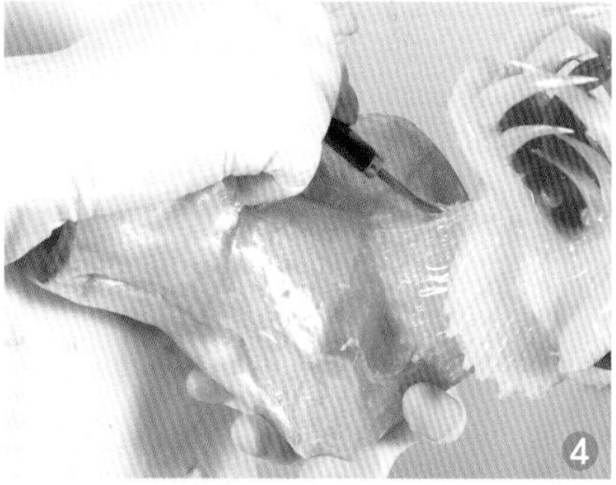
4

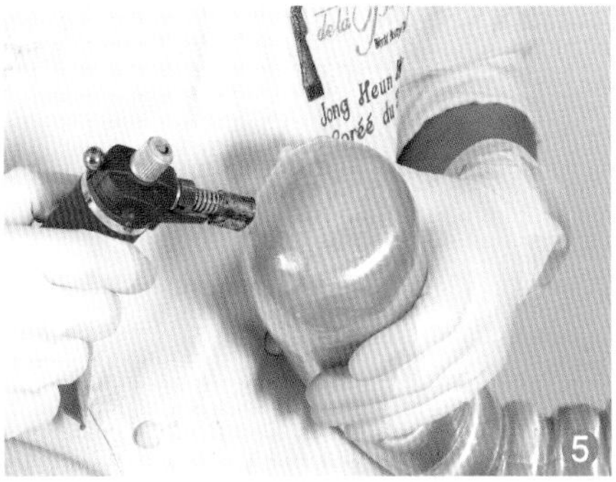
5

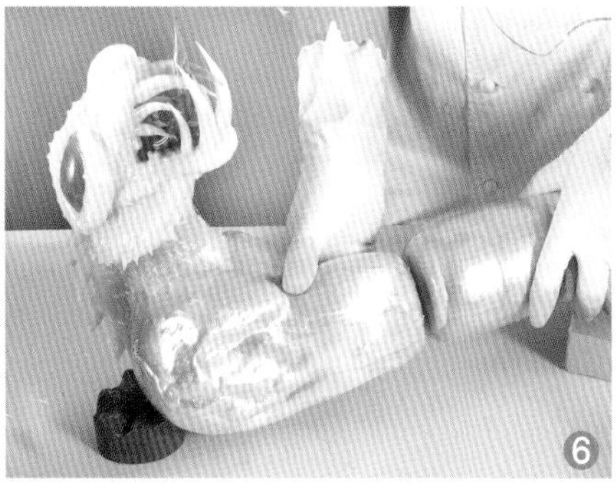
6

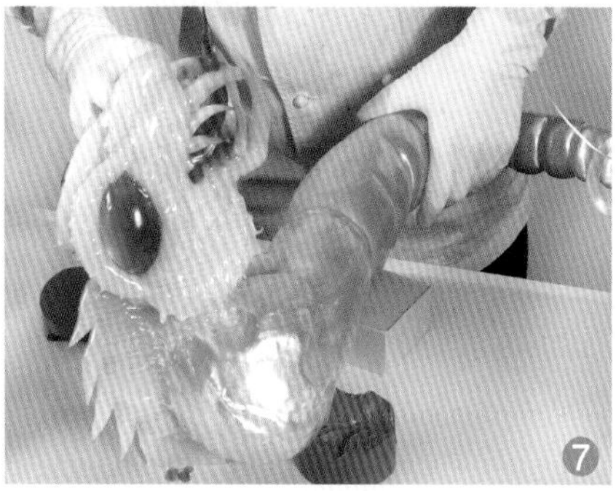
7

파스티야주 몬스터 눈

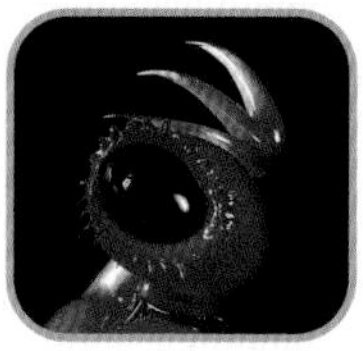

❶ 설탕반죽을 둥글게 만들어 가위로 자른 후 펌프를 끼워 공기를 주입시키며 원하는 크기만큼 부풀린 다음 펌프를 뺀다. 〈사진 ①〉

❷ ①을 토치 램프로 달궈서 눈을 붙일 자리를 우묵하게 만든 다음 원형 실리콘 틀에 파란색 색소 2방울을 떨어뜨린 설탕시럽을 부어서 굳힌 외눈을 붙인다. 〈사진 ②, ③, ④〉

❸ 설탕반죽을 길쭉하게 떼어내 눈꺼풀을 만든 다음 눈의 가장자리를 빙 둘러주고 토치 램프로 눈을 달궈서 광택이 나게 한다. 〈사진 ⑤, ⑥〉

❹ 눈꺼풀을 토치 램프로 살짝 달군 다음 조소용 도구로 긁어준다. 〈사진 ⑦〉

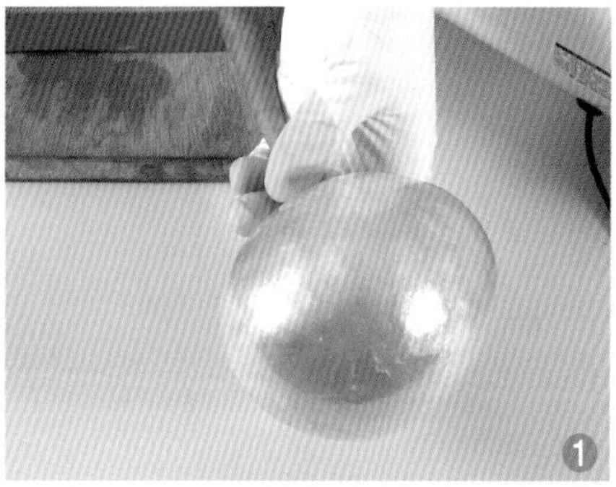
1

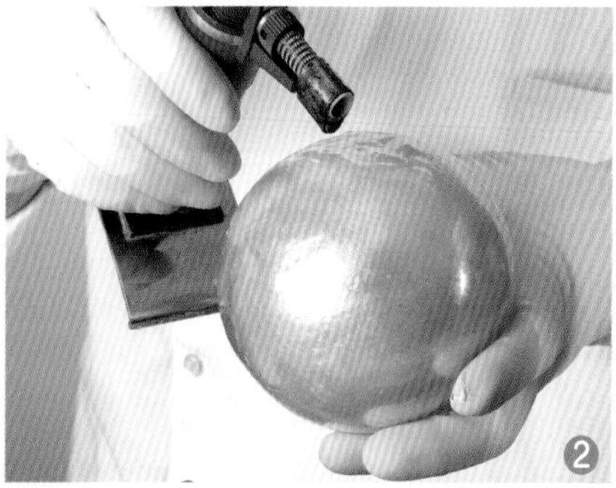
2

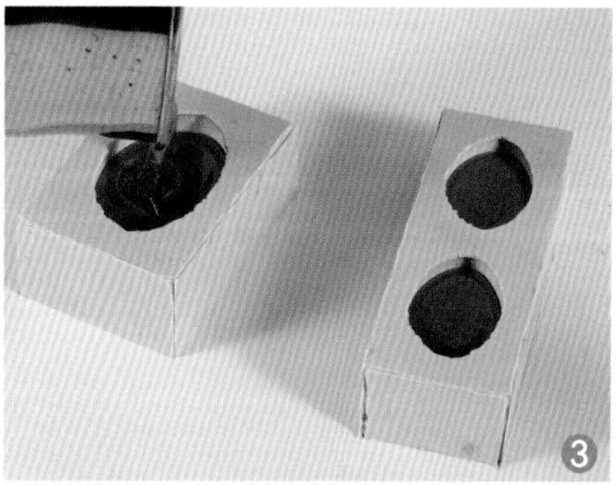
3

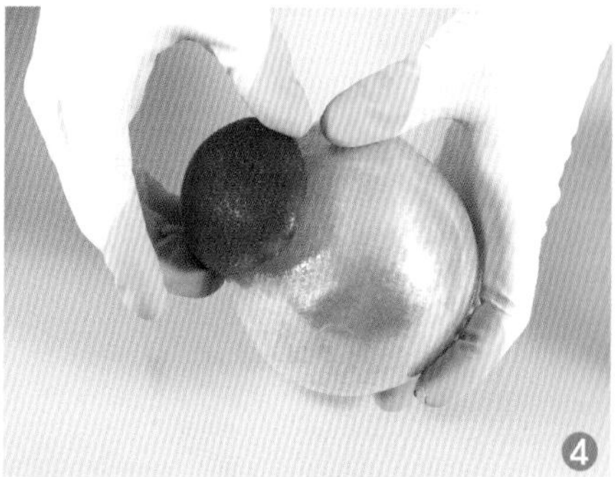
4

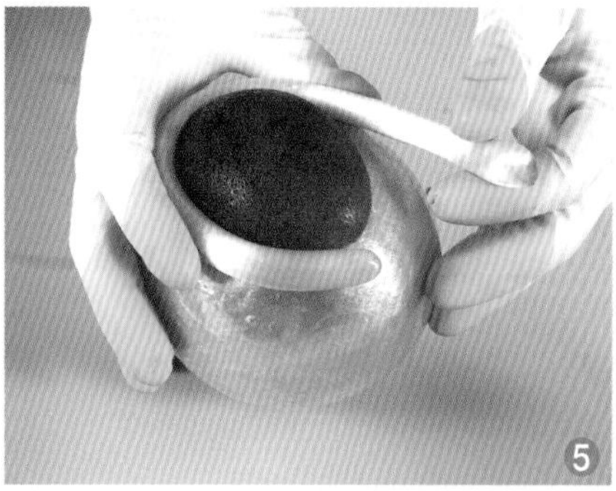
5

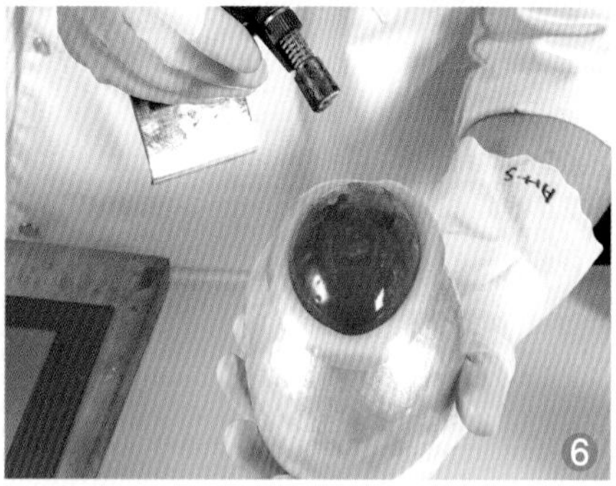
6

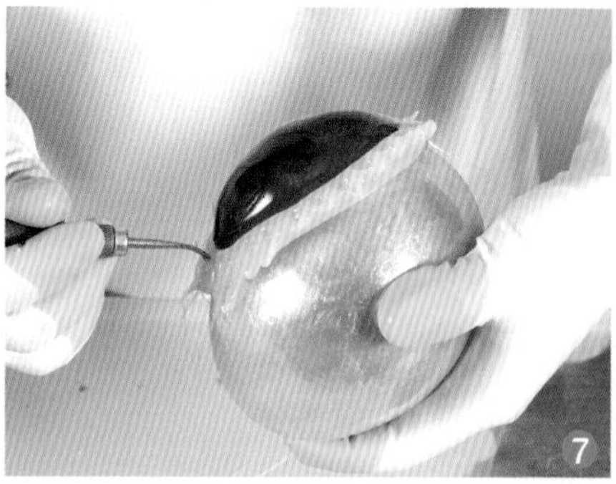
7

파스티야주 몬스터 합체

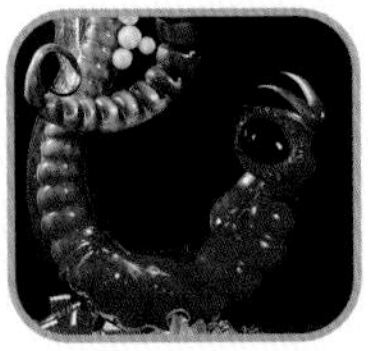

❶ 파스티야주 몬스터를 세울 받침대의 접착 부위와 받침대에 고정시킬 파스티야주 몬스터 접착 부위를 토치 램프로 달군 다음 2개의 파스티야주 몬스터 꼬리 부분이 맞붙게 나란히 세운다. 〈사진 ①, ②, ③〉

❷ 파스티야주 몬스터 맨 윗부분을 토치 램프로 살짝 녹인 다음 눈을 붙인다. 〈사진 ④, ⑤, ⑥〉

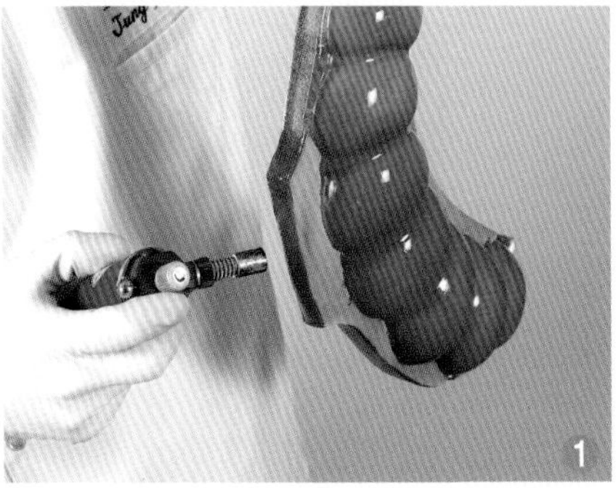

1

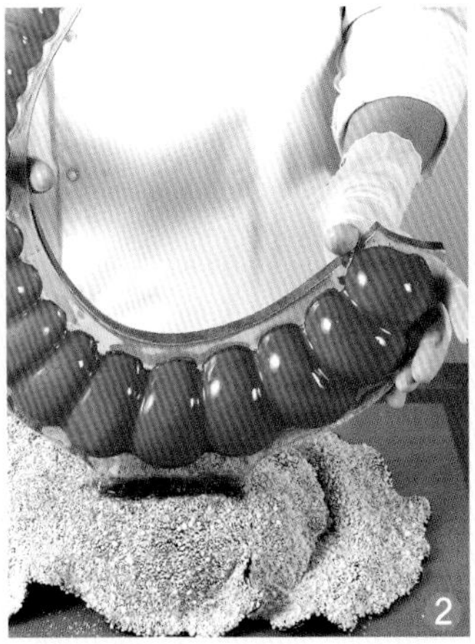

2

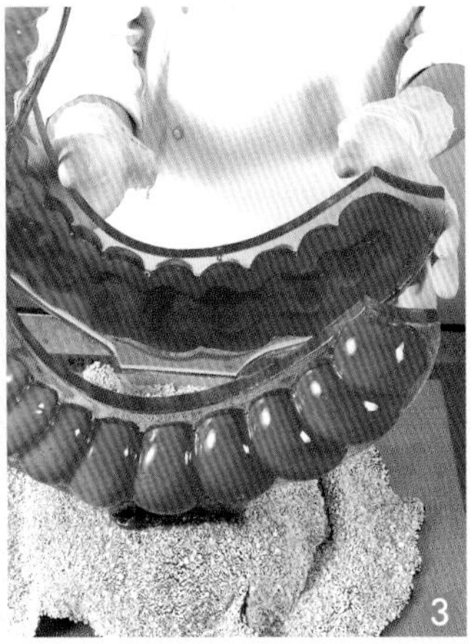

3

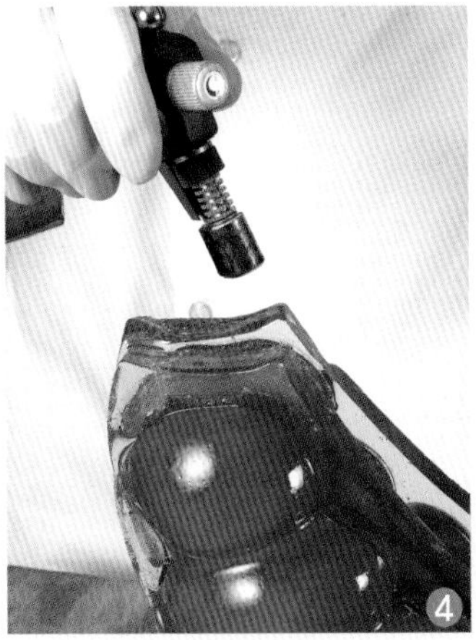

4

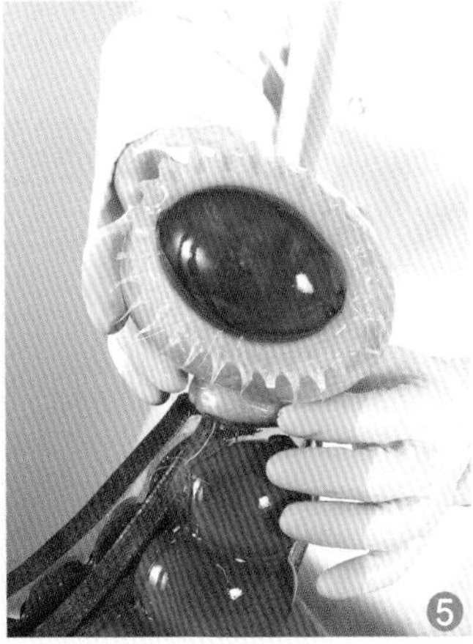

5

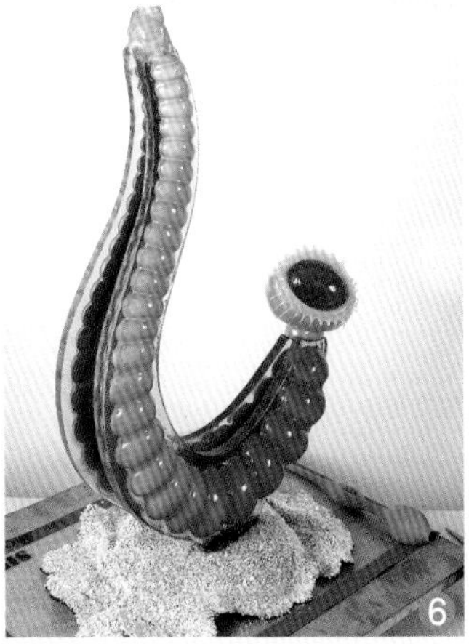

6

마무리

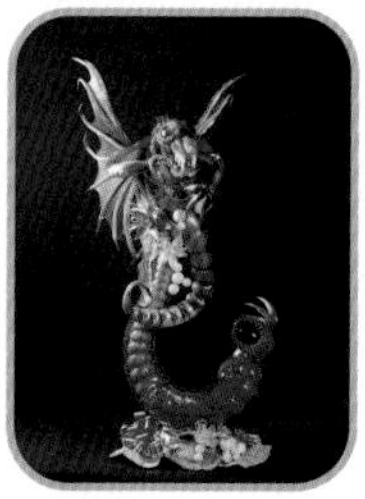

❶ 파스티야주 몬스터 꼬리 부분에 몬스터 Ⅱ 머리가 오른쪽에 오도록 붙인다. 〈사진 ①〉

❷ 몬스터 Ⅱ 몸통 갈기 밑에 날개를 붙인다. 〈사진 ②〉

❸ 팔뚝에 손톱을 붙인 다음 몬스터 Ⅱ 몸통 어깨 부분에 팔뚝을 붙인다. 〈사진 ③, ④〉

❹ 팔뚝에 손톱을 붙인 다음 파스티야주 몬스터에 팔뚝을 붙인다. 〈사진 ⑤, ⑥〉

❺ 파스티야주 몬스터 팔뚝을 에어브러시를 이용해 노란색으로 피스톨레한다. 〈사진 ⑦〉

❻ 몬스터 Ⅱ 전체를 노란색으로 피스톨레하고 오렌지색을 덧입힌다. 〈사진 ⑧〉

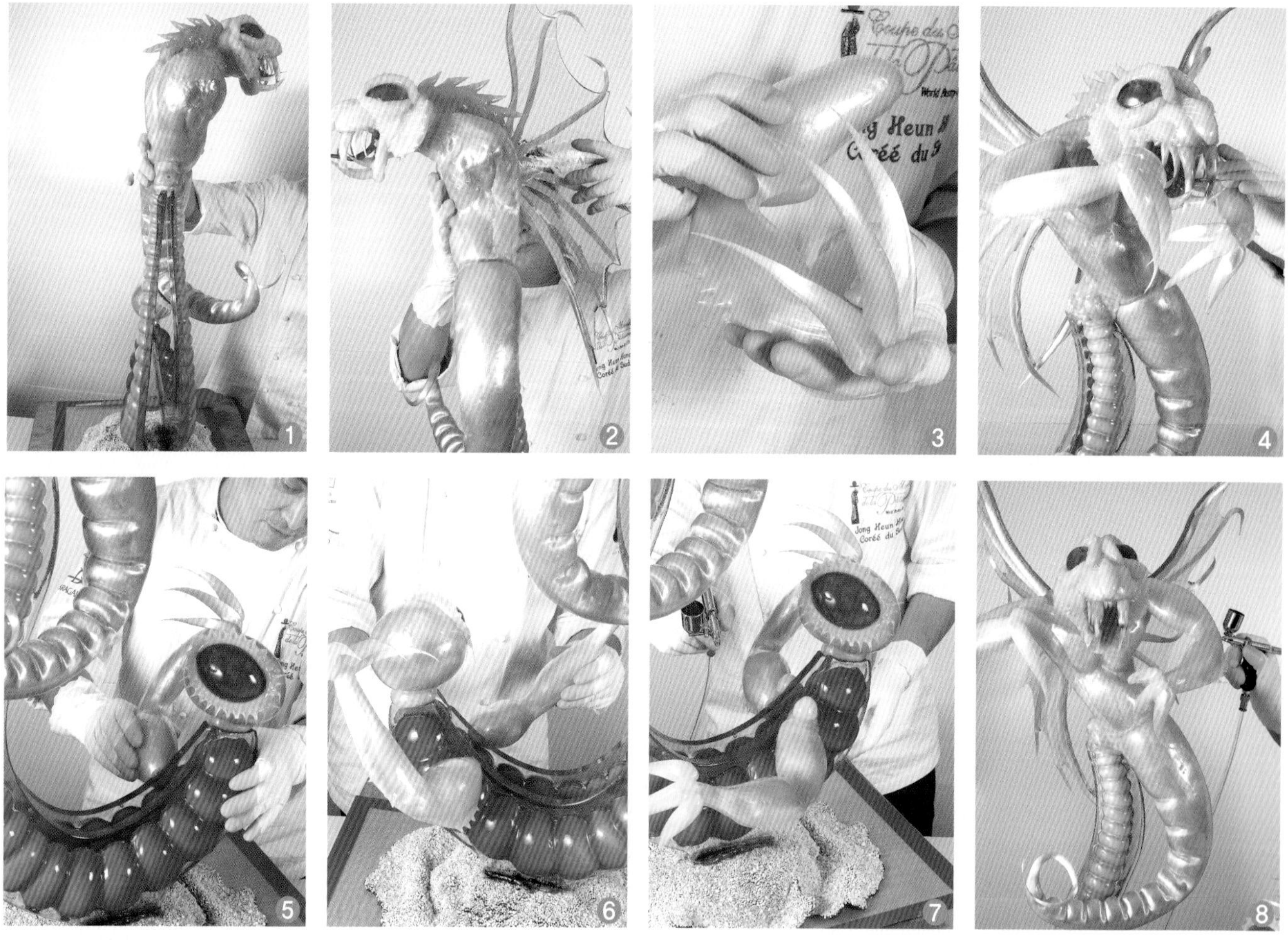

⑦ 파스티야주 몬스터를 에어브러쉬로 오렌지색으로 피스톨레한다. 〈사진 ⑨〉
⑧ 몬스터Ⅱ를 초록색으로 피스톨레한다. 〈사진 ⑩〉
⑨ 몬스터에 꽃을 붙인다. 〈사진 ⑪, ⑫〉
⑩ 크리스탈 설탕을 만든다. 〈사진 ⑬〉- 만드는법 기본편 p35참조
⑪ 몬스터에 크리스탈 설탕을 붙인다. 〈사진 ⑭〉
⑫ 이소말트를 녹여서 유산지에 붓는다. 〈사진 ⑮〉

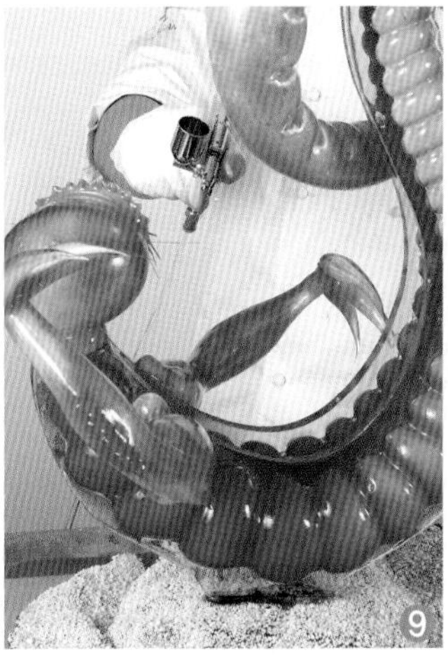
9

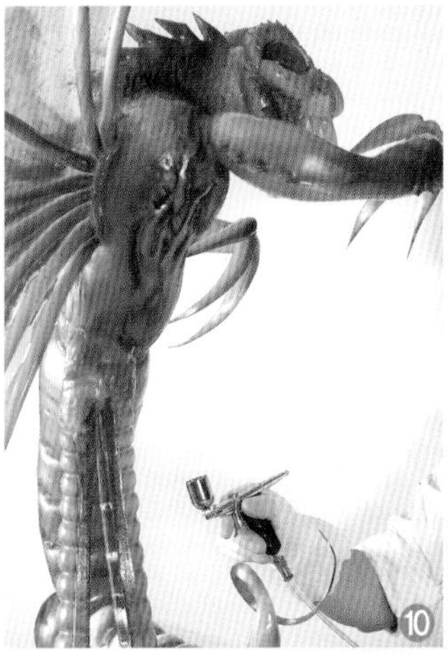
10

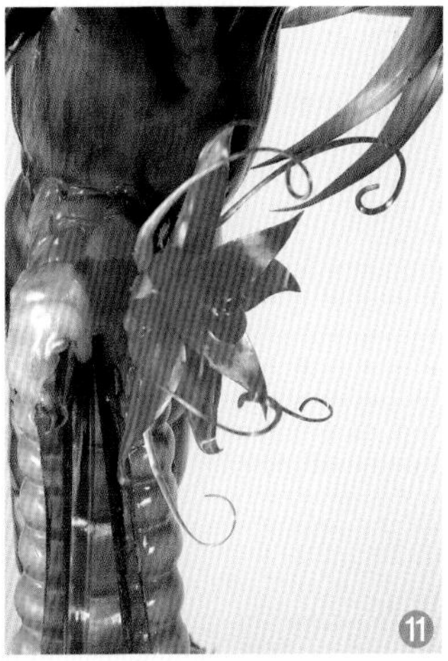
11

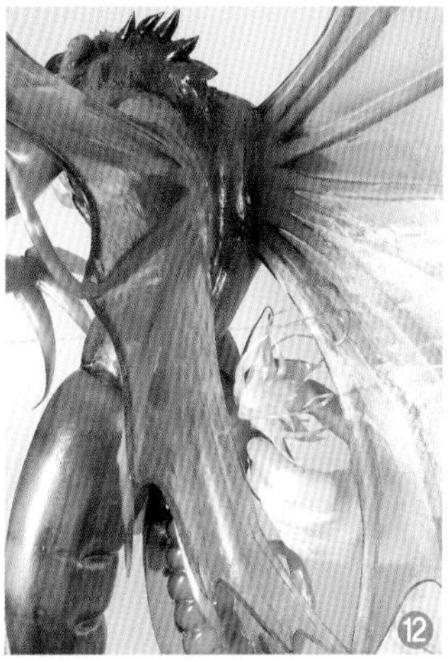
12

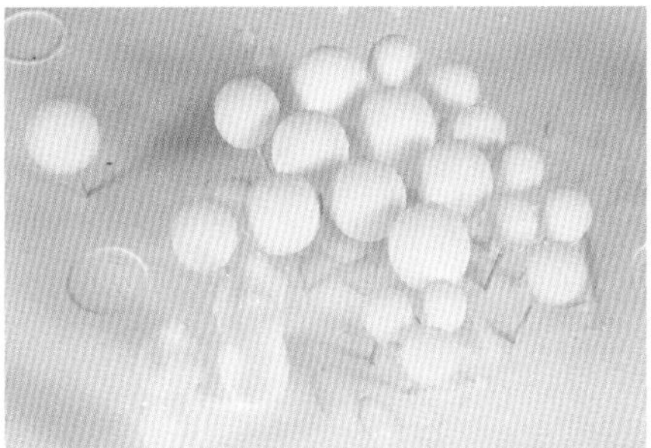
13

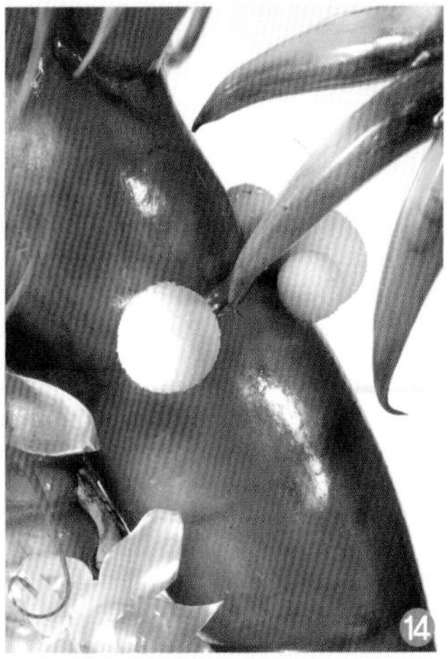
14

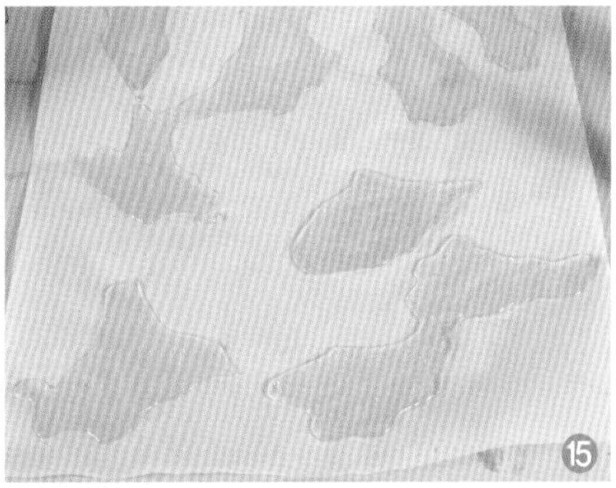
15

⑬ ⑩을 굳혀 몬스터에 붙인다. 〈사진 ⑯〉
⑭ 리본을 만들어 받침대에 붙인다. 〈사진 ⑰〉
⑮ 받침대에 크리스탈 설탕을 붙인다. 〈사진 ⑱〉

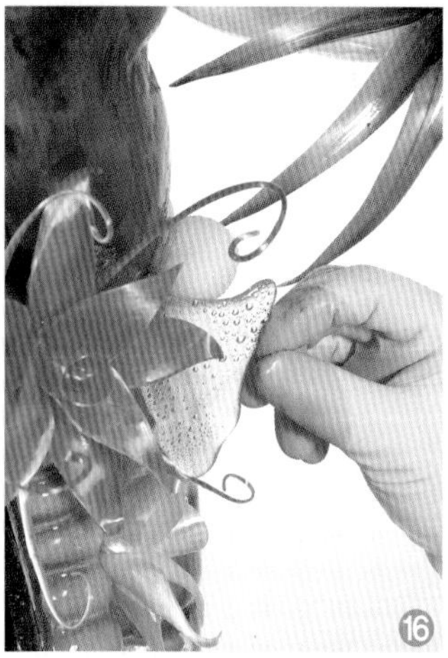

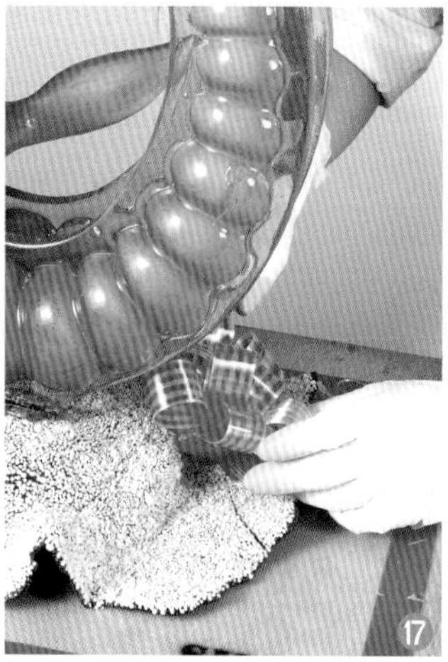

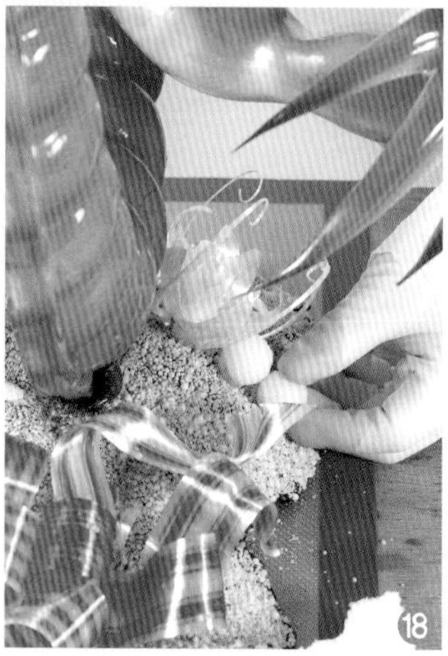

완성작

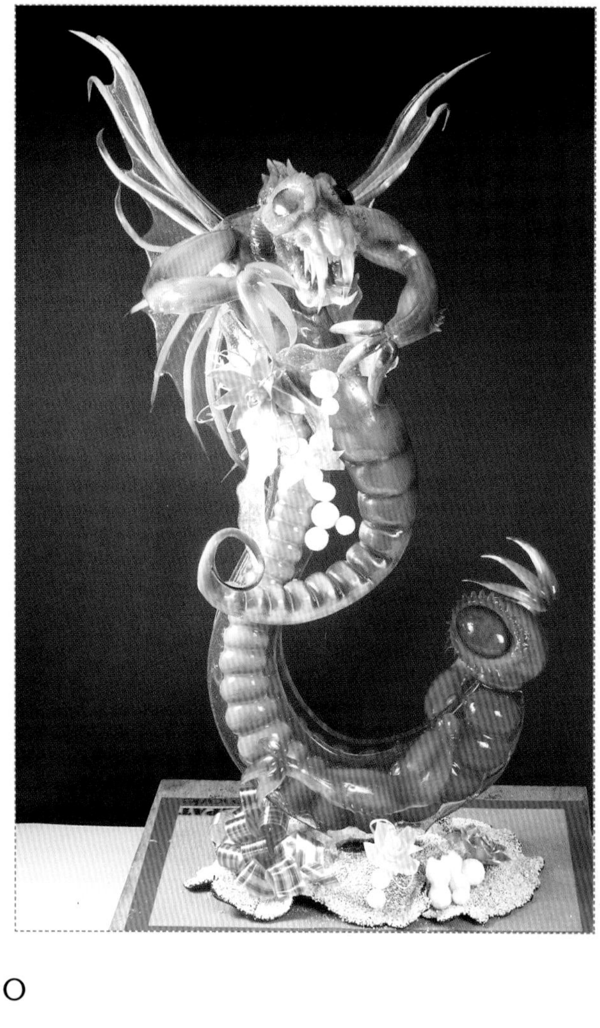

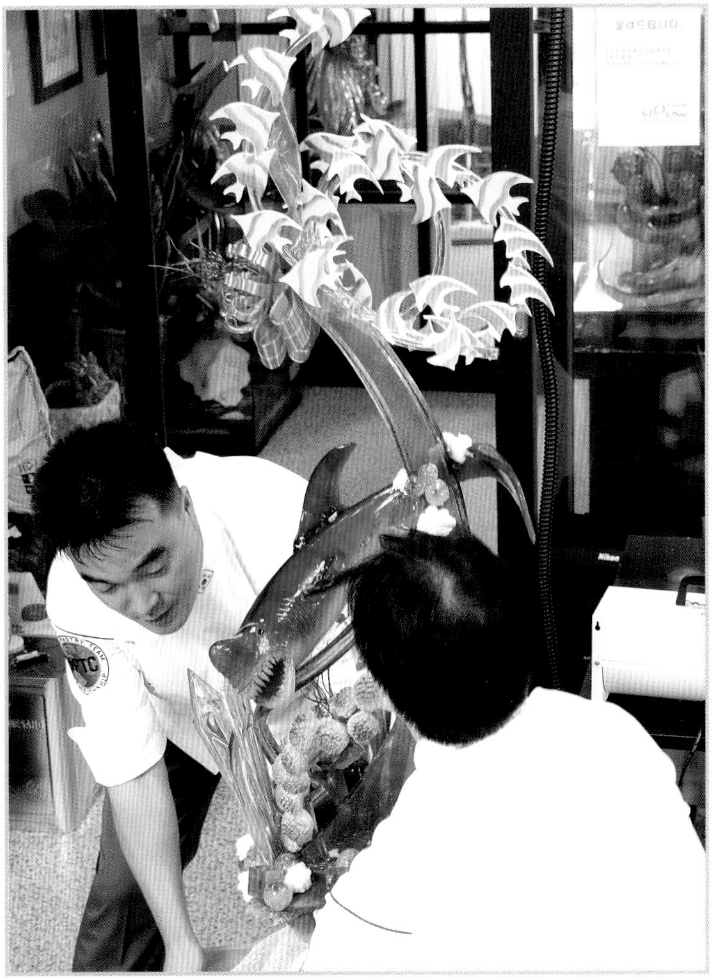

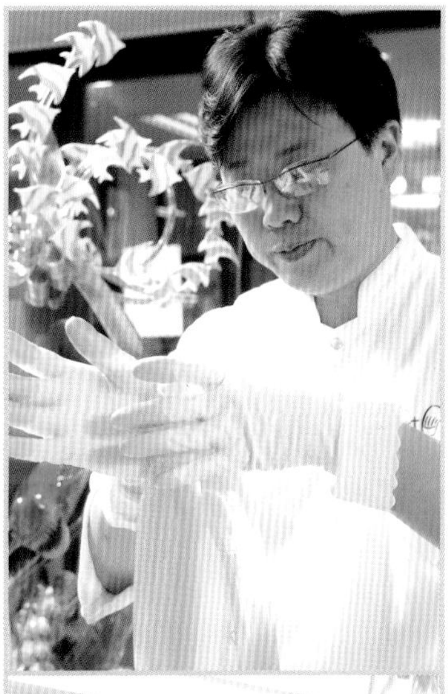

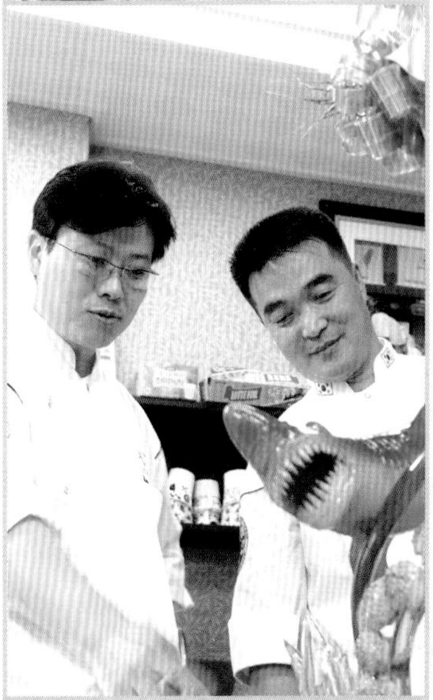

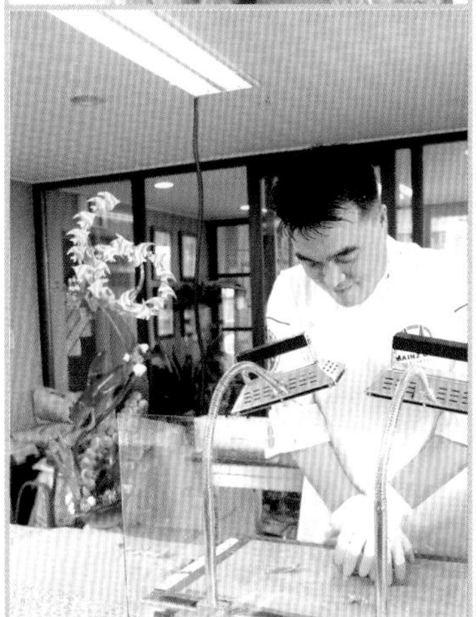

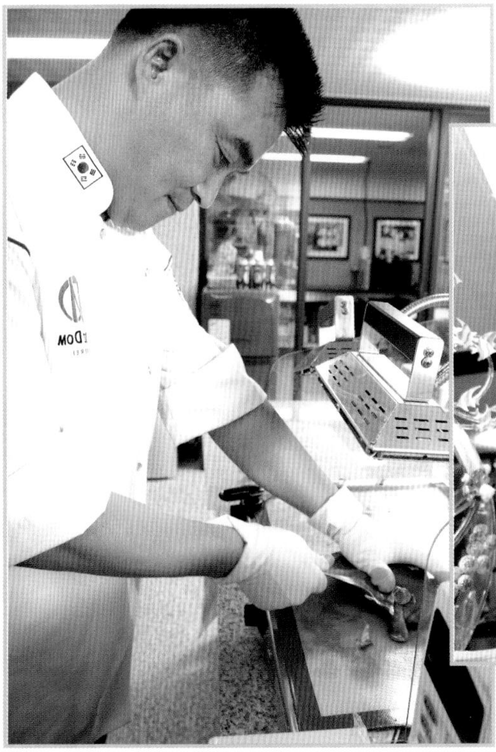

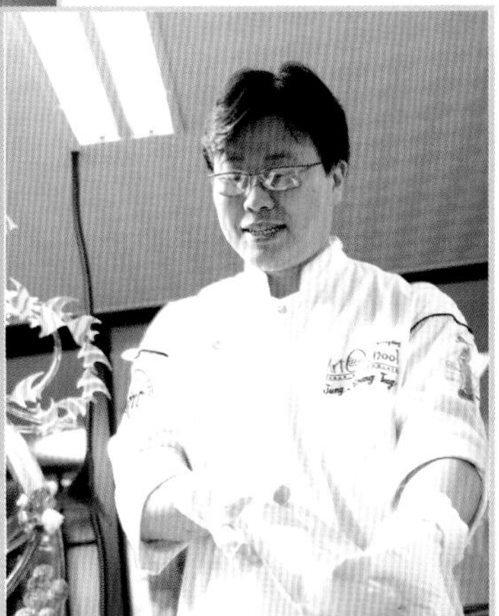

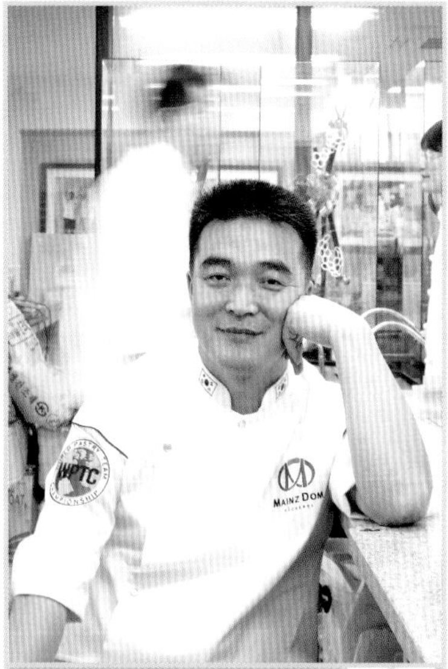
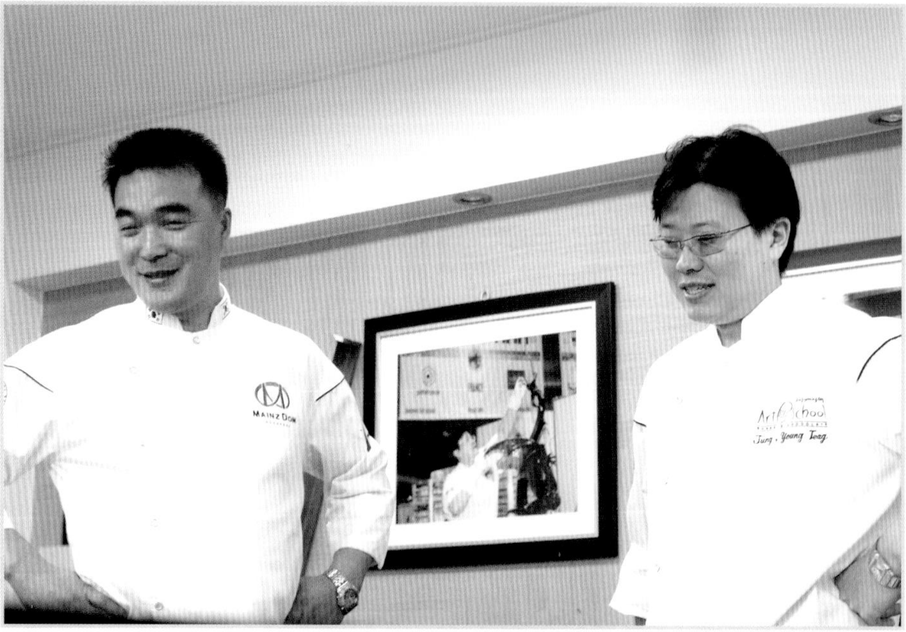
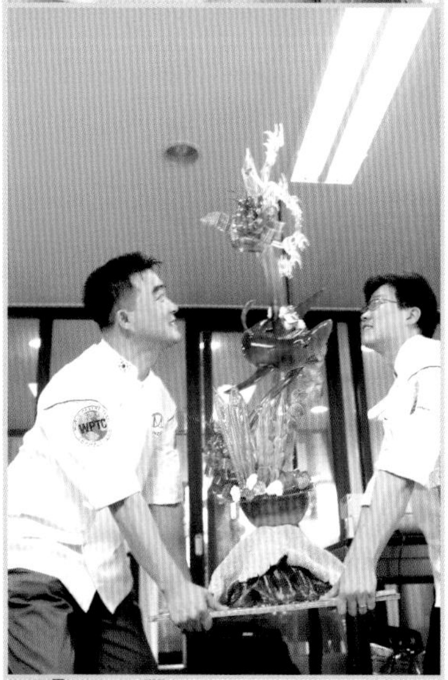
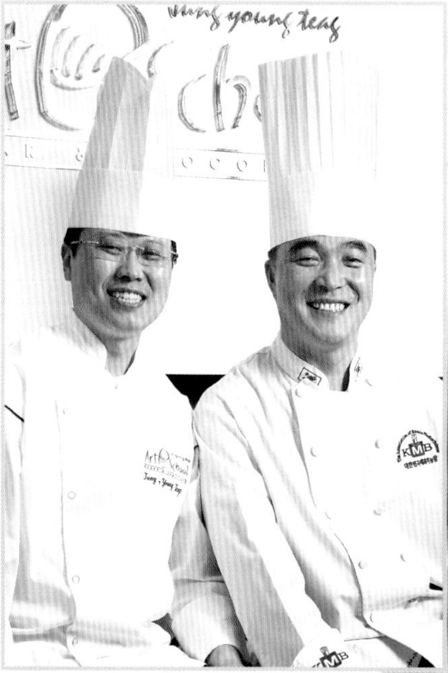
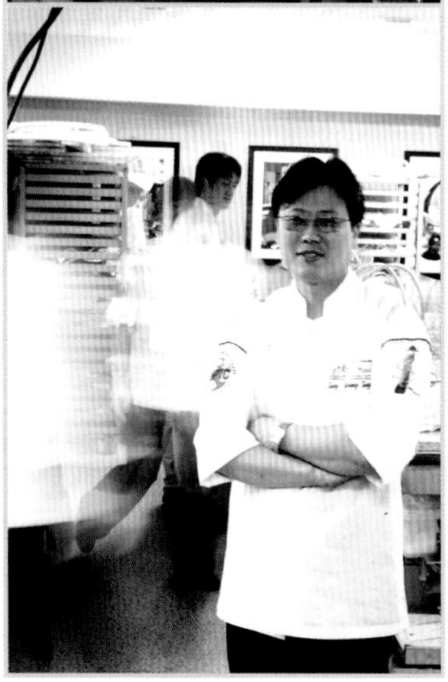
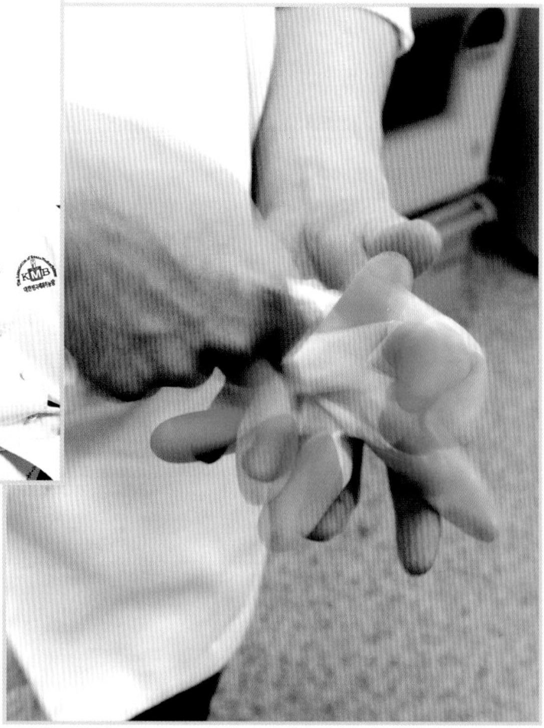